Th Büte, A. von Borries

Die nordamerikanischen Eisenbahnen

in technischer Beziehung

Th Büte, A. von Borries

Die nordamerikanischen Eisenbahnen
in technischer Beziehung

ISBN/EAN: 9783743375765

Hergestellt in Europa, USA, Kanada, Australien, Japan

Cover: Foto ©ninafisch / pixelio.de

Manufactured and distributed by brebook publishing software (www.brebook.com)

Th Büte, A. von Borries

Die nordamerikanischen Eisenbahnen

DIE

NORDAMERIKANISCHEN EISENBAHNEN

IN

TECHNISCHER BEZIEHUNG.

BERICHT

ÜBER EINE

IM AUFTRAGE DES MINISTERS DER ÖFFENTLICHEN ARBEITEN

IM FRÜHJAHRE 1891 UNTERNOMMENE STUDIENREISE.

VERFASSER:

TH. BÜTE UND **A. VON BORRIES**

KÖNIGL. EISENBAHN-DIRECTOR IN MAGDEBURG

KÖNIGL. EISENBAHN-BAUINSPECTOR IN HANNOVER.

MIT 74 ABBILDUNGEN IM TEXT UND 56 LITHOGRAPHIRTEN TAFELN

WIESBADEN.

C. W. KREIDEL'S VERLAG

1892.

Vorwort.

Als nach dem Siege der Stephenson'schen Lokomotive Rocket in dem Wettkampfe zu Rainhill am 6. October 1829 das Zeitalter der Eisenbahnen angebrochen war, wurden die englischen Einrichtungen auf alle Kulturländer übertragen und blieb zunächst eine Uebereinstimmung auf diesem Gebiete bestehen.

Im weiteren Verlaufe entstanden jedoch durch die in den verschiedenen Ländern einwirkenden Einflüsse Abweichungen, welche zu einer mehr oder minder eigenartigen Entwicklung führten.

Diese Einflüsse waren zum Theil in den besonderen Verhältnissen der Länder begründet, zum Theil wirkten Zufälligkeiten mit und ergaben sich bei der ferneren Entwicklung in Folge früherer Aenderungen weitere Abweichungen, wodurch die Wege immer mehr auseinander gingen.

In Folge dessen bestehen jetzt in den einzelnen Ländern wesentliche Verschiedenheiten, welche sich immer mehr vergrössern.

Auch unsere Wege haben sich vielfach von denen anderer Länder entfernt und da ist es wohl berechtigt, die Frage aufzuwerfen: „Sind wir auf dem richtigen Wege und sind die Abweichungen unserer Einrichtungen von denjenigen der anderen Völker in der Eigenart unserer Verhältnisse voll begründet oder haben wir uns durch Zufälligkeiten in nachtheiliger Weise ablenken lassen?“

Findet man, dass ein Einlenken an einigen Stellen zweckmässig ist, muss solches so rasch als möglich geschehen, da die Abweichungen dauernd sich vermehren, die Schwierigkeiten und Kosten der Veränderung sich stetig vergrössern, auch Gewohnheit und erworbene Rechte erschwerend einwirken, so dass Aenderungen später nur mit grösseren Mühen und Opfern und unter Umständen überhaupt nicht mehr auszuführen sind.

Die Beantwortung der obigen Frage ist erfolgreich nur möglich, wenn nicht allein die eigenen Verhältnisse, sondern auch diejenigen der anderen Kulturländer eingehend zur Kenntniss vorliegen und muss solches daher angestrebt werden.

Es ist nun zwar das Studium der mitteleuropäischen Länder leicht ausführbar, dagegen ist dasjenige Englands vielfach durch den Mangel an Sprachkenntniss erschwert, während in Bezug auf Amerika noch der trennende Ocean besonders erschwerend einwirkt, sodass nur Wenige die Einrichtungen dieses Landes aus eigener Anschauung kennen.

Nun sind aber grade England und Nord-Amerika besonders in maschinentechnischer Beziehung die am weitesten vorgeschrittenen Länder.

Namentlich der östliche dicht bevölkerte Theil der Vereinigten Staaten, wenn er auch in der äusseren Eleganz mit England nicht zu wetteifern vermag, nimmt doch in der schrankenlosen Entwicklung des Zweckmässigen einen ganz bedeutenden Aufschwung; dort gilt es als höchste Aufgabe, ohne Rücksicht auf Aeusserlichkeiten in dem Wesentlichen der Sache das Grösste mit den kleinsten Mitteln zu erreichen, Nebendinge zu vernachlässigen, an der rechten Stelle aber sich durch die Rücksicht auf anscheinende Sparsamkeit nicht beeinflussen zu lassen, ein Verfahren, welches auch in denjenigen Ländern, welche in dieser Beziehung nicht gleichen Schritt halten wollen oder können, doch aufmerksame Beachtung verdient. Es können diese Länder daraus wenigstens in Bezug auf die Richtung, welche zweckmässig zu verfolgen ist, wichtige Lehren ziehen.

Durch die Verstaatlichung der Preussischen Bahnen ist ein hochbedeutsamer Schritt geschehen, welcher grossen Anklang und Nachahmung gefunden hat, es ist aber durch die Vereinigung sämmtlicher Bahnen der erziehende Einfluss in Fortfall gekommen, welchen die einzelnen selbstständigen Bahnen früher durch den Wettbewerb auf einander ausübten und erscheint es bei dieser Sachlage doppelt wichtig, über die Einrichtungen anderer Länder unterrichtet zu bleiben.

Von den beiden Berichterstattern wurde es freudig begrüsst, als Seine Excellenz der Herr Minister der öffentlichen Arbeiten ihre Entsendung nach Nord-Amerika verfügte, da unmittelbare Anschauung lehrreicher wirkt als Bücherstudium, und fühlen sie sich demselben zu tiefem Danke verpflichtet.

Die Seereise wurde auf dem prächtigen Dampfer Columbia der Hamburg-Amerikanischen Packetfahrt-Actien-Gesellschaft (später die Rückreise auf dem Dampfer Augusta Victoria) zurückgelegt und müssen wir das freundliche Entgegenkommen der Direction und der Kapitäne Vogelgesang und Barends u. s. w. dankend anerkennen. Der amerikanischen Fachgenossen, welche uns in Amerika bereitwilligst Hülfe leisteten, ist in Abschnitt I des Berichtes gedacht worden.

Die Berichterstatter haben sich bemüht, die gebotene Gelegenheit zu benutzen und bei den Studien, welche in erster Linie auf die Betriebs- und technischen Angelegenheiten, namentlich die maschinentechnischen, gerichtet waren, selbst zu lernen und Material für die Heimat zu sammeln.

Die eigenartige Entwicklung und die dadurch entstandenen grossen Verschiedenheiten von den europäischen Verhältnissen bereiten dem Beobachter, wenn er auf den Grund der Dinge blicken will, nicht unerhebliche Schwierigkeiten, welche er mit Hülfe der Unterrichteten leichter überwinden kann, als allein durch eigene Kraft.

Grosse Schwierigkeit bereitet danach noch die Kritik und die verantwortliche Prüfung der Frage, ob und in wieweit die amerikanischen Einrichtungen sich auf unsere Bahnen übertragen lassen, weil dabei die eigenartigen, theilweise starren Verhältnisse in Rücksicht gezogen werden müssen. Bemerkungen, welche in dieser Beziehung zu machen waren, sind im Allgemeinen nicht in das Druckwerk aufgenommen.

Um die Arbeit sich zu erleichtern, hatten die Berichterstatter sich verständigt, die Besichtigungen und Studien zwar gemeinschaftlich auszuführen, die Herstellung der Berichtstheile jedoch zu trennen, und sind die Namen der Verfasser bei den einzelnen Abschnitten angegeben.

Nachdem der Bericht Seiner Excellenz dem Herrn Minister überreicht war, wurde verfügt, dass die Berichtstheile gedruckt und die einzelnen Abschnitte gleich nach der Herstellung an die Preussischen Staatsbahnen vertheilt werden sollten, was auch geschehen ist; auch wurde, da von verschiedenen Seiten um Ueberlassung von Exemplaren ersucht war, gestattet, dass eine Anzahl derselben in den Buchhandel gebracht werde.

Um das Druckwerk nicht zu sehr zu vertheuern, musste ein erheblicher Theil der Zeichnungen ausgemerzt und darnach eine theilweise Umarbeitung des Textes vorgenommen werden.

Die Fertigstellung des Druckes ist durch den Strike der Buchdrucker erheblich verzögert worden, wozu übrigens auch die Nothwendigkeit einer eingehenden Correctur der Zeichnungen kam, im übrigen muss die saubere Herstellung namentlich der Zeichnungen seitens des Verlegers lobend erwähnt werden.

Hoffentlich wird der Inhalt des Berichtes ein ungefähres Bild von den amerikanischen Verhältnissen geben und wird durch denselben einige Anregung zum Fortschritt im technischen Eisenbahnbetriebe gegeben werden; auch werden diejenigen Fachgenossen, welche später Nord-Amerika besuchen, auf dem Mitgetheilten weiter bauen und dabei einigen Anhalt für ihre Studien finden können.

Magdeburg, April 1892.

Th. Büte,
Kgl. Geheimer Baurath.

Inhalts-Uebersicht.

I. Einleitung, Organisation, Allgemeine Darstellung. Verfasser: Th. Büte.

II. Signalwesen. Verfasser: v. Borries.

III. Bauart der Lokomotiven. Verfasser: v. Borries.

IV. Bauart der Wagen. Verfasser: Th. Büte.

V. Allgemeines über Betrieb. Verfasser: Th. Büte.

VI. Betriebsdienst der Lokomotiven. Verfasser: v. Borries.

VII. Betriebsdienst der Wagen. Verfasser: Th. Büte.

VIII. Allgemeines über Werkstätten und Fabriken. Verfasser: Th. Büte.

IX. Lokomotiv-Fabriken und Werkstätten. Verfasser: v. Borries.

X. Wagen-Werkstätten und Fabriken. Verfasser: Th. Büte.

XI. Oberbau und mechanische Anlagen. Verfasser: v. Borries.

Druckfehlerverzeichniss.

Auf Seite 3, Zeile 11 von oben ist hinter Schiffstonne zu setzen: Die statistischen Angaben werden neuerdings in Tonnen zu 2000 lbs (907 kg) gegeben und wird diese Berechnung auch im Uebrigen fast allgemein angewendet.

Auf Seite 15, Zeile 12 von unten ist statt: zwei, richtig zu lesen: zweigleisige.
Auf Seite 18, Zeile 10 von unten ist hinter: Die Kupplung dient, einzuschalten: im Allgemeinen.
Auf Seite 57, Zeile 17 von oben ist statt: Mittgange, richtig zu lesen: Mittelgange.
Auf Seite 64, Zeile 12 von unten ist statt: Ausrücken, richtig zu lesen: Andrücken.
Auf Seite 64, Zeile 15 von oben ist statt: im Allgemeinen, richtig zu lesen: in einigen Fällen.
Auf Seite 77, Zeile 12 von unten | ist statt: 17. Mai, richtig zu lesen: 7. Juni.
Auf Seite 142, Zeile 7 von oben |
Auf Seite 150, Zeile 6 von oben |
Auf Seite 77, Zeile 10 von unten ist statt: (Janney-Kupplung), richtig zu lesen: (Vertical coupler).
Auf Seite 86, Zeile 10 von oben ist statt: Brennecylinder, richtig zu lesen: Hülfsluftbehälter.
Auf Seite 108, Zeile 20 von oben ist statt: um, richtig zu lesen: auf.
Auf Seite 108, Zeile 21 von oben ist statt: um, richtig zu lesen: auf.
Auf Seite 113, Zeile 1 von oben ist hinter: der, einzuschalten: Safety.
Auf Seite 143, Zeile 13 von oben ist statt: 10 Meilen 16 km, richtig zu lesen: 10 Stunden.
Auf Seite 154, Zeile 18 von unten ist statt: dem, richtig zu lesen: den.
Auf Seite 203, Zeile 18 von oben ist statt: 38, richtig zu lesen: 56.
Auf Seite 251, Zeile 7 von unten ist statt: [illegible], richtig zu lesen: [illegible].
Auf Seite 254 ist am Rande: Michigan Car Co. bei Detroit einen Absatz tiefer zu setzen.
Auf Seite 255, Zeile 10 von oben ist hinter: Räume, einzuschalten: bis zu.

Ba

nordamerikanis

welche zum S

e n

ı Eisenbahnen,

ı bereist sind.

I. Einleitung, Organisation, Allgemeine Darstellung.

Verfasser:

Th. Büte,

Königl. Eisenbahn-Director in Magdeburg.

Inhalts-Verzeichniss.

I. Einleitung, Organisation, Allgemeine Darstellung.

Verfasser: Eisenbahn-Director **Büte.**

Vergleich

der amerikanischen Maße und Gewichte mit den Deutschen.

(Die amerikanischen Maße u. s. w. sind im Allgemeinen den englischen gleich.)

1 engl. Mile (Meile)	1,61 km
1 „ Yard	0,914 m
1 „ Foot (Fuss)	0,3048 „
1 „ Inch (Zoll)	25,4 mm
1 „ Ton (Tonne) = 20 Ctr. = 2240 Lbs.	1016 kg
1 „ Schiffstonne = 2000 „	907 „
1 „ Pound (lb. = Pfund)	0,454 „
1 „ Gallon	4,54 l
1 „ Acre	4046,73 qm
1 „ Quadratfuss	0,093 „
1 „ Kubikfuss	0,028 cbm

1° Celsius = 5/9 (Fahrenheit − 32).
15° C = 59° F.
25° C. = 77° F.
100° C = 212° F.

Bei Holzmaßen wird im Allgemeinen die Menge in Feet (Fussen) angegeben, wobei 1 Foot (Fuss) ein Holzstück von 1 Fuss Länge und Breite, sowie von 1 Zoll Dicke bezeichnet.

1 Dollar $ . . . . 4,25 M.
1 Cent . . . . 4,25 Pfg.

Der Cours des amerikanischen Dollars ist zwar ein schwankender, es ist jedoch in dem Berichte die Umrechnung wie oben angegeben, vorgenommen, obwohl der Dollar häufig nur 4,17–4,18 M. steht.

Auf der im Auftrage Sr. Excellenz des Herrn Ministers der öffentlichen Arbeiten von dem Eisenbahn-Director Büte in Magdeburg und dem Bauinspector von Borries in Hannover im April bis Juni 1891 unternommenen Studienreise nach Nordamerika wurde der östliche dicht bevölkerte Theil der vereinigten Staaten, dessen Verhältnisse die meiste Aehnlichkeit mit den europäischen haben, bereist. Die Rundreise begann in New York und ging im Nordwesten bis Chicago und Aurora, im Osten bis Boston, wie auf der beigegebenen Karte angegeben. **1. Gang der Reise.**

In New York wurden im Wesentlichen folgende Anlagen besichtigt:

die Manhattan Elevated Railroad und zwar die Bahn und Betriebseinrichtungen unter Führung des Roadmaster Mr. Black (früher Schwarz geheissen), des Erfinders des auf der Elevated Railroad in Anwendung befindlichen mechanischen Blocksignales; die Lokomotiven, Wagen und Werkstätten unter Führung des Master mechanic Mr. Peeples, die Anlagen und Einrichtungen der New York Central & Hudson River Railroad sowohl in dem Grand Central Depot als auch auf dem Güterbahnhofe West 65. Street and North River und auf dem Vorbahnhofe Mothaven; auf letzterem die Westinghouse'schen Signaleinrichtungen, die Maschinenhäuser (Roundhouses), die Luxuswagen (Wagner-Cars), die Magazine zur Versorgung der letzteren, nach Anleitung des Superintendent of Motive Power Mr. Buchanan und des Vertreters des 3. Vicepräsidenten Mr. Leonard; ferner die Anlagen und Einrichtungen der Pennsylvania-Bahn in Jersey City und auf dem Güterbahnhofe Meadows, die Werkstätten und Maschinenhäuser der Division unter Leitung beziehlich nach Anweisung des Division Superintendent Mr. Crawford,

die Anlagen und Einrichtungen der Central R. R. of New Jersey unter Führung beziehlich nach Anweisung des General Superintendent Mr. Olshausen (deutscher Abkunft), die Personen- und Güterbahnhöfe, der Vestibule Train (Royal blue), welcher von New York nach Washington und weiter nach dem Süden läuft,

in Paterson bei New York die Lokomotivfabrik von Rogers & Co., sowie die Bureaus u. s. w. der Gebrüder Leslie, Erbauer der ihren Namen tragenden rotirenden Schneepflüge. Ausserdem wurden noch die Hauptbureaus einer Anzahl von Gesellschaften besucht, um über eine Reihe wichtiger Fragen Auskunft zu erhalten.

Wir haben bei unseren Besichtigungen der Anlagen in New York und Umgegend die freundliche Unterstützung des technischen Attachés bei der deutschen Gesandtschaft in Washington Herrn Regierungsbaumeister Petri sowie der Herren Redacteure der Railroad Gazette Mr. Prout und des Engineering and Railroad Journal Mr. Forney gefunden, auch hat sich ausser Anderen Mr. Prosser (der Vertreter von F. Krupp) freundlich bemüht, uns Nachweise und Anleitungen zu geben.

Die Weiterfahrt nach Westen geschah in einem Luxuswagen der Pennsylvania-Bahn und zwar nach Philadelphia zum Besuche des Präsidenten der Pennsylvania-Bahn, der Werkzeugmaschinenfabrik von Sellers unter Leitung beziehlich nach Anweisung des Mr. Sellers, der Maschinenhäuser u. s. w., der Philadelphia Reading R. R. und zur eingehenden Besichtigung der Baldwin-Lokomotive Works (der grössten derartigen Anlage in der Welt) unter Leitung beziehlich nach Anweisung des Dr. Williams und der übrigen Herren des Directoriums sowie des Superintendent Mr. Vauclain.

In Baltimore wurden die Werkstätten und Einrichtungen der Baltimore- und Ohio-Bahn unter Leitung des Superintendent of Motive Power Mr. Cromwell besichtigt und in Washington Fahrten auf der Lokomotive bei einem Schnellzuge der Baltimore & Ohio-Bahn gemacht.

Nach einer Nachtfahrt im Schlafwagen wurden die grossartigen Lokomotiv- und Wagenwerkstätten sowie die Betriebseinrichtungen der Pennsylvania-Bahn in Altoona einer längeren eingehenden Besichtigung unterworfen, was der General Superintendent of Motive Power Mr. Ely gern gestattete. Wir erhielten dabei Anleitung durch den Mechanical Engineer Mr. Vogt, (einen geborenen Schweden) welcher sich unserer freundlich annahm. Von Altoona aus wurden auch Ausflüge auf der Lokomotive gemacht.

Die Fahrt von Altoona nach Pittsburg wurde in dem Limited Train New York-Chicago der Pennsylvania R. R. zurückgelegt.

In Pittsburg wurden nach Anweisung des General Manager Mr. Wood unter Leitung des Train Master Mr. Turner die Güterbahnhöfe und die Rangirbewegungen (auch mittelst des Push beam) besichtigt, ferner unter Führung des General Manager Mr. Soule die Union Switch and Signal Works in Swissvale, ferner unter Leitung des Assistent Manager Mr. Bailey die Werke der Westinghouse Bremsgesellschaft in Wilmerding, die Carnegie Steel Works nach Anweisung des General Manager

Mr. Schwab, sowie die electrischen Werke in Pittsburg; auch wurde den Anlagen mit Naturgas-Betrieb und den Oelbehältern und Rohrleitungen für Petroleum Aufmerksamkeit zugewendet.

Auf der Reise nach Chicago fand sich darauf Gelegenheit, das Innere der Pullman-Wagen, sowie die Einrichtung für die Verpflegung gründlich zu studiren.

In Chicago, wo Mr. Barnes uns bei den Erkundigungen unterstützte, wurden unter Leitung des General Manager der Chicago-Burlington- und Quincy-Bahn Mr. Merril die Güterbahnhöfe in Hawthorne, die Rangirarbeit und das Signalwesen der Strecken besichtigt.

Gleichfalls wurde von den Betriebsmitteln und von den Einrichtungen der Centralwerkstätten der Chicago-Burlington-Quincy-Bahn (auf der westlichen Strecke nach Denver in Aurora belegen) unter der Leitung des Superintendent Mr. Forsyth (in Abwesenheit des Mr. Rhodes) Kenntniss genommen und an dem folgenden Tage unter Theilnahme und nach Anweisung des Mr. Pullman die grossartigen Wagenwerkstätten in der Stadt Pullman eingehend besichtigt, ferner die Illinois Steel Works in South Chicago und die bedeutenden Umschlagseinrichtungen für Kohle und Eisen, sowie die sonstigen dort vorhandenen derartigen Einrichtungen.

Darauf wurden die Betriebsmittel und Hauptwerkstätten der Chicago and North Western Railway unter Leitung der Superintendents Mr. Smith und Mr. Schroyer besichtigt.

In Jackson wurden die Betriebsmittel und maschinentechnischen Anlagen der Michigan Central R. R. unter Führung des Superintendent of Motive Power Mr. Smart, ebenso in Detroit die Fabrikanlagen der Michigan Car Co. in Augenschein genommen.

In Buffalo fand eine eingehende Besichtigung der Luxuswagenbauanstalt der Wagner Palace Car Co. statt, ferner in Schenectady der dortigen Lokomotivfabrik nach Anweisung des Superintendent Mr. Pitkin und unter Leitung des Assistent Manager Mr. White, der grossen Electricitätswerke (Edison), danach in Albany der Hauptwerkstätte der New York Central & Hudson River R. R.

Nach New York zurückgekehrt, wurde dort die zeitweilig geöffnete electrische Ausstellung besucht und über die Einrichtungen der Pneumatic Tool Co., sowie über die New York Air Brake Co. Erkundigung eingezogen.

Auf einer Fahrt nach Boston wurden bei der Electric-Welding Co. über das electrische Schweissverfahren und bei der Eastman Car Heating Co. über das Heizen der Güterwagen Nachrichten erbeten, ferner wurde bei einer Fahrt auf der Lehigh Valley Bahn bis Packerton unter Leitung des Assistent Superintendent Mr. Wilbur von der Einrichtung dieser Bahn Kenntniss genommen.

Es muss dankend anerkannt werden, dass die oben genannten Herren und die Fachgenossen, mit denen wir sonst in Berührung kamen, fast allgemein in freundlichster Weise uns entgegengekommen sind und die Erreichung unserer Zwecke uns erleichtert haben, obwohl die Mehrzahl derselben durch die Berufsgeschäfte in hohem Grade angespannt ist und grosse Anforderungen an ihre dienstliche Thätigkeit gestellt werden.

Schliesslich mag noch bemerkt werden, dass während der Reise die Aufzeichnungen vielfach in der Eile haben gemacht werden müssen, so dass kleinere Abweichungen und Fehler sich wohl eingeschlichen haben mögen.

Bei der Betrachtung der amerikanischen Eisenbahnen und Fabrikanlagen muss die ganze Entwickelung und die Eigenart des Landes in Betracht gezogen werden. Wenn man in dem Innern der Millionenstädte New York, Philadelphia, Chicago steht und den colossalen Verkehr und die Menge 2. Einleitung.

der Verkehrsmittel beobachtet, die himmelhohen Bauten von 12 bis 15 Stockwerken betrachtet und dabei bedenkt, dass dort vor einigen Jahrhunderten, an der Stelle von Chicago sogar vor einigen Jahrzehnten noch leere Plätze waren und der Indianer der Jagd und dem Fischfang oblag, und wenn man diese Verhältnisse mit denjenigen von Europa vergleicht, so kommt man zu der Erkenntniss, dass die Bewohner nur durch grosse Energie in diesem ausgedehnten Lande, in welchem die Gedanken ohne Rücksicht auf andere Zwecke sich zunächst nur auf Verbesserung der materiellen Einrichtungen richteten, solches schaffen konnten.

In einem solchen Lande, in welchem jeder Pionier zunächst sein eigener Zimmerer, Maurer, Schlosser sein musste und in welchem der Sinn nicht durch andere Interessen abgelenkt und nur die Sorge für die täglichen Bedürfnisse und das Materielle in Frage kam, hat sich im ganzen Volke ein so praktischer Sinn und ein für alle sachlichen Angelegenheiten, in der Folge auch für die maschinellen Einrichtungen so verständnissvoller Geist herausgebildet, wie es in Europa, speziell in Deutschland, in diesem Maße nicht der Fall ist, in welch' letzterem Lande auch die Einwirkung der ursprünglich die Ausbildung befördernden, später dieselbe hemmenden Zünfte von Einfluss war.

Wie bedeutende Männer stets nur dann Erfolge haben können, wenn der Sinn des Volkes für ihre Ideen genügend geklärt ist, so können auch materielle Vervollkommnungen sich erst dann Bahn brechen, wenn das Volk oder doch ein grosser Theil desselben dafür genügend vorgebildet ist und dieselben versteht; es ist dieses, wie erwähnt, in Bezug auf mechanische Einrichtungen in Amerika in hohem Maße der Fall und fallen die eingehenden Kenntnisse, welche häufig bei Gesprächen die der Technik fern stehenden Personen über die Einzelheiten der technischen Einrichtungen (auch des Eisenbahnwesens) zeigen, auf.

Das amerikanische Volk versteht rasch jede Neuerung, welche seinem materiellen Vortheile dient, den Verkehr erleichtert und in Folge dessen brechen sich zweckmässige Erfindungen und Einrichtungen schnell Bahn.

Der praktische Sinn und die Kenntniss von mechanischen Einrichtungen wird in Amerika auch dadurch gefördert, dass ausgedehntere Schichten der Bevölkerung sich mehr damit beschäftigen, als bei uns; in den grossen Städten hat jedes bedeutende Haus seine Dampfmaschine, seinen Aufzug, seine Pumpen, Centralheizung und Lüftungsanlage.

Ausser dem unruhigen, stets vorwärts arbeitenden Geiste der Bevölkerung, dem Go Ahead-Prinzipe, ist auf die Entwickelung noch von Einfluss gewesen, dass Rücksichten nur soweit genommen werden, als es das Gesetz verlangt, und das ist in der Regel nicht viel und dass die Dinge so einfach hergestellt werden, als es der Zweck dringend erfordert, weiteres aber nicht geschieht. Während wir in Europa gewohnt sind, alle Theile einer Anlage mit nahezu gleicher Aufmerksamkeit zu bedenken, sieht der Amerikaner nur auf das Wesentliche und macht dieses gut, oft besser als wir, vernachlässigt aber alles andere, so dass die Anlagen auf uns einen ungleichmässigen, unfertigen, manchmal auch einen unsauberen Eindruck machen. Die Amerikaner sagen: „Wir sehen nicht ein, weshalb wir ein Ding besser machen sollen, als es nöthig ist und weshalb wir Geld für Arbeit ausgeben sollen, welche nicht erforderlich ist."

Hierzu kommt die Triebfeder „Zeit ist Geld". Alles wird thunlichst rasch ausgeführt; die Neuanlagen werden im Allgemeinen so hergestellt, dass solche dem Bedürfnisse knapp genügen und wird dabei so rasch als möglich gearbeitet. Als Beispiel mag erwähnt werden, dass bei der Besichtigung der im Bau befindlichen neuen Bahnhofsanlagen mit grosser Empfangshalle der Pennsylvania-Eisenbahn in Jersey City bei New York nicht viel mehr als die Binder standen, kein Dach, keine Verschaalung, keine Treppen u. s. w., trotzdem erklärte der den Bau leitende Mr. Crawford, dass er in 8 bis 9 Tagen eröffnen würde. Allerdings waren Geleise und Signaleinrichtungen fertig, alle Plätze besetzt und es fuhr eine Rangirmaschine, besetzt mit einer Anzahl von Beamten fortwährend auf verschiedenen Geleisen aus und ein, um alle an den Dienst zu gewöhnen. Es hat sich jedoch in diesem Falle die Angabe des Mr. Crawford nicht ganz bewahrheitet; derselbe wurde kurz nachher durch herabfallende Bretter schwer verwundet und musste die Eröffnung auch wegen der Gefahr für die Reisenden, durch herabfallende Constructionstheile oder Werkzeuge beschädigt zu werden, noch einige Wochen hinausgeschoben werden.

Die Leitung der amerikanischen Eisenbahnen und die Regelung des Dienstes erfolgt, da die Bahnen Privatgesellschaften sind, in der Weise von Privatgeschäften. Beamte mit Anstellungsverhältnissen wie bei den deutschen Staatsbahnen giebt es nicht. Die in thunlichst geringer Zahl vorhandenen Beamten und Arbeiter müssen angestrengt arbeiten, werden aber auch gut bezahlt.

Bei der Regelung der Dienstverhältnisse wird besonderer Werth darauf gelegt, dass die Geschäfte sich in möglichst einfacher Weise und mit thunlichster Vermeidung überflüssiger Formalien abwickeln. Jedem Beamten ist eine möglichst abgeschlossene Thätigkeit zugewiesen, in welcher derselbe, soweit es angängig ist, selbstständig handeln kann, dabei aber auch die Verantwortung für seine Handlungen voll übernehmen muss. Die Thätigkeit ist nicht in so ausgedehnter Weise wie in Deutschland durch Instructionen geregelt und bleibt vieles dem Ermessen des Beamten überlassen, nur die wichtigsten Punkte sind allgemein festgesetzt.

Da die Aufsichtsbeamten durch schriftliche Arbeiten in viel geringerem Maßstabe in Anspruch genommen werden als bei uns, so können sie einen grösseren Theil ihrer Arbeitskraft auf den praktischen Dienst verwenden und durch Beobachtung und unmittelbare Belehrung und Beeinflussung der Untergebenen auf eine genaue Durchführung des Dienstes unmittelbar hinwirken. Namentlich fällt solches bei den Beamten, welche den Zugdienst beaufsichtigen, den Train Masters u. s. w., auf. Mängel und Fehler werden sofort abgestellt, beziehlich gerügt, ohne dass eine ausgedehnte Vernehmung und Berichterstattung nöthig ist, deren Ergebniss erst nach längerer Zeit zur Vorlage kommt. Erleichtert wird dem Beamten dies Verfahren dadurch, dass die Untergebenen nicht wie in Deutschland angestellte Beamte sind. Es soll damit jedoch keineswegs gesagt sein, dass dabei ein rücksichtsloses Verfahren stattfindet, was auch schon durch die republikanische Gleichheit in Amerika verhindert wird. Gute Beamte werden schonend behandelt, wie ja auch überhaupt Jedermann im eigenen Interesse treue Diener schonen und sich zu erhalten suchen wird.

Sehr eingehende Kontrollen wie bei uns durch die Oberrechnungskammer sind nicht vorhanden. Auch erfolgen die Aufzeichnungen vielfach in einfacherer Weise, z. B. in den Werkstätten durch eine verhältnissmässig geringe Zahl von Shops Clerks. Prüfungen für die Beamten in der Weise, wie solche bei uns ausgeführt werden, sind im Allgemeinen nicht üblich. Die Beamten rücken nach Fähigkeit und Bewährung auf. Die höheren Beamten im Baufach, Maschinenwesen, der Ober-Syndikus u. s. w. werden zwar aus den beziehlichen Fächern genommen, für die Leitung des Betriebsdienstes und der höchsten Stellen (Präsidenten, Vice-Präsidenten u. s. w.) ist aber eine bestimmte Berufsausbildung nicht Regel und sind namentlich auch eine Anzahl von Maschinentechnikern in diese Stellen aufgerückt.

3. Organisation. Die Organisation ist zwar nicht bei allen Eisenbahnen dieselbe, stimmt jedoch bei der Mehrzahl im Wesentlichen überein: bei den grössten Bahngebieten, welche theils durch die Stammlinien, theils durch die in deren Betriebe stehenden Linien mehrfach die Ausdehnung der deutschen Bahngebiete überschreiten (mit Ausnahme der preussischen), ist der Beamtenapparat selbstverständlich ein ausgedehnterer und vielfältigerer als bei kleineren.

Im Allgemeinen steht an der Spitze der Verwaltung:

1. der President,

welcher je nach der Ausdehnung einige

Vice-Presidents

zur Seite hat, welche ihr Ressort ziemlich selbstständig bearbeiten, da der President seine Thätigkeit wesentlich nur allgemeinen Angelegenheiten von grosser Wichtigkeit widmen kann.

Unter diesem stehen verschiedene Beamten, von denen für den Betrieb der Bahn der

2. General Manager (Generaldirector)

der wichtigste ist; neben demselben stehen als hohe Beamte

3. Secretary und Treasurer (Schatzmeister),

von denen letzterer wesentlich den finanziellen Theil überwacht und der

4. General Council (Obersyndikus)

für juristische Angelegenheiten u. s. w., ferner giebt es bei den grösseren Bahnen noch einen

5. General Superintendent of Motive Power (Obermaschinendirector),

welchem die Abtheilungen der Lokomotiven, Wagen, Werkstätten und maschinelle Anlagen unterstehen.

Grosse Bahnen sind in Divisions (Betriebsämter) getheilt, an der Spitze eines jeden steht der

6. Division Superintendent (Betriebsdirector),

und fungiren bei der Division als obere Beamte folgende:

7. Superintendent of Transportation (Oberbetriebsinspector),

zu deren Ressort gehören:

Train Masters (Zuginspectoren),

sowie ferner:

Train Dispatchers (Zugleiter),
Station Masters (Stationsvorstände),
Division Operators (Telegraphen- und Signalvorstände),
Operators (Telegraphen- und Signalbedienstete),
Conductors (Zugführer),
Trainmen (Beamte bei dem Zuge, Bremser u. s. w.),
Yard Masters (Aufseher auf Güterbahnhöfen);

8. Superintendent of Motive Power (Obermaschinenmeister),

zu deren Ressort gehören die

Master Mechanics (Maschinenmeister),

sowie ferner

Foremen of Mechanic Shop oder
Engine House Foremen (Maschinenvorstände, Betriebswerkmeister),

Road Foremen of Engine (Maschinenvorstand im Fahrdienst),
Drivers of Engines oder Enginemen (Lokomotivführer),
Firemen (Feuerleute),
Hostlers and Cleaners (Schuppenleute),
Mechanics (Maschinenschlosser),
Laborers (Handarbeiter);

ferner die

Master Car Builder (Wagenbaumeister),

beziehlich

General Foreman of Car Shops (Wagenwerkstattsvorstand);

ferner die

Foremen of Car Inspectors (Wagenmeister),
Car Inspectors (Wagennachseher),
Greasers (Schmierer),
Mechanics (Wagenschlosser),
Laborers (Handarbeiter):

9. der Superintendent of Roadway (Oberbahninspector),

welchem die

Road Master (Oberbahnmeister)

unterstellt sind, denen wieder die

Supervisors of Road (Bahnmeister),

unterstehen und unter diesen die

Section Foremen (Streckenbahnaufseher),
Track Walkers (Streckenrevisoren),
Floating Gangs (Arbeitercolonnen),
Construction Trains (Materialzüge);

10. Traffic Manager (Ober-Verkehrsinspector),

demselben unterstehen

a) der General Passenger Agent (Personen-Verkehrsinspector),

welcher unter sich hat die

Travelling Agents (Reisende Agenten),
Local Agents (Local-Agenten),
Division Clercs (Abtheilungsbüreaubeamte);

b) die General Freight Agents (Fracht-Verkehrsinspector);

c) die Claim Agents (Reclamationsbeamte),

welchen wieder

Travelling Agents,
Local Agents,
Division Clercs

nachgeordnet sind.

Ausser diesen Beamten sind noch vorhanden die

Comptroller (Hauptkassendirigenten),

welchen unterstehen die

Auditors of Receipts (Cassirer),
Auditors of Reboursements (Rendanten),
Travelling Auditors (Reisende Revisoren),
Local Treasurs (Local-Cassenbeamte),
Local Paymasters (Local-Zahlmeister),
Clercs of Statistic (Beamte der Statistik).

Dem

11. Purchasing Agent (Verkaufsbeamte)
unterstehen die
Local Store Keepers (Localmagazinverwalter).

Ausserdem sind noch vorhanden:

12. Car Accountants (Wagenbureau-Vorsteher).
Diesen unterstehen
Car Agents (Wagen-Agenten)
u. s. w.

Die Werkstätten unterstehen bei den grösseren Bahnen in technischer Beziehung dem General Superintendent of Motive Power, welcher das Central-Constructionsbüreau unter sich hat, in welchem alle Zeichnungen für mechanische Anlagen gefertigt werden. Die Superintendents of Motive Power u. s. w. sind von diesem Beamten, beziehlich dem die Stelle desselben versehenden Centralbeamten in technischer Beziehung abhängig.

Die Verwaltung ist persönlich, nicht collegialisch, doch finden häufig gemeinschaftliche Conferenzen statt, in welchen allgemeine Angelegenheiten besprochen und geregelt werden.

Wie oben erwähnt, giebt es Beamte mit Anstellungsverhältnissen wie bei uns bei den amerikanischen Bahnen nicht, namentlich die mittleren und unteren Beamten können jeden Augenblick gehen und entlassen werden, wenn letzteres selten wohl ohne Grund geschieht, da den Verwaltungen daran liegt, tüchtige Kräfte sich zu erhalten. Die Freiheit der Verwaltungen, sich die Beamten auszusuchen und tüchtige derselben in höhere Stellen zu befördern, lässt zwar der natürlichen Zuchtwahl mehr Raum und es können unfähige Beamten leichter abgestossen werden. Das lose Verhältniss der Bediensteten zu der Verwaltung hat aber auch seine grossen Nachtheile, die sich namentlich in Strikes äussern, welche eigentlich niemals ganz aufhören.

Als ich auf einer in Chicago mündenden Bahn die Werkstätten besuchte, versprach der Vorstand derselben mir einige Zeichnungen zu senden, schrieb aber nach einigen Tagen, dass er es vorläufig noch nicht könne, weil ein Strike der Weichensteller u. s. w. eingetreten sei und die Werkstätten Aushülfe leisten müssten. Auch müsste in den Werkstätten für die Leute gekocht werden.

Mehrere grosse Bahnen haben in den letzten Jahren durch ausgedehnte Strikes, bei denen der Betrieb längere Zeit unterbrochen wurde, ausserordentlich grosse pecuniäre Nachtheile gehabt. Wenn in einzelnen Fällen auch die Gründe zu den Arbeitseinstellungen wohl einigermaßen stichhaltig gewesen sein mögen, so ist doch in vielen Fällen solches nicht der Fall gewesen und ertragen die Eisenbahnen lieber zeitweise die Störungen, als eine dauernde Erhöhung der Gehälter oder Löhne.

Ebenso wie es in den Werkstätten üblich ist, suchen die Verwaltungen, soweit angängig, das eigene Interesse der Bediensteten mit demjenigen der Verwaltung durch die Uebertragung der Arbeit in Stückwerk zu verknüpfen. Es ist dieses z. B. bei dem Fahrpersonal der Fall. Lokomotivführer, Heizer, Conductor, Brakeman arbeiten in Stückwerk.

Es mag hierbei gleich bemerkt werden, dass Führer und Heizer nicht wie bei uns Handwerker sind, sondern gewöhnliche Tagearbeiter, die für diesen Dienst besonders geeignet sein müssen und ausgebildet werden. Die höheren amerikanischen Beamten behaupten, günstigere Resultate zu erhalten, wenn sie den Fahrdienst ganz von dem Maschinenunterhaltungsdienst trennen.

Führer und Heizer haben nichts zu thun, als während der Fahrt die Maschinen in Bewegung zu setzen, zu ölen, zu heizen. Im Schuppen besorgen andere Arbeiter die Reinigungs- und Reparaturarbeiten.

Die Bezahlung der Fahrbeamten erfolgt nach Trips (Fahrten).

Bei manchen Bahnen erfolgt die Berechnung nach der Einheit von Dayworks (Tagewerken). Es wird z. B. bei der Michigan Central auf 1 Daywork gerechnet:

100 Miles (161 km) in Personenzügen,
90 „ (144,9 „) „ Güterzügen,
10 Stunden Rangirdienst

und werden danach die Bestimmungen für die Trips, welche die Personale regelmässig machen, ausgeworfen.

Die Zugführer und Bremser, welche mit Führer und Heizer zu einer Tour vereinigt sind und mit denselben zugleich Dienst thun, werden in ähnlicher Weise bezahlt.

Bei einzelnen Bahnen werden auch Kohlenprämien gewährt und erhält nach den gemachten Angaben bei einer Bahn von dem Werthe der ersparten Kohlen $^1/_3$ der Führer, $^1/_3$ der Heizer, während $^1/_3$ der Verwaltung verbleibt. Bei der Abgabe der Lokomotive von einem Führer an den anderen muss der Feuermann die Kohlen rechtwinklig aufschaufeln und wird dann durch Messung das ungefähre Gewicht ermittelt. Complicirte Berechnungen werden übrigens bei der Ermittelung der Kohlenprämien nicht ausgeführt, sie werden von dem betreffenden Foreman abgerundet bewirkt.

Da die amerikanischen Bahnen nicht mit den europäischen, wie letztere unter sich, in steter, unmittelbarer Berührung stehen und auf die Entwickelung derselben die durch Zeitschriften u. s. w. verbreitete Kenntniss europäischer Einrichtungen verhältnissmässig wenig Einfluss gehabt hat, haben sich die Verhältnisse in Amerika in ganz eigenartiger Weise, auf Grund der dort gemachten Erfahrungen und unter dem Einfluss der dortigen Sitten und Verhältnisse, entwickelt. Dieselben haben sich in Folge des Ueberganges der Betriebsmittel auf andere Bahnen, Benutzung derselben Fabriken, Hüttenwerke u. s. w. in Amerika viel gleichartiger gestaltet, als in Europa, wo bekanntlich die deutschen, französischen, englischen Einrichtungen vielfach wesentlich von einander abweichen. Diese Gleichmässigkeit wird in Bezug auf die maschinentechnischen Gegenstände noch dadurch befördert, dass sich Vereinigungen der Maschinen- und Wagenbeamten (Master Mechanic und Master Carbuilder) gebildet haben, welche ähnlich dem Verein deutscher Eisenbahnen unter Berücksichtigung der gemachten Erfahrungen und Fortschritte einheitliche Vorschriften aufstellen. 1. Allgemeine Darstellung.

Die erwähnte eigenartige Ausbildung auf Grund der amerikanischen Verhältnisse hat zu so viel Abweichungen von den europäischen geführt, dass das Studium der Bahnen ein hochinteressantes ist und wesentliche Unterschiede auf Schritt und Tritt bemerkt werden. Sehr schwierig ist es daher zu erwägen, in wie weit diese Verschiedenheiten allgemein als Vorzug anzusehen sind und Nachahmung verdienen, beziehlich wie weit solche durch die amerikanischen Verhältnisse bedingt oder Folge anderer Abweichungen sind. Werden diese Erwägungen nicht gründlich angestellt, was übrigens erst geschehen kann, wenn man einen Ueberblick über die ganzen amerikanischen Verhältnisse gewonnen hat, so werden leicht schiefe Urtheile entstehen, welche zu Trugschlüssen führen.

Die Eisenbahnen in Amerika wurden früher im Allgemeinen und werden noch jetzt im Westen nicht nur gebaut, um den vorhandenen Verkehr zu vermitteln, sondern hauptsächlich, um das Land zu erschliessen und den Verkehr zu schaffen. Auf dem meistens unentgeltlich erworbenen Gelände wird die Bahn, welche einen erheblichen Verkehr erst nach Jahren erwarten darf, mit den kleinsten Mitteln hergestellt; die Schwellen werden thunlichst ohne weiteres auf den Boden gelegt, Stationsgebäude und Brücken in nothdürftigster Weise aus Holz hergestellt, ohne Rücksicht auf die zu erwartende geringe Dauer. Durch gesetzliche Vorschriften werden die Verwaltungen nicht gebunden und brauchen auch sonst keine Rücksichten zu nehmen; dieselben können daher Alles nach ihrem eigenen Ermessen ausführen. Erst später, wenn die Bevölkerung sich verdichtet und der Verkehr ein erheblicherer wird, wird mehr Geld auf die Einrichtungen verwendet und stehen die Eisenbahnen des dicht bevölkerten Ostens denen der europäischen Bahnen in den meisten Beziehungen gleich oder doch nahezu gleich, übertreffen dieselben sogar in manchen Beziehungen. Die Verwaltungen beginnen dort auch schon jetzt in den grossen Städten statt der provisorischen Hallen in vermehrter Weise grosse Empfangsgebäude aus Stein und Eisen zu bauen.

Oberbau. Der Oberbau, welcher ursprünglich nur schwach hergestellt wurde, wird bei diesen Bahnen auf den Hauptlinien stetig verstärkt, die Schienen von 60—65 Pfd. pro Yard = 30—33 kg pro Meter sind schon zum Theil durch stärkere ersetzt und kommen neuerdings vielfach solche von 80—85 Pfd. pro Yard = 40—42 kg pro Meter zur Anwendung. Einige Bahnen verlegen sogar versuchsweise noch schwerere Schienen. Die Verlaschung wird immer mehr verstärkt, ebenso die Zahl der hölzernen Schwellen, die grösser ist als in Deutschland.

Die Schienenstösse liegen allgemein versetzt und werden neuerdings die Stossfugen schräg gelegt.

Auf gute Entwässerung wird grosser Werth gelegt, wenn thunlich wird Steinschlag als Bettung angewendet. Für die Belastung der Triebräder ist keine Beschränkung gegeben, auch die Fahrgeschwindigkeit ist keinen beschränkenden Vorschriften unterworfen. Während in Deutschland 14000 kg die grösste erlaubte Belastung einer Triebachse ist, gehen die Amerikaner bei den schweren Maschinen auf 35000 bis 40000 Pfd. (15890—18160 kg) und mehr, und während bei uns 90 km i. d. St. die grösste zulässige Geschwindigkeit ist, wird dort, wenn es das Gefälle und die Kurven der Bahn gestatten, zeitweilig auf der Strecke über 100 km i. d. Std. gefahren.

Der grösste Theil der Bahnen in Amerika ist noch eingeleisig, nur die Bahnen mit dichtem Verkehr haben zweigeleisige Strecken; bei sehr lebhaftem Verkehr (Pennsylvania, New York Central), sind drei- und viergeleisige Strecken vorhanden.

Die Fahrgleise der Bahnen kreuzen sich im Niveau, Ueberführungen derselben sind kaum vorhanden, namentlich in der Nähe von Chicago fällt die grosse Anzahl der sich in gleicher Ebene kreuzenden Bahnen auf. Nur die wichtigsten Uebergänge und Strassen sind bewacht, bei den anderen muss in der Nähe der Städte langsam gefahren und geläutet werden. Sobald erst höhere Ansprüche in dieser Beziehung gemacht werden, werden die Verwaltungen Umsummen aufwenden müssen, um bessere Einführungen der Bahnen in die Städte herzustellen.

Signale.

Im Allgemeinen sind nur die Stationen durch Signale gedeckt, während auf der Strecke die Zugfolge vielfach noch nach Zeitintervallen (5 beziehlich 10 Minuten) geregelt ist; bei den Elevated R. R. in New York müssen bei Nebel 250′ Zwischenraum zwischen 2 aufeinander folgenden Zügen bleiben. Bei Störungen hat der letzte Bremser (Flagman) den Zug durch Legen von Knallsignalen zu decken. Einige Bahnen führen jetzt die Blocksignale in beschränktem Maße ein, namentlich für die Lokalzüge in der Nähe grösserer Städte. Es wird dabei mehrfach ein durch den Zug automatisch zu stellendes Blocksignal angewendet, z. B. auf den Hochbahnen von New York das mechanische Blocksignal von Black, auf anderen Bahnen das von Hall, im Uebrigen das elektrisch-pneumatische Blocksignal. Luftdruck wird überhaupt jetzt vielfach zum Stellen der Weichen und auch zur Bewegung von Abschlussschranken u. s. w. angewendet.

Neuerdings wird auf grossen Bahnhöfen der östlichen Bahnen die elektrisch-pneumatische Bewegung der Weichen und Signale der Union Switch & Signal Co. in Swissvale, Pennsylvania, zur Anwendung gebracht; die älteren Stellwerks-Anlagen sind ähnlich denjenigen von Saxby & Farmer.

Bahnsteige.

Erhöhte Bahnsteige giebt es im Allgemeinen nicht, nur die Hochbahnen in New York haben mit dem Wagenboden gleich hochliegende Bahnsteige. Die grossen Bahnhöfe sind abgeschlossen und findet beim Betreten derselben eine Revision der Fahrscheine statt. Der Zugang zu den verschiedenen Geleisen und Zügen führt ausser bei den Kopfstationen über die Bahngeleise.

Die Güterbahnhöfe liegen von den Personenbahnhöfen getrennt, vielfach ausserhalb der Städte. Die Rangirgeleise sind bei einigen Bahnhöfen nach Art der Ablaufgeleise ausgeführt. Auch liegen Nebengeleise, in denen Brückenwaagen zum Wiegen der Wagen sich befinden, zuweilen geneigt, damit die Wagen durch die Schwerkraft sich darauf bewegen. Schiefe Ebenen, im Allgemeinen aus Trestle Works (Holzbauten) gebildet, finden sich vielfach vor, um die Wagen auf erhöhte Bühnen zu bringen, von welchen die Kohlen u. s. w. durch den Wagenboden gestürzt oder Materialien zu anderen Zwecken abgeladen werden.

An den Ufern der Flüsse und Seen sind lange hölzerne Piers errichtet, von welchen die Wagen auf Transportschiffe geschoben werden, beziehlich von welchen seitlich das Aus- und Einladen stattfindet. Die Transportschiffe haben in der Regel zwischen den beiden Geleisen eine in der Höhe der Wagenböden liegende Bühne, auf welche Güter geladen, oder über welche die Güter hinweg verladen werden.

Die Einrichtungen für den Betrieb der Hochbahnen in New York sind ganz eigenartig und weichen von denen der übrigen Bahnen vollständig ab. Zwei Bahnen laufen in den Längsstrassen (Avenues) der langen Halbinsel, auf welcher New York liegt und zwar in der 2., 3., 6. und 9. Avenue. Durch sie wird der grossartige Verkehr dieser Riesenstadt vermittelt und würde ohne eine derartige Verbindung das Anwachsen der Stadt zu der jetzigen Grösse kaum möglich gewesen sein. Die Geleise liegen etwa in der Höhe der ersten Häusergeschosse und werden durch Eisenconstructionen und Säulen getragen. Die Gesammtlänge der Bahn beträgt etwa 60 km. Die Geleise sind doppelt angelegt und findet auf ihnen ein nahezu ununterbrochener Verkehr statt. Die Züge folgen sich in der stärksten Verkehrszeit in einer Zeitfolge, welche an einzelnen Stellen 1 Minute und wenige Sekunden beträgt. An gewissen Tagen sind auf diesen Bahnen über 3/4 Millionen Menschen befördert worden. Die ganze Anlage und der Verkehr auf denselben hat sich aus dem praktischen Bedürfniss herausgebildet, sie sind so einfach, dass sie zum Studium dienen können. Es ist der Verkehr wohl der grösste, welcher auf Eisenbahnen stattfindet. —

Betriebsmittel. Die Bauart der Betriebsmittel ist im Wesentlichen beeinflusst worden:

1. durch frühzeitige und ausgedehnte Anwendung der Drehgestelle (Trucks) bei Lokomotiven und Wagen, welche als besonders geeignet befunden wurden, bei scharfen Kurven und mangelhafter Gleislage die Gefahr des Entgleisens und den Zugwiderstand zu vermindern; hierzu kam
2. bei den Lokomotiven die theilweise Verwendung von Anthrazitkohle, welche grosse Rostflächen bedingte, die in vielen Fällen verlangte Grösse der Leistungen, die Vorzüglichkeit des amerikanischen Gusseisens, welches gestattet, viele Theile aus demselben zu machen; daneben hat sich durch frühzeitige Verwendung guten Flusseisens solches als Kesselmaterial eingebürgert, auch für den inneren Feuerkasten;
3. bei den Wagen war die Nothwendigkeit von Einfluss, grössere Kastenlängen anzuwenden, um die ungünstige Einwirkung des constanten Truckgewichts (welches bei kürzeren Wagen die Hälfte des ganzen Wagengewichtes ausmacht) zu verringern und ein günstiges Verhältniss zwischen der Tragfähigkeit beziehlich dem Fassungsraum und dem Eigengewicht zu erreichen;

   bei Personenwagen war ferner noch die Nothwendigkeit, solche wegen der Unsicherheit auf den Bahnen und aus anderen Gründen als Durchgangswagen zu bauen, derart, dass dauernd ein Controliren des Zuges erfolgen kann und abgesonderte Reisende nicht schutzlos den Angriffen Böswilliger ausgesetzt sind, ferner die republikanische Gleichheit aller Bürger, welche die Einrichtung verschiedener Wagenklassen entbehrlich machte, die Rücksicht, welche dem weiblichen Geschlechte in Amerika im Allgemeinen erwiesen wird, weshalb die Einrichtung von Frauenabtheilungen unnöthig erschien und die geringe Zahl der gewohnheitsmässigen Tabakraucher, welche es genügend erscheinen liess, in jedem Zuge eine besondere Abtheilung für Raucher einzurichten.

   In neuerer Zeit ist noch hinzugekommen:

5. die Nothwendigkeit bei den langen zu durchfahrenden Strecken die Lage der Reisenden bei Tage und bei Nacht möglichst günstig zu gestalten, derart, dass die Fahrt dem Leben in einem guten Hotel gleichkommt, um den Reiseverkehr zu heben, wobei die in Wettbewerb stehenden Bahnen und Gesellschaften in Luxus und Bequemlichkeitseinrichtungen einander zu überbieten suchen.

Lokomotiven. Die Zuglokomotiven in Amerika sind vorn entweder mit einem Truck (zweiachsigem Drehgestell) oder mit einem Pony-Truck (Schwingachse) versehen. Die erstere Anordnung besteht entweder, namentlich wenn der Radstand mit Rücksicht auf die Kurven der Bahn nicht zu gross ist, aus einem Rigid Truck (festes Drehgestell), welches sich nur um die Mitte dreht; oder aus einem Swing Truck, welches ausser der Drehung auch eine seitliche Bewegung zulässt und in ähnlicher Weise wie die sog. Wiege bei Personenwagen angeordnet ist. Der Drehpunkt des Trucks liegt in der Regel in der Mitte, zuweilen auch einseitig. Der Ponytruck besteht aus einer um einen hinteren Drehpunkt schwingenden Achse.

Personenzug-lokomotiven. Die gewöhnliche Construction der Personenzuglokomotiven ist die mit vorderem Truckgestell und 2 gekuppelten Achsen (American type). Das Gewicht ohne Tender ist 80000—100000 Pfd. (36,3 t bis 45,4 t) und mehr.

Bei den Hauptbahnen werden in neuerer Zeit Schnellzuglokomotiven von wesentlich grösseren Abmessungen verwendet. Es ist dieses aber auch nöthig, da die zu befördernde Last sich ganz erheblich vermehrt hat.

Das Gewicht der in den Limited-Zügen u. s. w. mitgeführten Luxuspersonenwagen beträgt nämlich bis 90000 Pfd. (40860 kg) und geht sogar bis auf 100000 Pfd. (45400 kg) und wenn auch in die Schnellzüge in der Regel nur 5—6 Wagen eingestellt werden, so steigt die Zahl derselben, wenn mehrere Durchgangswagen zusammen kommen, auf 7—8, in einzelnen Fällen sogar auf 10. Da diese Züge (mit Ausnahme einiger aussergewöhnlichen Steigungen) stets nur durch eine Maschine befördert werden und rasch fahren müssen, so haben die Lokomotiven eine sehr grosse Leistung auszuführen. Sie besitzen denn auch vielfach 3 gekuppelte Achsen mit einem ein- oder zweiachsigen Drehgestell.

Die Treibräder haben dabei im Allgemeinen einen verhältnissmässig kleinen Durchmesser, während dem Kessel sehr grosse Abmessungen gegeben sind.

Das Gewicht solcher Lokomotiven beträgt etwa 122000 Pfd. (55388 kg).

Nach den gemachten Angaben kommen aber auch Gewichte bis über 60000 kg vor.

Güterzuglokomotiven. Zum Befördern der Güterzüge werden in neuerer Zeit in der Regel entweder die

Mogulmaschinen mit 3 gekuppelten Achsen und einem Ponytruck (Schwingachse) im Gewichte von 90000—100000 Pfd. (41760—54480 kg) verwendet, oder die

Tenwheeler mit 3 gekuppelten Achsen und einem vorderen zweiachsigen Drehgestell im Gewichte von 100000—130000 Pfd. (45400—59020 kg), oder die

Consolidation-Lokomotiven mit 4 gekuppelten Achsen und einem Ponytruck oder endlich Maschinen mit 4 gekuppelten Achsen und einem 2achsigen Truck; letztere beiden Gattungen im Gewichte von 110000 bis 150000 Pfd. (49940—68100 kg).

Es kommen bei grossen Steigungen aber auch Lokomotiven mit 5 gekuppelten Achsen mit und ohne Drehgestell, sog. Decapod-Maschinen vor, deren Gewicht das obige noch übertrifft und beispielsweise bei der Tendermaschine für den St. Clair-Tunnel (5 gekuppelte Achsen ohne Laufachsen) 195000 Pfd. (= 88452 kg) erreicht.

Die Kessel liegen bei den Güterzugmaschinen ebenfalls wie bei den Personenzugmaschinen hoch und haben entsprechende Abmessungen.

Die Rangirmaschinen sind zuweilen als Tenderlokomotiven gebaut mit 2 oder 3 Achsen. Auf den grösseren Rangirbahnhöfen arbeiten jedoch meistens nur kräftige Maschinen mit besonderem Tender und 3 gekuppelten Achsen. Das Gewicht beträgt 80000—100000 Pfd. (36320—45400 kg).

Tenderlokomotiven. Die Tenderlokomotiven für Vorortsverkehr, sowie auch diejenigen der Hochbahnen in New York haben vorn 2 gekuppelte Achsen und hinten ein Truckgestell.

Die Lokomotiven sind in Bezug auf ihre Einzelheiten von grosser Gleichmässigkeit, die Cylinder liegen aussen und bilden vorn den Hauptstützpunkt für den Kessel; der Rahmen ist aus Quadrateisen gefertigt, Kessel und Feuerbüchse aus Flusseisen. Führer und Heizer haben Sitze und sind die Armaturtheile, namentlich der Regulator, darnach eingerichtet.

In neuerer Zeit sind auf verschiedenen Bahnen versuchsweise Verbundlokomotiven eingeführt, jedoch zur Zeit noch in geringer Zahl.

Tender. Die Tender sind allgemein mit 2 Drehgestellen ausgerüstet. Die Aufnahme von Wasser während der Fahrt durch Rinnen ist bei den lange Strecken ohne Anhalten durchfahrenden Zügen

(z. B. New York-Albany etwa drei Stunden Fahrzeit) auf einigen Bahnen in Anwendung und scheint sich weiter auszudehnen.

Die Tender der Rangirmaschinen sind hinten abgeschrägt, um die Aussicht zu erleichtern und enthalten Handgriffe und Sitze für die mitfahrenden Bediensteten.

Wagen. Wenn auch in Amerika im Allgemeinen die Personenzüge amtlich nur eine Wagenklasse führen, so sind in Wirklichkeit bei den gut eingerichteten Bahnen eigentlich 3 vorhanden. Die erste Klasse bilden die Pullman und Wagner Wagen u. s. w., aus denen zum Theil ganze Züge zusammengesetzt sind und welche im Uebrigen in geringerer oder grösserer Zahl in fast allen Schnellzügen der Hauptbahnen mitgeführt werden. Die besser gestellten Reisenden benutzen bei längeren Fahrten fast ausschliesslich diese Wagen, während das übrige Publikum die Extraausgabe für dieselben scheut und in den gewöhnlichen Personenwagen fährt. Diese letzteren bilden daher eigentlich die zweite Klasse. Als dritte Klasse können die in den Personenzügen mitgeführten Rauchwagen angesehen werden, obwohl der Fahrpreis für sie nicht ermässigt ist. Es ziehen sich aber meistens die Arbeiter oder Personen mit weniger sauberen Kleidern u. s. w. in diese Wagen zurück, weil sie dort rauchen können, beziehlich sich dort wohler fühlen. Eigentlich besteht die dritte Klasse jedoch in den weniger reich ausgestatteten Emigrantenwagen, auch Touristenwagen genannt. Uebrigens geben einige Bahnen nach den Veröffentlichungen auch Fahrkarten I. und II. Klasse aus, doch habe ich auf meinen Reisen derartige Wagen zweiter Klasse nicht gefunden.

Personenwagen. Die gewöhnlichen Personenwagen sind vierachsig und bilden im Inneren einen einzigen Raum mit Mittelgang. Die Sitze liegen zu je zweien auf jeder Seite des letzteren und werden während der Fahrt alle in eine Richtung geklappt, so dass sämmtliche Personen nach vorn sehen. Die Wagen enthalten Aborte und Waschraum, sowie ein Gefäss mit Eiswasser zur Benutzung für die Reisenden. An jedem Ende des Wagens befindet sich eine Plattform mit dreistufigen Treppen, welche für das Besteigen gut gewählte Verhältnisse besitzen.

Für kleine Fahrten sind die Wagen angenehm, bei längeren macht sich in unangenehmer Weise, namentlich, wenn dieselben stark besetzt sind, die Enge der Sitze geltend und der Umstand, dass man an die Rückenlehnen, welche nur Stuhlhöhe haben, den Kopf nicht anlegen kann; ausserdem ist eine Unterhaltung mit mehreren Personen, weil solche hintereinander sitzen müssen, schlecht auszuführen. Ferner ist ausser einigen an der Wand angebrachten zierlichen Konsolen Raum für Gepäck nicht vorhanden und sind bei gefüllten Wagen Gepäckstücke, welche man nicht auf dem Schooss halten kann, kaum unterzubringen.

Die Ausstattung der Wagen ist ähnlich wie bei uns in der zweiten Klasse, doch sind die Wände und die Decke bei den neueren Wagen häufig mit Schnitzwerk und Malereien verziert.

Abweichend hiervon sind die Vorort- (Suburban) Wagen, wie solche auch auf den Hochbahnen angewendet werden. Dieselben haben an den Enden Längssitze wie die Pferdebahnwagen und nur in der Mitte Quersitze, der freie Raum in der Mitte zwischen den Längssitzen ist gross, so dass sich beim Einsteigen vorläufig eine Zahl von Personen dort ansammeln kann.

Die Emigranten- und Touristenwagen sind ähnlich wie die gewöhnlichen Personenwagen, aber einfacher in der Ausstattung eingerichtet.

Luxuswagen. Die Luxuswagen, sowohl die von P u l l m a n, W a g n e r, M a n n, als auch die im Besitze der Bahnen befindlichen Direktionswagen u. s. w. sind von grosser Länge und haben 6 Achsen. Sie sind zum Theil mit Mittelgang, zum Theil mit Seitengang eingerichtet. Es befinden sich darin Speise-,

Schlaf-, Aussichtsräume, Buffets, Küche, Bibliothek u. s. w., wodurch das Reisen auf längeren Strecken sehr erleichtert wird. Sonderbar berührt den Fremden allerdings beim Aufenthalt in denjenigen Schlafwagen, in denen der Gang ebenfalls in der Mitte liegt, dass beim Aus- und Ankleiden in dem nur etwas über ½ Meter breiten Gange, in welchem man währenddessen stehen muss, der Verkehr durch den Zug sich bewegt, was die daran gewöhnten Amerikaner freilich nicht stört. Namentlich fällt es auf, dass die ziemlich verwöhnten Amerikanerinnen mit einer derartigen Einrichtung sich befreundet haben. Wohlhabende Personen können sich allerdings die vorhandenen besonderen Abtheile (State rooms) miethen. Für die Benutzung dieser Wagen, in welchen ein grosser Luxus herrscht, muss der Gesellschaft, welche die betreffenden Wagen stellt, ein besonderer Betrag entrichtet werden.

Vestibule-Wagen.

In neuerer Zeit sind in die Limited Trains (Züge mit beschränkter Wagen- und Personenzahl), Vestibule-Wagen eingeführt, bei denen die Aufgänge durch ausziehbare Faltenbälge (Windschirme) aus Gummi geschlossen sind. Es findet dabei der Abschluss durch eiserne Rahmen statt, welche sowohl unten wie oben durch Federn angedrückt werden. Durch die zwischen diesen Rahmen stattfindende Reibung mindert sich die Bewegung der Wagen. Es sollen diese Rahmen bei Zusammenstössen sehr günstig eingewirkt haben, so dass das sogenannte Telescopiren (Ineinanderschieben der Wagenkasten) vermieden wird. Bei diesen Limited-Zügen braucht man einen besonderen Zuschlag zur Fahrkarte nicht zu entrichten; er liegt im Fahrpreise. Es haben jedoch die Eisenbahnverwaltungen da, wo Concurrenzlinien vorhanden sind, sich gezwungen gesehen, diesen zu ermässigen.

Da die Personenwagen sämmtlich mit Drehgestellen und sogenannten Wiegen versehen sind, so haben sie einen sanften Gang; weniger gut laufende Wagen kommen kaum oder doch nur ganz vereinzelt vor. Auch muss anerkannt werden, dass die Unterhaltung der inneren Einrichtung durchschnittlich eine bessere ist als in Deutschland, obwohl die amerikanischen Wagen durch Schiebefenster, Jalousien, Waschapparate u. s. w. mindestens so complicirt sind, als die deutschen. Nur in den Rauchwagen sieht es häufig unsauber aus, da das Publikum sich dort weniger Zwang auferlegt.

Bei allen Luxuswagen besteht der grosse Vorzug, dass die Plätze nummerirt sind, so dass das Jagen und Hasten nach guten Plätzen vermieden ist. Wer sich frühzeitig einen Platz in den im Allgemeinen in den Städten, sonst auf den Stationen befindlichen Verkaufsstellen sichert, hat die Auswahl und braucht sich wegen des Platzes keine Sorge zu machen. Die im Zuge Plätze Kaufenden müssen mit dem vorlieb nehmen, was übrig geblieben ist. Es kann selbstverständlich nur die Zahl der vorhandenen Sitzplätze verkauft werden. Die Plätze im Rauchraum werden im Allgemeinen nicht verkauft und ist es während der Fahrt sehr angenehm, dass man gelegentlich seinen Platz verlassen, dort eine Cigarre rauchen, sich unterhalten und später auf seinen Platz zurückkehren kann. Auch ist es angenehm, dass man in Buffet Cars während der Fahrt Erfrischungen zu sich nehmen kann.

Bei denjenigen Zügen, welche günstiger liegen, werden übrigens, wenn auch kein Dining Car vorhanden ist, vom Buffet nicht allein Kaffee, Thee und Getränke servirt, sondern man kann auch gebratenes Fleisch u. s. w. bekommen, welches der Kellner trotz des geringen Raumes auf dem mit Petroleum geheizten Wärmeofen fertig macht. Ich erhielt z. B. bei der Fahrt von Boston nach New York in einem Zuge, bei welchem der Verkehr nicht gross genug ist, um einen Dining Car mitzunehmen, welcher aber derartig liegt, dass das Bedürfniss zum Speisen vorhanden ist, in dem Parlor Car ausser den Getränken gebratenes Huhn, einen kleinen Plumpudding u. s. w., alles wohl zubereitet und preiswerth. Andere Reisende speisten in ähnlicher Weise. Diese Speisen, von denen eine grössere Auswahl vorhanden ist, werden in kleinen Portionsbüchsen vorräthig gehalten und den ausgedehnten Lagern der Gesellschaft, welche ich in Methaven zu besichtigen Gelegenheit hatte, entnommen. Es hat sich eine eigene Industrie für die Anfertigung dieser kleinen Portionsbüchsen gebildet.

Derartige Einrichtungen können sich nur halten, wenn Speisen und Getränke dauernd gut sind, das Publikum solches durch die Erfahrung weiss, und durch häufige Benutzung die Einrichtung unterstützt.

Heizung. Auf die gute Heizung der Wagen wird in Amerika sehr viel Werth gelegt, da die Amerikaner in Bezug auf Wärme verwöhnt sind. Die Beheizung wird durch die Bauart der amerikanischen Wagen, welche nur wenige Abtheilungen haben, erleichtert.

Die Heizung der älteren Wagen geschieht durch gewöhnliche Steinkohlenöfen, bei den Luxuswagen durch Warmwasser- (Baker-) Oefen, welche mit Kohlen geheizt werden. In den letzten Jahren wird theils in Folge von Vorschriften der Einzelstaaten, theils wegen der Feuersgefahr und der ungleichmässigen Erwärmung die gewöhnliche Ofenheizung bei den Personenwagen verlassen und erfolgt die Heizung entweder durch Dampf oder durch Wasser, welches mittelst Dampfes erwärmt wird, oder durch eine Einrichtung, bei welcher das Wasser je nach der Sachlage durch Kohlenheizung oder Dampf erwärmt werden kann. Die Heizung mit Wasser ist allerdings theuer, aber milder und gleichmässiger und wird für besser gehalten als solche durch direkten Dampf.

Die Vorrichtungen zur Heizung sind bei den Bahnen verschieden und hat sich noch kein Normalsystem herausgebildet. Es werden die Constructionen verschiedener Gesellschaften, namentlich Gold, Martin, Sewall und deren Kupplungen angewendet. Neuerdings sind die Anordnungen der Safety Car Heating Co. und der Consolidated Car Heating Co. in Aufnahme gekommen.

Erleuchtung. Die Erleuchtung der Wagen erfolgt im Allgemeinen durch Petroleumlampen, welche sehr gut im Stande gehalten werden und gutes Licht geben. Neuerdings ist sowohl die Erleuchtung mit comprimirtem Gas, als auch die Erleuchtung durch Electricität in Aufnahme gekommen, letztere jedoch nur ganz vereinzelt bei einigen Luxuswagen. Nach den gemachten Angaben sind die Schwierigkeiten bei der letzteren Erleuchtung so gross, dass sie keine Aussicht auf ausgedehntere Anwendung hat, vielmehr hat Gas, namentlich das nach Pintsch erzeugte Fettgas, die meiste Aussicht auf allgemeinere Einführung und wird solches auch schon jetzt bei den besseren Bahnen in ziemlichem Umfange angewendet.

Bremsen. Sowohl Personen- wie Güterwagen sind mit Handbremse versehen und zwar befindet sich bei den Personenwagen auf jeder Plattform ein Bremsrad mit senkrechter Spindel, während bei den Güterwagen zum Theil nur eine Bremsspindel, deren Handrad auf der Wagendecke liegt, angeordnet ist; bei vielen Bahnen ist jedoch auch auf der anderen Seite eine Bremsspindel vorhanden, welche häufig an der Stirnwand liegt, damit man die Bremse in Tunneln benutzen kann.

Die Uebertragung erfolgt in der Regel durch Ketten und zwar auf beide Drehgestelle. Die Personenwagen sind ausserdem, abgesehen von den Hochbahnen welche nicht selbstthätige Luftleerbremse nach Eames haben, mit selbstthätigen Luftdruckbremsen ausgerüstet, welche bisher ziemlich allgemein nach der bekannten Bauart von Westinghouse hergestellt waren. Neuerdings hat die grössere Zahl der in den Personenzügen mitgeführten Wagen und die Anwendung der selbstthätigen Bremsen bei Güterzügen zur Einführung von Schnellbremsen gezwungen und ist ausser der Westinghouse'schen Bremse noch die der New York-Air Brake Co. zur Anwendung gekommen.

Es wird angegeben, dass bestimmte Güterzüge bei Einstellung einer grösseren Anzahl von Bremswagen mit Luftdruckbremse (einschliesslich Halten, Rangiren u. s. w. in der Stunde 5 miles (= 8 km) mehr Weg zurückgelegt hätten, als ohne solche.

Güterwagen.

Die Güterwagen bei der Mehrzahl der Bahnen sind 4achsig und mit Truckgestellen versehen; die zur Beförderung von Vieh und Früchten bestimmten haben vielfach auch eine sogenannte Wiege; nur in den Kohlenrevieren bei einigen kleineren Bahnen finden sich noch ältere 2achsige Wagen von geringerer Tragfähigkeit vor. Die offenen Wagen sind entweder Flat Cars (Plateau-Wagen) oder Gondola Cars (Wagen mit Bords), bei welchen die Seitenwände meistens als Träger construirt und ohne Seitenthüren sind. Der grösste Theil dieser Wagen ist mit Hopper-Boden (Trichter und Klappen) versehen, das Ausladen derselben findet in der Regel, wie schon erwähnt, durch Stürzen von erhöhten Geleisen statt.

Die bedeckten Wagen (Box Cars) sind im Allgemeinen in ähnlicher Weise wie bei uns mit Seitenthüren versehen, haben aber vielfach in den Stirnwänden oben noch kleine Schiebethüren, durch welche Holz, Schienen u. s. w. eingeladen werden können, um diese Wagen geeignetenfalls auch zum Transport von Massengütern benutzen zu können.

Kühlwagen.

Zum Transporte leicht verderblicher Waaren, wie Früchte, geschlachtetes Vieh u. s. w., die in grossen Mengen vom Westen nach dem Osten verfrachtet werden, dienen die Refrigerator Cars (Kühlwagen), welche in ausserordentlich sorgfältiger Weise vor den Einflüssen der äusseren Witterung geschützt sind und im Innern Eisbehälter enthalten. Diese Wagen haben nicht nur doppelte Wände, sondern sind mit einer grossen Anzahl von Schichten schlechter Wärmeleiter umhüllt. Sie sollen denn auch bei den Transporten von San Francisco, wenn die Früchte u. s. w. dort bei warmer Temperatur eingeladen werden, in den Schnellgüterzügen die Temperatur so gut halten, dass sie auch bei mässigem Frost im Osten ankommen, ohne dass die Waaren verdorben sind. Die Anzahl dieser Wagen ist eine grosse.

Heizwagen.

Unter ungünstigen Umständen und bei strenger Kälte, namentlich in den New England-Staaten, bedient man sich der Heizwagen der Eastman Car Heater Co., welche doppelte Wände mit Zwischenraum haben, in welchen die durch einen patentirten Petroleumheizer erwärmte Luft eindringt. Bei ganz zarten Früchten (Bananen) ist ein complicirter Regulator vorhanden, welcher die Temperatur regelt.

Die Güterwagen hatten früher eine Tragfähigkeit von 30000—40000 Pfd. (13620—18160 kg), neuerdings wird diese auf 50000—60000 Pfd. (22700—27210 kg) erhöht, wodurch beim Transport von Massengütern, namentlich auf längeren Strecken, erhebliche Ersparnisse erzielt werden. Röhrenwagen haben keinen Erfolg gehabt. Die Beschaffungskosten eines grossen Wagens mit 4 Achsen sind geringer oder doch nicht grösser als bei uns die der 2achsigen Wagen.

Kupplung.

Die Kupplung dient zugleich als Buffer und Kupplung. Ein Uebelstand ist, dass dieselbe unter dem Wagen liegt und nur angeblattet ist. Durchgehende Zugstangen werden in Amerika im Allgemeinen nicht verwendet. Bei stärkerer Beanspruchung, Zusammenstössen, treffen, wenn die Kupplung losgebrochen ist, die Wagen mit den Kasten aufeinander.

Betriebsdienst.

Die Ausnutzung der Lokomotiven wird neuerdings dadurch begünstigt, dass bei dazu geeigneten Dienst entweder mehrere Lokomotivpersonale derselben Maschine zugetheilt sind oder auch das first in-first out-Prinzip angewendet wird, wobei der nächste Führer die nächste Maschine erhält und das Feuer nur beim Auswaschen aus der Lokomotive entfernt wird.

Die Ausnutzung der Wagen wird dadurch begünstigt, dass bei den Personenwagen im Wesentlichen nur eine Klasse vorhanden ist und besondere Abtheile für Damen, Nichtraucher u. s. w. fehlen und dass die immer mehr zur Einführung kommenden Luxuspersonenwagen über grosse Bahngebiete gehen und daher eine grosse Meilenzahl durchlaufen. Kommen an einer Station eine grössere Anzahl Reisende zu, so können sie in einen beliebigen Wagen einsteigen und sich während der Fahrt auf die freigegebenen Plätze im Zuge vertheilen.

Die Ausnutzung der bedeckten Güterwagen wird dadurch begünstigt, dass dieselben, wie oben erwähnt, vielfach auch für die Beförderung von Massengütern angewendet werden. Ein günstiges Verhältniss der todten zur Nutzlast wird durch die Erhöhung der Tragfähigkeit der Güterwagen angestrebt.

Die Ausnutzung wird ferner begünstigt durch die rasche Reparatur der Betriebsmittel in den Werkstätten.

Was die Stärke der Personenzüge betrifft, so sind in der Regel nur 3—6 Wagen vorhanden. Es kommen aber, wie schon oben bemerkt, beim Zusammentreffen von Kurswagen auch Züge bis zu 10 Wagen vor, doch ist dieses nur selten der Fall.

Fahrkarten. Die Fahrkarten werden an den Verkaufsstellen der Stadt oder am Schalter gekauft, sind ähnlich den unsrigen, müssen bei abgeschlossenen Bahnsteigen vorgezeigt, zuweilen auch coupirt werden und werden vor Ende der Fahrt abgenommen. In vielen Fällen nimmt sie der Conductor schon nach Beginn der Fahrt ab und giebt dem Reisenden ein besonders bezeichnetes oder geformtes Papierstück zur Legitimation. In den Luxuswagen werden die Zuschlagkarten stets bei Beginn der Fahrt abgenommen und giebt dafür der Conductor einen Interimsschein, der später auch abgenommen wird.

Gepäck. Das Gepäck der Reisenden wird für die Bahnbeförderung allgemein durch eine mittelst Riemens befestigte Blechmarke gekennzeichnet, der Reisende erhält eine gleiche Marke (Check) als Ausweis. Besondere Express-Gesellschaften besorgen in der Regel die Beförderung desselben von der Ankunftsstation nach dem Hotel u. s. w. und umgekehrt, was namentlich für Reisende, welche mit den Verhältnissen unbekannt sind, manches Angenehme hat. Im Wagen erscheinen die Agenten vor Beendigung der Fahrt, zuweilen schon 60 km vom Bestimmungsort entfernt, nehmen die Checks an, besorgen das Gepäck, auf Wunsch auch einen Wagen zur Fahrt nach dem Hotel, sodass man sich um Nichts zu bekümmern hat.

Fahrgeschwindigkeit. Die Fahrgeschwindigkeit der Züge ist im Allgemeinen der deutschen ähnlich, im Westen jedoch geringer. Nur einige Züge, im Osten namentlich die Limited-Züge, welche nicht mehr als eine bestimmte mässige Zahl von Wagen befördern, fahren auf längeren Strecken etwas rascher als die deutschen bei langen Fahrten. Auf kurzen Strecken fahren, wenn die Neigung der Bahn es gestattet, die Schnellzüge zeitweilig rascher als die deutschen, da dem Lokomotivführer eine Beschränkung in der Fahrgeschwindigkeit nicht auferlegt ist, und habe ich beim Fahren auf der Lokomotive ermittelt, dass der Zug zeitweilig über 100 km lief.

Bei den Güterzügen müssen unterschieden werden die gewöhnlichen Züge und die raschen Güterzüge. Erstere fahren langsam, während letztere, welche den Verkehr mit Fleisch, Früchten u. s. w. auf meistens langen Strecken vermitteln, in der Regel wie die Personenzüge fahren.

Zugbeamte. Jeder Personenzug hat im Allgemeinen ausser dem Conductor 2 Brakemen, von denen der hintere der Flagman (Signalisirung beim Liegenbleiben des Zuges auf der Strecke) ist. In jedem Luxuswagen befindet sich jedoch 1 Diener und in den Buffets und Dining Cars das erforderliche Personal zum Herstellen und Serviren der Speisen.

Die Stärke der Güterzüge beträgt bei den Lokalzügen im Allgemeinen 20—40 Wagen, bei den durchgehenden Zügen für Massengüter bis zu 60 Wagen, und werden die letzteren durch sehr schwere und leistungsfähige Maschinen befördert; auch bei den längsten Zügen sind als Begleitpersonal nur 1 Conductor und 3 Brakemen vorhanden, welch' letztere sich auf den Zug vertheilen und von denen der letzte wieder als Flagman Verwendung findet.

Die Lokomotiven der Güterzüge sind vielfach mit selbstthätiger Bremse versehen. Die Bremser müssen, auch ohne das Signal des Lokomotivführers abzuwarten, wenn nöthig, das Bremsen reguliren. Da das Personal stets zusammenbleibt und die gleichen Züge fährt, so wirken sie bei der Fahrt im Einverständniss zusammen.

Rangiren.

Das Rangiren der Züge geschieht theils in der bei uns üblichen Weise, vielfach aber derart, dass die Maschine auf einem Nebengleise fährt und die einzelnen Wagen mit einer starken Stange (Push beam) abstösst, wobei zuweilen auch noch die Sammelgleise etwas geneigt liegen. Die abgestossenen Wagen werden durch aufspringende Arbeiter gebremst.

Train Dispatcher.

Eigenthümlich ist in Amerika die Einrichtung des Train Dispatcher (Zugleiters), von denen einer (oder mehrere) vom Telegraphenbureau der Centralstelle aus, im Namen des Betriebsdirectors über die auf ihrer Abtheilung befindlichen Züge Verfügungen trifft, Kreuzungen verlegt u. s. w. Jede Ankunft, Abfahrt u. s. w. eines Zuges wird ihm von den Stationen gemeldet, und er führt darüber eine Uebersicht. Seine Telegramme gehen sowohl an den Zugführer, als auch an den Lokomotivführer. Da ein grösserer Theil der Güterzüge regelmässig ohne Fahrplan fährt, so ist es namentlich bei den eingleisigen Bahnen Sache des Zugleiters, den Lauf derselben zu regeln.

Es mag hierbei bemerkt werden, dass in Amerika rechts gefahren wird.

Werkstätten.

Die Werkstättenanlagen bestehen wie bei uns aus Central-, Haupt- und Betriebswerkstätten. Erstere sind zuweilen von bedeutender Grösse und werden in ihnen nicht nur meistens die Betriebsmittel reparirt, sondern auch die Ersatzlokomotiven und -Wagen und in manchen Fällen auch ein Theil der zur Vermehrung erforderlichen Betriebsmittel neu gebaut. Es werden dadurch die Arbeiter besser geschult, die Lücken in den Reparaturarbeiten ausgefüllt und können die Beamten sich dabei gründlich über die Zweckmässigkeit und Nothwendigkeit der Abänderungen, sowie über die Kosten der Herstellung unterrichten. Die Arbeiten sollen nicht theurer sein als in Fabriken, dagegen vielfach besser ausgeführt werden.

Die Werkstätten bestehen in der Regel aus einer Anzahl getrennter Gebäude, was wegen der Feuersgefahr als zweckmässig erachtet wird. Namentlich ist die Tischlerei, Lackirerei u. s. w. häufig von den andern getrennt und abseits gelegen.

Die Lokomotivwerkstätten bestehen in einzelnen Fällen aus Rundhäusern mit einer im Freien liegenden Drehscheibe, in der Regel aber aus langen Gebäuden mit davorliegender Schiebebühne, ähnlich wie bei uns. Vereinzelt liegt auch die Schiebebühne im Innern zwischen 2 Reparaturständen. Eine andere Art ist die Anordnung, wie sie in England vielfach angetroffen wird, wo 3 parallele Gleise in langen Schuppen liegen, von denen das mittlere frei ist und als Ein- und Ausfahrgleis dient, während die beiden äusseren als Reparaturgleise dienen, auf welche die Lokomotiven durch einen Laufkrahn gesetzt werden.

Die Wagenreparaturen werden auch zum Theil in Rundhäusern ausgeführt, neuerdings aber auch in langen Schuppen, in welche rechtwinklig zur Länge eine grössere Anzahl von Gleisen führen, auf denen ein oder mehrere Wagen stehen können. Vor dem Schuppen liegt im Freien eine Schiebebühne von entsprechender Länge, welche vielfach durch Dampf oder Electricität bewegt wird. Bei Güterwagenschuppen für kleine Reparaturen führen auch wohl Gleise der Länge nach in die Schuppen und werden durch Weichen bedient.

Besonderer Werth wird auf die Werkzeugmaschinen gelegt, welche in grosser Zahl und vielfach in vorzüglicher Ausführung vorhanden sind, namentlich sind viel Spezialmaschinen in Benutzung.

Auf die rasche Erledigung der Reparaturen wird grosser Werth gelegt und müssen die 2½ bis 3 mal so hoch bezahlten Arbeiter sehr angestrengt arbeiten. Auch wird durch Aufstellen von Uebersichten, auf welchen die an jedem Tage zu leistende Arbeitsmenge verzeichnet steht, Anleitung gegeben und die Controle erleichtert. Ferner ist, soweit angängig, die Arbeitstheilung eingeführt, sodass jeder Arbeiter thunlichst immer dieselben Arbeiten macht. Die Bauart der amerikanischen Betriebsmittel erleichtert die Zerlegung und rasche Ausführung der Arbeiten.

Mechanische Einrichtungen.

Von den mechanischen Einrichtungen sind namentlich die bei Verladung von Korn u. s. w. verwendeten Elevatoren bemerkenswerth; auch für Kohlen, Schlacken u. s. w. finden solche zuweilen Benutzung, im Allgemeinen werden sie jedoch gestürzt oder durch besondere Anlagen, welche häufig eine grosse Ausdehnung haben (Illinois Steelworks Chicago) und aus Kasten mit Aufzügen und Schienengleise bestehen, gehoben.

Die Wasserstationen sind im Allgemeinen einfach eingerichtet und werden im Osten in der Regel sehr grosse Holzbottiche verwendet, welche auf einem Unterbau stehen und keinerlei Schutz gegen Witterungseinflüsse haben.

Von Krähnen wird für leichtere Gegenstände fast allgemein der Derrick angewendet; im Uebrigen sind die Einrichtungen zur Stückgüterverladung ähnlich wie in Deutschland.

II. Signalwesen.

Verfasser:

von Borries,

Bauinspector in Hannover.

Inhalts-Verzeichniss.

II. Signalwesen.

Verfasser: Bauinspector **von Borries.**

Die eigenartige Entwickelung der Vorschriften für den Zugdienst und das Signalwesen der meisten amerikanischen Bahnen ist aus der Nothwendigkeit hervorgegangen, diesen Dienst ohne wesentliche Mitwirkung von Stationspersonal, welches auf langen Strecken und an vielen Ausweichungen gar nicht vorhanden war, und ohne Zuhülfenahme kostspieliger Signal-Einrichtungen zu regeln. Zu diesem Zwecke wurde die Handhabung der Bewegungen der Züge den Zug- und Lokomotivführern übertragen, welche dabei nach bestimmten Regeln zu verfahren haben. Letztere beruhen wieder darauf, dass die verschiedenen Züge in mehrere Klassen eingetheilt werden und jedem Zuge einer höheren Klasse das Vorrecht zur Benutzung einer Theilstrecke vor jedem Zuge einer niedrigeren Klasse und bei gleicher Klasse den Zügen einer Richtung das Vorrecht vor den Zügen der anderen Richtung zusteht. Die Personen- und Schnellzüge gehören in der Regel zur ersten, die fahrplanmässigen Güterzüge (oder erste Abtheilungen derselben) zur zweiten Klasse; alle Extrazüge haben niedrigere Klassen. Jeder Zug muss für einen anderen Zug mit höherem Rechte das Gleis rechtzeitig räumen. Extrazüge werden durch vorherige Züge signalisirt und erhalten ihre Rechte nur für eine bestimmte Zeit. Für die Kreuzungen und Ueberholungen, Abwarten verspäteter Züge u. s. w. sind die nöthigen besonderen Bestimmungen gegeben. Für die Deckung eines stehenden Zuges hat der Zugführer durch Aussenden von Bremsern mit Flagge, Laterne und Knallpatronen nach beiden Seiten, (auf 2gleisigen Strecken nur nach rückwärts) zu sorgen. **Vorschriften für den Zugdienst.**

Da diese Regeln, weil sie vom Zugpersonal der Sicherheit wegen unbedingt befolgt werden müssen, einen hohen Grad von Starrheit in den Betrieb bringen und bei Verspätungen von Zügen der bevorrechteten Richtung der ganze Zugverkehr ins Stocken gerathen könnte, sowie zur einheitlichen Leitung des Betriebes, sind für Strecken von 50 bis 250 km Länge besondere Zugleiter (Train dispatchers) angestellt, welche den ganzen Zugverkehr nach den von jeder Signalstation für jeden Zug eingehenden Drahtmeldungen leiten und für die Sicherheit der Zugbewegungen möglichst zu sorgen haben. Zu diesem Zwecke geben dieselben 1. allen Zügen auf bestimmten Stationen als Bestätigung der Sicherheit regelmässig die Weiterfahrtserlaubniss; 2. den Extrazügen nach Bedarf auch auf anderen Signalstationen die nöthigen Befehle für Weiterfahrt, Kreuzungen und Ueberholungen; 3. im Falle von Verspätungen und wo sonst erforderlich allen Zügen und Stationen, die es angeht, die nöthigen Befehle für die Verlegung von Kreuzungen, Ueberholungen u. s. w. **Der Zugleiter (train dispatcher).**

Handhabung des Signalwesens.

Da hiernach die kleineren Stationen bei dem Fahrdienst nur in sehr beschränktem Maſse mitzuwirken haben, so bedürfen dieselben ausser den Flaggen und Handlaternen, mit denen Rangirbewegungen und Züge auf den Hauptgleisen soweit nöthig gedeckt werden, nur des einen Signales, welches den Zügen anzeigt, dass sie einen Zugbefehl zu empfangen und daher zu halten haben. Dieses besteht entweder in einer rothen Scheibe (Laterne), welche nach Bedarf rechtwinklig zur Bahnrichtung gestellt wird, oder es wird ebenfalls mit Flagge und Handlaterne gegeben; grössere Stationen haben Abschlusssignale. Der Abstand der Signalstationen richtet sich nach dem Umfange des Verkehrs; je dichter derselbe wird, umsomehr muss dieser Abstand verringert und die Leitung durch den Train dispatcher vermehrt werden, während das Fahren nach den Regeln mehr beschränkt wird. Es ist ersichtlich, dass diese Art der Handhabung des Betriebes einerseits für Bahnen mit geringem Verkehr, welche auf langen Strecken keine Stationen, sondern nur unbesetzte Haltestellen und Ausweichungen haben, die billigste ist, andererseits bei stärkerem Verkehr namentlich auf eingleisigen Bahnen in Folge der einheitlichen Leitung von einer Stelle aus die grösstmögliche Leistungsfähigkeit besitzt. Dasselbe ist daher auf den meisten Bahnen auch bei weiterer Entwickelung des Verkehrs und auf mehrgleisigen Strecken beibehalten worden.

Da dasselbe indess einen verhältnissmässig geringen Grad von Sicherheit gewährt, indem durch einfache Irrthümer, falsche Anwendung der sehr vielseitigen Zugregeln, oder unvorhergesehene Verspätungen Zusammenstösse entstehen können, so sind auf den Bahnen mit stärkerem Verkehr sämmtliche Stationen mit Sprechapparaten versehen, die Telegraphenbeamten (Signal operators) für die Sicherung des Betriebes mit verantwortlich gemacht und auch Stationen mittlerer Grösse mit Abschlusssignalen versehen worden.

Ein wesentlicher Theil der Sicherheit bei dieser Betriebsweise beruht auf der raschen und kräftigen Wirkung der Westinghouse-Bremse und der vorzüglichen Schulung des Lokomotivpersonales, ohne welche auch die später beschriebene Betriebsführung nicht durchführbar sein würde. Einige Bahnen, namentlich die Pennsylvania R. R. haben das Blocksystem eingeführt und damit das Zugpersonal von der Handhabung des Zugdienstes befreit; der Train dispatcher ist indess meistens beibehalten worden um bei Verspätungen eine einheitliche Leitung zu haben und für die rasche Durchführung der meist ohne Fahrplan verkehrenden Güterzüge zu sorgen.

Nach mündlichen Angaben sollen die meisten der verhältnissmässig zahlreichen und für die Bahnen sehr kostspieligen Unfälle durch Missverstehen, Vernachlässigung, oder Nichtbeachtung der sehr vielseitigen Betriebsregeln und durch Uebersehen von Signalen entstehen. Die Blocksignale gewähren den grösstmöglichen Grad von Sicherheit, wo sie, wie auf der Pennsylvania-Bahn, die Strecke wirklich abschliessen. Bei anderen Bahnen haben sie indess vielfach nur die Bedeutung von Warnungszeichen, da man den Betrieb möglichst wenig zu hindern wünscht und sich auf die schnellwirkende Luftdruckbremse bei einiger Vorsicht vollständig verlässt. Von dem Scheitel der Strecke Altoona-Johnstown, mit welcher die Hauptstrecke der Pennsylvania-Bahn das Alleghany-Gebirge überschreitet, dürfen die zahlreichen Vorspann- und Schiebe-Lokomotiven ohne Rücksicht auf die Blocksignale dicht hinter den Zügen einzeln leer zurückkehren; die Blockstrecke bleibt dann hinter der letzten leeren Maschine vor dem nächsten Zuge abgeschlossen. Dieses Verfahren hat kein Bedenken, da die Lokomotiven mit Triebrad- und Tender-Luftdruckbremsen versehen sind und genügend rasch halten können; dasselbe gestattet eine sofortige Rückkehr der fraglichen Lokomotiven behufs baldmöglichster Weiterbenutzung derselben.

Beschaffenheit der Signale.

Die *Lokomotivglocke* wird vor Abfahrt und als Warnungszeichen geläutet.

Mit der *Dampfpfeife* werden ausser Achtungs- und Bremssignalen noch eine Anzahl Andere gegeben. Das viele Läuten und Pfeifen ist oft unangenehm.

Extrazüge werden meist durch 2 grüne Flaggen bezw. Laternen an der Rauchkammer der Lokomotive des voranfahrenden Zuges und weisse Flaggen bezw. Laternen an der eigenen Lokomotive, der *Zugschluss* durch farbige Flaggen oder Laternen oben am letzten Wagen bezeichnet.

Zur Sicherung des stehenden Zuges auf freier Strecke und Stationen ohne Abschluss-Telegraphen wird auf eingleisigen Bahnen nach beiden Seiten, auf zweigleisigen nach rückwärts ein Bremser mit Flagge, Laterne und Knallkapseln entsandt und vor Weiterfahrt mit der Pfeife zurückgerufen; von den *Knallkapseln*, deren 2 Vorsicht, 1 Halt bedeuten, bleiben erstere 2 bei Weiterfahrt meistens liegen. Die grosse Lokomotiv-Laterne und die Schlusslaternen müssen bedeckt werden, sobald das Hauptgleis geräumt ist, um andere Züge nicht zu täuschen.

Die *Signalfarben* haben dieselbe Bedeutung wie hier; *blau* bezeichnet Revision der Wagen, welche dann nicht bewegt oder angestossen werden dürfen.

Rangirsignale werden durch Winken mit Laternen bezw. bei Tage mit den Armen, oder beliebigen Gegenständen gegeben.

Als Abschluss- und Blocksignale dienen neuerdings meist Signalflügel, bei welchen wie in England diejenigen der Vorsignale schwalbenschwanzartig ausgeschnitten, diejenigen der Hauptsignale gerade abgeschnitten sind; doch sind vielfach auch Scheiben, welche gedreht oder durch Umstellung von Jalousieleisten sichtbar gemacht werden, im Gebrauch; Nachts die farbigen Laternen, wie hier.

Auf der Lehigh-Valley-Bahn sind parabolisch gekrümmte Flügel im Gebrauch, welche lange schmale Spiegelflächen aus Celluloid tragen, die Nachts beleuchtet werden und dann dasselbe Signal wie am Tage geben. Die Einrichtung wurde dort gelobt, scheint aber nicht empfehlenswerth.

Selbstthätige Blocksignale.

Selbstthätige Blocksignale werden mehrfach angewandt und den mit der Hand bedienten Vorrichtungen grundsätzlich vorgezogen, weil sie die Bedienung ersparen, auch zuverlässiger und ohne Zeitverlust wirken. Die zweckmässigsten und im grösseren Umfange eingeführten derartigen Signale sind folgende:

Black's selbstthätiges Blocksignal neuerer Bauart wird nach dreijähriger Erprobung auf den New-Yorker Hochbahnen zur Zeit allgemein eingeführt und ist im Organ f. d. Fortschr. d. E. 1890 S. 245 und der Railroad Gazette 1890, S. 32 näher beschrieben. Die Haltesignale stehen in etwa 500 m Abstand und werden durch das erste Rad jedes Zuges mittelst Druckschiene und Gestänge auf „Halt" gestellt, sobald der letzte der 5 Wagen des Zuges etwa 8 m hinter demselben ist. Nachdem dies geschehen, folgt die Zurückstellung des vorletzten Signales auf „Fahrt" durch eine zweite hinter der ersten liegende Druckschiene, welche an dem verlängerten Gestänge dieses Signals angreift. Die Signale haben gewöhnliche ziemlich kleine Flügel und Laternen; zwischen den Druckschienen und den Gestängen sind starke Spiralfedern eingeschaltet, um Stösse zu vermeiden. Die Wärmeausdehnung der auf Rollen geführten Gestänge wird durch Schlitzschieber an den Signalen ausgeglichen; dieselbe ist nicht erheblich, da die Gestänge unter den Laufbohlen liegen und vor den Sonnenstrahlen geschützt sind. Die Einrichtung ist für den vorliegenden Zweck sehr geeignet, zuverlässig, einfach und billig, hat aber den Mangel, dass Zugtrennungen und Schienenbrüche nicht angezeigt werden. Erstere würden bei diesen Bahnen allerdings durch die Signalleine im Zuge sofort angezeigt und der Zug angehalten werden. Die Züge folgen einander bisweilen in Zeitabständen bis zu 1 Minute herab.

Hall's Blocksignal, beschrieben im Organ f. d. Fortschr. d. E. 1891, S. 41 und der Railroad Gazette 1890, S. 629. Streckenweise eingeführt auf der New-York-Central, Michigan-Central, New-York New-Haven & Hartford, Boston-Albany, New-Jersey-Central und anderen Bahnen.

Das Signal wird durch eine Scheibe aus rother Seide gegeben, welche in einem mit 2 Glasscheiben versehenen Gehäuse durch einen Ruhestrom in der von vorne her nicht sichtbaren Stellung gehalten wird; die Glasscheiben des Gehäuses sind dann weiss durchsichtig bezw. zeigen Nachts das weisse Licht der dahinter stehenden Laterne, wodurch „freie Fahrt" bezeichnet wird. Jede Unterbrechung dieses Stromes lässt die rothe Scheibe durch eigenes Gewicht herabfallen und sichtbar werden, womit das Haltsignal gegeben wird. Diese Unterbrechung geschieht durch das erste Rad jedes einfahrenden Zuges mittelst entsprechender Radtaster, der Wiederschluss durch einen zweiten, mindestens 450 m hinter dem Ende der Blockstrecke liegenden Taster, welcher mittelst eines Ankers im besonderem Stromkreise den Stromkreis des ersten Tasters wieder schliesst und die rothe Scheibe wieder unsichtbar macht. Vorsignale gleicher Art erhalten grüne Scheiben.

Auf der Strecke liegende Weichen werden durch einfache Schleifcontacte in die Leitungen derart eingeschaltet, dass der Strom bei Beginn des Oeffnens derselben unterbrochen und damit das Signal auf Halt gestellt wird. In ähnlicher Weise lässt sich das Signal als Abschlusssignal für Stationen verwerthen und wird dann mit einem Signalkasten im Stationsbureau versehen, der die Freigebung der Einfahrt anzeigt.

Neuerdings wird das Signal selbst auf Wunsch mit einem Flügel statt der Scheibe im Gehäuse ausgeführt, welcher sich gegen die hintere, bei Nacht beleuchtete Milchglasscheibe wirksam abhebt und bei Tag und Nacht dieselben Zeichen giebt.

Blocksignale für eingleisige Strecken und gegenseitige Verschlüsse von Signalen und Weichen werden mit Hülfe von Verschluss-Vorrichtungen hergestellt, welche aus 2 Ankern bestehen, deren einer den anderen verriegelt und damit bei Freigebung eines Signales die Unterbrechung der Stromkreise entgegenstehender Signale sichert. Da die Weichen nicht verriegelt werden, so eignet sich diese Blockirung vorwiegend für Abzweigungen und Kreuzungen, nicht aber für grössere Bahnhöfe.

Die einzelnen Theile der Einrichtung sind verhältnissmässig einfach und sehr zweckmässig construirt, nur der Luftpuffer des zweiten Tasters, welcher nur ganz langsam herabgehen darf und daher sehr fein eingestellt werden muss, ist ein schwacher Punkt, lässt sich aber verbessern.

Die Hall'schen Blocksignale sollen nach den erhaltenen Mittheilungen sehr zuverlässig arbeiten; jede Störung der Stromkreise bringt die Signale auf Halt. Zugtrennungen und Schienenbrüche werden durch das Signal nicht angezeigt; dies würde sich durch Einführung des ersten Stromkreises in die Schienen erzielen lassen, wird jedoch von der Hall-Gesellschaft widerrathen, da die Schienenleitung bei den bestehenden grösseren Entfernungen und den benutzten Stromstärken nicht constant und zuverlässig genug sei. Ein Mangel ist, dass die Glasscheiben der Signalgehäuse im Winter mit Schnee bedeckt werden können, was indess infolge der glatten Oberfläche sehr selten vorkommen soll und durch Schutzschirmen vielleicht verhindert werden könnte. Die Anwendung des Hall'schen Blocksignals ist in steter Zunahme begriffen.

Die selbstthätigen Blocksignale der Union Switch & Signal Co., beschrieben im Organ f. d. Fortschr. d. E. 1890 S. 243, sind auf der Pennsylvania, New-Yersey-Central, West-Shore, Chicago-Burlington & Quincy und anderen Bahnen streckenweise in Gebrauch. Die Block- und Vorsignale werden durch einen Ruhestrom, welcher durch die Schienen der betreffenden Blockstrecke und die Spulen eines Ankers läuft, in der Fahrstellung gehalten; wird durch die Achsen und Räder eines Zuges Kurzschluss zwischen beiden Schienen hergestellt, so folgt der grösste Theil des Stromes diesem, der Anker fällt ab und bewirkt die Umstellung der Signalflügel auf „Gefahr". Der Schienenstrom wird bis 1 km Länge durch 1, bei grösserer Länge durch 2 Elemente erzeugt und muss so schwach sein, um Ueberleitung von einer Schiene zur andern bei nassem Wetter und Schnee zu vermeiden; derselbe wirkt daher auf die Steuerung der Signale mittelst Relais, für welches in jeder Abtheilung eine zweite stärkere Ortsbatterie vorhanden ist. Die Bewegung der Signale erfolgt durch Uhrwerke oder Luftdruck aus einer gemeinsamen langen Leitung. Die Isolirung der einzelnen Abtheilungen geschieht entweder durch Verwendung von Laschen aus hartem Holz, oder dünnen Zwischenlagen aus nicht leitendem Material zwischen die Berührungsflächen der Laschenverbindung. Innerhalb der Stromkreise wird die Verbindung zwischen je zwei Schienen mittelst besonderer Drähte bewirkt, da die Laschen nicht immer genügend fest anliegen. Die Luftleitungsrohre von 50 mm Weite leiten die Druckluft auf Entfernungen bis etwa 10 km ohne schädlichen Druckverlust.

Da sich die Signale bei jeder Störung, sowie bei Schienenbrüchen und Zugtrennungen auf „Gefahr" stellen, so gewährt dies System die grösstmögliche Sicherheit; es ist das Vollkommenste, aber auch theuerste selbstthätige Blocksystem. Die viergleisige Hauptstrecke der Pennsylvania-Bahn östlich von Pittsburg, auf welcher neben starkem durchgehenden Verkehr ein sehr lebhafter Vorortsverkehr stattfindet, ist seit 1½ Jahren auf 13 km Länge mit diesen Blocksignalen in je 800 m Abstand versehen. Die Einrichtung hat sich so gut bewährt, dass die Verlängerung bis zum Endpunkte des Vorortsverkehrs, auf etwa 19 km, beschlossen ist.

Weichensignale und Stellwerke.

Weichensignale sind in der Regel nur an den von Zügen befahrenen Weichen vorhanden und bestehen in der Regel aus um 90° drehbaren Scheiben mit Laternen, welche für die Ablenkung die rothe oder grüne Scheibe und gleiches Licht, für gerade Richtung weisses Licht zeigen und auf der senkrechten Spindel der Stellvorrichtung angebracht sind. Einige Bahnen benutzen kleine, niedrig stehende Signalflügel mit Laternen, welche bei Ablenkung die Richtung derselben, Nachts farbiges Licht zeigen. Weichensignale hiesiger Bauart wurden nicht bemerkt.

Stellwerke sind auf grösseren Bahnhöfen, bei Abzweigungen und Kreuzungen vielfach in Gebrauch und meistens nach der Construction von Saxby & Farmer gebaut. An den einzelnen Theilen sind jedoch namentlich von der Union Switch & Signal Co. in Pittsburg Verbesserungen angebracht worden; besonders sind hier bewegliche Zungen auf den Verschlussriegeln zu erwähnen, welche gewisse einseitige Abhängigkeiten unter einzelnen Riegeln herstellen und bei verschiedener Stellung anderer Riegel beibehalten, wodurch unter Umständen Vereinfachungen des Stellwerks möglich werden.

Die mit den Stellwerken verbundenen Signale werden vielfach auch bei den Rangir-Bewegungen benutzt, sodass letztere ebenso wie die Züge gesichert sind.

Von besonderer Bedeutung sind die mit Luftdruck betriebenen und elektrisch gesteuerten Stellwerke der genannten Gesellschaft, welche in der neuesten Bauart auf der neuen Station der Pennsylvania-Bahn in Jersey-City, in der älteren Bauart an verschiedenen anderen Stellen ausgeführt sind. An jeder Weiche und jedem beweglichen Herzstücke befindet sich ein Cylinder mit Kolben, dessen Stange mit den Weichenzungen verbunden ist; mittelst eines gewöhnlichen Muschel-Schiebers kann Druckluft aus einer Hauptleitung auf jede Seite des Kolbens eingelassen und damit die Weiche verstellt werden. Der Schieber wird durch zwei kleine Kolben gesteuert, hinter welche die Druckluft durch kleine, von zwei Ankern angehobene Ventile treten kann. Ein dritter Anker mit Kolben dient zum

Verriegeln des Schiebers in beiden Endstellungen. Die Windungen der Anker sind mit Schleifcontacten auf den drehbaren Achsen der Handhebel im Stellwerk so verbunden, dass bei dem Verlegen der letzteren erst der Strom des Riegel-Ankers geschlossen und der Schiebers entriegelt, dann der Strom des einen Ankers unterbrochen und der des anderen geschlossen, also die Weiche umgestellt und schliesslich der Strom des Riegels wieder unterbrochen und der Schieber verkuppelt verriegelt wird. In beiden Endstellungen sind alle Ströme unterbrochen.

Die Achsen der einzelnen Weichenhebel sind ferner mit Schleifcontacten für die betreffenden Signale derart versehen, dass die Ströme zu den elektrischen, ebenfalls mit Luftdruck getriebenen Signal-Stellvorrichtungen nur bei entsprechender Stellung sämmtlicher Weichen geschlossen und erst dann durch Umstellung des Signalhebels das betreffende Signal auf „Fahrt“ gestellt werden kann. Die Signalhebel sind ausserdem durch Riegel unter der Tischplatte mit den Weichenhebeln verriegelt, sodass keine unnütze Bewegung derselben vorkommen kann. Durch die Bewegung eines Signalflügels werden die betreffenden Weichenhebel elektrisch verriegelt. An den Weichenspitzen befinden sich Controlcontacte, welche für die mittleren Stellungen derselben einen Strom schliessen, der die betreffenden Signalhebel verriegelt, sodass nur bei fest anliegenden Zungen das betreffende Signal gegeben werden kann.

Vor dem Stande des Ober-Weichenstellers (Train-operators) befindet sich ein Modell der Gleise, Weichen und Signale, auf welchem er die nach seinem Kommando geschehene Stellung der letzteren verfolgen kann. Weiter sieht er auf demselben mittelst der vorhandenen Schienen-Stromkreise, ob und welche der einzelnen Bahnhofsgleise von Fahrzeugen besetzt sind. Zum Alarm ist aussen an der Stellwerksbude eine grosse Luftpfeife angebracht.

Die ganze Einrichtung ist sehr vollständig und betriebssicher, aber sehr vieltheilig und theuer in der Anlage; auch sind die einzelnen Vorrichtungen zwar scheinbar dauerhaft gebaut, aber aus vielen, zum Theil sehr feinen Theilen zusammengesetzt, wodurch die Unterhaltung und Beseitigung etwa eintretender Störungen erschwert werden würde. Die Haupt-Vorzüge der Einrichtung sind: die leichte Beweglichkeit der Hebel, die Vereinigung mehrerer Weichen zur Verstellung mit einem Hebel und der geringe Raumbedarf; diese Eigenschaften lassen bei grösseren Anlagen erhebliche Ersparnisse an Bedienungsmannschaft erzielen. Eine Vereinfachung der Vorrichtung dürfte wohl möglich sein, ohne die Haupteigenschaften derselben aufzugeben.

Befugnisse der Signal- und Stellwerkswärter.

Der Signaldienst bildet überall einen selbstständigen und durch die Befugnisse des Train dispatchers sehr wichtigen Dienstzweig; die Stations-Beamten, welche die Züge abfertigen, haben mit dem Signaldienst nichts zu thun. Die Stellwerkswärter handeln daher, ebenso wie in England, ganz selbstständig und erhalten von den Bahnsteigen her wo nöthig nur die Meldungen, dass die Züge abfahren sollen, und von den Rangirern Winke über die beabsichtigten Bewegungen. Diese Einrichtung trägt zur Sicherheit des Betriebes und zur Steigerung der Leistungsfähigkeit der Bahnhöfe wesentlich bei, da die Stellwerkswärter ihren Bezirk übersehen und nach Beendigung einer Fahrt sogleich die nächste folgen lassen können. Es ist sehr bemerkenswerth, was in letzterer Beziehung geleistet wird; ich sah in einem Falle drei Personenzüge binnen 1¼ Minute dasselbe Gleisstück befahren; dieselben kamen fast gleichzeitig aus der Personenhalle und erhielten nacheinander ihre vollständigen Signale. Aehnlich geht es wo nöthig beim Rangiren her. Die schnellwirkende Luftdruckbremse bildet indess eine nothwendige Ergänzung der Sicherheitsvorrichtungen bei derartigem Betriebe.

Telegraphiren vom Zuge aus.

Die betreffende Einrichtung, bei welcher durch Induction Ströme vom Zuge aus in einer möglichst nahe gelegten Leitung erzeugt und aus dieser aufgenommen wurden, ist nur auf der Lehigh-Valley-Bahn auf einer kurzen Strecke versucht, aber als im Verhältniss zu ihrem geringen Nutzen viel zu theuer, wieder beseitigt worden.

Schlussfolgerung.

Das Signalwesen der Nordamerikanischen Bahnen bietet in den selbstthätigen Block-Signalen, den Stellwerken und der Organisation des Signaldienstes Nachahmenswerthes. Insbesondere dürfte sich die Einführung eines Signales nach Black'scher oder ähnlicher Bauart und mit vergrösserter Deckung bei der Berliner Stadtbahn empfehlen, da mittelst derselben fahrplanmässige Zugabstände von 2 Minuten ohne Schwierigkeit erreicht und die Beamten auf allen Zwischenstationen vom Signaldienst ganz befreit werden würden.

Die Erprobung des Hall'schen oder eines ähnlichen Signales auf stark befahrenen Bahnstrecken kann ebenfalls empfohlen werden, da dasselbe einfach genug für allgemeine Einführung ist, die Mitwirkung der Wärter beseitigt und daher die Betriebssicherheit und die Leistungsfähigkeit der Bahnen wesentlich erhöht.

Schliesslich dürfte sich eine eingehende Prüfung der mit Luftdruck betriebenen selbstthätigen Block-Signale und Weichenstellwerke zum Zwecke der Vereinfachung und Erprobung empfehlen.

Die grundsätzliche Trennung des Stellwerksdienstes vom Zugabfertigungsdienste ist sehr nachahmenswerth, da hierdurch eine erhebliche Steigerung der Betriebssicherheit und der Leistungsfähigkeit der Bahnhöfe erreicht und kostspielige Erweiterungsbauten in vielen Fällen vermieden werden können.

III. Bauart der Lokomotiven.

Verfasser:

von Borries,

Bauinspector in Hannover.

Inhalts-Verzeichniss.

III. Bauart der Lokomotiven.

Verfasser: Bauinspector von Borries.

A. Construction und Haupt-Abmessungen.

Grundsätze des Lokomotiv-Baues.

Bei dem Bau der Lokomotiven wird in erster Linie auf möglichst grosse Leistungsfähigkeit und Dauerhaftigkeit gesehen, da hierdurch die beabsichtigte weitgehende Ausnutzung derselben, sowohl in Betreff des Maſses der Anstrengung als auch der jährlich gefahrenen Kilometerzahl möglich gemacht wird. Die im Bericht über den Betriebsdienst der Lokomotiven enthaltenen Angaben lassen erkennen, dass in der Dauerhaftigkeit sehr gute Ergebnisse erzielt werden, dasselbe gilt von dem Maſse der Anstrengungen, welche den Lokomotiven zugemuthet werden und welche sie in Folge geeigneter Construction ohne schadhaft zu werden, ertragen.

Auf Sparsamkeit im Kohlenverbrauch wird weniger Werth gelegt, da der Mehrverbrauch gegen den Nutzen grösserer Leistungsfähigkeit nicht in Betracht kommt. Man findet daher überall verhältnissmässig enge Blasrohre, welche eine entsprechend starke Anfachung des Feuers erzeugen und ausreichende Dampferzeugung bei stärkster Anstrengung des Kessels möglich machen.

Die Hauptabmessungen werden bei Personenzug-Lokomotiven derart gewählt, dass sie den gestellten stets steigenden Anforderungen entsprechen, so dass besonders für die schweren Schnellzüge überall Lokomotiven vorhanden sind, welche dieselben allein fahren können. Vorspann wird grundsätzlich nur auf starken Steigungen gegeben.

Für den Güterzugdienst werden die Lokomotiven so gebaut, dass sie möglichst schwere Lasten möglichst billig befördern; für Strecken mit stärkeren Steigungen erhalten dieselben daher 4 bis 5 gekuppelte Achsen.

Alle Vorrichtungen, welche geeignet sind, die Leistungsfähigkeit zu steigern, werden unbedenklich angewandt, selbst wenn sie eine Vermehrung der Theile und Unterhaltungskosten bewirken. Es sind aus diesem Grunde alle Lokomotiven für Zugdienst mit Drehgestellen versehen, welche einen ruhigen und sicheren Gang, also grössere Geschwindigkeiten besonders in Krümmungen gestatten; ferner sind fast alle Güterzug- und Rangir-Lokomotiven mit mechanischen, meist Luftdruck-Bremsen ausgerüstet, welche vom Lokomotivführer gehandhabt werden; ebenso wird die Verbund-Bauart durchweg günstig beurtheilt und nach Beendigung der jetzigen Versuche zu allgemeinerer Einführung gelangen.

Bauart der einzelnen Gattungen.

Die Hauptabmessungen einer Anzahl Lokomotiven neuester Construction, meist aus den Jahren 1889 bis 1891, sind in der folgenden Zusammenstellung angegeben.

Haupt-Abmessungen amerikanischer Lokomotiven.

Bezeichnung der Lokomotive	1 Dienstgewicht t	2 Cylinder Durchmesser mm	3 Cylinder Kolbenhub cm	4 Triebräder Durchmesser mm	5 Triebräder Belastung t	6 Belastung der Drehgestelle t	7 Radstand mm	8 Dampfdruck at	9 Siederohre Anzahl	10 Siederohre Länge zw. den R. mm	11 Siederohre äuss. Durchmesser mm	12 Rost Länge mm	13 Rost Breite mm	14 Rost Fläche qm	15 Heizfläche innen qm	16 Zugkraft $0,75 \frac{d^2 l}{D} p$ kg	17 Zugkraft für 1 t Gewicht kg	18 Zugkraft für 1 qm Heizfläche kg	19 Zugkraft für 1 t Triebachsbelastung kg	20 Heizfl./Rostfl.	21 Bemerkungen.
2/4 gek. Personenzug-Lokomotiven.																					
1 Pennsylvania-Bahn	47	458	610	1726	30	17	7140	11,2	190	3468	51	1840	875	1,61	104	4100	86	40	137	64	Taf. III u. IV.
2 New-York, N.-H. & Hartf.-B.	50	458	560	1745	30,6	19,3	7350	12,4	267	3100	51	2000	875	1,75	135	4350	103	38	160	77	—
3 Baltimore- & Ohio-B.	48	482	610	1680	33	15	6680	10,5	251	3250	51	2740	800	2,35	130	4400	93	34	134	55	Fig. 1 Taf. I.
4 Philad. & Reading	47,5	533	560	1740	31,5	16,3	6400	10,5	324	2530	38	2500	2440	7,05	108	4800	101	47	153	15	Wootten-Kessel. Fig. 3 Taf. I.
5 Chicago-Milwaukee & St.-B.	39	446	610	1540	21,5	14,5	6820	11,2	159	3150	51	1830	800	1,51	78	3500	90	45	163	51	—
6 Norm. Pers.-Lok. d. Preuss. St.-B.	37	400	560	1730	25	—	4500	12	197	3800	46	1830	1010	1,85	103	3100	84	30	124	56	—
3/5 gek. Personenzug-Lokomotiven.																					
7 Michigan-Central	63,2	508 736	610	1680	45	16,2	7300	12,4	272	3060	51	2940	1070	2,02	169	5100	83	31	113	65	Verbund-Bauart. Fig. 2 Taf. I.
8 Baltimore-Ohio	60,4	533	660	1550	45,6	14,6	7160	10,5	237	3270	57	3050	860	2,62	165	6300	105	39	140	63	Fig. 4 Taf. I.
9 New York L. Erie & Western	59	508	610	1726	45,3	13,7	7350	11,9	275	3700	51	3360	1090	3,77	175	5400	86	32	119	47	Anthracit-Rost.
3/4 gek. Lokomotiven.																					
10 New York Central & Hudson R. R.	55,2	482	660	1450	46,2	7	6420	11,2	268	3900	51	2590	1080	2,78	148	5920	107	40	128	53	Fig. 1 Taf. II.
11 Chicago-Burlington & Quincy	50	482 736	610	1550	41,6	8,4	7100	12	436	3774	57	2740	1065	2,90	126	5500	110	43	132	44	Verbund-Bauart.
Norm.-Güterz.-L. der Preuss. St.-B.	39	450	630	1330	39	—	3400	10	186	—	50	1550	1000	1,55	125	4900	125	37	125	82	—
4/5 gek. Güterzug-Lokomotiven.																					
12 Pennsylvania-Bahn	57	508	610	1270	51	6	6630	11,2	154	4150	63	2700	1060	3	171	7660	133	56	137	41	Taf. V u. VI.
13 Baltimore- & Ohio-B.	56,5	508	660	1270	51	5,5	6700	11,2	198	4160	57	3050	875	2,67	142	7300	133	53	148	53	-
14 Philad. & Reading	63	560	712	1270	65	4	6700	10,5	270	3180	51	2300	2440	7,06	150	9750	154	63	147	21	Wootten-Kessel. Fig. 2 Taf. II.
5/5 gek. Güterzug-Lokomotiven.																					
15 St. Clair-Tunnel-B.	88,5	560	712	1270	88,5	—	5400	11,2	281	4110	57	2300	1070	3,06	155	9850	111	50	111	54	Tender-Lokomotive.

Für den Personen- und Schnellzugdienst werden vorwiegend noch die $\frac{2}{4}$ gekuppelten, sogenannten Achtrad-Lokomotiven verwendet, als deren neueste und beste Vorbilder die unter 1 bis 5 aufgeführten und z. Theil auf Taf. I, Fig. 1 u. 3, Taf. III u. IV abgebildeten Lokomotiven betrachtet werden können. Dieselben haben die Zweckmässigkeitsgrenze aber bereits erreicht, da man allgemein der Ansicht ist, dass diese Lokomotivgattung nur bis höchstens 50 t Dienstgewicht — 32 auf den Triebachsen — 18 auf dem Dreh-Gestell — gebaut werden sollte. Diese Grenze wird von den Lokomotiven der New-York-Central & Hudson-River-Bahn, mit 55 t Dienstgewicht und 36 t Triebachsbelastung bereits überschritten.

Für den grossen durchgehenden Schnellzugverkehr, in welchem Züge bis zu 10 sechsachsigen Wagen von etwa 40 t Gewicht befördert werden müssen, reicht diese Lokomotivgattung nicht mehr aus und hat daher schon vielfach der $\frac{3}{5}$ gekuppelten sogenannten Zehnrad-Lokomotive von etwa 60 t Dienstgewicht und 45 t Triebachsbelastung weichen müssen; die Haupt-Abmessungen von 3 Lokomotiven dieser Gattung sind unter No. 7 bis 9 aufgeführt, 2 derselben auf Taf. I, Fig. 2 u. 4 abgebildet. Diese Gattung ist, ausser von den genannten 3 Bahnen, auch auf der New-York-Pennsylvania und Ohio, Illinois-Central, Chicago-Milwaukee & St. Paul, Chicago & North-Western, Maine-Central, Atchison-Topeka & Sta. Fé, East Tennessee, Virginia- & Georgia und vielen anderen Bahnen eingeführt und besitzt den Vortheil gleichmässiger Verwendbarkeit für Eilgüterzüge. Die Pennsylvania-Bahn besitzt diese Gattung noch nicht, wird dieselbe aber vor der Ausstellung in Chicago von 1893 einführen müssen. Die unter No. 7 aufgeführte Lokomotive der Michigan-Central-Bahn, welche für die North-Shore limited-Züge zwischen New-York und Chicago dient, wird wegen ihrer vorzüglichen Leistungen für diese Gattung vielfach vorbildlich werden. Die Kesselmitte derselben liegt rund 2.5 m über Schienenoberkante.

Für Güterzüge auf Strecken mit geringen Steigungen werden vielfach noch die älteren leichten $\frac{3}{5}$ gekuppelten Lokomotiven verwendet; neuerdings giebt man aber der $\frac{3}{4}$ gekuppelten Lokomotive den Vorzug, da dieselbe grössere Triebachsbelastungen ergiebt und einfacher als jene ist. Die unter No. 10 aufgeführte und auf Taf. II, Fig. 1 abgebildete derartige Lokomotive der New-York-Central-Bahn ist ein gutes Beispiel dieser Gattung, aber schwerer, als bei den meisten anderen Bahnen. Die Verbund-Lokomotive No. 11 der Chicago-Burlington- und Quincy-Bahn dient für schwere Personen- und Eilgüterzüge und soll auch für Schnellzüge mit 1726 mm hohen Rädern gebaut werden.

Die meisten Bahnen verwenden die $\frac{4}{5}$ gekuppelte sogenannte Consolidation-Bauart mit den unter No. 12 bis 14 angegebenen Abmessungen als Güterzug-Lokomotive. Auch bei dieser Gattung ist Gewicht, Triebachsbelastung und Leistungsfähigkeit, wie die auf Taf. II, Fig. 2 abgebildete Lokomotive No. 14 zeigt, in letzter Zeit auf einzelnen Bahnen erheblich gesteigert worden; im Allgemeinen gilt ein Dienstgewicht bis 60 t bei 53 t Triebachsbelastung als zweckmässig. Infolge des langen Radstandes gehen diese Lokomotiven auch bei verhältnissmässig grossen Geschwindigkeiten trotz der kleinen Triebräder noch ruhig. Auch diese Gattung ist für die East Tennessee-, Virginia- und Georgia-Bahn nach der Verbund-Bauart mit zwei Cylindern ausgeführt worden.

Für Strecken mit besonders starken Steigungen verwenden einige Bahnen Lokomotiven mit 5 gekuppelten Achsen, sogenannte Decapod-Lokomotiven, mit oder ohne Drehgestell; dieselben wiegen 70 bis 75 t, scheinen aber die Grenze der Zweckmässigkeit bezüglich der Zahl der gekuppelten Achsen schon zu überschreiten. Die schwerste bisher gebaute Lokomotive dieser Art ist die unter No. 15 aufgeführte Tender-Lokomotive für die St. Clair-Tunnel-Bahn, deren Abmessungen im Uebrigen für den besonderen Betriebszweck geeignet erscheinen.

Lokomotiven mit Motor-Drehgestellen sind in Nordamerika nicht gebaut worden, da man von der Vieltheiligkeit der Bauart eine Verminderung der Dauerhaftigkeit, besonders häufige Dienstunfähigkeit befürchtet; diese Anschauung wird durch die mit den Fairlie-Lokomotiven in Mexiko und Süd-Amerika gemachten Erfahrungen begründet. Die Verbund-Lokomotive mit einem festen Hochdruck- und einem beweglichen Niederdruck-Gestell hat noch keine Beachtung gefunden.

Für den in der Nähe grösserer Städte sehr ausgebildeten Vororts-Verkehr dienen vielfach sehr leistungsfähige Tender-Lokomotiven verschiedener Bauart mit 4 bis 5 Achsen, von welchen 2 bis 3 gekuppelt und die übrigen in Drehgestellen gelagert sind. Diese Lokomotiven wiegen meist 50 bis 55 t und haben verhältnissmässig grosse Vorrathsräume, um mit Wasser und Kohlen weit genug zu reichen. Die Bauart dieser Lokomotiven ist durchweg weniger nachahmenswerth, da sie im Verhältniss zu ihrer Leistungsfähigkeit meistens reichlich lang und schwer sind.

Für den Verschiebedienst auf grösseren Güterbahnhöfen dienen vorwiegend dreifach gekuppelte Lokomotiven von 35 bis 40 t Dienstgewicht mit kurzem Radstande, ohne Drehgestell, welche den hiesigen Güterzug-Lokomotiven sehr ähnlich sind. Dieselben haben meistens besondere Tender, um Unterbrechungen des Dienstes zur Ergänzung der Vorräthe möglichst zu vermeiden und sind stets mit mechanischen Bremsen (Westinghouse-, Eames- oder Dampfbremsen) versehen, deren Handgriffe sich nahe dem Sitze des Führers befinden. Auf kleineren und Personenbahnhöfen findet man auch leichtere zweiachsige Verschiebe-Lokomotiven mit und ohne Tender.

Die Tender haben in der Regel 2 zweiachsige Drehgestelle und hufeisenförmige Wasserkasten, welche bei den Verschiebe-Lokomotiven nach hinten abfallende Decken erhalten um dem Führer freie Aussicht zu gewähren und für die Rangirer eine Sitzbank anbringen zu können.

Verhältnisse der Hauptabmessungen.

In den Verhältnissen der einzelnen Hauptabmessungen zu einander erkennt man das Eingangs hervorgehobene Bestreben nach möglichst grosser Leistungs- und Ausnutzungsfähigkeit. Besonders bei den Personenzug-Lokomotiven No. 1—5 sind die Dampfcylinder so gross, dass die Zugkraft Sp. 16 an sich und im Verhältniss zu Gewicht, Heizfläche und Triebachsbelastung sehr gross ausfällt, wie der Vergleich mit der Preuss. Normal-Personenzug-Lokomotive (6) erkennen lässt. Diese Ziffern übertreffen auch diejenigen neuerer englischer Lokomotiven.*) Die Triebräder sind im Verhältniss zu den üblichen Geschwindigkeiten von 60—80 km pro Stunde ziemlich klein, weil man auf rasches Anfahren und starke Dampfentwicklung, sowie auf möglichst vielseitige Verwendbarkeit der Lokomotiven den grössten Werth legt. Nur die Pennsylvania-Bahn besitzt für die Züge der sehr günstigen Strecke New-York-Philadelphia 12 Lokomotiven mit grossen Triebrädern von 1980 mm Durchmesser; sonst ist das Maſs von 1726 mm (68") und für schwierigere Strecken und gemischten Dienst dasjenige von 1580 mm (62") das Gewöhnliche. Dass die in Sp. 17—19 angegebenen Verhältnisszahlen enge Blasrohre erfordern und keine im Kohlenverbrauch sparsamen Lokomotiven ergeben, ist klar; die gewünschte grosse Leistungsfähigkeit wird aber bestens erreicht; namentlich auf Steigungen arbeiten die Lokomotiven vorzüglich, was sich aus den Ziffern Sp. 17—19 ohne Weiteres erklärt. Die 3fach ge-

*) Organ f. d. Fortschr. d. Eisenbahnwesens 1884, S. 61.

kuppelten Güterzug-Lokomotiven haben meistens Triebräder von 1450 mm (57"), um sie für grössere Geschwindigkeiten geeignet zu machen.

Die $\frac{3}{5}$ gekuppelten Lokomotiven No. 7 und 9 zeigen in Folge reichlich gross bemessener Heizflächen und Gewichte kleinere Ziffern in Sp. 17—19; bei den Güterzug-Lokomotiven No. 10 und 11 erreichen letztere wieder ähnliche, bei 12—14 naturgemäss grössere Werthe wie bei den $\frac{2}{4}$ gekuppelten Lokomotiven.

Die Lokomotive für Anthracit-Stückkohlen No. 9 hat einen erheblich grösseren Rost, $\frac{1}{47}$ der Heizfläche, als diejenigen für weiche Kohlen, bei welchen dies Verhältniss wie in Deutschland $\frac{1}{50}-\frac{1}{64}$ beträgt. Diejenigen der Philadelphia- und Reading-Bahn (4 und 14) für Anthracit-Kleinkohle haben sogar die ausserordentliche Grösse von 7,05 qm bei im Verhältniss zur Zugkraft kleiner Heizfläche, welche nur das 15—21 fache der Rostfläche beträgt. Letztere Lokomotiven sollen bei verhältnissmässig weiten Blasrohren sehr gut Dampf erzeugen, was auf die grosse Heizfläche der Feuerkiste vorwiegend zurückzuführen ist. Da die Anthracit-Kleinkohle weit billiger als die Stückkohle ist, so werden diese grossen Roste, bei welchen die Feuerkasten die ganze Breite der Lokomotiven einnehmen, jetzt viel angewandt, jedoch meistens ohne die vom Erfinder Mr. Wootten eingeführte, bei der kurzen Flamme überflüssigen Verbrennungskammer.

Die Siederohre sind, wie Spalte 10 zeigt, bei den $\frac{2}{4}$ gekuppelten Lokomotiven 3,1—3,5 m, bei den $\frac{3}{5}$ und $\frac{3}{4}$ gekuppelten 3,5—4,0 m, bei den $\frac{4}{5}$ gekuppelten Güterzug-Lokomotiven 4,0—4,2 m lang, die Wootten-Kessel immer ausgenommen. Lange Siederohre werden in Amerika, ebenso wie in England, für unvortheilhaft gehalten.

Wie bereits bemerkt, haben alle amerikanischen Zug-Lokomotiven Drehgestelle mit einer oder zwei Achsen, um einen ruhigen Gang auf mangelhaft liegenden Strecken und eine leichtere Bewegung in Krümmungen zu erzielen. Drehgestelle.

Bei Anwendung einer Achse liegt der Drehbolzen des Gestells vor der ersten Kuppelachse soweit rückwärts, dass sich die Gestellachse in Krümmungen radial einstellt; zur Rückkehr in die Mittelstellung dient die Aufhängung mittelst „Wiege". Letztere ist in der Regel mit den Federn der ersten Kuppelachse so verbunden, dass eine Aufhängung der ganzen Lokomotive in „drei Punkten" erreicht wird. Da der richtige Lauf des Gestells von jeder Seitenbewegung der Lokomotive selbst derart gestört wird, dass, wie im Organ f. d. Fortschr. d. Eisenbahnwesens 1891, S. 95—99 näher nachgewiesen, eine sichere Führung der Lokomotive bei grösserer Geschwindigkeit und leichte Beweglichkeit in Krümmungen nicht erreicht werden können, so werden diese einachsigen Gestelle fast nur für Güterzug- und Vorort-Lokomotiven verwendet.

Personen- und Schnellzug-Lokomotiven erhalten in der Regel zweiachsige Gestelle nach der in Fig. 5—10, Taf. VII abgebildeten Bauart, welche um einen Mittelzapfen mit flacher Pfanne drehbar und mit gemeinsamen Seitenfedern versehen sind, sodass die Lokomotive in „vier Punkten" unterstützt wird. Seitliche Verschiebbarkeit mittelst „Wiege" (Fig. 8—10) erhalten diese Gestelle nach allgemeiner Anschauung nur für Strecken mit vielen und engen Krümmungen; in der Regel haben sie feste Mittelzapfen (Fig. 5—7), da man die Unterhaltungskosten der Wiege und die durch die Seitenbeweglichkeit vergrösserte Abnutzung der Flanschen der Gestellräder zu vermeiden wünscht. Die „enge" Krümmung beginnt indess nach amerikanischer Anschauung erst bei etwa 6° = 314 m Halbmesser; z. B. hat die Lehigh-Valley-Bahn, welche Gestelle mit Seitenbewegung verwendet, auf der Hauptbahn Krümmungen von 10° = 188 m, der Bahnhof Mauch-Chunk liegt sogar in einer solchen von 12° = 157 m. Um einen klemmenden Gang in engen Krümmungen zu vermeiden, erhält die Triebachse meist schwächere, bei $\frac{3}{5}$ gekuppelten Lokomotiven die erste Kuppelachse keine Radflanschen.

Die zweiachsigen Drehgestelle werden in ihrem richtigen Laufe durch die Schwankungen der Lokomotive nicht beeinflusst, führen dieselbe daher und vermöge ihrer eigenen geringen Masse in sehr sicherer Weise, insbesondere in Krümmungen ohne heftiges Anlaufen gleichmässig und mit geringem Seitendrucke des führenden Flansches gegen die äussere Schiene, wie an oben genannten Orte eingehend nachgewiesen ist. Diese Gestelle gestatten daher so grosse Fahrgeschwindigkeiten in engen Krümmungen, dass solche über etwa 300 m Halbmesser von den Führern überhaupt kaum berücksichtigt, sondern ohne Bedenken mit der vollen Geschwindigkeit von 80—90 km in der Stunde durchfahren werden.

Ueberhaupt gewähren die amerikanischen Lokomotiven und Wagen mit Drehgestellen, wie die Art des Fahrens auf schlechten Strecken und in engen Krümmungen beweist, weit grössere Sicherheit gegen Entgleisung, als steifachsige Fahrzeuge, und zwar nicht nur in Folge der Einstellbarkeit, sondern auch wegen der Trennung der Gestelle von den Hauptmassen der Fahrzeuge. Auf der Lehigh-Valley-Bahn pflegen z. B. die Personenzüge eine Hauptstrecke, welche im Gefälle 1:35 und Krümmungen bis unter 300 m liegt, mit 80—85 km pro Stunde herabzufahren, wobei indess die rasche Wirkung der Westinghouse-Bremse nicht zu entbehren sein würde. Aehnlich geht es auf den anderen Bahnen her ohne Gefährdung der Sicherheit.

Der günstige Einfluss der Drehgestelle bewirkt umgekehrt eine entsprechende Schonung der Gleise, welche unter den hiesigen steifachsigen Personenzug-Lokomotiven mit vorne überhängenden Massen und entsprechend unruhigem Gange ausserordentlich leiden. Ferner darf angenommen werden, dass die mit Drehgestell versehenen Fahrzeuge in Folge ihres ruhigeren Ganges bei grösseren Geschwindigkeiten verhältnissmässig weniger Zugkraft, als die Steifachsigen erfordern.

Verbund-Lokomotiven.

Verbund-Lokomotiven werden in Nord-Amerika erst seit 1889 gebaut, nachdem man deren Erfolge in Europa u. s. w. kennen gelernt hatte. Dieselben ergeben dort in der Regel noch grössere Kohlenersparniss bezw. Mehrleistung als hier, weil durch den geringeren Dampfverbrauch die Anstrengung der Kessel mehr als hier verringert, die Ausnutzung der Wärme der Heizgase also entsprechend gesteigert wird. Dasselbe scheint für die Feuerung selber zu gelten, welche bei den einfachen Lokomotiven vielfach ebenfalls derart angestrengt wird, dass keine vollständige Verbrennung mehr stattfinden kann. Die erste in Dienst gestellte Verbund-Lokomotive war von der Pennsylvania-Bahn aus Crewe bezogen und nach der Webb'schen Construction gebaut; dieselbe hat zwar angemessene Kohlenersparniss ergeben, sich aber im Uebrigen als für den Dienst nicht geeignet erwiesen; namentlich kann dieselbe nicht rasch genug anziehen.

Lokomotiven mit 2 Cylindern und selbstthätiger Anfahrvorrichtung nach Worsdell und v. Borries' Bauart sind bis zum 1. April 1894 in folgender Zahl gebaut worden:

2 Stück $\frac{3}{5}$ gekuppelte in Schenectady, New-York für die Michigan-Central-Bahn, No. 7 der Zusammenstellung. Ergebnisse: 2 Wagen von 10 t in Schnellzügen mehr als die einfachen Lokomotiven befördert; Kohlenersparniss 15—25 %, letztere Ziffer bei voller Beladung.

1 Stück $\frac{3}{5}$ gekuppelte und 2 Stück $\frac{4}{5}$ gekuppelte Lokomotiven für Personen-, bezw. Güterzüge für die East-Tennessee-, Virginia- und Georgia-Bahn von derselben Fabrik; Leistungen sehr befriedigend, Kohlenersparniss durchschnittlich für December 1890 19 %.

1 Stück mit nichtselbstthätigem Anfahrhahn für die Chicago-, Burlington- & Quincy-Bahn in der Haupt-Werkstätte Aurora, No. 11 der Zusammenstellung. Leistungen und Ersparniss befriedigend, Anziehen mangelhaft.

1 Stück $\frac{2}{4}$ gekuppelte von den Rhode-Island Works in Providence, auf mehreren östlichen Bahnen mit guten Ergebnissen versucht; Ziffern nicht bekannt.

2 Stück mit veränderter Anfahrvorrichtung für die Old-Colony und die Boston-Albany-Bahn. Näheres noch nicht bekannt.

1 Lokomotive der Brooklyn-Elevated-Bahn für Verbundwirkung umgebaut in den Rhode-Island Works. Leistungen sehr gut; Ersparniss bei 11stündigem Versuche 24 % an Wasser und 37 % an Kohlen (Anthracit).

Infolge dieser günstigen Ergebnisse ist eine grössere Anzahl dieser Bauart für verschiedene Bahnen im Bau bezw. Umbau. Die auf den ersten Blick überraschend günstigen Ergebnisse der letztgenannten Lokomotive erklären sich dadurch, dass die einfachen Lokomotiven bei dem Ingangbringen der Züge, worin infolge des häufigen Haltens die Hauptarbeit besteht, mit $^1/_3$—$^1/_2$-Füllung, die Verbund-Lokomotiven aber mit 3—4facher Dampfausdehnung fahren. Diese Ergebnisse zeigen, dass die Verbundwirkung gerade für Stadtbahn- und Vororts-Lokomotiven besonders geeignet ist.

Die Steuerungen der genannten Lokomotiven, insbesondere das Verhältniss der Füllungsgrade auf beiden Seiten entsprechen zum Theil der vortheilhaftesten Dampfausnutzung nicht, so dass für die Folge noch bessere Ergebnisse zu erwarten sind.

Das Bestreben, eine für den Amerikanischen Betrieb besonders geeignete Verbund-Lokomotive herzustellen, hat, in Nachbildung der Güterzug-Lokomotiven der französischen Nordbahn mit Woolf'scher Dampfwirkung, zur Anwendung von 4 Cylindern in 2 Bauarten geführt.

Bei der ersten derselben, erfunden von dem Betriebsleiter der Baldwin'schen Lokomotivfabrik in Philadelphia, Mr. Vauclain, näher beschrieben in der Railroad Gazette 1890, S. 298, liegen je ein Hochdruck- und ein Niederdruck-Cylinder übereinander; deren Kolbenstangen greifen an dem gemeinsamen Kreuzkopfe an, die Steuerung geschieht ganz nach Woolf'scher Weise durch einen Kolbenschieber mit 4 Kolben; zum Anfahren kann den Niederdruckkolben frischer Dampf gegeben werden. Die erste Lokomotive dieser Bauart erhielt die Baltimore- und Ohio-Bahn; dieselbe läuft schwer bei grosser Geschwindigkeit und hat im Durchschnitt 5,5 % an Dampf und 15 % an Kohlen erspart. Da die beiden Kolben namentlich beim Anfahren sehr verschiedene Kräfte ausüben, so werden der Kreuzkopf bezw. die Kolbenstangen-Enden stark auf Biegung beansprucht; hier würde man eine derartige Construction schwerlich wagen. Im Ganzen waren am 1. April 14 Locomotiven dieser Bauart, vorwiegend für den Export gebaut, und eine weitere Anzahl, davon einige für die Northern-Pacific-Bahn, im Bau. Das Querschnitts-Verhältniss der Kolben ist, wie bei der französischen Nordbahn, 1 : 3.

Die bedenkliche Beanspruchung des Kreuzkopfes wird bei der Bauart von Johnston, beschrieben in der Railroad Gazette von 1891, S. 350 und 390, dadurch vermieden, dass der Hochdruckcylinder in die Mitte des Niederdruckcylinders verlegt, der Niederdruckkolben also ringförmig hergestellt, innen und aussen mit Dichtungsringen und mit 2 Kolbenstangen versehen ist. Die Wand des inneren Cylinders ist zur Verminderung des Wärmedurchganges doppelt hergestellt. Der innere Theil des Dampfschiebers, welcher für den Niederdruck-Cylinder arbeitet, wird von dem äusseren Hochdruckschieber mittelst 4 Federn und Ansätzen mitgeschleppt, um ersterem grössere Füllung als letzterem zu geben. Die erste auf der Mexican-Central-Bahn vom Erfinder nach dieser Bauart umgewandelte Lokomotive soll 12 % an Wasser und 25 % an Kohle ersparen. 6 Lokomotiven für dieselbe Bahn waren bei den Rhode-Island Works im Bau, doch dürfte die Vieltheiligkeit der Bauart eine weitere Verbreitung derselben hindern.

Es ist eigenthümlich, dass die Bauart mit 4 Cylindern und Woolf'scher Dampfwirkung, welche seit 16 Jahren wiederholt ohne dauernden Erfolg versucht und bislang nur bei der französischen Nordbahn für schwere Güterzug-Lokomotiven mit guten Ergebnissen eingeführt ist, in verschiedener Gestalt immer wieder auftaucht. Infolge der grundsätzlichen Mängel derselben: Vermehrung der Reibung, Drosselung des Dampfes in den vielen Kanälen, ungünstige Wärmeverhältnisse, werden diese Woolf'schen Lokomotiven den eigentlichen Compound-Lokomotiven ebenso weichen müssen, wie die Woolf'sche Dampfmaschine der Compound-Maschine, umsomehr, als letztere mit 2 Cylindern weit einfacher ist.

Für Zahnradbahnen, welche neuerdings vorwiegend mit der Abt'schen Zahnstange gebaut werden, sind Lokomotiven derselben Bauart wie hier in Benutzung.

Die Montana Union Railroad mit sehr engen Krümmungen und starken Steigungen hat Lokomotiven nach der Bauart von Schay, bei welcher sämmtliche Räder der beiden Drehgestelle mittelst conischer Zahnräder von einer aussen auf der rechten Seite liegenden, mit Gelenkkupplungen versehenen Hauptwelle getrieben werden; letztere wird durch 2 oder 3 senkrechte Dampfcylinder bewegt. Die Bauart ist in der Railroad Gazette von 1891 S. 322 beschrieben und steht hinter der Verbund-Lokomotive mit 2 Motor-Gestellen in jeder Beziehung zurück.

Leistungen der Locomotiven.

Bei einzelnen Zügen auf kurzen Strecken ist die Fahrgeschwindigkeit sehr gross. Z. B. fahren mehrere Schnellzüge der Baltimore- & Ohio-Bahn die Strecke Baltimore-Washington = 64 km in 45 Minuten; da beide Bahnhöfe der sehr engen Krümmungen wegen langsam und eine Krümmung auf der Strecke mit verminderter Geschwindigkeit befahren werden, so bleiben nur etwa 41 Minuten Fahrzeit, entsprechend einer Durchschnitts-Geschwindigkeit von 94 km pr. Stunde. Einer dieser Züge, auf dessen Lokomotive ich fuhr, hatte 5 Wagen = 22 Achsen und wog mit Maschine und Tender etwa 200 t; letztere hatte also am Triebradumfang bei $2{,}4 + \frac{94^2}{1000} = 11{,}2$ kg Widerstand pr. 1 t Zuggewicht 200 . 11,2 = 2240 kg Zugkraft und 780 Pferdestärken leisten müssen; thatsächlich war der Widerstand wohl geringer. Die schon ältere Lokomotive hatte Triebräder von 1720 mm Durchmesser, etwa 180 qm Heizfläche und 42 t Gewicht; dieselbe verrichtete die bezeichnete Leistung ohne Schwierigkeit und Unruhe, trotzdem die Triebräder durchschnittlich 4,8 Umdrehungen pr. Secunde oder 288 pr. Minute machen mussten.

Auf der Strecke Altoona-Gallitzin, 19 km 1 : 58, fahren die $\frac{2}{4}$ gekuppelten Lokomotiven, No. 1 der Zusammenstellung 6 Personenwagen von etwa 144 t Gewicht, also einen Zug von 144 + 76 = 220 t mit 36 km pr. Stunde; bei einem Widerstande von 4 + 17 = 21 kg pr. 1 t sind hierzu 21 . 220 = 4600 kg Zugkraft und 600 Pferdestärken, also 5,7 Pferdestärken pr. 1 qm Heizfläche zu leisten. Die Pressung

Normal-Personenzug-Lokomotiven leisten unter gleichen Umständen etwa 450 Pferdestärken = 4,4 Pferdestärken pr. 1 qm Heizfläche, woraus die Verschiedenheit der Anstrengung zu erkennen ist.

Die $\frac{4}{5}$ gekuppelten Lokomotiven, No. 12 der Zusammenstellung, fahren auf derselben Strecke 10 beladene Güterwagen von etwa 300 t Gesammtgewicht, also einen Zug von etwa 440 t mit 20 km pr. Stunde, wozu 440 . 20 = 8800 kg Zugkraft und 650 Pferdestärken — 5,3 Pferdekräften pr. 1 qm Heizfläche zu leisten sind. Die Züge bestehen in der Regel aus 30—36 Wagen, welche dann durch 3 Lokomotiven — 2 vorne, 1 hinten — die Steigung hinauf befördert werden. Die Preuss. Normal-Güterzug-Lokomotiven leisten auf Steigungen 6000 kg Zugkraft bei 15 km pr. Stunde, also 336 Pferdestärken — 2,7 Pferdestärken pr. 1 qm Heizfläche.

Die Zugkraft beträgt bei den beiden Pennsylvania-Lokomotiven $\frac{4600}{29,6}$ bezw. $\frac{8800}{46}$ = 155 bezw. 191 kg pr. 1 t Triebachsbelastung; letztere Ziffer stimmt mit den sonstigen Amerikanischen Angaben — 200 kg = $\frac{1}{5}$ der Triebachsbelastung annähernd überein.

Die Lokomotive No. 7 der Zusammenstellung fährt den North-Shore-Limited Schnellzug New-York-Chicago, welcher bis 9 Wagen = 54 Achsen enthält und mit Maschine und Tender etwa 365 + 85 = 450 t wiegt, mit einer Durchschnitts-Geschwindigkeit von 67 km pr. Stunde über eine Strecke mit Steigungen bis 1 : 130 und 7 km Länge, wozu durchschnittlich 450 . 7 = 3150 kg Zugkraft und 780 Pferdestärken zu leisten sind. Da auf den Gefällen vielfach nicht mit voller Kraft gefahren werden kann, so ist die wirkliche Durchschnittsleistung mindestens zu 900 Pferdestärken, diejenige auf den Steigungen zu 1000 Pferdestärken zu veranschlagen. Da die Lokomotive über 3 Stunden lang mit 1—2 ganz kurzen Aufenthalten fahren muss, so hat diese Leistung derselben, wie bereits bemerkt, einen guten Ruf erworben. Die sonst gleichartigen einfachen Lokomotiven fahren in diesem Zuge 7 Wagen.

Zu den sämmtlichen angegebenen Leistungen ist zu bemerken, dass die Kohlen keine für die Lokomotivfeuerung besonders günstigen Eigenschaften besitzen; namentlich mit Anthracit ist es nicht leicht, grosse Leistungen zu erzielen.

B. Bauart der einzelnen Theile.

Die einzelnen Theile werden so gestaltet, dass sie einerseits in möglichst einfacher Weise auf den vorhandenen sehr vollkommenen Werkzeugmaschinen und Einrichtungen hergestellt werden können, andererseits die in erster Linie verlangte Dauerhaftigkeit besitzen. Auf das Aussehen, Abschlichten etc. wird weniger Werth gelegt. Alle Verbindungen der einzelnen Theile werden möglichst einfach und so construirt, dass dieselben nach Musterstücken u. s. w. gleich fertig bearbeitet werden können, beim Zusammensetzen also ohne Weiteres passen. In welcher Weise dieses Passen erreicht wird und welche Vortheile dasselbe bietet, ist in dem Abschnitt über die Lokomotivfabriken erläutert.

Kessel. Die Kessel werden in 5 verschiedenen Constructionen ausgeführt, nämlich:

1. die alte Form mit überhöhtem runden Feuerkastenmantel (wagon-top), kegelförmigem hinteren Langkesselring, Deckenverankerung mit Querbarren und Dom auf dem Feuerkasten.
2. die neue ähnliche Form nach Fig. 5—8, Taf. VIII mit radialen Deckenstehbolzen und Dom auf dem hinteren Langkesselring, welcher daher denselben vergrösserten Durchmesser wie der runde Feuerkastenmantel hat und mit dem vorderen Ring durch den kegelförmigen mittleren Ring verbunden ist. Der abgebildete Kessel ist von den Schenectady Loc. Works erbaut worden.
3. die englische nicht überhöhte Form mit rundem Feuerkastenmantel und radialen Stehbolzen nach Fig. 1—4, Taf. VIII. Der dargestellte Kessel wurde von der Baldwin'schen Fabrik gebaut.
4. Kessel mit Belpaire-Feuerkasten mit flacher, in der Regel nicht überhöhter Decke.
5. der Wootten'sche Kessel mit sehr breitem Rost, sonst wie No. 3 gebaut.

Besondere Verbrennungskammern kommen bei allen Formen vereinzelt vor.

Bauart 1 wird nur noch wenig ausgeführt, da man vorwiegend zur Deckenverankerung mit Stehbolzen übergegangen ist. No. 2 wird neuerdings der Bauart 3 vielfach vorgezogen, weil bei gleichem Gewicht und gleicher Wasserfüllung ein höherer Dampfraum unter dem Dom, also trockenerer Dampf und mehr Speiseraum erzielt wird.

Bei allen Kesseln mit radialen Stehbolzen können sich die Seitenwände und Decke der inneren Feuerkiste gegen den Mantel nicht ausdehnen, was bei den eisernen Feuerkisten auch nicht nöthig zu sein scheint, da die Stehbolzen sich auch an den stark gekrümmten Stellen gut halten sollen. Einige Bahnen z. B. die Pennsylvania-Bahn ziehen die Belpaire-Feuerkasten vor, hauptsächlich um den genannten Wänden etwas Ausdehnung zu gestatten. Die Bauart dieser Kessel ist aus der Fig. 2, Taf. IV zu erkennen.

Bei der Verankerung mit radialen Stehbolzen werden die Decken und Seitenwände der Feuerkiste und des Mantels jetzt vielfach aus einem Stücke hergestellt. Diese Bauart hat vor der hiesigen die Vorzüge grösserer Einfachheit und besserer Aufnahme des Dampfdruckes auf die einzelnen Flächen; namentlich wird das gefährliche Verbiegen der seitlichen Deckennähte vermieden.

Die inneren Feuerkisten bestehen ebenso wie die übrigen Kesselwände ausnahmslos aus Flusseisen, für dessen Beschaffenheit folgende Bedingungen maßgebend sind: Bei der Pennsylvania-Bahn sollen ungeglühte Blechstreifen 39,5 kg Zerreissfestigkeit und 30 % Dehnung auf 51 mm Länge haben; Platten von weniger als 35 kg oder mehr als 45 kg Festigkeit oder weniger als 25 % Dehnung werden nicht angenommen. Die Baldwin'sche Lokomotivfabrik verlangt 35 bis 45 kg Zerreissfestigkeit, mindestens 25 % Dehnung auf 51 mm Länge, mindestens 22 % Zusammenziehung und höchstens 0,04 % Phosphor.

Die Wandstärken sind im Allgemeinen:

Feuerkistendecke	8—9,5 mm
Feuerkistenseitenwände	8 „
Feuerkistenrohrwand	12,7 „
Feuerkistenrückwand	8—9,5 „
Feuerkistenmantel und Langkessel	11,2—12,7 „
Vordere Rohrwand	12,7 „
Stehbolzentheilung	100—126 „

bei 10 bis 11 Atm. Dampfüberdruck.

Die Pennsylvania-Bahn wendet noch geringere Wandstärken an, nämlich für die

Feuerkisten und Mäntel, Seitenwände und Decken .	8	mm
Kümpelwände, einschl. der Rohrwände	9,5	„
Langkessel	11,2	„
Stehbolzentheilung	bis 102	„

bei 11,2 Atm. Ueberdruck.

Die Stehbolzen sind ebenfalls von Eisen, welches denselben Bedingungen, wie das Blech entsprechen muss.

Die Vernietung geschieht in der Regel mit Doppelreihen, an den Langnähten des Langkessels entweder mit Doppellaschen und 4 Nietreihen nach Fig. 3, Taf. IV, oder mit Hülfslaschen nach Fig. 4 und 8, Taf. VIII. Dabei erhalten die äusseren Nietreihen weitere Theilung als die inneren; bei Doppellaschen reicht die äussere schmale Lasche des Dichthaltens wegen nur über die beiden inneren dichten Nietreihen. In allen Fällen wird eine Festigkeit von mindestens 80 % des vollen Bleches erzielt und das gefährliche Verbiegen vermieden.

Die Feuerthüröffnungen werden allgemein nach Fig. 1 u. 6, Taf. VIII hergestellt und halten sich infolge der guten Kuhlung viel besser, als diejenigen mit Ring.

Dieselbe wurde bei den meisten Bahnen zu 5 bis 10 Jahren angegeben und hängt zum Theil von der Beschaffenheit des Speisewassers ab. Die betreffenden Verzeichnisse der Haupt-Werkstätte in Altoona zeigten eine Durchschnittsdauer von 300 bis 500000 Lokomotivkilometer; einige hatten nur 150 bis 300000 km gehalten, andere 500 bis 650000 km erreicht. Ein Springen der Wände nach kurzer Betriebsdauer kommt sehr selten vor. Die amerikanischen eisernen Feuerkisten sind hiernach ebenso dauerhaft, als die in Europa üblichen aus Kupfer. Die an mehreren Orten besichtigten alten Feuerkistenplatten zeigten dieselbe Art der Abnutzung, wie die hiesigen Kupferplatten: Schwächung, Beulen, Gruben und kurze Risse; auf letzteren sassen mehrfach eiserne Flicken. Die Abnutzung war also durch die gewöhnliche Einwirkung des Feuers, nicht aber durch Rost oder andere nachtheilige Eigenschaften des Eisens entstanden. Dauer der eisernen Feuerkisten.

Die eisernen Rohrwände haben vor den kupfernen den Vorzug, dass sie sich fast gar nicht strecken, die Siederohrlöcher daher rund bleiben und bis zur Erneuerung der Wand nur wenig weiter werden.

Wenn die früher in Deutschland mit eisernen Feuerkisten angestellten Versuche ungenügende Ergebnisse geliefert haben, so dürfte dies der ungenügenden Beschaffenheit des Eisens und der zu grossen Wandstärken der Bleche zuzuschreiben sein; das jetzt hergestellte Flammrohrflusseisen lässt bei geeigneter Construction und Behandlung der Feuerkisten u. s. w. bessere, den Amerikanischen gleichkommende Ergebnisse erwarten.

Besonders zu bemerken ist noch, dass die Feuerschirme, welche in Amerika bei Feuerung mit weicher Kohle fast allgemein im Gebrauch sind, bei eisernen Feuerkisten die Seitenwände bei vielen Bahnen nicht berühren, sondern an Wasserrohren aufgehängt werden; dass ferner ungleichmässige Abkühlung durch kalte Luft möglichst zu vermeiden ist.

Die schweisseisernen Siederohre werden für die hintere Rohrwand nur wenig eingestaucht, mit einem aufgelötheten Kupferring von 1 mm Stärke versehen und dann in der gewöhnlichen Weise eingezogen. Der Kupferring reicht nicht unter den Börtel. Für die vordere Rohrwand werden die Rohre, wie hier, etwas aufgeweitet. Siederohre.

Roste. Um das Verlegen der Rostspalten durch Schlacke und Asche zu verhindern, also die Lokomotiven zu befähigen, lange Strecken ohne gründliche Reinigung des Feuers zurückzulegen, sind neuerdings allgemein Schüttelroste verschiedener Bauart eingeführt worden, deren einfachste Form in Fig. 1 u. 2, Taf. IX dargestellt ist. Für Anthracitkohlen, deren Schlacken gewöhnliche Roststäbe zu stark angreifen würden, dienen die bekannten Roste aus Wasserrohren; jedoch werden zwischen je 2 Wasserrohren bewegliche Roststäbe oder schmale Schüttelroste eingelegt, um die Rostspalten frei zu halten.

Der Rost mit Wasserrohren würde sich wahrscheinlich für die hiesigen, sogenannten scharfen Kohlen mit fliessender Schlacke, welche die gewöhnlichen Roste stark angreifen, gut eignen.

Dampfdome. Dieselben werden nach Fig. 1 u. 6, Taf. VIII gebaut und haben oben gusseiserne Flanschringe, welche mit gusseisernen Deckeln verschlossen werden; letztere enthalten auch die Ventilöffnungen. Die Versteifung der Domöffnung am Langkessel erfolgt entweder wie in genannten Abbildungen angegeben oder mittelst besonderer ebenfalls ausgeflanschter Stücke, welche zum Theil gleichzeitig als Laschen für die Naht des Langkessels dienen. In jedem Falle ist die Domöffnung im Langkessel möglichst gross, was für die Vermeidung des Mitreissens von Wasser sehr zweckmässig erscheint.

Rauchkammern. Zum Abfangen der Funken und Flugasche werden die Rauchkammern in der Regel 1,5 – 1,8 m lang hergestellt und mit Funkensieben versehen; diese Einrichtung ist recht wirksam, hindert aber das Funkenwerfen bei der sehr heftigen Blasrohrwirkung nicht völlig. In Fig. 1—4, Taf. X ist die Rauchkammer der Güterzug-Lokomotive von der Pennsylvania-Bahn mit allen Einrichtungen abgebildet. Um gute Dampferzeugung zu erhalten, bezw. damit das Feuer nicht vorwiegend durch die oberen Siederohre zieht, hat man bei diesen langen Rauchkammern die in der Abbildung angegebene Leitplatte mit einstellbarem Untertheil anbringen müssen. Bei höher gestelltem Blasrohre würde dieselbe vermuthlich nicht nöthig sein. Lokomotiven für Anthracit-Feuerung haben zum Theil noch kurze Rauchkammern.

Die verhältnissmässig kleinen gusseisernen Rauchkammerthüren werden nur selten — beim Auswaschen und Auswischen der Siederohre — geöffnet, da für das Ausfegen der Flugasche seitliche Luken angebracht sind.

Bekleidung. Die Bekleidung wird stets aus sogen. russischem Bleche von kaum 1 mm Stärke hergestellt, welches eine bläuliche blanke, gegen Rost schützende Oberfläche hat und daher aussen keinen Anstrich erhält. Diese Bekleidung sieht gut aus und ist sehr zweckmässig. Unter derselben werden die Kessel zunächst mit Holzleisten bekleidet, doch sucht man z. Z. nach einem dauerhafteren Stoffe, da das Holz durch die hohe Temperatur der Kessel zu rasch zerstört wird und zerfällt.

Aschkasten. Zum raschen Auswerfen der Asche haben die Aschkasten am Boden stets Schieber, welche von aussen, bisweilen mit Hülfe eines kleinen durch Druckluft bewegten Kolbens geöffnet und geschlossen werden können. Boden und Schieber bestehen der grösseren Dauer wegen aus Gusseisen.

Rahmen und Cylinder-Verbindung. Die Hauptrahmen bestehen aus rechteckigen Eisenbarren von 90—100 mm Stärke und verschiedener Höhe, welche aus Eisenabfall (Schrott) geschmiedet, stückweise zusammengeschweisst und dann vollständig bearbeitet werden; Fig. 9 u. 10, Taf. VIII stellen den Rahmen einer $\frac{3}{4}$ gekuppelten Personenzug-Lokomotive dar. Diese Barrenrahmen sind in der Herstellung erheblich theurer, als die in Europa üblichen Plattenrahmen, haben aber vor denselben die Vorzüge grösserer Einfachheit der Verbindungen mit allen übrigen Theilen, namentlich den Dampfcylindern, wie Fig. 1—4, Taf. VII zeigen; grösserer Sicherheit gegen Brüche, weil die unteren Verschlussstege der Achsbüchsführungen wirksamer hergestellt werden können und keine seitlichen Verbiegungen vorkommen und besserer Zugänglichkeit der zwischen den Rahmen liegenden Theile, weil dieselben nur wenig verdeckt werden. Der einzige Nachtheil ist der grosse Raumbedarf neben dem Feuerkasten, welcher dazu nöthigt, Letzteren entweder sehr schmal und lang zu bauen, oder ihn auf die Rahmen zu stellen, wobei die für eine günstige Verbrennung flammender Kohlen nöthige Tiefe trotz der hohen Lage der Kessel nicht erreicht werden kann.

Für das vordere Ende ist der Barrenrahmen besonders zweckmässig, da derselbe die bezeichnete einfache Cylinder-Verbindung möglich macht, welche in Folge ihrer festen Verbindung mit der Rauchkammer eine sehr sichere Lage der Cylinder bewirkt. Da die Cylinder und Rahmen für sich völlig fertig bearbeitet werden können, so geht die Anbringung derselben sehr rasch vor sich und ist daher diese Construction für die einfache und rasche Montirung der ganzen Lokomotive, welche höchstens 14 Tage dauert, maßgebend. Ausserdem hat dieselbe die Vortheile, dass die Dampfrohrflanschen in der Rauchkammer liegen und der Raum unter der Cylindermitte für das Drehgestell frei bleibt.

Räder.

Die Triebräder haben Stahlreifen, für welche in der Regel Herstellung im Flammofen und eine Zerreissfestigkeit von 74 kg pro 1 qmm bei mindestens 7 % Dehnung auf 51 mm Länge verlangt wird (Baldwin), sowie gusseiserne Räder mit vollen Speichen und hohlem Kranz nach Fig. 5—8, Taf. X. Der Kranz wird zur Vermeidung von Spannungen in der Regel mit 1—2 Schnitten versehen, welche später mit Passstücken ausgefüllt werden. Die Reifen sind an der Laufstelle neu 76—80 mm stark, werden mit einem Schrumpfmaafs von 1/1000 aufgezogen und erhalten keine weitere Befestigung, da Brüche derselben nur ausnahmsweise vorkommen sollen. Die Zahl der Triebradreifbrüche wurde bei den grossen Bahnen zu 1—2 pro Jahr angegeben. Diese sehr geringe Ziffer dürfte vorwiegend durch die Gleichmässigkeit des im Flammofen erzeugten Materiales, sorgsames Aufziehen, Abnutzung nicht unter 35 bis 38 mm Stärke, sowie durch die Härte des Materiales erreicht werden, welche das Strecken an der Lauffläche verhindert und daher keine erhebliche innere Längsspannung entstehen lässt. Ausserdem wird durch die Härte ebenso wie in England und Frankreich eine entsprechend geringe Abnutzung der Reifen erzielt, sodass dieselben von einer allgemeinen Reparatur zur anderen in der Regel nicht abgedreht werden. Es sei hier bemerkt, dass den deutschen Bahnen durch die sehr weichen Reifen, deren unverhältnissmässig rasche Abnutzung häufiges Abdrehen und Ausserdienststellung der Lokomotiven erfordert, ganz erhebliche Mehrkosten erwachsen; dasselbe gilt von den Schienen.

Die Gestellräder von meistens 33" Durchmesser, bestehen vielfach noch ganz aus Gusseisen mit harter Lauffläche, erhalten aber neuerdings vorwiegend Stahlreifen mit Befestigung durch Sprengringe oder Klammerringe, um eine stets sichere Führung der Lokomotive zu erreichen.

Die Tenderräder von gleichfalls 33" Durchmesser werden stets aus Gusseisen mit harter Lauffläche (30 % Holzkohleneisen, 50 % altes Radmaterial, 5 % Stahlschienen und 15 % gew. Gusseisen in Altoona) hergestellt. Diese Räder, welche stets gebremst werden, sind so zähe, dass bei der Pennsylvania-Bahn im Jahre 1890 unter sämmtlichen Personenwagen nur 2 Brüche stattfanden.

Die Achsen werden theils aus Stahl, theils noch aus Eisenschrott hergestellt; für Stahlachsen verlangt die Pennsylvania-Bahn bei Triebachsen mindestens 56, als Regel 60 kg Festigkeit bei 12 bezw. 17 % Dehnung; bei Lauf- und Tenderachsen mindestens 53, als Regel 56 kg Festigkeit bei 15 % Dehnung.

Die Kuppelachsen erhalten an der Innenseite der Lager, wo die Abnutzung am stärksten auftritt, vielfach aufgezogene kräftige Bunde. Da die Achsen in den Naben nicht verstärkt werden, so fallen die Kehlen an den Enden der Schenkel aussen ganz, innen zum Theil fort und die Lager tragen daher in fast voller Länge.

Achslager. Die Triebachslager werden in der Regel nach Fig. 3, Taf. IX aus Gusseisen mit Stahlzusatz, wodurch eine Zerreissfestigkeit von 26—30 kg pro 1 qcm (Baldwin) erreicht wird, hergestellt. Die Lagerschalen, meist aus Phosphorbronce, werden fest eingepresst; dies ist sehr zweckmässig, da die Schalen nicht lose werden oder brechen. Die Schalen werden auf der vollen Fläche tragend aufgepasst und erhalten zur Vermeidung seitlicher Abnutzung oben eine Aussparung, wodurch das Klopfen der Achsen in den Lagern und die Bildung flacher Gleitstellen in den Laufflächen der Reifen möglichst vermieden und damit eine grosse Dauer dieser Theile und des ganzen Triebwerkes erzielt wird. Das Lagermaterial besteht bei der Pennsylvania-Bahn aus 79,7 % Kupfer, 10 % Zinn, 9,5 % Blei und 0,80 % Phosphor. Grenzen: Zinn 9—11 %, Blei 8—11 %, Phosphor 0,7—1,0 %; fremde Bestandtheile nicht über 0,5 %. Besondere Gleitschuhe erhalten die Achslager nicht, da nöthigenfalls die ebenfalls gusseisernen Führungsschuhe und Keile ersetzt werden. In Altoona werden die Triebachslager jetzt wie in England ganz aus Phosphorbronce hergestellt. Zur Schmierung werden Ober- und Unterkasten mit elastischer Wolle gefüllt und dann nur mit Oel geschmiert.

Weissmetall, welches zum Ausgiessen von Lagern aller Art verwendet wird, besteht aus 89,3 % Zinn, 2,7 % Antimon und 8 % Kupfer (Altoona).

Drehgestelle. Die zweiachsigen Drehgestelle werden überwiegend nach den Abbildungen Fig. 5—10, Taf. VII, jedoch häufig mit schweisseisernen Achsbüchsführungen, gebaut. Seitliche Beweglichkeit nach Fig. 8—10 erhalten dieselben nur für Bahnen mit vielen und scharfen Krümmungen (unter 300 m Halbmesser), da man die mit der Seitenbewegung nach dortiger Erfahrung verbundene vermehrte Abnutzung der Spurkränze und die Unterhaltung der Gehängeglieder zu ersparen wünscht.

Wie die Zeichnungen zeigen, ist die Construction dieser Gestelle sehr zweckmässig, einfach und billig; durch seitliche Tragflächen und rückwärts verlegten Drehbolzen nach der bei den $\frac{2}{4}$ gekuppelten Lokomotiven der Königl. Eisenbahn-Direction Hannover angewandten Bauart, würde sich dieselbe weiter vereinfachen und verbessern lassen.

Dampfcylinder und Schieber. Die Bauart der Dampfcylinder geht aus der Abbildung Fig. 1—4, Taf. VII hervor; bei einfachen Lokomotiven wird für rechts und links dasselbe Modell benutzt. Der Schieberkasten wird durch einen losen Rahmen gebildet, welcher mit dem Deckel zusammen durch die langen Deckelschrauben festgehalten wird.

Fig. 1.

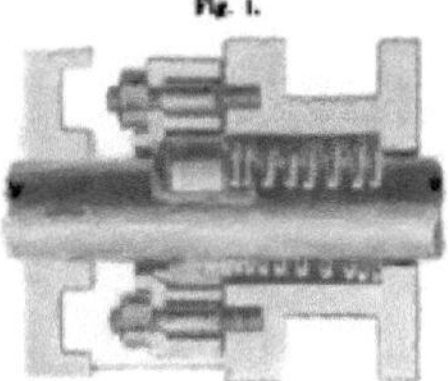

Metall-Stopfbüchse.

Die Dampfschieber bestehen stets aus Gusseisen und haben in der Regel die Richardson'sche Entlastung mit 4 gusseisernen Dichtungsleisten, welche durch Federn gegen den Deckel gedrückt werden, nach Fig. 11, Taf. VII. Diese Entlastung hält sich sehr gut und verringert die Schieberreibung, also die Abnutzung derselben und der Steuerungstheile erheblich.

Um das Abklappen der Schieber und Einsaugen von heisser Luft u. s. w. aus der Rauchkammer zu vermeiden, wird an jedem Schieberkasten vorn ein Luftventil angebracht.

Für die Kolben- und Schieberstangen-Stopfbüchsen wird allgemein die Metallpackung der U. S. Metallic Packing Co. in Philadelphia verwendet. Die Dichtung besteht aus einem kegelförmigen und 2 cylindrischen Dichtungsringen nach vorstehender Abbildung, welche durch eine Feder und den Dampfdruck angedrückt werden und in einem Gehäuse liegen, welches mittelst einer Linse derart beweglich gelagert ist, dass die Dichtungsringe die Stangen nicht führen oder tragen; letztere Bauart bewirkt die sehr lange Dauer der Dichtungsringe, welche aus 89 % Zinn, 7,4 % Antimon und 3,7 % Kupfer (Altoona) bestehen; die ganze Anordnung ist sehr zweckmässig.

Die Treib- und Kuppelstangen werden in der Regel aus Schweisseisen mit reichlich grossen Triebwerk.
Querschnitten und Schnallen an den Enden hergestellt; geschlossene Köpfe sind noch wenig bekannt, nur runde Büchsen werden neuerdings für Kuppelstangen vielfach angewandt. Die Zapfen haben stets grosse Abmessungen, um die Abnutzung zu vermindern.

Die Schmiergefässe der Stangen haben meistens eiserne 5 mm starke Schmierstifte, welche bei der Bewegung etwas spielen, oder Kanäle mit oben $\frac{3}{4}$ — 1 mm weiten Bohrungen, welche über dem höchsten Oelspiegel liegen, über welche das Oel dann durch die Bewegung geschleudert wird. Der Verschluss erfolgt stets durch Schrauben, welche dicht schliessen. Diese Schmiergefässe sind sehr sparsam und wirken für mehrere Tage zuverlässig ohne Nachfüllen.

Die Excenter und deren Ringe bestehen stets aus Gusseisen, sämmtliche Steuerungstheile aus Schweisseisen; die abnutzenden Flächen werden, meist ohne besondere Büchsen, durch Einsetzen gehärtet.

Dieselben werden nach der auf Taf. III—VI abgebildeten Bauart ganz aus Holz hergestellt, Führerhäuser.
um das Geräusch und die Erwärmung durch die Sommerhitze möglichst zu vermindern. Ist der Führerstand hinter dem Kessel lang genug, so werden ausserhalb der Haupt-Rahmen feste Rückwände mit Fenstern angebracht und der Mittelraum hinter dem Kessel bleibt frei; ist dieser Raum infolge langer Roste (Anthracitfeuerung) sehr kurz, so wird eine volle hintere Wand mit Thüren an beiden Seiten angebracht und an den Kessel in derselben Weise wie die vordere Wand mittelst einer passenden Blechplatte angeschlossen. Die vordere Wand erhält stets zwei seitliche Thüren, welche aber nicht bis zum Fussboden reichen, zum Besteigen der Laufbohlen an den Langseiten des Kessels. Diese Thüren schlagen nach innen und können in jeder Stellung so festgestellt werden, dass ein lebhafter Luftwechsel erreicht wird ohne das Personal dem Luftzuge mehr als erwünscht auszusetzen. Der Fussboden wird durch die Laufbohlen gebildet und liegt höher als der Heizerstand hinter dem Kessel, da die Laufbohlen über den Triebrädern liegen. Die Sitze für das Personal werden in der Regel durch Kasten gebildet, welche auf den Laufbohlen stehen und deren Deckel mit starkem Rosshaarpolster mit Leder- oder Wachstuchbezug versehen sind. Diese Polster nehmen die Erschütterungen soweit auf, dass sie für das Personal nicht nachtheilig fühlbar werden. In das geöffnete hintere Seitenfenster wird im Sommer eine ebenfalls gepolsterte Armlehne gelegt.

Sämmtliche Handgriffe liegen dem Personal so zur Hand, dass dieselben von den Sitzen aus gehandhabt werden können; nur zum Verlegen des noch allgemein üblichen Steuerhebels muss der Lokomotivführer aufstehen. Steuerungs-Stellvorrichtungen mit Bewegung durch Luft- oder Dampfdruck findet man sehr selten.

Es werden nur saugende Strahlpumpen verwendet, welche meist innerhalb, seltener vor dem Strahlpumpen.
Führerhause am Kessel so angebracht sind, dass deren Handgriffe von den Sitzen des Personals bequem zu handhaben sind. Die Gehäuse bestehen aus Messingguss und nehmen nur wenig Raum ein.

Die Grösse der Pumpen — 7—9 mm engster Düsenweite — wird so gewählt, dass eine Pumpe bei voller Leistung der Lokomotive dauernd arbeiten muss; für geringeren Verbrauch kann der Wasserzufluss auf 60—70 % der vollen Leistung vermindert werden, so, dass eine Pumpe meistens lange Zeit arbeitet, ohne abgestellt zu werden; ebenso wird in England verfahren. Als die besten Strahl-Pumpen wurden diejenigen von Sellers in Philadelphia bezeichnet, welche neuerdings so construirt sind, dass sie ohne bewegliche Theile an den Mischdüsen selbstständig wieder anziehen (restarting).

Regulatoren. Dieselben haben stets sehr einfache und billige gusseiserne Doppelsitzventile und aussen wagerechte Handhebel mit Zahnbogen und Klinke, welche der Führer von seinem Sitze aus bequem handhaben kann. Die ganze Anwendung ist zu empfehlen.

Sicherheits-Ventile. Dieselben sind so eingerichtet, dass sie bei Ueberschreitung des zulässigen Dampfdruckes sogleich stark abblasen, also keine erhebliche Ueberschreitung derselben zulassen. Dies wird durch kolbenartige Ansätze an den Ventiltellern erreicht, welche grössere Durchmesser als letztere haben und dem Dampfdrucke bei jedem Oeffnen des Ventils ausgesetzt werden. Ferner sind Einrichtungen getroffen, welche das Geräusch beim Abblasen dadurch sehr vermindern, dass der Dampf durch viele kleine Bohrungen austreten muss.

Cylinder-Schmiergefässe. Es sind allgemeine Schmiergefässe mit sichtbarer Tropfenbildung nach Nathan'scher Bauart in Gebrauch; dieselben befinden sich im Führerhause, sind meistens ganz vernickelt und schmieren dauernd und sparsam. Bei den Lokomotiven mit Luftdruckbremsen trägt das Schmiergefäss ein drittes Schauglas, welches für die Schmierung des Dampfcylinders der Luftpumpe dient; diese Anordnung ist sehr zweckmässig.

Zur Schmierung der Kolben und Schieber wird sogenanntes 500° Oel, d. h. Mineralöl, welches bei 500° F. = 260° C. entflammbare Dämpfe entwickelt, verwendet, stellenweise auf je 3 Theile mit 1 Theil Talg gemischt.

Wasserstands-Zeiger. Wasserstandsgläser werden vielfach für unzuverlässig gehalten, da sie sich gelegentlich verstopfen und dann falsch zeigen, auch durch Springen öfter unbrauchbar werden. Viele Lokomotiven haben daher nur Probir-Ventile, welche mit Holzgriffen versehen und sehr bequem zu handhaben sind.

Anstrich. Alle Theile, welche nicht wie der Kessel und die Cylinder mit russischem Bleche bekleidet sind, werden schwarz gestrichen und mit Goldstreifen verziert, was zu dem blauen Glanze des Bekleidungsbleches recht gut passt. Nur die Innenseite des Führerhauses wird heller, grün oder holzfarben gestrichen. Bekleidungen und Verzierungen aus blankem Messingblech und buntem Anstrich, welche früher sehr beliebt waren, findet man nur noch an einzelnen älteren Lokomotiven.

IV. Bauart der Wagen.

A. Personenwagen. B. Luxuswagen.

Verfasser:

Th. Büte,

Königl. Eisenbahn-Director in Magdeburg.

Inhalts-Verzeichniss.

IV. Bauart der Wagen.

Verfasser: Eisenbahn-Director **Büte.**

A. Personenwagen.

Für die Bauart der amerikanischen Personenwagen (wie auch der anderen Betriebsmittel) ist, wie schon im Abschnitt I angeführt, die Wahl des Drehgestells zum Tragen des Wagenkastens von wesentlichem Einfluss gewesen. Schon im Jahre 1833 sollen die ersten Wagen mit Drehgestellen erbaut sein. Allgemeines.

Wagen mit zwei oder drei festen Achsen, wie in Europa, finden sich in den Personenzügen überhaupt nicht vor; nur die für das Dienstpersonal bestimmten, in Güterzügen laufenden Wagen (Caboose Cars, Cabin Cars) besitzen im Allgemeinen keine Drehgestelle, sondern zwei feste Achsen.

Bei der Anwendung von zwei Drehgestellen muss, um das Eigengewicht einigermaassen günstig zu gestalten, ein langer Wagenkasten angewendet werden. Die Seitenwände eines solchen werden zweckmässig als Träger angeordnet, die Eingänge daher an die Stirnwände verlegt, so dass sich auf diese Weise Durchgangswagen ergeben. Bei den gewöhnlichen amerikanischen Personenwagen liegt der Gang stets in der Mitte.

Im Abschnitt I ist ferner schon erwähnt, dass, abgesehen von den Emigrantenwagen, in Amerika nur eine Personenwagenklasse vorhanden ist, Frauenabtheilungen fehlen, in den Zügen nur eine besondere Abtheilung für Raucher vorhanden ist, dass dagegen Abort, Wascheinrichtung, sowie Trinkwasser (Eiswasser) stets vorhanden sind; auch die allgemeinen Verhältnisse (umklappbare Sitze, Heizung, Erleuchtung u. s. w.) sind dort bereits dargelegt.

Im Allgemeinen sind die Personenwagen gleichartiger Bauart. Die gewöhnlichen Wagen, namentlich die älteren, sind 4 achsig, haben in der Regel eine Kastenlänge von etwa 46' (14 m) und enthalten 52 bis 54 Sitzplätze, welche gleichmässig auf beiden Seiten des Mittelganges angeordnet sind. In neuerer Zeit werden die Wagen jedoch in grösserer Länge ausgeführt, um bei dem unveränderlichen Gewicht der Drehgestelle, der Endaufgänge u. s. w. einen grösseren Fassungsraum zu erreichen, auf den grösstentheils der Zuwachs an Länge entfällt. Das hierbei für 1 Sitzplatz sich ergebende durchschnittliche Eigengewicht des Wagens ist daher geringer als das bei den älteren Wagen. Die grössere Kastenlänge wird zum Theil auch zur Verbesserung der Nebenräume und ihrer Vermehrung benutzt.

Einige der Haupttypen und ihrer Theile seien im Nachstehenden besprochen, deren Zeichnungen theils von den Bahnen und Fabriken erhalten wurden, theils dem Master Car Builder's Report bezw. Dictionary und dem National Car and Locomotive Builder entnommen sind.

Aeltere Personenwagen der Pennsylvania-Bahn.

Von diesen Wagen (Standard Cars) ist noch eine grössere Anzahl im Betriebe.

Die beiden zweiachsigen Drehgestelle sind von Mitte zu Mitte 33' (10,05 m) entfernt und haben 6' (1,828 m) Radstand.

Die Kastenlänge ohne Verschalung beträgt 16' 6" (11,17 m), die Breite 9' 2 3/4" (2,81 m). Wie die meisten amerikanischen Eisenbahn-Fahrzeuge wird der Boden in ganzer Länge durch 6 Längschwellen gestützt, unter welche sich die Drehgestellträger mit den Drehtellern legen. Durch Querschwellen und Diagonalen sind die Längsträger u. s. w. gegenseitig abgesteift. Die zwei äusseren Kastenschwellen sind 8" (203 mm) hoch und 5" (127 mm) breit, und sind im Lichten 8' 6 3/4" (2600 mm) von einander entfernt. Die vier mittleren Längschwellen sind entsprechend schwächer gehalten, (7 1/2" × 4 1/2" bezw. 4 1/4" = 190 × 114 bezw. 108 mm).

An diese sind die Hölzer angeblattet, welche die Kupplung tragen. Die Seitenwände sind derart als Träger ausgebildet, dass die Kastenschwelle und die unter den Fenstern herlaufende Längsschwelle vielfach durch senkrechte Säulen gegeneinander abgesteift und durch diagonal gelegte Spannstangen, welche von der Drehpunktsebene des Drehgestells aus nach beiden Seiten laufen, verbunden sind. Ein Theil der vorgenannten Säulen läuft bis zur oberen 7" (178 mm) hohen Kastenschwelle durch und bildet im Verein mit zwei Längschwellen das Gerippe für die auf jeder Langseite befindlichen 15 Fenster. Letztere sind oben abgerundet; ihre Scheibengrösse beträgt 26" × 19" (660 × 483 mm). Die Stirnenden des Wagens enthalten 1 Thür und 2 Fenster.

An den beiden Enden des Hauptrahmens ist ein Hülfsrahmen für die Plattform angeschraubt. Er besteht aus 4 Hölzern (5" × 3 1/2" bezw. 4" = 127 × 89 bezw. 102 mm), welche bis an die Drehgestellträger zurückgeführt und vorn durch ein Querholz verbunden sind.

Das stark gewölbte Dach ist in ganzer Länge mit einem Lüftungsaufsatz versehen.

Die Plattformen sind 30" = 762 mm breit; die zu ihnen führenden dreistufigen Treppen sind 2' 3 1/2" = 698 mm breit und haben 10 1/2" (266 mm) Trittböhe bei 8" (203 mm) Stufenbreite.

Abort mit Waschraum befinden sich an der Stirnwand in der Ecke. Es ist Ofenheizung vorhanden.

Die in neuerer Zeit hergestellten Wagen sind etwas abweichend construirt. Die Drehgestelle haben z. B. 7' (2133 mm) Radstand und mehr; auch sind zwecks Vereinfachung der Arbeit oben keine abgerundeten, sondern gerade Fensterabschlüsse ausgeführt; ferner sind verbesserte Kupplungen angebracht u. s. w.

Personenwagen der Chicago & North Western Railway, mit zweiachsigem Drehgestell. Zeichnung auf Tafel XI

Auf Tafel XI ist in den Figuren 1 u. 2 ein Wagen neuerer Bauart der Chicago and North Western Railway gezeichnet. Die beiden Drehgestelle haben 8' (2438 mm) Radstand und eine Entfernung von Mitte zu Mitte gleich 37' 10" (11,532 m). Die Länge des Wagenkastens ohne Verschalung beträgt 51' 6" (15,7 m), die Breite 8' 9" (2,666 m).

Der Wagen hat Mittelgang mit 58 Sitzplätzen. Der Raum zwischen den Sitzen ist 22 1/2" (572 mm) breit. Auf jeder Seite sind 17 Fenster angebracht.

AA sind die beiden Aufgänge, B der Ofen, C der mit Waschvorrichtung verbundene Nebenraum für Herren, D der Nebenraum für Damen, welcher eine grössere Ausdehnung erhalten hat, damit die Damen dort bequem sich bewegen und die Kleidung ordnen können, E ist der Behälter für Eiswasser, F ein Werkzeugkasten, der in amerikanischen Wagen nie fehlt. Es ist in ihm in der Regel eine Axt, eine Säge u. dgl. vorhanden, damit in Nothfällen bei Zusammenstössen u. s. w. die Reisenden aus dem Wagen befreit werden können. GG sind die Lampen, welche paarweise angeordnet sind.

Personenwagen der Chicago and North Western Railway mit dreiachsigem Drehgestell. Zeichnung auf Tafel XII—XIV.

Auf Tafel XII—XIV ist ein neuerer Personenwagen der Chicago and North Western Railway dargestellt, welcher eine etwas grössere Länge als der vorgenannte hat und 6 Achsen besitzt.

Die Kastenlänge ohne Verschalung beträgt 55' 6½" (16,929 m), die Breite 9' 10" = ~3 m. Die Entfernung der beiden dreiachsigen Drehgestelle ist von Mitte zu Mitte 41' 5" (12,625 m), während der Radstand des Drehgestells 2 × 4' 9½" = 9' 7" (2,92 m) beträgt.

Der Wagen enthält 62 Sitzplätze.

Die Versteifung der Wagenwand ist, wie es neuerdings in der Regel bei den längeren Wagen geschieht, durch ein Sprengwerk bewirkt. Dasselbe ist durch Streben abgesteift; ausserdem wird durch die vom Drehgestell nach aussen gehenden Streben eine kräftige Verbindung zwischen der unteren Kastenschwelle und der unter den Fenstern herführenden Längsschwelle geschaffen. Von dieser gehen etwa in der Ebene des Drehgestellzapfens Zugstangen nach den äusseren Enden der unteren Kastenschwellen, welche einen Theil des von dem überhängenden Wagenkasten herrührenden Gewichts aufnehmen. Die Decke des Wagens ist mit den Langschwellen durch einzelne Säulen verbunden, neben welchen Schrauben durchgezogen sind, welche das Gestell (obere und untere Kastenschwelle) zusammenhalten.

An jedem Ende des Wagens ist ein Ofen aufgestellt, dem gegenüber ist in der anderen Ecke ein Abortraum mit Wascheinrichtungen für Männer beziehlich ein solcher für Frauen eingebaut. Der letztere ist sehr geräumig und ist in seiner Grundfläche 1914 × 914 mm gross. Die Sitze sind in der Längsrichtung des Wagens 35½" (902 mm) von Mitte zu Mitte entfernt. Die weiteren Constructions-Einzelheiten und sonstige Anordnungen wie Bremse, Buffer- und Kupplungsvorrichtung u. s. w. sind aus den beigegebenen Tafeln ersichtlich. Angeführt sei noch, dass H der Hebel zum Aus- und Einrücken der hier angewendeten Miller-Kupplung ist, worüber Näheres weiter unten unter „Kupplungen" gesagt ist.

Wagen der Shore Line. Zeichnung auf Tafel XV.

Noch länger als die vorher beschriebenen sind die auf Tafel XV in Fig. 1 und 2 dargestellten Wagen, welche der von Boston nach New York führenden Shore Line gehören.

Der erstere Wagen, Fig. 1, ist ein gewöhnlicher Personenwagen. Die Kastenlänge beträgt 60' (18288 mm), die Breite 9' 8" (2946 mm), die Zahl der Sitzplätze 68. An dem einen Ende des Wagens befindet sich der Waschraum u. s. w. für Frauen und der Ofen, an dem andern ein Vorrathsraum, Abort und Waschvorrichtung für Männer.

Der zweite Wagen, Fig. 2, ist ein vereinigter Gepäck- und Rauchwagen.

Die ganze Länge des Wagens ist wie bei dem vorhergehenden 60' (18288 mm), die Breite ebenfalls 9' 6" (2946 mm). Der Gepäckraum ist 31' 3" (9525 mm) lang und enthält am Stirnende zwei kleine Vorrathsräume. Der Rauchraum ist 23' 10" (7264 mm) lang und bietet 32 Personen Platz. An ihn schliesst sich ein Nebenraum von 4' 5" (1346 mm) Länge, mit Wascheinrichtung und Abort an, auch hat der Ofen hier Aufstellung gefunden.

Sitze in den Personenwagen.

Die Sitze in den gewöhnlichen Personenwagen sind zwar in Bezug auf das Material verschieden, zum Theil aus Holz, zum Theil aus Gusseisen, sind aber im Allgemeinen einander gleich. Eine mehrfach anzutreffende Anordnung ist in umstehender Fig. 2 wiedergegeben.

Der Sitz A hat eine Länge von 37⅝″ (956 mm) und eine Breite von 19″ (483 mm). Die Rücklehne B ist durch die Seitenstangen C, welche sich um den vorderen Endpunkt drehen können, beweglich. Bei dem vorliegend gezeichneten Sitze (Mason Rocker Car Seat) verschiebt sich bei dieser Bewegung ausserdem der Sitz. Es ist dies jedoch nicht allgemein der Fall, meistens vielmehr sind die Sitze fest. Sitz und Rücklehne sind gepolstert und in der Regel mit rothem Plüsch überzogen. Dass die Rücklehnen für das Anlegen des Kopfes zu niedrig sind, ist bereits im ersten Abschnitt erwähnt.

Fig. 2.

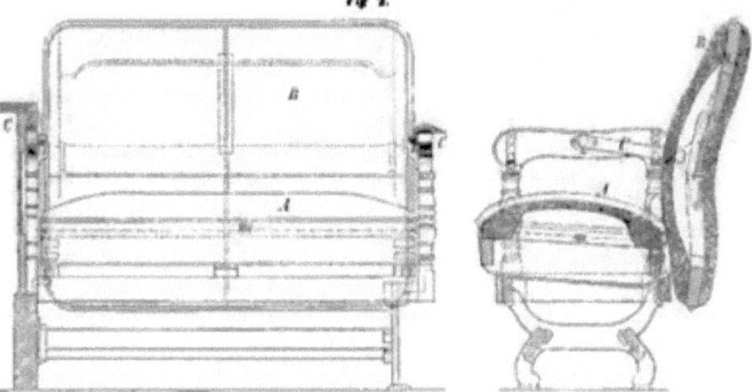

Für das Bekleiden der Wände werden im Allgemeinen Stoffe in den gewöhnlichen Personenwagen nicht angewandt, sondern Täfelungen aus Eiche, Esche, Kirschbaum und andern Hölzern, nur die innere Decke des Wagens wird häufig aus Canvas, einem groben Stoffe, gebildet, der gestrichen und geschmackvoll bemalt wird. Vielfach werden auch Schnitzereien im Innern angebracht. Aussen wird die Decke der Personen- und Luxuswagen mit verzinntem oder verzinktem Eisenblech belegt.

Vorortswagen. (Suburban Coach.) Zeichnung auf Tafel XV u. XVI.

Die Vorortswagen, welche zum Verkehr in den Lokalzügen zwischen den Städten und ihren Vororten bestimmt sind, sind bezüglich der inneren Anordnung abweichend von den gewöhnlichen Personenwagen ausgeführt. An den Enden befinden sich Längssitze und nur in der Mitte sind Quersitze vorhanden. Die Längssitze haben den Vortheil, dass ein grosser Raum zwischen ihnen verbleibt, in welchem eine erhebliche Zahl der zukommenden Fahrgäste während des kurzen Aufenthaltes auf den Stationen stehend vorläufig Platz finden kann, von wo aus sie sich dann im Zuge vertheilen können. Es halten sich hier auch meistens diejenigen Reisenden auf, welche nur kurze Strecken zu durchfahren haben. Auf den mittleren Sitzen nehmen gewöhnlich die weiter durchfahrenden Personen und in der Regel auch Damen Platz. Auf Tafel XV, Fig. 3 und Tafel XVI, Fig. 1 sind die Vorortswagen, wie sie auf der Chicago and North Western-Bahn in Gebrauch sind, dargestellt. Sie sind vierachsig, ihre Kastenlänge ohne äussere Verschalung beträgt 50′ (15,24 m). Der mittlere Theil hat 4 nicht umklappbare Doppelsitze mit Mittelgang, auf welchen je 8, also zusammen 32 Personen Platz haben. Die Zahl der Längssitze ist auf der einen Seite 2 × 8 = 16, auf der andern 2 × 6 = 12; der verbleibende Raum ist auf der einen Seite von dem Baker-Ofen E, auf der andern von dem Wasch- und Abortraum F eingenommen.

Bei G befindet sich das übliche Gefäss mit Eiswasser. Es sind jedoch im Allgemeinen nur diejenigen Wagen mit Abort und Heizvorrichtung ausgerüstet, welche längere Strecken nach entfernteren Vororten durchlaufen, während bei den eigentlichen Lokalzügen in der Nähe der Städte solche häufig fehlen (z. B. auf den Hochbahnen in New York, vergl. Abschnitt V).

Die Theilung der mittleren Abtheile ist 5' 8" (1727 mm). Wie aus der Zeichnung zu ersehen, sind die Fenster, wie bei den gewöhnlichen Personenwagen, mit Holzjalousien versehen, von denen zwei vorhanden sind, welche sich ebenso wie die Fenster in die Höhe schieben lassen, sodass unten ein Raum von 2' (610 mm) frei bleibt. Die Sitze sind zum grössten Theil aus Strohgeflecht (Rattan) gebildet, im Uebrigen ist der Wagen ähnlich wie die vorhin erwähnten eingerichtet.

Sowohl die oberen Decken des Aufbaues wie des Wagenkastens sind durch genutete Hölzer mit angehobelten Federn gebildet, während die inneren Decken aus Canvas bestehen, hübsch gestrichen und mit Zierrath versehen sind.

Schlafwagen für Auswanderer. Zeichnung auf Tafel XVI.

Tafel XVI, Fig. 2—3 stellt die Zeichnung eines Schlafwagens für Auswanderer (Emigrant Sleeping Car) der Union Pacific-Bahn dar. Der Wagen hat eine Kastenlänge von 51' $3^{3}/_{4}$" (15640 mm), eine Breite von 9' $11^{5}/_{8}$" (3041 mm) und 2 zweiachsige Drehgestelle von 6' 6" (1981 mm) Radstand. Die Construction ist im Allgemeinen der der andern Wagen gleich.

Der Wagen enthält auf jeder Seite 7 nach dem Mittgange hin offene Abtheile mit je 2 Bänken zu je 2 Personen, sodass also zusammen 56 Personen in denselben Platz finden können. Die Anordnung der Sitze ist aus Fig. 6 u. 7 auf Tafel XV zu ersehen. Sie sind aus Holz gefertigt und können ausgezogen werden, um nachts Schlaflager daraus zu bilden.

Oberhalb der Sitze wird durch Herunterklappen der tagüber schräg aufgehängten Bretter G (vergl. Fig. 6) in die Lage H auch ein Schlaflager hergerichtet, sodass also in jeder Abtheilung 4 Schlafplätze sich befinden.

Die Schlaflager enthalten weder Polsterung noch Ueberzüge und müssen die Auswanderer sich durch Auflegen mitgeführter Sachen dieselben zum Lager geeignet machen. Da die Emigranten häufig Kinder mitführen und, wenn nöthig, 2 Personen, z. B. Mutter und Kind, in einem Schlaflager Platz finden, so können in dem Wagen nachts ebensoviel Personen schlafen wie bei Tag darin sitzen, nämlich 56. In dem Wagen befindet sich ein Kochofen, auf welchem die Reisenden ihr Essen zubereiten können; dadurch wird es ermöglicht, dass sie grössere Reisen mit geringen Ausgaben und in verhältnissmässig angenehmer Weise zurücklegen. In der dem Ofen gegenüberliegenden Ecke ist der Nebenraum für Frauen, sowie am andern Wagenende ein solcher für Männer vorhanden.

Post- und Expresswagen. Zeichnung auf Tafel XV—XVII.

Bei Erörterung der Personenwagen mögen auch gleich die in den Personenzügen laufenden Post- und Gepäckwagen berührt werden.

In Zügen, in welchen nicht so viel Gepäck zu befördern ist, dass ein ganzer Wagen dafür erforderlich wäre, und in welchen auch für die Post kein ganzer Wagen nöthig ist, werden vereinigte Gepäck- und Postwagen (Express and Mail Cars) mitgeführt, von denen einer auf Tafel XVI in Fig. 4 im Grundriss dargestellt ist. Der Wagenkasten ist 50' (15240 mm) lang und enthält auf der einen Seite den Gepäckraum A von 24' 6" (7468 mm) Länge und auf anderen den gleich langen Postraum B. In dem ersteren ist ausser einem Ofen und einem Kasten für Brennmaterial ein Brett für Schreibsachen und ein Abort vorhanden. In dem Postraum befinden sich gleichfalls Ofen, Abort, ferner Tische, Fächer zum Sortiren der Briefe u. s. w. Der Wagen hat, wie aus der Zeichnung hervorgeht, in beiden Räumen

Seitenthüren, dagegen keine Endthüren. Aus diesem Grunde muss derselbe stets vorn in den Zug gestellt werden, damit der Durchgang nicht gestört wird.

Wenn das mitzuführende Gepäck und die Post noch geringeren Raum erfordern, so wird vielfach die auf Tafel XVI in Fig. 5 dargestellte dreitheilige Wagenanordnung verwendet. Gepäckabtheil C und Postabtheil B nehmen je nur ⅓ des ganzen Raumes ein, das übrige Drittel findet zu einem mit Sitzplätzen ausgestatteten Rauchraum A Verwendung. In diesem Fall hat die Stirnwand des letzteren eine Endthür und wird an dieser Seite mit dem Zuge gekuppelt, sodass der Postraum gleich hinter der Lokomotive läuft. Die innere Einrichtung weicht im Wesentlichen nicht von der sonst gewöhnlichen ab, wie die Figur erkennen lässt.

In durchgehenden Zügen, welche mehr Gepäck und Expressgut mitführen, genügt ein Abtheil eines Wagens nicht und werden hier in der Regel ausschliesslich für Gepäck bestimmte Wagen, Fig. 6, Taf. XVI, verwendet. Dieselben bilden einen ungetheilten Raum. Es sind Endthüren vorhanden, damit der Durchgang durch den ganzen Zug ermöglicht wird und gegebenen Falls Reisende oder Beamte im Zuge sich nach dem Gepäck begeben können; ausserdem sind auch Seitenthüren vorhanden, um eine rasche Ausladung des Gepäcks zu ermöglichen.

Ebenso wie bei dem Gepäck muss vielfach bei durchgehenden Zügen auch der Raum eines ganzen Wagens für die Bedürfnisse der Post in Anspruch genommen werden.

Fig. 7 auf Taf. XVI stellt einen solchen Wagen dar; derselbe ist 50' (15240 mm) lang. Auf Linien mit stärkerem Verkehr werden solche von grösserer Länge 60' (18288 mm) und mehr verwendet, sie erhalten dann auch dreiachsige Drehgestelle. Es sind bei dem gezeichneten Wagen nur Seitenthüren vorhanden, keine Endthüren, derselbe muss daher stets vorn in den Zug gestellt werden. A ist ein Raum von 12' (3658 mm) Länge für die Briefabtheilung bestimmt und enthält derselbe einen Stempeltisch, in Hufeisenform aufgebaute Brieffächer u. s. w. Das andere Ende des Wagens enthält den Packetraum C und in der Mitte des Wagens den Sortirraum B mit Tischen und Fächern. Was die äussere Ansicht dieser Wagen betrifft, so ist solche aus den auf Taf. XV u. XVII dargestellten Post- und Gepäckwagen der Pennsylvania-Bahn zu erkennen und zwar ist Fig. 1, Taf. XVII ein Wagen für Expressgut, Fig. 2, Taf. XVII ein Briefpostwagen, Fig. 3, Taf. XVII ein Postwagen für Packete, Fig. 4, Taf. XV ein vereinigter Gepäck- und Postwagen und Fig. 5, Taf. XV ein Gepäckwagen. Die Hauptabmessungen sind aus den Figuren ersichtlich.

Achsbuchsen. Die Anordnung der Achsbuchsen ist meist derart, dass in eine geschlossene gusseiserne Buchse ein Rothgusslager (vielfach mit Weissmetallfütterung) eingelegt wird. Die Achsbuchsen für Personenwagen haben im Allgemeinen dieselbe Form wie die für Güterwagen. Zeichnungen von Achsbuchsen sind in dem Bericht über Güterwagen, (Abschnitt IV, C), vorhanden und dort näher beschrieben.

Räder. Die Räder der Personenwagen bestehen vorwiegend aus Hartguss. Bei einem Theil derselben sind gusseiserne mit Stahlreifen bezogene Räder angewandt. Bei den besseren Personen- und Luxuswagen kommt vielfach Krupp'scher Tiegelstahl zur Verwendung; bei den letzteren auch vielfach Mansellräder und Papierräder. Vergl. über letztere Näheres im Abschnitt X.

Die Hartgussräder haben einen Durchmesser von 30, 33 und 36" = 762, 838 und 914 mm und werden nach dem in Amerika üblichen Verfahren in Coquillen gegossen.

Die Achsschafte bei den Personen- und Luxuswagen sind meistens aus Stahl, bei den gewöhnlichen Wagen aus Schweisseisen. Zeichnungen von Hartgussrädern und Achsen finden sich in dem schon angezogenen Bericht über Güterwagen.

Die Kupplungen waren früher bei den amerikanischen Wagen sehr verschieden, was zu grossen Uebelständen führte. Vielfach geschah die Kupplung nur durch ein Kettenglied, durch welches ein Bolzen gesteckt wurde. Es wurden aber bei dem Kuppeln der Wagen so viele Bedienstete getödtet und verletzt, dass in dieser Beziehung Abhülfe geschaffen werden musste. Wie in dem Bericht über Betrieb, Abschnitt V, angegeben ist, sind in einem Jahre beim Ankuppeln von Wagen 300 Personen getödtet und 6757 verletzt, was in Anbetracht der verhältnissmässig geringen Zahl der beim Kuppeln verwendeten Personen einen ausserordentlich hohen Prozentsatz ergiebt. Es entstand in der Folge eine grosse Anzahl von Anordnungen, welche im Laufe der Zeit vervollkommnet sind, und von denen bis in die neuere Zeit bei Personenwagen diejenige von Miller die verbreitetste war, während jetzt die Janney-Kupplung am meisten Eingang findet. Diese ist auch nach dem Beschluss der Master Car Builder als Normalkupplung empfohlen. Kupplungen.

Die Construction der Miller-Kupplung ist aus der auf Tafel XII—XIV gegebenen Zeichnung des Personenwagens der Chicago and North Western Railway zu ersehen. Es ist jedoch zur Klarstellung ein Längsschnitt und der Grundriss derselben in nebenstehender Fig. 3—4 gegeben. a) Miller-Kupplung.

Fig. 3.

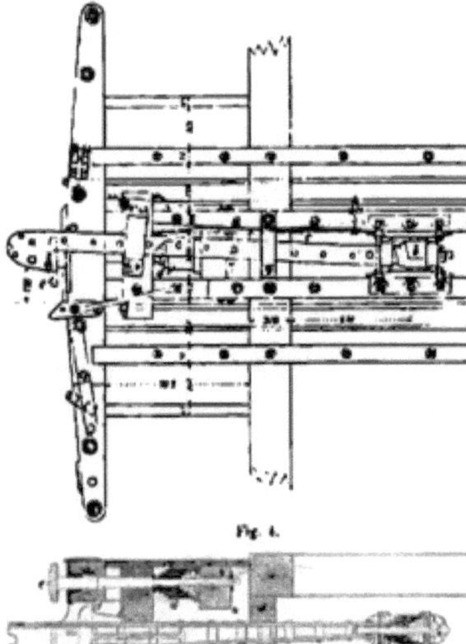

Fig. 4.

Die Kupplung besteht aus einem kräftigen Haken a, welcher durch eine Spiralfeder b in seiner Lage gehalten wird. Die lange, schwach gespannte Blattfeder c drückt den Haken stets nach der Mitte des Wagens und erhält ihn nach erfolgter Kupplung in dieser Lage.

Auf Taf. XIV ist der Hebel, welcher zum Ausrücken der Kupplung dient, mit H bezeichnet. Die Anordnung weicht von der in Fig. 3—4 insofern ab, als dort statt der Spiralfeder aus Flachstahl zwei solche aus Rundstahl gezeichnet sind. d ist die Spiralfeder, welche den centralen Buffer e herausdrückt.

Die Janney-Kupplung wird jetzt vielfach eingeführt und bei Neubauten fast allgemein angewendet. Es finden bei den verschiedenen Bahnen Abweichungen in den Einzelheiten statt, es muss jedoch nach den Beschlüssen der Master Car Builder die Construction der Kupplungsköpfe, soweit sie unmittelbar sich berühren, bezw. in einandergreifen, nach der beschriebenen Normalform ausgeführt werden. b) Janney-Kupplung.

In den nebenstehenden Figuren 5—8 ist diese Kupplung im Wesentlichen dargestellt. Sie besteht aus dem Kupplungskopf a, welcher mit einem Gelenk b versehen ist, das durch einen Hebel c in seiner Lage gehalten wird, sobald die Kupplung mit der des nächsten Wagens verbunden ist. Dieser Hebel c, welcher bei den verschiedenen Bahnen abweichende Form erhalten hat, zum Theil auch aus einem Keil besteht, kann bedient werden, ohne dass man zwischen die Wagen treten muss. Auf seiner Drehachse ist im Innern des Kopfes ein Doppelhebel befestigt, auf dessen kürzeres Ende eine Spiralfeder wirkt (Fig. 8), die den Hebel c in seiner Lage hält. Die Spiralfeder d, welche in der Regel aus einer äusseren und einer inneren Feder besteht, hält den Kupplungskopf in seiner Lage und wirkt ausserdem auf die zwei Buffer e e vermittelst des Balanciers f; letztere werden zudem noch durch die Feder g (Fig. 7), angedrückt.

Fig. 5. Fig. 6.

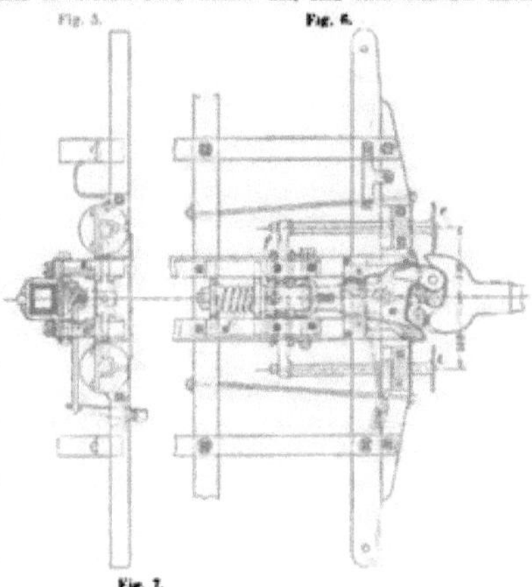

Fig. 7. Fig. 8.

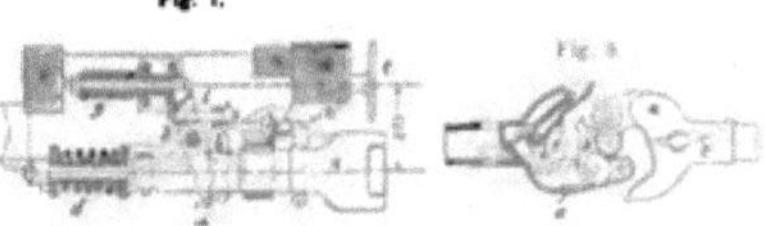

Wird der Kuppelkopf ausgezogen, so wirkt das Stück h mittelst der Schlinge i an dem Balancier k und vermehrt die Bufferspannung. Ein Gleiches geschieht, wenn der Kupplungskopf eingedrückt wird, indem das Stück h auf das Ende m des Balanciers k drückt und dadurch den oberen Theil derart bewegt, dass die Buffer angepresst werden. Es bewirken also alle Bewegungen des Kupplungskopfes ein Ausrücken der Buffer.

Wenn zwei Wagen gekuppelt werden sollen, so muss das Stück c aus seiner Ruhelage gedreht und der Kupplungskopf geöffnet sein, wie dies in Fig. 8 in der linksseitigen, durchschnitten gezeichneten Kupplung angedeutet ist. Es werden die Wagen mit einem Stoss, welcher den Widerstand der Feder d überwindet, zusammengebracht, und zugleich wird das Gelenk b hierbei geschlossen. Wie schon erwähnt, ist die Art der Feststellung des Gelenkes bei den Bahnen verschieden, aber immer so, dass solches von der Plattform aus durch einen Hebel oder mittelst Ketten bewirkt werden kann, sodass eine Beschädigung des Kupplers ausgeschlossen ist.

Um Durchgangswagen mit der Miller-Kupplung auch in Züge einstellen zu können, deren Wagen mit der Janney-Kupplung versehen sind und umgekehrt, ist eine combinirte Janney-Miller-Kupplung construirt worden, welche mit jedem der beiden vorgenannten Systeme verbunden werden kann. Soll dieselbe mit der Miller-Kupplung zusammen arbeiten, so wird der vordere, abnehmbar angeordnete Theil der Janney-Kupplung durch den Miller-Haken ersetzt, ebenso gelangt der centrale Buffer zur Anwendung. Die Herrichtung der combinirten Kupplung für die Miller-Anordnung erfordert nur 3—5 Minuten.

Unter den sonstigen Kupplungsvorrichtungen ist noch die von **Cowell** zu nennen, welche namentlich bei Vestibule-Wagen Anwendung gefunden hat. Die Buffer werden hier, wie bei der auf Tafel XXVI gezeichneten Anordnung, durch ein Rahmenstück gebildet, das durch 3 Spiralfedern vorgedrückt wird. Die unten liegende Kupplung ist der Miller-Anordnung sehr ähnlich; ihr vorderer Hakentheil ist jedoch drehbar in dem langen Kupplungsstück gelagert.

Wenn auch die amerikanischen Kupplungen durch ihre centrale Lage Vorzüge vor den europäischen haben, so ist doch der grosse Uebelstand vorhanden, dass sie unter dem Wagen liegen, daher nicht in derselben Ebene wie der Kastenrahmen, dass ferner die Zugstangen nicht durchgehend sind, sondern das Gestell den Zug übertragen muss, und dass endlich die Befestigungshölzer der Kupplung nur angeblattet sind. Aus diesem Grunde werden bei heftigen Rangirbewegungen und bei Zusammenstössen die Kupplungen und Wagen leicht beschädigt.

Die Drehgestelle werden gewöhnlich bei Wagen bis etwa 50' (15,24 m) Kastenlänge zweiachsig angeordnet, bei grösserer Wagenlänge jedoch dreiachsig. Sie bestehen allgemein aus einem Tragbalken (Bolster), welcher sich unter den bezüglichen Theil des Wagenkastens setzt und den Drehteller trägt. Bei einem dreiachsigen Drehgestell ist der Tragbalken gewöhnlich durch Träger aus Flacheisen mit zwei Balken (Spring-Beams) verbunden, die sich auf Federn stützen, während bei einem zweiachsigen Drehgestell der Tragbalken sich unmittelbar auf die Federn legt. Vermittelst gebogener Flacheisen wird der durch letztere ausgeübte Druck auf die Achsbuchsen übertragen, deren Führungen an dem Drehgestellrahmen befestigt sind. **Drehgestelle.** Zeichnung auf Tafel XVIII u. XIX.

In früherer Zeit wurden die Tragbalken nur aus Holz hergestellt und die Verbindungen mit den Achslagern aus Flacheisen, eine Construction, die bei den Güterwagen jetzt noch fast allgemein in Anwendung ist, wobei jedoch horizontale Dreiecksverbindungen fast ganz fehlen.

Fig. 1 und 2 auf Taf. XVIII stellen ein neueres zweiachsiges Drehgestell der New York Central and Hudson River-Bahn dar. Es ist aus Eisen und damit armirtem Holz hergestellt. Die Einzelheiten gehen deutlich aus der Zeichnung hervor, sodass von einer Beschreibung abgesehen werden kann.

Bezüglich des dreiachsigen Drehgestells wird auf den folgenden Abschnitt „Luxuswagen" verwiesen, woselbst die Zeichnung eines solchen gegeben ist.

In neuerer Zeit sind Bestrebungen zur Verbesserung der Drehgestelle mehrfach hervorgetreten; namentlich ist nach dem Vorgange von Fox in Leeds versucht, die Träger und Verbindungen aus gepresstem Stahlblech herzustellen, wie solches auch neuerdings in Deutschland auf Anregung der Kgl. Eisenbahn-Direktion Magdeburg geschieht.

Die Herstellung derartiger Theile zu Drehgestellen erfolgt u. a. in Joliet bei Chicago. Auf Taf. XIX, Fig. 1—4 ist ein solches Drehgestell dargestellt. Es muss jedoch bemerkt werden, dass die Anfertigung derartiger Drehgestelle sich noch im Versuchsstadium befindet und dass noch keine nennenswerthe Zahl von Wagen damit eingerichtet ist.

8. Luxuswagen.

Allgemeines.

Die ersten Versuche zur Herstellung von Luxuswagen, nämlich Schlafwagen, wurden schon in der zweiten Hälfte der 30er Jahre auf der Cumberland-Valley-Bahn gemacht, indem in gewöhnlichen Personenwagen nummerirte Schlafstellen eingerichtet wurden. Dieselben waren jedoch noch sehr einfach und stellte sich sehr bald das Bedürfniss heraus, sie in ähnlicher Weise einzurichten, wie die Betten der Dampfschiffe, und durch Änderung der Wagen die unangenehmen Stösse und das Geräusch während der Fahrt zu mildern.

Die wesentlichsten Erfolge in dieser Beziehung hatte George M. Pullman, welcher schon im Jahre 1859 auf der Chicago and Alton-Bahn einige Wagen einrichtete, die erhebliche Verbesserungen aufwiesen. Doch erst im Jahre 1864 gelang es ihm, für diese Bahn einen Wagen herzustellen, welcher bereits die später beibehaltenen Einrichtungen hatte. Allerdings war der Preis dieses Wagens im Vergleich mit anderen ein so erheblicher, dass zunächst trotz der guten Ergebnisse eine weitere Beschaffung derartiger Wagen nicht stattfand.

Die Kosten betrugen nämlich 18000 $ (76500 M), während gewöhnliche Personenwagen damals 4500 $ (19125 M) kosteten, welches auch noch heute der ungefähre Preis ist. Dieser erste Wagen erhielt den Namen Pioneer. Um genügenden Platz für die Betten zu erhalten, war der Wagenkasten etwa 1' (305 mm) breiter und 2½' (762 mm) höher als die damals in Gebrauch befindlichen Wagen gemacht. Da jedoch hierbei das Profil des lichten Raumes nicht genügend berücksichtigt worden war, ergaben sich nach der Fertigstellung im Betriebe bedeutende Schwierigkeiten. Als jedoch der Leichnam des 1865 nach dem Bürgerkriege ermordeten Präsidenten Lincoln in dem Wagen feierlich transportirt werden sollte und als später der General Grant denselben benutzte, suchten die Bahnen die Hindernisse an den Bahnsteigen u. s. w. zu beseitigen, wodurch ein besseres Durchgangsprofil geschaffen wurde. Der Wagen war längere Zeit zur Zufriedenheit der Reisenden im Verkehr.

Auf Grund dieser günstigen Resultate gründete Herr Pullman im Jahre 1867 die Pullman Palace Car Company, welche zur Herstellung von Schlafwagen bestimmt war und wurde von dieser, sowie von der gleichwerthigen Wagner Palace Car Company hauptsächlich die Anfertigung der Wagen ausgeführt. Die sonstigen in Amerika vorhandenen Wagenbaugesellschaften bez. die Luxuswagen sind von verhältnissmässig geringer Bedeutung. Es sind dieses die Mann'schen Boudoir Cars, welche auf der Wabash and New England Railroad laufen und andere.

Die Zahl der in Betrieb befindlichen Wagen nahm stetig zu, da bei der grossen Länge der in Amerika zu durchfahrenden Strecken sich ein immer grösseres Bedürfniss herausstellte, derartige Wagen zu verwenden, namentlich auch solche, welche derart zum Tag- und Nachtdienste dienen können, dass die während der Nacht als Lager dienenden Betten am Tage in der Höhe zurückgelegt und an der Wand befestigt werden. Gleichzeitig wurden auch zweckmässigere Einrichtungen für die Lüftung und Heizung hergestellt.

Die Luxuswagen wurden im weiteren Verlaufe immer eleganter eingerichtet und wurden für Züge, die nur Tagesverkehr haben, besondere Wagen mit Sesseln (Parlor Cars) hergestellt.

Da auf den langen Reisen auch das Bedürfniss bestand, sich während der Fahrt erfrischen zu können, beziehlich die Mahlzeiten während derselben einzunehmen, so wurden besondere Wagen zu-

diesem Zwecke gebaut und zwar sogenannte Hôtelwagen, in welchen ausser einer Schlafabtheilung sich noch eine Küche mit Nebenraum befindet und in welchen die Reisenden ähnlich wie in einem Hôtel leben. Der erste dieser Wagen wurde im Jahre 1867 auf der Great Western Railway in Canada in Benutzung genommen. Weiter wurden zur Einstellung in die Züge die Buffet Cars gebaut, in welchen eine kleinere Abtheilung zur Aufbewahrung und Erwärmung von Speisen eingerichtet ist, aus welcher der Kellner dieselben in die Kupeen trägt. Ausserdem finden sich in den Zügen die Dining Cars, in welchen eine grosse Küche mit Anrichteraum (Pantry) vorhanden ist, und welche einen Speisesaal enthalten, in welchem die Insassen des Zuges speisen können.

Schliesslich wurden Züge (Vestibule-Trains) gebaut, welche geschlossene Uebergänge zwischen den Stirnenden der mit einander verkuppelten Wagen erhielten, damit die Reisenden geschützt vor Zugluft und Regen den ganzen Zug auch während der Fahrt durchgehen können.

Obwohl derartige Verbindungen der Wagen durch Leder- oder Gummi-Abschlüsse schon früher in Amerika und Europa, namentlich bei Post- und Hofwagen, zur Anwendung gekommen waren, war doch die Herstellung ganzer Züge in dieser Weise bis dahin nicht ausgeführt und muss diese Einrichtung als grosser Fortschritt betrachtet werden.

Pullman baute den ersten derartigen Vestibule-Zug im Frühjahr 1887, der als etwas Neues zunächst in den grösseren Städten Nordamerikas ausgestellt wurde. Im folgenden Sommer und zwar im Juni wurde er sodann in den Schnellzugdienst der Pennsylvania-Bahn eingestellt und zwar auf der unter dem Namen „New York and Chicago Limited“ bekannten Linie. Die mit ihm erzielten Erfolge veranlassten die Pullman-Gesellschaft noch 3 andere solche Züge zu bauen und auf jener Strecke laufen zu lassen. Alle vier erfreuen sich einer besonders starken Benutzung. Wie Pullman selbst mittheilte, ist die Vorliebe der Amerikaner für diese Vestibule-Trains eine grössere, als für die anderen aus den Pullman-Wagen zusammengesetzten Limited-Schnellzügen, was sich s. Zt. schon sehr bald durch die starke Platzausnutzung zeigte. Aehnliche Züge wurden im Dezember desselben Jahres zwischen New York und Chicago auf den New York Central und Lake Shore-Bahnen in Dienst gestellt.

Die hohe Eleganz und die ausserordentliche Bequemlichkeit in diesen Zügen, verbunden mit einer Anzahl von besonderen Einrichtungen (Barbier- und Frisir-Raum, Schreibräume, Bibliothek), die gute Heizung und Lüftung, sowie der sanfte Gang der Wagen machen das Reisen in einer Weise angenehm, dass lange Fahrten ohne grosse Anstrengung auch von schwächeren Personen ertragen werden.

Die Luxuswagen der beiden grössten Wagenbauanstalten in Amerika von Pullman und Wagner unterscheiden sich im wesentlichen dadurch, dass Pullman die Bettlängen fast immer parallel mit der Längsachse der Wagen anbringt, während Wagner vielfach die Betten, wie bei den deutschen Schlafwagen, rechtwinklich dazu anordnet.

Es mag dabei bemerkt werden, dass, wenn auch die zuletzt genannte Einrichtung, mit welcher in der Regel ein Seitengang verbunden ist, eine zweckmässige Durchbildung des Grundrisses zulässt, doch, wie dem Verfasser mitgetheilt wurde, das amerikanische Publikum sich an die erstere Einrichtung, (welche auch in der grössten Zahl der Wagen vorhanden ist), derart gewöhnt haben soll, dass solche im Allgemeinen vorgezogen wird, trotz der mit der Anordnung der Betten neben einem nur durch Vorhänge abgeschlossenen Mittelgange vorhandenen Unbequemlichkeiten.

Die Herrichtung der unteren Schlaflager bei den Wagen mit Mittelgang geschieht in der Weise, dass zwei gegenüberliegende Sitze zusammengezogen und mit Decken und Kissen belegt werden.

Die oberen Betten werden durch Umlegen der Seitenwand gebildet. Um Kopf- und Fussende der einzelnen Lager gegeneinander abzuschliessen, werden auch Holztafeln zwischen die letzteren eingeschoben. Gegen den Gang werden die Betten durch schwere Vorhänge verdeckt, hinter welchen die Reisenden sich der Oberkleider entledigen; das weitere Entkleiden muss dann während des Liegens auf dem Bette geschehen, was für den Fremden eine etwas ungewöhnte Arbeit ist.

Die innere Ansicht eines Pullman-Schlafwagens, wie solcher während der Tageszeit sich darstellt ist auf Tafel XX dargestellt.

Während, wie in dem Bericht über Personenwagen bemerkt, die letzteren im Allgemeinen vierachsig sind und erst in neuerer Zeit längere 6achsige Wagen gebaut werden, sind die Luxuswagen in ihrer Mehrzahl 6achsig, theils weil das Gewicht derselben für 4 Achsen reichlich gross ist, theils weil 6achsige Wagen einen sanfteren Gang haben. Die Wände der Wagenkasten werden ebenso wie bei den Personenwagen als Träger ausgebildet. Die Fenster sind fast allgemein getheilt und kann die untere Hälfte nach oben geschoben werden; ausserdem ist eine Holzjalousie vorhanden, welche sich ebenfalls in die Höhe schieben lässt. Die Construction der Seitentragwände ist eine verschiedene, im Allgemeinen jedoch die auf Tafel XXVI, Fig. 4 angegebene.

Sämmtliche freien Oeffnungen des Kastengerippes werden bei den **Pullman**'schen Luxuswagen in sorgfältiger Weise durch Holztafeln geschlossen (ähnlich wie es in England bei den Personenwagen geschieht). Die Tafeln werden sauber eingepasst, dann eingeleimt und genagelt, so dass die Wand ein Ganzes bildet; es wird hierauf grosses Gewicht gelegt. Die äussere Seitenverschalung wird aus schmalen genutheten Brettern mit Bleiweisskitt zusammengesetzt und genagelt; dieselben sollen nicht tragen, sondern nur die Theile verkleiden und den Anstrich mit der Lackirung aufnehmen. Sowohl die Luxus- wie die gewöhnlichen Personenwagen sind in der Regel dunkel gestrichen; erstere sind sodann noch in ausgedehnter Weise mit Ornamenten bemalt, so dass sie im Zuge stets leicht zu erkennen sind.

Die Wagner-Gesellschaft bringt in den Seitenwänden ausser den Streben noch kurze Diagonalen an, wie aus dem auf Taf. XXIII, Fig. 1 u. 2 dargestellten Kastengerippe zu ersehen ist, die Chicago Burlington and Quincy Ry. verstärkt das Gerippe durch eine Blechwand in der auf Taf. XXVI, Fig. 4 gezeichneten Weise.

Bei den Pullman-Wagen werden die Kopfstücke und dazu gehörenden Theile aus Eichen-, Langschwellen und alle lang durchgehenden Theile, sowie die sonstigen Constructionstücke aus Yellow Pine, die Füllungen und Verschalungen aus Pappelholz angefertigt; letzteres wird auch als Unterlage für alle gebogenen fournirten Wände benutzt. Die spiralförmig von den Stämmen geschälten breiten Stücke von etwa $^1/_8$ Zoll (3,2 mm) Dicke werden in 3 bis 5 Lagen zusammengeleimt und wird darauf die Fournirung aus besserem Holze gelegt.

Die Fussböden sind im Allgemeinen doppelt und werden vielfach diagonal zusammengesetzt, zwischen die Böden werden schlechte Wärmeleiter gelegt (präparirtes Papier, im Fall die Fussböden dicht aufeinander liegen).

Besonderer Werth wird auf den sorgfältigen Bau der Endverbindungen bei den Vestibule-Wagen gelegt. Bei den älteren Wagen kam es bei Zusammenstössen häufig vor, dass die Wagen sich teleskopirten, d. h. ineinanderschoben, wodurch erhebliche Beschädigungen der Reisenden hervorgerufen wurden. **Pullman** hat nun neuerdings eine Anordnung der Endverbindungen zur Ausführung gebracht, wodurch solches verhindert werden soll, was sich angeblich bei Unfällen auch gezeigt hat.

Statt der sonst bei den Personenwagen vorhandenen Buffer ist an jedem Ende ein eiserner Rahmen angebracht; bei den gekuppelten Wagen legen sich diese Rahmen unmittelbar gegen einander und werden oben durch 2 in der Decke angebrachte Druckstangen angedrückt, während unten drei mit dem Rahmen durch Bolzen verbundene ähnliche Stangen vorhanden sind, welche durch Federn gegen den unteren Rahmen gedrückt werden. Beim Zusammenkuppeln der Wagen müssen die Federn gewaltsam eingedrückt werden, so dass dabei jedesmal ein ziemlich heftiger Stoss entsteht, was namentlich nachts auf Uebergangsstationen die Reisenden im Schlafwagen stark fühlen.

Ausserdem sind an den Enden für den Fall des Bruches der Kupplung 2 Nothketten vorhanden.

Die verschiedenen Gesellschaften, welche Luxuswagen herstellen, suchen sich in der Vervollkommenheit der Einrichtung zu überbieten. Jeder neue Wagen weist gegen die früheren einen wirklichen oder vermeintlichen Fortschritt in Bezug auf Luxus oder Ausstattung auf; die Ausstattungsstoffe werden immer eleganter gewählt und wird das Neueste und Beste darin angebracht. Auch die Construction sucht man zu vervollkommnen, da jede Neuerung zunächst das Publikum anzieht und in den Zeitungen angepriesen wird. Eine solche Neuerung, welche nach diesseitigem Erachten nicht zu den bahnbrechenden Verbesserungen gehört, ist die Anbringung von unten näher beschriebenen Erkerfenstern in den Wagen, welche es ermöglichen sollen, die Gegend freier zu übersehen. Diese Fenster erfüllen ihren Zweck jedoch nur unvollkommen und machen den Bau des Wagenkastens erheblich schwieriger.

Ferner gehört zu den Neuerungen die Einführung von elektrischem Licht, das in dem Pullman-Zug von New York nach Chicago über Pittsburg und Fort Wayne in Anwendung ist, die Anbringung einer Bibliothek, Spielzimmer, Schreibzimmer, Barbier- und Frisirräume und schliesslich die Anbringung eines Raumes für einen Type Writer (Typenschreiber), welchen jeder der Reisenden unentgeltlich 15 Minuten lang beschäftigen darf, so dass man im Zuge bequem etwaige Correspondenzen erledigen kann.

Nachfolgend sind eine Anzahl von Luxuswagen und deren Theile dargestellt und beschrieben, deren Zeichnungen theils von den Fabriken und Bahnen erhalten, theils während der Benutzung der Wagen u. s. w. als Skizze gefertigt wurden.

Den Uebergang von den gewöhnlichen Wagen zu den Luxuswagen bilden die Chair Cars (Sesselwagen). Die in ihnen aufgestellten Sessel haben eine grössere Entfernung von einander, als das bei den Sitzbänken der gewöhnlichen Wagen der Fall ist; auch sind die Sessel derart mechanisch zum Verstellen eingerichtet, dass sich daraus Ruhelager herrichten lassen.

Sesselwagen (Chair Car) der Ch. B. & Q. R. R. Zeichnung auf Taf. XXI, Fig. 1.

Der auf Taf. XXI Fig. 1 dargestellte Chair Car hat eine Kastenlänge von 57′ 4″ (17,475 m) und 11 Reihen von Sesseln, welche 3′ 8″ (1,118 m) von einander entfernt sind; auf je 2 Sitzen können 4 Personen Platz finden, auf sämmtlichen Sesseln also 44 Personen. Die Nebenräume sind sehr bequem eingerichtet; im Rauchraum sind noch 2 mit Leder überzogene Sofas vorhanden, die Waschbecken sind ohne besonderen Abschluss, der Abort enthält Leibstuhl und Pissoir; der Rauchsalon ist durch eine Thür von dem Innenraume des Wagens abgeschlossen; an dem anderen Ende des Wagens ist der Frauenabort mit Waschraum. Der dort aufgestellte Eiswasserbehälter hat einen Ablasshahn nach dem Innern des Wagens, ferner ist ein Heizofen und ein Schrank für Wäsche vorhanden.

Direktionswagen der N. Y. C. & H. R.-Bahn. 6 achsig. Zeichnung auf Taf. XXI. Fig. 2.

Dieser Wagen dient sowohl zur Vermiethung an reiche Private, als namentlich auch für Reisen des Verwaltungsrathes und der höheren Beamten. Von derartigen Wagen sind bei der New York Central and Hudson River-Bahn 6 vorhanden, am Tage der Besichtigung gingen 3 davon in einem Sonderzuge zur Bereisung der Linien ab; den einen benutzte, wie angegeben wurde, Herr Cornelius Vanderbilt, den zweiten der Präsident Chauncey Depew, den dritten die übrigen Beamten.

Sehr hübsch ist der an einem Ende des Wagens liegende Aussichts-Raum construirt; an der Stirnwand befindet sich eine grosse bis auf den Boden gehende Spiegelglasscheibe, durch welche auch die entfernt Sitzenden die Bahn beobachten können. Die Ausstattung ist ähnlich derjenigen der Pullman-Wagen, doch etwas einfacher. Der daneben liegende Raum ist zum Aufenthalte bei Tage und zum Schlafen während der Nacht bestimmt, enthält einen Schreibtisch, Waschtisch, Leibstuhl und Bett; ähnlich ist der angrenzende Raum eingerichtet, welcher ein sehr breites Bett enthält, auf welchem, wenn erforderlich, 2 Personen ruhen können. In der Mitte des Wagens liegt der Speisesaal mit Pult und Klapptisch, in dem Saal können Nachts 2 Betten hergerichtet werden. Der übrige Theil des Wagens wird von dem Nebenraum mit Wascheinrichtung u. s. w., der Anrichte und der Küche eingenommen.

Derartig eingerichtete Wagen erleichtern es den Verwaltungs-Commissionen, welche länger in dünn bevölkerten Gegenden Revisionen ausüben u. s. w., die Reisen ohne Ermüdung und mit guter Verpflegung auszuführen.

Bei Vermiethung sind nach den gemachten Angaben für den Wagen täglich 50 $ (212,5 M.) ausser den Fahrkarten zu vergüten, Koch und Bedienung müssen ausserdem bezahlt werden.

Direktionswagen. Zeichnung auf Taf. XXI. Fig. 3.

Auf Taf. XXI Fig. 3 ist ein anderer Direktionswagen (nach dem Gedächtniss) dargestellt, er ist kürzer und mit weniger Nebenräumen versehen als der vorbeschriebene. Die Länge desselben ist etwa 52' (15,850 m). An beiden Enden des Wagens befindet sich ein Aussichtsraum mit Sesseln und Tisch, der übrige Theil enthält die Küche, in der gleichzeitig der Heizofen aufgestellt ist, den Vorrathsraum und Raum für Bücher und zwei abgeschlossene, Betten enthaltende Räume, die zum Aufenthalt bei Tag und Nacht benutzt werden. Die Aussichtsräume sind durch einen an der Seite liegenden Gang mit einander verbunden.

Pullman-Wagen „Brilliant". Zeichnung auf Taf. XXI. Fig. 4.

Auf Taf. XXI Fig. 4 ist der Pullman-Wagen „Brilliant" (nach dem Gedächtniss) dargestellt. Derselbe ist sehr elegant eingerichtet und wurde vom Verfasser unter freundlicher Führung des Herrn Pullman am 8. Mai zur Fahrt von Chicago nach Stadt Pullman zwecks Besichtigung der dortigen Werkstätten benutzt. Die Länge dieses sechsachsigen Wagens beträgt etwa 70' (21,336 m) und ist dieselbe in 3 ungefähr gleiche Theile zerlegt. An dem einen Ende des Wagens liegt in dem ersten Drittel der Baker-Ofen, ferner Abort mit Waschapparat, daran schliessen sich drei geschlossene Räume, Salons, welche Sofas, Sessel, Waschvorrichtung u. s. w. enthalten, ferner ein Raum, der zur Aufnahme von Vorrath bestimmt ist. In dem mittleren Theile des Wagens sind an jeder Seite desselben 8 Sofas angeordnet; dieselben sind durch einen Mittelgang getrennt und können in Schlaflager umgewandelt werden. In dem letzten Drittel sind enthalten ausser einem Baker-Ofen ein Umkleide-Raum für Frauen mit Abort und Wascheinrichtung, zwei Salons und ein Vorrathsraum. Die Ausstattung dieser Räume ist der vorher genannten ähnlich.

Gesellschaftswagen (Club Car). Zeichnung auf Taf. XXI. Fig. 5 u. 6.

Wie schon an anderer Stelle erwähnt, bilden Personen, welche in den Vororten wohnen und regelmässig zu ihren Geschäften oder aus anderen Gründen nach den Städten fahren, vielfach Vereinigungen (Clubs) und miethen diese nach ihren Ansprüchen Wagen, welche von denselben täglich ausser Sonntags benutzt werden. Jeder Theilnehmer hat darin einen besonderen Platz und werden die Wagen in Züge eingestellt, welche von den Miethern ausgewählt sind. Diese haben für Benutzung der Wagen eine Extrazahlung zu leisten, welche auf die verschiedenen Theilnehmer vertheilt wird. Fig. 5 auf Taf. XXI stellt einen (nach dem Gedächtniss gezeichneten) kleineren Club Car dar. Derselbe hat eine Länge von etwa 64' (16,460 m) und ist vierachsig. Auf jeder Seite des Wagens befinden sich 18 Rohrsessel, ausserdem sind noch in einem abgeschlossenen Raum an einem Ende des Wagens 2 Tische mit je 4 Sitzen vorhanden. An dem anderen Ende des Wagens befindet sich der Heizofen (Baker-Ofen) und Abort mit Wascheinrichtung. Für diesen Wagen ist nach Angabe eine jährliche Extrazahlung von 800 $ (3400 M) zu leisten.

Fig. 6 stellt einen längeren, auch nach dem Gedächtniss gezeichneten Club-Wagen dar, wie solcher in der Nähe von New York benutzt wird. Derselbe ist sechsachsig, hat eine Länge von etwa 70' (21,336 m) und fasst etwa 60 Personen. Er enthält auf der einen Seite mit Leder überzogene Sessel, während auf der anderen Seite Tische mit je 4 Sitzen und 2 Sofas sich befinden. An beiden Enden des Wagens ist Abort und Ofen vorhanden. Der Wagen ist sehr elegant hergestellt und zahlen nach Angabe die Theilnehmer für diesen Wagen jährlich ausser den zu regelmässigen Preisen abgegebenen Fahrkarten zusammen 1200 $ (5100 M.).

Als einen der wichtigsten geschlossenen Schnellzüge der östlichen Bahnen ist der Schnellzug der New York Central und Hudson River-Bahn von New York nach Chicago über Albany-Buffalo zu nennen, dessen im Berichte über den Betrieb Erwähnung geschieht und welcher auf einer Strecke von 1376 km einschliesslich Aufenthalt durchschnittlich 64 km in der Stunde fährt, die grösste Geschwindigkeit, welche bei so grossen Entfernungen bis zum Herbste 1890 erreicht wurde. (Vgl. Abschnitt V.) Der Zug besteht aus einer Lokomotive und 7 Wagen. Wagen in geschlossenen Schnellzügen.

Die Zusammensetzung, das Gewicht der einzelnen Wagen u. s. w. ist aus nachstehender Uebersicht zu ersehen.

	Gewicht		% des Zuges	Grösste Bremskraft		% der Bremskraft vom Zuggewicht
	lbs	kg		lbs	kg	
Lokomotive	121500	55070	15,4	72000	32688	9,1
Tender	80500	36547	10,2	35000	15890	4,4
Verein, Gepäck- und Rauchwagen	79000	35866	10	71100	32290	9
Schlafwagen	83000	37682	10,5	74700	33914	9,5
Schlafwagen	83000	37682	10,5	74700	33914	9,5
Speisewagen	80000	36320	10,2	72000	32688	9,1
Tageswagen	71000	32234	9	63900	29010	9,1
Wagen mit Abtheilen	94500	42903	12	85000	38590	10,8
Schlafwagen	95200	43221	12,1	85700	38908	10,8
Zusammen	787500	357525	100 %	634100	287882	80,5 %

Die Wagen sind von der Wagner Palace Car Co. gebaut und sind die Grundrisse wesentlich dieselben, wie die der an anderer Stelle gezeichneten Wagner-Wagen.

Der geschlossene Schnellzug der Pennsylvania-Eisenbahn von New York nach Chicago über Pittsburg-Fort Wayne, welcher, wie im Abschnitt V angeführt, die Entfernung von 1469 km mit einer

Durchschnittsgeschwindigkeit von 59 km in der Stunde zurücklegt, besteht im Allgemeinen aus 6 Wagen. Der Zug hat elektrische Beleuchtung (Glühlampen), deren Betriebskraft durch eine in dem dicht hinter der Lokomotive laufenden vereinigten Gepäck- und Rauchwagen aufgestellte kleine Brotherhood-Maschine geliefert wird, welche den Dampf von der Lokomotive empfängt und eine Dynamomaschine treibt.

Der Zug besteht aus der Lokomotive und 6 Wagen, welch' letztere sämmtlich von Pullman erbaut sind. Die Reihenfolge der Fahrzeuge ist folgende:

1. Lokomotive mit Tender,
2. vereinigter Gepäck- und Rauchwagen,
3. Speisewagen,
4.—6. Schlafwagen,
7. Aussichtswagen.

Die Einrichtungen dieser Wagen weichen zwar etwas von einander ab, sind aber wesentlich folgende:

Der vereinigte Gepäck- und Rauchwagen, Textfigur 9, enthält vorn den Gepäckraum A, in welchem in einem besonderen Verschlage die Dynamomaschine Aufstellung gefunden hat; ferner ist hier ein Barbier- und Frisirraum B, ein Baderaum C, sowie ein Ofen D untergebracht. Hieran schliesst sich ein Abtheil E mit 8 Sitzplätzen und sodann der Rauchsalon F mit 12 Sesseln und 1 Sofa. Derselbe enthält ein Schreibpult a und einen Bücherschrank b und wird an seinem hinteren Ende durch Nebenräume mit Abort und Wascheinrichtung begrenzt.

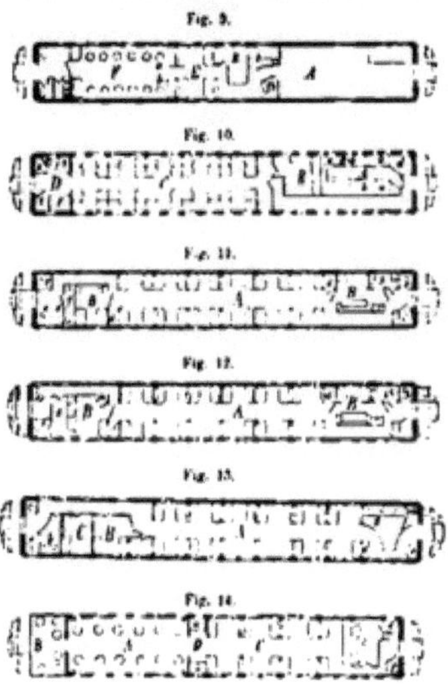
Fig. 9. Fig. 10. Fig. 11. Fig. 12. Fig. 13. Fig. 14.

Der Speisewagen Fig. 10 enthält eine Küche A mit Bratofen a, Rost b, Eiswasserbehältern c c, Kühler d, Ausgüssen e e, u. s. w.; an sie stösst der Anrichteraum B, der zu dem mit 40 Sitzplätzen ausgestatteten Speisesalon führt, während der letzte Theil D durch einen Weinschrank (Wine Locker) f, ein Büffet g, einen Vorrathsraum h, den Ofen i und den Abort k eingenommen wird.

In den beiden folgenden Schlafwagen, Fig. 11 und 12, welche ganz gleichartig gebaut und nahezu übereinstimmend eingerichtet sind, liegt der Salon A im mittleren Theil; er enthält 24 Sitze für je 2 Personen und Mittelgang. Beiderseits von ihm sind kleinere Gesellschaftsräume B B angeschlossen, während die Nebenräume u. s. w. an die

Wagenenden verlegt sind und zwar bezeichnen in den obigen Figuren a und b die Nebenräume (Abort und Wascheinrichtung) für Frauen, c den Ofen; d d sind Vorrathsräume, e e Vorrathsschränke, f und g stellen die Nebenräume für Herren dar.

Der dritte Schlafwagen, Fig. 13, enthält ebenfalls einen Salon mit 24 Sitzen für je 2 Personen und Mittelgang, an ihn stösst der Gesellschaftsraum B und ein mit Sofa und Oberbett ausgestatteter Privatraum C; a und b sind die Nebenräume für Frauen, c ist der Ofen, d ein Vorrathsraum, e ein Vorrathsschrank f und g sind die Nebenräume für Herren.

Der Aussichtswagen, Fig. 14, enthält einen mit zahlreichen Fenstern und 12 Sesseln versehenen Salon A, an welchen sich nach dem hinteren Ende hin eine seitlich eingefasste Plattform B mit 6 Sesseln anreiht; ausserdem ist noch ein Salon C mit 14 Sitzen und 1 Sofa vorhanden. Zwischen A und C ist ein Abtheil D mit einer Bibliothek a und einem Schreibtisch b eingebaut, während im vorderen Wagentheil der Waschraum c, der Abort d und der Ofen e untergebracht sind.

Sämmtliche vorgenannten Wagen sind nach Art der oben gegebenen Tafel XX sehr elegant ausgestattet; dabei ist alles bequem eingerichtet, so dass sie auch dem verwöhnten Reisenden einen angenehmen Aufenthalt gewähren.

Gepäck- und Rauchwagen. Zeichnung auf Taf. XXI. Fig. 7.

Auf Taf. XXI Fig. 7 ist ein Gepäck- und Rauchwagen der Wagner Palace Car Co. von 70' (21,336 m) Länge gezeichnet. Ueber ein Drittel des Wagens wird vom Gepäckraum eingenommen, in dem mittleren Theile befindet sich ein Bade- und Barbierraum und 4 Betten, 2 obere und 2 untere. Es folgt dann der Rauchraum mit 12 Sesseln, 2 Lesetischen und einem Sofa, in dem übrig bleibenden Theile liegt das Büffet und der Abort.

Speisewagen der Michigan Central-Bahn. Zeichnung auf Taf. XXI. Fig. 8.

Taf. XXI Fig. 8 stellt einen Speisewagen der Michigan Central-Bahn dar. Ueber die Hälfte des Wagens wird von dem Speiseraum eingenommen, in welchem sich 10 an den Längsseiten angeordnete Tische mit je 4 bezw. 2 Stühlen befinden, so dass 30 Personen gleichzeitig speisen können. Neben dem Speiseraum liegt ein Büffet und die Küche. Ausserdem sind mehrere Schränke, sowie Ofen und Abort vorhanden. Der Wagen ist 65' 10$\frac{1}{2}$" (20,08 m) lang.

Schlafwagen. Zeichnung auf Taf. XXII, Fig. 1.

Taf. XXII Fig. 1 zeigt einen Schlafwagen der Wagner-Gesellschaft von 69' 4" (21,133 m) Länge und von 9' 8" (2,946 m) Breite. In demselben befinden sich zwei abgeschlossene Räume, ein Rauchraum und ein Salon, neben diesen Räumen liegen Waschraum und Abort für Männer, beziehentlich für Frauen; der mittlere Theil des Wagens wird von 24 Schlaflagern eingenommen, welche parallel zur Längsachse des Wagens angeordnet sind; in der Mitte verbleibt ein Gang zwischen den Schlaflagern.

Buffetwagen. Zeichnung auf Taf. XXII. Fig. 2.

Der 70' (21,336 m) lange Buffetwagen der Wagner-Gesellschaft, Taf. XXII Fig. 2, ist ein Coupee-Wagen mit Seitengang. Er besitzt 8 kleinere und ein grösseres Abtheil; je zwei der kleineren stehen durch eine Thür miteinander in Verbindung. An dem einen Ende des Wagens liegt das Buffet, welches einen Petroleumkochapparat (Buffet Urn) besitzt, auf dem leicht und schnell Kaffee, Thee u. s. w. hergestellt werden kann, ferner ein Rauchraum, Abort für Männer und Waschraum, an dem anderen Ende ist die Frauentoilette, der Ofen, ein Schrank und der Werkzeugkasten angeordnet.

Präsidentenwagen. Zeichnung auf Taf. XXII, Fig. 3.

Der Präsidentenwagen der Wagner Gesellschaft, Taf. XXII Fig. 3, besitzt eine Länge von 70' (21,336 m). Den mittleren Theil des Wagens nimmt ein geräumiger, elegant ausgestatteter Salon ein, der ausser Schränken ein Sofa enthält, welches für die Nacht in ein oberes und unteres Bett umgewandelt werden kann. Rechts von dem Salon liegt ein für den Präsidenten bestimmter Raum, der mit Abort, 2 Betten, Schrank u. s. w. ausgerüstet ist, und daran stossend am Ende des Wagens der mit oberem und unterem Bett versehene Aussichtsraum. An dem anderen Ende des Wagens liegt die Küche, daran schliesst sich der Anrichteraum, ein Raum für den Wärter, der den Heizofen bedient, ferner ein Toiletten- und Baderaum und ein kleiner Salon.

Schlafwagen. Zeichnung auf Taf. XXII. Fig. 4.

Der Schlafwagen Taf. XXII Fig. 4 enthält im mittleren Theile 24 Sofas, welche sich für die Nacht in 12 obere und 12 untere Schlaflager umwandeln lassen; an dem einen Ende des Wagens liegen Rauchraum mit Wascheinrichtung, ein Abort für Männer und ein kleiner verschliessbarer Raum, an dem anderen Ende Abort und Wascheinrichtung für Frauen, der Heizofen, Schrank und Behälter mit heissem Wasser.

Gesellschaftswagen. (Drawing Room Car.) Zeichnung auf Taf. XXII, Fig. 5.

Der Gesellschaftswagen (Drawing Room Car) auf Taf. XXII Fig. 5 ist 60' 10½" (18,555 m) lang und 9' 4½" (2,857 m) breit. In dem 48' (14,630 m) langen Salon (Drawing Room) sind 24 Sessel und 4 Sofas aufgestellt, sodass in der Mitte ein geräumiger Gang verbleibt; am Ende des Wagens liegen ein kleiner Salon, eine Damentoilette, ferner der Heizofen, Schrank und die Herrentoilette.

Gesellschaftswagen. (Palace Parlor Car.) Zeichnung auf Taf. XXII, Fig. 6.

Der zweite auf Taf. XXII Fig. 6 dargestellte Gesellschaftswagen, Palace Parlor Car, hat eine grössere Länge, 70' (21,336 m), er enthält ausser dem mittleren Raum mit 22 Sesseln und Sofas, ein Buffet, einen Rauchraum mit Sofa und Stühlen, Herrentoilette und Schrank, ferner einen kleinen Salon mit Stühlen und Sofa, eine Damentoilette und in einer Ecke den Heizofen.

Salonwagen. (State Room Cars.) Zeichnung auf Taf. XXII. Fig. 7. u. 8.

Auf Taf. XXII Fig. 7 u. 8 sind zwei State Room Cars (Salonwagen) von 66' (20,117 m) bezhl. 70' (21,336 m) Länge dargestellt. Der erstere enthält 6 Salons, von denen 4 je ein oberes und unteres Bett und zwei die doppelte Anzahl Betten besitzen. Die unteren Betten können zur Benutzung während des Tages in Sofas umgewandelt, während die oberen zurückgelegt werden, ausserdem sind noch 8 Sofas vorhanden. Der übrig bleibende Theil des Wagens wird eingenommen vom Buffet, Männer- und Frauen-Abort, Heizofen, Waschraum u. s. w., wie aus der Zeichnung zu erkennen ist.

Der zweite 70' (21,336 m) lange Salonwagen, Fig. 8, enthält nur zwei in Abtheile zerlegte und mit Schlaflagern versehene Räume, in den einzelnen Abtheilen befinden sich nur Sofas, ausserdem Waschvorrichtung und Abort, was bei dem ersten Wagen nicht der Fall ist. Die Anordnung der einzelnen Räume u. s. w. geht aus der Zeichnung hervor.

Erkerfenster-Wagen. (Bay Window Parlor Cars.)

Wie schon erwähnt, suchen die verschiedenen Gesellschaften durch Vervollkommnung in der Einrichtung der Wagen sich zu überbieten. Ein Wagen, der einen Fortschritt in dieser Beziehung zeigen soll, ist der sogenannte Erkerfensterwagen. Die Fenster sind in der Weise angeordnet, dass je zwei unter einem Winkel zusammenstossen, wodurch den am Fenster Sitzenden die Möglichkeit gegeben werden soll, das Gelände besser zu übersehen, was nach diesseitigem Ermessen aber nur in sehr geringem Maasse der Fall ist. Durch die einspringenden Winkel wird die Herstellung des Kastens erschwert und der Wagen theurer.

Die in der Fabrik von Wagner in East Buffalo gebauten Luxuswagen haben neuerdings im Allgemeinen eine Länge von 70' (21,336 m), eine Breite von 9' 8" (2,946 m) und eine Höhe über Schienenoberkante von 13' 11½" (4,254 m). Das Gewicht ist verschieden, nähert sich aber bei den längeren Wagen 90000—100000 lbs. (40860—45400 kg). Es werden hierbei nur 3achsige Drehgestelle verwandt. Der Preis derartiger Wagen beträgt etwa 17000 $ (72250 M).

Kastengerippe eines Wagens der Wagner Palace Car Co. Zeichnung auf Taf. XXIII Fig. 1 u. 2.

Die Zeichnung eines Wagenkastens findet sich auf Taf. XXIII Fig. 1 u. 2. Die Anordnung des Kastengerippes, zu dessen Versteifung ausser den Streben noch kurze Diagonalen angeordnet sind, geht aus der Zeichnung deutlich hervor.

Tragwand mit Blechträger. *Zeichnung auf Taf. XXVI, Fig. 4.*

Bei einigen Wagen wird wie oben erwähnt statt der Streben ein flaches Blech, welches bis unter die Fenster reicht, als Träger zur Versteifung der Kastenwand angeordnet. Auf Taf. XXVI Fig 4 ist eine Tragwand mit Blechträger, wie sie auf der Chicago, Burlington and Quincy-Bahn bei Wagen von 54' (16,460 m) Kastenlänge in Anwendung ist, im Maassstabe 1:8 dargestellt und sind Einzelheiten deutlich aus der Zeichnung zu erkennen.

Drehgestelle. *Zeichnung auf Taf. XXIV, Fig. 1 u. 2.*

Auf Taf. XXIV ist ein dreiachsiges Drehgestell der Wagner Palace Car Co dargestellt. Es weicht nur unwesentlich von den bei Personenwagen üblichen Anordnungen ab. Die Spiraltragfedern haben eine Tragfähigkeit von 15000 bis 18000 lbs. (6810—8172 kg). Das Gewicht zweier solcher Trucks der Wagner-Wagen beträgt etwa 30000 lbs. (13620 kg). Eine weitere Beschreibung der Bauart ist unnöthig, da die Zeichnungen alle Einzelheiten enthalten.

Räder.

Die Wagen für Schnellzüge werden neuerdings vielfach mit Papierscheibenrädern versehen, welche im Bericht über Wagen-Werkstätten und -Fabriken (Abschnitt X.) dargestellt und beschrieben sind und werden dann vielfach Krupp'sche Tiegelstahlreifen verwendet; ausser diesen sind noch Holzscheiben- (Mansell-) Räder, von der auch in Deutschland üblichen Form, in Gebrauch.

Achsbüchsen.

Die Achsbüchsen entsprechen im Wesentlichen den Constructionen der Master Car Builder und sind dieselben in dem Bericht über Güterwagen dargestellt und näher beschrieben.

Es sind in den Zeichnungen auf Taf. XXV—XXVII, sowie in Textfigur 15 zwei Constructionen von Bufferrahmen dargestellt, die eine von der Chicago & North Western-Bahn, die andere von der Chicago, Burlington & Quincy-Bahn.

Fig. 15.

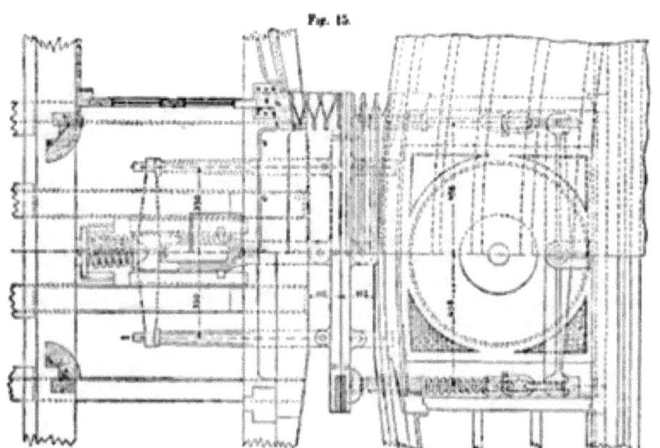

Bufferrahmen der C. & N. W. Ry. *Zeichnung auf Taf. XXV u. XXVI.*

Aus der auf Taf. XXV, Fig. 1—3 und Taf. XXVI Fig. 1—3 gezeichneten Construction der Chicago & North Western-Bahn ist zu erkennen, dass der Buffer-Rahmen unten durch drei Bufferstangen angedrückt wird, von denen die mittlere mit starken Federn versehen ist, während die seitlichen Stangen schwächere Federn besitzen. In seinem oberen Theile wird der Rahmen, der oben und unten aus Gusseisen besteht und seitlich mit dem Gummibalg verbunden ist, durch eine Blattfeder gegen den Rahmen des Nachbarwagens angedrückt.

Bufferrahmen der C. B. & Q. R. R. Zeichnung auf Taf. XXVII.

Die auf Taf. XXVII und in Textfigur 15 dargestellte Construction der Chicago, Burlington und Quincy-Bahn weicht verschiedentlich von der vorbeschriebenen ab. Wie aus den Zeichnungen zu ersehen, ist der dargestellte Wagen mit der schon früher bei den Personenwagen genauer beschriebenen Janney-Kupplung ausgerüstet. Bei dieser werden sowohl beim Auseinanderziehen als auch beim Zusammendrücken der Wagen die Buffer gegen einander gedrückt, von welcher Eigenschaft hier Gebrauch gemacht ist.

Es sind auch hier oberhalb der Kupplung drei Bufferstangen angeordnet, wie aus der vorstehenden Fig. 15, welche die Grundrissanordnung dieser Construction wiedergiebt, ersichtlich. In seinem oberen Theile wird der Rahmen durch zwei an der Seite befindliche Buffer angedrückt, deren kugelförmig gestaltete Köpfe in Pfannen sich bewegen, welche an dem Rahmenstück angebracht sind. Die Buffer stützen sich gegen Spiralfedern und stehen, wie aus Taf. XXVII zu ersehen ist, durch zwei senkrechte und einen wagerechten Doppelhebel in Verbindung.

Durch die Anordnung von Balanciers wird ein sicheres und festes Aufeinanderliegen der Bufferrahmen beim Durchfahren von Krümmungen bewirkt.

Ausstattung der Luxuswagen.

Die älteren Wagen sind mit Intarsien versehen, während in neuerer Zeit Holzschnitzereien Verwendung finden, mit denen die Luxuswagen in reichhaltiger und geschmackvoller Weise ausgestattet werden. Die Holzschnitzarbeiten werden, wie an anderer Stelle geschildert wird, durch besondere Maschinen ausgeführt, jedoch vor ihrer Verwendung noch von Hand nachgearbeitet, um ihnen ein sauberes Aussehen zu geben. Durch die eleganten Holzarbeiten im Innern der Wagen und namentlich durch die geschnitzten Verzierungen werden die Kosten der Luxuswagen bedeutend erhöht.

IV. Bauart der Wagen.

C. Güterwagen.

Verfasser:

Th. Büte,

Königl. Eisenbahn-Director in Magdeburg.

Inhalts-Verzeichniss.

C. Güterwagen (Freight Cars).

Allgemeines.

Wie die Personenwagen sind auch die meisten Güterwagen 4achsig und mit Drehgestellen versehen. Nur eine Anzahl älterer Wagen in den Kohlenrevieren und ein Theil der zum Kiestransport dienenden Wagen sind noch zweiachsig. Nach den gemachten Mittheilungen werden aber auch die Bahnen, die derartige Wagen besitzen (Pennsylvania-, Lehigh Valley R. u. s. w.), bei Neubeschaffungen Drehgestellwagen bauen.

Offene Güterwagen.

Die grösste Zahl der Wagen besteht aus offenen Wagen mit Bords (Gondola Cars) und bedeckten Wagen (Box Cars). Die ersteren haben im Allgemeinen niedrige Seiten- und Stirnwände; Seitenthüren sind nur vereinzelt vorhanden, dagegen sind die Bords vielfach abnehmbar oder zum Umklappen eingerichtet, während die vorzugsweise dem Kohlentransport u. s. w. dienenden Wagen mit Bodentrichter (Hopper Bottom Cars) oder Bodenklappen (Drop Bottom Cars) ausgerüstet sind.

Aus der Zahl der offenen Wagen von besonderer Bauart sind folgende hervorzuheben:

Cokswagen (Coke Cars), der Oberkasten ist ähnlich demjenigen unserer diesbezüglichen Wagen mit hohen Bords gebaut.

Kippwagen (Tip Cars), der Oberkasten ist zum Kippen eingerichtet; die grössere Zahl dieser Wagen ist 4rädrig, ein Theil jedoch auch schon 8rädrig. Die Wagen dienen für den Erd- und Kiestransport u. s. w.

Plattformwagen (Flat Cars). Dieselben führen keine Bords und finden bei der Beförderung solcher Gegenstände Verwendung, welche in Folge ihrer verhältnissmässig grossen Länge und Breite, oder aus anderen Umständen auf anderen Wagen schwierig verladen werden können; es sind an den Wagen Rungenhalter oder sonstige Vorrichtungen angebracht, um die Ladung seitlich gegen Verschieben zu sichern.

Kesselwagen (Tank Cars). Auf einem 8rädrigen Plattformwagen ist ein cylindrischer Behälter zur Aufnahme von Oel und dgl. befestigt.

Bedeckte Wagen.

Die bedeckten Wagen haben ausser den Seitenthüren vielfach noch oben an den Stirnwänden kleine Thüren zum Einbringen längerer Gegenstände, wie Holz, Eisen, Schienen u. s. w., eine Einrichtung, welche namentlich auf den westlichen Bahnen angetroffen wird. Letztere besitzen eine verhältnissmässig grosse Zahl von bedeckten Wagen und zwar aus dem Grunde, weil solche leichter Rückfracht finden als die offenen und daher besser ausgenutzt werden können und zweitens, weil durch sie dem Diebstahl auf den langen Strecken leichter vorgebeugt wird.

Ausser den gewöhnlichen bedeckten Wagen sind, dem vorzugsweise zu befördernden Frachtgut entsprechend, Specialwagen vorhanden. Von diesen unterscheidet man hauptsächlich:

Kornwagen (Grain Cars) für Getreide. Dieselben sind gewöhnlicher Bauart, aber mit Vorsetzern ausgestattet, durch die ihre Seitenthüröffnungen bei Versand von Getreide in loser Schüttung auf der unteren Hälfte dicht abgeschlossen werden; für gewöhnlich sind die Vorsetzer an der Decke aufgehängt oder so an den Seitenwänden zurückgeklappt, dass durch sie der Innenraum nicht verengt wird.

Viehwagen (Stock Cars oder Box Stock Cars) und zwar solche mit einem Fussboden (entweder für Luxuspferde (Horse Cars) oder Grossvieh bestimmt), und solche mit 2 übereinanderliegenden Fussböden für Kleinvieh und Geflügel (Double Deck Stock Cars).

Milchwagen (Milk Cars), welche zum Milchversand nach den grossen Städten dienen. Sie enthalten meistens Eisbehälter und sind gewöhnlich an ihren Enden mit Plattformen ausgestattet, da sie in Personenzüge eingestellt werden.

Fruchtwagen (Fruit Cars), dienen zur schnellen Beförderung von Früchten, die während des Versandes gelüftet werden müssen. Die Stirnwände sind zu dem Zwecke mit verstellbarer Lüftungsvorrichtung versehen. Eiskühlung wird hierbei nicht angewendet. Da die Wagen vielfach in Personenzügen laufen, so sind sie auch mit Plattformen und Personenwagen-Kupplungen ausgestattet.

Kühlwagen (Refrigerator Cars). Sie dienen für leicht verderbliche Waare, besonders für Fleischtransport. Die Wagenkasten sind in sehr sorgfältiger Weise durch Doppelwände mit zwischenliegenden schlechten Wärmeleitern, durch Eisbehälter u. s. w. gegen die Einwirkung der Wärme geschützt.

Heizwagen (Heater Cars) für Früchte, namentlich zarterer Art, Gemüse u. s. w. bestimmt. Sie sind in ihrer neueren Ausführung in Bezug auf Schutz des Frachtguts gegen Frost sehr vollkommen hergestellt. Zwischen ihren Kastenwänden wird warme Luft eingeführt, welche durch einen Oelheizapparat erzeugt wird.

Gepäckwagen (Caboose Cars). Diese Wagen, welche in jedem Güterzuge sich befinden, dienen zur Mitnahme der Zugbeamten, soweit diese nicht auf den Bremswagen sich befinden. Sie entsprechen den deutschen Gepäckwagen für Güterzüge.

Ausserdem kommen noch andere Sonderarten bedeckter Wagen (Kutschenwagen, Leichenwagen, Holzkohlenwagen u. s. w.) vor.

Allgemeine Bauart. Der Oberwagen besteht im Allgemeinen aus Holz und wird dabei der Wagenboden gewöhnlich durch 6, zuweilen auch durch 8, an den Enden durch Kopfhölzer verbundene Längsschwellen getragen; in neuerer Zeit sind auch Eisenconstructionen verwendet, doch nur in geringerer Zahl.

Die Seitenwände der Wagen sind in der Regel als Träger ausgebildet. Zur Vermehrung der Festigkeit sind meistens unter dem Wagenkasten Sprengwerke angebracht, deren schweisseiserne Zugstangen (Truss Rods) durch gusseiserne gegen Querschwellen geschraubte Druckstreben abgesteift und an den Kopfstücken der Wagen durch Muttern und Unterlagsscheiben verankert sind.

Bei den offenen Wagen werden vielfach auch Spannstangen gegen seitliche Ausbiegungen angebracht. Diese Stangen sind an den Kopfwänden befestigt und am oberen Theile der Seitenwände entlang geführt, gegen sie sind die Wände abgestützt.

Das Kastengerippe wird durch Schrauben verbunden, die Verschalung, der Fussboden u. s. w. aber genagelt. Die Nägel bestehen aus Schweisseisen, haben rechteckigen Querschnitt und stumpfe Spitze.

Die Wandungen der bedeckten Wagen sind meistens aussen und innen verschalt; letztere Verschalung reicht häufig nur bis zur Ladehöhe der zu befördernden Früchte (Korn, Mais u. s. w.) und werden bei ihr die Bretter wagerecht angeordnet, während sie bei der Aussenverschalung senkrecht angebracht werden.

Das Dach hat meist Sattelform mit ebenen Flächen und wird gewöhnlich durch doppelte Bretter gebildet, zwischen welchen vielfach eine Schicht Filz oder wasserdichten Papieres gelegt wird. Die Bretter liegen fast stets quer zur Längsachse des Wagens im Gegensatz zu den Personenwagen, bei deren Dächer sie parallel zu derselben angeordnet sind.

Ausser dem Doppeldach (Double-board Roof) trifft man auch mehrfach das Single-board Roof an, bei welchem eine einfache (gespundete) Bretterlage mit Zinkblech u. s. w. belegt ist. Endlich kommen auch noch Eisenblech-Dächer vor, bei denen die eigentliche Decke durch Eisenblech (Wellblech) gebildet wird, über die dann eine Bretterlage (ohne Nuth und Feder) angeordnet ist. Auf der Mitte des Daches ist in der Länge des Wagens ein Laufsteg aus Brettern angebracht. Nach den Beschlüssen der Master Car Builders' Association muss dieser Laufsteg mindestens 18" (457 mm) breit und 1" (25,4 mm) dick sein und die Dachenden um je $5\frac{1}{2}$" (140 mm) überragen, wobei die überstehenden Enden durch je 2 Consolen aus 32 × 7 mm starkem Flacheisen gestützt sein müssen.

Betreffs der Kupplungen herrscht noch eine grosse Verschiedenheit. Man findet selbstthätige und nicht selbstthätige Anordnungen und bei beiden Systemen eine grosse Zahl verschiedener Ausführungen. Eine Wendung zum Besseren ist in den letzten Jahren eingetreten, nachdem die schon mehrfach erwähnte Master Car Builders' Association sich mit der Sache beschäftigt hatte und bestrebt war, ein einheitliches System zur Einführung zu bringen. 1884 empfahl die genannte Vereinigung eine Anzahl selbstthätiger Kupplungen zur eingehenden Erprobung im Betriebe und sprach sich gleichzeitig dahin aus, dass das System derjenigen Kupplungen, bei der die Haupttheile während des Zusammenkuppelns zweier Wagen in wagerechter Ebene sich bewegen, als das beste zu erachten sei.

Auf der am 17. Mai 1891 in Cape May von der Master Mechanics' Association abgehaltenen Versammlung ist beschlossen worden, dass die Kupplungen mit Kettenglied und Bolzen gänzlich entfernt und auch bei den Güterwagen allgemein selbstthätige Kupplungen (Janney-Kupplung) angewendet werden sollen.

Angeführt sei noch, dass für die im Gebiete des Staates New York liegenden Bahnen im Jahre 1890 ein Gesetz erlassen ist, wonach nicht nur alle Personen-, sondern auch sämmtliche Güterwagen derselben bis zum 1. Januar 1892 mit selbstthätigen Kupplungen ausgerüstet sein müssen. Ueber die Art der Kupplung ist nichts vorgeschrieben worden, sodass hierfür die Bestimmungen der obengenannten Vereinigung maassgebend sind.

Die Kupplungen lassen übrigens in Bezug auf ihre Befestigung zu wünschen; die bezüglichen Hölzer, welche sie mit dem Wagenkasten und der Plattform verbinden, sind an die mittleren Langschwellen angeblattet; durchgehende Zugvorrichtungen sind im Allgemeinen nicht vorhanden.

Die älteste Form der Kupplung ist die mittelst Kettenglieder und Haken bezw. Bolzen; bei der neueren vielfach angewendeten Anordnung sind die Kuppelköpfe tellerförmig ausgebildet und geschieht das Kuppeln durch ein in beide gelegtes Glied und zwei durchgesteckte senkrechte Bolzen.

Soweit nicht mit der Kupplung eine Buffervorrichtung verbunden ist, werden häufig sogenannte Bufferklötze angewendet. Sie sind ohne Federung gelassen und werden entweder zu zweien am Kopfstücke des Wagens befestigt oder es wird nur ein Mittelklotz angewendet. Neuerdings werden diese Buffer aus Gusseisen hergestellt.

Die Drehgestelle bestanden früher fast ausschliesslich und bestehen noch jetzt grösstentheils aus Holzträgern und Flacheisen, welche mit den Achsbuchsen und dem Querträger fest verschraubt sind. Diagonalverbindungen sind dabei nicht vorhanden. Da diese Construction vielfach zu Reparaturen Veranlassung gegeben hat, so werden neuerdings verbesserte Anordnungen, auch solche mit Eisenarmirung angewendet; auch sind die Bestrebungen darauf gerichtet, Drehgestelle aus gepresstem Stahlblech nach der Fox'schen Construction einzuführen, doch sind solche in grösserer Zahl noch nicht in Anwendung gekommen.

Im Allgemeinen wird für Güterwagen ein Drehgestell angewendet, welches nur eine Drehbewegung um den Mittelzapfen ausführen kann (Rigid Truck); nur für diejenigen Wagen, welche zur Beförderung von Vieh und von Gegenständen bestimmt sind, bei denen harte Stösse thunlichst vermieden werden müssen und welche auch in Personenzügen laufen, kommt der sogenannte Swing Truck zur Anwendung, d. i. ein Drehgestell, welches ausser der vorgenannten Drehbewegung auch noch eine seitliche Bewegung auszuführen vermag.

Der Radstand in den Drehgestellen beträgt in der Regel 5' (1524 mm); Abweichungen kommen vor.

Die Tragfähigkeit der Güterwagen betrug früher 30000 bis 40000 lbs (13620 bis 18160 kg) bei einer Länge des Wagenkastens von 24 bis 28' (7.3 bis 8.53 m); neuerdings wird die Tragfähigkeit auf 50000 bis 60000 lbs (22700 bis 27240 kg) und die Länge im Allgemeinen auf 34' (10.36 m) erhöht.

Einige Bahnen bauen solche Wagen von 34' (10.36 m) Länge, schreiben aber nur eine Tragfähigkeit von 50000 lbs (22700 kg) daran. Auf die Frage, weshalb dies geschehen, wurde erwidert, dass die Wagen im Allgemeinen überladen würden, sodass, wenn 50000 lbs (22700 kg) angeschrieben sei, in vielen Fällen bis 60000 lbs (27240 kg) zur Verladung gelangten; durch die erwähnte Anordnung würde einer Ueberladung über 60000 lbs vorgebeugt, auch seien die Stösse beim Rangiren der schweren Wagen sehr heftig, sodass es erwünscht sei, eine Grenze zu ziehen.

Ueber die Bremsen ist im folgenden Abschnitt (IV 10) das Erforderliche bemerkt.

Die Bestrebungen, das Eigengewicht der Wagen zu erleichtern, haben zum Bau von besonders leicht construirten Wagen, namentlich auch zum Bau von Röhrenwagen Anlass gegeben. Diese Wagen haben bei dem ersten Auftreten grosses Aufsehen erregt und auch einigen Erfolg gehabt, da die Amerikaner eine Gewichtsverminderung der Güterwagen wünschen und einer Verbesserung der Bauart auch schon aus dem Grunde geneigt sind, weil die zum Untergestell jetzt erforderlichen Hölzer nach weiterer Abholzung der Wälder zweifelsohne theurer werden und in absehbarer Zeit durch Eisen ersetzt werden müssen.

Die zu dem Rahmenbau der Röhrenwagen verwendeten Röhren sind aus Schweisseisen hergestellt, sie haben 64 mm lichten Durc. und 3 mm Wandstärke. Zu einem Wagen gehören 8 Röhren, wovon je 2 nach Art der nebenstehenden Textfig. 16 übereinanderliegend angeordnet sind.

Die Befestigung der Röhren untereinander und mit den übrigen Wagentheilen ist schwierig. Die Theile sind auch behufs Erzielung möglichst geringen Gewichtes sehr leicht gehalten und in Folge dessen häufigen Beschädigungen namentlich beim Rangiren ausgesetzt, was bei den auf langen Strecken durchfahrenden Güterzügen besonders nachtheilig ist. Aus diesen Gründen hat der Ruf der Wagen sehr bald gelitten. Es wird zwar noch versucht, Verbesserungen anzubringen, im Ganzen spricht man aber kaum noch davon, auch bekommt man solche Wagen nur vereinzelt zu Gesicht und habe ich den Eindruck gewonnen, als ob die Angelegenheit, wenigstens vorläufig, abgethan ist.

Fig. 16.

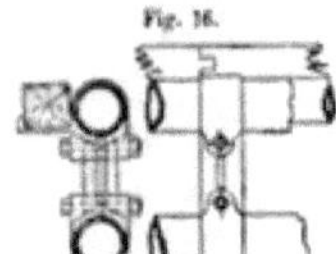

In Bezug auf die Verminderung des Eigengewichts der Güterwagen kann übrigens noch manches bei den Drehgestellen u. s. w. geschehen, sodass der Uebergang zu aussergewöhnlich schwachen Constructionen wohl noch nicht nöthig sein dürfte.

Beschreibung der wichtigeren Wagenarten.

Einige der hauptsächlichsten Wagenanordnungen sollen im Nachstehenden näher beschrieben werden.

1. Zweiachsiger Kohlenwagen mit Bodentrichtern (Hopper Bottom Coal Car der Pennsylvania-Bahn).

Die alten zweiachsigen Standard-Kohlenwagen mit Bodenklappen der Pennsylvania-Bahn finden für den Transport von Anthracitkohlen Verwendung. Sie sind den bei der Lehigh Valley-Bahn u. s. w. verwendeten Wagen ähnlich und besitzen wie die Caboose Cars steife Achsen mit 5′ (1,524 m) Radstand. Die Achsbuchsen sind mit zwei übereinanderliegenden Federbalken (Spring Beams) verschraubt, deren Enden in gusseisernen, an den Längsträgern befestigten Schuhen geführt sind. Die Last wird auf die Federbalken durch ein kurzes Holzstück übertragen, welches in der Mitte zwischen diesen und den Längsträgern eingeschaltet und mit allen drei Hölzern durch zwei Schrauben fest verbunden ist. Ausserdem sind an den überstehenden Enden ähnliche Zwischenlager angebracht und verschraubt. Die Spring Beams sind genügend elastisch, sodass von einer Anbringung von Federn bei diesen Wagen abgesehen ist. Innerhalb der Längsträger sind noch zwei Längsschwellen angeordnet, die mit einem in der Mitte oben über den Wagenkasten gelegten und mit den oberen Rahmenhölzern verschraubten kräftigen Querstück vermittelst Bolzen verbunden sind, wodurch eine Versteifung des Wagens erzielt wird. Der Boden läuft von beiden Stirnwänden aus schräg nach unten und wird in der Mitte durch zwei 813×813 mm grosse Klappen abgeschlossen. Letztere sind an ihrem freien Ende durch Ketten gehalten, welche um eine durch den oberen Theil des Wagenkastens laufende Welle geschlungen sind, die von aussen durch ein Sperrrad mit Klinke festgestellt ist und durch eine aufgesteckte Kurbel zwecks Verlängerns oder Verkürzens der Ketten gedreht werden kann.

Die Kupplung besteht aus einem am Zughaken befestigten Kettengliede. An jedem Kopfstück sind zwei Holzklötze als Buffer angebracht. Der Wagen besitzt Handbremse mit einseitig wirkenden Bremsklötzen. Das Eigengewicht beträgt etwa 4080 kg bei 10000 lbs (4540 kg) Tragfähigkeit.

2. Kohlenwagen mit Bodenklappen (Drop Bottom Coal Car d. Chicago, Burlington and Quincy-Bahn). Zeichnung auf Taf. XXVIII u. XXXIII.

Einen Wagen, der zum Transport von Kohlen bestimmt ist, zeigen die Fig. 1 u. 2 auf Taf. XXVIII und Fig. 1 auf Taf. XXXIII. Derselbe gehört der Chicago, Burlington and Quincy-Bahn, er besitzt eine lichte Länge von 8,394 m und eine lichte Breite von 2,451 m, die Tragfähigkeit beträgt 60000 lbs (27240 kg). Die Seitenwände sind als Tragwände ausgebildet und im obern Theil gegen seitliche Ausbiegungen durch Sprengwerksstangen abgesteift; sie sind aus 2¾″ (70 mm) starken Kieferbohlen (Hard Pine) hergestellt, welche mehrfach mit einander verdübbelt und mit den Längsträgern verschraubt sind. Sprengwerke unterhalb der letzteren sind in Folge dessen nicht zur Ausführung gekommen. Die Stirnwände sind mit den Seitenbords durch kräftige Winkel verbunden und ebenfalls mit den unteren Trägern verschraubt. Auch die Rungen stehen mit den Wänden und Trägern in fester Verbindung, sodass der Kasten mit dem Untergestell ein Ganzes bildet. Im mittleren Theile des Wagens ist der Fussboden von den Seitenwänden ab nach unten geneigt angeordnet und sind zwei Bodenklappen angebracht, welche ein leichtes Entladen des Wagens gestatten. (Bei längeren Kohlenwagen, wie solche in den Pullman-Werkstätten im Bau waren, sind zwei derartige Entladevorrichtungen (Twin Hopper) angebracht.)

Die Bodenklappen werden durch Ketten, welche sich um eine in der Höhe des Fussbodens liegende und an einem Ende mit einem Sperrrad versehene Welle wickeln, gehalten. Auf die Sperrradklinke drückt zur grösseren Sicherheit eine excentrische Scheibe; die Welle wird durch einen aussen aufgesteckten Hebel in Drehung versetzt. Der Wagen besitzt Spindel- und Luftdruckbremse. Die Anbringung der letzteren ist wegen des Hoppers eine schwierige, wie aus Fig. 2 auf Taf. XXVIII zu ersehen ist. Der Bremscylinder ist nach Westinghouse-System neben dem Hopper angebracht und zwar mit einer geringen Neigung. Durch Hebelverbindungen wirkt der Bremscylinder auf beide Drehgestelle. Das Rad der Handbremse ist mit einer Kette direkt an die Bremshebel angeschlossen.

3. Plattformwagen (Flat Car).

In der Hauptwerkstatt West Albany waren zur Zeit der Besichtigung Plattformwagen im Bau. Sie hatten bei einer Länge von 34' (10,36 m) und einer Tragfähigkeit von 50000 lbs (22700 kg) ein Eigengewicht von 20200 lbs (9170 kg). Zur Verstärkung waren 4 Sprengwerkstangen (Truss Rods) unter den 4 äusseren Längsschwellen angebracht; die beiden inneren Schwellen waren ohne solche gelassen. Aussen waren an jeder Längsseite 6 Hülsen zum Einstecken von Rungenhölzern vorhanden; ausserdem waren noch an zwei Seiten 4 etwa 4' (1219 mm) lange, um Bolzen drehbare und zum Aufrichten hergerichtete Hölzer angebracht, um bei geeigneter Ladung benutzt zu werden.

4. Offener Wagen mit Bords (Gondola Car der Chicago and North Western-Bahn). Zeichnung auf Taf. XXIX.

Ein offener Güterwagen der Chicago and North Western-Bahn, wie er in ganz ähnlicher Ausführung sich auch auf andern Bahnen befindet, ist auf Taf. XXIX in den Fig. 1—3 gezeichnet. Seine lichte Länge zwischen den Stirnwänden beträgt 32' 1/4" (9726 mm), seine lichte Breite 7' 10 1/2" (2400 mm). Die Drehgestelle sind 23' (7010 mm) von Mitte zu Mitte entfernt, ihr Radstand beträgt 5' (1524 mm). Die Aussteifung der Bodenträger geschieht durch Sprengwerke. Unter den beiden Kasten- und 4 mittleren Längsschwellen sind 2 Querträger angeordnet, welche die gusseisernen Druckstreben der 4 Sprengwerke aufnehmen. Die 1 1/8" (29 mm) starken Truss Rods sind zwischen diesen beiden Druckstreben mit einer Spannmutter versehen, sie ziehen sich beiderseits schräg nach oben, über die an diesen Stellen mit kleinen gusseisernen Sätteln ausgestatteten Tragbalken der Drehteller her und von hier aus wieder schwach geneigt abwärts nach dem Kopfstück hin, an dessen Aussenfläche sie durch eine Mutter verschraubt sind. Sie können also in sicherer Weise angespannt werden. Der Boden besteht aus 1 3/4" (44 mm) starken gespundeten Bohlen.

Die Seitenwände sind mit den Rungen verschraubt, desgl. durch Ankerbolzen mit den Längsträgern; die Kopfwände lassen sich nach Auslösen zweier Haken umlegen, sodass der Wagen bequem vor Kopf be- und entladen werden kann. Zwischen den Rungen sind noch Rungenhalter für Aufsatzbords vorhanden. Die Tragbalken der Drehgestelle sind durch Eisen armirt und abgesteift. Der Wagen besitzt Janney-Kupplung. Sonstige Einzelheiten sind aus den Zeichnungen erkennbar.

5. Bedeckte Wagen. a) Wagen der Chicago, Burlington and Quincy-Bahn. Zeichnung auf Taf. XXX u. XXXI.

Auf Taf. XXX u. XXXI ist ein bedeckter Wagen der Chicago, Burlington and Quincy-Bahn dargestellt. Derselbe hat eine Länge von 34' (10,36 m) und eine Breite von 8' 9" (2,667 m) (ausschliesslich äusserer Verschalung). Die Kastenwand ist als Fachwerkträger ausgebildet, der Boden wird durch 6 Längsschwellen aus norwegischer Tanne gestützt, unter die, wie der Längsschnitt in Fig. 1 auf Taf. XXX erkennen lässt, in einem Abstande von 2400 mm zwei Querschwellen aus Eichenholz von 203 × 102 mm Querschnitt gelegt sind, gegen die sich die Druckstreben von 4 unter dem Wagen angeordneten Sprengwerken stützen. Die vorgenannten beiden Querschwellen sind gegenseitig noch durch 2 eichene Längsschwellen von 203 × 51 mm Querschnitt verbunden, sodass der Boden in sicherer Weise abgesteift ist. Die 44 mm starken und 178 mm breiten Bodenbretter bestehen aus norwegischer Fichte, sie sind genuthet und gefedert. Neben den die oberen und unteren Kastenschwellen verbindenden Säulen sind 19 mm starke Ankerschrauben in ganzer Höhe durchgelegt, um die fraglichen Schwellen sicherer zusammenzuhalten. Zu den Fachwerkshölzern ist Eiche verwendet worden, zu den Verschalungsbrettern norwegische Tanne. Die lichte Länge des Wagenkastens beträgt 10173 mm, die lichte Breite 2476 mm.

Durch Anbringung von Vorsetzern wird der Wagen zum Getreidetransport geeignet gemacht. Die Ladehöhe für Korn ist hierbei zu 1500 mm über Fussboden angegeben, diejenige für Weizen zu 1400 mm. Die Tragfähigkeit beträgt 60000 lbs (27240 kg).

Um auch lange Gegenstände verladen zu können, sind in den Stirnwänden die eingangs erwähnten kleinen Oeffnungen angebracht. Ihre Grösse beträgt 914 × 610 mm, während die Seitenthüren 2115 × 1524 mm gross gehalten sind.

Die beiden Drehgestelle haben von Mitte zu Mitte 7315 mm Abstand, ihr Radstand beträgt 5' (1524 mm).

Sonstige Einzelheiten, wie die Anordnung des Daches mit den Laufbrettern, die der Tragbalken für die Drehteller, Lage der Bremsspindel u. s. w. sind aus den Zeichnungen ersichtlich.

Die auf der Chicago and North Western-Bahn bei meiner Anwesenheit in der Hauptwerkstätte West Chicago im Bau befindlichen bedeckten Wagen bieten manche interessanten Einzelheiten.

b) Wagen d. Chicago and North Western-Bahn. Hierzu Taf. XXIX.

Die Wagen haben eine Länge von 34' (10,36 m), eine Breite von 8' 9" (2,667 m), eine Tragfähigkeit von 50000 lbs (22700 kg) und mit Luftbremse ein Eigengewicht von 28000 lbs (12710 kg). Zur besseren Verladung langer Gegenstände sind ebenfalls kleine Schiebethüren an den Stirnseiten vorhanden.

Die Wagen führen, wie Fig. 4 auf Taf. XXIX zeigt, im oberen Theile wagerecht aufgehängte Vorsetzer für Getreidefrachten mit sich. Dieselben werden, wenn es nöthig ist, herabgeklappt und wie Fig. 4 zeigt, vor den Seitenöffnungen durch vorhandene Vorrichtungen befestigt.

Die Seitenthüren der Wagen haben keine Rollen, da behauptet wurde, dass solche nicht nöthig seien und sie auf den langen Strecken leicht in Unordnung kämen. Thatsächlich waren diese Thüren bei den — allerdings neuen — Wagen mit der Hand leicht fortzuschieben. Eine Neuerung hieran war die, dass sie auf rechtwinklig zur Längsachse gesetzten Schwalbenschwänzen befestigt waren und sich auf diesen vor dem Verschieben behufs Oeffnens um wenige Centimeter nach aussen vorziehen liessen. Es wird durch diese Maassregel ein Klemmen der Thüren verhütet, also das Oeffnen erleichtert, wenn die Wagen mit Kohlen oder Korn beladen sind und die Thürsäulen sich seitwärts durchbiegen.

Wie die Besichtigung der Bauarbeiten ergab, werden auch hier nur die wesentlichen Theile zusammengeschraubt, alles andere wird genagelt; das Dach besteht aus 2 mit Nuth und Feder zusammengesetzten Bretterlagen von je ⅞" (22 mm) Stärke, zwischen beiden wird Dachpappe gelegt, die obere Bretterlage wird mit Nuthen zum Herabfliessen des Wassers versehen und gestrichen. Die Kopfstücke und Theile der Kupplungsconstruction, Eck- und Thürsäulen sind aus Eichenholz, alles andere ist aus Tannen- und Kiefernholz (Pine) hergestellt.

Die Drehgestelle sind abweichend von denen anderer Bahnen, z. B. der Pennsylvania-Bahn, als Swing Trucks ausgeführt. Der Vorstand der Hauptwerkstätte gab auf Befragen an, dass die Janney-Kupplung, mit der die Wagen versehen sind, keine genügende Seitenbewegung zuliesse und dass es erforderlich sei, den Drehgestellen seitliche Bewegung zu geben, wenn die Theile sich in Kurven nicht zu sehr zwängen sollten; andere Techniker seien freilich anderer Ansicht, doch zeigte sich an einem zufällig in Reparatur stehenden Wagen der Pennsylvania-Bahn, dass an den Eckverbindungen der festen Trucks bei diesen Wagen Einbrüche vorhanden waren. Bei Anwendung der Janney-Kupplung bleibt zwischen den Stirnenden zweier solcher Wagen nur ein Raum von 28—30" (711—762 mm); der rohe Guss der vorderen Kupplungsstücke wiegt 120 lbs (54,18 kg). Die Spiralfedern der Kupplung besitzen eine Spannkraft von 36000 lbs (16340 kg) bezw. 18000 lbs (8170 kg).

5) Wagen der New York Central and Hudson River-Bahn.

Bei dem Besuche der West Albany-Werkstätten war eine Anzahl ähnlicher bedeckter Wagen im Bau, welche eine Kastenlänge von 34' (10,36 m) und eine Tragfähigkeit von 50000 lbs (22700 kg) besassen. Sie waren hauptsächlich zum Transport von Korn (Grain Line) bestimmt, hatten eine etwa 4—5' (1,22—1,52 m) hohe doppelte Verschalung im Innern, welche oben abgeschlossen war, auch befanden sich zwei Vorsetzer für solche Transporte an der Decke aufgehängt. Die vollständigen Herstellungskosten dieser Wagen einschliesslich der Achsen (ohne Gehalt der höheren Beamten und Unterhaltung, Verzinsung und Amortisation der Werkstattsgebäude) betragen nach Angabe 530 $ (2252,5 M.).

6. Wagen zum Transport von Kutschen der New York Central and Hudson River-Bahn.

In derselben Hauptwerkstatt befand sich auch eine Anzahl Wagen zum Transport von Kutschen im fertigen und im zerlegten Zustande im Bau, von welchen die New York Central and Hudson River-Bahn 50 Stück besitzt. Diese Wagen sind wegen der geringen Last, welche sie zu tragen haben, leicht gebaut und für 30000 lbs (13620 kg) Tragfähigkeit construirt. Sie haben ausser den Seitenthüren an den Enden 2 grosse Doppelthüren, sodass ihre Bodenfläche von allen Seiten beladen werden kann.

7. Milchwagen der New York Central and Hudson River-Bahn.

Ferner wurden zu jener Zeit in dieser Hauptwerkstatt Milchwagen gebaut, welche zum Transport der grossen Milchkannen nach New York dienen sollen. Die Wagenkasten sind mit doppelten Wandungen versehen, zwischen denen eine zusammenhängende Luftschicht sich befindet. Auf jeder Seite sind aussen unten in der äusseren Wandung 6 etwa 6"×10" (152×254 mm) grosse Oeffnungen vorhanden, welche mit Drahtsieb gegen das Eindringen von Staub geschützt werden und frische Luft einführen, während auf der äusseren Decke 6 Ventilatoren angebracht sind, um die Wagenluft auszusaugen, zu welchem Zweck in der inneren Decke zwei etwa 380×380 mm grosse, mit Regulirungsscheiben ausgestattete Oeffnungen angebracht sind. An den Längswänden sind offene Eisbehälter aufgestellt; in den Stirnwänden befinden sich 2 Fenster.

Da die Wagen in Personenzügen laufen sollen, sind dieselben in ihren bezüglichen Theilen wie die Personenwagen construirt; sie haben schwingende Drehgestelle, Plattformen mit Auftritten an den Enden und Miller-Kupplung. Die Dächer der Wagen sind wie bei den Personenwagen mit galvanisirtem Eisenblech benagelt. Das Bremsgestänge ist nach der neuesten Construction theilweise aus gepresstem Blech und schmiedbarem Gusseisen gefertigt.

8. Doppeletagiger Viehwagen der Pennsylvania-Bahn. Hierzu Taf. XXXII.

Die Pennsylvania-Bahn besitzt für den Transport von lebendem Vieh etwa 1400 Viehwagen verschiedener Construction, auch solche mit 2 Böden.

Die letzteren Wagen sind 34' (10,36 m) im Lichten lang, 8' 9" (2,667 m) breit und insgesammt 7' 11" (2,413 m) bis zum Dachscheitel (innen) hoch. Die untere Etage ist 3' 6$^3/_4$" (1,096 m) hoch;

der Boden wird ähnlich wie bei dem unter lfd. No. 5. a) beschriebenen Wagen von den beiden Kastenschwellen und 6 Längsschwellen getragen und ist durch 2 Querschwellen und 4 Truss Rods verstärkt; der obere Fussboden ruht auf 12 je 127 × 102 mm starken Querhölzern. Die oberen und unteren Kastenschwellen sind durch senkrechte und schräg gestellte Ankerschrauben fest zusammengehalten. Die Säulen sind mit der unteren Kastenschwelle durch Schraubenbänder und Schrauben verbunden. Die Bretter der Seitenwände haben 2½" (64 mm) Abstand von einander.

Das Dach ist, wie oben bei den bedeckten Wagen beschrieben, ausgeführt und hat die üblichen Laufbretter. Die Bremsspindel liegt an dem einen Ende senkrecht, am anderen, wie auf Taf. XXXII Fig. 2 dargestellt, wagerecht. Kupplung und Bufferanordnung sind aus den Figuren ersichtlich.

Der Wagen kann bis 35000 lbs (15900 kg) Schweine oder bis 28000 lbs (12700 kg) Schafe fassen; sein Eigengewicht beträgt 26200 lbs (11894 kg), wobei die beiden 4rädrigen Drehgestelle je 4500 lbs (2040 kg) wiegen.

9. Fruchtwagen.

a) Wagen der Central Pacific-Bahn. Hierzu Taf. XXXII und Textfigur 17.

Auf Tafel XXXII ist in Fig. 4 u. 5 ein Fruchtwagen der Central Pacific-Bahn gezeichnet, der bestimmt ist, in Personenzügen zu laufen und daher mit Plattformen an beiden Enden ausgerüstet ist; er wird vorzugsweise für solche Früchte benutzt, die während der Fahrt gut gelüftet werden müssen, um nicht zu verderben. Zu dem Zweck sind an jeder Stirnseite 8 Lüftungsöffnungen angebracht, welche durch Eisengitter abgeschlossen sind; zwei der Oeffnungen können durch beweglich aufgehängte Holztafeln, welche sich von aussen in verschiedenen Lagen feststellen lassen (vergl. Fig. 17), ganz geschlossen oder theilweis bezw. ganz freigegeben werden.

Fig. 17.

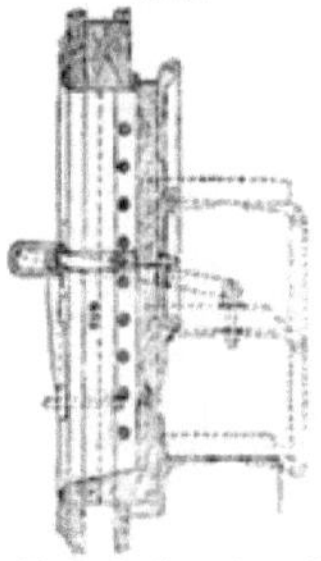

Der Wagen ist mit der Miller-Kupplung versehen, der Hebel H dient zum Auslösen derselben beim Loskuppeln des Wagens.

Es ist ein doppeltes Dach vorhanden, von denen das obere wie gewöhnlich aus 2 Bretterlagen besteht; auch sind doppelte Thüren an den Langseiten angebracht. Die Hauptabmessungen des Wagenkastens sind auf Tafel XXXII angegeben, ebenso auch die Construction des Wagenkastens, welche derjenigen der beschriebenen Box Cars ganz ähnlich ist.

b) Wagen der Michigan Car Co.

Bei Besichtigung der Wagenbauanstalt der Michigan Car Co. in Detroit fanden sich ähnliche Fruchtwagen im Bau. Dieselben haben abweichend von der sonst üblichen Bauweise die Sprengwerksstangen nur unter den 4 mittleren Längschwellen, nicht unter den beiden Kastenschwellen. Die Festigkeit der Aussenwände wird durch gekreuzte Streben, welche in gusseiserne Schuhe fassen, sowie durch Rundeisenstangen gesichert. In den Stirnwänden befinden sich je 2 rechteckige Lüftungsöffnungen mit Thürverschluss. Sie sind durch Rundeisengitter gesichert und sind ausserdem bewegliche Vorsetzer aus Drahtgaze vorhanden. Die Tragfähigkeit der Wagen beträgt 50000 lbs (22700 kg), das Eigengewicht 29000 lbs (13160 kg).

10. Kühlwagen.

Die Kühlwagen (Refrigerator Cars) sind hauptsächlich zum Transport des Fleisches von Vieh bestimmt, welches auf den Weiden Central-Amerikas und des Westens gezogen wird. Da der Versand der geschlachteten Thiere bei entsprechender Einrichtung der Wagen ein viel einfacherer ist, als der der lebenden, so wird der grösste Theil des Fleischbedarfs der östlichen Städte in dieser Weise gedeckt. Das Geschäft liegt grösstentheils in den Händen einiger grossen Firmen, namentlich der Armour

Packing Co. in Chicago und Kansas City, des Mr. Hammond u. s. w. Diese kaufen das Vieh auf, schlachten es in den grossen Schlachthäusern in Omaha, Kansas, Chicago u. s. w. und bringen es dann nach den Verbrauchsstellen. In Folge dieses Verhältnisses hat das Schlachten des Viehes in den Städten durch Metzger sich sehr verringert, da es diese einfacher und vortheilhafter finden, geschlachtetes Vieh zu kaufen und zu zertheilen, als selbst zu schlachten.

Die grossen Firmen beschaffen sich nun einen eigenen Wagenpark für ihre Transporte und sind in der Lage, den Markt zu beherrschen. Die Wagen werden mit grosser Sorgfalt gefertigt, da es im Interesse der Besitzer liegt, dass ihr Gut während der Fahrt nicht beschädigt wird; sie zahlen lieber einen höheren Preis für die Wagen. In den Wagen wird durch die künstliche Kühlung die Temperatur sehr herabgezogen, sie beträgt im Allgemeinen ungefähr 40° F = 4⁴/₉° C.

Kühlwagen sind auf den amerikanischen Bahnen in erheblicher Zahl und grosser Verschiedenheit der Ausführung vorhanden. Im Allgemeinen lassen sich 4 Hauptgruppen dieser Wagen unterscheiden,

1. nach der Lage der Kühlmassen:
   a. Wagen, bei welchen das Eis unter der Decke in Eispfannen liegt.
   b. Wagen, bei denen das Eis an den Stirnenden in Behältern auf Eisrosten sich befindet.
2. nach Art der Kühlmassen:
   a. Wagen, bei welchen nur Eis zum Kühlen benutzt wird.
   b. Wagen, bei welchen Eis mit Salz vermengt in Anwendung kommt.

Auf 100 lbs (45,4 kg) Eis werden in der Regel 1—2 bushels = 35—70 Liter Salz zugesetzt.

a) Ely's Refrigerator Car. Hierzu Textfig. 18.

Einen Kühlwagen der ersten Art zeigt die Textfigur 18, die Einrichtung ist aus dieser ohne Weiteres verständlich. Er wurde 1883 der Firma Ely, Cloud and Wall patentirt.

Fig. 18.

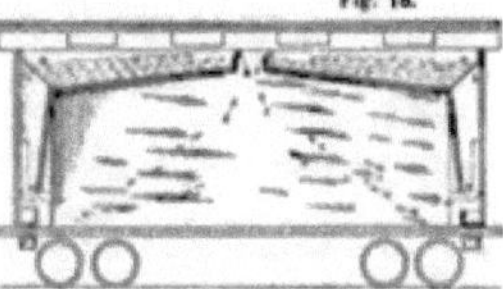

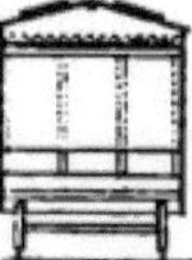

Gegen die Anbringung des Eises unter dem Dache wird von einigen Seiten geltend gemacht, dass das Fleisch durch das herabtropfende Wasser in seinem Aussehen leiden kann.

b) Kühlwagen der Pennsylvania-Bahn. Hierzu Taf. XXXIII.

Ein Wagen der zweiten Art (b) ist in Textfigur 19 sowie auf Taf. XXXIII in Fig. 2 u. 3 dargestellt.

Der letztere Wagen ist auf der Pennsylvania-Bahn in Gebrauch, die über einen Park von mehr als 200 Kühlwagen verfügt. Der gezeichnete Wagen besitzt eine Länge von 34' 8¾" (10,585 m) und eine äussere Breite gleich 9' ⁸/₄" (2,702 m). Der Fussboden wird ausser durch die beiden 8" × 4" (203 × 102 mm) starken Rahmenhölzer noch durch 6 Längsschwellen von 7½" × 4" (191 × 102 mm) Querschnitt gestützt und wird durch drei übereinanderliegende Bretterlagen gebildet. Die beiden unteren hiervon sind je ⅞" (22 mm) dick und 2½" (64 mm) von einander entfernt, die obere Lage (Eiche) ist 1¾" (44 mm) stark und steht von der mittleren ebenfalls 2½" (64 mm) ab. Der Raum zwischen der mittleren und oberen Lage ist ausgefüllt mit 2 durch eine Lage Filz getrennten Papierschichten; Seiten- und Stirnwände bestehen gleichfalls aus 3 Theilen und ist der Raum zwischen der mittleren und inneren Wand mit Papier und Filz in ähnlicher Weise wie beim Fussboden ausgefüllt. Die Seitenwände sind gleichzeitig Tragwände, wie aus den Zeichnungen erkennbar ist. Nach oben hin ist der Wagen durch zwei wagerechte und 1½" (38 mm) von einander entfernte Bretterlagen abgeschlossen, deren Zwischenraum ebenfalls mit Papier und Filz ausgefüllt ist. Das Dach wird durch zwei aufeinanderliegende schräge Bretterschichten in gewöhnlicher Weise gebildet mit Laufbrettern in der Mitte.

An den Stirnenden des Wagens befinden sich in einem Verschlage je zwei Eisbehälter aus verzinktem Eisenblech (Galvanized Iron) von 4' 10'' (1473 mm) Höhe, 19$^3/_4$'' (502 mm) Breite und 3' 10$^1/_4$'' (1175 mm) Länge. Die Eisbehälter werden auf einen, 21$^1/_2$'' (546 mm) über dem Fussboden liegenden Rost gestellt und wird das Eis von der Decke aus durch eine Klappe eingebracht. Unter dem Rost befinden sich eine Anzahl Gefässe aus verzinktem Eisenblech, die zur Aufnahme des Thauwassers bestimmt sind. Diese Gefässe (Buckets) lassen sich unter dem Rost hervorziehen und entleeren. Der Fussboden unter dem Rost ist mit verzinktem Eisenblech belegt und befindet sich in den Ecken des Wagens je eine Abflussöffnung für das Thauwasser, welche derart eingerichtet ist, dass warme Luft nicht eindringen kann.

Refrigerator Cars, welche der letzten Gruppe der oben gegebenen Klassificirung entsprechen, und mit einem Gemisch aus Eis und Salz im Innern gekühlt werden, sah Verfasser bei seinem Besuche der Michigan Car Co's Werke in Detroit im Bau. Sie waren für die Armour Packing Co. in Chicago bezw. Kansas City bestimmt. Ihre Länge betrug 34' (10,36 m) und vermochten sie 40000 lbs (18160 kg) Fleisch aufzunehmen, wogen aber im leeren Zustande in Folge der starken Wände nahezu ebensoviel. e) Kühlwagen mit Eis- u. Salzkühlung.

Der Preis für einen mit Luftbremse versehenen Wagen belief sich auf 900 $ (3825 ℳ).

Die Herstellung der Fussböden geschieht in den Michigan-Werken derart, dass zwischen den 8'' (203 mm) hohen Längschwellen zunächst ein unterer Boden von etwa 1$^1/_4$'' (32 mm) Stärke eingebracht wird, auf diesem wird zunächst wasserdichtes Papier durch angenagelte Eckleisten befestigt, darauf kommt eine Schicht zerkleinerten Korkholzes und alsdann eine Lage dicken Filzes; der darüber gelegte Fussboden besteht aus 2 Lagen mit versetzten Fugen, wovon die untere $^3/_4$'' (19 mm), die obere 1$^1/_4$'' (32 mm) dick ist.

Die Seitenwände und die Decke werden ähnlich hergestellt, doch fällt das Korkholz dabei fort. Der Wagen erhält über der Decke noch eine von ihr etwas abstehende Sonnendecke aus Brettern zum Schutze gegen Sonnenstrahlen, obenauf liegen die üblichen Laufbretter. Unter der Decke sind Kreuzhölzer zum Anhängen des Fleisches angebracht. Die inneren Wände des Wagens sind mit einer Lage sauber gearbeiteten und gefügten, sowie polirten Holzes mit dichten Fugen belegt.

Fig. 19.

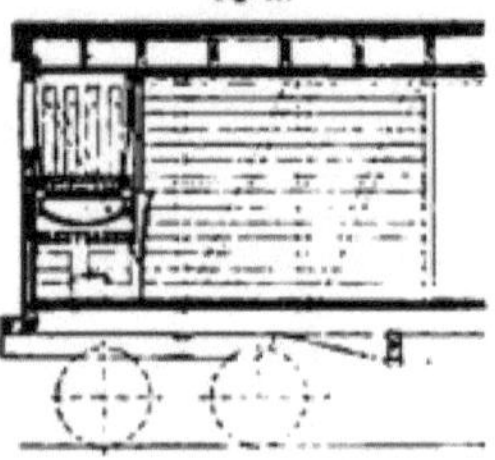

Die Eisbehälter, welche von der Decke aus mit Eis und Salz beschickt werden, liegen zu je 4 an den Stirnwänden, in der ganzen Höhe des Wagenkastens in einem Verschlage; unten befinden sich je 2 Abflüsse für Thauwasser. Damit das Fleisch während der Fahrt möglichst wenig gestossen wird, sind diese Wagen mit Swingtrucks ausgerüstet. Es soll in diesen Wagen bei öfterer Erneuerung des Eises und Salzes (etwa 4 Mal auf langer Fahrt von Westen nach dem Osten) mit Leichtigkeit eine Temperatur von einigen Graden (C) über dem Gefrierpunkt sich erhalten lassen.

d) Ayer Refrigerator Car.
Hierzu Textfig. 19.

Erwähnt sei noch, dass bei dem zur Gruppe 1 b gehörenden Ayer'schen Kühlwagen, Fig. 19, in welchem die an den Stirnwänden liegenden Eisroste durch eine kleine Stirnthür gefüllt werden, die Isolirung des Wagenkastens durch 1/8" (3,2 mm) dicke Gummischichten anstatt der sonst üblichen Papier- und Filzeinlagen bewirkt worden ist.

II. Heizwagen.
a) Gewöhnliche Ofenheizung.

Seit einigen Jahren sind auf den nordamerikanischen Bahnen, namentlich auch auf den Linien der New England-Staaten, geheizte Güterwagen für den Versand von Früchten (besonders Bananen, Orangen u. s. w.), Gemüsen und Kartoffeln in Aufnahme gekommen. Die ersten Wagen dieser Art waren mit Oefen ausgerüstet, welche in gewöhnlichen bedeckten Güterwagen aufgestellt und mit Holz gefeuert wurden. Dieses Verfahren ist aber mit mancherlei Uebelständen verbunden: Es ist ein Wagenbegleiter für die Unterhaltung des Feuers nöthig, das mitgeführte Holz reicht bei Betriebsstörungen in strenger Winterszeit oftmals nicht aus, um das Frachtgut gegen Frostschäden zu schützen, der Ofen beschränkt den Wagenraum und ist das Verfahren nicht ohne Feuersgefahr.

b) Eastman Heater Car.
Zeichnung auf Taf. XXXIV.

Durch den Ingenieur Eastman, jetzt Superintendent of Construction der Eastman Freight Car Heater Company in Boston Mass., gelangten dann die mit Oelheizung ausgestatteten und in besonderer Weise angeordneten Heizwagen (Eastman Heater Cars) zur Einführung.

Wie mir mitgetheilt wurde, war Mr. Eastman früher Beamter der Vereinigten Staaten und hatte als solcher den Transport von Fischeiern auf langen Strecken zu leiten, wobei er, um einem Verderben während der kalten Jahreszeit vorzubeugen, die Einrichtung von Heizwagen veranlasste.

Wie die auf Taf. XXXIV gegebenen Darstellungen zeigen, haben diese Wagen nicht nur doppelte mit Luftschicht versehene Wandungen und ebensolche Dächer, sondern es ist noch gleichsam ein innerer Wagenkasten in den doppelwandigen Aussenkasten gebaut, der oben offen ist und sich bis auf 76 mm dem äusseren Kasten nähert. Der äussere Doppelboden ist mit Schlackenwolle und dgl. ausgefüllt und enthält in der Mitte innerhalb eines Ausbaues den Ofen. Der innere Boden liegt mehrere Centimeter über dem äusseren, um den erforderlichen Raum für das Durchstreichen der warmen Luft zu schaffen. Diese steigt an den Stirn- und Seitenwänden empor und tritt oben in den Laderaum, der auf diese Weise durch eine erwärmte (bewegliche) und eine ruhende Luftschicht allseitig umhüllt ist.

Der innere Boden ist eigenartig ausgebildet. Ueber die 6 Längsschwellen des Aussenkastens sind zahlreiche Querhölzer gelegt, auf die ein dünner Holzbelag, der sog. falsche Fussboden (false floor) genagelt ist. Die erwärmte Luft kann in Folge dieser Ausführung sich nicht nur vom Ofen aus längs dieses Bodens ausbreiten, sondern auch quer zu ihm und über die Längsträger hinweg, wodurch eine gleichmässigere Circulation an den Stirn- und Seitenwänden erzielt wird. Damit nun die verladenen Früchte und Gemüse nicht durch die Bodenwärme leiden können, ist über dem falschen Fussboden eine 1/2 Zoll (13 mm) starke ruhende Luftschicht geschaffen, indem der eigentliche Ladeboden um dieses Maass über dem genannten Belage angeordnet ist.

Der Ofen wird mit Kerosinöl gespeist und ist derartig construirt, dass das Oel unmittelbar, also ohne Docht, zur Verbrennung gelangt. Dies Oel wird einem neben dem Ofen zwischen den Wagenböden befindlichen Behälter von etwa 55 gallons (217 l) Rauminhalt entnommen. Ein selbstthätiger Regulator, dessen Wirkung auf der Ausdehnung und Zusammenziehung von Metallen beruht, regelt den Oelzufluss zu dem Ofen. Es ist dadurch möglich, eine bestimmte Temperatur im Wagen zu erhalten.

Der tägliche Oelverbrauch richtet sich nach der Witterung und schwankt zwischen 3 und 5 gallons (13,5—22,5 l). Der vorgenannte Oelvorrath genügt also für ein ununterbrochenes Heizen des Wagens während etwa 11 Tage. Diese lange Heizdauer macht die Wagen für längere Hin- und Rückreisen in Zeiten der Schneeverwehungen sehr geeignet.

Die Verbrennungsgase werden durch ein mit einem Schutzmantel versehenes Rohr unter dem Wagenfussboden entlang und an einer Stirnwand aufwärts nach dem Dache geführt. Soweit die Holztheile der Hitze des Ofens und des Abzugsrohres direkt ausgesetzt sind, sind sie durch eine Lage Asbest und verzinkten Eisenblechs mit dazwischenliegender Luftschicht geschützt. Die Füllung des Oelbehälters geschieht durch ein nach dem Dache geführtes Rohr. Eine Zeigervorrichtung zeigt die jeweilig vorhandene Oelmenge an. Damit während der Nichtbenutzung des Wagens kein Oel im Behälter unnütz verdampft oder die Feuchtigkeit der Luft sich in ihm niederschlägt, ist die Einrichtung getroffen, dass durch die Bewegung des Absperrhahns in der Oelzuleitung zum Ofen gleichzeitig das am Oelbehälter befindliche kleine Luftloch geschlossen bezw. beim Ingangsetzen des Ofens geöffnet wird.

Die Erzielung eines bestimmten Wärmegrades im Wageninnern wird unterstützt durch zwei auf dem Wagendach angebrachte selbstthätige Ventilatoren, von denen der eine frische Luft in den Wagen einführt, während der andere die schlechte absaugt. Die beweglichen Klappen dieser Lüfter sind für den bestimmten Wärmegrad eingestellt, derart, dass sie sich schliessen, wenn die Luft bis zu dem fraglichen Grade abgekühlt ist. Steigt die Wagenwärme, so öffnen sich beide Lüfter und treten in Wirksamkeit.

Die Wagen besitzen ausser den gewöhnlichen Seitenthüren noch zwei Schiebethüren in den Längswänden des inneren Kastens, sodass dieser während des Heizens allseitig von der warmen Luft umspült werden kann.

Soll der Wagen für gewöhnliche Fracht benutzt werden, für die keine Heizung erforderlich ist, so werden diese Innenthüren in die Wandungen geschoben.

In Folge seiner Bauart kann der Eastman-Wagen in der heissen Jahreszeit als Kühlwagen benutzt werden. Die Ventilatorklappen werden dann zwecks beständiger Lüftung geöffnet. Durch Einsetzen provisorischer Eiskästen kann eine stärkere Kühlung erreicht werden.

Die Pennsylvania-Bahn hat in neuerer Zeit sich eigene Heizwagen gebaut, deren Bauart im Allgemeinen der eines Kühlwagens ähnlich ist. Heiz- und Lüftungsapparat sind jedoch von der Eastman Freight Car Heater Co. geliefert. e) Heizwagen der Pennsylvania-Bahn.

Die Kastenlänge eines derartigen Wagens der Pennsylvania-Bahn beträgt aussen 34' 8¾" (10585 mm), die Breite 9' 2¾" (2813 mm), die lichte Höhe 8' 10¼" (2699 mm), die lichte Länge 32' 7" (9931 mm), die lichte Breite 7' 10½" (2401 mm). Die Wände dieses Wagens bestehen aus 3 Lagen; die Aussenwand wird durch eine ⅞" (22 mm) starke Bretterlage gebildet und schliesst mit der ½" (13 mm) von ihr entfernten und ½" (13 mm) dicken Bretterwand einen todten Luftraum ein, während zwischen dieser und der ⅞" (22 mm) starken Innenwand der Raum für warme Luft sich befindet. Die Kosten eines solchen Wagens der Pennsylvania-Bahn belaufen sich auf 1000 $ (4250 Mk).

12. Sonstige Spezialwagen. Zeichnungen auf Taf. XXX u. XXXII.

Von den Spezialwagen sind in kleinerem Maassstabe die Zeichnungen einiger bemerkenswertheren Wagen, wie sie auf der Pennsylvania-Bahn benutzt werden, wiedergegeben.

Fig. 2 auf Taf. XXX stellt einen offenen Güterwagen mit hohen Aufsatzbords und Bodenklappen dar (Gondola Car).

Fig. 3 auf Taf. XXX einen Holzkohlenwagen (Char-coal Car).

Fig. 4 auf Taf. XXX einen Cokeswagen (Coke Car) und

Fig. 6 auf Taf. XXXII einen Güterzug-Gepäckwagen (Caboose Car).

13. Bauart der Einzeltheile.
a) Achsbuchsen. Zeichnung auf Taf. XXXIII.

Die Achsbuchsen bestehen fast allgemein aus einer geschlossenen gusseisernen Buchse, in der eine Rothgusslagerschale oder eine solche mit Weissmetallfütterung eingelegt ist. Der untere Raum der Achsbuchse wird mit Putzwolle (Waste) gefüllt und wird Oel darauf gegossen. In der Vorderwand befindet sich eine Oeffnung, deren Verschluss bei den einzelnen Bahnen verschieden ist: theils werden Schieber, Drehschieber, theils Klappen u. s. w. angewendet. Die Form der Achsbuchse ist durch die Vereinbarungen der Master Car Builders' festgesetzt.

Fig. 6 u. 7, Taf. XXXIII zeigt eine Achsbuchse für Wagen von 40000 lbs (18160 kg) Tragfähigkeit. Wie aus ersterer zu ersehen, wird über der Lagerschale ein Keil eingelegt, der unten eine grade Fläche besitzt, auf welcher die etwas gewölbte Fläche der Lagerschale sich bewegen kann. Läuft ein Lager heiss, so wird der Deckel geöffnet und man kann entweder Oel dazu giessen oder aber mittelst einer kleinen Winde die Achsbuchse etwas heben und dann den Keil und die Lagerschale mit Leichtigkeit entfernen und durch eine neue ersetzen. Das Gewicht der erstgenannten Achsbuchse beträgt 74 lbs (33,6 kg).

Die Achsbuchsen für Wagen von 60000 lbs (27240 kg) Tragfähigkeit sind in ähnlicher Weise angeordnet. Fig. 4 u. 5 auf Taf. XXXIII zeigt eine solche Ausführung. Der Verschlussdeckel der vorderen Oeffnung besteht hier aus einem federnden Blech, welches bei Besichtigung des Schenkels abgebogen und in die Höhe gedreht werden muss.

b) Räder. Die Räder der Güterwagen sind in der Regel aus Hartguss hergestellt und haben einen Dmr. von bezw. 30'', 33'' und 36'' (762, 838 und 914 mm). Dieselben werden nach dem in Amerika üblichen Verfahren in Coquillen gegossen. In der untenstehenden Fig. 20 ist die gewöhnliche Bauart derartiger Räder dargestellt, Fig. 21 zeigt den Querschnitt der Lauffläche des Radreifens und seines Spurkranzes.

Fig. 20

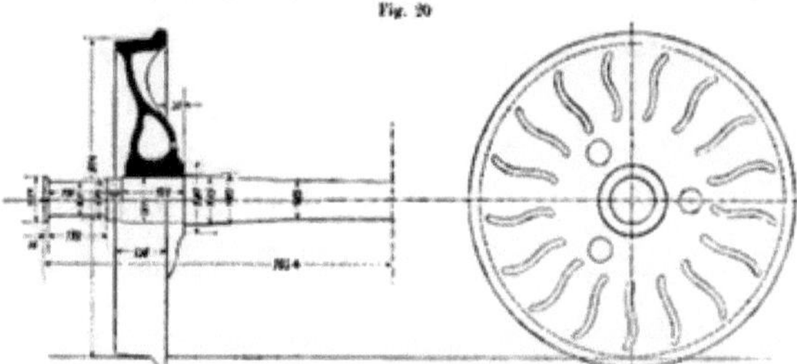

c) Achswellen. Die Achsschafte für Güterwagen sind im Allgemeinen aus Schweisseisen gefertigt. Ueber die Formen, welche früher sehr von einander abwichen, sind jetzt Vereinbarungen getroffen. Die in Fig. 22 gezeichnete Achse ist die Master Car Builders' Standard Axle für Wagen von 40000 lbs (18160 kg) Tragkraft, während Fig. 23 eine solche für Wagen von 60000 lbs (27240 kg) Tragfähigkeit zeigt.

Ueber Kupplungen ist das Erforderliche im Allgemeinen bereits im Bericht über Personenwagen sowie eingangs dieses Abschnitts angeführt. Die Janney-Kupplung gelangt nach dem Gesagten neuerdings immer mehr zur Anwendung, jedoch in einer einfacheren Form, als die im Abschnitt IV A unter Textfig. 5—8 gegebene Anordnung für Personenwagen; es fehlen bei der Güterwagenkupplung die doppelten Buffer mit der Balanciereinrichtung. d) Kupplungen.

Fig. 21.

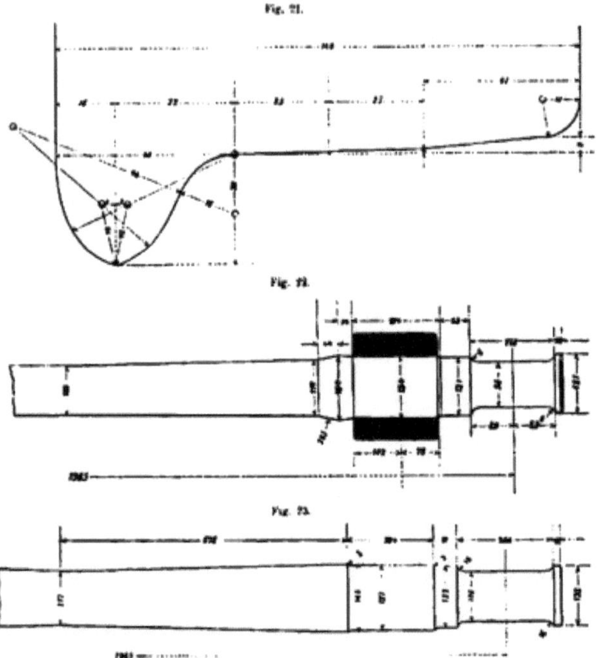

Fig. 22.

Fig. 23.

Vereinzelt steht auch die Miller-Kupplung bei Güterwagen in Anwendung und zwar bei solchen, die in Personenzügen zu laufen bestimmt sind, wozu der unter No. 7 und 9 a) dieses Abschnittes beschriebene Milch- und Fruchtwagen ein Beispiel ist.

Eine bei vielen Wagen anzutreffende nicht selbstthätige Kupplung, welche seitens der Master Car Builders angenommen ist, gibt die Textfigur 24 wieder und ist hieraus wohl ohne weiteres verständlich.

Nach jetzt allgemein gültiger Vereinbarung der Wagenbaumeister muss die Mittellinie der Kupplungen bei leeren Wagen 2' 9" (838 mm) über S. O. liegen und soll die Spannkraft der Kupplungs- bezw. Zughakenfedern, sowie die der Bufferfedern mindestens 18000 lbs (8172 kg) betragen.

Fig. 24.

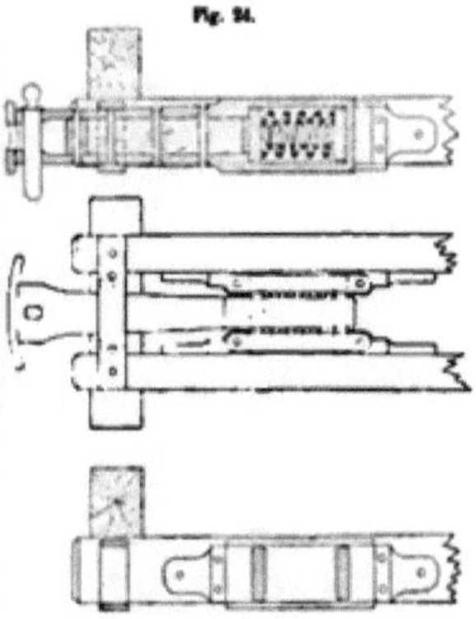

e) Buffer.

Als Buffer werden bei einem grossen Theil der Güterwagen starre Bufferklötze angewendet. Nach den Festsetzungen der Wagenbaumeister vom Jahre 1890 sollen sie jetzt nur noch aus Gusseisen hergestellt werden, während sie vordem auch häufig aus Holz gefertigt wurden; sie sind entweder zu zweien vor dem Kopfstück der Wagen angeordnet und haben dann 22" (559 mm) Entfernung von einander oder es ist nur ein Centralbufferklotz vorhanden. Fig. 25 zeigt die Standard-Form der gusseisernen Köpfe. Ihre Mittellinie muss 40" (1016 mm) über S. O. liegen.

f) Drehgestelle. Zeichnung auf Taf. XXXV u. XXXVI.

Die bei den Güterwagen verwendeten Drehgestelle sind, wie schon eingangs erwähnt, Rigid und Swing Trucks (Drehgestelle ohne und mit Seitenschwingung). Bei beiden Constructionen ruht der Drehteller auf einem neuerdings vielfach mit Eisen armirten Balken aus Eichenholz, der an jedem Ende von vier Spiralfedern getragen wird. Vermittelst eines unter den Federn liegenden Flacheisens wird die Last auf zwei]-förmige Querträger übermittelt, welche an ihren Enden durch ein gusseisernes Rahmengestell mit einander verbunden sind. Oberhalb und unterhalb der beiden Rahmen sind Flacheisen angeschraubt, welche den Druck weiter auf die Achsbuchsen übertragen. Letztere sind unten durch ein Flacheisen verbunden. Die drei genannten Flacheisen sind sowohl mit den Achsbuchsen als mit den Rahmenstücken mittelst durchgehender Bolzen verschraubt, welche unten durch Mutter und Keilsplint gesichert sind. Der Unterschied in der Anordnung des Rigid Trucks gegen die des Swing Trucks besteht im Wesentlichen darin, dass das die 4 Spiralfedern tragende Flacheisen im ersteren Falle fest mit den]-Querträgern durch Niete verbunden ist, während es beim Swing Truck an einer auf beiden]-Eisen gelagerten Welle pendelartig aufgehängt ist (Wiege).

Fig. 25.

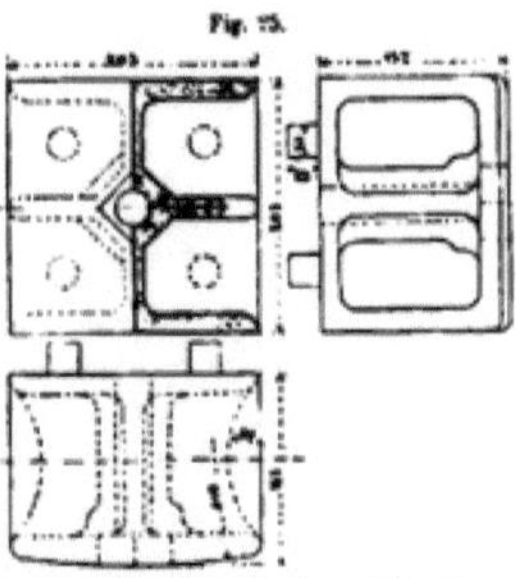

Fig. 1—4 auf Taf. XXXV stellt einen Rigid Truck der Chicago, Burlington and Quincy-Bahn und Fig. 5—8, Taf. XXXV einen Swing Truck derselben Bahn dar.

Die Einzelheiten der verschiedenen Ausführungen mit ihren Hauptabmessungen gehen zur Genüge aus diesen Zeichnungen hervor.

In Fig. 1 u. 2 auf Taf. XXXVI ist sodann noch ein aus gepressten Stahlblechen zusammengesetztes Drehgestell, wie es jetzt versuchsweise bei Güterwagen zur Einführung gelangt, wiedergegeben und hieraus auch ohne besondere Beschreibung verständlich.

IV. Bauart der Wagen.

D. Bremsen.

Verfasser:

Th. Büte,

Königl. Eisenbahn-Director in Magdeburg

Inhalts-Verzeichniss.

D. Bremsen.

Allgemeines.

Während bei den deutschen Bahnen die Wagen nur zum Theil Bremseinrichtungen besitzen, sind in Nordamerika sämmtliche Personen- und Güterwagen mit solchen ausgerüstet, und zwar die ersteren sowohl mit durchgehenden Bremsen, als auch mit Handbremsen, die letzteren im Allgemeinen nur mit Handbremsen. In neuerer Zeit wird auch für Güterwagen die allgemeine Einführung der durchgehenden Bremsen angestrebt, und werden neue Wagen fast allgemein mit denselben versehen. Nach den gemachten Angaben sind zur Zeit bereits über 100 000 Güterwagen mit solchen Bremsen im Betrieb, das sind mehr als 10 % der Gesammtzahl der Güterwagen auf den Linien der Vereinigten Staaten.

Das zur Uebertragung der Bremskraft auf die Klötze dienende Bremsgestänge wird je nach der Art der Wagen in verschiedener Weise ausgeführt.

Bei den für den Personen- und Güterverkehr fast ausschliesslich vorhandenen Drehgestellwagen ist die Einrichtung meist derartig getroffen, dass von jeder der an den Stirnwänden des Wagens befindlichen Handspindel und, wenn ausserdem Luftdruckbremse vorhanden ist, auch von dem dann stets in der Mitte unterhalb des Wagenkastens liegenden Bremscylinder aus die Bremsen beider Drehgestelle gleichzeitig angezogen werden.

Vielfach im Gebrauch befindlich sind die Anordnungen von Hodge und von Stevens, bei welchen die Kraft des Bremscylinders zunächst auf zwei bezw. ein Paar wagerecht liegender Hebel und von hier durch Zugstangen auf die bei allen Wagen der Einfachheit wegen schräg gelagerten eigentlichen Bremshebel übertragen wird. Die Anordnung nach Hodge ist etwas verwickelter als die von Stevens, eignet sich jedoch in der bei Personenwagen gebräuchlichen Form besser zur Verbindung mit der Handbremse und wird aus diesem Grunde bei diesen Wagen der andern vorgezogen. Von der Stevens'schen Construction wird dagegen vorzugsweise bei den selbstthätigen Güterwagenbremsen Anwendung gemacht, bei welchen sie eine eben so gute Handbremsanordnung gestattet, wie die von Hodge.

Von den anderen noch vorkommenden Anordnungen sind einige bei Gelegenheit der Beschreibung der einzelnen Bremssysteme dargestellt.

Die Bremsklötze wirken fast ausschliesslich einseitig auf die Räder und liegen bei zweiachsigen Drehgestellen entweder innerhalb oder ausserhalb der beiden Achsen, was allerdings den Nachtheil hat, dass bei scharfem Bremsen in Folge des am Umfange der Räder auftretenden Reibungswiderstandes das eine Bremsklotzpaar nach unten gezogen, das andere nach oben gedrückt wird, wodurch ein Schiefstellen des Drehgestells entsteht. Nur ganz vereinzelt sind doppelte Bremsklötze angebracht.

Handbremsen. Der Antrieb der Handbremsen erfolgt, wie im Abschnitt IV. C näher erläutert und gezeichnet ist, in einfachster Weise meistens mittelst senkrechter Wellen, welche an dem oberen Ende mit einem Handrade, an dem unteren mit einer kurzen Verstärkung versehen sind, auf welche sich beim Anziehen der Bremsen eine mit dem Bremsgestänge verbundene Kette aufwickelt. Bei den Personenwagen ist eine solche Welle an jeder der beiden Endplattformen angebracht, bei den Güterwagen an einer oder auch an beiden Stirnwänden. Da Bremsersitze bei den Güterwagen nicht vorhanden sind, so ist die Bremsspindel so hoch über das Dach hinaus geführt, dass sie von einem auf demselben oder auf einer an der Stirnwand befindlichen kleinen Plattform stehenden Zugbeamten bedient werden kann.

Nach den Vorschriften der Master Car Builders' Association, deren Beschlüsse für die betheiligten Bahnen maßgebend sind, ist die Bremsspindel immer auf der vom Wagen aus gesehen rechts gelegenen Seite der Stirnwand anzuordnen.

Um auch beim Durchfahren von Tunnels, bei Wegebrücken u. s. w., in welchen der Aufenthalt für die Bremser auf den Wagendächern wegen der Enge des Profiles nicht möglich ist, bremsen zu können, ist bei einem Theil der Güterwagen an einer Stirnseite eine kurze liegende Welle mit Kettenrolle an Stelle der senkrechten Bremsspindel angeordnet.

Zum Festhalten der Bremsen im angezogenen Zustande dient ein auf die Spindelwelle aufgekeiltes gezahntes Rad mit Sperrklinke, welche der Bremser mit dem Fuss aus- und einrückt.

Durchgehende Bremsen. Die Höhe der Löhne in Amerika und andere Gründe haben auf den dortigen Eisenbahnen schon frühzeitig zur Einführung der durch Elementarkraft wirkenden durchgehenden Bremsen geführt. Bis zum Jahre 1868 sollen die Anfänge der Westinghouse-Bremse zurückreichen.

1. Luftleerbremsen. a) Smith-Bremse. Von den Luftleerbremsen ist in Amerika die älteste die Smith-Bremse. Dieselbe ist jetzt nur noch auf einer Linie und zwar auf der Long Island-Bahn in Gebrauch. Ihre Construction kann als bekannt vorausgesetzt werden. Es genüge anzuführen, dass die Bremscylinder aus einem Gummisack bestehen, aus welchem durch einen Ejector behufs Bremsens die Luft gesogen wird.

b) Eames-Bremse. Eine neuere Luftleerbremse ist die von der Eames Vacuum Brake Co. vertriebene Eames-Bremse. Dieselbe ist bei der Manhattan Elevated R. R. in New York allgemein eingeführt und hat sich daselbst gut bewährt.

Die Bremse besteht wie die vorige aus den Bremscylindern, dem Ejector, der Rohrleitung zur Verbindung des letzteren mit den Bremscylindern und den Kupplungen. Die Theile unterscheiden sich von denjenigen der Smith-Bremse in ihrer Ausführung. Die Bremsgefässe bestehen beispielsweise aus einer kalottenförmigen Blechschale, über deren Oeffnung eine Gummimembran gespannt ist, mit welcher das Bremsgestänge verbunden ist. Zum Zulassen atmosphärischer Luft in die Leitung beim Lösen der Bremsen dient ein durch Handgriff zu öffnendes Ventil. Die Kosten für die vollständige Garnitur betragen nach den Angaben der Eames Vacuum- Brake Co. in New York

für eine Lokomotive mit Tender . . 145 $ (616,25 ℳ),
„ einen Normalwagen . . . . 65 $ (276,25 ℳ).

Von Luftdruckbremsen sind in Amerika nur die von der Westinghouse Air Brake Co. gebaute Bremse und diejenige der New York Air Brake Co. im Gebrauch. Die erstere ist die ältere und war früher fast ausschliesslich in Anwendung, die andere Bremse ist erst in neuerer Zeit in Mitbewerb getreten und versuchsweise bei einigen Bahnen in Aufnahme gekommen. **2. Luftdruckbremsen.**

Obwohl die ältere Westinghouse-Bremse in Deutschland im Allgemeinen bekannt ist, so erscheint es doch mit Rücksicht auf die in letzterer Zeit an derselben vorgenommenen Verbesserungen, namentlich in Bezug auf die Schnellbremsung, zweckmässig, das Wesentlichste hier anzuführen. **a) Westinghouse-Bremse.** Hierzu Taf. XXXVII, XXXVIII und Textfigur 26.

Die in Folge der Vergrösserung der Zuggeschwindigkeiten und Verlängerung der Züge, sowie durch die Anwendung der durchgehenden Bremsen bei Güterzügen mehr und mehr gesteigerten Anforderungen in Bezug auf das schnelle und gleichzeitige Anziehen aller Bremsklötze eines Zuges riefen das Bestreben hervor, die ältere Westinghouse-Bremse zu verbessern, was zu der Anwendung der Westinghouse'schen Schnellbremse (Quick Action Brake) geführt hat.

Wie sehr die Anwendung der Westinghouse-Bremse bei Güterwagen in Amerika zunimmt, geht daraus hervor, dass die Gesellschaft von Beginn der Einführung im Jahre 1881 an, in welchem etwa nur 100 Garnituren vertrieben wurden, bis zum Jahre 1888 etwa 154000 Einrichtungen lieferte. Im Jahre 1889 wurden etwa 25000, im Jahre 1890 schon 50000 Garnituren verkauft, die Verwendung steigerte sich daher in sehr raschem Maße.

Der Vorzug der neueren Form gegenüber der älteren macht sich bei längeren Personenzügen, besonders aber bei Güterzügen geltend, bei deren oft bedeutender Länge es besonders darauf ankommt, die Bremsen des ganzen Zuges möglichst schnell und gleichmässig anzuziehen, um die häufig zu Zugtrennungen Veranlassung gebenden Stösse zu vermeiden. Nach den gemachten Versuchen dauert es bei der einfachen Bremse etwa 20 Sekunden, bis die Bremsen eines Zuges von 50 Wagen sämmtlich in Wirksamkeit treten, bei der Schnellbremse dagegen nur 2 Sekunden.

Die wesentlichen Theile der Westinghouse-Schnellbremse sind:

die Dampf-Luftpumpe,
der Hauptluftbehälter,
das Führerbremsventil,
die Hauptrohrleitung,
die Hülfsluftbehälter,
die Bremscylinder und Bremsventile,
die Kupplungen,
das Luftdruckmanometer.

Die Einrichtung und Verbindung aller dieser Theile unter einander ist auf Taf. XXXVII, die Art und Weise der Anbringung derselben an einem Güterwagen auf Taf. XXXVIII dargestellt.

Führerventil. Textfigur 26.

Von dem Ventilgehäuse des Luftcylinders der Pumpe führt eine Rohrleitung nach dem Hauptluftbehälter und von hier nach dem Führerventil, mittels dessen der Lokomotivführer die Bremsen des ganzen Zuges beherrscht.

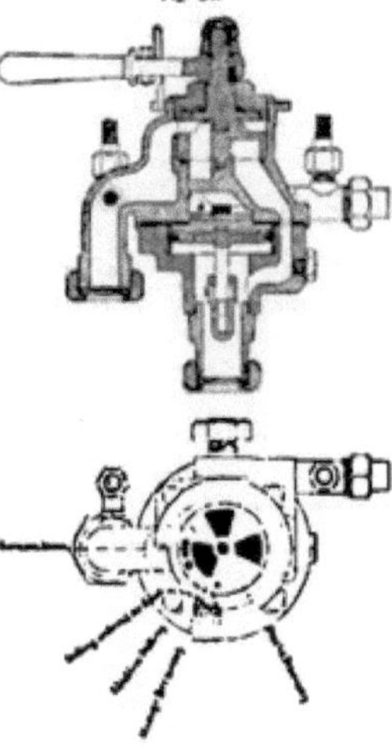
Fig. 26.

Sollen die Bremsklötze gelöst werden, so wird der Handhebel des Führerventils in die eine Endlage, welche mit „Bremsen lösen" (Releasing Brake) bezeichnet ist, gebracht, wobei Luft aus dem Hauptbehälter unmittelbar in die Zugleitung und die unter jedem Wagen befindlichen Bremscylinder treten kann.

Nachdem die Bremsen gelöst sind, wird der Hebel in die entsprechende Stellung „Während der Fahrt" (While Running) gelegt, wodurch die unmittelbare Verbindung zwischen Hauptbehälter und Rohrleitung unterbrochen und die Luft gezwungen wird, zunächst ein mit 9–11 kg (20—25 lbs.) Federdruck belastetes Ventilchen zu öffnen, bevor sie in die Leitung gelangen kann. Auf diese Weise kann in dem Hauptluftbehälter ein der obigen Federbelastung entsprechender Ueberdruck gehalten werden, was zum schnellen Lösen der Bremsen und zur Ausgleichung kleiner Undichtigkeiten der Rohrleitung von Vortheil ist.

Sollen die Bremsen in gewöhnlicher Weise wirken, soll also keine Schnellwirkung erzeugt werden, so dreht man den Hebel zunächst in die Abschlussstellung („Position on Lap"), in welcher alle Oeffnungen abgeschlossen sind, und dann in die Stellung „Mässige Bremsung" („Application of Brake, Service Stop"). Die Einrichtung der unter den Wagen befindlichen Bremsventile (Functionsventile) erfordert für diesen Fall ein langsames allmähliges Auslassen der Luft aus der Hauptleitung. Dies wird bei dem Führerventil dadurch erreicht, dass durch Drehung des Handhebels zunächst der über dem kleinen Kolben 1 — vergl. Taf. XXXVII und Textfig. 26 — befindliche Raum a, welcher durch den kleinen Hülfsbehälter b vergrössert ist, in Verbindung mit der Atmosphäre gebracht wird. Vor dem Oeffnen herrschte in diesem Raum dieselbe Pressung wie in der unter dem Kolben befindlichen Zugleitung. In Folge der über dem Kolben entstehenden Luftverdünnung, welche an dem Luftdruckmanometer abgelesen und hiernach durch den Führer beliebig geregelt werden kann, indem derselbe den Handhebel wieder in die Abschlussstellung bringt, sobald das Manometer die beabsichtigte Druckverminderung anzeigt, bewegt sich der Kolben 1 nach oben und giebt die kleine Oeffnung 2 frei, sodass nun so viel Luft aus der Zugleitung in die Atmosphäre entweichen kann, bis in der Leitung dieselbe Druckverminderung erzeugt ist, als vorher in dem Raum a und dem Behälter b; bei dem geringsten Ueberdruck über dem Kolben schliesst der letztere die Ausströmungsöffnung 2 wieder ab. Bei dem gewöhnlichen Dienstgebrauch ist eine Druckverminderung von 0,5—0,6 Atm. (6—8 lbs.) zu erzeugen.

Soll in Fällen der Gefahr schnell und kräftig gebremst werden, so wird der Hebel auf „Starke Bremsung“ (Application of Brake, Emergency Stop) gelegt, wodurch eine direkte Verbindung der Rohrleitung mit der Atmosphäre hergestellt wird.

Der Hauptunterschied zwischen der älteren und neueren Westinghouse-Bremse besteht in der Einrichtung der zwischen den Bremscylindern und den Hülfsluftbehältern eingeschalteten Bremsventile. In der älteren und einfacheren Form werden dieselben noch jetzt am Tender und den Lokomotivtreibrädern benutzt, um diese bei Nothbremsungen etwas langsamer und leichter zu bremsen als die nachfolgenden Wagen und dadurch das Auflaufen der letzteren zu vermeiden.

Die Einrichtung des einfachen Bremsventils ist aus Taf. XXXVII ersichtlich, seine Wirkungsweise stimmt mit der des Schnellbremsventils im gewöhnlichen Dienstgebrauch überein. **Einfaches Bremsventil.** Auf Taf. XXXVII.

Dasselbe ist sowohl für ein langsames und sanftes Bremsen, wie es im gewöhnlichen Dienstgebrauch beim Befahren von Gefällen und beim Anhalten der Züge auf den Stationen angewendet wird, als auch für plötzliche Bremsungen in Fällen von Gefahr zu verwenden. Im ersteren Falle wirkt es genau wie das einfache Westinghouse'sche Ventil (Funktionsventil), während im letzteren Fall ausser der Luft des Hülfsbehälters auch ein Theil der Luft aus der Hauptleitung direkt in den Bremscylinder treten kann, wodurch die Wirkung der Bremse nicht unwesentlich verstärkt und beschleunigt wird. **Schnellbremsventil.** Auf Taf. XXXVII.

Eine Querschnittszeichnung des Ventils ist auf Taf. XXXVII gegeben. Die Luft aus der Zugleitung tritt durch den Drahtkorb 1 in das Ventilgehäuse 2 ein und strömt durch den Kanal a, die Kolbenkammer b und die kleine Oeffnung c in die Kammer d und weiter in den Hülfsluftbehälter, während der Bremscylinder durch den Kanal h, die Schieberhöhlung i und das Auspuffrohr k mit der Atmosphäre in Verbindung steht. Der die Luftvertheilung bewirkende Schieber 3 wird durch den Kolben 5 mittelst Anschlagknaggen derartig bewegt, dass der Kolben sich zunächst eine kleine Strecke bewegen kann, bevor der Schieber mitgenommen wird. Mit der Kolbenstange fest verbunden ist der kleine Kolben 4, welcher beim Hin- und Hergehen des grossen Kolbens den Kanal g öffnet oder abschliesst.

Um die Bremsen langsam anzuziehen, wird, wie schon erwähnt, in der Hauptleitung eine Druckverminderung von 0,5—0,6 Atm. (6—8 lbs.) erzeugt. In Folge des nun im Hülfsbehälter vorhandenen Ueberdrucks bewegt sich Kolben 5 nach rechts, schliesst den Schlitz c, öffnet den Kanal g und nimmt mittelst der Knaggen f den Schieber so weit mit, dass der Kanal l über den Kanal h zu liegen kommt. Die weitere Bewegung nach rechts wird durch den federnden Stift 6, gegen welchen sich der Kolben legt, verhindert. Es kann alsdann Luft aus dem Hülfsbehälter durch g, l und h in den Bremscylinder strömen und so die Bremsklötze anziehen, dadurch vermindert sich aber die Pressung im Hülfsbehälter, so dass der Kolben 5 wieder nach links geht und den Kanal g abschliesst, ohne dass sich jedoch der Schieber 3 mitbewegt.

Eine weitere Druckverminderung in der Hauptleitung wird ein abermaliges Oeffnen und Schliessen des Kanals g und einen stärkeren Druck auf den Kolben des Bremscylinders zur Folge haben. Auf diese Weise kann die Bremswirkung allmählig verstärkt werden, bis der Druck in der Hauptleitung schliesslich so gering wird, dass er nicht mehr im Stande ist, den Kanal g nach stattgehabtem Oeffnen wieder zu schliessen, sodass die Bremsen nunmehr mit der vollen, bei langsamem Bremsen überhaupt möglichen Kraft in Thätigkeit treten.

Diese Wirkung wird erreicht bei einer Druckverminderung in der Hauptleitung um 1,4 Atm. (20 lbs.), sodass der neuerdings allgemein 5 Atm. (70 lbs.) betragende Druck in derselben auf 3,5 Atm. (50 lbs.) heruntergeht; bei einer weiteren Verminderung wird nur Luft verschwendet, ohne dass die Bremswirkung verstärkt wird.

Das Lösen der Bremsen erfolgt durch Zulassung von Druckluft aus dem Hauptbehälter der Lokomotive in die Zugleitung.

Will man die Bremsen schnell und sehr kräftig anziehen, wie es in Gefahrfällen nothwendig ist, so ruft man in der Hauptleitung eine plötzliche Druckminderung von 0,7—0,9 Atm. (10—12 lbs.) hervor; der Kolben 5 bewegt sich dann schnell nach rechts und drückt den Stift 6 so weit zurück, dass der Kanal m über den Kanal h kommt und Luft aus dem Hülfsbehälter direkt in den Bremscylinder lässt. Gleichzeitig gelangt ein Einschnitt des Schiebers 3 über den Kanal n, so dass Luft aus der Kammer d über den Kolben 7 tritt und mittelst desselben das Ventil 8 öffnet. Es kann nun aus der Hauptleitung unmittelbar Luft durch das Rückschlagventil 9 in den Bremscylinder treten, wodurch ein Druck von 4,2 Atm. (60 lbs.) oder etwa 20 % mehr als bei gewöhnlichen Bremsungen erreicht wird.

Da an jedem Wagen auf diese Weise Luft aus der Hauptleitung entnommen wird, so tritt die Druckverminderung in derselben bedeutend schneller ein, als bei der alten Bremse, bei der die ganze, behufs Druckverminderung im Hauptrohr abzulassende Luft aus dem Führerventil entweichen musste; die Schnellbremse ist daher auch viel besser für längere Züge geeignet als jene.

Die Grössenverhältnisse der Bremscylinder und Hülfsluftbehälter sind so gewählt, dass, wenn bei gewöhnlichem Dienstgebrauch die Bremsen voll in Wirksamkeit treten, auf dem Kolben des Bremscylinders ein Druck von 3,5 Atm. (50 lbs.) ruht, während bei Schnellbremsungen, wie eben erwähnt, in Folge direkter Verbindung der Hauptleitung mit dem Bremscylinder, der Druck in letzterem auf 4,2 Atm. (60 lbs.) steigt.

Der auf das Rad wirkende grösste Bremsklotzdruck wird in Amerika im Allgemeinen bei Personenwagen zu 90 %, bei Güterwagen zu 70 % des auf das gebremste Rad entfallenden Schienendrucks des leeren Wagens angenommen, wobei, wie durch Versuche festgestellt ist, das Gleiten der Räder mit Sicherheit vermieden wird.

Bezüglich der Preise der Westinghouse-Bremsapparate sei schliesslich noch bemerkt, dass sie in Folge des Wettbewerbs in letzter Zeit in Amerika nicht unbedeutend heruntergesetzt sind. Besonders billig sind sie für Ausrüstungstheile zu Güterwagen gestellt, auch in der Absicht, die Einführung der Bremsen bei Güterzügen möglichst zu beschleunigen.

Des Vergleichs halber sind nachstehend einige Preise zusammengestellt:

	alter Preis	neuer Preis
Ausrüstungsgegenstände für Lokomotiven . . .	M 1275 ($ 300)	M 1168,75 ($ 275),
" " " Personenwagen . .	" 586,5 (" 138)	" 425 (" 100),
" " " Güterwagen . . .	" 212,5 (" 50)	" 191,25 (" 45),
" " " Tender	" 255 (" 60)	" 255 (" 60).

b) Luftdruckbremse der New York Air Brake Co.

Die in neuerer Zeit versuchsweise zur Anwendung kommende Bremse der New York Air Brake Co. entspricht in der Anordnung der einzelnen Apparate der vorbeschriebenen Westinghouse-Schnellbremse, auch soll nach Angabe die Bauart und Wirkungsweise aller wichtigeren Einzeltheile eine derartige sein dass jeder derselben gegen den entsprechenden Theil der Westinghouse-Bremse ausgewechselt werden kann, so dass z. B. ein Westinghouse-Ventil durch ein Ventil der anderen Gesellschaft ersetzt werden kann, oder dass eine mit der Bremse der New York Air Brake Co. ausgerüstete Lokomotive einen mit Westinghouse-Apparaten oder mit Apparaten beider Systeme versehenen Zug befördern kann und umgekehrt.*)

Die von Massey entworfene Luftpumpe ist in der Textfig. 27 dargestellt. Dieselbe hat 2 Dampfcylinder und 2 Luftcylinder, welche letzteren einen verschiedenen Durchmesser haben.

Massey-Luftpumpe. Textfigur 27.

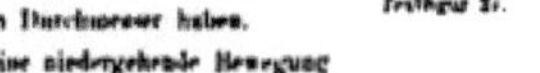

In der gezeichneten Stellung hat der Luftkolben des Cylinders 4 seine niedergehende Bewegung beendet und den Inhalt seines Cylinders durch Ventil 12 in den Cylinder 3 gedrückt. Die Anschlagplatte p des Dampfkolbens 21 hat den Schieber 6 in seine unterste Stellung gebracht; der Dampf tritt durch die Kanäle 23, 24 und 25 über den Kolben 22, treibt diesen nach abwärts und drückt die bereits bis zu einem gewissen Grade zusammengepresste Luft des Cylinders 3 in den Hauptluftbehälter. Mittlerweile haben sich die Cylinder 4 u. 3 über ihren Kolben durch Ventil 9 bezw. 11 mit atmosphärischer Luft gefüllt. Wenn der Kolben 22 am unteren Ende des Cylinders ankommt, stösst die Platte p gegen den Anschlag der Schieberstange 7, bewegt den Schieber 5 in seine tiefste Stellung und öffnet den Kanal 26. Der Dampf tritt unter den Kolben 21, bewegt denselben nach oben und drückt die im Cylinder 4 befindliche Luft durch Ventil 11 in den oberen Theil des Cylinders 3. Bevor Kolben 21 seinen Hub vollendet hat, bewegt er den Schieber 6 mittelst der Anschlagplatte p und des Knaggens am Ende der Schieberstange 8 in seine höchste Lage, der Dampf strömt unter den Kolben 22, treibt denselben nach oben und drückt die schon theilweise zusammengepresste Luft des Cylinders 3 durch Ventil 13 in den Luftbehälter. Während die Kolben die oberhalb derselben befindliche Luft zusammendrücken, füllen sich die Luftcylinder unter den Kolben mit atmosphärischer Luft durch die Ventile 10 und 12.

Fig. 27

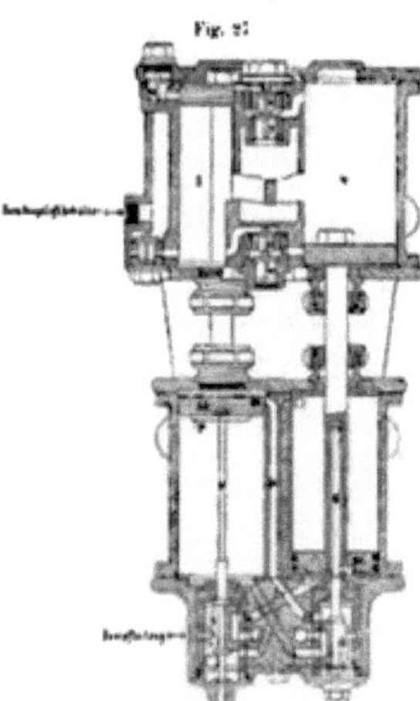

*) Anmerkung: Nach den in neuester Zeit in Deutschland mit dieser Bremse angestellten Versuchen sind die in Amerika gemachten Angaben nicht völlig zutreffend; als wesentlicher Nachtheil hat sich ergeben, dass, wenn in einem Zuge Wagen, welche keine Apparate, sondern nur Leitung haben, vorhanden waren oder die vorhandenen Apparate an einzelnen Wagen abgestellt wurden, die Schnellbremswirkung sich nicht über diese Wagen hinaus fortpflanzte. Es mag dieser Fall in Amerika nicht oft vorkommen, in Deutschland ist jedoch die Einstellung von Leitungswagen wenigstens vorläufig nicht zu umgehen, und kann daher hier die New York Air Brake Bremse bei Zügen, welche mit Schnellbremsen betrieben werden, nicht verwendet werden.

Ebenfalls hat die von Massey entworfene Luftpumpe bei diesen Versuchen nicht die günstigen Resultate ergeben, welche erwartet wurden, und sind an ihr häufiger Schäden entstanden, als an anderen Pumpen.

Führerventil. Textfigur 28.

Das Führerventil stellt sich, der jedesmaligen Einstellung des Handgriffes entsprechend, selbstthätig wieder ab. Der Raum über dem Ventil 1 und unter dem Kolben 2 ist mit dem Hauptluftbehälter der Lokomotive verbunden, der über dem Kolben 2, welcher durch das Ventil 3 mit der Atmosphäre in Verbindung gebracht werden kann, mit der Hauptrohrleitung. Das Ventil 1 wird durch den Winkelhebel a, das Ventil 3 durch den Doppelhebel b bewegt, während a wieder durch das auf den Zapfen d wirkende „Schloss“ von b seine Bewegung empfängt. Sollen die Bremsen angezogen werden, so wird der Handgriff H nach rechts bewegt und dadurch vermittelst des excentrischen Zapfens c, das linke Ende des Doppelhebels b und mit ihm das Ventil 3 gehoben. Die Luft strömt aus der Hauptleitung aus, der Druck über dem Kolben 2 vermindert sich, der letztere wird in Folge des Ueberdruckes im Hauptluftbehälter nach oben bewegt und bringt den Hebel b in eine solche Stellung, dass sich das Ventil 3 wieder schliessen kann.

Fig. 28

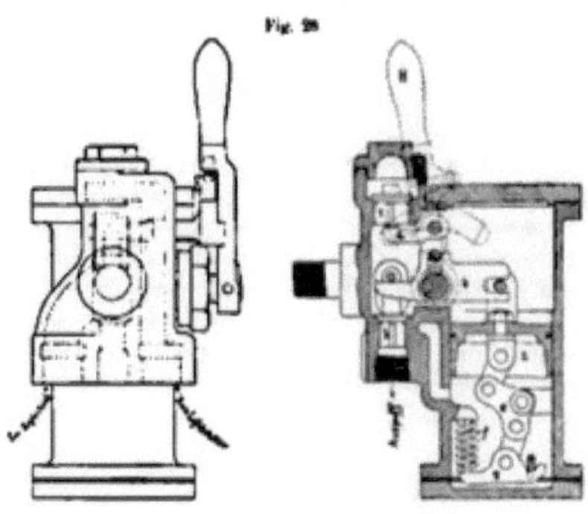

Wenn der Handgriff H und mit ihm der excentrische Zapfen c nur wenig bewegt wird, so wird auch der Kolben sich nur wenig zu heben brauchen, um das Ventil 3 wieder zu schliessen; wird eine grössere Bewegung mit dem Handgriff ausgeführt, so muss der Kolben höher steigen, bevor Ventil 3 abgestellt wird, und es wird in Folge dessen mehr Luft aus der Hauptleitung entweichen können.

Die Wirkungsweise des Kolbens ist vermittelst des ungleichen Winkelhebels e und der Feder f selbstthätig gemacht.

Die Federspannung hält den Kolben nieder, so lange die Pressungen auf beiden Seiten desselben gleich sind, sie wirkt jedoch an einem sehr kurzen Hebelarm in Bezug auf den Drehpunkt des Winkelhebels, während der Hebelarm des Kolbens in Bezug hierauf bedeutend grösser ist, so dass schon ein geringer Druckunterschied den Kolben nach oben bewegt. Je höher aber der Kolben steigt, um so kleiner wird sein Hebelarm, während derjenige der Feder wächst, bis Gleichgewicht hergestellt ist und der Kolben still steht. Eine weitere Druckverminderung über dem letzteren hat seine weitere Aufwärtsbewegung zur Folge.

Es folgt hieraus, dass die durch das Oeffnen des Ventils 3 bewirkte Druckverminderung in der Zugleitung abhängig ist von dem Ausschlag des Handgriffs H, da der Kolben zwecks Schliessung des Ventils um ein entsprechendes Maß steigen muss, welches je nach dem Unterschied der Luftpressungen auf beiden Seiten des Kolbens grösser oder kleiner ist.

Die entgegengesetzte Wirkung tritt ein, wenn durch den Handgriff der excentrische Zapfen nach abwärts bewegt wird. Es öffnet sich alsdann das Ventil 1 und lässt Luft aus dem Hauptbehälter in die Zugleitung; aber in dem Maße wie sich die Pressungen über und unter dem Kolben ausgleichen, geht der letztere nach unten und hebt den Hebel a von dem Ventil 1 ab, sobald er eine der Bewegung des excentrischen Zapfens entsprechende Entfernung zurückgelegt hat. Auf diese Weise kann auch in dem Hauptluftbehälter jeder beliebige Ueberdruck gehalten werden.

Das Führerventil besteht aus 58 Einzelstücken.

Das bei der Lokomotive und dem Tender angeordnete einfache Bremsventil ist mit dem Hülfsluftbehälter, dem Bremscylinder und der Zugleitung in der in Fig. 29 angegebenen Weise verbunden. Die Wirkungsweise ist eine ähnliche wie bei dem Westinghouse'schen Functionsventil. Einfaches Bremsventil. Textfigur 29.

Das in Fig. 30 im Querschnitt dargestellte Ventil besteht aus dem vorerwähnten einfachen Bremsventil und denjenigen Theilen, welche zur Erzielung der schnellen Bremswirkung dienen. Soll eine plötzliche Bremsung eingeleitet werden, so ist in der Hauptrohrleitung eine schnelle Druckverminderung von 1—1,5 Atm. (15—20 lbs.) zu erzeugen; das mit dem Kolben 13 verbundene Ventil 14, welches auf der einen Seite der Pressung des Hülfsluftbehälters, auf der anderen der der Hauptleitung ausgesetzt ist, öffnet sich, die Pressluft gelangt durch den Kanal F über den Kolben 17 und öffnet durch diesen das Ventil 20, welches die durch das Rückschlagventil 21 strömende Luft der Bremsleitung unmittelbar in den Bremscylinder gelangen lässt. Vermehrt man den Druck in der Hauptleitung wieder, so kehren alle Theile in die gezeichnete Stellung zurück. Schnellbremsventil. Textfigur 30.

Fig. 29.

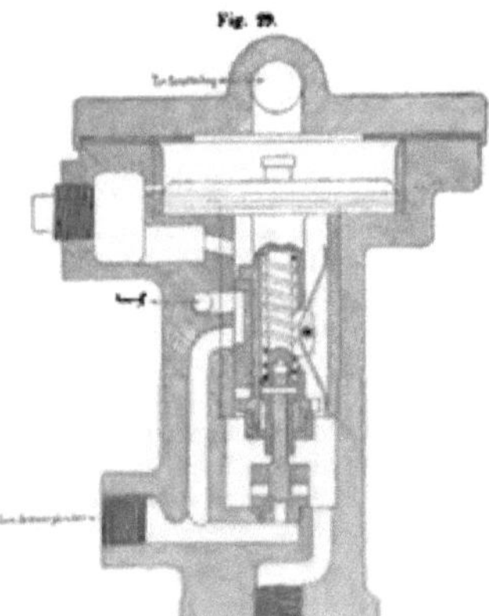

Die Handhabung der beiden beschriebenen Luftdruckbremsen von Westinghouse und von der New York Air Brake Co. ist im Allgemeinen dieselbe, sie geschieht durch den Lokomotivführer mittelst des Führerventils; es befindet sich jedoch im Innern der Personenwagen unter dem Dache eine Zugschnur, welche durch die Stirn- und Scheidewände der Wagen hindurch in dem ganzen Zuge entlang geführt ist und welche in Fällen von Gefahr dem Zugpersonal ermöglicht, Luft aus der Hauptleitung auszulassen und dadurch die Bremsen in Thätigkeit zu setzen. Seitens des Publikums darf diese Zugleine nur im äussersten Nothfall benutzt werden. Handhabung.

An der Westinghouse-Bremse ist in neuerer Zeit eine Verbesserung vorgenommen worden, welche den Zweck hat, die mit dieser Bremse ausgerüsteten Züge zum Befahren langer Gefälle geeigneter zu machen. Bei anhaltenden Bremsungen kann es nämlich vorkommen, dass sich in Folge von Undichtigkeiten der Bremscylinder und Bremsventile die Bremskraft allmählich vermindert, und müssen in solchen Fällen, um ein Nachfüllen des Hülfsluftbehälters und der Bremscylinder zu ermöglichen, die Bremsen zeitweilig etwas gelöst werden. Um nun zu vermeiden, dass die Bremsklötze vollständig gelöst werden, was auf steilen Gefällen unter Umständen gefährlich werden könnte, kann der beim Lösen der Bremsen mit der Atmosphäre in Verbindung tretende

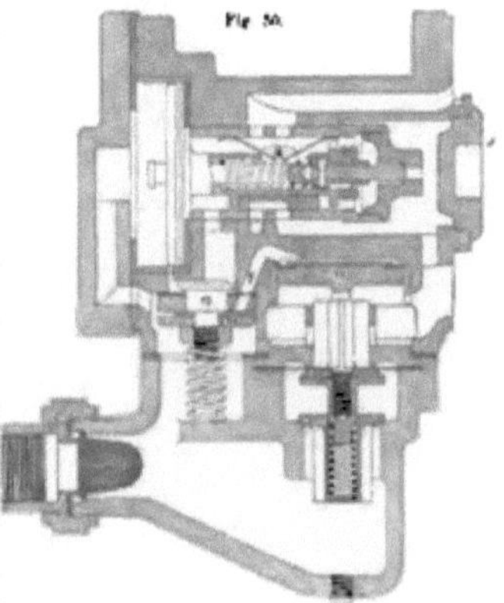

Fig. 50.

Auspuffkanal des Bremscylinders derartig durch ein Gewicht verschlossen werden, dass im Cylinder noch ein Druck von etwa 1 Atm. (15 lbs.) verbleibt. Es geschieht dies durch ein besonderes Druckhaltungsventil (Pressure Retaining Valve), welches in die von dem Bremsventil in die freie Luft führende Rohrleitung eingeschaltet wird, vergl. Fig. 1—3 auf Taf. XXXVIII. Auf steilen und langen Gefällen wird der Handhebel des mit dem Ventil verbundenen Dreiweghahns so gedreht, dass die aus dem Bremscylinder entweichende Luft zunächst das einem zurückbleibenden Druck von 1 Atm. entsprechende Gewicht heben muss, bevor sie durch eine kleine Oeffnung in das Freie treten kann. Auf horizontalen Strecken und sanften Gefällen wird, um die Bremsen schneller und vollständiger lösen zu können, das Ventil ausgeschaltet, indem der Handhebel so gestellt wird, dass das Hahnküken die nach dem Ventil führende Bohrung abschliesst.

Als Kupplung ist allgemein die bekannte, auch in Deutschland angewandte Westinghouse-Kupplung mit Gummischläuchen angenommen.

Bei Verwendung der durchgehenden Bremsen für Güterzüge werden, wie an anderer Stelle (Abschnitt V) bemerkt, die hiermit ausgerüsteten Wagen hinter die Lokomotive und vor die mit Handbremsen ausgerüsteten Fahrzeuge gestellt; der hintere Theil des Zuges wird dann bei nothwendig werdenden Bremsungen mit der Hand gebremst, ein Verfahren, welches dem Vernehmen nach bis jetzt zu Uebelständen keine Veranlassung gegeben hat.

Die von der Luftpumpe erzeugte Druckluft wird ausser zum Bremsen auch dazu benutzt, um vom Zuge aus Signale zu geben. Es ist zu diesem Zwecke noch eine zweite Rohrleitung unter dem Zuge entlang geführt, welche mit einer kleinen schwach tönenden Pfeife auf der Lokomotive in Verbindung steht. Mit dieser Pfeife werden die Signale gegeben, welche bei der Beschreibung des Betriebsdienstes näher erörtert sind.

Ferner wird die Pressluft dazu benutzt, das für die Waschbecken u. s. w. erforderliche Wasser aus den unten liegenden Gefässen zu heben. Zu diesem Zweck ist ein kleiner Luftbehälter angebracht, welcher vor Beginn der Fahrt durch einen kleinen Hahn mit Pressluft aus der Bremsleitung gefüllt wird. Diese Luft drückt auf den Inhalt der Wasserkästen und treibt ihn in die Höhe, sobald die bezüglichen Wasserhähne geöffnet werden.

Schliesslich sei noch erwähnt, dass man neuerdings vielfach bestrebt ist, bei eisernen Bremsklötzen die Form so zu wählen, dass durch das Bremsen die Laufflächen des Reifens nicht angegriffen werden, die Abnutzung vielmehr sich auf solche Stellen beschränkt, welche durch das Rollen der Räder weniger beansprucht werden. Es werden deshalb häufig die Bremsklötze in der Mitte der Reibfläche mit Aussparungen versehen.

IV. Bauart der Wagen.

E. Heizung. F. Erleuchtung.

Verfasser:

Th. Büte,

Königl. Eisenbahn-Director in Magdeburg.

Inhalts-Verzeichniss.

E. Heizung.

Heizung durch gewöhnliche Oefen.

Die Heizung der Personenwagen ist schon seit langer Zeit in Amerika eingeführt; sie geschah früher allgemein durch eiserne Oefen, welche auch noch jetzt zum Theil in Gebrauch sind. Die Oefen sind in die Ecken des Wagens gestellt und werden mit Holz und Steinkohlen geheizt. Es ist dabei von grossem Vortheil, dass die amerikanischen gewöhnlichen Personenwagen im Wesentlichen nur einen Raum haben, in welchem sich die warme Luft ausbreiten kann, und dass diejenigen Wagen, welche Abtheilungen besitzen, doch nicht in dem Maſse in kleinere Abtheile zerlegt sind, wie die europäischen Coupéwagen.

Die Construction der Oefen ist eine verschiedene; meistens sind es gusseiserne Füllöfen mit mehr oder minder ausgedehnten Einrichtungen zur thunlichst vollständigen Abgabe der Wärme. Auf dem Dache befinden sich in der Regel Lüftungsvorrichtungen. Die Uebelstände dieser Oefen bestehen in einer ungleichmässigen Vertheilung der Wärme und in den Gefahren, welche für die Reisenden bei Zusammenstössen und bei Zertrümmerung des Ofens in Folge Zerfallens der nur sehr schwach verbundenen Theile eintreten.

Es war dieses die Ursache, welche bei Einführung von Luxuswagen etwa um das Jahr 1868 Veranlassung zu neuen Constructionen gab, unter denen diejenige von Baker mit Warmwasserheizung als die zweckmässigste erachtet wurde und bei den Luxuswagen, Directions- und Specialwagen fast allgemein zur Einführung gelangt ist.

1. Baker-Ofen. Textfigur 31.

Durch den nachstehend beschriebenen Baker-Ofen wird eine gleichmässige und milde Erwärmung der Räume mittelst eines circulirenden Warmwasserstromes erzielt, die Temperatur ist leicht zu reguliren, und die Feuergefährlichkeit, wenn auch nicht ganz aufgehoben, so doch bedeutend verringert. Man nimmt an, dass das weiche zusammengeschweisste Stahlblech, aus dem die Oefen hergestellt werden und bei dessen Auswahl eine ganz besondere Sorgfalt angewendet wird, bei Zusammenstössen sich zwar zusammendrücken, aber nicht brechen werde. Ferner wird angenommen, dass bei Zusammenstössen das im Ofen befindliche Schlangenrohr, bezw. dessen Verbindungen zerbrechen und dann durch den Austritt des Wassers das Feuer gelöscht werden würde. Nach den gemachten Angaben sollen diese Vortheile sich allerdings geltend gemacht haben.

Der Baker-Ofen besteht, wie nebenstehende Abbildung erkennen lässt, im Wesentlichen aus dem Schlangenrohr, dem Rost, Aschkasten, Stahlblechmantel und Schornstein.

Fig. 31

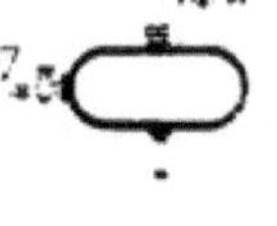

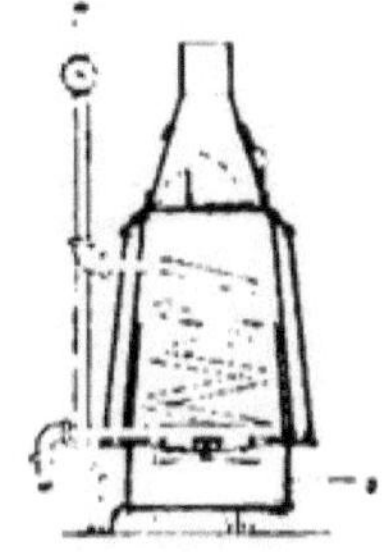

Das in der Schlange befindliche Wasser steigt beim Anheizen des Ofens empor in eine auf dem Dach des Wagens aufgestellte Expansionstrommel, wo auch die Füllung der Rohre vermittelst des dort befindlichen nach der Benutzung nach unten zu drehenden Trichters vorgenommen wird. Von hier aus fällt das Wasser in die Heizrohre, die unter den Sitzen in dem Wagen entlang laufen, um schliesslich nach dem Ofen zurückzukehren, sodass ein vollkommener Kreislauf des Warmwasserstromes stattfinden kann. Es wird gesättigte Kochsalzlösung zum Füllen verwendet, welche ein Einfrieren der Rohre verhindert. Die Expansionstrommel, welche etwa bis zur Hälfte gefüllt wird, ist, um Explosionen vorzubeugen, mit einem Sicherheitsventil versehen.

Dampfheizung.

Da die Bestrebungen, die ältere Steinkohlenheizung auch bei den gewöhnlichen Personenwagen abzuschaffen, immer dringender wurden, und seitens des Publikums die Beschwerden sich mehrten, auch von einigen Staaten ein Verbot der Anwendung gewöhnlicher Oefen erlassen wurde, so war man darauf bedacht, letztere durch eine Heizung zu ersetzen, welche nicht so viel Platz einnimmt, wie der Baker-Ofen, weniger complicirt ist und weniger Kosten verursacht. Dies wurde erfüllt durch die Heizung mit Dampf, welcher der Lokomotive entnommen wird, was, da die Heizflächen der amerikanischen Personen- und Schnellzugmaschinen, namentlich in neuerer Zeit, ganz erhebliche sind, keine Bedenken hatte. In der Mitte der 80er Jahre wurde mit der Einführung der Dampfheizung begonnen. Da Versuche zur Anbringung derselben von einer grossen Zahl von Bahnen angestellt wurden und jede Verwaltung in eigener Weise vorging, so bildete sich eine grosse Zahl von Einrichtungen heraus, welche zum Theil sehr verschieden sind; später haben sich die Verhältnisse etwas geklärt, und wenn auch noch jetzt grosse Verschiedenheiten vorhanden sind, so trat doch eine Anzahl von Systemen hervor, welche von verschiedenen Bahnen benutzt werden.

Diese Systeme sind im Wesentlichen folgende:

7. Martin's Dampfheizung. (Anti-Fire Car Heater.)

Ein vom Dom des Lokomotivkessels ausgehendes, mit Absperr- und Druckregelungsventil versehenes Dampfrohr steht mit der unter dem Zuge entlang laufenden Hauptdampfleitung in Verbindung. In der Mitte jedes Wagens zweigen von diesem Rohr nach dem Wageninnern zwei Rohre ab und wird der Dampf in die an beiden Wagenseiten entlang laufenden Heizrohre unter einem Druck von etwa 0,7 kg qcm geleitet und von diesen in einen unter dem Wagen liegenden Niederschlagbehälter. Ein sich selbstthätig mit der Wärmeabnahme öffnendes Ventil, Patent Martin, lässt von dort das angesammelte Condensationswasser abfliessen. Es sollen bei diesem System 10 bis 12 Wagen noch wirksam geheizt werden können. Nach Angabe sind bei der New York Central and Hudson River R. 820 Wagen mit der Heizung der Martin Anti-Fire Car Heater Co. ausgerüstet.

3. Gold's Aufspeicherungs-System. (Storage System.)

Von den verschiedenen Gold'schen Systemen hat das Storage (Aufspeicherungs)-System die meiste Anwendung gefunden. Bei demselben wird nach dem Absperren des Dampfes die Heizung des Wagens durch Kochsalzlösung bewirkt, welche in besonderen Cylindern sich befindet. Die letzteren bestehen aus Schweisseisen, sind von einem schweisseisernen Mantel umhüllt und liegen zu mehreren hinter einander auf jeder Seite des Wagens. Der Dampf durchstreicht die Mäntel und erwärmt dabei die in den Cylindern eingeschlossene Kochsalzlösung, durch welche eine Aufspeicherung von Wärme derart bewirkt wird, dass nach dem Absperren des Dampfes die Wagen längere Zeit hindurch von den mit Salzwasser gefüllten Cylindern geheizt werden.

4. Gold's einfaches Rohrsystem. (Plain Pipe System.)

Gold's einfaches Rohrsystem unterscheidet sich von dem Storage System dadurch, dass statt einer Leitung mit den zum Aufspeichern der Wärme eingeschalteten Wassercylindern drei übereinander liegende Heizrohre von $1^1/_4$" ⊙ (32 mm) angeordnet sind. Diese Heizrohre können leicht gegen die Wassercylinder umgetauscht werden.

Das Condensationswasser wird in ein unter dem Wagen liegendes cylindrisches Gefäss geleitet, das mit Abblasehahn und einem mit der Wärmeabnahme sich selbstthätig öffnenden Ventil versehen ist.

5. Dampfheizung der Chicago und Western-Bahn. Zeichnung auf Taf. XXXIX.

Bei der auf der Chicago and North Western-Bahn in Anwendung befindlichen Dampfheizung zweigt, wie aus der Zeichnung, Tafel XXXIX ersichtlich, an den Enden des Wagens von der $1^1/_2$" (38 mm) weiten Hauptdampfleitung ein $^3/_4$zölliges (19 mm) Dampfrohr nach dem Innern des Wagens ab. Jedes dieser beiden Zweigrohre wird zunächst in mehrfachen Windungen durch einen in der Ecke stehenden Ventilationskasten geführt, läuft dann an einer Seite des Wagens entlang und kehrt vom Ende bis zur Mitte des Wagens zurück, woselbst das Entwässerungsrohr sich anschliesst, welches durch den Wagen tritt und zur Verhütung des Einfrierens an der Hauptdampfleitung entlang geführt ist. Die in zwei gegenüber liegenden Ecken des Wagens aufgestellten Ventilationskasten sind unten offen, während oben ein durch die Wagendecke tretendes Rohr an sie angeschlossen ist.

Von den an den Wagenseiten entlang geführten Heizrohren zweigen nach jedem Sitz hin geneigt liegende Rohrstücke von 2" (50 mm) innerem Durchmesser ab, welche, wie aus einem auf der Textfigur 32 dargestellten Schnitt zu erkennen ist, Zungen von verzinktem Eisenblech enthalten, die derart eingerichtet sind, dass der Heizdampf zum Theil unmittelbar in der an der Wagenseite entlang geführten Leitung weiter strömen kann, zum Theil aber auch gezwungen wird, an der Wandung des abzweigenden Rohrstückes entlang zu streichen und zurück zu kehren.

Fig. 32.

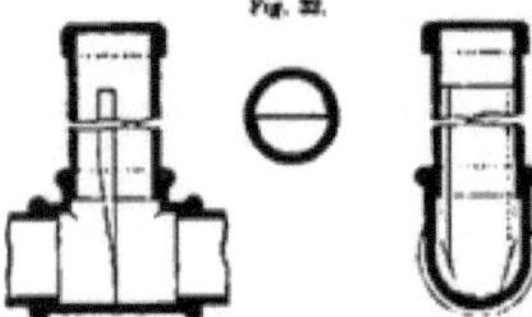

6. Sewall's Dampfheizung.

Wie bei Gold's Storage System kann auch bei dem Sewall-System eine Weiterheizung des Wagens nach Abschluss des Dampfes ermöglicht werden. Es wird dies dadurch erreicht, dass das sich in einem unter dem Wagen befindlichen Behälter ansammelnde Condensationswasser durch einen Ofen zur Verdampfung gebracht und so zur Heizung des Wagens verwendet werden kann.

Ein vom Dom der Lokomotive ausgehendes Rohr leitet den Dampf unter einer Pressung von 0,14 bis 1,4 kg/qcm nach der unter dem Zuge entlang laufenden Hauptdampfleitung, aus der derselbe durch ein Regulirventil in die Heizrohre gelangt. Durch dieses Ventil kann die Dampfmenge so verringert werden, dass eine bestimmte Temperatur im Wagen erhalten bleibt, was sich auch dadurch erreichen lässt, dass von den zu mehreren übereinander liegenden Heizrohren jedes einzelne abgeschlossen werden kann. Zum Ablassen des Condensationswassers ist eine selbstthätige Vorrichtung angebracht.

7. Dampfheizung der Safety Car Heating and Lighting Co. Textfigur 33.

Bei dem System der Safety Car Heating and Lighting Co. können zur Regulirung der Temperatur im Wagen alle oder auch nur einige der auf beiden Seiten des Wagens entlang laufenden Rohre vom Dampf abgeschlossen werden.

Es sind 2 Systeme in Anwendung, das Sechs-Rohrsystem (Six Pipe System), dessen Heizrohre $1^5/_8$" (41 mm) äusseren Durchmesser haben, und das Vier-Rohrsystem (Four Pipe System) mit Röhren von $2^3/_8$" (60 mm) Durchmesser. Die Rohre sind übereinanderliegend angeordnet und an den Enden unter sich verbunden.

Bei dem Four Pipe System ist das untere Rohr mit einem Absperr- und einem Reductionsventil versehen, das obere Rohr besitzt ein Absperrventil und eine Klappe. Zur Ausgleichung von Längendifferenzen der beiden Rohre ist ein gekrümmtes Rohrstück eingeschaltet. Das Condensationswasser wird durch ein Ventil, welches sich selbstthätig bei sinkender Temperatur öffnet, abgelassen. Das erwähnte Reductionsventil ist so eingerichtet, dass der im unteren Rohr herrschende Druck 0,1 kg/qcm geringer ist als im oberen Rohr. Beim Oeffnen des Absperrventils tritt der Dampf zunächst in das untere Rohr und gegen die Klappe. Wird Dampf auch in das obere Rohr eingelassen, so wird in Folge des in demselben herrschenden grösseren Druckes diese Klappe sich öffnen und ein Abfliessen des Condensationswassers gestatten.

Bei dem Six Pipe System wird durch das Reductionsventil der Druck um 0,2 kg/qcm und durch ein zweites Ventil um 0,1 kg/qcm verringert, im übrigen ist die Einrichtung dieselbe wie beim Four Pipe System. Die Wirkungsweise der in der Textfigur 33 dargestellten selbstthätigen Vorrichtung zum Ablassen des Condensationswassers beruht auf der ungleichmässigen Ausdehnung der Rothgussstange S und des Eisenrohres R, in Folge dessen beim Sinken der Temperatur das Condensationswasser austreten kann.

Fig. 33.

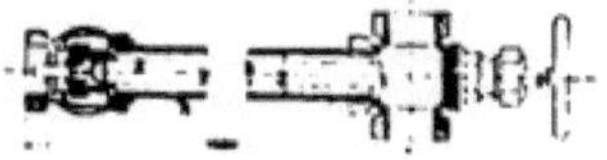

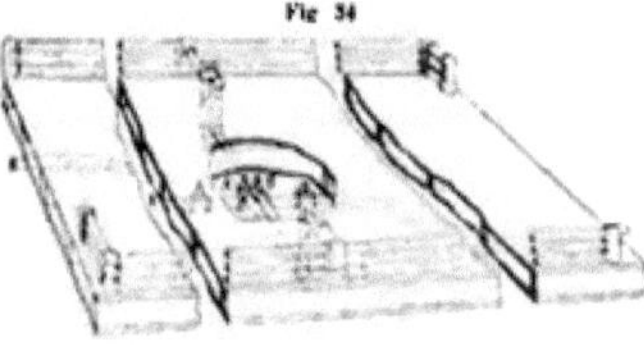

8. Dampfheizung der Consolidated Car Heating Co. Textfigur 34.

Einfacher als das vorhergehende ist das System der Consolidated Car Heating Co. Es besitzt nur zwei Ventile, welche vom Innern des Wagens aus bedient werden; durch das eine tritt der Dampf in die Heizrohre und durch das andere fliesst das Condensationswasser ab. Es lässt sich bei dieser Anordnung das Ausfliessen von Condensationswasser auf den Stationen verhindern.

Wie aus der Textfigur 34 ersichtlich, liegen auf jeder Seite des Wagens drei Rohre übereinander. Der Dampf tritt zunächst von der Hauptleitung durch das Ventil A in die beiden oberen Rohre und durch das untere Rohr zurück nach dem Auslassventil B. Da das Condensationswasser da austritt, wo die Hauptdampfleitung liegt, ist ein Einfrieren erschwert.

Fig. 34.

Für eine gleichmässige Temperatur im Innern der Wagen sorgt ein selbstthätiger Temperatur-Regulator, der bei allen Systemen der Consolidated Car Heating Co. angebracht werden kann.

Heizung durch Dampf unter Zurückführung des Condensationswassers. (Return-System)

Der mit der Dampfheizung gewöhnlich verbundene Uebelstand, dass das Condensationswasser aus den Ablasshähnen oder Ventilen auf die Bahn fliesst, hat da, wo dies zu grösseren Uebelständen führen würde, wie z. B. auf den Hochbahnen in New York, die Anwendung eines Systems erforderlich gemacht, bei welchem das Condensationswasser der Wagen in den Tender bezw. Wasserbehälter der Lokomotive zurückgeführt wird. Die allgemeine Anordnung ist die, dass der dem Kessel entnommene Dampf durch ein Reductionsventil im Druck verringert auf der einen Seite des Zuges durch eine Rohrleitung hingeführt und auf der anderen Seite nach dem Tender zurückgeführt wird. Dabei wird mehrfach, wie beispielsweise auf der Pennsylvania-Bahn, das Wasser durch eine auf dem Tender stehende Pumpe aus der Leitung gesogen.

9. Rückkehr-System der Pennsylvania-Bahn. Textfigur 35.

Bei dieser letzteren Bahn besteht die Heizeinrichtung im Wesentlichen in Folgendem:

Vermittelst des Ventils A — vergl. Textfigur 35 — wird dem Kessel Dampf entnommen und durch das Ventil B auf etwa 4,2 Atm. reducirt und nach einem zweiten Reductionsventil C geleitet, das den Druck vor dem Eintritt des Dampfes in die unter dem Zuge entlang laufende Leitung auf 0,2 kg/qcm verringert. Zum Betriebe der auf dem Tender befindlichen Luftpumpe wird bei D Dampf

Fig. 35.

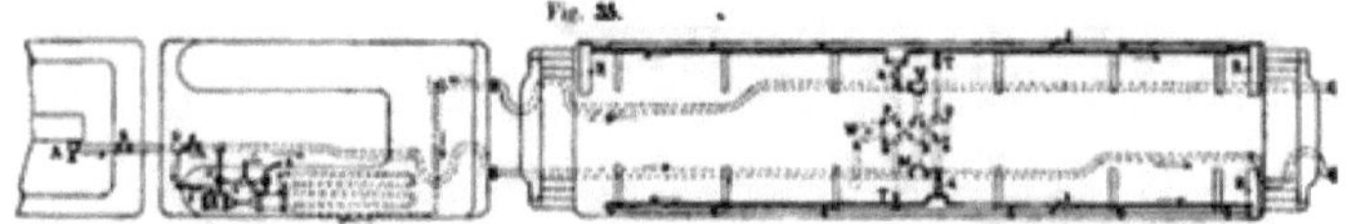

von 4,2 Atm. Pressung entnommen und in den Dampfcylinder E der Pumpe bei F eingeführt. Der Dampfaustritt aus dem Cylinder erfolgt bei G nach Belieben entweder in die Zugleitung oder in's Freie, was durch einen Dreiweghahn H regulirt werden kann. Die Pumpe saugt das Condensationswasser aus der Rückleitung und ruft in derselben eine Luftverdünnung hervor. Vermittelst des Dreiweghahns J kann das Condensationswasser in den Tender bei K oder in's Freie bei L geleitet werden. Aus der Hauptdampfleitung tritt der Dampf durch einen Dreiweghahn M, welcher ein Ausschliessen des nachfolgenden Theiles der Leitung ermöglicht, im Fall der Wagen am Ende des Zuges läuft, und sodann durch einen Umkehrschieber in die Heizrohre. Zweck des letzteren ist, die Richtung des Dampfes beim Umsetzen der Lokomotive von einem Ende des Zuges nach dem anderen zu ändern.

Der Schieber wird vom Innern des Wagens aus bedient (desgl. die Dreiweghähne). Steht der dort angebrachte Zeiger auf „Return", so wirkt die Heizvorrichtung nach dem Return-System, zeigt er „Direct", so ist gewöhnliche Dampfheizung ermöglicht. Der Dampf tritt in den Hahn bei N ein, bei O und P aus nach den Regulirhähnen Q Q, von denen 3/4" (19 mm) weite Leitungen nach den vier Ecken des Wagens führen. Hier sind schweisseiserne Schlangenrohre R aufgestellt, durch welche der Dampf geleitet wird. Dieselben liegen in Holzkästen, welche mit Schiebern versehen sind und den Eintritt frischer Luft durch 65 mm weite Rohre vom Fussboden her in den Wagen gestatten.

Der Dampf streicht von den Schlangenrohren in die gusseisernen und mit Rippen versehenen Heizrohre S, von welchen nach jedem Sitz besondere Rohre mit Gefälle abzweigen. Das Condensationswasser fliesst nach der Mitte des Wagens nach den Hähnen T T, von hier in den Umkehrschieber bei U U und durch einen Dreiweghahn V nach der Rückkehrleitung, wenn das System als „Return-System" wirkt oder bei W in's Freie, im Fall die gewöhnliche Dampfheizung Platz greift.

Die Rückkehrleitung vereinigt sich im Tender mit einer Condensationsschlange, die dazu dient, etwa in der Rückkehrleitung noch vorhandenen Dampf niederzuschlagen. Nach Angabe der Beamten der Pennsylvania-Bahn soll sich diese Heizung, welche allerdings noch nicht in grossem Maßstabe zur Anwendung gelangt ist, sehr gut bewährt haben, und besteht die Absicht, dieselbe weiter einzuführen. Die Heizung soll eine gleichmässige gute Erwärmung geben, und soll das Wasser so kräftig abgesaugt werden, dass ein Einfrieren bei der dort namentlich im Nord-Westen vorkommenden strengen Kälte nicht erfolgt ist. Wenn Wagen auf Stationen abgekuppelt werden sollen, oder überhaupt Aenderungen in der Zugzusammensetzung vorgenommen werden, so stellt der Führer 10 Minuten vor Ankunft auf der Station den Dampf ab, das Condensationswasser soll dann so wirksam abgesaugt werden, dass die Zugleitung beim Anhalten des Zuges leer ist und ein Einfrieren des stillstehenden Wagens nicht möglich ist.

Heizung mit Wasser, welches durch Dampf erwärmt wird.

Um den besonderen Wünschen mehrerer Bahnen entgegenzukommen, die ihre Wagen mit directer Dampfheizung ausgerüstet hatten, über die aber wegen ungleichmässiger Erwärmung Klage geführt wurde, construirte die Consolidated Car Heating Co. eine Warmwasserheizung, die den vorhandenen directen Dampfheizungen leicht angepasst werden konnte.

30. Vermischungs-System (Commingler Storage System). Textfigur 36.

Die Heizung ist derart, dass der von der Lokomotive entnommene Dampf in einen Vermischungsapparat, Commingler genannt, und von dort in die Heizrohre geleitet wird, das Condensationswasser fliesst nach dem Commingler, in den fortwährend Dampf einströmt, zurück, die Rohre füllen sich allmählig mit Wasser und aus der anfänglichen Dampfheizung wird eine Warmwasserheizung.

Der Uebelstand, der bei derartigen Heizungen, bei welchen Dampf in Wasser tritt, vorhanden ist, nämlich, dass mit Geräusch und Störungen verbundene Stösse entstehen, soll durch die Art der Vermischung des Dampfes und Wassers hier vermieden sein. Die hier getroffene, in Textfigur 36 dargestellte Anordnung, ist folgende:

Fig. 36.

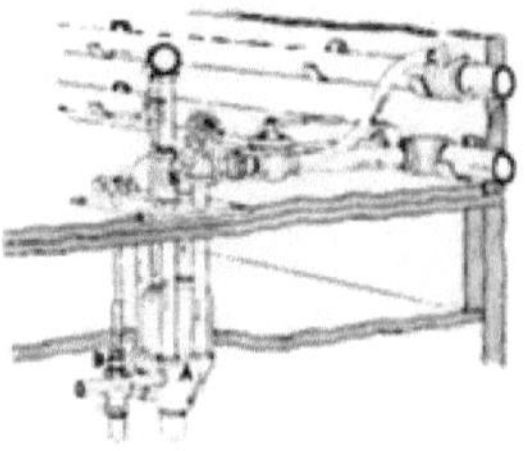

Der Dampf tritt durch ein Regulirventil B unter sehr niedrigem Druck (etwa 0,15 kg/qcm) in den Commingler A und von hier in die Heizrohre. Das Condensationswasser fliesst nach A zurück, die Rohre füllen sich allmählig mit warmem Wasser und durch den Dampf wird ein Kreislauf geschaffen. Das überflüssige Condensationswasser fliesst durch ein Ueberlaufrohr C ab und tritt am Commingler ins Freie.

Wird das Ablassventil D geöffnet, so fliesst das Condensationswasser aus den Heizrohren ab und das System wird eine directe Dampfheizung. Es ist also bei diesem System möglich, den Wagen anfangs schnell durch Dampf zu heizen und dann eine milde Erwärmung durch einen Warmwasserstrom zu erzielen.

Heizungen mit Wasser, welches nach Wahl durch Dampf oder Kohlen erwärmt wird.

Bei den vorbeschriebenen Einrichtungen mit Dampfheizung ist im Allgemeinen der Uebelstand vorhanden, dass die Wagen bei einem unvorhergesehenen Schadhaftwerden der Dampfleitung u. s. w. nicht geheizt werden können. Wenn auch bei einzelnen Anordnungen durch die vorhandenen grösseren Wassermengen und durch das grössere Gewicht der in den Leitungen befindlichen Metallmengen (Gusseisen) ein rasches Abkühlen der Heizvorrichtung vermieden wird, so ist dieselbe doch nur während einer gewissen Zeit wirksam. Man hat deshalb in neuerer Zeit Warmwasserheizungen construirt, welche auch, wenn nöthig, allen mit Baker-Ofen ausgerüsteten Wagen derart angepasst werden können, dass die Wagen sich entweder mit Dampf oder mit Steinkohle heizen lassen. Da die Warmwasserheizungen vor anderen Systemen ausser einer gleichmässigen und milden Erwärmung der Wagen den Vorzug der Unabhängigkeit von der Benutzung des Lokomotivdampfes besitzen, so haben sie mehrfach Eingang gefunden.

Im Folgenden sind die am meisten verbreiteten Systeme von Warmwasserheizungen beschrieben:

Martin hat für sein System der Warmwasserheizung den Baker-Ofen nicht benutzt, sondern einen besonderen Ofen construirt, der sich von dem ersteren im wesentlichen durch eine andere Anordnung der Wasserrohre unterscheidet. Dieselben werden durch die emporsteigende Flamme umspült. Soll Dampf zur Heizung angewendet werden, so wird derselbe durch eine Rohrschlange geleitet, welche in dem zwischen den Doppelwänden des Ofens befindlichen Wasserraum liegt. **11. Martin's System.**

Gold's Dampfstrahl-System ist dem Baker-Ofen mit Gold's Doppelschlangenrohr angepasst. Die Doppelschlange ist so eingerichtet, dass sich in der Wasserschlange eine Dampfschlange befindet, welche die Erwärmung des Wassers bewirkt. **12. Gold's Dampfstrahl-System. (Jet System.)** Textfigur 37.

Fig. 37.

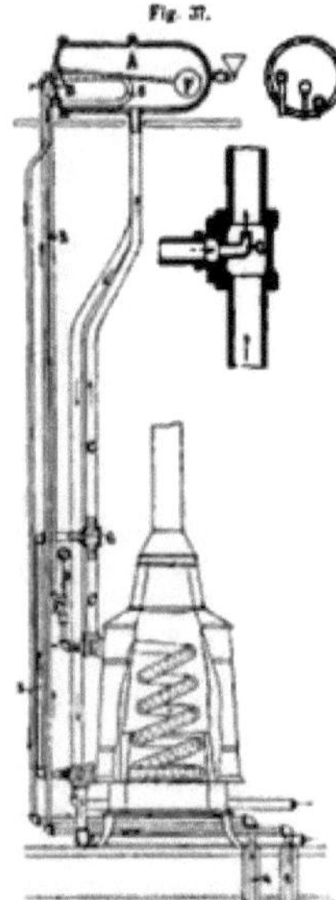

Der Heizdampf entweicht nicht in das Freie als Condensationswasser, sondern er wird in den cirkulirenden Warmwasserstrom geleitet.

In Textfigur 37 ist dieses Gold'sche System dargestellt und im Folgenden näher beschrieben:

Der Dampf wird durch das Rohr 1 nach der Expansionstrommel A, welche doppelt so gross als gewöhnlich ist, geleitet, durchstreicht das Rohr 5 und tritt bei E in das Doppelschlangenrohr. Das Rohr 5 bewirkt ein schnelles Aufthauen des Inhalts, falls das Wasser gefroren sein sollte.

Der die Schlange durchstreichende Dampf bewirkt ein Aufsteigen des Wassers in dem Rohr C. Der Dampf selbst tritt bei D in das Rohr 3 und wird durch die Düse G in theilweise condensirtem Zustande von dem Warmwasserstrom in C mit fortgerissen. Diese Vermischung des Dampfes mit dem Warmwasserstrom beschleunigt die Cirkulation, welches in 10 bis 15 Minuten ohne irgend welches Geräusch vollendet werden soll. Das Condensationswasser gelangt auf diese Weise in den cirkulirenden Wasserstrom, das überflüssige Wasser wird durch das Ueberlaufrohr 4 vermittelst des Ventils B abgeführt, welches von dem Schwimmer F geöffnet werden kann. Das Ventil H, durch welches der Dampf vor dem Eintritt in das Schlangenrohr geleitet wird, dient dazu, beim Anheizen des Baker-Ofens ein Aufsteigen des Wassers in dem Dampfrohr 2 zu verhindern.

13. Gold's Heizung mit Hülfsdampftrommel. (Auxiliary Steam Drum.)

Gold's Hülfsdampftrommel wird in Verbindung mit der Doppelschlange im Baker-Ofen angewendet und dient zur Beschleunigung der Warmwassercirkulation. Die Trommel besteht aus einem schweisseisernen Cylinder von 2 m Länge und etwa 15 cm Durchmesser, in welchem ein U-förmig gebogenes Wasserrohr eingeschlossen ist. Sie liegt unter dem Wagen und ist mit einer Isolirmasse umkleidet. Der Dampf wird von der Doppelschlange durch ein Hülfsdampfrohr in die Trommel geleitet und soll dadurch die Wassercirkulation in der halben Zeit als vorher ohne Trommel bewirkt werden. Ein an der Trommel befindliches selbstthätiges Ventil regelt den Abfluss des Condensationswassers.

Systeme der Consolidated Car Heating Co.

14. Vermischungs-System. (Commingler [Mc Elroy] System.)

Bei dem Commingler (Mc Elroy) System tritt der von der Lokomotive entnommene Dampf in einen Vermischungsapparat und erwärmt das in demselben befindliche Wasser. Das Dampfleitungsrohr liegt in einer Schicht von Kieselsteinchen zwischen zwei durchlochten kupfernen Scheiben und soll durch diese Anordnung ein geräuschloses Eintreten des Dampfes in den Vermischungsapparat erzielt werden. Ein Ventil regulirt die Menge des eintretenden Dampfes. Von dem Commingler, der neben dem Baker-Ofen angebracht ist, beginnt die Cirkulation des Warmwasserstroms.

15. Scheibentrommel-System. (Disc Drum System.)

Das Disc Drum System besteht aus 2 gusseisernen cylindrischen Trommeln, in welchen sich je 5 hohle scheibenförmige und mit Rippen versehene Körper aus Rothguss befinden, die übereinander liegen und mit einander verschraubt sind. Die Hohlkörper sind mit Wasser der Heizleitung gefüllt, welches durch den in die Trommeln geleiteten Dampf erwärmt wird; sie besitzen in beiden Trommeln zusammen eine Heizfläche von etwa 2 qm. Die Trommeln liegen unter dem Fussboden in der Mitte des Wagens und sind mit der Wasserleitung des Baker-Ofens so verbunden, dass die Cirkulation des Warmwasserstroms bei Anwendung von Dampf oder Feuer stets in derselben Richtung stattfindet.

Das Condensationswasser wird vermittelst eines Hahnes nach dem Tropfrohr geleitet, welches sich in metallischer Berührung mit der Hauptdampfleitung befindet und so gegen Einfrieren geschützt ist.

16. Schlangenrohrheizung. (Coil Drum [Sewall] System.)

Bei diesem von Sewall angegebenen System wird der Dampf von der Hauptleitung in eine neben dem Baker-Ofen stehende Trommel, in welcher sich ein mit Wasser gefülltes Kupferschlangenrohr von etwa 8 m Länge befindet, geleitet, und beginnt von hier aus die Cirkulation des Warmwasserstromes. Das Condensationswasser wird durch einen Hahn abgeleitet.

17. Dampfmantelheizung der Safety Car Heating and Lighting Co. Textfigur 38 u. 39.

Dieses Heizsystem beruht auf dem Prinzip, dass durch eine Anbringung von Dampfmänteln an verschiedenen Punkten des Wagens eine Beschleunigung der Cirkulation des Warmwasserstroms und dadurch eine gleichmässige Erwärmung des Wagens erzielt wird. Das Heizsystem der Safety Car Heating and Lighting Co. ist dargestellt in Textfigur 38 und im Folgenden näher beschrieben.

Fig. 38.

Der Dampf tritt aus der Hauptleitung in den neben dem Baker-Ofen stehenden Dampfmantel A, woselbst die Cirkulation beginnt und gelangt dann nach den beiden unter dem Wagen liegenden Heizmänteln BB, von denen das Condensationswasser nach einer bereits bei dem direkten Dampfsystem der Car Heating and Lighting Co. unter lfd. No. 7 beschriebenen selbstthätigen Vorrichtung C zum Ablassen des Condensationswassers geleitet wird. In den Dampfmänteln sind die

Fig. 39.

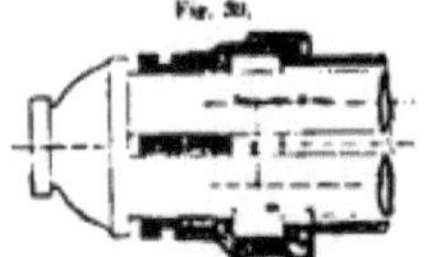

Wasserrohre nicht in Schlangenform angeordnet, sondern zu zweien parallel liegend und an den Enden miteinander verbunden, wie aus der Textfigur 39 zu ersehen ist.

Bei Anwendung von Dampf wird eine Cirkulation des Wasserstromes in etwa ¹/₃ bis ¹/₄ der Zeit bewirkt, welche bei alleinigem Gebrauch des Baker-Ofens erforderlich ist. Hervorzuheben ist noch, dass bei diesem System die Richtung der Cirkulation entgegengesetzt der bei Anwendung des Baker-Ofens erfolgenden ist, was jedoch Schwierigkeiten nicht mit sich bringen soll.

Die Wagner Co. hat für ihre Luxuswagen ein Heizsystem eingeführt, das sich an das oben beschriebene anlehnt. Es ist ebenfalls ein Baker-Ofen vorhanden, in welchem erforderlichen Falls das Wasser durch Feuer erwärmt werden kann, im Allgemeinen geschieht aber die Erwärmung durch Dampf. Dieser wird in zwei im Wagen befindliche cylindrische Gefässe geleitet, in denen eine Anzahl messingene Wasserrohre von etwa 1" (25 mm) Ø angeordnet sind. 15. Wagner-Heizung. Zeichnung auf Tafel XL u. XLI.

Auf Taf. XL u. XLI ist die Wagner-Heizung dargestellt. Der Dampf wird zunächst in den über dem Baker-Ofen liegenden Dampfmantel geleitet, wo die Cirkulation des Wasserstromes ihren Anfang nimmt. Von hier aus wird der Dampf nach einem zweiten an dem andern Ende des Wagens liegenden Mantel geführt, um schliesslich von hier als Condensationswasser in das Entwässerungsrohr zu gelangen. Es wird behauptet, dass bei 0,14 bis 0,2 kg qcm Dampfpressung eine grosse Anzahl Wagen selbst bei grosser Kälte wirksam geheizt werden kann.

Die bei den verschiedenen Heizanordnungen zur Anwendung gekommenen Kupplungen sind alle so eingerichtet, dass sie bei einer Zugtrennung sich selbstthätig lösen. Früher wurden vielfach Kupplungen angewendet, die durch steife metallische Röhren mit der Dampfleitung verbunden waren, doch hat sich diese Construction nicht bewährt und werden jetzt meistens statt der Röhren Gummischläuche benutzt. Kupplungen.

Fig. 40. Fig. 41.

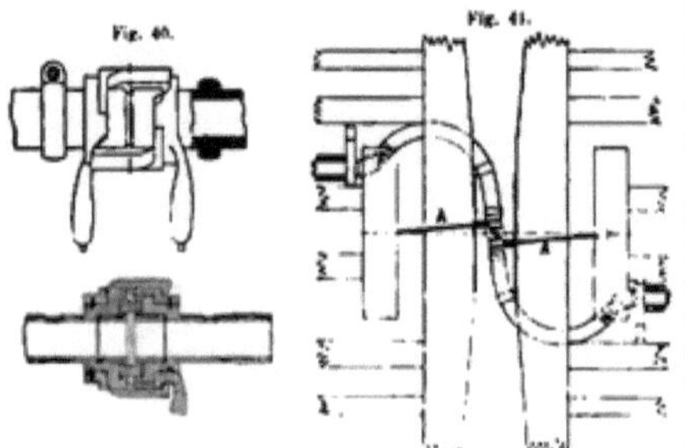

Von den vielen Kupplungen sind die von Gold, Martin, Mc Elroy und Sewall am meisten verbreitet und mögen die beiden letzteren als die wichtigsten hier beschrieben werden.

Die beim Commingler (Mc Elroy) System angeordnete Kupplung ist in Textfig. 40 in der Ansicht und im Längsschnitt dargestellt, ausserdem ist noch ihre allgemeine Anordnung bei gekuppelten Wagen in Textfig. 41 gegeben. Mc Elroy's Kupplung. Textfigur 40 u. 41.

Beide Kupplungskörper sind genau gleich, ihre Dichtungsflächen werden durch Drehen zweier mit Hebeln versehener Ringe fest aufeinandergepresst. Bei einer Wagentrennung bewirken die an den Hebeln befestigten Ketten oder Schnüre A ein Lösen der Kupplung.

Sewall-Kupplung. Textfigur 42.

Die am meisten verbreitete Kupplung ist die von der Consolidated Car Heating Co. angewendete Sewall-Kupplung. Dieselbe zeichnet sich durch Einfachheit, sowie dadurch aus, dass der Dampf durch sie keine Richtungsänderung und daher auch keine Druckverminderung erleidet.

Textfig. 42 zeigt die Kupplung im Horizontalschnitt, Grundriss und Aufriss. Sie besteht aus zwei gleichen Hälften, welche durch Knaggen gegen einander gepresst werden. Bei einer Zugtrennung nehmen die Schläuche eine horizontale Lage an, wodurch sich diese Kupplung dann ebenfalls selbstthätig löst.

Fig. 42.

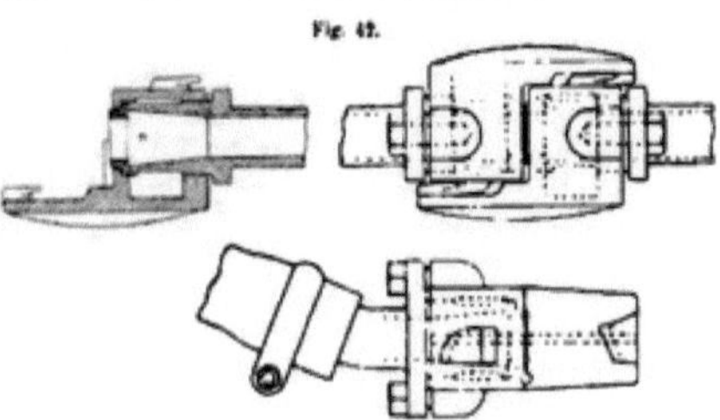

Wie schon im Abschnitt I bemerkt, sind die Amerikaner in Bezug auf Wärme sehr verwöhnt und beanspruchen auch eine höhere Zimmertemperatur, als wir es im Allgemeinen gewohnt sind. Im Frühling 1891, als es an der Ostküste (New York u. s. w.) schon so heiss war, wie bei uns im Hochsommer, wurden morgens, wenn die Temperatur etwas gesunken und die Luft frisch war, die Wagen schwach geheizt, was befremdend war und erst durch Anfassen der schwach erwärmten Heizröhren festgestellt wurde. Ebenso wurden an einigen Stellen die Wartezimmer geheizt, wie auch, nebenbei bemerkt, in den Hotels geheizt wurde.

Die Ansichten über die Heizungen gehen in Amerika noch sehr auseinander. Nach den bei hervorragenden Technikern angestellten Erkundigungen wurde festgestellt, dass bei Luxuswagen die Warmwasserheizung durch den Baker Heater bezw. durch eine Vereinigung aus Baker Heater und Dampfheizung für das Beste gehalten wird. Es ist nicht zu leugnen, dass diese Art der Heizung grosse Vorzüge hat. Die Wagen können für gewöhnlich mit Lokomotivdampf geheizt werden, es kann aber in allen besonderen Fällen, z. B. bei sehr strenger Kälte oder bei den hinteren Wagen sehr langer Züge, die Ofenheizung in Wirksamkeit treten. Werden einzelne Wagen ausgesetzt und müssen dieselben längere Zeit stehen oder fahren dieselben in Zügen, die nur Ofenheizung haben oder bei denen aus anderen Gründen die Heizung mangelhaft ist, so kann das Einfrieren derselben vermieden und eine milde Erwärmung anstandslos erreicht werden. Ein Uebelstand dabei ist jedoch wie bei jeder Warmwasserheizung, dass wenn die Wagen bei strenger Kälte nach Beendigung der Fahrt längere Zeit ohne Wartung stehen und kein Feuer in den Oefen ist, das Wasser in den Röhren friert und die Heizung beschädigt wird. Wenn grosse Aufmerksamkeit auf die Unterhaltung der Heizung gelegt wird, werden diese Fälle allerdings seltener vorkommen. Jede Vernachlässigung wird sich jedoch strafen, während bei der reinen Dampfheizung, wenn die Röhren sich vollständig vom Condensationswasser entleeren können und daher wasserfrei sind, solches nicht vorkommen kann.

In Betreff der gewöhnlichen Wagen waren die Ansichten getheilt. Einige glaubten, dass die reine Dampfheizung wohl genügen würde und wegen der grösseren Billigkeit Aussicht zur weiteren Einführung habe, wobei namentlich das Return-System gelobt wurde, andere jedoch behaupteten, dass die Ansprüche des Publikums dauernd steigen würden, und dass die Heizung mittelst Wassers, welches durch Lokomotivdampf erwärmt wird, die Heizung der Zukunft sei. Auch sei es zweckmässig, durch Anbringung der in Amerika vielfach üblichen gusseisernen Ausstrahlungsrohre (Radiators) eine gewisse Gleichmässigkeit in die Heizung zu bringen, da diese gusseisernen Theile sich nicht so rasch abkühlen wie die dünnen schweisseisernen. Die Heizung mit reinem Dampf sei zu wechselvoll und die Temperaturunterschiede zu gross, auch würden bei 100° C. schon organische Theile (Staub) vergast, wodurch Geruch entstände, was bei der milden Erwärmung der Wasserheizung nicht der Fall sei.

Es lässt sich nicht leugnen, dass die in den amerikanischen Luxuswagen angewendete Warmwasserheizung (welche auch in unseren Schlafwagen in Benutzung ist) bei richtiger Behandlung eine sehr angenehme gleichmässige Wärme erzeugt. Es muss aber dabei bemerkt werden, dass schon aus Wettbewerbsrücksichten in Amerika auf die gute Unterhaltung der Erwärmung und Lüftung der Wagen besonderer Werth gelegt wird und dass die Bediensteten in dieser Beziehung gut geschult sind und streng überwacht werden. Bei vorkommenden Vernachlässigungen würde das Publikum ungehalten sein und der Ruf der Gesellschaft leiden.

F. Erleuchtung.

Wie schon im Abschnitte I erwähnt, werden die Wagen im Allgemeinen durch Petroleumlampen erleuchtet, welche in gutem Zustande erhalten werden und gute Leuchtkraft besitzen.

Dieselben sind meistens im Mittelgange (Centre-Lamps) angebracht, seltener an den Seiten (Side-Lamps). Sie sind vielfach zu zweien nebeneinander angeordnet.

In neuerer Zeit hat man auf den besseren Bahnen damit begonnen, zur Erleuchtung Fettgas (System Pintsch) zu verwenden, dessen Verwendung in Deutschland genügend bekannt ist, weshalb von einer Beschreibung hier abgesehen werden kann.

Es werden auch Versuche mit gewöhnlichem Gas gemacht, welches carburirt wird; ferner mit carburirter Pressluft.

In vereinzelten Fällen ist bei Luxuswagen, bei denen, wie früher erwähnt, die einzelnen Verwaltungen sich gegenseitig zu überbieten bestrebt sind, elektrisches Licht versuchsweise eingeführt worden. Man ist hierbei jedoch auf so grosse Schwierigkeiten gestossen, dass diese Beleuchtungsart vorläufig wohl kaum im Grossen zur Einführung gelangen dürfte.

V. Allgemeines über Betrieb.

Verfasser:

Th. Büte,

königl. Eisenbahn-Director in Magdeburg.

Inhalts-Verzeichniss.

V. Allgemeines über Betrieb.

Verfasser: Eisenbahn-Director **Büte.**

Die Länge der in den Vereinigten Staaten am 30. Juni 1889 im Betriebe befindlichen Eisenbahnen betrug nach den Angaben des neuesten „Report of the Statistics of Railways in the United States“, 1890, in deutsche Maße umgerechnet 253992 km, ist also etwa 10 mal so gross, als die der preussischen Bahnen (25000 km) und erheblich grösser, als die aller europäischen Bahnen zusammen genommen: (Deutschland besitzt z. B. 40982 km, England 31878 km Eisenbahnen), was bei Beurtheilung von anderen Zahlenwerthen (Unfällen u. s. w.) nicht ausser Acht gelassen werden darf. **Allgemeine Angaben.**

Die Betriebslänge der amerikanischen Bahnen stellt sich, wenn die 2., 3. und 4. Gleise, sowie 31715 Miles (51061,15 km) Güter-, Neben- und Sackgleise hinzugerechnet werden, auf 191000 Miles (307510 km)

Von der 253992 km Bahnlänge sind nur 13016 km zweigleisig, 1155 km dreigleisig und 850 km viergleisig.

Es sind verschiedene Spurweiten in Anwendung und zwar:

6' (1830 mm)	auf	418 km	Bahnlänge
4' 8½" (1435 mm)	„	163778 „	„
4' 9" (1448 mm)	„	46591 „	„
4' 8½"—4' 9" (1435—1448 mm)	„	5036 „	„
3' (914 mm)	„	15270 „	„
3' 6" (1066 mm)	„	323 „	„

während das Spurmaß des geringen Restes der Bahnen zwischen 2' bis 2' 10" (610—864 mm) schwankt, ausserdem kommt eine 1,75 Miles (2,8 km) lange Bahn mit 8' 4" Spurweite (2540 mm) vor, während 2 Bahnen ausser der Normalspur (1435 mm) auch noch die Breitspur von 6' = 1830 mm anwenden. Das Spurmaß von 5' (1524 mm), welches früher 91 Bahnen hatten, ist nahezu verschwunden und in andere Spurmaße verändert.

Die obengenannte Kilometerzahl vertheilt sich auf 609 Bahnverwaltungen, von denen

33	eine Länge von über 1610 km	(1000 Miles),
26 „ „ „ „	966—1610 km	(600—1000 Miles),
31 „ „ „ „	644—966 „	(400—600 „),
52 „ „ „ „	403—644 „	(250—400 „),
467 weniger als	403 km	(250 Miles)

haben.

Die Namen der Eisenbahnen von über 1000 Miles Länge (1610 km) nebst annähernden Angaben über den Verkehr derselben sind in nachstehender Tabelle, in Kilometer und Mark umgerechnet, wiedergegeben, wobei die Reihenfolge nach der Höhe der Gesammt-Einnahme geregelt ist.

Name der Bahn	Länge der Bahn	Gesammt-Einnahme	Gesammt-Einnahme für das km	Rein-Einnahme für das km	Personen-Kilometer für das km Strecke	Gütertonnen-Kilometer für das km Strecke
	km	ℳ	ℳ	ℳ	Pkm	tkm
Pennsylvania R.	3917	245905750	62568	[illegible]	288969	4298857
Southern Pacific Co.	9657	189993125	19908	6672	97164	436695
New York Central & Hudson River	2287	119589920	54944	22658	299874	2850477
New York, Lake Erie & Western	2628	111816400	42504	26741	188201	2781744
Chicago, Milwaukee & St. Paul	9111	109677370	11860	1488	45449	416385
Chicago, Burlington & Quincy .	7822	108519500	13728	4221	57044	518655
Chicago and North Western . .	6849	108291700	15576	6522	61876	662237
Baltimore & Ohio	2824	86406250	30600	8076	147749	1871541
No. Pac.	5604	81655250	14520	4544	61541	368172
Union Pacific	2942	79262500	26928	11616	111438	862144
L. Shore & Mich. So. Ry. . .	2268	76601750	33792	12408	153155	1846704
Pennsylvania Co.	2190	72207500	32730	10662	136734	1826106
Atch. Top. & S. Fe R. R. . .	4872	68004250	13728	4752	59587	363789
Canadian Pac. Ry.	7960	56556750	7128	2508	48108	249831
Boston & Me. R. R.	1932	57494000	28904	10286	301014	301546
Mich. Cent. R. R.	2115	57288000	22704	6990	119317	1142592
Chic. Rock. I. & Pac. R. . .	5241	56457000	10560	3168	47436	404697
Ill. Cent. R. R.	3542	51276750	14784	6072	58515	690826
Mo. Pac. Ry.	5022	52517250	10296	2613	40986	349179
Louisv. & Nash. R. R.	2415	40495500	16896	8184	79708	733122
Rich. & Danv. R. R.	4560	43308250	9240	2904	37672	214767
St. P. Minneap. & Manitoba R.	4678	36190500	7392	3168	23996	195774
St. L. Iron. Mtn. & So. Ry. . .	1932	35657500	18216	6600	55280	581478
Denver & Rio. G. R. R. . . .	2486	31031500	12672	1224	40383	229233
Tex. & Pac. Ry.	2440	27170250	11088	2772	39401	296583
Chic., St. P. Minneap. & Omaha Ry.	2222	27102250	19125	6800	48075	400000
Wabash Wn. Ry.	1611	24092000	15312	3696	76295	669158
St. L. & San Fran. Ry. . . .	2140	24676750	12452	4488	37760	328725
E. Tenn., Va. & Ga. Ry. . .	1718	20832000	12936	4488	47660	581478
Mo. Kans. & Tex. Ry. . . .	2618	18695750	7128	1080	19792	262763
Gulf, Colo. & S. Fe Ry. . .	1763	15453000	8976	1135	25111	239625
Fremont, Elk. & Mo. Vy. R. R.	2090	13115500	6072	2531	19914	132951
Chic. Kans. & Nebr. Ry. . . .	2535	12891500	5016	1188	19564	119862

Wie aus der Tabelle zu ersehen, ist die Dichtigkeit des Verkehrs eine sehr verschiedene; namentlich übertrifft hierin die Pennsylvania-, die New York Central und Hudson River-, die New York, Lake Erie und Western-Bahn u. s. w. die Mehrzahl der übrigen Bahnen ganz erheblich.

Viele der vorstehend aufgeführten Bahnen haben übrigens ausser der eigenen Stammlinie noch den Betrieb anschliessender bezw. mit denselben in Verbindung stehenden Bahnen gepachtet oder im Betrieb bezw. unter Controlle, wodurch sich der Einfluss derselben vergrössert.

Die Betriebsmittel der amerikanischen Bahnen bestanden im Juni 1889 aus Folgendem:

Art der Betriebsmittel	Anzahl
A. Lokomotiven.	
Personenzuglokomotiven	8079
Güterzuglokomotiven	15140
Rangirlokomotiven	4016
Andere Lokomotiven	1801
Zusammen .	29036
B. Wagen.	
Personenwagen	25665
Güterwagen	854031
Gesellschaftswagen	31657
Eilgutfrachtwagen	49766
Zusammen . .	961119
Ab die geliehenen Wagen	26873
Zusammen eigene Wagen . .	934246
Hierzu Leihwagen	134309
Der Lokomotiv- und Wagenpark beträgt demnach	1097591

Nach dem Archiv für Eisenbahnwesen 1891, welches auf Grund der amtlichen Berichte Vergleichszahlen über die deutschen und englischen Bahnen enthält, sind auf 10 km Bahnlänge vorhanden:

Betriebsmittel	Vereinigte Staaten von Nordamerika	Deutschland	England
Lokomotiven . . .	1,11	3,27	4,96
Personenwagen .	1,01	6,16	11,26
Güterwagen . . .	36,8	66,4	165,5

Das gesammte bei den nordamerikanischen Bahnen angelegte Kapital beträgt 36694495340 ℳ

Auf 1 km Bahnlänge ist nach den angezogenen Quellen durchschnittlich an Anlagekapital rd. verwendet in:

Nordamerika	141500 ℳ
Deutschland	252200 „
England	546100 „

Hiernach sind die nordamerikanischen Bahnen ganz erheblich billiger in der Anlage gewesen, als die deutschen und namentlich die englischen, letztere stellen sich fast 4 mal so kostspielig.

Es mag hierbei bemerkt werden, dass auf den nordamerikanischen Bahnen in früherer Zeit die Brücken und Viadukte meistens aus Holz hergestellt wurden, wie solches auch noch jetzt bei Neuanlagen in holzreichen Gegenden geschieht. In neuerer Zeit werden jedoch die hölzernen Brücken durch eiserne ersetzt, unter denen sich sehr vollendete Constructionen (Cantileverbrücken) befinden. Nach den gemachten Zusammenstellungen sind 117271 Holzviadukte (Trestle Works) mit einer Gesammtlänge von 2661585' = 811225 m auf jenen Bahnen vorhanden; dgl. 40420 Brücken, von denen 17042 aus Holz, 8185 aus Stein, 11858 aus Eisen und 3335 aus Holz und Eisen bestehen, während 649 Tunnels in einer Gesammtlänge von 608012' = 185316 m vorkommen.

Stellt man nach den angezogenen Quellen in gleicher Weise die Zahlen der beförderten Reisenden, die von denselben durchfahrenen Kilometer, sowie die auf jeden Reisenden durchschnittlich entfallenden Kilometer zusammen, so erhält man folgende Tabelle:

	Vereinigte Staaten von Nordamerika (1888/89)	Deutschland (1888/89)	England (1889)
Zahl der Reisenden . .	472171343	376825886	776454285
Geleistete Personen-km .	18461679916	10172387163	—
Zahl der auf eine Person durchschnittlich entfallenden km	39,10	26,99	—

Es wurden innerhalb derselben Zeit von den Personenzügen 445357694 km durchfahren, sodass ein jeder Zug durchschnittlich von 42 Reisenden besetzt war.

Ebenso erhält man bezüglich des Frachtverkehrs:

	Vereinigte Staaten von Nordamerika	Deutschland	England
Beförderte Gütertonnen à 1000 kg*)	189453402	212009328	302266601
Geleistete Güter-tkm . .	100369092143	21851199307	—
Zahl der auf 1 Gütertonne (= 1000 kg) durchschnittlich entfallenden km . .	265,01	103,03	—

* Die amerikanische Tonne wird im Allgemeinen zu 907 kg gerechnet.

Bemerkt muss noch werden, dass die Durchschnittszahlen für Amerika kein so klares Bild geben, wie in Deutschland oder gar in England. Der Osten der Vereinigten Staaten ist erheblich dichter bevölkert und industriereicher als der mit Prärien und Wald reich gesegnete Westen.

Die Güterzüge durchliefen zusammen 616952864 km, es hat ein jeder Zug durchschnittlich 162,70 Tonnen befördert.

Auf jeden Einwohner der Vereinigten Staaten entfallen 222,08 km in Personenzügen und 914,47 t Güter in Güterzügen.

Betreffs der Gesammt-Einnahmen und Ausgaben aus dem Betriebe ergiebt sich Folgendes:

	Vereinigte Staaten ℳ	Deutschland ℳ	England ℳ
Gesammt-Einnahme . .	4100468548	1267111590	1540500140
Gesammt-Ausgabe . . .	2740803479	683117060	801882120
Gesammt-Ueberschuss . .	1369465069	583991530	738618020

Die Gesammt-Einnahmen ergeben sich aus den einzelnen Verkehren u. s. w. wie folgt:

	Vereinigte Staaten ℳ	Deutschland ℳ	England ℳ
Personenverkehr . . .	1275271537	333891172	652614490
Güterverkehr	2740305654	873211341	821729990
Sonstige Einnahmen .	84891357	59970017	66150200

oder in Procenten der Gesammt-Einnahme ausgedrückt:

	Vereinigte Staaten.	Deutschland.	England.
	%	%	%
Personenverkehr	31,10	26,35	42,36
Güterverkehr .	66,82	68,92	53,34
Sonstige Einnahmen	2,08	4,73	4,30

Wie aus letzterer Tabelle ersichtlich, erwächst in allen 3 Ländern die Haupt-Einnahme der Bahnen aus dem Güter-Verkehr. Nordamerika und Deutschland zeigen fast das gleiche Einnahme-Verhältniss zwischen dem Personen- und Güter-Verkehr. Die nordamerikanischen Bahnen vereinnahmten übrigens in dem angeführten Betriebsjahre noch 501971235 ℳ aus anderen Quellen (Verkauf von Ländereien u. s. w.).

Bei den amerikanischen Bahnen vertheilen sich die Gesammt-Ausgaben in Procenten, wie folgt:

1) Allgemeine Verwaltungsunkosten . . . . 9,41 %
2) Unterhaltung der Geleise und Bauwerke . . . . . . 22,46 %
3) Unterhaltung der Betriebsmittel . . . . 10,55 %
4) Kosten der Transportverwaltung . . . . . . 54,33 %
5) Sonstige Ausgaben . . . . 0,22 %

Zusammen . 100,00 %

Nach Abzug der Betriebskosten und der Kosten zum Verzinsen von Anlehen verbleiben an Ueberschuss für Vorzugs-Actien . . . . 2,11 %
für gewöhnliche Actien . . . . 1,91 %

Die Einnahmen für den Transport stellen sich durchschnittlich wie folgt:

Gegenstand	Pf.
Durchschnittsertrag für 1 Reisenden	270
Einnahme für die Beförderung eines Reisenden 1 km weit . .	5,7
Kosten für die Beförderung eines Reisenden 1 km weit . . .	5,26
Durchschnittsertrag für 1 Gütertonne	550,8
Einnahme für die Beförderung einer Tonne 1 km weit	2,44
Kosten für die Beförderung einer Tonne 1 km weit	1,56
Einnahme für das Zugkm bei Personenzügen	281
Kosten für die Beförderung eines Personenzuges 1 km weit .	219,2
Einnahme für das km bei Güterzügen	437
Kosten für die Beförderung eines Güterzuges 1 km weit . .	284
Einnahme für das Zugkm bei anderen Zügen	368
Kosten für die Beförderung anderer Züge 1 km weit	250
Procentuales Verhältniss der Ausgaben zu den Einnahmen . .	66,8

Zum Vergleich mit diesen Zahlenwerthen sei bemerkt, dass der Durchschnittsertrag für 1 Reisenden in Deutschland 86 Pf., in England 72 Pf., der für eine Gütertonne in Deutschland 480 Pf., in England 272 Pf. beträgt, während sich die Einnahme für die Beförderung 1 Reisenden 1 km weit in Deutschland auf 3,18 Pf., die für 1 Tonnenkm auf 3,88 Pf. stellt.

Die Zahl der Bediensteten in den einzelnen Dienstzweigen ist wie folgt:

Stellung der Beamten.	Anzahl.
Oberbeamte	4739
Bureaubeamte	29817
Stationsvorstände u. s. w.	24171
Andere Stationsbedienstete	58687
Lokomotivführer	30217
Feuerleute	31990
Zu übertragen . .	182671

Stellung der Beamten.	Anzahl.
Uebertrag . .	168974
Zugführer	20853
Andere Zugbegleiter	55160
Maschinenschlosser u. s. w.	25214
Zimmerleute (Stellmacher)	33241
Andere Schuppenarbeiter	75959
Bahnmeister	25539
Streckenarbeiter	145401
Weichensteller, Signalwärter und Wächter	33044
Telegraphisten	16937
Beim Schiffsverkehr Beschäftigte	6998
Alle anderen Beschäftigten	80890
Sonstige	16240
Zusammen . .	704743

Hiernach entfallen durchschnittlich auf 100 Miles = 161 km Bahnlinie 450 Bahnbedienstete. Nach der „Statistik der im Betriebe befindlichen Eisenbahnen Deutschlands 1889/90“ waren auf den deutschen Eisenbahnen insgesammt 371090 Beamte und Arbeiter beschäftigt, was auf je 100 Miles (161 km) durchschnittlich 1157 Bedienstete ergiebt.

Nach dem Bericht des englischen Handelsamtes waren auf den im Jahre 1885 in England vorhandenen 19820 englischen Meilen Bahnlinien 346426 Personen beschäftigt, was für 100 Miles durchschnittlich 1748 Bedienstete ergiebt.

Einen Ueberblick über die auf den amerikanischen Bahnen in der Zeit vom 1. Juli 1888 bis 1. Juli 1889 im Betriebe Getödteten und Verletzten giebt die folgende Tabelle:

Art des Unfalles	Eisenbahn-Personal		Reisende		Andere Personen		Insgesammt	
	Getödtet	Verletzt	Getödtet	Verletzt	Getödtet	Verletzt	Getödtet	Verletzt
Beim An- und Abkuppeln von Wagen .	300	6757	—	—	—		300	6757
Herabfallen von den Zügen u. Lokomotiven	493	2011	—	—	—	—	493	2011
Verletzungen, zugezogen durch Verbauten, Tunnel u. s. w.	65	296	—	—	—	—	65	296
Zusammenstösse . . .	167	820	107	445	37	48	311	1313
Entgleisungen	125	655	28	389	29	69	182	1113
Andere Zugunregelmässigkeiten . . .	189	1016	26	247	522	515	737	1778
Bei Kreuzungen auf Ueberführungen . .	24	45	3	16	410	634	437	695
Auf Stationen	70	699	26	295	328	472	424	1466
Aus sonstigen Ursachen	539	7729	120	754	2215	2397	2874	10880
Insgesammt . . .	1972	20028	310	2146	3541	4135	5823	26309

Auf die verschiedenen Klassen der Bediensteten vertheilen sich diese Zahlen wie folgt:

Stellung der Beamten	Anzahl	Getödtet	Verletzt
Zugpersonal	138323	1179	11401
Weichensteller, Signalwärter und Wächter	29014	229	2155
Andere Bedienstete .	517136	536	6260
Nichtklassificirte	20270	28	212
Insgesammt . . .	704743	1972	20028

Von 704743 insgesammt im Eisenbahndienst beschäftigten Personen sind hiernach in einem Jahre nicht weniger als 1972 getödtet und 20028 verletzt worden.

Es entfällt durchschnittlich ein Todter auf 357 Bedienstete und ein Verletzter auf je 35 Bedienstete. Am ungünstigsten in Bezug hierauf steht das Zugpersonal da, Lokomotivführer, Feuerleute, Zugführer, Bremser. Hier kommt bereits auf je 117 dieser Beamten ein Todter und auf je 12 ein Verletzter, während in England im Jahre 1888 ein Todesfall auf je 329 Zugbeamte und eine Verletzung auf je 30 dieser Beamtenklasse entfallen. Amerika dürfte unter den Eisenbahnländern wohl am ungünstigsten in Bezug auf Unglücksfälle dastehen. Von den Reisenden wurde von je 1523133 einer getödtet und von je 220024 einer verletzt. Für England stellen sich diese Zahlen mit 1 Tödtung auf je 6942336 Reisende und 1 Verletzung auf je 527577.

Nach der „Statistik der im Betriebe befindlichen Eisenbahnen Deutschlands (Betriebsjahr 1889/90)“ betrug die Gesammtzahl der Beamten und Arbeiter

in der Betriebs-Verwaltung: 315729.

Von diesen wurden

getödtet 348,
verletzt . . . . . 1763.

Es kommt hiernach 1 Tödtung auf 907 und 1 Verletzung auf 179 Bedienstete, was einem Procentsatz von 0,11 bezw. 0,56 der Gesammtzahl der Beamten und Arbeiter entspricht.

Hierzu sind noch die Unfälle bei Nebenbeschäftigungen (Bahnunterhaltungs- und Bauarbeiten, Auf- und Abladen von Gütern und anderen mit dem Betriebe nicht direct zusammenhängenden Geschäften) zu rechnen; es wurden von den hierbei Beschäftigten

getödtet 4,
verletzt . . . . . 350.

Der Procentsatz der verletzten Reisenden ist ein äusserst geringer. Von den insgesammt beförderten 376825000 Reisenden wurden

getödtet . . . 40,
verletzt 174,

d. h. es kommt eine Tödtung auf je 9420625 und 1 Verletzung auf je 2165660 Reisende.

Von fremden Personen, ausschliesslich der Selbstmörder, sind

getödtet 209,
verletzt . . . . . 156.

Die Unfälle der Post-, Steuer-, Telegraphen-, Polizei- und sonstigen im Dienst befindlichen Beamten stellen sich zusammen:

Tödtungen 5,
Verletzungen . . . . . 10.

Die Gesammtzahl der Unglücksfälle bei den im Betriebe befindlichen Eisenbahnen Deutschlands beträgt somit 3968. Die Unglücksfälle in den Eisenbahn-Werkstätten sind hierbei nicht mit einbegriffen.

Nach der oben angeführten amtlichen Statistik der nordamerikanischen Bahnen sind die in ihr enthaltenen Zahlen übrigens zum Theil nur als annähernde zu betrachten, da es in Amerika viele Geschäftsbetriebe giebt, die vom Staate nicht genügend controllirt werden können. So hält es auch schwer, von den Expresscompagnien, welche den Bahngesellschaften für ihr Privilegium und die ihnen gewährten Erleichterungen die Summe von 19730411 $ = 83870747 *M* gezahlt haben, genaue Zahlen über den Verkehr zu erhalten, auch bilden die anderen Gesellschaften, welche bei den Bahnen zu besonderen Zwecken bestehen und hierfür Kapital zusammengelegt haben, ein Erschwerniss. Schlafwagen und sonstige Wagen, für welche Extrazahlungen geleistet werden müssen, fahren mit anderen Personenwagen zusammen. Ferner sind die Schnellgüterzugs-Vereinigungen bei verschiedenen Bahnen wie die

Blue Line,
Canada Southern Line,
Erie Despatch,
Great Eastern Line,
Midland Line,
National Despatch Line,
Red Line,
Union and National Line,
White Line,

welche eine eigene Verwaltung haben, von Einfluss, ebenso diejenigen Gesellschaften und Privatpersonen, welche innerhalb der Eisenbahn besondere Verkehre bilden und Vertragsabschlüsse mit den Bahnen eingegangen sind. Es ist die Zahl derselben etwa 55 und sind dies u. A.

American Oil Works,
Armour & Co., Refrigerators,
Arms Palace Horse Car Co.,
Chicago Car & Coal Co.,
Cleveland Refining Co.,
Excelsior Tank Line,
Fowler's Anglo-American Packing and Provision Co.,
Grasselli Chemical Works,
Joliet Steel Co.,
Kansas City Dressed Beef Line,
Jenkins Live Poultry Car Co.,
Solvay Process Co.,
Street's Stable Car Line,
Union Tank Line, Standard Oil Co.

u. s. w.

Personenbahnhöfe. Von den Personenbahnhöfen sind nur wenige in der Weise der europäischen Hauptbahnhöfe ausgebaut, z. B. die Grand Central Station in New York, der Bahnhof der Old Colony Railroad in Boston, das Union Depot in Chicago, der Hauptbahnhof in Philadelphia u. a. Andere Stationen sind in ähnlicher, aber einfacherer Weise gebaut, die Mehrzahl derselben ist jedoch so einfach als möglich eingerichtet und macht vielfach den Eindruck des Provisorischen. In der Vorhalle liegen die verschiedenen Fahrkartenschalter, auf grösseren Bahnhöfen auch die Geschäftsräume der Luxuswagen-Gesellschaften u. s. w., die Wartezimmer sind vorwiegend sehr beschränkt, enthalten oft nur einige Bänke und sind nicht zum behaglichen Verweilen, sondern zum Durchgehen oder kurzen Aufenthalt bestimmt. Selbst in der grossen Stadt Buffalo, wo ich, mit dem Personenzuge angekommen, einige Stunden auf den Nachtschnellzug warten musste, fanden sich in dem nur mässigen Warteraume, welcher zu allen möglichen Zwecken und auch als Durchgang diente, nur einige Holzbänke vor.

Wie schon im Abschnitt I angegeben, sind im Allgemeinen keine oder nur Bahnsteige in Schienenhöhe vorhanden (ausgenommen z. B. bei den Hochbahnen in New York). Die Diener in den Luxuswagen u. s. w. besitzen Fussbänke, welche sie für die Reisenden, namentlich Damen, vor die unterste Trittstufe setzen, um das Besteigen der Wagen zu erleichtern. Auf den grösseren Stationen, auf denen sonst die Controlle schwer durchzuführen wäre, sind die Bahnsteige abgeschlossen. In der Regel dienen hierzu eiserne Gitter, durch welche man die Züge sehen kann; in denselben befinden sich eine Anzahl Thüren für die verschiedenen Gleise bezw. Züge, welche geöffnet werden, wenn die Abfahrt des Zuges herannaht, es wird auch zuweilen ein Schild aufgesteckt, welches die Bestimmung u. s. w. des Zuges anzeigt. Der Beamte am Eingang revidirt die Fahrkarte, giebt auch auf Anfragen Aufschluss und durchlocht auf verschiedenen Bahnen bei einem Theil der Züge (namentlich Lokalzüge) die Karten.

Auf den kleinen Stationen, auf denen die Ordnung ohne Weiteres durchzuführen ist, fehlen die Abschlussgitter.

Ueber- oder Unterführungen giebt es in Amerika nur vereinzelt. Bei Durchgangsstationen gehen die Reisenden über die Gleise, um zu ihrem Zug zu gelangen; es kümmert sich Niemand darum, ob man auf den Gleisen umhergeht. Ist der Zug schon in der Abfahrt, so laufen später Kommende hinterher. Mir wurde beispielsweise von Bahnbeamten, als der Schnellzug schon aus der Halle fuhr, während der Lokalzug, in welchem ich sass, erst einfuhr, zugerufen: „Laufen Sie hinter dem Schnellzuge her, Sie fassen ihn wohl noch."

Ebenso ist es auf freier Strecke, es kann dort jeder ohne Belästigung gehen, allerdings auf seine Gefahr; in der Nähe von Chicago wurde Verfasser bei einem Lokal-Personenzuge gesagt: „Der nächste Zug hält nicht hier, sondern bei Station N. N., laufen Sie rasch auf dem Gleise hinunter, es ist wenig über 1 Mile" und richtig wurde der Zug erreicht, aber bei dem fortwährenden Verkehr der Lokalzüge und leeren Lokomotiven war die grösste Vorsicht nöthig, wenn man vermeiden wollte, überfahren zu werden; ähnliche Fälle kamen mehrfach vor.

Die Bahnen suchen sich gegen die Ansprüche Beschädigter dadurch zu sichern, dass an vielen Stellen ein Anschlag steht, welcher besagt, dass die Bahn nicht zum Betreten für Unbefugte da sei, wer es thue, führe es auf seine eigene Gefahr aus.

Güterbahnhöfe. Ueber die Güterbahnhöfe ist schon im Abschnitt I bemerkt, dass solche grösstentheils ausserhalb der Städte liegen, woselbst auch die Züge rangirt werden, so dass nur das Lokalgut an die Ausladestellen überführt wird. Die Bahnhöfe sind dem Verkehre entsprechend häufig sehr ausgedehnt. Als

Beispiel möge die Beschreibung eines Güterbahnhofes folgen, sowie ein Auszug der für denselben erlassenen Betriebsvorschriften.

Der Güterbahnhof Hawthorne der Chicago, Burlington and Quincy-Eisenbahn bei Chicago, Güterbahnhof Hawthorne. dessen Grundrissanordnung auf Taf. XLII gegeben ist, besteht aus dem Fahrgleise (Running Track), den drei Theil-Bahnhöfen (Divisional Yards) A, B und C und den geneigten Rangirgleisen.

a) Fahrgleis (Running Track).

Das Fahrgleis ist das erste Gleis südlich, läuft parallel mit den 3 Hauptgleisen und geht bis zur Kreuzung Hawthorne. Es wird von allen Lokomotiven oder Zügen, welche vom Theilbahnhof A nach Chicago fahren, benutzt. Die Stellung der Fahrgleis-Weichen am Ost- und Westende von A wird durch grünes Licht bei Nacht und grünes Schild bei Tage bezeichnet, wenn sie für das Fahrgleis gestellt sind, dagegen durch weisses Licht bezw. Schild, wenn sie nach dem Verbindungsgleise öffnen.

b) Empfangsbahnhof A.

Dieser Bahnhof besteht aus 12 Gleisen, 10 hiervon sind Empfangsgleise, welche je 50 Wagen aufnehmen und welche von 1 bis 10 numerirt sind (angefangen vom ersten Gleis südlich vom Fahrgleise); die beiden andern Gleise sind geneigt, sie gehen parallel mit Gleis 10 und werden benutzt, um die Wagen durch die Schwerkraft dem Theil-Bahnhof B zuzuführen. Alle nach Osten gehenden Güterzüge, mit Ausnahme der geschlossenen Viehzüge, die nach dem Union-Viehhofe durchfahren, laufen in diesen Bahnhof bei Clyde ein.

Sobald Güterzüge in den Bahnhof einfahren, wird der Gepäckwagen durch das Zugpersonal abgehängt, damit er im Fahrgleise bleibt; der Zug fährt, nachdem die Weiche zum Verbindungsgleise am Eingange des Bahnhofs umgestellt ist, nach dem für ihn bestimmten Gleise. Hier wird die Lokomotive abgehängt, sie fährt durch das Verbindungsgleis am Ostende vom Bahnhof A, fährt rückwärts auf dem Fahrgleise, nimmt den Gepäckwagen auf und fährt dann weiter nach dem westlichen Avenue-Bahnhofe, wobei sie nach Hawthorne das Fahrgleis benutzt.

Gemischte Züge von Vieh und Frachtgut laufen, sobald das Vieh sich an der Spitze des Zuges befindet, in derselben Weise in den Bahnhof ein und werden darin weiterbefördert, wie dies eben bei gewöhnlichen Güterzügen gezeigt ist, jedoch mit der Abänderung, dass, sobald der Zug sein Gleis erreicht hat, nur das Frachtgut abgehängt wird, während die Lokomotive das Vieh über das Verbindungsgleis nach dem Sackgleis nördlich vom Bahnhof B fährt und dann rückwärts fahrend nach dem Fahrgleise zurückkehrt, wo der Gepäckwagen aufgenommen und der Zug nach dem westlichen Avenue-Bahnhofe geführt wird.

Haben gemischte Züge die Viehwagen am Ende, so fährt der ganze Zug auf dem Fahrgleise in den Bahnhof, wo das Vieh und der Gepäckwagen abgehängt werden, dann fährt die Zugmaschine mit dem Frachtgut auf dem Verbindungsgleis am Ostende von Bahnhof A vorwärts, fährt in das Gleis, das durch den Weichenwärter beim Eintritt in den Bahnhof bezeichnet ist, wo der Zug stehen gelassen wird, dann fährt die Lokomotive nach dem Fahrgleise zurück, nimmt das Vieh mit und fährt nach dem westlichen Avenue-Bahnhof. Diensthuende Personale müssen, nachdem sie in Bahnhof A eingefahren sind, die Weichen am östlichen Ende des Bahnhofs selbst bedienen, wenn die Lokomotive in dem Fahrgleise zurückfährt. Besondere Aufmerksamkeit muss auf die Weiche gerichtet werden, welche vom Gleise 10 nach dem Maschinengleise führt. Das Personal muss sich überzeugen, dass diese Weiche richtig steht, bevor es dieselbe benutzt. Die Zugführer müssen ihre Rapporte über alle die Wagen, welche im Hawthorne-Bahnhofe bleiben, im Bureau des Güterbahnhof-Vorstehers abgeben.

Die Züge im Bahnhof A werden, nachdem sie bezeichnet sind, von der Rangirmaschine nach dem geneigten Rangirgleise gebracht und nach Mafsgabe der an den Wagen angebrachten Bezeichnungen in die entsprechenden Gleise des Bahnhofs B gestossen.

c) Vertheilungsbahnhof B.

Dieser Bahnhof besteht aus 17 Gleisen, numerirt von 1 bis 17, angefangen mit dem ersten Gleise südlich vom Fahrgleise des Bahnhofs A. Die Gleise 1 bis 7 können je 35 Wagen, die Gleise 8 bis 17 je 41 Wagen aufnehmen. Das erste Gleis, das vom östlichen Verbindungsgleis nach dem Reparatur-Bahnhofe führt, ist das Ueberführungsgleis für die Gleise 9 bis 17 des Bahnhofs B. Das dritte Gleis, das von diesem Verbindungsgleise ausgeht, ist das Ueberführungsgleis nach Strang 1 bis 8 des Bahnhofs B. Züge, welche Wagen mit verschiedenen Bestimmungsorten führen, werden in diesem Bahnhofe von den geneigten Rangirgleisen im Bahnhof A ausrangirt.

Ueberführungslokomotiven laufen in diesen Bahnhof vermittelst der vorhin erwähnten Verbindungsgleise am Ostende des Bahnhofs ein, indem sie über dasselbe Gleis zurückkehren und direkte Verbindung an die anschliessenden Linien und alle tieferen Bahnhofspunkte herstellen.

Die Gleise im Bahnhof B werden wie folgt benutzt:

Gleis 1 für Wagen mit fehlerhaften Adressen.
„ 2 „ „ für die Chicago und Alton-Eisenbahn,
„ 3 „ „ „ die P. F. W. and C.-Eisenbahn,
„ 4 „ „ „ das Team Gleis,
„ 5 „ „ { „ die M. C. R. R.
„ die Ill. C. R. R.

u. s. w.

„ 13 „ leere Wagen für die Burlington Route,
„ 14 „ Wagen für Getreide-Hebewerke,
„ 15 „ „ „ Mais-Hebewerke,
„ 16 „ „ „ welche gewogen werden sollen,
„ 17 „ „ „ die angehalten werden sollen und für solche mit unbesichtigtem Getreide.

Sobald die Schiffahrt geschlossen ist und Wagen nach dem Bootshause nicht eingehen, wird Gleis No. 6 für Vieh nach dem Union-Viehhof, Gesellschafts-Material für die westliche Avenue, Wagen für Kalköfen und für Morgans-Hebewerke benutzt. Sobald Korn in so geringen Mengen befördert wird, dass Getreide vom Mais nicht getrennt zu werden braucht, wird Gleis No. 15 für alle Wagen zu den Hebewerken, Gleis No. 14 für leere Wagen von 34' (10,36 m) für die Burlington Route benutzt. Die Vertheilung der Wagen auf diesen Gleisen darf nur mit Genehmigung des Zug-Inspektors oder des ersten Bahnhofs-Aufsehers geändert werden.

d) Sammelbahnhof C.

Dieser Bahnhof liegt direkt südlich vom Bahnhofe A und besteht aus 15 Gleisen, von denen jedes 50 Wagen fasst; dieselben sind von 1—15 numerirt; das erste Gleis liegt südlich von den beiden geneigten Gleisen des Bahnhofs A. Alle Wagen, die angehalten werden sollen, sowie die mit nicht besichtigtem Getreide, das nicht im Theilbahnhof A besichtigt werden kann, werden hier angesammelt. Die Gleise 1—5 einschliesslich werden offen gehalten für Wagen mit unbesichtigtem Getreide, die zusammengehalten und auf diesen Gleisen aufgestellt werden müssen, sobald es nöthig ist.

e) Reparatur-Bahnhof.

Dieser Bahnhof, der östlich vom Vertheilungsbahnhof B liegt, besteht aus 4 Gleisen, von denen jedes 15 Wagen fasst. Die Gleise sind von 1—4 numerirt, das erste Gleis liegt südlich vom Fahrgleise und wird erreicht vom Bahnhof B durch Gleis No. 1 und ebenso durch das Verbindungsgleis vom Ueberführungsgleise am Ost-Ende vom Hawthorne-Bahnhof.

Beim Rangiren von den geneigten Gleisen des Bahnhofs A aus werden die Wagen, welche sich nicht in Ordnung befinden, auf Gleis No. 1 des Bahnhofs B gestossen und nach dem Reparaturbahnhof befördert. Alle Wagen mit leicht verderblichen oder wichtigen Ladungen oder leere Wagen, die sofortige Reparatur erfordern, werden auf das Gleis No. 2 im Reparaturbahnhof gebracht. Sobald der Lokomotivführer derartige Wagen auf das zweite Gleis des Reparaturbahnhofs stellt, muss er es stets dem Aufseher des Reparaturbahnhofs anzeigen und unter keinen Umständen dürfen leicht verderbliche oder wichtige Ladungen auf ein anderes Gleis dieses Bahnhofs gebracht werden.

Sobald Gleise im Reparaturbahnhofe freigemacht werden sollen, muss der Aufseher dies dem Vorstande anzeigen, indem er die Nummer des Gleises oder der Gleise bezeichnet. Der Vorstand muss darauf achten, dass überall die grösste Aufmerksamkeit herrscht und dass die Gleise so schnell als möglich freigemacht werden, damit jeder Verzug vermieden wird. Reparatur-Gleise müssen vom Ostende her gefüllt und besetzt werden; alle Rangirmaschinen laufen in den Reparaturbahnhof von Osten ein.

Alle Züge oder Rangirlokomotiven, welche auf dem Fahrgleise nach Osten gehen oder vom Hawthorne-Bahnhofe nach Chicago, müssen das südliche (für den Osten bestimmte) Hauptgleis oder das mittlere Gleis nach Hawthorne benutzen, gemäss den für diese Gleise herrschenden Bestimmungen, sie finden alle Signale am Ostende des Bahnhofs auf Halt und dürfen nur weiterfahren, sobald das für sie bestimmte Signal gegeben ist.

Es muss hierbei bemerkt werden, dass die Entgleisungs-Weiche im Ueberführungsgleise nach Bahnhof A bei Clyde, 187 Fuss (57 m) östlich von der Kreuzung nach dem südlichen Hauptgleise die westliche Grenze des Hawthorne-Bahnhofs ist. Westlich von diesem Punkte darf nicht mehr rangirt werden. Rangirmaschinen können jedoch nach der Clyde-Seite, die nördlich vom nördlichen (nach dem Westen bestimmten) Hauptgleise liegt, unter dem Schutze der Thurmsignale hinüberfahren. Keine Rangirmaschine oder kein Zug darf diese Entgleisungsweiche passiren, wenn er nicht nach Westen fährt auf Befehl des Zug-Inspektors oder des ersten Bahnhofs-Vorstandes. Alle Rangir-Züge oder Lokomotiven von Chicago nach Hawthorne-Bahnhof müssen das nördliche oder das mittlere Hauptgleis benutzen, nach den für sie geltenden Bestimmungen und müssen im Bahnhof Hawthorne von Osten einlaufen. Die Weichensteller im Weichenthurme bei Clyde und Hawthorne müssen darauf achten, dass diese Bestimmungen nicht verletzt werden.

Im Abschnitte II ist schon bei der Beschreibung der Signale die Verwendung von Luftdruck Signale u. s. w.
erwähnt und ist auch schon an anderer Stelle gesagt, dass solcher zu verschiedenen Zwecken im Eisenbahnwesen Amerikas benutzt wird; eine Verwendung hat, wie hier eingeschaltet werden mag, auch an einigen Stellen für Wegeschranken in der Nähe grosser Bahnhöfe stattgefunden. Behufs

Bedienung derartiger an Niveauübergängen aufgestellten Schranken ist eine erhöhte Bude neben dem Gleise errichtet, in welcher der Wärter sich aufhält. Durch Fenster kann er die Bahn übersehen und Signale geben. In der Bude befindet sich eine Luftpumpe, deren Druckröhren nach dem Bewegungsapparate der Schranken führen; einige Hübe genügen, um die Schranke zu heben, beim Senken wird die Luft ausgelassen.

Signale mit der Lokomotivpfeife.

Die Pfeifensignale des Lokomotivführers sind mannigfaltiger als in Deutschland, es kommen 1—5 lange und kurze Pfiffe zur Verwendung, sowie Combinationen davon, welche bedeuten:

— Annäherung an die Station u. s. w.
⌣ Bremsen fest.
— — Bremsen los.
⌣ ⌣ Antwort auf ein Signal.
— — — Es fehlen Signale, bei der Abfahrt dauernd zu geben bis Abhülfe erfolgt.
⌣ ⌣ ⌣ Der Zug will zurückschieben.
— — — — Es wird ein Flagman gerufen.
⌣ ⌣ ⌣ ⌣ Es werden Signale von Weichenstellern, Wächtern u. s. w. verlangt.
⌣ ⌣ ⌣ ⌣ ⌣ Der Flagman soll hinausgehen und den hinteren Theil des Zuges beschützen.
— ⌣ ⌣ Es soll ein besonderes Signal gegeben werden. (Zur Erregung der Aufmerksamkeit.)
— — ⌣ ⌣ Der Zug nähert sich Strassenkreuzungen.
⌣ ⌣ ⌣ ⌣ ⌣ ⌣ ⌣ ⌣.... Warnungsruf für Personen und Vieh, welche auf der Bahn sich befinden und Mahnruf für die Zugbeamten, dass eine Gefahr nahe ist.

Vom Zuge aus können dem Lokomotivführer durch die im Wagen befindliche Zugleine, welche zu der kleinen an der Luftdruckbremse befindlichen Pfeife (beziehlich Glocke) führt, folgende Signale gegeben werden:

⌣ Abfahrt, wenn der Zug steht.
⌣ ⌣ Anhalten, wenn der Zug fährt.
⌣ ⌣ Der Flagman soll zurückkommen, wenn der Zug steht.
⌣ ⌣ ⌣ Auf der nächsten Station soll gehalten werden, wenn der Zug fährt.
⌣ ⌣ ⌣ Der Zug soll zurückgeschoben werden, wenn der Zug steht.
⌣ ⌣ ⌣ ⌣ Die Geschwindigkeit soll verringert werden, während der Fahrt.

Die auf der Strecke zu gebenden Lampen-Signale sind folgende:

1. eine Laterne quer zum Gleise geschwungen = „Halt“.
2. eine Laterne gehoben und gesenkt = „Vorwärtsfahren“.
3. eine Laterne senkrecht im Kreise und quer zum Gleise geschwungen =
   a. wenn der Zug steht: Rückwärtsschieben.
   b. wenn der Zug fährt: Der Zug ist abgefahren.

Die Tagessignale werden in gleicher Weise mit einer Flagge oder der Hand gegeben.

Intercommunicationssignal.

Die Schnur, welche zum Geben der Signale vom Zug aus nach der Lokomotive dient, ist im Innern der Personenwagen mitten im oberen Theile durchgeleitet und führt sowohl durch die Stirnwände als auch durch die im Innern des Wagens etwa angebrachten Scheidewände; dieselbe liegt so hoch, dass sie den Reisenden keine Hindernisse bereitet und ist in angemessenen Abständen mit

Lederstreifen oder dergl. an den Decken aufgehängt. Da die Schnur bei fast allen Wagen in ganz genau gleicher Höhe liegt, so ist solche leicht zu bewegen; es werden damit auch die Signale zum Anhalten auf sogenannten Flaggenstationen (auf denen nur nach Bedarf gehalten wird) gegeben.

Bei der Mehrzahl der Wagen befindet sich noch eine zweite Schnur seitwärts von der ersteren im Wagen, durch welche die Bremsventile geöffnet und durch Auslassen der Luft die Bremse zum Anzug gebracht werden kann. Diese Schnur darf nur im äussersten Nothfalle von den Reisenden benutzt werden, dieselbe ist jedoch, soweit ich es feststellen konnte, nirgends gegen missbräuchliche Anwendung gesichert, da man solches nicht für erforderlich hält.

Die Behandlung des technischen Betriebsdienstes weicht, wie schon im Abschnitt I erwähnt, nicht unerheblich von dem deutschen ab. Die Gliederung des Beamtenkörpers ist dort auch allgemein dargelegt und möge nur noch bemerkt werden, dass in der Regel einem der Vicepräsidenten die obere Leitung des Betriebsdienstes obliegt, während der General Manager (General-Direktor) thatsächlich der oberste ausführende Beamte ist, unter welchem als höhere Vorgesetzte die Superintendents für den allgemeinen Dienst, das Transportwesen, das Maschinenwesen, die Bahnunterhaltung u. s. w. stehen.

Die Einrichtung des Dienstes lässt sich durch Wiedergabe der erlassenen Instruktionen am leichtesten schildern. Die den verschiedenen Beamten ertheilten Dienstanweisungen (zum Theil auch die dienstliche Bezeichnung derselben) sind bei allen Bahnen zwar nicht ganz übereinstimmend, weichen aber in den Grundzügen nicht erheblich von einander ab, dieselben sind meistens sehr kurz gehalten. In den Instruktionen ist besonders hervorgehoben, dass, wenn auch manche Beamte den Anordnungen Anderer Folge zu leisten haben, doch keine dienstliche Unterordnung (no relation of superiority) zwischen denselben besteht, z. B. zwischen Zugführer, Lokomotivführer, Feuerleute, Bremser, Bahnmeister, dem Train Dispatcher u. s. w. Ein Auszug einer Dienstanweisung, welcher den wesentlichen Inhalt der auf der Western Division der Pennsylvania-Bahn in Pittsburg (Pittsburgh, Cincinnati and St. Louis R. R. und Chicago, St. Louis and Pittsburgh R. R.) zur Zeit bestehenden enthält, ist nachstehend gegeben. **Dienstanweisungen.**

Der Zug-Inspektor empfängt seine Anweisungen von dem Superintendent (Betriebs-Direktor). Er beaufsichtigt den Dienst der Züge, die bei denselben beschäftigten Leute, hält darauf, dass dieselben die Bestimmungen erfüllen und kann sie vom Dienst entfernen, wenn es nöthig ist. Bei Störungen der Züge, Unfällen u. s. w. hat er sich an Ort und Stelle zu begeben und für das Freimachen der Strecke und den Schutz der Züge und des Eigenthums zu sorgen. **Train Master** (Zug-Inspektor).

Der Zugleiter berichtet an den Superintendent, von dem er auch seine Anweisungen empfängt. Es ist seine Pflicht, durch telegraphische, im Namen des Superintendent gegebenen Befehle die Bewegung der Züge auf den ihm zugetheilten Strecken zu leiten. Er muss eine Uebersicht führen, aus welcher die Zeit hervorgeht, während welcher jeder Zug jedes Telegraphenbureau passirt, ferner die Zeitangaben über den Wechsel der Personen bei ihm und in den Telegraphenbureaus, sowie genaue Zeitangabe über besondere Vorfälle oder Ereignisse. Der Dispatcher darf seinen Platz nicht eher verlassen, bis er abgelöst ist und muss seinem Nachfolger die nöthigen Aufklärungen geben. Derselbe fungirt in Abwesenheit des Division Operator als dessen Vertreter. **Train Dispatcher** (Zugleiter).

Der Stationsvorstand berichtet an und empfängt seine Anweisungen durch den Superintendent und hat auch den Anordnungen des Train Master Folge zu leisten. Er hat die Aufsicht über die Personenstation, auf welcher er Dienst leistet und über die darin beschäftigten Bediensteten; er muss **Station Master** (Stationsvorstand).

darauf halten, dass diese Station und die Räume in gutem Zustande gehalten werden, auf die gute Behandlung der Passagiere und des Gepäckes achten, darauf sehen, dass die auf seiner Station abgehenden Züge revidirt und gereinigt werden, dass die Zugbegleiter ihre Schuldigkeit thun, die nöthigen Signale u. s. w. mitgeführt werden und dass der Zug zur rechten Zeit abfährt. Auch muss er darauf halten, dass die amtlichen Bekanntmachungen u. s. w. auf den dafür bestimmten Plätzen angeheftet sind.

Passenger Conductor (Zugführer bei Personenzügen). Der Zugführer eines Personenzuges steht unter dem Train Master, muss aber auch die Befehle des Station Master befolgen, dgl. die Anordnungen der höheren Beamten im Passagier- und Kassendienst u. s. w. Er führt die Aufsicht über den Zug und über die bei demselben beschäftigten Personen. Er hat die Fahrkarten nachzusehen, das Fahrgeld von den Reisenden einzufordern, welche ohne Karte sind und auf einer geeigneten Station diejenigen von der Weiterfahrt auszuschliessen, welche kein Fahrgeld zahlen wollen. Er muss für das Wohl der Passagiere besorgt sein, darf nicht leiden, dass die auf den Plattformen stehen, muss Betrunkene oder Widerstandleistende aussetzen und darauf achten, dass die Wagen nicht beschädigt werden. Er muss auf richtige Abfahrtszeit halten, bei der Zusammensetzung des Zuges, wenn nöthig, helfen, die Zugbeamten überwachen, sehen, dass die Signale vorhanden sind u. s. w.

Passenger Brakeman (Bremser). Der Bremser eines Personenzuges steht unter dem Train Master, während der Fahrt muss er dem Zugführer gehorchen, auf der Station dem Station Master. Er muss auf den guten Zustand der Bremsen achten, bei der Erleuchtung, Heizung und Lüftung der Wagen helfen, auch dem Zugführer, wenn nöthig, beistehen und bei dessen Arbeiten Hülfe leisten. Er muss ferner darauf achten, dass die Zugsignale rechtzeitig gegeben werden, muss die Wünsche der Reisenden berücksichtigen, beim Durchgang durch Schlafwagen die Reisenden nicht stören, darauf sehen, dass die Thüren geschlossen sind u. s. w. Bei der Annäherung an eine Station müssen die Bremser rufen: „Die nächste Station ist N.“ und bei jedem Anhalten den Namen der Station ausrufen und, wenn der Aufenthalt länger als zwei Minuten dauert, die Zeit des Aufenthalts angeben.

Im Allgemeinen muss der vordere Bremser an der Vorderthür stehen und auf die Signale des Lokomotivführers achten. Der hintere Bremser, Flagman genannt, darf seinen Platz nur dann verlassen, wenn er Signale zum Schutze des Zuges zu geben hat. Letzteres muss er nöthigenfalls sofort thun, ohne einen Befehl oder ein Signal abzuwarten. Im Falle einer Zugtrennung muss der Flagman den hinteren Theil des Zuges schleunigst zum Halten bringen und diesen sichern, während er eine zuverlässige Person zum Schutze des Zugtheils nach vorn senden muss, welche das Haltesignal zu geben hat, bis das vordere Zugende zurückkommt.

Baggageman (Packmeister). Der Packmeister steht unter dem Train Master, während der Fahrt hat er dem Zugführer zu gehorchen, auf den Stationen dem Station Master, muss aber auch den Anordnungen der höheren Beamten im Passagier- und Kassendienst Folge leisten. Es ist seine Pflicht, Gepäck anzunehmen und abzugeben, auch das Gepäck auf solchen Stationen, wo kein Gepäckagent ist, zu checken, die Beträge für Ueberfracht zu erheben, die Dienst-Correspondenz zu fördern, für die Beleuchtung und Heizung des Gepäckwagens zu sorgen. In Abwesenheit des vorderen Bremsers muss er diesen vertreten; er darf Briefe, Packete und Geld ohne ausdrückliche Ermächtigung nicht mitnehmen und auch ohne Zahlung kein Gepäck befördern und Niemanden im Packwagen mitfahren lassen, ausser Post-, Express- und Zeitungs-Agenten.

Yard Master (Güterbahnhofs-Vorstand).

Der Vorstand eines Güterbahnhofes untersteht dem Train Master. Ersterer hat die Aufsicht auf den Güterbahnhöfen und über die daselbst beschäftigten Personen, die Zusammensetzung der Güterzüge und Bewegung derselben. Er hat dafür zu sorgen, dass Zugbeamte und Lokomotivführer zur rechten Zeit fertig sind und mit dem Zuge rechtzeitig abfahren. Die Zugführer müssen die Begleitpapiere für die abgehenden Wagen von ihm erhalten und die der ankommenden an ihn abliefern. Der Yard Master muss die Vorschriften über den Frachtdienst kennen und auf die Beachtung derselben halten. Er hat darauf zu sehen, dass die Züge die richtigen Signale führen und an dem bezüglichen Brette die nöthigen Anschläge gemacht werden.

Freight Conductor (Zugführer bei Güterzügen).

Derselbe steht unter dem Train Master und muss den Anweisungen des Yard Master gehorchen. Er ist für die Sicherheit und richtige Beförderung des Güterzuges verantwortlich und hat die Aufsicht über die bei demselben beschäftigten Leute. Er muss die bezüglichen Vorschriften kennen, bei der Aufstellung des Zuges, wenn nöthig, helfen, darauf achten, dass die Bremser geeignete Plätze auf dem Zuge einnehmen, dass die Bremsen in Ordnung sind und sachgemäss benutzt werden und die Signale vorhanden sind. Er darf keine überladene Wagen annehmen und muss beim Aussetzen von Wagen Vorsicht beobachten.

Freight Brakeman (Güterzugbremser).

Der Bremser eines Güterzuges steht unter dem Train Master, muss den Anordnungen des Yard Master Folge leisten und auf der Fahrt denen des Zugführers. Er muss die Bremsen bedienen und Zugsignale geben, nachsehen, ob die Bremsen und Wagen in Ordnung sind, muss dem Conductor beim Ein- und Ausladen von Frachten und bei der Zusammenstellung der Züge helfen und den ihm angewiesenen Platz am Zuge einnehmen. Der letzte Brakeman (oder Flagman) darf seinen Platz nicht verlassen, ausser um den Zug zu beschützen oder Weichen zu stellen; wenn es nöthig ist, muss er sofort mit den Haltesignalen nach rückwärts gehen und darf nicht erst auf Signale oder Befehle warten. Der vordere Bremser muss in gleicher Weise die Spitze des Zuges beschützen, falls der Heizer nicht die Lokomotive verlassen kann. Reisst der Zug, so muss der Flagman den hinteren Theil desselben feststellen und eine geeignete Person zum Schutze des Zuges nach vorn senden, bis der vordere Theil zurückkommt.

Die Bremser müssen den Zug auf den Stationen anhalten und beim Herabfahren auf Gefällen die Geschwindigkeit desselben reguliren, ohne erst auf die Signale des Lokomotivführers zu warten.

Station Agent (Stationsagent).

Der Stations-Agent erhält seine Anweisungen vom Superintendent, an den er auch zu berichten hat. Die Agenten I. Klasse müssen sich ausschliesslich den Geschäften der Eisenbahn-Gesellschaft widmen; denjenigen II. Klasse ist es gestattet, auch andere Beschäftigung zu übernehmen, soweit sich diese mit ihren anderen Pflichten vertragen. Die Stations-Agenten haben das gesammte Eigenthum der Station unter ihrer Aufsicht und müssen für den ordnungsmässigen Zustand derselben Sorge tragen.

Sie haben den Verkauf der Fahrkarten sowie den Frachtgutverkehr einschliesslich des Einsammelns der Güter zu besorgen, ferner darauf zu sehen, dass die Wagen richtig be- und entladen sowie abgesandt werden und müssen die darauf bezüglichen schriftlichen Arbeiten erledigen. Sie haben ferner Aufsicht über die Bahnbediensteten der Station und müssen jeden Verstoss gegen die Vorschriften dem Superintendent berichten. Sie dürfen keine Fahrkarten an solche Personen verkaufen, die den anderen Reisenden durch Trunkenheit oder Krankheit lästig fallen.

Baggage Agent (Gepäck-Agent).

Der Gepäck-Agent ist dem Stations-Vorsteher bezw. Stations-Agenten unterstellt und erhält seine Instructionen ebenfalls vom Superintendent. Er ist mit der Gepäckexpedition betraut.

Division Operator (Telegraphen-Vorstand).

Der Telegraphen-Vorstand ist für den guten Zustand der Telegraphenlinien, ihrer Instrumente u. s. w. verantwortlich, desgleichen für die schnelle Erledigung der Telegramme und führt die Aufsicht über die Telegraphisten und Telegraphenarbeiter. Er ist dafür verantwortlich, dass dieselben mit den nöthigen Signalen und Hülfsmitteln ausgerüstet sind.

Telegraph Operator (Telegraphen- und Signal-Beamter).

Derselbe untersteht dem Division Operator und Train Dispatcher, muss aber auch den Anweisungen des Stations-Vorstehers Folge leisten, wenn solche nicht mit seinen übrigen Pflichten in Widerspruch stehen. Der Operator darf seinen Posten nicht eher verlassen, als bis er abgelöst wird und muss, wenn ein Zug auf der Station ist, in seinem Dienstraum sein, ausser wenn er am Zuge selbst zu thun hat. Er muss ein Register führen über die Zeiten, in welchen die Züge die Station passiren, ferner die Signale in guter Ordnung halten und den Vorschriften gemäss benutzen. Er muss das Ende des Zuges beachten und dem Superintendent wie der nächsten Station Nachricht geben, wenn das rothe Licht (Schlusssignal) fehlt. Er muss sich eines anständigen Benehmens befleissigen, keine Depeschen ausser den vorgeschriebenen frei befördern und Stillschweigen über den Inhalt beobachten. Wenn die Telegraphendrähte schadhaft sind, so muss er feststellen, auf welcher Linie der Schaden ist und wenn der Telegraphen-Aufseher den Fehler nicht rasch abstellen kann, den Strecken-Vorarbeiter benachrichtigen. Die üblichen Bezeichnungen der Depeschen nach ihrer Wichtigkeit und ihrem Vorrang sind:

1) „39" für Mittheilungen an den Präsidenten, Vice-Präsidenten, General Manager, General Superintendent of Transportation und an die General Superintendents. Dieselben haben den Vorrang vor allen Depeschen mit Ausnahme solcher, welche sich auf den Zugverkehr beziehen.
2) „19" Mittheilungen an die Superintendents.
3) „55" wichtige Mittheilungen.

Mittheilungen, welche mit den Zügen gesandt werden können, sollen nicht telegraphirt werden. Missbräuche sind zur Anzeige zu bringen.

Telegraph Repairman (Telegraphen-Aufseher).

Der Telegraphen-Aufseher untersteht dem Division Operator; er hat die Telegraphenanlagen in Ordnung zu halten und muss, wenn nöthig, Hülfe vom Strecken-Vorarbeiter erbitten. Er muss regelmässig die Telegraphenlinien und die Stations-Anschlüsse revidiren, hat ferner Draht und Isolatoren zu verwalten, Anleitung zur Benutzung zu geben und jeden Morgen die Strecke angeben, auf welcher er sich während des Tages aufhält.

Road Foreman of Engines (Lokomotiv-Streckenvorstand.)

Derselbe empfängt seine Anweisungen vom Superintendent. Er muss häufig auf den Lokomotiven mitfahren, die Führer und Feuerleute über ihre Pflichten, über den wirthschaftlichen Gebrauch von Kohlen und sonstigen Materialien unterrichten, darauf achten, dass die Maschinen in gutem Zustande sich befinden und mit allem Nöthigen versehen sind, feststellen, wie viel Wagen jeder Klasse die Lokomotiven fahren können und darauf halten, dass sie die richtige Zahl von Wagen befördern. Ueber die Fähigkeiten der Führer und Heizer und etwaige Vernachlässigungen der Pflichten muss er berichten. Er muss den Maschinenmeister und Maschinenhaus-Vorstand bei Beurtheilung der Bedürfnisse der Lokomotiven und deren Zustand zu Rathe ziehen und ebenso den Superintendent wegen wirthschaftlicher oder Betriebsdienst-Fragen.

Engineman (Lokomotivführer).

Der Lokomotivführer untersteht dem Road Foreman of Engines; er muss den Anordnungen des Zug-Inspectors folgen, ebenso den Stations-Vorständen und Aufsehern auf Güterbahnhöfen und den Zugführern, soweit es die Zusammensetzung und Beförderung der Züge betrifft. Im Lokomotivschuppen untersteht er dem Maschinenhaus-Vorstand. Er muss seinen Dienst ordnungsgemäss verrichten, die Signale beachten u. s. w. Während der Fahrt darf er die Lokomotive nicht verlassen, ausser wenn es durchaus nöthig ist und muss dann den Heizer darauf belassen. Er muss auf den Zustand seiner Lokomotive genau achten, darüber berichten und wenn aufgefordert, bei deren Reparatur helfen.

Fireman (Feuermann).

Der Heizer steht ebenfalls unter dem Strecken-Maschinenvorstand und muss den Anordnungen des Zug-Inspectors gehorchen; im Lokomotivschuppen untersteht er dem Maschinenhaus-Vorstand. Während der Fahrt muss er den Anordnungen des Lokomotivführers nachkommen und denselben unterstützen, die Signale bereit halten und den Vorschriften gemäss anwenden. Nach der Fahrt muss er bei der Reinigung der Maschine Hülfe leisten.

Master Mechanic and General Foreman of Car Shops. (Maschinenmeister und Vorstand von Wagenwerkstätten).

Beide Beamte empfangen ihre Anweisungen vom Superintendent and Superintendent of Motive Power (Obermaschinenmeister). Sie sind für den guten Zustand der ihnen unterstehenden Lokomotivschuppen bezw. Werkstättenanlagen, sowie für die Disciplin unter den Beamten und die gute Unterhaltung der Betriebsmittel verantwortlich, ferner dafür, dass alles zweckmässig und wirthschaftlich gemacht wird u. s. w. und haben darauf zu halten, dass in den Schuppen und Werkstätten nachts und an Sonntagen nur soweit gearbeitet wird, als durchaus nöthig ist. Die Mittheilungen des Strecken-Maschinen-Vorstandes müssen bei der Unterhaltung der Betriebsmittel berücksichtigt werden.

Engine House Foreman (Maschinenhaus-Vorstand).

Derselbe steht unter dem Maschinenmeister, hat die baulichen Anlagen und die darin befindlichen Maschinen zu überwachen, die Disciplin aufrecht zu erhalten, die Unterhaltung und Reinigung der Maschinen zu veranlassen, auf wirthschaftliche Verwendung der Materialien zu sehen u. s. w.

Shop Clerk (Werkstättenschreiber).

Derselbe hat den Anweisungen des Superintendent, des Maschinenmeisters u. s. w. nach Maßgabe der Vorschriften der höheren Beamten Folge zu leisten und muss die Arbeitszeit, den Materialienverbrauch in den Schuppen und Werkstätten aufschreiben und darnach die Aufstellungen machen.

Foreman of Car Inspectors (Wagenmeister).

Der Wagenmeister hat den Anweisungen des Superintendent of Motive Power, des Stations-Vorstehers und des Vorstandes des Güterbahnhofs nachzukommen; er hat die Wagen zu revidiren, Reparaturen ausführen zu lassen, dieselben zu überwachen und darauf zu halten, dass die Wagen in gutem Zustande und gut gereinigt sind u. s. w. Schadhafte Wagen hat er der Werkstätte zuzuführen.

Supervisor of Road (Bahnmeister).

Der Bahnmeister erhält seine Instruktionen von den höheren Beamten der Bahnunterhaltung, muss die ordnungsmässige Unterhaltung der Bahn und der Arbeiten auf derselben überwachen, Listen über die ausgeführten Arbeiten führen u. s. w.

Master Carpenter (Zimmermeister).

Derselbe erhält seine Instruktionen von den höheren Beamten der Bahnunterhaltung und muss die ordnungsmässige Unterhaltung der Brücken und sonstigen Bauten überwachen. Ueber beobachtete Schäden hat er zu berichten; mit den Signalen muss er vertraut sein und darauf sehen, dass sie an den Arbeitsstellen in richtiger Weise zur Benutzung gelangen.

Track Foreman (Strecken-Vorarbeiter).

Derselbe hat unter dem Bahnmeister für die Unterhaltung der Strecke Sorge zu tragen. Während heftiger Stürme müssen sie die verfügbaren Rottenarbeiter zur Bewachung ihrer Strecke verwenden, etwaige Hindernisse von denselben wegräumen u. s. w. Sie haben darauf zu achten, dass 10 Minuten vor Ankunft eines Zuges die Gleisarbeiten unterbrochen werden, bezw. dass der Zug sicher die Ausbesserungsstelle passiren kann u. s. w. Letztere muss nach beiden Richtungen hin im Abstande von je 900 Yards (822 m) durch Signale gedeckt werden.

Road and Bridge Watchmen (Strecken- und Brückenwächter). Dieselben sind dem Strecken-Vorarbeiter unterstellt; ihnen liegt die Bewachung der Bahn und der Brücken ob. Die Streckenwächter müssen sehen, ob das Gleis in gutem Zustande sich befindet, ob die Weichen, welche dem Hauptgleise gefährlich werden können, richtig gestellt und verschlossen sind, dass auf Nebengleisen befindliche Wagen den Hauptstrang profilfrei lassen; dgl. müssen sie die Bahngebäude bewachen.

Die Brückenwächter müssen auf den Brücken für genügenden Wasservorrath sorgen und jedem Zuge mit einem Wasserbehälter folgen, um etwaige durch die Lokomotive verursachte Feuersgefahr zu beseitigen, ferner haben sie das Holz- und Eisenwerk der Brücken zu untersuchen, vorgefundene Mängel zu melden u. s. w.

Switchman (Weichensteller). Derselbe hat die Weichen zu bedienen und auf deren gutes Zustand zu achten.

Wie aus dem Inhalte der vorstehenden Instruktionen hervorgeht, ist die Stellung der Beamten in mancher Beziehung eine etwas andere als in Deutschland.

Durch die dem Zuginspektor (Train Master) zugetheilten Rechte und Pflichten wird die Stellung des Stationsvorstehers (Station Master) beschränkt und hat derselbe wesentlich nur die Aufsicht über die Einrichtung und den Verkehr auf den Personenbahnhöfen, während in ähnlicher Weise der Vorstand des Güterbahnhofs (Yard Master) für die Güterstationen sorgt.

Bei der Aufsicht über die Lokomotiven ist der Dienst auf der Strecke von dem im Lokomotivschuppen getrennt und sind dem Road Foreman die Anordnungen für den Zugdienst und die Aufsicht über denselben übertragen. Es hängt dieses wohl mit dem Umstande zusammen, dass die Lokomotivführer vorwiegend keinen Schuppendienst leisten. Was die Aufsicht über die Lokomotiven auf den Strecken betrifft, so waren früher ähnliche Dienstverrichtungen den auf einigen Bahnen (z. B. auf der Magdeburg-Halberstädter-Bahn) vorhandenen Maschinen-Controleuren übertragen.

Völlig abweichend von den deutschen Verhältnissen ist die Einrichtung des auch schon im Abschnitt II, Signalwesen behandelten Train Dispatcher, welche Dienststelle bei uns überhaupt nicht vorhanden ist.

Da in Amerika Fahrpläne nur für die regelmässigen Personenzüge, Lokalgüterzüge und höchstens auch für einzelne durchgehende Güterzüge bestehen und täglich eine Anzahl Züge ausserdem ohne Fahrplan gefahren wird, so ist es nothwendig, hierfür Anordnungen zu treffen. Ursprünglich mögen diese wohl bei geringer Ausdehnung direkt vom Betriebsdirektor gemacht sein, später sind dieselben, weil zu zeitraubend, auf die Train Dispatchers übergegangen; dieselben bedienen sich aber bei ihren Anordnungen des Namens des Betriebs-Direktors.

Jeder dieser Dispatchers hat eine bestimmte Strecke zu verwalten, welche erfahrungsmässig die Kräfte eines Einzelnen nicht übersteigt; derselbe sitzt im Telegraphenbüreau der Centralstation und hat eine grosse Liste vor sich, in welcher die Namen aller Stationen vorgedruckt sind und in welcher Spalten zur Ausfüllung des Abgangs von Zügen, Stärke und Zusammensetzung derselben, Namen der Lokomotivführer und Zugführer vorhanden sind. Von jeder Station wird Einfahrt und Abfahrt der

Züge und sonst Bemerkenswerthes telegraphisch gemeldet und wird sofort alles eingetragen. Solange die Züge rechtzeitig laufen und fahrplanmässige sind, geht die Sache ihren Gang, sobald aber Extrazüge fahren, Störungen eintreten, ferner wenn bei den grösstentheils eingleisigen Strecken Kreuzungen verlegt werden müssen, regelt der Dispatcher die Fahrt durch Telegramme, welche von dem Telegraphen-Büreau der betreffenden Station sowohl dem Zugführer wie dem Lokomotivführer eingehändigt werden müssen.

Der Zugleiter muss mit der von ihm verwalteten Strecke, den Bahnhöfen u. s. w. genau bekannt sein, auch die Beamten und alle einschläglichen Verhältnisse kennen. In besonders wichtigen Fällen muss er Verfügung des Betriebs-Direktors einholen, namentlich bei Unfällen. Ueber alle Vorgänge muss sorgsamer Vermerk unter genauer Zeitangabe gemacht werden und muss dabei stets der Name des verantwortlichen Beamten notirt werden.

Die Vorschriften über die Züge enthalten im Allgemeinen folgende Bestimmungen: Vorschriften über die Züge.

Die Züge sind in dem Fahrplan angegeben und können aus Einzelzügen oder mehreren Abtheilungen bestehen, welche sich signalisiren. Extrazüge stehen nicht im Fahrplan, können aber ohne weitere Benachrichtigung gefahren werden. Die im Fahrplan stehenden Züge sind wie schon anderweitig erwähnt, klassificirt nach ihrem Vorrang und muss jeder Zug einer geringeren Klasse gegen den einer höheren Klasse zurückstehen.

Bei Extrazügen ist die Rangfolge:

Extra-Personenzug.
Extra-Güterzug.
Extra-Arbeitszug.

Vor den Extrazügen haben aber alle fahrplanmässigen Züge den Vorrang.

Einzelne Lokomotiven werden als Züge betrachtet.

Ein Zug niederer Klasse muss unter allen Umständen einem höherer Klasse den Weg freigeben. Wenn ein Zug niederer Klasse mit einem höherer kreuzen muss, so muss er sich auf das Seitengleis setzen und das Fahrgleis 10 Minuten lang frei halten, ebenso wenn ein Zug nachkommt. Kein Zug darf einem Personenzuge auf demselben Gleise folgen, ehe 10 Minuten verflossen sind, es müssen sonst Blocksignale vorhanden sein; Güterzüge dagegen können in 5 Minuten Zeitfolge fahren.

Wenn ein Zug auf der Strecke halten muss, so hat der Flagman sofort zurückzugehen und in einer Entfernung von 600 Yards (548 m) vom Zuge ein Knallsignal (Torpedo) auf die Schienen zu legen, dann muss er 600 Yards (548 m) weiter gehen und dort zwei Knallsignale in 10 Yards (9,1 m) Abstand von einander legen, sodann muss er wieder 300 Yards (274 m) zurückkehren und warten, bis er durch Pfeifensignale zurückgerufen wird. Er muss jedoch das doppelte Knallsignal liegen lassen und nur das einfache Knallsignal aufnehmen. Das Explodiren einer Knallkapsel bedeutet: „Halt“, das zweier Kapseln zeigt an, dass die Geschwindigkeit des Zuges zu mässigen und nach einem Haltesignal anzuhalten ist. Sobald der Flagman den Zug verlässt, muss der nächste Bremser seine Stelle einnehmen.

Fährt ein auf der Strecke in Folge eines Unfalls und dgl. nachts liegengebliebener Zug weiter, so ist auf manchen Bahnen ein besonderes Haltesignal in Gestalt eines 10 Minuten lang mit grosser Flamme brennenden Lichtes (Fusee) zu geben, das mittelst eines Stockes in der Mitte des Gleises

18*

eingesteckt oder auch von der Plattform des letzten Wagens auf das Geleise geworfen wird. Stösst der Führer eines nachfolgenden Zuges auf ein solches brennendes Licht, so muss er halten, bis dasselbe erloschen ist.

Wenn eine Gefahr auf eingleisigen Strecken von vorn droht und der Zug auf der Strecke hält, so muss der Heizer nach vorn gehen, um in gleicher Weise den Zug zu beschützen. Wenn derselbe nicht abkömmlich ist, so muss der nächste Bremser herangezogen werden.

Wenn ein Zug auf der Strecke abreisst, so muss der hintere Theil halten, bis der vordere zurückkommt. Der letztere muss unter allen Umständen zurücksetzen, es ist aber ein Flagman mit Haltesignalen 600 Yards (548 m) vorauszuschicken.

Wenn ein Zug einer höheren Klasse auf einer Station liegen bleibt, so erhält der nächste Zug, wenn auch niederer Klasse, die Rechte des ersteren bis zum nächsten Telegraphen-Bureau, wo Meldung an den Superintendent bezw. Train Dispatcher erstattet wird.

Zugführer und Lokomotivführer werden beide gleich verantwortlich gemacht, wenn einer der Regeln zur Sicherung der Züge vernachlässigt wird; sie müssen gegebenen Falls jede gebotene Vorsichtsmaſsregel anwenden, auch wenn solche nicht vorgeschrieben ist. In zweifelhaften Fällen sollen diejenigen Maſsregeln getroffen werden, welche die meiste Sicherheit bieten.

Blocksystem. Die Einführung des Blocksystems ist wie bereits erwähnt, bis jetzt nur in sehr beschränktem Maſse erfolgt. Es werden dabei unterschieden:

das absolute und das permissive System.

Bei dem ersteren Blocksystem darf stets nur ein Zug auf der Blockstrecke sich befinden, bei dem „Permissive Block" können auch mehrere Züge gleichzeitig denselben Abschnitt befahren. In beiden Fällen haben sich die Züge einzig nach den bei den Blockstationen befindlichen feststehenden Signalen (Mastensignalen) zu richten. Bei dem „Absolute Block" werden die Signalfarben roth und weiss benutzt, bei dem anderen System wird ausserdem noch grün verwendet.

Roth zeigt an, dass die Blockstrecke nicht frei ist und bedeutet „Halt". Weiss deutet die Strecke als „Frei" an und giebt die Erlaubniss zum Fahren. Grün zeigt an, dass auf der Blockstrecke sich ein oder mehrere Züge befinden und dass der hiervon in Kenntniss gesetzte Zug vorsichtig vorrücken darf. Ist ein Signalmast vorhanden, so entspricht die wagerechte Flügellage dem Roth, die fast senkrechte dem Weiss und die zwischen beiden liegende, also die schräg geneigte, dem Grün.

Das Signal muss für gewöhnlich Roth zeigen, ausser, wenn dem Zug Fahrerlaubniss gegeben werden soll. Sobald der Zug das Signal passirt hat, muss es auf Roth zurückgestellt werden. Nähert sich ein Zug einer Blockstation, so muss Weiss gezeigt werden, wenn die vorliegende Strecke frei ist.

Beim Permissive-System muss ebenfalls Roth so lange gezeigt werden, bis die Strecke frei ist; dies gilt strengstens, so lange ein Personenzug auf der letzteren sich befindet. Ist dieses jedoch kein Personenzug, so wird dem nachfolgenden Zuge gleicher Gattung Grün gezeigt und dieser kann vorsichtig vorrücken; ein nachfolgender Personenzug muss jedoch zunächst durch Roth zum Halten gebracht und dann benachrichtigt werden, dass ein anderer Zug noch die Strecke besetzt hält, dann kann auch er vorsichtig weiterfahren.

Betreffs der neuerdings in der Nähe grosser Städte zur Einführung gelangten electrisch-pneumatischen, sowie der auf den New Yorker Hochbahnen und anderen Linien benutzten selbstthätigen Blocksignalen wird auf das in den Abschnitten I und namentlich II Gesagte verwiesen.

Die Dienstanweisungen für die auf einigen Bahnen in Anwendung stehenden Nebelwärter schreiben im Wesentlichen Folgendes vor: Nebelwärter.

Der Nebelwärter erhält seine Anweisung von dem Bahnmeister. Wenn Nebelwetter in Aussicht steht, haben sich die Nebelwärter sofort an die ihnen angewiesenen Plätze zu begeben und dort zu bleiben, bis der Bahnmeister anderes anordnet. Tritt Nebel zur Nachtzeit ein, so hat der Nachtdienst thuende Bahnmeister ohne Verzug das Erforderliche zu veranlassen.

Die Nebelwärter müssen mit einer rothen und grünen Flagge für den Tagesdienst und einer Laterne mit rothem und grünem Licht für den Nachtdienst ausgerüstet sein. Sie haben die Lokomotivführer herannahender Züge darüber zu benachrichtigen, wieviel Minuten seit Passiren des letzten Zuges verflossen sind. Es hat dieses bei Tage durch Hochheben der Finger, von denen jeder eine Minute bedeutet, zu geschehen. Durch grünes Signal wird den Lokomotivführern angedeutet, dass sie eine Mittheilung des Nebelwärters zu empfangen haben. Wenn 5 oder mehr Minuten seit dem Passiren des letzten Zuges verflossen sind, so kann angenommen werden, dass dieser Zug weit genug entfernt ist und darf der Nebelwärter dem nächsten Zuge das Fahrsignal geben. Muss er letzteren aber anhalten, so hat er den Lokomotiv- und Zugführer sofort zu benachrichtigen, dass der vorhergehende Zug noch zu nahe ist und dass deshalb nur langsam vorgefahren werden darf. Gleichzeitig hat er dem nächstfolgenden Zuge das Flaggensignal zu geben und dessen Führern die Ursache der Verzögerung mitzutheilen. Alsdann muss er nach seinem Standort zurückkehren, um bei einem etwa eintretenden Ereigniss Hülfe zu leisten.

Der Zugführer eines angehaltenen Zuges soll sich sofort überzeugen, dass das Zugende richtig durch den Flagman gesichert wird, indem dieser mit einer rothen Flagge oder Laterne mindestens 500' (152 m) zurückgeht und das Personal des nachkommenden Zuges benachrichtigt, langsam vorzurücken. Unter keinen Umständen darf dieser Beamte eher zurückkehren, als bis diese Benachrichtigung geschehen ist, es sei denn, dass er durch ein Pfeifensignal (4 Pfiffe) zu seinem Zuge zurückgerufen würde.

Von den Staaten, welche die Western Division der Pennsylvania-Bahn durchschneidet, namentlich Illinois, Ohio und Indiana, sind strenge Gesetze zur Sicherung der Zügen erlassen. Hiernach muss jeder Zug, welcher eine Schwing- oder Drehbrücke passirt, in eine andere Bahn im Niveau einfährt oder dieselbe kreuzt, — welche Fälle in der Nähe der Städte sehr häufig sind — zum Halten gebracht werden, und zwar in einer Entfernung von 200–800' (60–240 m) von der Kreuzung, der Lokomotivführer muss die Kreuzung u. s. w. vollständig übersehen, ehe er weiter fährt. Handelt er dieser Vorschrift zuwider, so wird er, abgesehen von anderen Strafen, im ersten Falle mit 100 $ (425 ℳ), im Wiederholungsfalle mit 200 $ (850 ℳ) gestraft; andere Bahnen schreiben sogar eine Strafe von 100–1000 $ (425–4250 ℳ) vor. Kreuzungen in Schienenhöhe.

Die Ausbildung der Beamten ist wesentlich auf das Praktische und auf die von ihnen auszuführenden Arbeiten gerichtet. In Bezug auf allgemeine Bildung stehen durchschnittlich die deutschen Beamten etwas günstiger da, namentlich besitzen die höheren Beamten eine bessere theoretische Beamte.

Ausbildung, als die meisten in Amerika, wozu die in Deutschland vorhandene grössere Zahl gediegener Lehranstalten und die hier bestehende Vorschrift der Verfolgung eines bestimmten Ausbildungsganges und des Bestehens von Prüfungen beitragen, wenn auch nicht verkannt werden soll, dass in Amerika einzelne Beamte, theilweise durch Selbststudien, eine hohe Stufe theoretischer Fachbildung erreicht haben.

Dass in Amerika das Bedürfniss empfunden wird, in Bezug auf die Auswahl und Ausbildung der Beamten etwas schärfer einzugehen, geht unter anderem aus dem Referate über die am 17. Mai 1891 in Cape May gelegentlich der Proceedings of National Convention von den Master Mechanics abgehaltenen Versammlung hervor, in welcher beschlossen wurde, in Bezug auf die Ausbildung eines guten Stammes von Lokomotivführern und Feuerleuten Folgendes zu beachten:

„I. Es sollen nur tüchtige und tadellose Leute angenommen und für den Dienst erzogen werden.

Dieselben sollen aufmerksam überwacht und alle Leute ausgemerzt werden, welche nicht in jeder Beziehung die Fähigkeit haben, demnächst Lokomotivführer I. Ranges zu werden.

II. Der Anwärter soll zunächst in Bezug auf die Unterhaltung des Feuers bei den verschiedenen Zuggattungen vollständig ausgebildet und nicht eher zur selbstständigen Handhabung der Steuerung zugelassen werden, ehe er sich nicht mit den wesentlichen Erfordernissen des Dienstes bekannt gemacht hat.

III. Der Anwärter soll zum Lernen angeregt und ihm Anleitung in jeder Beziehung gegeben werden. Er soll durch Vorgesetzte periodisch geprüft werden und Schritt für Schritt fortschreiten, bis er ein tüchtiger Führer ist; es soll jedoch ein Zeitpunkt festgesetzt werden, an welchem entschieden werden muss, ob er alle Fähigkeiten eines guten Führers erreicht hat oder erreichen wird, und danach verfahren werden. Es sollen nicht, wie es bisher wohl der Fall war, beliebige Leute ausgewählt und auf die Maschine gestellt werden.“

Wie schon an anderer Stelle erwähnt, werden die Beamten dem kostspieligen Lebensunterhalt und der stärkeren Anspannung entsprechend im Allgemeinen höher bezahlt, als bei uns; auch suchen die Verwaltungen das Interesse namentlich der Fahrbeamten dadurch mit dem ihrigen zu verbinden, dass dieselben nach Trips (Fahrten) bezahlt werden, also in Stückwerk arbeiten und nur nach Maßgabe der Leistung Geld erhalten, während im Uebrigen bei Urlaub, Krankheit, Entlassung, Todesfall nichts gezahlt wird. Es ist dieses Verfahren selbstverständlich ein mächtiger Reiz für die Beamten und suchen dieselben soweit es irgend angeht, grosse Leistungen zu erzielen. Die Lokomotivbeamten sind in Folge dessen, zumal sie auch keine gelernten Handwerker sind, in Bezug auf den Dienst leichter zu behandeln, als es sonst wohl der Fall ist.

Regelmässige Arbeiten im Schuppen brauchen Lokomotivführer und Heizer übrigens nicht zu verrichten.

Vielfach wird bei der Bemessung des Einkommens der Zugbeamten ein Einheitssatz der durchfahrenen Streckenmeilen — day work = Tagewerk genannt — zu Grunde gelegt, der je nach der

Sachlage zu 75—120 Miles = 120—193 km gerechnet wird. Der den fraglichen Beamten hierfür zu zahlende Betrag wurde wie folgt angegeben:

Zugführer	bei Personenzügen	3,75—5,00 $	(15,94—21,25 M),	
„	„ Güterzügen	2,75—3,00 „	(11,69—12,75 „),	
Packmeister	„ Personenzügen	2,00—3,00 „	(8,50—12,75 „),	
Bremser	„ „	1,75 „	(7,44 „),	
Lokomotivführer	„ „	3,50—4,00 „	(14,88—17,00 „),	
„	„ Güterzügen	3,50—3,75 „	(14,88—15,94 „).	

Bei der Michigan Central-Bahn wird folgender Einheitssatz als Daywork (Tagewerk) zu Grunde gelegt:

100 Miles = 161 km für Personenzüge,
90 „ = 145 „ „ Güterzüge,
10 „ = 16 „ „ Rangirdienst.

Es erhält dafür

der Lokomotivführer 3,50 $ (14,88 M),
der Heizer 1,875 „ (8,00 „).

Thatsächlich übersteigt jedoch bei günstigen Zügen die tägliche Leistung das sogenannte Tagewerk; so machen z. B. auf der gedachten Bahn bei bestimmten, besonders günstig liegenden Personenzügen zwei Personale zusammen monatlich über 9000 Miles (14490 km) und verdient dabei jeder Führer monatlich 165—170 $ (701,25—722,50 M). Bei einem anderen günstig liegenden Zuge fährt der Führer auf einer Strecke von etwas über 100 Miles einen Zug in einer Nacht hin und zurück und erhält für die Hin- und Rückfahrt je 4¼ $ zusammen also 8½ $ (36,12 M); doch sind dieses Ausnahmefälle und liegen nicht viele Züge so günstig.

Sind die Zugbeamten durch Krankheit oder sonst behindert, so erhalten sie, wie oben erwähnt, nichts, ebenso, wenn sie dauernd dienstunfähig oder entlassen werden.

Geschwindigkeit der Züge.

Bei der Geschwindigkeit der Züge kommt in Betracht, dass nur die wichtigsten Bahnübergänge in Amerika bewacht sind und der Führer in der Nähe der Städte häufig langsam zu fahren gezwungen ist. Beiläufig bemerkt, ist er verpflichtet, dabei zu läuten, und ist der Schall der Lokomotivglocke, welche beinahe die Grösse einer kleinen Kirchenglocke hat, ein durchdringender. Als ich gelegentlich auf einem Bahnhofe im Gespräche mit höheren Beamten in der Nähe eines Ueberganges stand, läuteten 3 über denselben rangirende Lokomotiven fortwährend und so stark, dass man sich kaum unterhalten konnte; möglicherweise hatte die Nähe der Vorgesetzten den Eifer der Führer gesteigert.

Ferner kommt in Betracht, dass für die Maximalgeschwindigkeit auf der Strecke im Allgemeinen keine Vorschrift gegeben ist, wenn solche auch für bestimmte Stellen oder Strecken (starke Gefälle und dergl.) wohl bestehen. Es wird dadurch, dass im Allgemeinen auf dem Gefälle eingeholt werden kann, was auf der Steigung verloren wurde, die Innehaltung der Fahrzeit und die Ausnutzung der Maschinenkraft begünstigt. Als ich einen Oberbeamten über diese Angelegenheit sprach, sagte derselbe: „Ich halte sehr darauf, dass die Führer in der Nähe der Städte recht langsam fahren, auf der freien Strecke mögen sie fahren so rasch sie können."

Ich habe die Befolgung dieser Aeusserung auch u. A. bei einer Fahrt auf der Lokomotive eines der schnellsten Züge (des Expresszuges der Baltimore-Ohio-Bahn) No. 504 von Washington nach Baltimore bestätigt gefunden. Die Entfernung beträgt 40 Miles = 64,5 km; für die Fahrzeit waren 45 Minuten zugelassen, der Zug fuhr aber, da etwas Verspätung war, nur 43 Minuten, wie ich genau feststellte. Es ergiebt dieses eine Durchschnittsgeschwindigkeit von 90 km in der Stunde ohne Zuschlag für An- und Abfahrt, welche eingeholt werden mussten. Da ferner die grossen Städte Washington und namentlich Baltimore ausgedehnte Vorstädte haben, durch welche langsam gefahren werden musste, und da die Bahn über eine Wasserscheide mit nicht unerheblicher Steigung geht, so ist klar, dass die Geschwindigkeit während des günstigen Theiles der Fahrt ganz erheblich grösser gewesen sein muss. Wenn es auch schwer hält, so ungewöhnliche Geschwindigkeiten richtig zu schätzen, so glaube ich doch, dass zeitweilig 110 km i. d. Stunde, wenn nicht noch mehr erreicht wurden. Der Zug hatte 18 Achsen und die Lokomotive war nach dem American Type gebaut, hatte vorn ein Drehgestell und hinten 2 gekuppelte Treibachsen von 68" (1727 mm) Raddurchmesser; der Kessel lag wie bei den meisten amerikanischen Lokomotiven sehr hoch. Während der Fahrt durch die vielfachen ziemlich scharfen Kurven bewegte sich die Maschine zwar sehr, so dass ich mich auf der Bank des Heizers, auf welcher ich Platz genommen hatte, festhalten musste, da die Maschine aber im Gleise nicht schlingerte und das aus starken Schienen mit vielen Schwellen bestehende Gleis auf dem Steinschlag sehr fest lag, so hatte man doch nicht das Gefühl von Unsicherheit.

Es mag hierbei übrigens bemerkt werden, dass auch in Deutschland in früherer Zeit vor Einführung der scharfen Controllmaßregeln (Contactapparate u. s. w.) die zulässige grösste Fahrgeschwindigkeit von 90 km die Stunde bei den Schnellzügen auf günstigen Strecken zwecks Einholung von Verspätungen vielfach ganz erheblich überschritten ist und dass beispielsweise auf der Linie Berlin-Lehrte Geschwindigkeiten bis zu 105 km festgestellt sind, ohne dass ein unruhiger Gang des Zuges zu bemerken war. In der Zeitschrift des Vereins Deutscher Eisenbahn-Verwaltungen ist sogar angegeben, dass auf dieser Strecke wiederholt Geschwindigkeiten von 110 km die Stunde erreicht worden sind.

In Bezug auf Geschwindigkeit werden in Amerika unterschieden:

Limited und Express trains (Züge mit beschränkter Wagenzahl und Schnellzüge), Passenger und Accomodation Trains (durchgehende und lokale Personenzüge).

Eine Anzahl der Limited und Expresszüge sind mit ihren bezüglichen Geschwindigkeiten in der nachstehenden Uebersicht zusammengestellt; des besseren Vergleichs halber sind einige Züge der deutschen Bahnen, namentlich der preussischen Staatsbahnen hinzugefügt worden.

Wie aus der nachstehenden Uebersicht zu ersehen, fahren die Limited und Express-Trains im dichtbevölkerten Osten rasch und legen grössere Strecken ohne Anhalten zurück, dieselben nehmen dabei vielfach während der Fahrt Wasser ein und übertreffen, auf grosse Entfernungen berechnet, unsere Schnellzüge in der Geschwindigkeit, dagegen fahren die Züge auf den langen Linien des Westens, wo der Wettbewerb weniger in Frage kommt, nur mit verhältnissmässig geringer Geschwindigkeit.

Bei der grossen Ausdehnung des Landes und der grossen Zahl von Personen, welche längere Entfernungen durchfahren, ist übrigens auf den Hauptlinien des Ostens die Zahl der Expresszüge grösser als die der gewöhnlichen Personenzüge.

Uebersicht

über die Geschwindigkeit amerikanischer und deutscher Schnellzüge.

Bahn	Strecke von – bis	Fahrzeit einschl. Aufenthalt Std.	Min.	Durchfahrener Weg in km	Durchschnittliche Geschwindigkeit in km pr. St.
	I. Lange Strecken.				
New York Central and Hudson River Railroad	New York (Gr. Central Sta.)—Buffalo (North Shore Limited)	10	45	708	66
"	New York—Chicago über Albany—Buffalo	24	45	1576	64
"	New York (Gr. Central Stat.)—Buffalo (Fast-Mail)	11	17	708	64
Pennsylvania Railroad	New York—Chicago über Pittsburg—Fort-Wayne	24	45	1469	59
Baltimore and Ohio Railroad	Baltimore—St. Louis	28	30	1498	53
Chicago, Milwaukee and St. Paul Ry	Chicago—Omaha	15	35	784	50
Chicago, Milwaukee and St. Paul Ry Union Pacific	Chicago—San Francisco über Omaha-Ogden	84	50	3773	41
Union Pacific	Omaha—Ogden	37	30	1655	44
"	Ogden—San Francisco	31	15	1334	42
Deutsche Bahnen	Berlin—Köln über Braunschweig—Hildesheim (S.-Z. No. 32)	9	31	576	60
"	Berlin (Schles. Bhf.)—Königsberg (S.-Z. No. 3)	9	48	590	60
	Hamburg—Basel über Köln	16	13	949	59
	Hamburg—Basel über Frankfurt a. M.	17	25	886	51
"	Berlin—Basel über Frankfurt a. M.	19	—	940	50
	II. Kürzere Strecken.				
Royal Blue Line	New York, New Jersey—Washington	4	48	376	78
New York Central and Hudson River Railroad	New York—Albany	3	15	230	71
Deutsche Bahnen	Berlin—Hamburg (S.-Z. No. 6)	3	28	286	80
"	Berlin—Braunschweig (S.-Z. No. 32)	3	16	228	70
	III. Theilstrecken.				
Baltimore and Ohio Railroad	Baltimore—Washington	—	45	64	86
Deutsche Bahnen	Hamburg—Wittenberge (S.-Z. No. 7)	1	56	160	83

In neuester Zeit fand nach den von Mr. Arthur G. Leonard in New York freundlichst dem Verfasser übersandten Mittheilungen eine Versuchsfahrt auf der New York Central and Hudson River R. R. statt, bei welcher wohl die grösste Durchschnittsgeschwindigkeit auf langen Strecken erreicht wurde, mit welcher bis jetzt gefahren ist.

Auf der Strecke von New York nach Chicago stehen die Schnellzüge der Pennsylvania- und der New York Central-Bahn in Wettbewerb und hatten dieselben bisher dieselbe Fahrtdauer, nämlich 24 Stunden und 45 Minuten. Um festzustellen, welche grösste Geschwindigkeit mit den in neuerer Zeit beschafften starken Lokomotiven zu erreichen sein möchte, hat am 14. September 1891 die New York Central-Bahn auf einem Theil der Strecke New York-Chicago, nämlich von New York bis East Buffalo eine Probefahrt gemacht. Der Zug verliess New York Morgens 7½ Uhr und bestand aus:

Lokomotive No. 870 mit Tender,	Gewicht:	200000 lbs	(90800 kg).
New York Central Private Car No. 247,	„	88500 „	(40180 „).
Wagner Palace Car „Traveler“,	„	77900 „	(35366 „).
„ „ „ „Mariquita“	„	93600 „	(42494 „).
	Gesammtgewicht:	460000 lbs	(208840 kg).

An der Fahrt nahmen die obersten Betriebsbeamten Vicepräsident Webb und dessen Sekretär Leonard, General Superintendent Voorhees, Superintendent of Motive Power Buchanan, sowie eine Anzahl anderer Beamte und einige Redakteure technischer Zeitschriften Theil.

Die Zuglokomotive No. 870 und die zu derselben Gattung gehörigen Lokomotiven sind von den Schenectady Locomotive Works nach den Plänen des Mr. Wm. Buchanan gebaut und haben sich im Betriebsdienste bei grossen Geschwindigkeiten bereits bewährt. Dieselben haben vorn ein Drehgestell mit 36" (911 mm) grossen Rädern mit einem Radstand von 6' 8" (2032 mm) und einer Belastung von 40000 lbs = 18160 kg, hinten 2 Treibachsen von 6' 6" (1981 mm) Durchmesser und 8' 6" (2590 mm) Radstand und einen Gesammt-Raddruck von 80000 lbs (36320 kg). Der Kessel hat an der engsten Stelle 58" (1473 mm) im Durchmesser und 268 Röhren von 2" (50,8 mm) äusseren Durchmesser und 12' (3658 mm) Länge. Der Feuerkasten ist im Innern 96" (2438 mm) lang und 40½" (1028 mm) breit. Der Dampfdruck beträgt 180 lbs (12,2 Atm.). Der Tender mit zwei Drehgestellen ist zum Aufnehmen von Wasser während der Fahrt eingerichtet und fasst 3500 Gallons (15890 l) Wasser und 6¾ Tons (6122 kg) Kohlen; sein Gewicht im beladenen Zustand beträgt 80000 lbs (36320 kg).

Die ganze Länge der Strecke beträgt 436½ Miles (702,76 km) und zerlegt sich in die 3 Abschnitte New York-Albany, Albany-Syracuse und Syracuse-East Buffalo. Der erste und letzte Abschnitt sind ohne nennenswerthe Steigungen, während der zweite durch welliges Gelände sich hinzieht. Scharfe Kurven kommen auf einzelnen ungünstigeren Strecken vor. Nur in Albany und Syracuse war ein Aufenthalt behufs Maschinenwechsels vorgesehen, derselbe betrug in Albany 3 Minuten 28 Secunden und in Syracuse 2 Minuten 30 Secunden. Es musste jedoch zwischen Syracuse und East Buffalo auf der Station Fairport 7 Minuten und 50 Secunden gehalten werden, um ein heiss gewordenes Achslager abzukühlen.

Die Fahrzeit auf den einzelnen Strecken betrug zwischen

New York-Albany,	143	Miles (230,23 km),	. . . . . .	139 Min. 43 Sec.
Albany-Syracuse,	148	„ (238,28 „).	. . . . . .	146 „ 15 „
Syracuse-Fairport,	70,33	„ (113,23 „).	. . . . . .	67 „ 49 „
Fairport-East Buffalo,	75,17	„ (121,02 „).	. . . . . .	71 „ 55 „

Gesammtlänge: 436,50 Miles (702,76 km), Gesammtfahrzeit: 425 Min. 42 Sec. abzügl. Aufenthalt,
„ 439 „ 30 „ einschl. „

Es ergiebt sich daraus eine Durchschnittsgeschwindigkeit von

96,0 km die Stunde einschliesslich der Aufenthalte,
99,6 „ „ „ ausschliesslich „ „

Es ist dies die grösste Geschwindigkeit, welche auf einer so langen Strecke jemals erreicht wurde. Bei dem Zuge wurden Aufzeichnungen über die Geschwindigkeit zwischen den einzelnen Stationen gemacht und ergiebt sich daraus, dass dieselbe im Allgemeinen eine ziemlich gleichmässige war und zwischen 58 und 68 Miles (93,38 und 109,48 km) in der Stunde schwankte. Nur in der Nähe der grossen Städte und an einzelnen ungünstigen Stellen war sie erheblich geringer, stieg dagegen auf günstigeren Strecken entsprechend höher. Die grösste Geschwindigkeit während der Fahrt wurde gegen Ende derselben erreicht, sie erreichte 72—75 Miles (115,9—120,7 km).

Auf Grund des guten Ausfalls dieser Versuchsfahrt hat die Gesellschaft auf der Strecke von New York nach Buffalo einen neuen Schnellzug unter dem Namen „Empire State Express" eingelegt, welcher um 9 Uhr Morgens von New York abgeht und die Strecke bis Buffalo von 440 Miles (708,40 km) in 504 Minuten zurücklegt, was durchschnittlich einschliesslich des Aufenthaltes 52,38 Miles (84,33 km) die Stunde ergiebt.

Der Zug besteht aus:

1 Lokomotive mit Tender,	Gewicht:	200000	lbs	(90800 kg),
1 Buffet Car,	„	80000	„	(36320 „),
1 Drawing Room Car,	„	96000	„	(43584 „),
1 Personenwagen,	„	56000	„	(25424 „),
1 dgl.	„	56000	„	(25424 „).
	Gesammtgewicht:	488000	lbs	(221552 kg).

Die Geschwindigkeit der Personenzüge ist den unsrigen ähnlich; das Anfahren und Anhalten geschieht meistens sehr rasch.

Bei den Güterzügen (Freight Trains) besteht ein erheblicher Unterschied in der Fahrgeschwindigkeit, je nachdem es Fast Freight Trains oder gewöhnliche Güterzüge sind.

Die Fahrzeit der Schnellgüterzüge, welche Fleisch und leicht verderbliche Güter häufig auf langen Strecken transportiren, ist nicht viel geringer als die der Personenzüge.

Bei den Güterzügen ändert sich die Geschwindigkeitszahl sehr, je nachdem man bei der Berechnung die langen Aufenthalte auf grossen Rangirbahnhöfen einrechnet oder ausschliesst. Im ersten Falle ergiebt sich die Geschwindigkeit auf langen Strecken, z. B. New York-Chicago (etwa 1500 km), nur zu etwa 10 Miles (16 km) die Stunde, während im letzteren Falle eine Geschwindigkeit von 16—20 Miles (26—32 km) erreicht und bei Anwendung durchgehender Bremsen eine solche von 25 Miles (40 km) angestrebt wird.

Zeitzonen.

In dem Gebiet der Vereinigten Staaten sind vier verschiedene Zeiten eingeführt, welche um je 1 Stunde von einander abweichen. Auf untenstehender Karte, Fig. 43, sind die 4 Meridiane angegeben, welche mitten durch die 4 Zonen gehen. Letztere heissen: „Eastern", „Central", „Mountain" und „Pacific Time". Die Eisenbahnen rechnen vielfach bei ihren Linien nach ein und derselben Zeit, wenn diese auch über die Grenze der Zonen hinausgeht; in der Karte ist bei einer Anzahl von Bahnen angegeben, nach welcher Zeit dieselben ihren Zugdienst regeln.

Fig. 43

Zeichen-Erklärung.

. . . Eastern Time — . . . Central Time

— — — . . . Mountain „ . . . Pacific „

Ausnutzung der Lokomotiven.

Die an anderer Stelle erwähnte Gefügigkeit des Lokomotivpersonals zeigt sich auch bei der Einrichtung des gemeinschaftlichen Dienstes (Doppelbesetzung, Poolsystem u. s. w.), wie solche in Amerika auf vielen Bahnen theilweise eingeführt oder angestrebt wird. Diese Einrichtung kann sowohl eine Folge der Noth bei unzureichend ausgerüsteten Bahnen als auch eine durchdachte Mafsregel bei wirthschaftlich gut stehenden Bahnen sein.

In früherer Zeit waren bei vielen Bahnen auch in Deutschland verhältnissmässig nicht so viel Lokomotiven vorhanden, als es im Allgemeinen jetzt der Fall ist, die Zahl genügte knapp für den regelmässigen Dienst; traten Störungen ein, kam ausserordentlicher Verkehr, strenger Frost, so musste zunächst einer der Führer, später mehrere mit den Maschinen wechseln und bei längerer Dauer trat von selbst ein Zustand ein, welcher dem in Abschnitt VI ausführlicher geschilderten Pool-System gleich ist, d. h. jeder Führer musste mit der zunächst frei werdenden Lokomotive fahren: First in — first out. Eine ganz ähnliche Sachlage war in Amerika auf einer der besuchten Bahnen der Fall, welche im übrigen auch nur ärmlich mit Betriebsmitteln versehen war und so ohne strenge Regelung die Führer Lokomotiven nehmen mussten, welche gerade zu haben waren. Dass unter solchen Umständen auch auf die Unterhaltung und Reinigung der letzteren nicht immer der erforderliche Werth gelegt wurde, und dass mehr Schäden entstanden, als wohl sonst, ist leicht begreiflich.

Ganz anders ist es auf der Pennsylvania-Bahn, bei der die Verhältnisse ausserordentlich günstig liegen. Diese Bahn ist wohlhabend, hat sich intelligente (natürlich auch sehr gut bezahlte) Beamte ausgewählt, die Unterhaltung der Lokomotiven ist eine sehr sorgfältige, (es kostet aber auch die Reparatur der allerdings zum Theil sehr schweren und leistungsfähigen Lokomotiven nach Angabe 160,23 ℳ auf 1000 Lokomotivkilometer), ferner liegt in Altoona die grosse Haupt-Werkstätte mit den Lokomotivschuppen vereinigt (vergl. Abschnitt VIII) und unter den Augen der höheren Beamten, welch' letztere nur einige Schritte davon ihre Bureaus haben, so dass eingehende Ueberwachung stattfinden kann und Störungen u. s. w. sofort beseitigt werden können.

Die Bahn hat ebenso wie die New York Central and Hudson River R. R. den Ruf zu den bestverwalteten Bahnen Amerikas zu gehören und hat auch den Wunsch, sich diesen Ruf durch stetes Fortschreiten zu erhalten. Durch Anregung des Ehrgeizes der besseren Führer hat sie die stärkere Ausnutzung der Lokomotiven im Kleinen planmässig begonnen, solche demnächst in grossem Maßstabe fortgesetzt und dabei vielfach ganz ausserordentliche Resultate erreicht.

Wenn man nun auch nicht nach der ausnahmsweisen Leistung einiger Rennpferde diejenige der Pferde eines ganzen Landes beurtheilen kann, so ist es doch richtig, dass in Amerika im Allgemeinen — aus dem einen oder anderen Grunde — eine stärkere Ausnutzung der Lokomotiven stattfindet, wenn diese Ausnutzung auch im Verhältniss zu Deutschland nicht diejenige Höhe erreicht, welche nach veröffentlichten aussergewöhnlichen Leistungen angenommen werden könnte.

Wie im Eingange dieses Abschnitts angegeben, waren in Amerika am 1. Juli 1889 vorhanden:

	7679	Personenzug-Lokomotiven,
	15140	Güterzug-Lokomotiven,
	6817	Rangir- und sonstige Lokomotiven;
zusammen	29636	oder nach Abzug der
	6817	Rangir-Lokomotiven u. s. w.,
	22819	Personen- und Güterzug-Lokomotiven.

Da die letzteren Lokomotiven 650 140 000 Miles durchlaufen haben, so entfallen auf jede derselben 28580 Miles oder 45 985 km.

Nach den neuesten geschäftlichen Nachrichten der preussischen Staatsbahnen sind auf denselben vorhanden:

9118 Personenzug-, Güterzug- und Rangirmaschinen,

welche, die Rangirstunde zu 10 km gerechnet, zusammen durchlaufen haben

319 122 547 km;

es entfallen hiernach auf jede Lokomotive 35 000 km, wobei jedoch bemerkt werden muss, dass die Zahl der Lokomotivkilometer im Steigen begriffen ist.

Uebrigens gehen die Ansichten über die Doppelbesetzung und das Poolsystem bei den verschiedenen Bahnen noch erheblich auseinander; einige Bahnen glauben die Lokomotiven auch ohne dieses System genügend ausnutzen zu können, andere behaupten, die Züge lägen nicht günstig u. s. w.

Wenn daher auch die grossen Vortheile der Einrichtung nicht zu verkennen sind, so muss doch gesagt werden, dass nicht überall die Verhältnisse gleich günstig liegen um die äusserste Ausnutzung zu erreichen, und dass es eine Grenze giebt, welche schwer zu überschreiten ist, wenn nicht andere Nachtheile eintreten sollen.

Die allgemeine Meinung in Amerika über die Angelegenheit wird übrigens am besten durch das in neuester Zeit und zwar am 17. Mai 1891 bei der Versammlung der Master Mechanics gelegentlich der Proceedings of the National Convention mitgetheilte Referat dargelegt, welches über die Angaben der verschiedenen Bahnen erstattet wurde, und welches etwa wie folgt lautet:

„Ueber den Betrieb von Lokomotiven mit verschiedenen Personalen (Replies) sind von 38 Verwaltungen über die gestellten Fragen Antworten eingegangen. Von dem Ausschuss sind die Antworten wie folgt zusammengefasst:

Die Vortheile, den Dienst der Lokomotiven mit mehr als einem Personale zu versehen, bestehen darin, dass Ersparungen an Kapital für die Beschaffung von Lokomotiven gemacht werden, dass die für Heizkohlen im Maschinenhause aufzuwendenden Kosten verringert werden, namentlich für Anheizen vor der Fahrt, dass ein geringerer Raum in den Maschinenhäusern genügt, und dass die Kosten für Heizung und für die dazu gehörigen Einrichtungen vermindert werden.

Wenn eine gleiche Anzahl Züge in entgegengesetzten Richtungen fahren, so giebt das Pool-(Gemeinschafts-)System den Personalen gleiche Zeit für die Arbeit und Ruhe. Bei dem Doppelpersonal (Double Crew)-System kann die gleiche Leistung erreicht werden, wie bei dem Pool-System, aber der Dienst für das Personal kann nicht immer so günstig eingerichtet werden, wie bei letzterem.

Der Nachtheil bei dem Pool- oder Chaingang-System (Gemeinschafts- oder Ketten-System) ist der, dass das Gefühl der Verantwortlichkeit bei dem Personal verloren geht. Es verliert das Interesse für Sorgfalt bei der Unterhaltung der Maschinen und es werden von den Einzelnen oft weniger Meilen durchlaufen, als bei denjenigen Personalen, welche bestrebt sind, Alles in gutem Zustande zu erhalten. Es ist aber unmöglich, mit einem derartigen System die Verantwortlichkeit für Missbrauch oder Sorglosigkeit (beschädigte Lager, Ventile u. s. w.) genau zu bestimmen. Es ist für die Feuerleute schwierig, die Eigenart der verschiedenen Maschinen in Bezug auf Dampferzeugung kennen zu lernen. Die Maschinen werden weniger gut rein gehalten und es ist den Einzelnen kein Reiz gegeben, Kohlen oder andere Materialien ökonomisch zu benutzen; die Ueberwachung und Reinigung erfordert daher bei dem Pool-System gegenüber dem gewöhnlichen besondere Ausgaben.

Die Tendenz des modernen Betriebes ist jedoch dahin gerichtet, die grösste Arbeit mit dem geringsten Kapital bezw. der geringsten Kraft zu verrichten und es ist wahrscheinlich, dass keine der grösseren Eisenbahnlinien soviel Maschinen im Besitz hat, um ein jedes Personal mit einer besonderen Maschine zu versehen. Der Ausschuss hat sich aus den Berichten die Ansicht gebildet, dass das Pool-System nur da mit Erfolg durchgeführt werden kann, wo ganz besondere Aufmerksamkeit namentlich in Bezug auf die Ueberwachung und Reparatur der Lokomotiven verwendet wird, wie es z. B. auf der Pennsylvania-Eisenbahn der Fall ist, und dass keine Bahn hoffen darf, einen gleichen Erfolg zu haben, wenn sie die Ueberwachung und Reparatur der Maschinen in der Weise betreibt, wie dies bei der Einzelbesetzung der Maschinen der Fall ist.

Für den Personenzugdienst scheint das Doppelpersonal-System geeigneter zu sein, als das Pool-System. Die Fahrten können zweckmässiger eingetheilt werden und verliert sich bei den 2 Personalen das Gefühl der Verantwortlichkeit für die Unterhaltung der Maschinen und den wirthschaftlichen Gebrauch der Materialien nicht so sehr, als bei dem Pool-System.

Im Güterzugdienst ist es jedoch sehr schwierig, die Fahrten für Doppelpersonale einzurichten, weil eine grosse Zahl der Züge als Extrazüge läuft und ist dieses System nicht mit demselben Erfolg auszuführen, wie das Pool-System, wenn, wie solches zur Zeit der Fall ist, die Mehrzahl der Verwaltungen auf die grosse Leistung und Ausnutzung der Lokomotiven dringt.*

Die gewöhnlichen Personenwagen werden im Allgemeinen gut ausgenutzt und werden nicht mehr Wagen mitgeführt, als erfahrungsmässig nöthig sind. Es kommt dabei der Vorzug der amerikanischen Wagen, welche nur eine Klasse haben, zur Geltung, in den Lokalzügen werden häufig nur 2, selten mehr als 4 oder 5 Wagen mitgeführt. Anders ist es mit den Schnellzügen, in welchen die Luxuswagen laufen, die nur eine verhältnissmässig geringe Anzahl von Personen fassen und von denen in den Hauptzügen häufig mehrere Kurswagen zusammentreffen. Diese Züge haben in der Regel 5—6, zuweilen 7, unter Umständen auch 8—10 Wagen. Da diese Wagen sehr schwer sind und 6 Achsen haben, so ist eine grosse Zugkraft erforderlich und müssen dazu die neuen, sehr starken Lokomotiven, welche bis zu 800 Pferdekräfte leisten können, verwendet werden. Personenzüge.

Da eine Verpflichtung zum Einstellen eines Schutzwagens in Amerika nicht vorhanden ist, so ist die Bildung der Züge erleichtert. In der Regel wird allerdings bei durchgehenden Zügen der Gepäck-Wagen vorn in den Zug gestellt, bei Lokalzügen der Rauchwagen; es wird aber auch, wenn es für den Betriebsdienst besser passt, der Postwagen an die Spitze gestellt und bin ich mehrfach mit derartigen Zügen gefahren, z. B. hatte in einem Falle der Zug 30 Achsen, welche in der Reihefolge standen:

1	Post Office Car	4	Achsen,
1	Baggage	4	„
4	Passenger	16	„
1	Pullman Parlor Car	6	„
		30	Achsen.

Die Luxuswagen werden thunlichst nicht ganz vorn in den Zug gestellt, um einen möglichst ruhigen Gang zu erreichen.

Die Fahrkarten sind wie bei uns aus Kartenpappe gefertigt; es giebt Fahrscheine für einfache Fahrt (single) und für Rückfahrt (round trip), ausserdem giebt es 1000 Miles-Billete u. s. w. Die Karten können schon vor der Fahrt bei den Agenten der Bahn in den Städten genommen werden, später am Schalter und auch während der Fahrt. Letzteres wird bei Zügen, welche längeren Aufenthalt auf den Stationen haben, nicht gern gesehen und habe ich gehört, dass Reisende, wenn auch genügende Zeit vorhanden war, auf die Schalter verwiesen wurden. Wird die Fahrkarte im Zuge vom Zugführer ausgegeben, so verabfolgt er solche im Allgemeinen aus einem Buche, in welchem Talon und Coupon sich befinden. Fahrkarten.

Auf den sog. Flag-Stationen d. h. solche, wo nur nach Bedarf gehalten wird und kein Billet-Verkauf ist, wird beim Verkaufe von Karten im Zuge kein Zuschlag erhoben; es geschieht dieses jedoch in anderen Fällen und zwar werden, soweit ich es beobachten konnte, bei einigen Bahnen 10 Cts. (42 Pf.) bei anderen 6 Cts. (25 Pf.) erhoben.

Auf grösseren Stationen muss die Fahrkarte, wie schon anderweit erwähnt, beim Betreten des Bahnsteigs vorgezeigt werden, wird auch bei Lokalzügen auf einigen Bahnen durchlocht. Nach beendeter Fahrt wird sie abgenommen, bei Lokalzügen erleichtert der Zugführer es sich dadurch, dass er den Reisenden schon während der Fahrt die Karte abnimmt und ein besonders zugeschnittenes Stück Papier an den Hut oder an den Platz steckt. Rückfahrkarten werden im Allgemeinen durchgebrochen.

Ebenso wie die Fahrkarten kauft man die numerirten Zuschlagkarten für die Luxuswagen im Vorverkauf und ist dieses die Regel. Wenn man dieselben im Wagen nimmt, so erhält man die übrig gebliebenen (bei Schlafwagen meistens die schlechteren) oder unter Umständen keinen Platz. Die Bureaux stehen in telegraphischer Verbindung, die Abgangsstation bezw. die darauffolgenden Stationen haben den Vorrang, so dass man häufig erst ein Billet erhält, wenn der Zug die letzte Hauptstation passirt hat.

In den Pullman-Wagen liegt die Controlle der Fahrkarten dem Zugführer ob und nur die Revision der Pullman-Zusatzkarten erfolgt durch den Pullman'schen Reviser, welcher solche abnimmt und dafür besondere Scheine ausgiebt. (Die ursprünglichen Billete werden zur Controlle eingeliefert, welche eine sehr strenge ist, was bei dem weit verzweigten Unternehmen auch wohl erforderlich ist.)

In den Schlafwagen wird die Controlle sämmtlicher Fahrkarten häufig vom Pullman-Revisor allein ausgeübt.

Ebenso wie mit den Pullman-Wagen ist es auch mit den Limited-Trains, welche nur aus Luxuswagen bestehen und eine beschränkte Zahl von numerirten Plätzen enthalten, für welche der Zuschlag schon im Preise der Billets liegt.

Die Zusammensetzung einiger Vestibule-Züge ist bereits im Abschnitt IV. B gegeben. Hier möge diejenige eines anderen folgen:

Der Zug Royal Blue von New York nach Washington war wie folgt gebildet:

1. Vereinigter Gepäck- und Rauchwagen,
2. Schlafwagen,
3. Compartement-Wagen (mit Abtheilungen),
4. Speise-Wagen,
5.—6. Parlor-Wagen.

Gepäckbeförderung. In den Personenwagen können die Reisenden nur sehr wenig Handgepäck mitführen. Die wenigen an den Wänden vorhandenen Consolen vermögen nur kleine und leichte Gegenstände aufzunehmen; allenfalls lassen sich einige Sachen von geringem Umfang unter den Sitzen unterbringen. Man ist daher gezwungen, alle grösseren Gepäckstücke besonders aufzugeben.

Fracht wird nur bei besonders schwerem Gepäck erhoben. Ein Nachwiegen wird selten vorgenommen, meistens nur dann, wenn die Vermuthung nahe liegt, dass erheblich mehr als das übliche Freigepäck (100—150 lbs = 45,4—68 kg) mitgeführt wird. Bei Aufgabe des Gepäcks ist stets die Fahrkarte vorzuzeigen.

An jedes zu befördernde Gepäckstück wird eine Messingmarke mittelst eines etwa 25 cm langen Lederriemens befestigt. Dieselbe trägt den Namen der Bahngesellschaft, den Bestimmungsort mit Angabe des Reiseweges, sowie eine Nummer. Der Reisende erhält eine zweite Marke (Check) mit derselben Nummer zum Ausweis. Da der Check nur eine Nummer, nicht den Bestimmungsort enthält, so kann, wenn der Eigenthümer die Marke verliert, ein unehrlicher Finder derselben ohne Kenntniss des Bestimmungsortes die Sachen nicht abholen, es soll daher nur selten Gepäck abhanden kommen.

Das Befördern des Gepäcks nach und von den Bahnhöfen wird in der Regel durch Angestellte der sogenannten Expressgesellschaften besorgt. Wie an anderer Stelle schon angegeben, erscheinen diese vor der Ankunftsstation bereits im Zuge, fragen nach den diesbezüglichen Wünschen der Reisenden, nehmen die Checks an und besorgen dann alles weitere. Dieses Verfahren ist für die Reisenden bequem, wenngleich die Sachen oftmals erst 1—2 Stunden nach Ankunft des Zuges und wenn solche spät Abends erfolgt, vielfach erst am andern Morgen nach der Wohnung der Reisenden gebracht werden und die dafür erhobenen Kosten ziemlich hoch sind und in grösseren Städten für jedes Stück 50 Cts = 2,13 ℳ berechnet werden.

Auch Fuhrwerk wird häufig durch diese Agenten dem Reisenden besorgt.

Gesetzliche Vorschriften über die Zahl der Bremsen in den Zügen giebt es in Amerika nicht; Bremser.
jeder Personenwagen hat auf jeder Seite ein Rad zur Handbremse und haben auch jetzt wohl sämmtliche Wagen durchgehende Bremsen.

Bei den Personenzügen sind ausser dem Zugführer in der Regel 2 Bremser (Brakemen), welche aber nicht mit den deutschen Bremsern verwechselt werden dürfen. Dieselben haben ebenso wie der Zugführer zwar eine Dienstmütze, vielfach auch eine Uniform, welche aber der gewöhnlichen Kleidung ähnlich ist, tragen tadellose Wäsche und sind anstellig und höflich, obwohl man vereinzelt auch solche trifft, welche diese Prädikate weniger verdienen. Der letzte Brakeman ist der Flagman (Signalwärter); bei Lokalzügen, welche wenig Wagen führen, ist häufig nur ein Bremser vorhanden.

Die Bremser helfen dem Zugführer soweit als nöthig bei dessen Arbeiten.

Die Beamten setzen sich, wenn nicht viel zu thun ist und freie Plätze vorhanden sind, ganz ungenirt in die Personenwagen, waschen sich an denselben Waschapparaten wie die Reisenden und benutzen dieselben Aborte; wenn dieselben Bekannte unter den Reisenden haben oder mit solchen ins Gespräch kommen, setzen sie sich zu ihnen; etwas vorsichtiger wird in den Luxuswagen verfahren, und sehen sich die Gedachten erst die Umgebung an, damit sie Klagen vermeiden.

Die schwarzen Diener in den Luxuswagen setzen oder legen sich gern in leere Abtheile (State Rooms), setzen sich auch wohl auf leere entlegene Plätze, ohne dass, soweit ich beachten konnte, grosser Anstoss daran genommen wird. Man trifft unter denselben manchmal intelligente und gefällige Leute, vielfach haben sie diese Eigenschaften nur in geringem Maße, nur wenn das Ende der Fahrt und das Trinkgeld naht, sind sie alle sehr eifrig bemüht, die Röcke abzustauben oder irgend eine Aufmerksamkeit zu erweisen; als ich in einem Falle mich ganz abweisend verhielt, hatte der Neger doch, ohne dass ich es sah, meinen am Haken hängenden Hut erwischt und theilte mir überlegen lächelnd mit: „I brushed your hat“, worauf ich dann noch mit einem Trinkgelde herausrückte. Während der Fahrt werden von jungen Burschen, welche meistens Abzeichen ihres Brotherrn bezw. der Gesellschaft, zu der sie gehören, tragen, den Reisenden verschiedene Gegenstände zum Verkaufe angeboten, z. B. Zeitungen, Bücher, Obst, Süssigkeiten; die Betreffenden erkaufen sich das Recht von der Eisenbahnverwaltung.

Die Güterzüge müssen in Localzüge und durchgehende Güterzüge unterschieden werden. Für Güterzüge.
erstere ist ein Fahrplan vorhanden und haben dieselben in der Regel eine Stärke von 20—40 Wagen (80—160 Achsen). Für letztere ist nur zum Theil ein Fahrplan ausgegeben und müssen dieselben im Uebrigen nach den Bestimmungen des Train Dispatcher fahren; dieselben werden, da die Maschinen sehr kräftig sind, thunlichst stark gemacht und wurde angegeben, dass vielfach 60 Wagen (240 Achsen) in diese Züge gestellt werden, vorausgesetzt, dass Güter genug vorhanden sind und die Steigungen der Bahn es gestatten.

Bei den Güterzügen ist (wie in England) hinten am Zuge der Caboose-Wagen angehängt (vergl. Abschnitt IV. C.), in welchem sich ein Schreibtisch, eine Lagerpritsche, ein Kochofen und sonstige Bequemlichkeiten befinden. In diesem Wagen fährt der Zugführer und es ruhen sich auch darin die Bremser aus, von denen im Allgemeinen auch bei den längsten Zügen nur 3 vorhanden sind, deren letzter als Flagman fungirt; nur wenn Materialtransportwagen für Kies oder dergl. angehängt sind, fahren Leute zum Entladen dieser Wagen mit.

Diese Güterzugbremser fallen wohl jedem Besucher der nordamerikanischen Eisenbahnen auf; es sind kühne, keine Gefahr scheuende, gewandte Gesellen, welche selbst während der Fahrt auf den Zügen umherlaufen. Sie tragen gewöhnliche Arbeiterkleidung, aber meistens einen Hut.

Wie im Abschnitt IV. C. erörtert, besitzen alle Güterwagen eine Handbremse, welche in der Regel durch ein auf der Decke oder oberhalb der Bords liegendes horizontales Handrad mittelst vertikaler Spindel u. s. w. bewegt wird. Ein Theil der Güterwagen hat noch ein zweites Handrad, welches meistens vertikal liegt und namentlich beim Fahren in Tunneln u. s. w. gebraucht wird. Um die Bremser vor der Einfahrt in einen Tunnel oder einer über die Bahn geführten Brücke zu warnen und sie zeitig zu veranlassen, die Wagendächer zu verlassen und sich an das tieferliegende senkrechte Bremsrad zu begeben, bezw. sich auf das Dach niederzulegen, sind in gewissem Abstande von den Tunneln und Brücken Profilgerüste errichtet, von denen eine Anzahl Schnüre oder Ketten herabhängen, welche das Profil darstellen. Dieselben schlagen dem unvorsichtigen Bremser bei der Durchfahrt an den Kopf und geben ihm so ein fühlbares Warnungssignal.

Die Bremser sind über den Güterzug vertheilt. Unterkunftsorte (bedeckte Bremsersitze u. s. w.) für dieselben giebt es nicht, sie stehen oder hocken auf den Decken der Wagen; oft sieht man sie beim Vorüberfahren in geradezu tollkühner Stellung auf dem Handrad, welches über die Wagendecke fortreicht, sitzen, sodass der geringste Stoss sie herunterwerfen kann, und diese Stösse sind bei Geschwindigkeitsveränderungen u. s. w. ganz erheblich, wie ich solches beim Mitfahren u. s. w. fühlte. Sobald ein Bremsen nöthig ist, zieht der Bremser an dem nächsten Wagen die erforderliche Anzahl von Bremsen an, was, wenn Wagen verschiedenartiger Construction im Zuge sind, schwierig und gefährlich ist.

Es ist, wie oben in der Instruction angegeben, den Bremsern zur Pflicht gemacht, die Züge auf den Stationen zum Halten zu bringen und auf starken Gefällen die Geschwindigkeit zu verringern ohne auf das Pfeifensignal des Lokomotivführers zu warten; in der That habe ich während der Beobachtungen solcher Züge kein Signal gehört. dadurch, dass das Zugpersonal regelmässig auf denselben Strecken zusammen arbeitet, wird die Sache erleichtert.

Wenn nun auch im Sommer bei gutem Wetter die Fahrt auf dem Dache eines bedeckten Güterwagens ohne Nachtheil für die Gesundheit zu ertragen ist und die Fahrt namentlich in schöner Gegend ganz interessant sein mag, so ist doch im Winter bei schlechtem Wetter solche dauernd nicht zu ertragen; die Leute wärmen sich dann zeitweilig in der Caboose, wechseln im Dienst von Zeit zu Zeit, der Zugführer hilft auch aus und so muss die Fahrt überstanden werden.

Die Gefahren, welchen die Güterzugbremser bei der Ausübung ihrer Geschäfte ausgesetzt sind, bleiben nicht ohne Folgen und stellen dieselben zu der Zahl der Getödteten und Verletzten das grösste Contingent, wobei auf die im Eingang angeführten statistischen Zahlen verwiesen werden mag, wonach von 134323 Zugbeamten in einem Jahre 1179 getödtet und 11301 verletzt sind; es sind dieses 9 % der Gesammtzahlen. Ebendaselbst ist auch angegeben, dass durch Herabfallen von der

Lokomotive oder den Wagen 493 Bedienstete getödtet und 2011 verletzt sind, wozu ohne Zweifel die Bremser einen grossen Beitrag stellen. Es ist jedoch die Stellung für Viele eine Durchgangsstellung, insofern, als die tüchtigsten häufig in wichtigere, verantwortlichere Stellungen aufrücken.

Nach den günstigen Erfolgen der Luftdruckbremse bei Personenwagen sind die Verwaltungen bemüht, diese Bremsen auch an Güterwagen einzuführen, bezw. die Zahl derselben dauernd zu vermehren und werden dabei die neueren Schnellbremsen verwendet. Um die Einführung zu erleichtern, haben die Luftdruckbrems-Gesellschaften ihre Preise herabgesetzt. Nach den Angaben soll, abgesehen von der Vermehrung der Sicherheit, bei Lokalzügen durch das raschere Bremsen ein Gewinn an Zeit von 15 % und mehr erreicht werden, was wohl glaublich erscheint. Es muss dabei berücksichtigt werden, dass, wie erwähnt, z. Z. bei den Güterzügen nur 1 Conductor und 3 Brakemen vorhanden sind, welche selbstverständlich auch bei grosser Aufmerksamkeit ein besonders günstiges Resultat kaum erreichen können. Es liegt daher der Schwerpunkt der Bremskraft schon jetzt wesentlich mit in Lokomotive und Tender, welche meist mit Luftdruckbremsen versehen sind.

Die wohlhabenderen Bahnen gehen mit der Anbringung der durchgehenden Bremsen rasch vor und neue Güterwagen werden dort nur mit Luftdruckbremse gebaut; die Pennsylvania-Bahn hat bereits 10 % ihrer sämmtlichen Güterwagen damit ausgerüstet.

Ueber die Betriebsführung dabei machen sich die Bahnen keine Sorgen und complicirte Vorschriften giebt es nicht, es werden so viel Air Brake-Wagen in die Züge gestellt als möglich und werden solche hinter der Lokomotive eingestellt; die Zeit, welche zum Rangiren verwendet wird, wird nach Angabe bald wieder eingeholt. Bedenken, dass der hintere Theil des Zuges auflaufen und Zerstörung anrichten möchte, haben die Bahnen nicht, der jetzige Zustand wird durch die Einstellung der Air Brake-Wagen in Bezug auf das Auflaufen nicht erheblich verschlimmert, da Ersparung an Personal wenigstens vorläufig nicht gemacht werden soll, vielmehr die Zahl der Bremser dieselbe bleibt, sodass auch der hintere Theil des Zuges verhältnissmässig kräftig gebremst werden kann. Sämmtliche mit Luftbremse ausgestattete Wagen sind aussen gleichmässig mit einer grossen schon von Weitem sichtbaren Inschrift „Air Brake" versehen. Schwierigkeiten sollen bis jetzt durch die Einführung dieser Bremsen bei Güterwagen auch in anderer Weise nicht entstanden sein, wobei allerdings der Vortheil zu berücksichtigen ist, dass fast sämmtliche Bahnen die Westinghouse-Luftdruckbremse gleichmässig eingeführt haben und diese Gesellschaft, ähnlich wie die Pullman-Gesellschaft u. s. w. durch Agenten mit allen Bahnen in Verbindung steht, auch durch Belehrung der Bediensteten günstig einwirkt.

Wie sich viele Verhältnisse in Amerika eigenartig herausgebildet haben, so ist es auch im Transportwesen der Fall. Es mögen einige derselben erwähnt werden. Eigenartige Verkehrsverhältnisse.

Die New York Central & Hudson River-Bahn hat bei ihrem New Yorker Vorbahnhofe ein ausgedehntes Kehricht-Depot angelegt. Hier wird während der Monate Dezember bis August ein Theil des Kehrichts, der Abfälle, der Streu aus Ställen u. s. w. der Millionenstadt angesammelt und bis zu 25—30 Fuss Höhe angehäuft.

Nach mündlichen Angaben sollen bis zu [illegible] Tonnen dieser Masse als Düngemittel Verwendung finden. Die Abfuhr erfolgt bahnseitig und zwar vorzugsweise während der Monate September bis November, wenn die Aecker bestellt werden. Die Abfuhrgleise werden dicht an die Haufen gelegt und die Güterwagen herangefahren, worauf die Masse in regelrechter Weise senkrecht ab-

ge-

gestochen und auf die Wagen verladen wird. Gewöhnlich werden 40 dieser Wagen — 160 Achsen — in einem Zuge abgefahren.

Eine andere Eigenthümlichkeit im Verkehr der New Yorker Hauptbahnen bildet die Leichenbeförderung nach den Begräbnisstellen in New York. Bei den bedeutenden Entfernungen der Kirchhöfe von der Stadt würden die Ueberführungen der Leichen in gewöhnlicher Weise viel zu zeitraubend sein, auch in Anbetracht des Riesenverkehrs in den Strassen zu Störungen Anlass geben können. Sie werden deshalb zu den nächstgelegenen Verladestationen gebracht und von hier aus auf der Bahn nach den Kirchhöfen hin befördert.

Rangirdienst u. s. w. Das Rangiren der Züge auf den Personenbahnhöfen wird im Allgemeinen in derselben Weise ausgeführt, wie bei uns. Es ist dabei zu erwähnen, dass vor den Personenhallen zuweilen eine grössere Anzahl von Signalmasten sich befindet, als bei uns und dass dieselben mit zur Leitung des Rangirdienstes benutzt werden.

Die Gleisanlagen zur Rangirung und Aufstellung von Personenwagen sind übrigens vielfach nicht unerheblich von der Hauptstation entfernt, wie z. B. der Vorbahnhof Motthaven der New York Central-Bahn bei New York; es befinden sich dort Aufstellungsschuppen, in denen die Personenwagen nach jeder längeren Tour gereinigt und reparirt werden, es sind damit Magazine und Lagerräume verbunden, aus welchen die Vorräthe in den Speisewagen u. s. w. ergänzt werden.

Die Güterrangirbahnhöfe der grösseren Städte liegen meistens entfernt von denselben und werden nur die zur Ent- bezw. Beladung bestimmten Wagen in die Nähe der Stadt gebracht.

Geneigte Ablaufgleise mit Gegensteigung in der Art wie solche in Deutschland zum Rangiren neuerdings vielfach angewendet werden, sind in Amerika nicht vorhanden; dagegen befinden sich auf den Güterbahnhöfen, z. B. auf dem oben beschriebenen Bahnhofe Hawthorne bei Chicago, geneigte Rangirgleise. Im Uebrigen legen die Amerikaner die Gleise gern geneigt, wenn es dem Zwecke dient, sie legen z. B. um die vielfach verwendeten Trichterwagen für Lokomotivkohlen stürzen zu können, Gleise auf ein etwa $^1/_{15}$—$^1/_{20}$ geneigtes Trestlework (Holzgerüst) und schieben die Wagen darauf in die Höhe des ersten Stockes des Kohlenschuppens. Auch in Fabriken geschieht Aehnliches, z. B. war in Wilmerding bei Pittsburg (vgl. Näheres im Abschnitt VIII) ein Trestle Work vorhanden, auf welchem die Kohlen- und Eisenwagen vom Bahnhofe in die Höhe der Plattform der Kupolöfen geschoben werden. Ebenso geschieht es bei den Anlagen, welche zum Verladen von Kohlen in die Schiffe dienen; die Wagen werden hierbei ebenfalls über stark steigende Gleise auf Holzgerüste geschoben und die Kohlen von diesen aus den Trichtern gestürzt. Die Kohlen fallen in Taschen, aus welchen sie durch Rumpfe in die Schiffe geleitet werden und zwar, wenn angängig, zu beiden Seiten des Kohlenwagens und in der Länge eines Eisenbahnzuges. Namentlich in New York haben verschiedene Bahnen eine lange Reihe von Holzbauten am Hudson u. s. w. errichtet; die Kohlen gehen von hier in der Regel in Leichterfahrzeuge und werden dann nach ihrem Bestimmungsorte geschleppt.

Das Rangiren der Güterwagen geschieht auf kleinen Bahnhöfen und auch auf einem Theil der grösseren, ähnlich wie in Europa; es wird sehr rasch gearbeitet, es giebt aber auch häufig harte Stösse; in vielen Fällen geschieht das Rangiren jedoch mit dem Pushbeam (Stossbaum).

Diese besondere Art des Rangirens wurde vom Berichterstatter unter Anderem auf den Rangirbahnhöfen Meadows bei New York und in Hawthorn bei Chicago eingehend besichtigt; auf dem ersteren konnte die Arbeit beim Mitfahren auf dem Tender, welcher hinten abgeschrägt ist und Sitze enthält, beobachtet werden.

Bei diesem Verfahren schiebt die Lokomotive nicht den ganzen Zug und werden die letzten Wagen abgekuppelt behufs Ablaufens, sondern die Lokomotive bewegt sich auf einem Parallelgleise und stösst mit dem Pushbeam, einer Art Lanze, die einzelnen Wagen ab, was sehr rasch geht. In der untenstehenden Fig. 44 steht der zu rangirende Güterzug auf dem Gleise a a, während die Rangirmaschine auf dem Gleise b b fährt. Dieselbe hat am Ende des Tenders einen kleinen Krahn c, in welchem der an einem Ende mit einem Drehzapfen versehene Stossbaum hängt. Letzterer ist etwa 10' (3 m) lang und 5" (0.130 m) dick und aus zähem, jedoch leichtem Holze gefertigt; es soll Cedernholz dazu

Fig. 44.

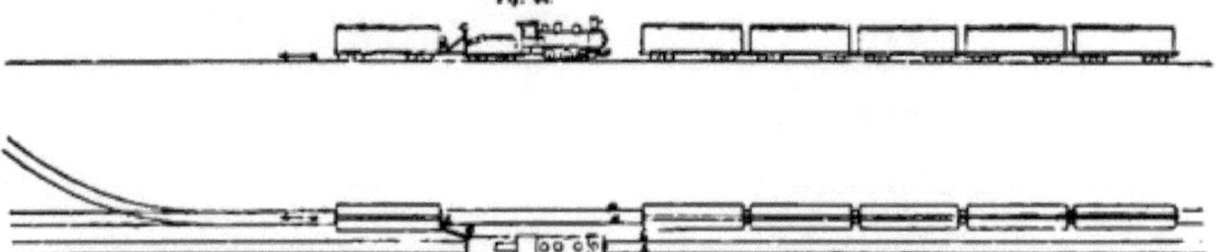

am geeignetsten sein, vorn ist ein Eisenring umgelegt. Die Lokomotive setzt sich nun an die vorderen Wagen, welche zuerst abgestossen werden sollen, der Mann auf dem Tender setzt den Stossbaum gegen die Bufferbohle, der Führer giebt Dampf, führt rasch einige Umdrehungen und lässt den Wagen laufen, die Lokomotive fährt darauf zurück, setzt sich an den nächsten Wagen und so fort; nach den gemachten Messungen betrug die Zeit zum Abstossen eines jeden Wagens ½ Minute, wobei jedoch zu bemerken ist, dass es häufig mehrere Wagen waren, welche dieselben Bestimmungen hatten und zugleich abgestossen wurden.

Um die Wagen vor dem Aufprallen zu schützen, werden dieselben gebremst und zwar ist das Verfahren dabei ein etwas verschiedenes; auf mehreren der besuchten Bahnhöfe standen die Bremser in der Nähe der Weichenstrassen und erkletterten die Wagen, wenn diese ihren Standpunkt passirten, in sehr kühner Weise, indem sie bei den offenen Wagen mittelst des an jedem Wagen befindlichen Handgriffes und des aus schmalem Flacheisen gebildeten leiterartigen Trittes an der Langschwelle sich auf die Wagen schwangen, bei bedeckten Wagen an der Leiter emporkletterten und nach Erreichung des Wagendaches das Handrad der Bremse anzogen. Die Arbeiter gingen nach Beendigung des Bremsens möglichst rasch nach ihrem früheren Standpunkte zurück.

Abweichend davon bestiegen auf dem Outer Depot Pittsburg die Arbeiter schon vor dem Abstossen die Bremsen, mussten dann aber, da die Entfernungen bis zur Rangirlokomotive zu gross waren, periodisch von letzterer zurückgeholt werden. Auf diesem Bahnhofe verfuhren die Arbeiter übrigens sehr geschickt beim Bremsen; es wurden nämlich zugleich mehrere losgekuppelte Wagen und zwar auch solche, welche nicht zusammengehörten, kräftig abgestossen und mussten die Bremser dann durch geeignetes Anziehen der Bremse die Entfernung während des Laufes der Wagen derart zu vergrössern, dass dieselben durch verschiedene Weichen laufen konnten, wodurch selbstverständlich sehr an der Zeit gespart und der obenerwähnte Zeitverlust durch das Zurückholen der Bremser wieder eingeholt wurde. Der Vortheil des Rangirens mit dem Stossbaum liegt darin, dass der Lokomotivführer nur den abzustossenden Wagen bewegt und nicht den ganzen Zug, allerdings erfordert das Verfahren Uebung und Geschicklichkeit.

Im Uebrigen ist das Verfahren bei diesem Rangiren der Güterzüge ein sehr einfaches; zu einem jeden Wagen gehört eine schmale Pappkarte, Textfig. 45 u. 46, auf welcher unter Andern auch der

Fig. 45.

PENNSYLVANIA RAILROAD COMPANY.
ACCOUNTING DEPARTMENT.
CARD MANIFEST.
FROM
HABSIMUS COVE
TO
Meadows N. J.
Via

MANIFEST NO.	CAR INITIALS.	CAR NUMBER.
	P. R. R.	9421
LADING.	RATE.	FREIGHT.
Cinders		
EXPENSES.	PREPAID.	TO COLLECT.

Consignor, G. B. Beale
Consignee, Prop. ... G. B. Beale
Meadows
N. J.
MANIFEST WEIGHT. SCALE WEIGHT.
24000
3/19, 1891 E. Butler Agent.
THIS CARD MUST BE USED FOR
CAR LOADS ONLY.

Fig. 46.

23,000-7. 89.
Form No. 60.
★Union Line
PENNSYLVANIA RAILROAD CO.
PENNSYLVANIA COMPANY.
THROUGH CARD MANIFEST.
FOR
C. & M. V. Car No. 753
Loaded with Lumber
Weighed at ... Weight 22100
FROM
Zanesville O.
Date, Oct 6 1890
Point Billed to Jersey City N. J.
Consignee Byron Bros.
Destination Jersey City N. J.
Via Marietta

Transferred to ... Car No.
At ... Date, ... 18

This Card must accompany the car through to destination. Should it be necessary to transfer freight to another car en route, a notation of transfer must be made in the space above.

Bestimmungsort des Wagens angegeben ist. Ist der Güterzug in das bestimmte Gleis eingelaufen, so übergiebt der Zugführer dem beaufsichtigenden Beamten die sämmtlichen Pappkarten nach der Stellung der Wagen im Zuge geordnet, dieser schreibt sofort zwei Formulare oder auch nur Zettel, auf welchen die Zahl der jedes Mal abzustossenden Wagen, also der in andere Gleise zu rangirenden Wagen und deren Bestimmung der Reihe nach angegeben ist. Ein Blatt erhalten die Leute auf der Lokomotive, das andere der bei den Weichen fungirende Beamte und es kann sofort mit dem Rangiren begonnen werden.

Ein anderes Verfahren ist das, dass nur das Gleis des ersten Wagens dem Weichensteller bekannt gegeben, an die Rückseite dieses Wagens aber die Nummer der Weiche für den nächsten Wagen angeschrieben wird u. s. w.

Bei dem Rangiren mit dem Stossbaum verfahren die Arbeiter allerdings sehr sorgfältig, aber da das Gewicht der vierachsigen Wagen sehr gross und die Elasticität des mittleren Buffers nicht erheblich ist, so erhalten die Wagen doch häufig harte Stösse. Solche giebt es übrigens auch bei dem Ankuppeln der Personenwagen, da Schraubenkupplungen nicht vorhanden sind und die Spannung der Kupplungsfedern durch festes Gegenschieben des Wagens überwunden werden muss; beim Anschieben von Kurswagen fühlt man, wie im Abschnitt IV B schon bemerkt, namentlich nachts im Schlafwagen die Stösse sehr unangenehm.

Wiegen von Güterwagen.

Das Kohlengebiet der Pennsylvania-Bahn endet eine kurze Strecke östlich von dem Alleghany-Gebirge nach Altoona zu, es laufen daher alle von den bezüglichen Kohlenrevieren ostwärts nach den Verbrauchsstellen gehenden Kohlenzüge, deren Zahl ausserordentlich gross ist, hier durch.

Um das Gewicht der Ladungen zu bestimmen, befinden sich auf der nächsten Zwischenstation Centesimalwaagen, welche alle Wagen passiren müssen. Zu diesem Zwecke sind Nebengleise hergestellt, welche eine geringe Neigung haben; die Lokomotive fährt voraus und nimmt Wasser und Kohlen; unterdessen werden die Wagen einzeln abgekuppelt und laufen nach und nach langsam über das geneigte Gleis, in welchem die Waage sich befindet; letztere ist sehr lang und die Beamten schreiben während des Ueberlaufens das Gesammtgewicht und das am Wagen angeschriebene Eigengewicht desselben auf; auf Kleinigkeiten wird dabei nicht gesehen. Unten sammeln sich die Wagen wieder, werden zusammengekuppelt, die Lokomotive setzt sich vor und der Zug geht weiter; die Handhabung geschieht sehr rasch.

Gefahren durch Waldbrände.

Eine eigenthümliche Gefahr für die Züge sind in Amerika die Waldbrände. In den dünn bevölkerten Theilen, wo noch grosse Waldbestände sind, führt die Bahn häufig lange Strecken durch solche. In den trockenen Monaten wird der Wald durch Unachtsamkeit oder Böswilligkeit vielfach in Brand gesetzt und brennt dann, da sich im Allgemeinen Niemand um die Sache kümmert, weiter und zwar auf sehr ausgedehnten Flächen. Als der Berichterstatter in Altoona sich aufhielt (Anfang Mai 1891) war das Alleghany-Gebirge und der Himmel mit Rauch bedeckt (ähnlich wie bei uns der Höhenrauch bei Moorbränden) und sah man auch stellenweis Feuer glühen. Dieser Waldbrand währte schon längere Zeit und erstreckte sich nicht nur auf das Alleghany-Gebirge, sondern auch, wenn auch unzusammenhängend und strichweise, auf einen grossen Theil der nördlichen Wälder bis zu dem etwa 600—800 km entfernten Huronsee, sodass der Rauch und das Feuer bei der Fortsetzung der Reise noch vielfach bemerkt wurde. Wenn nun bei derartigem Feuer ungünstiger Wind auftritt und die Glut über den Bahndamm treibt, so liegt die Gefahr vor, dass die auf der Bahn fahrenden Züge in Brand gerathen oder die Reisenden durch die Hitze Schaden erleiden. Damals war eine derartige Bedrohung einer Bahnlinie entstanden und fuhr nach den Zeitungsberichten der General Superintendent Badger auf der Sinnemahoning Valley Railroad mit einem Arbeitszuge in Begleitung von 70 Beamten und Arbeiter von Keating nach einer bedrohten Stelle, um dort thunlichst Hülfe zu leisten. Der Zug fuhr 5 Miles (8 km) von Austin nach dem Herde des Brandes, die Hitze war aber so stark und der Wind trieb die Glut derart herüber, dass der Zug nicht durch die bedrohte Stelle fahren konnte. Es wurde beschlossen, wieder rückwärts zu fahren und es begann ein Wettfahren, um dem Feuer zu entrinnen. Es war jedoch zu spät, der Zug fing an zu brennen, die Leute sprangen zum Theil von den Wagen und suchten sich in einem kleinen Wasser zu schützen. Es war dies aber vergeblich, der General Superintendent Badger und eine grosse Anzahl von Leuten kamen in den Flammen um. Von den anderen wurden 30 Personen schwer beschädigt, von denen nach den Nachrichten 15 sehr schwer verletzt waren. Es wurde von anderer Seite behauptet, dass die Schienen so heiss geworden wären, dass in Folge der Verlängerung dieselben sich verworfen hätten und der Zug entgleist sei.

In derselben Zeit fanden andere Feuer an der Western Division der Erie-Bahn statt bei Randolph, Cattaraugus County. Es verbrannten dabei nach den Zeitungsnachrichten grosse im Walde lagernde Holzvorräthe und zwar allein von der Alleghany Lumber Company 20000000 Fuss Holz. Die Flamme traf einen Güterzug der Alleghany and Kinzua Railroad zwischen Red House und French-station. Als der Zug die Gegend passirte, kam eine grosse Flammenwolke auf die Bahn zugezogen. Der Zugführer veranlasste den Lokomotivführer so schnell als möglich zu fahren. Der Führer und Heizer und die Zugbegleiter legten sich flach hin und es gelang, obwohl die Hitze ganz ausserordentlich war, der Glutwolke, deren Geräusch so laut war, dass man es 2 Miles (3,2 km) hören konnte, insoweit zu entfliehen, dass nur das Ende derselben den Zug berührte und die Betheiligten ohne erheblichen Schaden davon kamen.

Schneepflüge. Im nordöstlichen Theil der Vereinigten Staaten kommen im Winter vielfach starke Schneefälle vor und sind daher schon lange Vorkehrungen im Gebrauch, um den Schnee vom Gleise zu entfernen. Dieselben bestehen im Allgemeinen aus Schneepflügen, wie sie ähnlich auch in Europa in Gebrauch sind. Im mittleren Theile des Landes aber fällt fast regelmässig im Winter Schnee in solchen Massen, dass zur Beseitigung desselben gewöhnliche Schneepflüge nicht genügen. Da die Bevölkerung in diesen Gegenden dünn ist und Arbeitskräfte wenig zur Verfügung stehen, die zu reinigenden Strecken (Ueberlandlinien) aber sehr grosse Länge haben, so mussten die Bahnen, wenn sie nicht den Verkehr auf den Linien längere Zeit einstellen wollten, auf Mittel zur leichteren Beseitigung des Schnees denken. Als solche wurden die rotirenden Schneepflüge eingeführt, welche durch mechanisch bewegte Schaufeln das Profil des Gleises freimachen und den Schnee mittelst der Centrifugalkraft seitwärts der Bahn werfen.

a. Gewöhnliche Schneepflüge. Textfig. 47 u. 48. Die erstgenannten gewöhnlichen Schneepflüge sind in einer grossen Zahl verschiedener Formen von Ausführungen vorhanden. Sie sind entweder symmetrisch oder unsymmetrisch gestaltet. Bei ersterer Art wird der Schnee nach beiden Seiten des Gleises fortgedrängt, bei der letzteren nur nach einer Seite. Jene eignet sich daher vorzugsweise für eingleisige Strecken, diese besser für zweigleisige. Eine gebräuchliche Ausführung eines verstellbaren Schneepfluges ist in der nebenstehenden Fig. 47 dargestellt, während Fig. 48 einen festen Pflug wiedergiebt, wie er drüben auf verschiedenen Bahnen in Anwendung

Fig. 47.

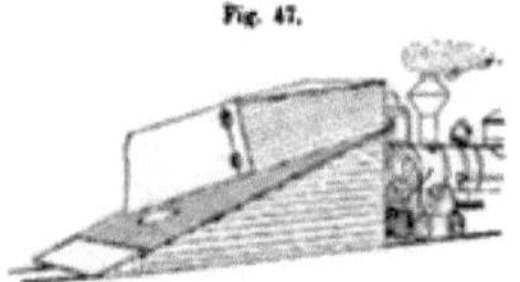

Fig. 48.

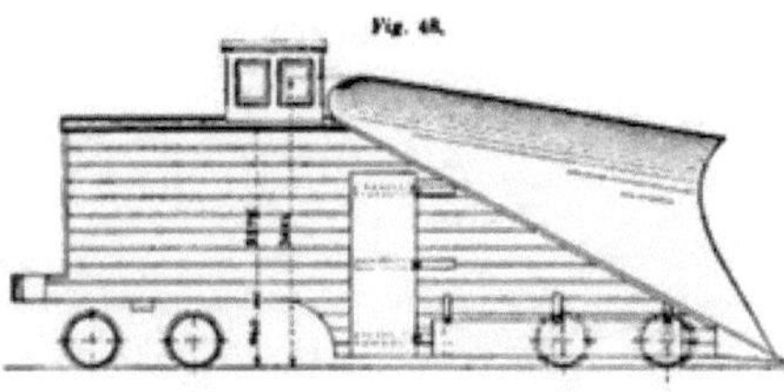

steht. Die Pflüge werden durch mehrere Lokomotiven geschoben. Aehnliche Schneepflüge kleinerer Form werden auch wohl direkt mit dem Bahnräumer (Cow catcher = Kuhfänger) verbunden und bleiben während der Winterzeit ständig mit der Lokomotive in Benutzung.

b. Dampf-Schneepflüge.

1) Leslie's rotirende Dampfschneeschaufel. Textfig. 49.

In der Figur 49 ist die Leslie'sche Ausführung im Längsschnitt dargestellt. Den wichtigsten Theil bildet das Schaufelrad, das in seiner Vorderansicht wiedergegeben ist. Es besteht im Wesentlichen aus 10 radial gestellten Eisenblechtrichtern, die an der Vorderfläche in ganzer Länge mit einem breiten Schlitz versehen sind, dessen eine Kante mit einem Messer garnirt ist. Dreht sich das Rad, so schneiden diese Messer den Schnee ab, der in Folge des gleichzeitigen Vorschiebens des Rades in das Innere der Trichter gedrückt, aber aus diesen in Folge der Centrifugalkraft oben herausgeschleudert und mittelst einer Leitvorrichtung schräg nach oben getrieben wird. Je nach den örtlichen Verhältnissen schleudert das Rad nach rechts oder links, zu welchem Zwecke der Drehsinn desselben umgekehrt und die Leitvorrichtung umgestellt wird. Angetrieben wird das

Fig. 49.

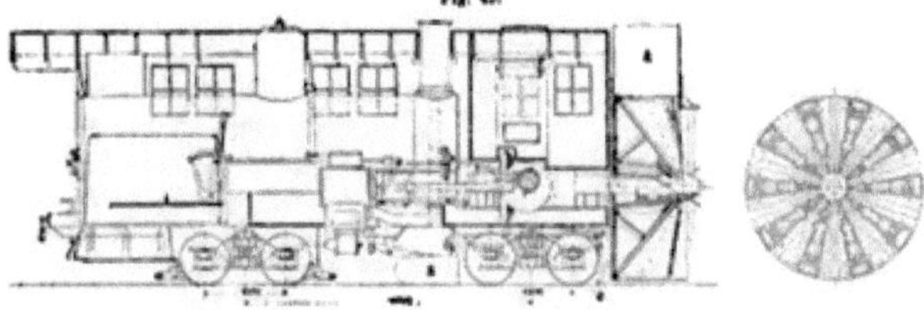

Rad durch 2 liegende Dampfmaschinen, welche mittelst Kegelräder die horizontale, den Dampfcylindern parallel gelagerte Radwelle bewegen. Der Dampf wird in einem nach Art der Lokomotivkessel construirten Kessel erzeugt. Das Ganze ist in einem auf 2 zweiachsigen Drehgestellen montirten Wagenkasten untergebracht. Vorn in demselben steht der Führer des Schneepfluges, dem die Aufgabe zufällt, während des Betriebes das vorliegende Schneefeld zu beobachten, dem Maschinisten den der jeweiligen Sachlage entsprechenden Drehsinn des Rades anzugeben und den Leitapparat demgemäss umzustellen. Letzteres erfolgt mittelst Handrades und Zahnradübersetzung.

Jedes der 10 Trichtermesser ist doppelt vorhanden, wovon das eine schneidet, während das andere zurückgeklappt ist und für den eindringenden Schnee als Führung dient. Bei der Umkehrung des Drehsinnes des Rades stellen sich diese Messer selbstthätig um, so dass die vorher schneidenden nunmehr zu führenden werden. Der Pflug ist vorn mit Eisbrechern (c in Fig. 49) und Schneeschuhen s versehen, welche beim Arbeiten desselben das Gleise säubern. Bei der Leerfahrt werden Beide durch Luftdruck hochgehoben.

Die Dampfcylinder haben 17" (432 mm) Dmr. und 22" (559 mm) Hub, der Dampfdruck beträgt rund 8 Atm., die Umdrehungszahl des Rades in der Minute bis 250. Der Pflug soll angeblich bei 5 m hoher Schneelage 15 km in der Stunde aufräumen.

2) Jull'scher Dampfschneepflug. Textfig. 50.

Fig. 50 zeigt die allgemeine Anordnung des Jull'schen Pfluges. Statt des Rades ist hier eine nach vorn geneigt liegende Schraube mit stark ansteigenden Schraubenflächen vorhanden, deren

Fig. 50.

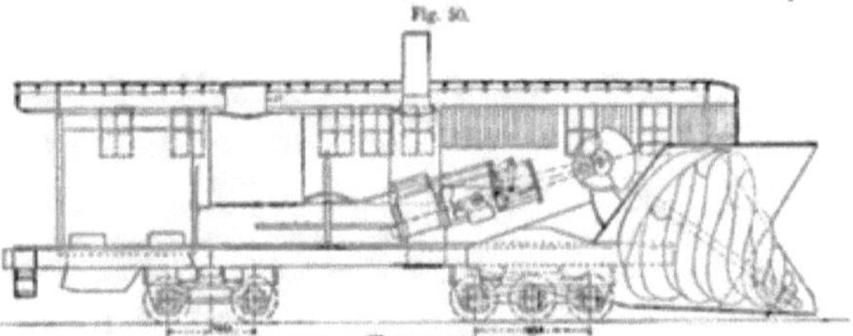

Antrieb durch 2 schräg gelagerte Dampfmaschinen bewirkt wird. Der Kessel ist ähnlich demjenigen von Leslie. Das Ganze ist ebenfalls von einem Wagenkasten umschlossen, der vorn der weit vorragenden schweren Schraube wegen durch einen dreiachsigen, hinten durch einen zweiachsigen Truck getragen wird.

Beide Dampfschneepflüge sind zur Einführung gelangt, am meisten der von Leslie. Der Berichterstatter hatte in Folge der Jahreszeit keine Gelegenheit, die Pflüge in Thätigkeit zu sehen.

New Yorker Hochbahnen. Hierzu Taf. XLIII u. Textfig. 51 u. 52.

Die New Yorker Hochbahnen erregen durch die Eigenartigkeit der Verhältnisse das Interesse im hohen Grade und fordern zu einem Vergleich mit ähnlichen Anlagen in anderen Städten (Underground Railway in London, Berliner Stadtbahn u. s. w.) auf. Aus diesem Grunde und da der Betrieb von demjenigen der gewöhnlichen amerikanischen Bahnen ganz abweichend ist, erscheint es der Vollständigkeit wegen zweckmässig, die Verhältnisse kurz darzulegen, wenn auch schon neuerdings diese Bahnen eingehende Veröffentlichungen (v. d. Leyen, Archiv für das Eisenbahnwesen 1884, u. s. w., O. Petri, Centralblatt der Bauverwaltung 1890, u. a.) erfahren haben.

Wie schon im Abschnitt I angegeben, sind die Hochbahnen in 4 der die Stadt in ganzer Länge etwa von Süd nach Nord durchziehenden Hauptstrassen (Avenues) errichtet und zwar in der 2., 3., 6. und 9. Avenue. Jede Linie wird für sich betrieben, aber selbstredend nach einheitlichem Plane. Die Fahrbahn wird, wie Fig. 1 u. 2 auf Taf. XLIII zeigt, von 2 Pfeilern, mitunter aber auch nur von 1 Mittelpfeiler getragen. Sie liegt entweder in der Mitte oder seitlich der Fahrstrasse. Alle 4 Bahnstrecken sind zweigleisig. Jedes Gleis ist in der Regel je für sich angelegt. Die Stationen sind an einem Kreuzungspunkt der Avenues mit einer Querstrasse errichtet und als getrennte Doppelstationen ausgeführt, d. h. jede der beiden Fahrrichtungen hat ihre eigene Station, beide Anlagen sind nur von der Strasse aus und durch gesonderte (schmale) Treppenanlagen zugänglich. Nur an den Abzweigstationen, wo ein Umsteigen nach der Seitenlinie erforderlich ist, kann man direkt übergehen, zu welchem Zweck Uebergangstege über den Bahnkörper geführt sind. Fig. 1 auf Taf. XLIII zeigt das Aeussere einer Station.

Die Stationsgebäude sind einfach und in sehr beschränkten Verhältnissen ausgeführt. Die in Höhe der Wagenplattformen liegenden Bahnsteige sind schmal und überdacht. Es sind insgesammt 94 Stationen, wovon 27 auf die 13,65 km lange 3. Avenue — der verkehrsreichsten Strecke — entfallen. Für diese Länge ergiebt sich hiernach ein durchschnittlicher Stationsabstand von 500 m.

Der Billetschalter liegt oben auf der Station, von ihm führt ein gesonderter Weg zum Bahnsteig, vor dessen Betreten der Fahrschein in einen Glaskasten zu werfen ist. Ein neben diesem sitzender Pförtner zerschneidet durch einen Hebel den eingeworfenen Schein. Die Ausgänge sind von den Zugängen getrennt, so dass ein Gedränge der ankommenden und abgehenden Reisenden vermieden wird. Bei Ankunft des Zuges schliesst der Pförtner durch eine Hebelübersetzung den Eingang.

Die Preise sind auf den Hochbahnen einheitlich, sie betragen 5 Cts. (21¼ Pf.) für eine beliebige Fahrt, Rückfahrtkarten u. s. w. werden nicht verausgabt. Auf den 4 Hauptbahnlinien werden die Züge durchgeführt. Sie folgen sich in Zwischenzeiten, welche bis auf 1 Minute und einige Sekunden herabgehen.

Die grösste erlaubte Fahrgeschwindigkeit der Züge beträgt 25 Miles (40 km) in der Stunde; besonders scharfe Kurven dürfen höchstens mit 10 Miles (16,1 km) durchfahren werden. Die 13,650 km lange 3. Avenue-Linie wird in 43 Minuten durchfahren, wobei 15—20 Sekunden Aufenthalt auf jeder der 25 Zwischenstationen entfallen. Die durchschnittliche Zuggeschwindigkeit ohne Abrechnung der Aufenthalte ist daher auf dieser Strecke 19,0 km in der Stunde. Nach Abzug der Aufenthalte und der durch das An- und Abfahren entstehenden Zeitverluste ergiebt sich eine grösste durchschnittliche Geschwindigkeit von 30—40 km. Auf der dem Hudson River nächstgelegenen Linie (9. Avenue) fahren seit Kurzem einige Züge — sogenannte Schnellzüge — etwas rascher als die übrigen.

Im Jahre 1880 sind auf den 51,5 km Linien zusammen 170 097 433 Personen befördert worden, und wurde eine Einnahme von rund 38 587 500 ℳ erzielt. Die grösste bis jetzt an einem Tage beförderte Zahl von Reisenden hat sich bei Gelegenheit der Centennial-Feier der Unabhängigkeitserklärung der Vereinigten Staaten ergeben, sie betrug rund 835 700.

Fig. 51.

Die Züge bestehen aus Lokomotive und 2—5 Wagen, sie führen nur eine Wagenklasse. Die Wagen sind Durchgangswagen mit Drehgestellen. Ein Längsschnitt ist in der nebenstehenden Fig. 51 gegeben. Sie haben an den Enden 32 Längssitze, in der Mitte 16 Quersitze. Die Sitze sind aus Strohgeflecht hergestellt und durch niedrige Armlehnen zu Einzelplätzen hergerichtet. In dem Mittelgange zwischen den Längsbänken sollen höchstens 32 Personen stehen (welche Zahl in den Stunden des stärksten Verkehrs jedoch nicht immer genau innegehalten wird). Ein Wagen soll somit 80 Personen fassen. Die Plattformen werden durch eiserne Drehthüren seitlich abgeschlossen. Auf den beiden zusammengekuppelten Plattformen fährt ein Beamter (Guard), der mittelst Winkelhebels das Oeffnen und Schliessen der vorgenannten Drehthüren auf beiden Plattformen der zusammenstossenden Wagen zugleich besorgt und die Bezeichnung der Stationen ausruft.

Die Kupplungsvorrichtungen sind abweichend von den sonstigen amerikanischen Vorrichtungen derart eingerichtet, dass sie sich um den Mittelzapfen der Drehgestelle in horizontaler Ebene drehen können, in Folge dessen stellen sich die Wagen in der Kurve leicht ein. Fig. 52 zeigt diese Ein-

Fig. 52.

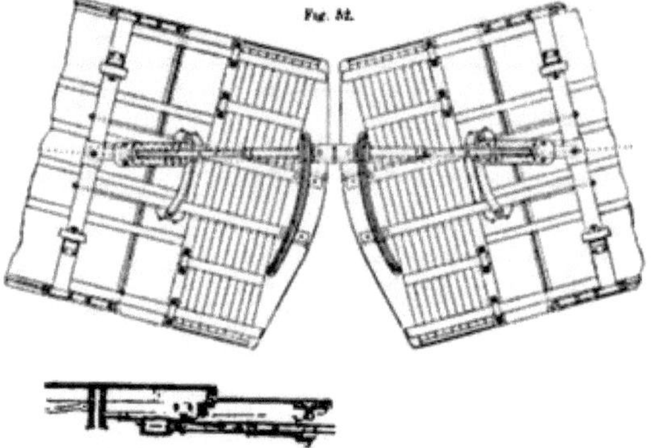

stellung für eine Kurve von 27,4 m Halbmesser. Die Wagen sind mit Petroleumbeleuchtung, mit der Gold'schen Salzwasser-Dampfheizung sowie mit der Luftleerbremse von Eames versehen.

Es sind etwas über 900 Wagen vorhanden.

Die Lokomotiven sind als Tendermaschinen gebaut, vorn liegen zwei Kuppelachsen, hinten ein 4rädriges Drehgestell. Die Cylinder sind aussenliegend. Kohlen- und Wasserkasten befinden sich am Führerstande. Die Feuerung geschieht mittelst Anthracit. Das Gewicht im betriebsfähigen Zustande beträgt rund 20 t, wovon 13,5 t auf die 4 Triebräder kommen. Insgesammt sind 290 Lokomotiven vorhanden. Die Leistung derselben ist eine hohe.

Es wird streng darauf gehalten, dass die Reisenden nur dann ein- und aussteigen, wenn der Zug hält. Die Schaffner öffnen nicht eher die Plattformthüren, als bis der Zug wirklich steht und schliessen sie bei der Abfahrt sofort. Sie geben sich von dem hinteren Wagen nach dem vorderen Zeichen mit der Signalleine, die jeder Schaffner während des Stationsaufenthaltes angefasst hält. Der vorn mitfahrende Zugführer giebt dieses Signal sofort an den Lokomotivführer zwecks Abfahrens weiter. —

Das Rauchen ist in den Stationen und Wagen durchweg verboten.

VI. Betriebsdienst der Lokomotiven.

Verfasser:

von Borries,

Bauinspector in Hannover.

Inhalts-Verzeichniss.

VI. Betriebsdienst der Lokomotiven.

Verfasser: Bauinspector von Borries.

Besetzung der Lokomotiven.

Die Sparsamkeit des Betriebes wird auf den Nord-Amerikanischen Eisenbahnen vorwiegend durch möglichst gesteigerte Leistungsfähigkeit und Ausnutzung des Betriebsmateriales erreicht, da die Betriebskosten in den meisten Beziehungen in weit geringerem Maſse, als die erzielten Leistungen zunehmen. Die Zahl der Lokomotivpersonale ist daher überall gröſser als diejenige der Lokomotiven, sodass jede einzelne Lokomotive in der Regel von mehr als einem Personal gefahren wird. Die Art der mehrfachen Besetzung der Lokomotiven ist verschieden und zwar ist die hierbei erzielte Ausnutzung derselben auf den gröſseren und wohlhabenderen Bahnen mit gut geleitetem Maschinenwesen besser, als auf den ärmeren Bahnen und denjenigen mit mangelhaftem Maschinendienst. Auf den meisten Bahnen sind die einzelnen Lokomotiven, soweit möglich, mit zwei bestimmten Personalen besetzt; dies Verfahren ist zuerst bei der New-York-Central- & Hudson-River-Bahn, einer der gröſsten und technisch bestgeleitesten, eingeführt und nach und nach von vielen anderen, z. B. der Michigan-Central, Lehigh-Valley, Chicago- & North-Western, den New-Yorker und Brooklyner Hochbahnen, angenommen worden. Auf Lokomotiven, welche nur Tagdienst leisten, kann meist nur ein Personal beschäftigt werden.

Abweichend hiervon hat die Pennsylvania-Bahn bei allen Güterzug- und einem Theile der übrigen Lokomotiven das first in-first out-Verfahren eingeführt und hierdurch eine noch stärkere Ausnutzung der Lokomotiven erreicht. Für die verschiedenen Dienstleistungen sind dabei verschiedene Gruppen (pools) gebildet, welchen die einzelnen Personale und Lokomotiven zugetheilt sind, so dass jedes Personal stets eine Maschine gleicher oder wenig verschiedener Gattung erhält und mit derselben stets dieselbe Art des Dienstes zu leisten hat. Abweichend von dieser Regel sind dort, wo eine gute Ausnutzung erzielt werden kann, die Personenzug-Lokomotiven mit bestimmten Personalen — bis zu 4 auf einzelnen Lokomotiven — besetzt. Tages- und Vorspann-Maschinen haben meist einfache Besetzung. Das gleiche Verfahren hat die Chicago-Burlington- und Quincy-Bahn.

Einige andere wohlhabende Bahnen, welche von früher her noch einen reichlichen Bestand an Lokomotiven erhalten haben, z. B. die Philadelphia & Reading, Baltimore & Ohio, New-Jersey-Central, theilen die einzelnen Lokomotiven bestimmten Personalen zu, lassen aber während der Ruhezeit der letzteren nach Bedarf Hülfspersonale mit denselben fahren. Hierbei wird eine geringere Ausnutzung als bei der Doppelbesetzung erzielt.

Bei den Güterzügen ist das first in-first out-Verfahren besonders vortheilhaft, weil dieselben grösstentheils ohne Fahrplan ganz nach Bedarf, oder als folgende Theile eines fahrplanmässigen Zuges befördert werden, also auf eine fahrplanmässige Rückkehr der einzelnen Lokomotiven nicht zu rechnen ist.

Ausnutzung der Lokomotiven.

Die Lokomotiven bleiben in der Regel von einem Auswaschen zum andern, also durchschnittlich 8 Tage lang im Feuer. Das Auswaschen wird nach Abblasen des Dampfes meistens mit heissem Wasser mittelst eines Injectors an einem stehenden Kessel sehr rasch ausgeführt und dann sogleich wieder angeheizt, so dass die Lokomotive, wenn keine Arbeiten am Kessel vorzunehmen waren, etwa 6 Stunden nach Ankunft wieder in Dampf ist. Die Siederohre werden nur beim Auswaschen gereinigt.

Die grösste Ausnutzung der Lokomotiven wird bei dem Verfahren der Pennsylvania-Bahn erreicht. Z. B. waren auf der Strecke Altoona-Pittsburg im April d. J. für 328 Lokomotiven etwa 700 Personale im Dienst. Von ersteren befanden sich durchschnittlich 15 % in Reparatur in Haupt- und Betriebswerkstätten, von letzteren waren durchschnittlich 10 % nicht im Dienst, so dass thatsächlich etwa 280 Lokomotiven von 630 Personalen, also 1 Lokomotive von 2¼ Personal gefahren wurden; hierbei ist zu berücksichtigen, dass die Vorspannmaschinen für Personenzüge der Station Altoona nur einfach besetzt waren. Aehnlich ist das Verhältniss auf den übrigen Strecken der Pennsylvania-Bahn.

Die Bahnen mit fester Doppelbesetzung nutzen ihre Lokomotiven etwas weniger aus, erzielen aber doch noch sehr gute Leistungen, z. B. die Maschinenstation Jackson der Michigan-Central-Bahn auf langen Strecken im Personenzugdienst bis 14000, im durchgehenden Güterzugdienst bis 9000 km und im Monat rund 6000 km Durchschnittsleistung aller Lokomotiven. Diejenigen Bahnen, welche nur Hülfspersonale in verhältnissmässig geringer Zahl verwenden, erzielen entsprechend geringere Leistungen, welche indess unter günstigen Verhältnissen, z. B. auf der Baltimore- und Ohio-Bahn im Personenzugdienst 8—10000 km, im Güterzugdienst etwa 6000 km betragen.

Die Möglichkeit einer so hoch gesteigerten Ausnutzung der Lokomotiven beruht vorwiegend auf der sehr dauerhaften Construction derselben und auf dem Vorhandensein fertiger passender Ersatztheile, welche während der Ruhepausen in kürzester Zeit angebracht werden können. Die dauerhafte Construction gestattet auch die starke Anstrengung, mit welcher die Lokomotiven in der Regel gefahren werden.

Eine im Verhältniss zu den Leistungen vermehrte Abnutzung infolge der mehrfachen Besetzung ist nicht eingetreten, da strenge darauf gehalten wird, dass jeder Führer die bemerkten Mängel sofort zur Anzeige bringt und bei den meisten Bahnen mit mehrfacher Besetzung eine eingehende Untersuchung jeder heimkehrenden Lokomotive stattfindet; nur der Verbrauch an Werkzeug ist grösser als bei einfacher Besetzung. Im Lokomotivschuppen der Altoona-Pittsburger Strecke zu Altoona waren an etwa 40 % der 275—325 täglich dort ankommenden Lokomotiven kleine Reparaturen auszuführen, welche aber nur selten eine Ausserdienststellung nöthig machten. Die Pennsylvania-Bahn hat besondere Strecken-Betriebswerkmeister, welche den Lokomotivdienst übernehmen.

Dienst des Lokomotivpersonals.

Das Lokomotivpersonal ist von allen Nebenarbeiten, als Auswaschen, Laternenputzen, kleinen Unterhaltungsarbeiten, vollständig befreit, übernimmt die völlig dienstbereite Lokomotive vor Beginn des Dienstes und liefert dieselbe nach Heimkehr an der Kohlenbühne wieder ab. Durch diese Beschränkung des Dienstes auf die wirkliche Fahrt wird die Ausnutzung von Personal und Lokomotiven entsprechend gesteigert und die gute Ausführung des Auswaschens u. s. w. durch besondere Leute gesichert. Der amerikanische Lokomotivbeamte leistet mehr als der hiesige, da er im Dienste stets sitzt, weniger ermüdet und nur nach Leistung bezahlt wird — der Führer 3—3½, der Heizer 2 Doll. für 100 miles = 7,5—8,78 bezw. 5 M. für 100 km, oder entsprechende Zeitvergütung. Die sehr wirksame Ordnungsstrafe ist daher überall kürzere oder längere Ausserdienststellung.

Jeder Führer hat nach der Heimkehr eine schriftliche Meldung auszufüllen und darin die an seiner Lokomotive gefundenen Mängel, sowie meistens den Zustand der Ventile, der Bremse u. s. w. besonders zu bezeichnen.

Kohlen- und Oelersparniss-Prämien werden dem Lokomotivpersonal nur vereinzelt, z. B. auf der Pennsylvania-Bahn, gegeben; die vorhandenen Mengen werden dann beim Personalwechsel von dem Schuppenmeister abgeschätzt und dem abtretenden Personal übergeben. Die einfachere Verrechnung des Materiales auf die Lokomotive selbst war nicht bekannt.

Diejenigen Lokomotiven und Personale, welche fahrplanmässige Züge befördern, fahren, — ebenso wie in England — in der Regel nicht in einem mehrtägigen Turnus, sondern für längere Zeit täglich dieselben Züge, wodurch die Diensteintheilung sehr vereinfacht wird. Die Sonntagsruhe wird durch den Ausfall eines grossen Theiles sämmtlicher Züge an Sonntagen erreicht.

Die mehrfache Besetzung der Lokomotiven empfiehlt sich für hier umsomehr, als die hiesigen Schlussfolgerung.
Lokomotivpersonale weniger als die Amerikanischen leisten und wesentliche Nachtheile bei geeigneter Einrichtung und Ueberwachung des Dienstes nicht zu erwarten sind.

Im Besonderen empfiehlt es sich, im Personenzugdienst stets und im Güterzug- und Rangirdienst, soweit eine gute Ausnutzung der Lokomotiven erzielt werden kann, jede Lokomotive mit zwei bestimmten Personalen zu besetzen; die Vertheilung der Lokomotiven an Gruppen von Personalen ist nur im Güterzug- und Rangirdienst da zu empfehlen, wo mit doppelter Besetzung keine ausreichende Ausnutzung zu erzielen sein würde, also namentlich bei sehr langen Fahrten.

Die Vortheile der vermehrten Ausnutzung sind 1. Verminderung des Anlagekapitales für Lokomotiven und Lokomotivschuppen; 2. raschere Abnutzung und Ersatz der Lokomotiven, so dass der vorhandene Bestand den Anforderungen des Betriebes besser entspricht.

VII. Betriebsdienst der Wagen.

Verfasser:

Th. Büte,

Königl. Eisenbahn-Director in Magdeburg.

Inhalts-Verzeichniss.

VII. Betriebsdienst der Wagen.

Verfasser: Eisenbahn-Director **Bötz**.

Ueber die Leistungen der Wagen hält es schwer, zutreffende Zahlen zu erhalten, zumal auch die im Abschnitt V angezogenen Statistics of Railways in the United States darüber nichts Genügendes angeben. 1. Leistungen der Wagen.

Nach Wellington (The Economic Theory of Railway Location) durchlaufen die Personenwagen im Durchschnitt 40–60000 Miles (64400–96600 km) im Jahre, die Kurswagen und die Luxuswagen, welche meistens in durchgehende Züge eingestellt sind, legen häufig 100000 Miles (161000 km), in einzelnen Fällen bis 150000 Miles (241500 km) jährlich zurück.

Von den Güterwagen durchlaufen nach obiger Quelle im Allgemeinen im Jahre:

Kohlen- und Plattformwagen . .	5000– 7500 Miles	(8050–12075 km)
Bedeckte Wagen	9000–15000 „	(14490–24150 „)
Durchgehende Wagen . . .	25000–35000 „	(40250–56350 „)

Der allgemeine Durchschnitt stellt sich auf 12000–16500 Miles (19320–26565 km).

Die durchlaufenen Strecken weichen übrigens bei den verschiedenen Bahnen von einander ab und betragen z. B. bei der Western and Atlantic-Bahn:

Personenwagen	36480 Miles	(58733 km)
Bedeckte Wagen im Lokalverkehr . .	7780 „	(12526 „)
Viehwagen	5601 „	(9018 „)
Kohlen- und Plattformwagen . . .	5420 „	(8726 „)
Durchgehende Güterwagen	10043 „	(16169 „)

In Bezug auf die periodischen Revisionen der Betriebsmittel bestehen keine gesetzlichen Vorschriften; es sind allerdings von städtischen Behörden Vorschriften für die Revision der stationären Kessel und für die auf Schiffen befindlichen Dampfkessel erlassen, um die Eisenbahnen kümmert sich aber in dieser Beziehung die Gesetzgebung nicht, weder um Lokomotiven noch um Wagen. Jede Bahnverwaltung hat es daher in der Hand, nach eigenem Ermessen zu handeln. 2. Werkstätten-Revision.

In der Regel werden die Personenwagen nur durch die Wagenrevisoren untersucht, es kommen diese Wagen jedoch mindestens einmal alle Jahre zur Werkstatt, um sie zu reinigen und mit einem neuen Lacküberzuge zu versehen, wenn sie nicht überhaupt an der Reihe sind, neu lackirt zu werden. (Vergl. Abschnitt X.) Bei dieser Gelegenheit wird auch der Wagen einer eingehenden Revision in allen Theilen unterworfen und werden alle Mängel abgestellt.

Die Güterwagen werden ebenfalls nur im Betriebe durch die Wagenrevisoren untersucht und es wird der Wagen nur dann der Werkstatt zugeführt, wenn er schadhaft ist. Dagegen werden vielfach die gusseisernen Räder einer Controlle derart unterzogen, dass dieselben nach Zurücklegung einer bestimmten Meilenzahl revidirt werden, worüber Buch geführt wird; die Notirung der Meilenzahl geschieht aber nach den gemachten Angaben nur ganz annähernd.

3. Personenwagen. Die gewöhnlichen Personenwagen, welche bei den Eisenbahn-Verwaltungen zur Verwendung kommen, sind im Allgemeinen deren Eigenthum und werden nur auf den eigenen Linien benutzt. Anders liegt es bei den Luxuswagen, von welchen die Bahnen auch eine Anzahl für bestimmte Zwecke benutzen, welche aber der Mehrheit nach besonderen Gesellschaften (Pullman, Wagner u. s. w.) gehören.

Im Abschnitt V ist schon der Dienst der Luxuswagen berührt, namentlich auch erwähnt, dass die Plätze numerirt sind, daher wie bei den Sperrsitzen im Theater sich Niemand zwecks Sicherung eines Platzes zu beeilen braucht, wenn er sich eine Fahrkarte verschafft hat. Die Aushändigung der Zusatzkarten zu den Luxuswagen findet an den Schaltern der betreffenden Gesellschaft nur gegen Vorzeigung der Fahrkarte statt; in der Regel befinden sich sowohl an den Verkaufsstellen in den Städten als auch auf den Bahnhöfen diese beiden Schalter nahe bei einander. Ausserdem liegt, wie beiläufig bemerkt werden mag, meistens in der Nähe derselben der Schalter der Express-Gesellschaft, welche das Gepäck nach dem Bahnhof in den Zug besorgt.

Wenn der Fahrschein für einen Luxuszug gelöst ist, so hat man denselben vor dem Besteigen des Wagens dem Wärter (in der Regel einem uniformirten Neger) vorzuzeigen. Derselbe hält darauf, dass Niemand ohne Karte einsteigt.

Abends verursacht das Herrichten der Betten in der Regel längeren Aufenthalt, da der Wärter mit grosser Ruhe ein Bett nach dem andern fertig macht und sich dabei wenig beirren lässt. Da in den gewöhnlichen Schlafwagen 24 Betten sind, so dauert das Herrichten derselben, wenn der Wagen besetzt ist, ziemlich lange Zeit. Morgens um 7 Uhr kann jeder Reisende verlangen, dass der Schlafwagen wieder zum Tageswagen eingerichtet wird.

Bald nach dem Betreten des Luxuswagens, in der Regel nachdem der Zug in Bewegung ist, kommen der Zugführer und der Revisor der Luxuswagengesellschaft und sehen die Fahrkarten nach. Bei den Nachtfahrten nimmt auch wohl, um Störungen zu vermeiden, der letztgenannte die Karten ab und überbringt sie dem Zugführer, welcher dieselben prüft und häufig erst am nächsten Morgen zurückgiebt.

Für die Original-Karten der Wagen-Gesellschaft giebt der betreffende Beamte einen Interimsschein aus, welcher nebenstehend in Fig. 53 dargestellt ist und in welchem sämmtliche Angaben wie in dem Originalscheine vermerkt werden. Der Originalschein wird der Wagen-Gesellschaft eingeschickt zur Controlle. Die Interimsscheine werden bei Beendigung der Fahrt ebenfalls von dem Beamten abgenommen.

Wenn der Verkehr erfahrungsmässig so gross ist und der Zug derart liegt, dass auf eine genügende Anzahl von Speisenden zu rechnen ist, so wird ein Dining Car (Speisewagen) mitgeführt, in welchem die Reisenden das Frühstück (Lunch) und das Mittagessen (Dinner) einnehmen. Da nicht alle Reisenden zugleich speisen, so genügt ein Wagen für eine grössere Anzahl von Personen. Die Fertigstellung der Mahlzeiten wird durch einen Wärter angezeigt. Das Essen ist gewöhnlich sehr gut und kostet einen Dollar (4,25 ℳ) für Erwachsene, 50 Cts. (2,12 ℳ) für Kinder und 25 Cts. (1,06 ℳ) für die Zugbeamten. Service, Wäsche, Speisekarten sind von grosser Eleganz und ist die Bedienung aufmerksam. Die lange Strecken durchfahrenden Schnellzüge nach dem Westen enthalten fast immer Speisewagen.

In denjenigen Zügen, in denen erfahrungsmässig die Zahl der Reisenden nicht so gross ist, dass die Mitführung eines Speisewagens erforderlich ist, oder deren Lage derart ist, dass nicht alle Reisenden das Bedürfniss zum Speisen haben, wird ein Buffet Car mitgeführt, d. h. ein Wagen, in welchem sich ein Wärmofen, sowie Schränke für Speisen und Getränke befinden. Man kann auch in einem solchen Wagen eine vollständige Mahlzeit bekommen, während in der Regel die Reisenden mit einfacheren Gerichten zufrieden sind. Die Kellner verstehen geschickt auf ihren Petroleum-Kochapparaten die Speisen zuzubereiten. Uebrigens helfen, wenn mehrere Buffet Cars im Zuge sind, die Kellner der einzelnen Wagen sich gegenseitig aus, auch das Fahrpersonal springt mit ein, wenn zeitweilig eine Ueberhäufung stattfindet. Das Personal hat insofern ein Interesse an der Einrichtung, als es Speisen zu ermässigten Preisen empfängt.

Fig. 53.

Vorderseite.

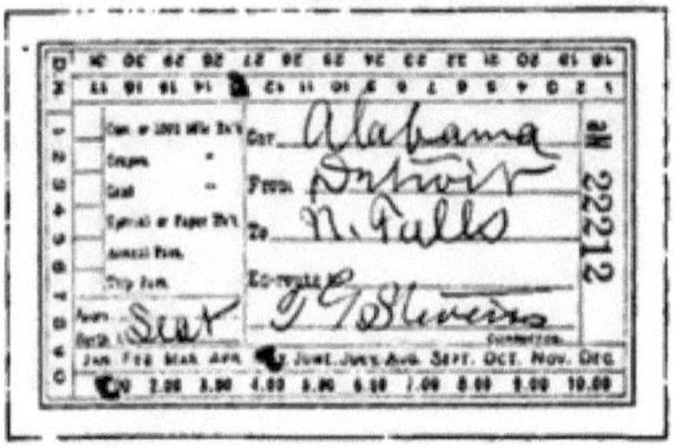
Car Alabama
From Detroit
To N. Falls
Seat
№ 22212
Conductor.
Jan. Feb. Mar. Apr. June. July. Aug. Sept. Oct. Nov. Dec.

Rückseite.

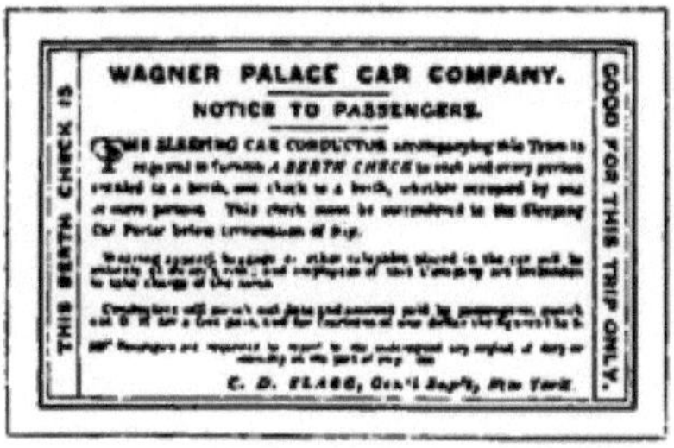
WAGNER PALACE CAR COMPANY.
NOTICE TO PASSENGERS.
THIS BERTH CHECK IS
GOOD FOR THIS TRIP ONLY.
C. D. FLAGG, Gen'l Sup't, New York.

Ueber die Verausgabung von Mahlzeiten, das dabei beschäftigte Personal u. s. w. werden Rapporte geführt, deren einer auf S. 189 wiedergegeben ist.

Wie erheblich die Zahl der in den Speise- und Buffetwagen mitgeführten Sachen und wie reichhaltig die Speisekarte ist, geht aus den auf S. 190—193 dieses Abschnitts beigefügten Verzeichnissen nebst Karten eines Dining Car und eines Buffet Car der Wagner-Gesellschaft hervor. Alle diese Sachen werden von den Hauptmagazinen der betreffenden Gesellschaft, von denen sich eins in Motthaven bei New York befindet, geliefert und wird Abrechnung darüber geführt. Diese Magazine enthalten ausserdem noch sämmtliche Utensilien, wie Teller, Gläser u. s. w. und sind von grosser Ausdehnung. Es wird ein grosses Personal zur Buchführung und Verwaltung darin beschäftigt, die Nothwendigkeit ergiebt sich daraus, dass von der Wagner-Gesellschaft, welche das Magazin in Motthaven besitzt, etwa 600 Luxuswagen in Betrieb sind, so dass der tägliche Verbrauch ein ganz erheblicher ist.

Ueber die Besetzung dieser Wagen u. s. w. werden vom Zugführer Uebersichten nach dem auf S. 194 gegebenen Muster geführt, aus welchen die besetzten Plätze, die daraus erzielten Einnahmen und sonstige Angaben zu ersehen sind.

Den von den Reisenden für die Benutzung der Luxuswagen erhobenen Zuschlag erhält im Allgemeinen die Wagen-Gesellschaft, welche auch die grösseren Reparatur- und Erneuerungs-Arbeiten auszuführen und das Aufsichtspersonal während der Fahrt zu stellen hat. Es bestehen aber in dieser Beziehung bei einzelnen Bahnen abweichende Abkommen, deren Bestimmungen besonders festgesetzt sind, auch soll die Pullman-Gesellschaft auf nachweislich unrentablen Linien noch einen Zuschuss von der Bahnverwaltung erhalten.

Die Beträge für die Benutzung der Luxuswagen werden entweder durch die Agenten der betreffenden Gesellschaft eingezogen oder es sind die Zuschläge im Preise der Fahrkarten einbegriffen.

Bei den Tageswagen (Parlor und Buffet Cars) sind die Preise am billigsten; bei einer Entfernung der Orte

New York nach Philadelphia	90 Miles	(145 km)
„ „ Harrisburg . .	196 „	(315 „)
„ „ Altoona . .	328 „	(528 „)
„ „ Pittsburg . .	444 „	(715 „)

werden folgende Preise in Dollars erhoben:

von	nach			
	Philadelphia	Harrisburg	Altoona	Pittsburg
New York	0,50	1,00	1,50	2,00
Philadelphia		0,50	1,00	1,50
Harrisburg	—	—	0,50	1,00
Altoona	—	—	—	0,50

Bei den Schlafwagen kostet die Fahrt von New York bis Pittsburg 2,50 $ (10,63 M.), bis Chicago (912 Miles = 1468 km) 5 $ (21,25 M.). Am theuersten sind die Zuschläge, welche bei den Limited Vestibule Trains erhoben werden, dieselben betragen von New York bis Pittsburg 4 $ (17 M.), bis Chicago 8 $ (34 M.).

Die in den Wagen eingerichteten Abtheile (State Rooms) für Familien, Damen u. s. w. müssen besonders gemiethet, oder die Zahl der darin befindlichen Plätze bezahlt werden.

In den Schlafwagen, welche sehr breite Betten haben, ist es übrigens gestattet, dass bei Zahlung für ein Bett (oben oder unten) 2 Personen darin Platz nehmen, was namentlich bei Mitnahme von Kindern geschieht. Wer nicht wünscht, dass über seinem Bette noch ein zweiter Reisender schläft, muss das obere Bett bezahlen. Ist der Andrang jedoch zu gross oder sind die Karten für die Plätze bereits verausgabt, so ist dieses selbstverständlich nicht zu erreichen. Es wird mit den Plätzen genau genommen. Bei der Fahrt von Buffalo nach Albany kaufte ich ein Schlafbillet; da 3 Schlafwagen im Zuge waren und eine ziemliche Verwirrung in denselben herrschte, mein Fahrschein auch undeutlich geschrieben war, so erhielt ich ein unteres Bett, während meine Karte mit U (Upper) bezeichnet war und ich eigentlich hätte oben schlafen müssen. In der Nacht wurde ich geweckt, weil der richtige

Inhaber des Platzes, welcher bis dahin im Rauchzimmer gewesen hatte, sein Bett verlangte und musste ich heraus, musste auch im einfachsten Anzuge hinter dem Vorhange so lange im Gange stehen, bis meine Betten und meine Sachen nach oben gepackt waren, wobei verschiedene Personen den Gang passirten.

Die Luxuswagen werden übrigens, abgesehen vom regelmässigen Verkehr, zu Ausflügen an Gesellschaften u. s. w. vermiethet. Es ist dies in Amerika bei reichen Personen, welche keine eigenen Wagen besitzen, üblich; dieselben versehen sich dann mit allem Erforderlichen und leben wie in einem Hôtel. Auf einer meiner Fahrten war auch ein solcher Hôtelwagen im Zuge, in welchem eine Anzahl von etwa 16 Herren und Damen einen Ausflug nach St. Francisco machten; dieselben hatten einen Koch und Bedienung bei sich, schlossen sich von der übrigen Reisegesellschaft ab und schienen sich in ihrem Wagen, den andere Reisende nicht betreten durften, recht wohl zu befinden, wenigstens ging es dort sehr vergnügt zu.

Für solche Vermiethungen sollen die Wageneigenthümer, wenn nicht eine Pauschsumme vereinbart ist, eine Laufmiethe von 3 Cts. (13 Pf.) für die Mile (8 Pf. das km.) erheben, zuweilen den Preis aber noch billiger stellen; für kurze Strecken erscheint dieses wenig, bei langen Reisen von 5—6000 Miles (8050—9660 km) kommt jedoch schon ein nennenswerther Betrag heraus.

Es kommt auch vor, dass eine grössere Anzahl von Personen, Clubmitglieder u. s. w., welche regelmässige Fahrten machen (zu den Geschäften in der Stadt u. s. w.), sich nach ihrem Wunsche Wagen herstellen, bezw. von der Eisenbahn-Verwaltung einrichten lassen, in dem jeder einen bestimmten bequemen Platz hat, und welche auch im Uebrigen den Wünschen entsprechend eingerichtet sind, wofür nach Abkommen an die Eisenbahn-Verwaltung entsprechende Entschädigung zu zahlen ist. Fremde Personen dürfen in diese Wagen nicht aufgenommen werden. Dieselben werden täglich in bestimmte Züge eingestellt mit Ausnahme des Sonntages, an welchem in der Regel eine Benutzung nicht stattfindet.

4. Güterwagen.

Die im Betriebe befindlichen Güterwagen gehören entweder den Eisenbahn-Verwaltungen oder den Gesellschaften bezw. Privatpersonen, welche dieselben für ihre besonderen Zwecke haben und sie entsprechend einrichten lassen. Es gehören dahin die Wagen der Verbands-Verwaltungen, der Express-Gesellschaften, Kühlwagen, Heizwagen, Fleisch-, Gas-, Oel-Wagen u. s. w.

Die Zahl dieser letzteren Wagen ist verhältnissmässig grösser als in Deutschland und beträgt über 100000, etwa ¹/₈ der sämmtlichen Wagen.

Bei denjenigen Bahnen, welche nicht einen ganz regelmässigen Verkehr haben, werden die bedeckten Wagen, Viehwagen u. s. w. auch zur Verladung von solchen Gütern benutzt, welche bei uns in offenen Wagen versandt werden. Es ist dieses von grossem Einflusse, da in Amerika eine verhältnissmässig grössere Zahl von bedeckten Wagen vorhanden ist als in Deutschland. Namentlich werden die nach dem Westen laufenden Bahnen mit Vorliebe bedeckte Wagen auch für Nutzholz, Kohlen u. s. w. an, um den Wagen Rückfracht zu geben, wobei der Vortheil erwächst, dass Diebstähle verhindert werden. Bei der Verladung von Kohlen, welche durch die Seitenthüren schräg gestürzt und dann nach den Stirnwänden geschaufelt werden, werden Vorsetzer vor die Thüröffnungen gestellt. Die Chicago, Burlington & Quincy R. R. und andere Bahnen haben, wie im Abschnitt IV C bereits näher ausgeführt ist, bei der Mehrzahl der bedeckten Wagen an den Stirnwänden oben kleine Schiebethüren, durch welche Nutzholz, Schienen u. s. w. eingeladen werden können, was bei der grossen Länge der Wagen (34' = 10,36 m) und da die Schienen in der Regel nur 30' (9,14 m) lang sind, möglich ist.

Die Illinois Stahlwerke haben eine grosse Anzahl eigener Wagen, welche grösstentheils bedeckt sind und in welchen sie Schienen versenden, Kohlen empfangen u. s. w., welche aber von den Eisenbahn-Verwaltungen auch für andere Güter verwendet werden können.

Ebenso wie in Deutschland laufen die Güterwagen auch über die Linien fremder Bahnverwaltungen und ist es erforderlich, sie zu verfolgen und Abrechnungen mit den fremden Verwaltungen aufzustellen, wobei gleich bemerkt werden mag, dass die Vergütung für die Benutzung fremder Wagen lediglich in einer Laufmiethe besteht. In früherer Zeit, als die Wagen mehr in dem eigenen Bezirke verwendet wurden und der Uebergang auf fremde Bahnen weniger häufig vorkam, beschränkten sich die Verwaltungen darauf, den Lauf fremder Wagen im eigenen Bezirk zu ermitteln und die sich ergebenden Beträge den fremden Verwaltungen zuzusenden. Als der Verkehr stärker und der Uebergang häufiger wurde, reichte dieses einfache Verfahren nicht aus und fanden Verschleppungen fremder Wagen statt, welche zu grossen Unzuträglichkeiten führten. Als besonderes Beispiel einer solchen Verschleppung wird die Geschichte eines Güterwagens erzählt, welcher im Anfang December eines bestimmten Jahres von Indianapolis nach Boston abgegangen war, welches Ziel er jedoch ungünstigen Wetters wegen erst im Januar des nächsten Jahres erreichte; der Eigenthümer des mit Korn beladenen Wagens lud solches vorläufig nicht ab, sodass der Wagen erst Mitte März leer wurde. Es besteht, wie hier eingeschaltet werden mag, in Amerika die Unsitte, die auch von den Bahnen bis zu einer gewissen Grenze geduldet wird, dass die Wagen häufig als Magazin benutzt und Früchte u. s. w. aus ihnen verkauft werden, bis sie entleert sind. Der vorgenannte Wagen begann darauf eine Irrfahrt, ging hin und her, lief auch gelegentlich beladen über die eigenen Linien, wurde während des Sommers und nächsten Winters von der Verwaltung gesucht, aber erst im April des zweiten Jahres wieder dingfest gemacht und der Werkstatt zugeführt.

b. Wagenbüreau Car Accountants Office.

Derartige Vorkommnisse führten zur Verschärfung der Vorschriften und zur Einrichtung des Wagenbüreaus (Car Accountants Office), welches die Bearbeitung der Wagen-Angelegenheiten hat und zwar im Allgemeinen derart, dass sowohl der Lauf der einzelnen Wagen verfolgt, als auch die von ihnen zurückgelegten Meilen gebucht und Unregelmässigkeiten gerügt werden.

Zur Bestimmung der Meilenzahl auf der eigenen Bahn dienen die von den Zugführern einzureichenden Rapporte, in welchem jeder Güterwagen aufgeführt ist. Es werden die Nummern der Wagen, die entsprechenden Meilenzahlen in Formulare eingetragen, und wird danach die Meilenzahl auf der eigenen Bahn für jeden Wagen ermittelt, wonach die Rechnung für die fremde Bahn aufgestellt und ausgetauscht wird. Ausser diesem wird aber noch eine weitere Controlle über den Lauf sämmtlicher auf der eigenen Bahn befindlichen Wagen geführt, welcher für die Betriebsabtheilung bestimmt ist. Es besteht diese in ausgedehnten Verzeichnissen, in welchen täglich die Bewegung und der Stand eines jeden auf der Bahn befindlichen eigenen oder fremden Güterwagens eingetragen wird. Zur Aufstellung dieser Verzeichnisse werden die Zugführerrapporte mit benutzt; hauptsächlich geschieht dieselbe aber auf Grund der Rapporte, welche täglich von allen Uebergangs- und wichtigen Kreuzungs-Stationen eingesendet werden müssen, und in welchen die Nummern der sämmtlichen Wagen, der Bestimmungsort, ob leer oder beladen, aufgeführt sind und auf Grund der von allen Stationen einzureichenden gleichen Verzeichnisse über eingegangene, versandte, leer oder unentladen stehende Wagen mit Bemerkungen über die Eigenthümer der Ladung, den Stationsort der Wagen, erforderliche Reparaturen u. s. w. an denselben.

Auf Grund dieser Rapporte, welche in der Regel täglich erstattet werden, unter besonderen Verhältnissen aber (Störungen u. s. w.) auch mehrmals am Tage einzureichen sind, werden in die Verzeichnisse von einer Anzahl Bureaubeamten, von denen jeder einen Theil der Wagen aus den von Hand zu Hand gehenden Rapporten entnimmt, die Wagennummern u. s. w. eingetragen, so dass die Centralleitung jeder Zeit eine genaue Uebersicht über jeden auf der Bahn befindlichen Wagen, den Fortgang des Ladegeschäfts, die Beförderung der Wagen u. s. w. hat und danach Verfügungen treffen kann.

Die Rapporte über die fremden Wagen, welche die Einbruchsstationen und Hauptkreuzungen berühren, werden mit den Verwaltungen ausgetauscht, sodass dieselben auch über die auswärts verkehrenden eigenen Wagen im Wesentlichen unterrichtet sind. Auf Grund der Verzeichnisse werden Verfügungen erlassen, Notate gezogen, die Agenten zur Untersuchung veranlasst u. s. w.; es wird auch über die leeren Wagen verfügt und werden bezügliche Anforderungen an das Bureau gerichtet.

Ebenso wird die Beförderung leicht verderblicher Waaren verfolgt, den Eigenthümern der Waaren auf Verlangen Nachricht gegeben u. s. w.

Man hält es in Amerika für wichtig, die lokalen Agenten u. s. w. von den Centralstellen scharf überwachen zu lassen und die Bewegung der Wagen in der Hand zu behalten, wenn die damit verbundene Arbeit auch eine erhebliche ist.

Aus den Listen des Car Accountants Office werden übrigens auch noch andere Aufstellungen gemacht, z. B. die Zahl der von den Lokomotiven und den einzelnen Zügen beförderten beladenen und leeren Wagen. Um die Aufstellungen und Listen zu vereinfachen, sind Abkürzungen eingeführt, jede Bahn hat eine bestimmte Nummer, die Ausfüllung verschiedener schmaler Spalten ergiebt, ob der Wagen angekommen oder abgegangen ist, ein × bei den Wagennummern bedeutet, dass der Wagen beladen ist, bei den Stationsnummern, dass er dort beladen ist, ein —, dass er entladen ist, der Buchstabe B, dass der Wagen wegen Beschädigung hat aus dem Zuge entfernt werden müssen, T, dass derselbe hat umgeladen werden müssen, R, dass solcher der Werkstatt zugeführt ist. Die Zeitangabe erfolgt von Mitternacht zu Mitternacht durch Angabe der 24 Stundenzahlen, wobei 1, 2, 3 zugesetzt, Viertelstunden bedeuten. Durch diese und weitere Abkürzungen werden die Aufstellungen erleichtert.

In Bezug auf die fremden Wagen ist es zwar Vorschrift, dass dieselben nach Ankunft auf der Bestimmungsstation und bewirkter Entladung rasch und thunlichst beladen nach der Richtung der Heimath zurückgesandt und nicht im Lokalverkehr der fremden Bahnen benutzt werden sollen, letzteres geschieht jedoch leicht bei Wagenmangel, es ist dann Sache der Centralstelle, solches zu rügen und Abhülfe zu schaffen.

Zur Erleichterung des für grosse Entfernungen bestimmten Durchgangsverkehrs sind, namentlich für die Schnellgüterzüge, von den verschiedenen Verwaltungen Wagengruppen hergestellt und vereinigt, welche ausschliesslich für bestimmte Transportrichtungen bestimmt sind; dieselben sind in auffälliger Weise bezeichnet, z. B. Red Line, White Line, Blue Line, Star Union, National Despatch u. s. w.

Im Allgemeinen ist hierbei das Verfahren so, dass jede Bahnverwaltung, durch deren Gebiet der Verkehr geht, nach Maſsgabe der Meilenlängen eine bestimmte Anzahl Wagen stellt; entweder übernimmt eine der Verwaltungen die Leitung oder es wird ein besonderer Aufsichtsbeamter mit Lokalagenten angestellt, welche die Controlle ausüben; die Einnahmen und Ausgaben werden nach den Meilenlängen vertheilt.

Es giebt auch derartige Wagengruppen, welche einzelnen Personen und Privatgesellschaften gehören, z. B. Armour's Wagenpark zur Beförderung geschlachteten Viehes u. s. w. Für diese Wagen bezahlen die Eisenbahnen nur die Laufmiethe und ist es Sache des Eigenthümers und seiner Agenten, für jene Sorge zu tragen.

Hierher gehören endlich auch die verschiedenen Eigenthümer und Gesellschaften, welche besondere Wagen besitzen, Refrigerator Cars (Kühlwagen), Heating Cars (Heizwagen) u. s. w.

6. Wagenmiethen. Wie oben bemerkt, wird für die Wagen bis jetzt nur eine Laufmiethe vergütet und zwar für gewöhnliche Güterwagen mit 4 Achsen $^3/_4$ Cts. die Mile, d. i. etwa 2 Pf. das km und die Hälfte, also $^3/_8$ Cts. die Mile, d. i. 1 Pf. das km für die wenigen vorhandenen 2achsigen Wagen.

Es ist jedoch in Amerika wohl bekannt, dass diese Art der Vergütung (ohne Zeitmiethe) nicht zweckmässig ist, da die Verwaltungen, welche fremde Wagen benutzen, kein Interesse daran haben, die Wagen rasch zurückzusenden und das Publikum in vielen Fällen, namentlich beim Mangel an Magazin-Räumen, die Wagen gern, wie schon erwähnt, als Speicher benutzt.

Es ist auch angestrebt worden, namentlich von dem Vorsitzenden der Trunk Line Commission, hierin eine Aenderung herbeizuführen. Es sollte für gewöhnliche Wagen eine Laufmiethe von $^1/_2$ Cts. die Mile (1,3 Pf. das km) gezahlt werden und daneben eine Zeitmiethe von 15 Cts. (64 Pf.) den Tag; es wurde jedoch dieser Satz für zu hoch gehalten und von anderer Seite die Zeitmiethe von 10 Cts. (42 Pf.) den Tag als genügend erachtet. Es ist darüber viel verhandelt, nach den mir gewordenen Mittheilungen besteht zur Zeit aber noch das alte Verfahren und ist die genannte Laufmiethe von $^3/_4$ Cts. (2 Pf.) noch in Wirksamkeit.

7. Heiz- und Kühlwagen. Eine höhere Vergütung muss für diejenigen Wagen bezahlt werden, welche mit besonderen Einrichtungen zur Kühlung oder Heizung bestimmt sind. Zu letzteren gehören die Wagen der Eastman Freight Car Heater Company, Boston, 50. Street No. 35. Dieselbe hat das Patent auf die im Abschnitt IV C beschriebenen Heizwagen und verkauft vollständige Heiz- und Lüftungseinrichtungen zu solchen Wagen an die Bahnen, welche derartige Wagen einrichten wollen, besitzt aber auch selbst eine grosse Anzahl von Heizwagen, welche während der Sommermonate ähnlich wie gewöhnliche Wagen benutzt und bezahlt werden, während der Zeit vom 15. November bis 15. April aber als Heizwagen eine höhere Miethe bedingen.

Die Wagen werden namentlich in den Neu-England-Staaten benutzt; sie sind nach Angabe auf folgenden Bahnen in Gebrauch: Boston & Maine, Maine Central, New Brunswick, Intercolonial, Fitchburg, Cheshire, Central Vermont, Ogdensburg & Lake Champlain, Boston & Providence, New York & New England, New York, New Haven & Hartford, Hoosac Tunnel, Delaware & Hudson Canal Railway, West Shore, New York Central & Hudson R. R., Pennsylvania, Lehigh Valley, Philadelphia & Reading.

Es sollen im Winter darin 1000000 Bushels (36000 cbm) Aepfel, Gemüse, Kartoffeln u. s. w. und über 300000 Bushels Bananen transportirt sein, auch sollen grosse Mengen von Käse, Milch, Diete, Bier, Mineralwasser und dergl. darin befördert werden.

Zu den Transporten von St. Francisco u. s. w. scheinen die Wagen weniger benutzt zu werden und wurde von anderer Seite behauptet, dass die sehr sorgfältig gebauten Refrigerator Cars (ohne Eisfüllung) die Wärme derart erhielten, dass in Schnellgüterzügen in ihnen bei mässigem Frost verderbliche Güter, welche in warmer Temperatur eingeladen seien, auf grosse Entfernungen versandt werden können. Auf der Pennsylvania-Bahn wurde ferner angegeben, dass vielfach bei früh eintretendem Froste gewöhnliche Oefen in Güterwagen gestellt und unter Wartung derselben durch einen mitfahrenden Begleiter Kartoffeln u. s. w. transportirt werden (vgl. auch Abschnitt IV C).

Die Eastman Cars sind selbstverständlich viel besser eingerichtet, die Benutzung kostet aber auch erheblich mehr. Nach Mittheilung der Eastman-Gesellschaft müssen diejenigen Bahnen, welche derartige Wagen in ihren Park aufnehmen wollen, für den nicht mit Temperaturregulator versehenen Heizapparat einmalig 140 $ (595 M) zahlen, ausserdem sich verpflichten, für die Güterbeförderung in diesen Wagen keinen geringeren Zuschlag zu erheben, als die genannte Gesellschaft und davon die Hälfte an die letztere abzuführen.

Zur Erläuterung mag bemerkt werden, dass es bei dem Versande von gewöhnlichen Früchten, Kartoffeln u. s. w. auf die Temperatur nicht so genau ankommt, dieselbe beträgt etwa 40—60° Fahrenheit (4—15° Celsius.) Für Bananen dagegen muss die Wärme im Wageninnern, um das Verderben zu verhindern, höher, etwa 68° Fahrenheit (20° C.) sein und genau inne gehalten werden.

Die Zuschläge der Gesellschaft betragen nach Angaben für den Wagen mit Heizung in demselben

a. Für gewöhnliche Früchte und leicht verderbliche Güter:

0 — 500 Miles	(805 km)	Entfernung	10 $	(42,50 M)
500 — 700 „	(805—1127 km)	„	15 „	(63,75 „)
700 — 1000 „	(1127—1610 „)	„	20 „	(85,00 „)
1000 — 1250 „	(1610—2013 „)	„	25 „	(106,25 „)
1250 — 1500 „	(2013—2415 „)	„	30 „	(127,50 „)
1500 — 1750 „	(2415—2817 „)	„	35 „	(148,75 „)
1750 — 2000 „	(2817—3220 „)	„	40 „	(170,00 „)
2000 — 3000 „	(3220—4830 „)	„	45 „	(191,25 „)

b. Für Bananen:

0 — 200 Miles	(322 km)	Entfernung	10 $	(42,50 M)
200 — 400 „	(322—644 km)	„	18 „	(76,50 „)
400 — 700 „	(644—1127 „)	„	22,50 „	(95,63 „)
700 — 1000 „	(1127—1610 „)	„	30 „	(127,50 „)
1000 — 1250 „	(1610—2013 „)	„	37,50 „	(159,38 „)
1250 — 1500 „	(2013—2415 „)	„	45 „	(191,25 „)
1500 — 1750 „	(2415—2817 „)	„	52,50 „	(223,13 „)
1750 — 2000 „	(2817—3220 „)	„	60 „	(255,00 „)
2000 — 2500 „	(3220—4025 „)	„	62,50 „	(265,63 „)

Die Eastman-Gesellschaft hat auf den Hauptstationen derjenigen Linien, auf denen ihre Wagen laufen, Agenten, welche nach denselben Wagen sehen. Die Oefen sollen zwar mit einer Füllung von 60 Gallons (272 Liter) Kerosin 12 Tage brennen, es ist jedoch eine gelegentliche Revision zweckmässig; die Gesellschaft erhält von den Agenten und Stationen durch Postkarten stets Nachricht über den Stand und die Benutzung der Wagen.

Es sind 2000 Heizwagen im Gebrauch, davon gehören 600 der Eastman Company. Die Bahnen bezahlen für die Wagen im Sommer die übliche Laufmiethe von 3/4 Cts. (2 Pf.), im Winter von 1 Cts. (2,6 Pf.), abgesehen von dem zu erhebenden Zuschlage. Die Gesellschaft kommt für die Schäden, welche an den verfrachteten Gegenständen entstehen, auf und ersetzt entstandene Verluste.

Vorschriften für den Uebergangsverkehr der Güterwagen.

Für den Uebergangsverkehr der Wagen sind Vorschriften vereinbart, wovon nachstehend ein Auszug folgt.

I. Sorge für fremde Wagen. Jede Eisenbahnverwaltung soll fremde Wagen in Bezug auf Schmieren u.s.w. ebenso behandeln, wie die eigenen.

II. Zustand der übergebenen Wagen. Die Wagen müssen in gutem lauffähigen Zustande übergeben und ebenso zurückgegeben werden. Sie können wegen der folgenden Mängel zurückgewiesen werden:

Fehler an den Rädern.

III. Schäden, welche Zurückweisung der Wagen rechtfertigen.

a. Ausbrüche: Räder mit Schäden am Laufrande, die durch Ausbrechen von flachen Stücken entstanden sind, flache Stellen an der Lauffläche mit schadhaftem Rande. Wegen dieser Ursachen dürfen Räder jedoch nur zurückgewiesen werden, wenn die Stellen über $2\frac{1}{2}$" (64 mm) lang oder so zahlreich sind, dass sie die Sicherheit des Betriebes gefährden.

b. Risse am Laufkranz länger als 3" (76 mm).

c. Räder, bei denen die harte Kruste abgenutzt ist, sobald die abgenutzten Stellen länger sind oder grösseren Durchmesser haben, als $2\frac{1}{2}$" (64 mm). Diese Stellen müssen von denen unterschieden werden, welche durch Schleifen der Räder entstanden sind.

d. Abgenutzter Spurkranz, sobald der Spurkranz weniger als 1" (25,4 mm) stark ist.

e. Scharfgelaufene Radkränze, wenn der Radkranz so hohl geworden ist, dass der Flansch- oder Felgenkranz leicht abbrechen kann.

f. Abgeschliffene Stellen, sobald die durch Bremsen abgenutzten Stellen länger als $2\frac{1}{2}$" (64 mm) sind.

g. Risse in der Nabe.

h. Gebrochener oder abgesprungener Flansch, sobald die abgebrochenen Stücke grösser als $1\frac{1}{2}$" (38 mm) in der Länge, oder $\frac{1}{2}$" (12.7 mm) in der Breite oder tiefer als $\frac{1}{8}$" (3,1 mm) sind.

i. Ausgebrochene Ecken, wenn die Lauffläche gemessen vom Radkranz eine geringere Breite als $3\frac{3}{4}$" (95 mm) hat.

j. Eingebrochene Lauffläche.

k. Eingebrochene Scheibe.

l. Gebrochene Verbindungstheile.

m. Gebrochene Räder.

Anmerkung: Die Ermittelung der flachen Stellen, scharfen Flansche, dünnen Flansche und ausgebrochenen Laufränder geschieht durch eine Lehre nach Fig. 54–58.

Fig. 54.

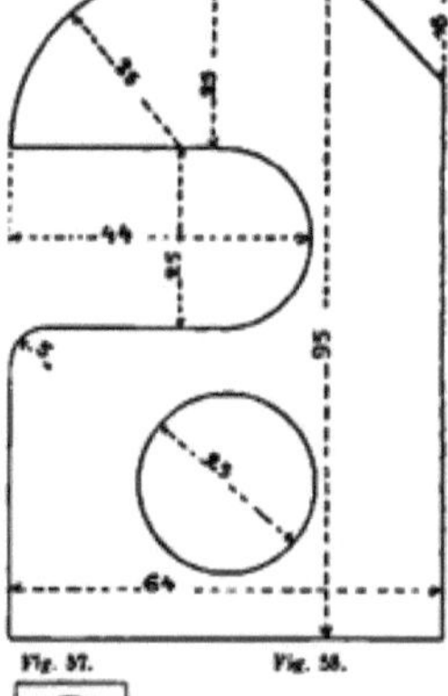

Fig. 55.

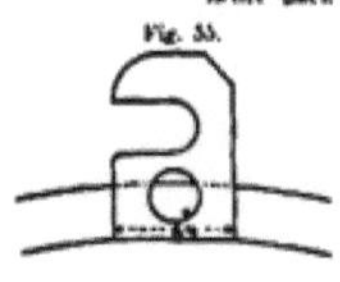

Fig. 56.

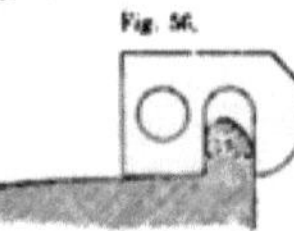

Fig. 57.

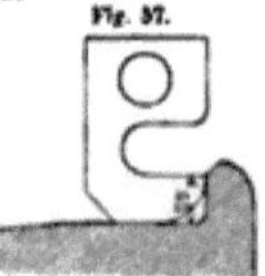

Fig. 58.

Schäden an den Achsen.

n. Krumme oder gebrochene Achsen.

o. Achsschenkel beschädigt.

p. Sobald die Achsen schwächer sind als nachstehend angegeben:

Tragkraft des Wagens	Achsschenkel-Durchmesser	Stärke der Nabe	Stärke in der Mitte
60000 lbs (27240 kg)	3¼" (82 mm)	5" (127 mm)	4⅜" (111 mm)
50000 „ (22700 „)	3½" (89 „)	4⅞" (124 „)	4⅜" (111 „)
40000 „ (18160 „)	3¼" (82 „)	4¾" (121 „)	3⅞" (98 „)
30000 „ (13628 „)	3" (76 „)		
20000 „ (9080 „)	2¾" (70 „)		

Mängel bei der Verbindung der Räder mit den Achsen.

Fig. 59.

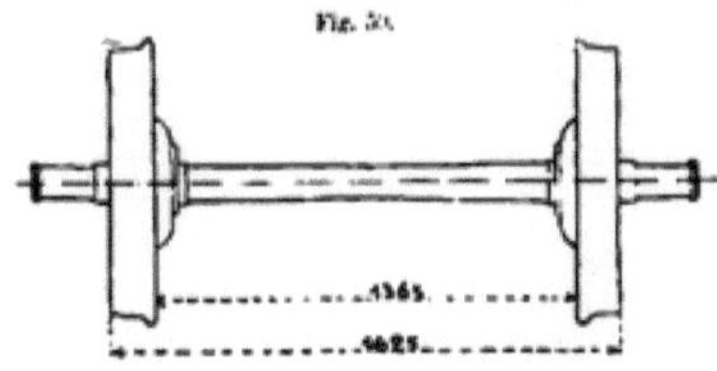

q. Lose Räder.

r. Falsches Spurmafs, sobald die Räder weniger als 4' 5" (1346 mm) oder mehr als 4' 5¾" (1365 mm) zwischen den Flanschen oder weniger als 5' 4" (1625 mm) über den Laufflächen messen. Fig. 59.

Andere Mängel.

s. Bremsen in schlechtem Zustande.

Die Bremsen sind in Unordnung, wenn sie die nachstehenden Bedingungen nicht erfüllen: Das Bremsrad muss auf der Achse durch eine genügend befestigte Mutter gesichert sein. (Folgen noch 15 Bestimmungen.)

t. Fusstritte, Leitern und Laufbretter in schlechtem Zustande oder ungenügend befestigt.

Die Laufbretter müssen fest und sicher auf dem Dache befestigt sein u. s. w.

u. Kupplungen und Verbindungen in schlechtem Zustande.

Sobald schweisseiserne Kupplungen angewendet werden, dürfen dieselben keine Einbrüche zeigen u. s. w. (Folgen noch 7 Bestimmungen.)

v. Mittlere Schwellen oder Zugbalken gesplittert.

w. Geflickte Aussenschwellen, wenn die Zusammensetzung nicht vorschriftsmässig ausgeführt ist.

x. Undichtes Dach bei Stückgut oder Kornwagen.

y. Wagen mit schadhaften Thüren, hauptsächlich solche, an denen die Verbindungstheile lose sind.

z. Grobe Schäden am Wagenkasten oder Drehgestell, welche die Lauffähigkeit des Wagens gefährden.

z_1. Wagen, an denen die Luftbremsschläuche und Kupplungen fehlen oder beschädigt sind.

Ein Wagen mit Schäden, welche die Benutzung für die Fahrt oder für den Zugbeamten nicht gefährlich machen, muss übernommen werden. Die übernehmende Verwaltung kann aber verlangen, dass eine Beschädigungsmeldung auf der inneren Seite der Querschwellen befestigt wird. 11. Beschädigungsmeldung.

V. Form der Beschädigungsmeldung.

Diese Meldungen sollen $3\frac{1}{2}" \times 8"$ (89×203 mm) gross und von der nachstehenden Form sein:

Name der Eisenbahn.	
Karte No.	Datum
Bezeichnung	Strecke
Wird an irgend einem Punkte der Strecke dieser Gesellschaft mit nachstehenden Mängeln übernommen werden	
Anmerkung: Diese Karte ist auf beiden Seiten mit Tinte oder Bleistift auszufüllen und an der Innenseite der Querschwellen zu befestigen.	Aufseher zu

VI. Ausführung von Reparaturen, welche auf der Beschädigungsmeldung vermerkt sind.

Jede Verwaltung, der ein Wagen mit Beschädigungsmeldung überwiesen wird, kann die Schäden, welche auf der Meldung aufgeführt sind, abstellen, wenn solches für den sicheren Gang der Wagen nöthig ist und die Rechnung der Eigenthümerin mit der Beschädigungskarte überschicken.

Schäden, für welche die Eigenthümerin verantwortlich ist.

VII. Verantwortlichkeit für schadhafte Dächer.

Wenn Theile des Wagendaches wegen fehlerhafter Bauart verloren gehen, so sollen sie auf Kosten der Eigenthümerin ersetzt werden, dieselbe ist jedoch vorher hiervon zu benachrichtigen.

VIII. Verantwortlichkeit für Schlösser.

Die Schlösser an den Wagen laufen auf Gefahr der Eigenthümerin.

IX. Verantwortlichkeit für beschädigte Achsen und Räder.

Wenn Räder entfernt werden müssen, so sollen die Kosten der Eigenthümerin in Rechnung gestellt werden, wenn die Ursachen folgende sind:

a. Ausgebrochene Stellen u. s. w. bis n.

(Mängel, welche durch Construction entstanden sind.)

Ausnahme. Die Eigenthümerin der Wagen wird nicht belastet, wenn folgende Fehler vorhanden sind:

a. Flachgeschliffene Laufflächen u. s. w. bis e.

(Mängel, welche durch die Benutzung entstanden sind.)

Satzachsen. Sobald Achsen ausgewechselt werden müssen, soll die Eigenthümerin mit den Kosten belastet werden, wenn

a. die Räder Schäden haben, die der Eigenthümerin zur Last fallen,

b. die Achsen bei sachgemässer Benutzung gebrochen sind,

c. die Achsen zu schwach sind.

Ausnahme. Die Eigenthümerin soll jedoch nicht belastet werden, wenn

a. die Räder Schäden haben, für die die Eigenthümerin nicht verantwortlich ist,

b. die Achsen bei Entgleisungen beschädigt sind,

c. die Achsschenkel eingefressen sind.

Wenn Wagen, welche Privaten oder Korporationen gehören oder solche Wagen, welche nicht der Controlle einer Eisenbahn-Verwaltung unterliegen, bei normaler Benutzung schadhaft werden, so soll zwar die Reparatur von der Eisenbahn-Verwaltung ausgeführt werden, die Kosten sind aber von der Eigenthümerin zu tragen. Für schadhafte Drehgestell-Teller und Zugfedern soll die Gesellschaft aber nicht verantwortlich sein, wenn die Wagen zertrümmert sind. X. Reparatur von Privatwagen.

Es sollen dabei 10% der Kosten an Material und Arbeit zugefügt werden.

Wenn ein Wagen wegen Alters oder in Folge Beschädigung nicht mehr beladen werden kann, so soll dies der Eigenthümerin gemeldet werden. Wenn diese den Wagen zurück zu haben wünscht, so soll eine Zurücksendungs-Meldung an denselben befestigt werden, welche $3\frac{1}{2}'' \times 8''$ (89 × 203 mm) gross und wie nachstehend bedruckt ist. XI. Zurücksendungsscheine.

Von
Eisenbahn
nach
Eisenbahn
soll zur Werkstatt

Vorsteher der Wagenabtheilung
Eisenbahn
Station

Den Rechnungen, welche über Räder und Achsen ausgestellt werden, sind die nachstehenden Material-Preise zu Grunde zu legen. XII. Preise für Achsen und Räder.

Gegenstand	neu ℳ	gebraucht ℳ	Altmaterial ℳ
ein 36" Rad .	55,25	38,25	21,25
„ 33" „ . .	42,50	29,75	19,13
„ 30" „ oder kleiner	38,25	25,50	17,00
eine Achse	42,50	29,75	17,00

mit einem Zuschlag von 6,38 ℳ für jede entfernte Satzachse. Sobald neue Räder und Achsen gegen alte ausgewechselt werden, können besondere Preise in Rechnung gestellt werden. Dies ist jedoch nur gestattet, wenn Räder verloren gehen oder beschädigt werden oder wenn die Achse beschädigt ist.

Rechnungen über Arbeiten an Rädern und Achsen sollen in nachstehender Form ausgestellt werden, wobei jedes Rad und jede Achse besonders aufgeführt ist. XIII. Rechnungen für Räder und Achsen.

Gesellschaft

An

Einsenbahn-Gesellschaft

Für neue untergewiesene Achsen und Räder — Wagen. Datum

Datum und Ort	Anschrift, Name und Art des Wagens	Achsen und Räder entfernt					Achsen und Räder angebracht						
		Fabrikant	Datum des Gusses	Nummer	Ursache der Entfernung	Werkstättenzeichen auf den Achsen, Rädern	Fabrikant	Datum des Gusses	Nummer	Neu oder gebraucht	Material-Belastung	Arbeits-Belastung	Insgesammt-Belastung

Datum — Bezahlung erhalten am:

Rechnungen, die nicht gemäss allen am Kopfe gegebenen Bestimmungen ausgefüllt sind, können zurückgewiesen werden, bis dies geschehen ist. Sobald keine Bezeichnung auf den Rädern oder Achsen gefunden wird, muss dies bemerkt werden.

XIV. Bezeichnungen, welche in den Rechnungen über Räder und Achsen anzuwenden sind.

In den Rechnungen sind als Ursache der Entfernung die in Regel III unter a—r gegebenen Ausdrücke anzuwenden; die Grösse des Schadens und die Abweichung von den vorgeschriebenen Grenzen ist genau anzugeben.

Reparatur und Instandsetzung fremder Wagen.

XV. Reparatur beschädigter fremder Wagen.

Fremde Wagen, welche beschädigt sind, sollen von derjenigen Verwaltung reparirt werden, welche die Beschädigung verursacht hat. Die Reparaturen sollen sorgfältig ausgeführt werden, die Arbeit soll der früheren Construction entsprechen, ebenso soll dasselbe Material verwendet werden, neue Ersatztheile können verwendet werden.

XVI. Bestimmung, die beim Aufbringen von Rädern auf die Achsen zu beachten ist.

Räder, welche auf einer Achse befestigt werden, müssen denselben Durchmesser haben.

XVII. Zersplitterte Schwellen.

Alle Schwellen, an denen Zughölzer befestigt sind, können einmal in der in Fig. 60 und 61 dargestellten Weise geflickt werden.

Fig. 60.

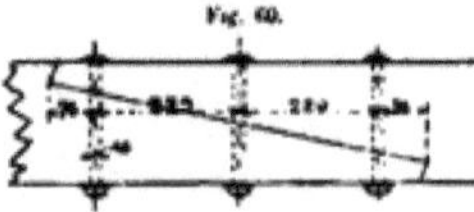

Fig. 61.

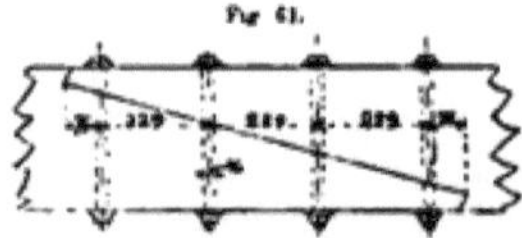

XVIII. Reparirte Wagen mit schlechtem Material.

Eine Gesellschaft, welche fremde Wagen mit schlechtem Material reparirt oder nicht entsprechend den Bestimmungen unter XV—XVII, haftet für die Kosten der Umwandlung dieser Wagen in den ursprünglichen Zustand oder gemäss den Bestimmungen unter No. XVII.

Eine Gesellschaft, welche schlechtes Material bei derartigen Reparaturen verwendet, soll an dem Wagen eine Beschädigungskarte befestigen, die denselben nach der Heimat begleitet. XIX. Defekt-Karten für mit schlechtem Material reparirte Wagen.

Die Gesellschaft, auf deren Strecken fremde Wagen zerstört werden, hat die Wahl, dieselben entweder wieder herzustellen oder zu ersetzen. XX. Reparatur beschädigter fremder Wagen.

Sobald eine Gesellschaft zerstörte Wagen wieder herstellen will, muss dies nach den ursprünglichen Zeichnungen geschehen, auch muss dasselbe Material verwendet werden. Die Reparatur muss nach 60 Tagen, vom Tage des Unfalls an gerechnet, beendet sein, Verbesserungen dürfen nicht angebracht werden. XXI. Bestimmung, wie fremde Wagen reparirt werden sollen.

Die durchschnittliche Entschädigung für neue 8rädrige Wagen wird wie nachstehend angegeben, festgesetzt, wobei für Wagen mit Luftdruckbremse 212,50 ℳ für jeden Wagen mehr berechnet werden. Die Eisenbahn, auf deren Strecken ein Wagen mit Luftdruckbremse beschädigt wird, kann den Bremsapparat mit Hähnen und Kupplungen in gutem Zustande zurücksenden. XXII. Entschädigung für beschädigte fremde Wagen.

Wagenkasten:

bedeckter Wagen, achträdrig,	32' lang und darüber	1169 ℳ
" " "	kürzer als 32'	1020 "
Viehwagen "	32' lang und darüber	1169 "
" "	kürzer als 32'	1020 "
offene Bordwagen, achträdrig mit Bodenklappe	20 Tonnen Tragkraft und darüber . .	986 "
desgl.	15 " " oder weniger . .	765 "
offene Bordwagen, achträdrig mit Hopper-Boden	25 " " und darüber . .	1169 "
desgl.	20 " " " " . .	1020 "
desgl.	15 " " " " . .	850 "
offener Bordwagen, achträdrig	oben 32' lang und darüber	638 "
desgl.	kürzer als 32'	532 "
Plattformwagen, achträdrig	32' lang oder darüber	532 "
desgl.	kürzer als 32'	425 "

Drehgestelle:

mit Holzconstruction, das Paar	850 ℳ
mit Eisenconstruction.	1050 "

Vierrädrige Wagen:

gewöhnliche Kohlenwagen	850 ℳ
bedeckte Wagen	978 "
offene Wagen mit beweglichen Bodenklappen	1275 "

Die Abnutzung wird mit 6 % für das Jahr berechnet, die Berechnung der Gesammtabnutzung soll jedoch 60 % des Neuwerthes nicht übersteigen.

Kühl-Wagen und andere Güterwagen, die vorstehend nicht aufgeführt sind, werden nach ihrem Werthe bezahlt, die Abnutzung wird jedoch ebenso wie vorstehend angegeben, berechnet.

Wenn nur der Wagenkasten zerstört ist und die Gesellschaft, auf deren Strecken dies geschehen ist, die Drehgestelle zurückzusenden wünscht, so sollen dieselben in gutem Zustande und frei von Fracht oder anderer Last an der nächstgelegenen Station der Eigenthümerin übergeben werden. Die Nummer und Gattung des zerstörten Wagens soll auf dem Drehgestell vermerkt werden. XXIII. Zurückgesandte Untergestelle von zerstörten Wagen.

Lieferung von Material und Aufstellung von Rechnungen.

XXIV. Lieferung von Material. Die Gesellschaften sollen einander schnell und frachtfrei die Materialien auf Anforderung übersenden, welche zur Reparatur von Wagen dienen, welche auf fremden Bahnen beschädigt sind. Auf den Anforderungsscheinen soll vermerkt sein, dass das Material für beschädigte Wagen bestimmt ist, ebenso ist die Gattung und Nummer des Wagens, sowie die Modellnummer der Ersatzstücke anzugeben.

XXV. Grundpreise zur Aufstellung von Rechnungen. Den Rechnungen für Arbeiten, welche auf Grund von Beschädigungskarten ausgeführt sind, sowie solchen für gelieferte Materialien, sind die folgenden Preise zu Grunde zu legen:

Material		Kosten ℳ	für altes Material Pf.
Gusseisen	für das Pfund	0,09	3
Schweisseisen	" " "	0,23	2
Bolzen, Muttern und Schrauben	" " "	0,18	4
Gussstahl	" " "	0,32	3
Federstahl	" " "	0,23	3
Messingene Achsbuchs-Lagerschalen	" " "	0,72	40
Phosphorbronze-Lagerschalen	" " "	0,81	45
Fichtenholz (gelbes, weisses oder norwegisches)	für den Fuss	0,13	—
Eichenholz	" " "	0,13	—
Arbeit	für die Stunde	0,98	
1 Seitenthür für bedeckte oder Viehwagen		22,50	
1 Endthür		13,50	—
Ketten	für das Pfund	0,24	

Gegenstände, welche hier nicht aufgeführt sind, werden zum Marktpreis berechnet.

Aufschlag für Material und Arbeit darf nur wie in No. X angegeben, erhoben werden.

Für die Personenwagen gelten im Allgemeinen dieselben Bestimmungen, eine Abweichung tritt bei den Preisen für das verwendete Material und die geleistete Arbeit hervor, sobald Personenwagen reparirt werden.

Es werden dann berechnet:

	neu	benutzt	Altmaterial
für ein gegossenes 36" (914 mm) Rad	59,50 ℳ	42,50 ℳ	28,30 ℳ
" " " 33" (838 ")	42,50 "	29,75 "	19,10 "

		neu	Altmaterial
Achsträger	für das Pfund	90 Pf.	45 Pf.
Schweisseisen	" " "	23 "	3 "
Bolzen, Schrauben, Muttern und alle Stabeisen	" " "	23 "	5 "
Gussstücke	" " "	9 "	3 "
Federstahl	" " "	23 "	3 "
Eichenholz	für den Fuss	13 "	— "
Fichtenholz	" " "	13 "	— "
Arbeit	für die Stunde	104 "	

Auswechseln und Drehen neuer Satzachsen mit Stahlreifen . . 29,75 ℳ

Auswechseln von 2 gusseisernen Rädern . . . . 8,50 "

Der Verlust an brauchbarem Metall bei Rädern mit Stahlreifen, verursacht durch abgeschliffene Stellen, soll zum Preise von 9 ℳ für $^1/_{16}$" Stärke berechnet werden. Glas, Farbe und andere Materialien werden zum Marktpreise berechnet.

Wagner Palace Car Co. — Dining Car.

Round Trip Report.

Car

Date Leaving Arriving 189

Between

Over Trip No.

Check Series	Last No. Checks	Ch. No. Checks	No. Ch'ks Issued	Rate	Amount. Dollars	Cts.
Regular				1,00		
Children's				0,50		
Trainmen's				0,25		
		Total				

Regular

Children's

Trainmen's

Regular

Children's

Trainmen's

Regular

Children's

Trainmen's

Regular

Children's

Trainmen's

Regular

Children's

Trainmen's

Total

Wines, Liquors and Cigars

Grand Total

I certify that the above is correct.

Conductor.

Note. — Conductors will fill in the names of the employees of the car in blanks below.

1 st Cook

2 nd "

3 rd "

4 th "

"

Waiter

"

"

"

"

"

Conductor.

Instructions.

This Report must be carefully filled out and mailed to the commissary by first train after completion of the trip.

Wagner Vestibuled Train

New York & Chicago Limited — New York Central and Lake Shore Route.

Dinner.

Soup
Consommé with rice

Celery

Baked shad, maitre d'hôtel
Potatoes Hollandaise

Prime roast beef
Roast loin of veal with dressing
Rib ends of beef with browned potatoes

Boiled potatoes — String beans
Succotash — Stewed tomatoes
Mashed potatoes

Curry of chicken a l'Indienne — Macaroni, Italienne
Banana fritters, brandy sauce

Lettuce, French dressing

Queen olives — Gherkins
Chow chow — Radishes

Sago pudding, lemon sauce

Ice cream — Assorted cakes
Florida oranges — Bananas
Nuts — Raisins

Roquefort and pineapple cheese
Bent's water crackers — French coffee

Meals one Dollar.

Wines.

Champagnes	Qts.	Pts.
Eltville 1884, Special, E. Irroy & Co.	$ 3 50	$ 2 00
G. H. Mumm & Co.'s Extra Dry	3 50	2 00
Veuve Clicquot, Yellow Label	3 50	2 00
Perrier-Jouet & Co.'s Extra Dry, Special	3 50	2 00
Pommery Sec	3 50	2 00
White Wines		
Brandenburg Frères' Château Latour Blanche	2 00	1 00
Barton & Guestier's Haut Sauternes	2 00	1 00
Clarets		
Barton & Guestier's Pontet Canet	2 00	1 00
St. Julien, J. Calvet & Co.	1 00	60

Miscellaneous		Hf. Pt.
Cognac Sandine, 1858		$ 1 00
Fine Old Monongahela		30
Very Fine A. V. H. Gin		30
Imperial Bourbon		30
Fine Old Cornnet (Rye)		30
do. do. do.	quarter pt.	25
Old Amontillado Sherry, very fine		30
		Bottle
Bass's Ale, White Label		30
Guinness's Dublin Porter		30
Belfast Ginger Ale		25
Plain Soda		25
Apollinaris Water		25
Hathorn Water		25
Anheuser-Busch Lager Beer		20
Schlitz's Milwaukee Lager Beer		20
Budweiser Lager Beer		20
Bartholomay Lager Beer		20
Lemonade	per Glass	15
Apollinaris Lemonade		30
Imported Cigars		12½, 15 and 25 Cents
Cigarettes		20 Cents Package
Playing Cards		50 Cents per Pack

The Cigars furnished by this Company are imported by Acker, Merrall & Condit.

Wagner Palace Car Company.

Buffet Service.

Menu.

French Soups.

Chicken. Mock Turtle. Bouillon. Tomato 25 c.

Hot Entrees.

Chicken a la Marengo, 50 c.
Veal and Green Peas, 40 c.
Braised Beef a la Jardiniere, [illegible] c.

Boston Baked Beans (Hot or Cold), 20 c.

Cold Meats, etc.

Roast Chicken, (Half) 40 c. Ham or Tongue, 25 c.
Chicken Sandwiches, 20 c.
Ham or Tongue Sandwiches, 15 c. Sardines, 40 c.
Pickled Lamb Tongues One, 15 c., Two, 25 c.
Boiled Eggs, Two, 15 c., Three, 20 c.
Bread and Butter, 10 c. Crackers, 10 c. Cheese, 10 c.
Vienna Rolls (Two) with Butter, 10 c.

Preserves with Cream, 25 c.
Preserved Figs with Cream, 20 c.
English Plum Pudding with Sauce, 25 c.
Olives, 10 c. Gherkins, 10 c.

Coffee or Tea, 10 c. Chocolate, 15 c. Iced Tea, 15 c.
Milk, 10 c. Cream, 20 c.

Oranges, 10 c. Sliced Oranges, 15 c.

Wine List.

		Pts.
Champagnes.		
G. H. Mumm & Co's Extra Dry		$ 2,00
Perrier, Jouet & Co's Extra Dry, Special		2,00
White Wines.		
Barton & Guestier's Haut Sauterne		1,50
Clarets.		
Pontet Canet		1.50
St. Julien		0.50
Miscellaneous.		
Cognac [illegible], 1825	Half pint	$ 1,00
Fine Holland Gin	"	0.50
Imperial Bourbon	"	0.50
Fine Old [illegible] Rye	"	0,50
" "	quarter pt.	0,25
Old Amontillado Sherry	Half pint	0,50
Bass's Ale White Label	bottle	0,30
Guinness's Dublin Porter	"	0.30
Belfast Ginger Ale	"	0,25
Apollinaris Water	"	0,25
Apollinaris Lemonade	"	0,30
Hathorn Water	"	0,25
Anheuser-Busch Brewing Co.	"	0,30
Budweiser	"	0.20
Milwaukee Lager Beer	"	0,20
Bartholomay	"	0.20
Lemonade	per glass	0,15

Imported Cigars, 10, 15 and 20 Cents. Cigarettes, 20 Cents Pkgs.
Playing Cards, 50 cts. per Pack.

The Cigars furnished by this Company are imported by Acker, Merrall & Condit.

Guests will please pay the Waiter only on presentation of Check.
Please report any overcharge or inattention by employees to
C. D. [illegible],
Gen'l Superintendent, New-York.

Wagner Palace Car Company.

Verzeichniss

der in den Magazinen für die Dining & Buffet Cars vorräthig gehaltenen Nahrungsmittel.

Meats.

Bacon,
Beef, Tenderloin,
„ Short Loin,
„ Rib Roast,
Chicken, Spring,
„ Old,
Turkeys,
Teal Duck,
Ham,
Lamb, Spring,
Mutton, Legs,
„ Racks,
Tongue, Beef,
„ Lambs,
Veal,
Oysters,
Venison,
Prairie Chicken,
Quail,
Calves Head,
Liver,
Fresh Pork,
Salt Pork,
Sausage,
Sweetbreads,
Ox Tail,
Kidneys,
Fish,
Salt Mackerel,
Cod Fish,
Clams,

Fresh Fruits and Vegetables,

Apples,
Asparagus,
Beans, Lima,
„ String,
Bananas,
Celery,
Cranberries,
Cucumbers,
Cauliflower,
Corn, Green,
Carrots,
Egg Plant,
Figs,
Grapes,
Lemons,
Lettuce,
Melons, Water,
„ Musk,
Okra,
Oranges,
Onions,
Peaches, Fresh,
Pears, „
Potatoes, New,
„ Old,
„ Sweet,
„ Chips,
Parsley,
Parsnips,
Peas, Green,
Plums,
Radishes,
Raspberries,
Strawberries,
Spinach,
Squash,
Turnips,
Tomatoes, Fresh,
Water Cress.

Groceries and Canned Goods.

Allspice, Whole,
„ Ground,
Asparagus,
Barley,
Beans, Boston Baked,
Baking, Powder,
Bread, Plain,
„ Vienna,
„ Graham,
„ Rolls,
Butter, Table,
„ Cooking,
Bay Leaves,
Crackers, Bent's,
„ Oyster,
„ Dust,
Citron,
Cream,
Cheese, Edam,
„ De Brie,
„ Roquefort,
„ Neufchatel,
Corn, Canned,
„ Starch,
Currant Jelly,
Currants, Dried,
Chow Chow,
Coffee,
Chocolate,
Cinnamon Whole,
„ Ground,
Cloves, Whole,
„ Ground,
Corn Meal,
Capers,
Eggs,
Emery Paper,
Flour,
„ Buckwheat,
Gas Tapers,
Gherkins,
Horseradish,
Ice Cream,
Lard,
Lobsters,
Lye, Condensed,
Lemon Extract,
Mushrooms,
Milk, Condensed,
„ Fresh,
Macaroni,
Matches,
Mustard, English,
„ French,
Mace, Whole,
„ Ground,
Nuts, Assorted,
Nutmegs,
Olives,
Olive Oil,
Oatmeal,
Peaches,
Peas, June,
„ French,
Preserves, Peaches,
„ Raspberries,
„ Cherries,
Pepper, White,
„ Black,
„ Red,
„ Whole,
Plum Pudding,
Polish, Silver,
Pine Apple,
Raisins, Layer,
„ Cooking,
Rice,
Sage,
Sugar, Pulverized,
„ Cut Loaf,
„ Granulated,
Salad Dressing,
Soap, Kitchen,
„ Toilet,
Silicon,
Sapolio,
Sago,
Salt,
Sardines,
Shrimps,
Soda, Washing,
Sauce, Tomato,
„ Worcestershire,
„ Anchovy,
„ Tobasco,
Syrup,
Tea, Green,
„ Black,
Tomatoes, Canned,
Toothpicks,
Tapioca,
Vanilla Extract,
Vinegar,
Vermicelli,
Sherry, Cooking,
Brandy, „
Rum, „
Port, „

Wagner Palace Car Company.

Dining Car Departement.

Report of Wines, Liquors, etc., Car Trip No.

Date of Departure Arrived

Articles		Price.	Left over from Last Trip.	Supplied at	Purchased on Trip.	Total.	On Hand End of Trip.	No. Sold.
Champagnes.								
G. H. Mumm & Co.'s	Pts.	2,00						
" " "	Qts.	3,50						
Piper Heidsieck	Pts.	2,00						
" "	Qts.	3,50						
Pommery Sec	Pts.	2,00						
" "	Qts.	3,50						
Perrier Jouet & Co.	Pts.	2,00						
" "	Qts.	3,50						
Veuve Clicquot	Pts.	2,00						
" "	Qts.	3,50						
Jules Mumm Grand Sec	Pts.	2,00						
" " " "	Qts.	3,50						
Clarets.								
St. Julien	Pts.	0,50						
" "	Qts.	1,00						
Pontet Canet	Pts.	1,00						
" "	Qts.	2,00						
White Wines.								
Haute Sauterne	Pts.	1,00						
" "	Qts.	2,00						
Latour Blanche	Pts.	1,50						
" "	Qts.	2,50						
Miscellaneous.								
Sherry Amont.	Flks.	0,75						
" W. De P.	"	0,50						
Sandeman's Port	"	0,75						
A. H. V. Gin	"	0,50						
Imperial Whiskey	"	0,50						
O. O. P. Whiskey	½ Pts.	0,5						
Velvet Brandy	Flks.	1,00						
Cognac Sevillac, 1825	"	1,00						
" " 1854	"	0,75						
Bass' Ale		0,30						
Dublin Porter		0,30						
Ginger Ale		0,25						
Club Soda		0,25						
Apollinaris Water		0,25						
Congress "		0,25						
Hathorn "		0,25						
Milwaukee Beer		0,20						
Anheuser Busch Beer		0,20						
Budweiser Beer		0,20						
Curacao	per Drink	0,25						
Anisette	"	0,25						
Chartreuse	"	0,25						
Vermouth	"	0,25						
Kummel	"	0,25						
Angostura.								
Cigars, No. 1. No.		0,25						
" " 2. "		0,15						
" " 3. "		0,125						
Cigarettes, Pkgs.		0,20						
Cards, No. 1. "		0,75						
" " 2. "		0,50						

[illegible]

Uebersicht über die Besetzung der Luxuswagen.

(Vom Zugführer auszufüllen.)

Vorderseite. Rückseite.

WAGNER PALACE CAR CO.

CAR ... LINE No ...
Left ...
... 18 ... M
Arr'd at ...
... 18 ... M
... Conductor.
... Conductor.
... Porter.

Mark every berth used, however occupied

CARS IN CHARGE

Cash. $ ...
Tickets. $ ...
Total. $ ...

SOFA SECTION

REPORT OF CHECKS ISSUED

Passengers
Paying
Rate ...
Total ...

SOFA SECTION

Form 119.

FREE PASSENGERS
NAMES
VALUE

REPORT OF ROADS AND MILEAGE
ROADS
MILES

TOTAL
TICKETS
CASH
RATE
TO
FROM
LOWER
UPPER
TOTAL

VIII. Allgemeines über Werkstätten und Fabriken.

Verfasser:

Th. Büte,

Königl. Eisenbahn-Director zu Magdeburg.

Inhalts-Verzeichniss.

VIII. Allgemeines über Werkstätten und Fabriken.

Verfasser: Eisenbahn-Director Büte.

In den Eisenbahnwerkstätten Nord-Amerikas werden neben den Arbeiten zur Wiederherstellung der 1. Einleitung.
Betriebsmittel und mechanischen Anlagen auch Neuconstructionen ausgeführt und wird darin bei den grösseren Bahnen meistens der für abgängige Lokomotiven und Wagen u. s. w. erforderliche Ersatz neu erbaut; bei einem Theil der Bahnen findet auch die Erbauung von Betriebsmitteln zur Vermehrung des Parkes statt. Die Aufbauung neuer Betriebsmittel in mässigen Grenzen wird als zweckmässig erachtet, weil dadurch Lücken in der laufenden Arbeit ausgefüllt werden können, der Arbeiterstamm besser geschult wird, die Beamten eingehendere Kenntnisse von den Kosten erlangen, und beim Bau Erfahrungen in Bezug auf die Schwierigkeiten der Herstellung und Zusammensetzung der Theile machen können, welche sie bei ferneren Bauten zu verwerthen bestrebt sein werden. Ausserdem kann im Nothfalle durch angestrengte Arbeit ein unerwartet eintretender Bedarf vielfach rascher gedeckt werden, als durch Bestellung in Fabriken.

Diejenigen Werkstätten, in denen Betriebsmittel in grösserer Zahl gefertigt werden, sind ebenso vollständig eingerichtet wie die Fabriken und werden auch in ähnlicher Weise betrieben; die baaren Ausgaben sind nach den vorgelegten Auszügen so viel geringer als die Fabrikpreise, dass auch unter Hinzurechnung der Kosten für die Unterhaltung der Gebäude, für Verzinsung und Amortisation, eine Mehrausgabe nicht erwächst, vielmehr (nach Angabe der Vorstände) häufig eine Ersparniss gemacht werden soll; zudem sollen die Arbeiten häufig solider ausgeführt werden als in Fabriken.

Wie auch in Deutschland sind die Werkstätten in Haupt- und Betriebswerkstätten eingetheilt. Erstere sind bei den grossen Bahnen von erheblicher Ausdehnung und beschäftigen eine grössere Anzahl von Arbeitern (Altoona [illegible]). Lokomotiv- und Wagenwerkstätten sind von einander im Allgemeinen räumlich getrennt und haben besondere Vorstände, liegen aber vielfach benachbart. Die Aufstellung der Lokomotiven erfolgt bei älteren Werkstätten zum Theil in Rundschuppen, bei den neueren Werkstätten aber fast immer in langen rechteckigen Schuppen mit davor im Freien liegender versenkter Schiebebühne. In einzelnen Fällen befinden sich auch die Schiebebühnen im Innern und liegen beiderseits derselben Aufstellungsgleise. Bei einigen Bahnen (z. B. Chicago, Burlington and Quincy-Bahn) ist ähnlich wie in England die Aufstellung derart, dass im Schuppen 3 parallele Gleise vorhanden sind, von denen das mittlere als Zuführungsgleis, die anderen zwei als Aufstellungsgleise dienen. Die Lokomotiven werden hier durch Laufkrähne versetzt.

Die Aufstellung der Wagen erfolgt namentlich in älteren Werkstätten vielfach in ausgedehnten Rundschuppen mit freiliegender Drehscheibe im Innern, in neuerer Zeit fast allgemein in langen Schuppen mit davor liegender versenkter Schiebebühne von entsprechender Länge.

Die Schmieden sind in der Regel in besonderen Bauten untergebracht, ebenso die Drehereien und Holzbearbeitungs-Werkstätten; letztere sind meistens mehrstöckig. Man hält in Amerika schon wegen der Feuersgefahr die Theilung der Werkstätten-Anlagen in eine Anzahl von Gebäuden zweckmässiger, als die Concentrirung der Hauptanlage in einem grossen Gebäude.

Die Lackirwerkstätten sind gewöhnlich ganz von den übrigen Gebäuden, namentlich von den Rauch und Russ erzeugenden, getrennt angelegt, um sie möglichst gegen Staub und Schmutz, sowie auch gegen Feuersgefahr zu schützen.

Neben den Werkstattsgebäuden sind meistens ausgedehnte Aufstellungsgleise vorhanden.

Den Holzbearbeitungswerkstätten sind gewöhnlich Anstalten zum Trocknen von Holz beigegeben, welche mit Dampf geheizt werden

An den Stellen, wo Materialien oder Abfälle aufgeladen werden, sind vielfach keine erhöhten Rampen gebaut, sondern man versenkt das Gleis in eine Grube, sodass der Wagenboden in Terrainhöhe liegt und lässt die Wagen durch eine Lokomotive einsetzen und herausholen.

Die Magazine sind meistens sehr ausgedehnt, diejenigen für Farbwaaren und Oele der Feuersgefahr wegen abgesondert belegen.

Die Heizung geschieht zum Theil durch den Abdampf der Betriebsmaschinen, erfolgt aber auch vielfach durch Frischdampfheizung nach Sturtevant, welche im Abschnitt X, Wagenwerkstätten und Fabriken, naher beschrieben ist.

Die Erleuchtung geschieht bei den älteren Werkstätten durch Gas, bei den neueren vielfach durch Elektricität. —

Die Lokomotiv- und Wagen-Fabriken, welche häufig aus kleineren Anfängen im Innern der Städte entstanden sind, sind zum Theil in Bezug auf die Platzfrage ziemlich ungünstig situirt. So befindet sich z. B. die Sellers'sche Werkzeugmaschinen- und die Baldwin'sche Lokomotiv-Fabrik im Innern der mit rechtwinklig sich kreuzenden Strassen durchzogenen Stadt Philadelphia und nimmt die erstere 2, die letztere 7 nebeneinander gelegene Häuserviertel ein, wobei eine Vergrösserung ohne Ankauf von kostspieligen Häuserblöcken kaum auszuführen ist. Diese Werke haben sich deshalb bei der Vermehrung der Arbeit durch Ausführung von hohen mehrgeschossigen Bauten behelfen müssen. Trotz der ungünstigen Lage ist es aber doch ermöglicht, dass die leichtbeweglichen amerikanischen Drehgestellwagen in scharfen Kurven den einzelnen Räumen zugeführt werden und die Ent- und Beladung direkt in der Fabrik erfolgt.

Die in neuerer Zeit gegründeten Fabriken (z. B. Pullman), welche in der Nähe grosser Städte angelegt sind, haben genügend freies Terrain vorgefunden, um in zweckmässigster Weise die Bauten herstellen zu können.

Die Arbeitszeit in den Werkstätten beträgt in der Regel 10 Stunden, an einigen Orten 9 Stunden. Es sind Bestrebungen seitens der Arbeiter im Gange, diese Zeit noch weiter zu verkürzen und behaupten dieselben, dass bei entsprechender Anstrengung in 8 Stunden eben so viel geleistet würde, wie jetzt in 9—10 Stunden. Wenn dieses auch bei der Arbeit an Werkzeugmaschinen nicht ganz zutreffend sein kann, so ist doch nicht zu verkennen, dass bei den anderen Arbeiten in Akkord die Förderung mit grosser Anstrengung so rasch ist, dass eine Ermüdung früher eintreten muss, als bei gewöhnlicher Arbeit. Am Sonnabend wird in den meisten Werkstätten früher geschlossen, bei einigen schon Mittags. Da am Sonntage die meisten Geschäfte nicht geöffnet sind, und auch der Verkauf geistiger Getränke u. s. w. untersagt ist, so ist es der Sonnabend Nachmittag bezw. der Abend, an welchem die Leute sich schadlos halten.

Der Lohn und die Leistung der amerikanischen Arbeiter ist höher, als in Deutschland. Nach den gemachten Angaben verdienen in kleineren Orten mit billigerem Lebensunterhalte die tüchtigeren Handwerker etwa 2,2 $ (9,35 ℳ), die besseren Handarbeiter etwa 1,2 $ (5,10 ℳ) pro Tag. In den grösseren Orten steigt jedoch der Akkordverdienst einzelner, besonders geschulter Handwerker auf 3, 3½ (12,75, 14,87 ℳ) und selbst 4 $ (17 ℳ) und der der Handarbeiter auf 1¾ $ (7,44 ℳ).

Die Preise der Lokomotiven und Wagen sind trotzdem geringer als zur Zeit in Deutschland. Beispielsweise ist der Preis einer gewöhnlichen 4achsigen Lokomotive nebst Tender, mit flusseiserner Feuerbüchse und 80000—90000 lbs. (36320—40860 kg) Gewicht 27000—30000 ℳ, einer schweren von etwa 100000 lbs. (45400 kg) 34000—37000 ℳ; bei aussergewöhnlichem Gewicht sind die Preise entsprechend höher. Ein gewöhnlicher bedeckter Güterwagen mit 4 Achsen von 50000—60000 lbs. (22700—27240 kg) Tragfähigkeit mit Luftdruckbremse kostet etwa 3000 ℳ, ein offener mit 4 Achsen und 50000—60000 lbs. (22700—27240 kg) Tragkraft, sowie mit hohen Bords etwa 2200 ℳ einschliesslich der Achsen. Es liegt dieses zum Theil an der einfacheren Construction der Betriebsmittel und an der Verwendung billigerer Materialien, z. B. flusseiserner Feuerbüchsen bei Lokomotiven, gusseiserner Räder und hölzerner Untergestelle bei den Wagen u. s. w., sowie an der vorzüglichen maschinellen Einrichtung der Werkstätten und dem rationellen Betriebe derselben (Arbeitstheilung). Es ist aber klar, dass auch die Leistung der Arbeiter in Amerika erheblich grösser sein muss, wie es auch thatsächlich der Fall ist. In der Regel arbeiten die Handwerker in Akkord, in mehreren Werkstätten aber auch nur in Lohn. Es wurde in letzterem Falle behauptet, dass das täglich zu leistende Arbeitsquantum genau bekannt sei und die Arbeiter, welche dasselbe nicht leisteten, entlassen würden; letztere seien mit der Lohnarbeit zufrieden.

Diese grössere Leistung der Arbeiter hat auch eine raschere Fertigstellung der Gegenstände zur Folge. Es kann daher in den Fabriken mehr geleistet werden, wobei allerdings zu bemerken ist, dass bei der Construction der Betriebsmittel grosser Werth darauf gelegt wird, die Theile so zu gestalten, dass sie leicht bearbeitet und rasch zusammengesetzt werden können.

Wie schon an anderer Stelle angeführt, legen die Amerikaner nur auf die wichtigeren Dinge Gewicht und vernachlässigen alles Nebensächliche, während in Europa auch auf letzteres vielfach Gewicht gelegt wird.

Ausser ihrem Lohn erhalten die Arbeiter übrigens nichts, weder in Krankheitsfällen noch im Todesfalle. Sie müssen sich in Privatgesellschaften, wie solche in Amerika zahlreich bestehen, einkaufen und wünschen übrigens nach den gemachten Angaben auch ein anderes Verfahren nicht.

Die Erbauung von Arbeiterwohnungen wird begünstigt und in einigen Fällen vom Arbeitgeber selbst ausgeführt, grösstentheils geschieht solches jedoch durch Privatgesellschaften in der Weise, dass ein Abzug vom Lohn garantirt oder eine Lebensversicherungspolice verpfändet wird. Der Arbeiter tritt dann nach einer bestimmten Zahl von Jahren in den Besitz des Hauses. Der günstige Einfluss dieser Massregel wurde allgemein betont und dabei hervorgehoben, dass bei vorgekommenen Strikes zuweilen nur die Hülfe der hausbesitzenden Arbeiter es ermöglicht habe, Ausschreitungen zu vermeiden. Beiläufig bemerkt, erfolgt die Zahlung der Arbeiter vielfach durch Checks, welche bei den Banken einkassirt werden müssen.

Die Arbeiter arbeiten in der Regel in Gangs (Rotten) und erhält der mitarbeitende Gang Foreman (Rottenführer) etwas mehr als die anderen; diese Gangs machen in der Regel ein und dieselbe Arbeit, ein Theil besorgt die groben, der andere die feineren Arbeiten, so dass sie nach und nach eine grosse Gewandtheit in der besonderen Art der Arbeit erhalten.

Bei dem Aufbau der Personenwagen werden z. B. mehrere Gangs beschäftigt, von denen einige die grobe Holzarbeit, andere die saubere machen; ebenso wird beim Lackiren die Vorarbeit durch einen anderen Gang ausgeführt als die saubere Nacharbeit. Beim Repariren von Lokomotiven sind besondere Gangs für das Losnehmen der Theile (Stripping) vorhanden, welche durch jahrelange Uebung darin schliesslich eine grosse Fertigkeit erlangen. Ebenso wird die Mehrzahl der übrigen Arbeiten auf Gangs vertheilt, und bestehen, wie in Abschnitt IX für Lokomotiven näher ausgeführt ist, in gut geleiteten Werkstätten Uebersichten, in denen die Arbeiten an den Betriebsmitteln nach den verschiedenen Gangs auf die einzelnen Tage vertheilt sind. Jeder Gang muss in der bestimmten Zeit die Arbeit fertig liefern. Hierdurch, sowie durch die grosse Leistung der Arbeiter, ist es ermöglicht, die Arbeit in kürzerer Zeit fertig zu stellen, als es bei uns geschieht.

Vorgesetzte der Arbeiter sind die Foremen (Werkführer), welche, wenn nöthig, Assistenten und einen Schreiber haben. Ueber diesen steht bei Lokomotivwerkstätten der Maschinenmeister (Master Mechanic), bei Wagenwerkstätten der Werkstatts-Vorstand (General Foreman of Car Shops bezw. Master Car Builder).

Die Arbeitskraft in den Werkstätten wird durch Dampfmaschinen geliefert. Bei den älteren Werkstätten finden sich noch vielfach grosse Central-Dampfmaschinen mit langen Wellenleitungen. Neuerdings werden die Betriebsmaschinen-Anlagen mehr vertheilt und an diejenigen Stellen gesetzt, an denen die Kraft gebraucht wird. Auch werden Dampfmaschinen an grossen Werkzeugmaschinen direkt angebracht.

Die elektrische Kraftübertragung ist in Amerika noch nicht so ausgedehnt, wie man glauben sollte. Dieselbe ist allerdings zur Bewegung von Krähnen und Schiebebühnen u. s. w. mehrfach in Benutzung, zum Betrieb der Arbeitsmaschinen aber weniger. Es richten sich jedoch einige Fabriken (Sellers u. s. w.) darauf ein. Selbst die Fabriken zur Erzeugung elektrischer Apparate, wie die Westinghouse-Electric Co. in Pittsburg und die General-Electric Co. (Edison) in Schenectady werden noch nicht damit völlig betrieben. Letztere Fabrik — eine grosse, sehr schöne Anlage, welche etwa 2000 Arbeiter beschäftigt — richtet sich jetzt jedoch vollständig darauf ein und stellt in den in einer grossen Zahl vorhandenen getrennten, ähnlich den Häuserblöcken in den Städten angeordneten Gebäuden Dynamos von 40—50 Pferden an den bezüglichen Stellen auf. Es ist hier eine grosse Central-Anlage im Bau, in welcher vorläufig 4 sehr grosse 3Cylinder-Maschinen (Triple Expansion Engines), jede direkt mit einer grossen Dynamo von je 100000 Watt (etwa 135 Pferden) aufgestellt werden, während weitere Vergrösserung in Aussicht genommen ist.

Hydraulische Kraft wird vielfach bei Pressen, Nieten, Aufzügen u. s. w. verwendet, aber auch Pressluft wird benutzt, namentlich für kleinere Zwecke ist solche in Aufnahme gekommen, nachdem man sich durch Einführung der Luftdruckbremsen an das Comprimiren von Luft allgemeiner gewöhnt hat. Es werden zuweilen ältere Lokomotiv-Compressionspumpen hierbei benutzt. Die Pressluft findet zu Aufzügen, Pressen und anderen Zwecken Verwendung. Auch wird dieselbe an denjenigen Orten, an denen die Luftdruckwerkzeuge von der American Pneumatic Tool Co. benutzt werden, zum Betriebe der letzteren verwendet. Wenn auch diese Werkzeuge, welche übrigens auch in Deutschland schon bekannt geworden sind, hauptsächlich zur Bearbeitung weicher Materialien, wie Steine, namentlich Marmor u. s. w. benutzt werden, so finden sie jetzt auch zu anderen Zwecken Verwendung, so zum Stemmen der Kesselnähte u. s. w. Sie sollen sich dabei bewährt haben. Der Arbeitsdruck beträgt 55—60 lbs (rd. 4—4,2 Atm.). Die Bewegungen des Werkzeugstahls erfolgen ausserordentlich rasch. Die Gesellschaft, welche das Patent besitzt, vermiethet in Amerika die Apparate zu einem hohen Preise. Für einen derartigen Stemmapparat, zu welchem ein zweiter als Reserve gegeben wird, ist eine jährliche Miethe von 300 $ (1275 ℳ) zu zahlen, ein ganz ausserordentlich hoher Preis, welcher den Werth des Stückes weit übersteigt. Auf Vorhalt gaben die Beamten der Gesellschaft an, dass das Werkzeug mehr als ein Mann nütze und dass ein Mann für 1 $ (4,25 ℳ) den Tag in Amerika nicht zu erhalten sei, daher eine erhebliche Ersparniss für die Benutzer erwachse. Beim Verkauf derartiger Apparate in Europa würden sie für den Betrag einer Jahresmiethe die Apparate verkaufen. Das elektrische Schweissen und Nieten kommt langsam in Aufnahme.

Die Thomson Electric Welding Co. in Lynn bei Boston (Mass.) giebt sich viel Mühe, das elektrische Schweissen einzuführen und hatte auf der elektrischen Ausstellung in New York eine grosse Anzahl von Arbeits- und Schweissproben vorgeführt, bei denen Gusseisen, Messing, Stahl und Kupfer mit einander verschweisst war, ebenso geschweisste Räder u. s. w. Auch die Verbindung von Kesselplatten geschieht durch Elektricität. Das Schweissen erfolgt durch gering gespannte Ströme von $1^1/_2$—2 V, welche durch Transformation von 300 V-Strömen erzeugt werden. Es müssen die Ströme aber, wenn Stücke von einiger Stärke geschweisst werden sollen, sehr gross sein, wodurch die Anwendung in den Werkstätten erschwert wird. 20000 Watt sind z. B. erforderlich, um Stabeisen von $^3/_8$"—$1^1/_4$" (10—32 mm) zu schweissen oder Messingstangen von $^3/_4$ dieser Stärke und Kupferstangen von $^1/_2$ der genannten Eisendicke.

Das Prinzip des von der Gesellschaft angewendeten Verfahrens ist das vom Professor Thomson erfundene und besteht darin, einen elektrischen Strom durch die Enden der zu schweissenden Stücke zu senden, sie dadurch an der Contactstelle, welche den grössten Widerstand bietet, zu erhitzen und dabei gleichzeitig beide Stücke fest zusammen zu pressen. Das Verfahren ist zuerst für das Schweissen von Stahl- und Eisendrähten angewendet. In verschiedenen Fabriken für Erzeugung von Telegraphendraht steht es in Benutzung. Die Western Union Telegraph Co. schreibt zur Zeit beispielsweise in ihren Bedingungen vor, dass die ihr zu liefernden Drahtleitungen elektrisch geschweisst sein müssen.

Das elektrische Schweissen findet auch Anwendung beim Schweissen von Drahtkabeln, Röhren, Stab- und Winkeleisen u. s. w. Die elektrischen Schweissmaschinen sind verschiedener Form und Grösse, entsprechend der Art und der Querschnittsform der zu schweissenden Metalle. Fig. 1 auf Taf. XLIV zeigt eine Maschine für das Schweissen von eisernen oder stählernen Röhren. Die Fabrik der Thomson Electric Welding Co. ist seit Herbst 1889 vollendet und beschäftigt über 250 Arbeiter.

Bei dem grossen Bedarf der Vereinigten Staaten an Betriebsmitteln finden ausser den Eisenbahn-Werkstätten zahlreiche Lokomotiv- und Wagen-Fabriken Beschäftigung. Erwähnt mag werden, dass die nordamerikanischen Bahnen jährlich etwa 100000 Güterwagen und eine entsprechende Zahl von Personenwagen und Lokomotiven bauen lassen.

Es sind 25 Lokomotivfabriken vorhanden, von denen die bedeutendste die Fabrik von Baldwin in Philadelphia ist. Von den Wagenfabriken sind 105 vorhanden, unter denen die wichtigste die

Pullman Car Co. in Pullman bei Chicago ist. Von den übrigen Fabriken seien hier die folgenden angeführt:

Wagner Palace Car Co. in Buffalo und Schenectady, N. Y. (Personen- und Güterwagen.)
Barney & Smith Manufacturing Company, Dayton, Ohio. (Personen- und Güterwagen.)
Harlan & Hollingsworth Company, Wilmington, Delaware. (Personen und Güterwagen.)
Jackson & Sharp Company, Wilmington, Delaware. (Personen und Güterwagen.)
Michigan Car Co., Detroit, Michigan. (Güterwagen.)
Peninsular Car Works, Detroit, Michigan. (Güterwagen.)
Wells & French Co., Chicago, Ill. (Güterwagen.)

Nachstehend folgen die Grundrisse und allgemeinen Einrichtungen einiger der besichtigten Werkstätten und Fabriken.

2. Werkstätten der Pennsylvania-Eisenbahn in Altoona.

In Altoona befinden sich die Hauptwerkstätten der Pennsylvania-Bahn, welche einen bedeutenden Park von Betriebsmitteln besitzt. Dieselbe hat zwar auf einer grösseren Zahl von Stationen ihres Bezirks noch andere Haupt- und Betriebswerkstätten, der Schwerpunkt liegt aber in Altoona.

Um die Bedeutung der Pennsylvania-Bahn hervorzuheben, mag erwähnt werden, dass sie 3917 km Bahnlänge in Betrieb hat, 809 Personenzug- und 2995 Güterzuglokomotiven, 2144 Personenwagen, 686 Gepäck-, Post-, und Expresswagen, 49914 bedeckte Wagen, 6242 Viehwagen, 55631 offene Wagen und 5326 andere Wagen besitzt; ausserdem hat sie 300 Pullman-Wagen in Benutzung und verfügt über eine ausgedehnte Flotte von 243 Fahrzeugen (Fährboote, Schleppboote, Barken, Kanalboote, Bagger u. s. w.).

Die Zahl der Lokomotivmeilen betrug 1889. . 83451123 Miles = 134356321 km.
„ der Personenwagenmeilen . . . . . . 132347898 „ = 213000115 „
„ „ Güterwagenmeilen . . . . 1066286810 „ = 1717321964 „

Die Bahn bedarf jährlich 250 neuer Lokomotiven zur Aufrechterhaltung des Betriebes. Die Zahl der im maschinentechnischen Ressort beschäftigten Arbeiter beläuft sich auf 21867, die der Lokomotivführer auf 3667 und die der Heizer auf 4084. Neue Lokomotiven und Wagen werden nur in Altoona erbaut, ausserdem werden hier jedoch auch Betriebsmittel repariert. Die Werkstätten in Altoona bestehen aus den mit den Lokomotiv-Schuppen verbundenen Lokomotiv-Werkstätten, den sich anschliessenden Wagenwerkstätten und der neuen benachbarten Lokomotiv-Fabrik in Juniata.

Die Ausdehnung der Altoona-Werkstätten lässt die nachstehende Zusammenstellung der überdachten Grundflächen erkennen:

Aeltere Lokomotivräume . . . . 367314 □' = 34124 qm
„ Wagenräume . . . . 368680 □' 34251 „
Neue Lokomotivräume (Juniata) . 118996 □' 11054 „
zusammen . . 854990 □' = 79428 qm

Die älteren Lokomotiv- und Wagenwerkstätten sind schon mehrfach beschrieben, und wird es genügen, dieselben hier nur kurz zu berühren.

a) Aeltere Lokomotiv-Werkstatt. Hierzu Tafel XLV.

Taf. XLV giebt einen allgemeinen Grundriss der älteren Lokomotiv-Werkstatt. Die Bedeutung der einzelnen Bauten nebst deren Grösse ist auf dem Plane vermerkt. Die Werkstatt liegt neben dem Personenbahnhofe innerhalb der Stadt. Die Mehrzahl der Gebäude ist einstöckig, nur die zwischen den beiden Montirwerkstätten (2 und 4 auf Tafel XLV) gelegene Dreherei (3), das Verwaltungsgebäude (5) mit dem Laboratorium und dem Materialien-Prüfungsraum und das Modell- bezw. Musterhaus sind zweistöckig ausgeführt. Die Werkstatt ist im Laufe der Jahre vergrössert worden und ist hierauf die oft sehr gedrängte Grundrissbildung der einzelnen Werkstattscomplexe zurückzuführen.

In den grossen Rundschuppen (1 und 13), ersterer von 235' (71,63 m) ⌀, letzterer von 300' (91,44 m) ⌀ werden die an den Betriebslokomotiven vorkommenden laufenden Reparaturen durch Werkstatts-Arbeiter ausgeführt.

In der Montirwerkstatt (2) werden vorzugsweise Lokomotiven reparirt, in (4) solche z. Z. neu gebaut; zwischen der Gruppe (2—4) und der gegenüberliegenden Schmiede (9) mit der anstossenden Räderwerkstatt (10) und Kesselschmiede (11) liegt eine Dampfschiebebühne. In den beiden Montirräumen befinden sich je zwei schwere Laufkrähne mit Seiltrieb zum Heben der Lokomotiven bezw. deren schweren Theile. Da alle bedeutenderen Einzeltheile in Sonderräumen fertig gestellt werden, so erfolgt hier der Zusammenbau der Lokomotiven ungemein schnell.

Die zweistöckige Dreherei enthält im unteren Geschoss die schwereren, im oberen die leichteren Werkzeugmaschinen. Beide Stockwerke stehen durch hydraulische Aufzüge in Verbindung.

Die Zahl der Arbeiter beträgt über 3000.

Die Wagenwerkstatt besteht aus lauter getrennt liegenden Gebäuden. Einen allgemeinen Ueberblick giebt Fig. 1, Tafel XLVI, auf der gleichzeitig der Zweck und die Grösse der wichtigeren Werkstatträume vermerkt ist. Erwähnenswerth ist ein grosser Rundschuppen für Güterwagen von 433' (131,97 m) äusserem Durchmesser. Die in der Mitte befindliche Dampf-Drehscheibe von 100' (30,48 m) Durchmesser liegt frei. Sämmtliche übrigen Gebäude sind rechtwinklig angelegt. **b) Wagenwerkstatt.** Hierzu Tafel XLVI.

Das an Ausdehnung bedeutendste Gebäude ist die für die Personenwagen bestimmte Maler- und Lackirwerkstatt (1). Sie ist 420' (128,01 m) lang und 132' (40,23 m) breit und durch Brandmauern mit eisernen Thüren in 4 Räume getheilt, von denen 3 zur Aufnahme von Wagen bestimmt sind, während der vierte für Nebenzwecke dient. Sämmtliche Gleise haben an ihrer Aussenseite kleine Rinnen zur Abführung des Wassers; der Fussboden besteht aus Cement. Die Tagesbeleuchtung erfolgt durch Oberlicht, die Heizung und Lüftung ist nach System Sturtevant ausgeführt. Neben der Lackirwerkstatt liegt eine grosse elektrisch betriebene Schiebebühne (2) von 60' (18,29 m) Länge. Sie läuft auf einem 8schienigen, 397' (121 m) langen Gleise. Die Dynamomaschine liegt horizontal unter der Bühne und wirkt durch Räderübersetzung; es können der Bühne 2 verschiedene Geschwindigkeiten gegeben werden, bei der raschen Bewegung durchläuft dieselbe die Länge von 397' (121 m) in 1½ Minuten. Auf der Bühne sind auch 3 gesondert zu treibende Capstans vorhanden, welche zum Verschieben der Wagen dienen. Der elektrische Strom geht durch 2 Metallstreifen, welche in der Länge der Bühne unter 2 in dem Erdboden befestigten, isolirten Schienen verlegt sind, auf ihnen schleifen die Bürsten. Für Güterwagen besteht eine besondere 392' 6" (119,68 m) × 108' (32,92 m) grosse Maler- und Lackirwerkstatt (4). Die Lage dieser Lackirräume ist so getroffen, dass sie von Russ und Rauch möglichst wenig zu leiden haben und auch thunlichst gegen Feuersgefahr gesichert sind.

Die Holzbearbeitungswerkstatt (6) ist geräumig und enthält eine grosse Zahl sehr leistungsfähiger Werkzeugmaschinen. Die Trockenschuppen (14), welche ganz nach dem einen Werkstattsende verlegt sind und mit Dampf geheizt werden, bedecken eine Grundfläche von 3343,[illegible] (310,56 qm). Auch hier sind sämmtliche Bauten einstöckig, mit Ausnahme der Polsterwerkstatt (9) und des mit dem Magazin verbundenen Bureaugebäudes (11), welche zweistöckig ausgeführt sind. Die Werkstatt (5), in welcher die Drehgestelle für Güterwagen gefertigt werden, enthält zwei Gleise, auf denen zusammen 6 Drehgestelle gleichzeitig hergestellt werden können. Der Aufbau der Gestelle erfolgt ausserordentlich schnell. Die Räder werden in der mit der Lokomotivwerkstatt vereinigten Giesserei (29) auf Tafel XLV gegossen.

Die Zahl der Arbeiter beträgt rund 1800.

e) Neue Lokomotiv-Werkstatt. (Juniata Locomotive Shops.) Hierzu Tafel XLVI.

Die neue, wesentlich zur Erbauung von Lokomotiven bestimmte Juniata-Werkstatt schliesst sich an die älteren Hauptwerkstätten an, ist jedoch, da sie sich längs der Bahn weit hinaus streckt, etwa 1 Mile (1,6 km) von dem Stationsgebäude entfernt.

Bei Erbauung derselben sind von der wohlhabenden Pennsylvania-Bahn keine Kosten gescheut, um die Gebäude mit grosser Vollkommenheit herzustellen und die maschinelle Einrichtung nach den neuesten und bewährtesten Constructionen zu gestalten. Namentlich ist grosser Werth darauf gelegt, die Menschenkraft soweit als irgend möglich durch Maschinenkraft zu ersetzen. Insgesammt ist für die Anlage 1 Million Dollars (4 250 000 ℳ) ausgeworfen. Bei der Besichtigung der Werkstätte war sie nahezu vollendet und eine grössere Zahl von Arbeitern darin bereits beschäftigt. Ein Grundriss der Werkstattgebäude mit den Hauptgleisen ist in Figur 2 auf Taf. XLVI wiedergegeben.

Das grosse Kesselhaus (1) ist für 6 Kessel von je 150 Pferdestärken erbaut, welche selbstthätige Kohlenaufschüttung (Roney Mechanical Stoker) besitzen. Die Kohle, welche auf dem Nebengleise durch den Wagenboden in eine Grube gestürzt wird, wird von hier durch Paternosterwerke selbstthätig in das Kesselhaus geschafft. Durch einen Crusher werden die grossen Stücke zerkleinert und danach den Kesseln mechanisch zugeführt. Die Asche wird ebenfalls mechanisch fortgenommen, sodass im Kesselhause nur 2 Leute bei Tage und 2 bei Nacht erforderlich sind. Der Schornstein ist 120' (36,57 m) hoch. Die in Lokomotivform erbauten Kessel haben schrägen Rost in den 8' (2,44 m) langen Feuerkasten, einen Langkessel von 18' (5,49 m) Länge und 75" (1,905 m) Dmr. Das Gebäude (2) für die elektrischen und hydraulischen Anlagen enthält die Maschinen und Accumulatoren zur Erregung des Kraftwassers, sowie die Maschinen zur Erzeugung des elektrischen Stromes.

Die Kesselschmiede (3) und die allgemeine Schmiede (4) haben eine Grösse von 386' (117,65) × 70' (21,34 m) bezw. 306 × 70' (93,27 × 21,34 m). In der ersteren sind auf der einen Seite die Schmiedefeuer, auf der anderen die Schweissfeuer aufgestellt. Die Ventilationsrohre führen alle in ein grosses Sammelrohr, aus welchem zwei durch Dynamos betriebene Ventilatoren die Luft saugen, durch andere Röhren wird frische Luft eingeführt. Für die Schweissöfen sind Apparate zur Erzeugung von Generatorgas vorhanden, deren Ventile durch Luftdruck gesteuert werden. Auch sind hydraulische Pressen und alle Einrichtungen zur Bearbeitung der Einzeltheile in vollkommenster Weise beschafft. Die Kesselschmiede ist reich mit hydraulischen Nietmaschinen und allen sonstigen neueren Hülfsmitteln ausgestattet.

Vor dem gedachten Schuppen liegt eine hydraulische, durch Ketten betriebene 60' (18,29 m) lange Schiebebühne (5) von 261' (79,55 m) Grubenlänge. Hierauf folgt die zweistöckige Dreherei (6), welche mit den neuesten Spezialmaschinen ausgerüstet ist.

Der Montirungsraum (7) ist 354 × 70' (107,90 × 21,34 m) gross.

Der Lackirschuppen (8) ist zum besseren Schutze gegen Feuersgefahr und Verstaubung wieder ziemlich weit von den übrigen Gebäuden entfernt angelegt.

(9) ist ein zweistöckiges Bureau und Magazingebäude.

Eigenartig sind in der Werkstatt die Decken der mehrstöckigen Gebäude hergestellt, welche sehr fest sind und sehr widerstandsfähig gegen Feuer sein sollen. Auf den durch Eisenträger gestützten Deckenbalken von 15" × 9" (381 × 228 mm) Stärke sind, wie die Textfig. 62 zeigt, 3" (76 mm) dicke Bohlen, welche genuthet und gefedert sind, verlegt, darüber ist eine 1" (25,4 mm) hohe Cementschicht gebracht, auf der die $1\frac{1}{4}$" (32 mm) starken, gespundeten Fussbodenbretter verlegt sind. Die Heizung und Lüftung der wichtigeren Gebäude ist nach Sturtevant ausgeführt.

Fig. 62.

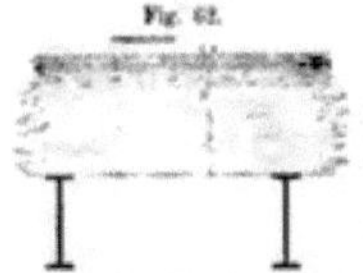

Die jährliche Leistung der neuen Anlage ist auf vorläufig 150—180 Lokomotiven festgesetzt, jedoch ist eine spätere Erweiterung in Aussicht genommen, um die Leistungsfähigkeit auf das dreifache steigern zu können.

Die Arbeitszeit währt morgens von 7—12 Uhr, nachmittags von 1—6 Uhr. Die Beamten sind theilweis von 8—4 Uhr thätig.

Die Zahl der Arbeiter wird in kurzem rd. 800 betragen.

3. Werkstätten der Chicago, Burlington and Quincy-Eisenbahn.

a) Hauptwerkstatt Aurora.

Hierzu Tafel XLVI.

Die Hauptwerkstatt Aurora ist die grösste Werkstatt der Chicago, Burlington and Quincy-Eisenbahn. Sie liegt an der Linie von Chicago nach Denver, etwa 40 Miles (64 km) westlich von ersterer Stadt entfernt. Ihre Anlagen und Einrichtungen sind zum Theil älteren Ursprungs. Es werden hier sowohl Betriebsmittel reparirt, als auch in beschränkter Zahl neugebaut.

Der Grundriss der Anlage ist in Fig. 3 auf Taf. XLVI gezeichnet. Die einzelnen Gebäude sind, wie bei der Mehrzahl der amerikanischen Werkstätten, zumeist getrennt angeordnet.

(1) ist das Bureaugebäude. Der grosse Rundschuppen (2) von 82,2 m äusserem und 48 m innerem Durchmesser, mit einer freiliegenden Drehscheibe im Innern, steht in Verbindung mit der Dreherei (3) für die Lokomotivreparatur, an die die 200' × 80' (60,96 × 24,38 m) grosse Schmiede (4) stösst. Die Betriebskessel befinden sich in (5). Die Gelbgiesserei (6) und die Kupferschmiede (7) sind in besonderen isolirten Bauten untergebracht; (8) ist das 300' × 60' (91,44 × 18,29 m) grosse Magazin, das seitlich zwischen Lokomotiv- und Wagenwerkstatt gelegen ist. Letztere besteht aus den 3 gleich langen und 90' (27,43 m) bezw. 80' (24,38 m) breiten parallelen Gebäuden (9—11), welchen die Wagen mittelst 3 Schiebebühnen (12—14) zugeführt werden. Jedes der vorgenannten 3 Gebäude enthält 14 Gleise und zwar ist (9) die Lackirerei, (10) die Werkstatt für Personenwagen, (11) die für Güterwagen.

Die Kessel und Betriebsmaschinen sind in einem abseits gelegenen Bau (15) untergebracht, an den die grosse Holzbearbeitungswerkstätte (16) stösst, die in ihrem oberen Stockwerk eine Abtheilung für feinere Tischlerarbeiten und einen Mustersaal enthält. Unweit der Holzbearbeitung liegt der Trockenschuppen (17). Schmiede (18) und Dreherei (19) liegen in einem gemeinschaftlichen Gebäude, sind jedoch gegen einander abgeschlossen. An die erstere ist ein Glühofen angebaut. Ausserdem sind noch eine Anzahl Nebengebäude und auf den Höfen Aufstellungsgleise vorhanden. Auch bei dieser Werkstatt ist die Lackirerei so gelegt, dass sie möglichst weit von den Feuerstätten abliegt.

b) Hauptwerkstatt West Burlington.

Hierzu Tafel XLVI u. XLVII.

Die ebenfalls der Chicago, Burlington and Quincy-Bahn gehörige, in Burlington am Missisippi gelegene Hauptwerkstatt ist eine neue, erst wenige Jahre in Benntzung stehende Anlage.

Sämmtliche Werkstattsbauten sind von einander gesondert gehalten. Fig. 4 auf Taf. XLVI giebt den Lageplan, in welchem (1) das Bureaugebäude, (2) das 300' × 55' (91,44 × 16,76 m) grosse Magazin, (3) die Kesselschmiede und (4) die unmittelbar benachbarte allgemeine Schmiede bedeutet. (5) ist das Kessel- und Maschinenhaus, von dem aus unterirdische Wellenleitungen die Betriebskraft sowohl nach der für Lokomotiven und Wagen gemeinsamen Dreherei (6) und der in demselben Raume untergebrachten Montirwerkstatt (7) übertragen, als auch nach der entgegengesetzten Seite zu der Holzbearbeitungswerkstatt (8). Die Werkzeugmaschinen werden von Deckenvorgelegen aus angetrieben, in (8) ist Spähneabsaugung vorhanden.

Die eigentliche Wagenreparatur ist fast genau nach demselben Plane angelegt, wie die Aurora-Werkstätte. Auch hier sind 3 parallele Schuppen (9—11) vorhanden, welche durch die zwischenliegenden, den längsten Wagen genügenden Schiebebühnen (12 und 13) zugänglich sind. (9) ist wieder die Lackirerei, welche 250' × 90' (76,20 × 27,43 m) gross ist und 11 Gleise enthält, (10) ist die Personen-, (11) die Güterwagenreparaturwerkstatt. Beide Schuppen sind je 222' × 90' (67,66 × 27,43 m) gross und enthalten je 10 Gleise.

Der Antrieb der Schiebebühnen erfolgt durch ein Drahtseil, dessen Rollen 30' (9,14 m) über dem Boden liegen und von 3 Holzthürmen „a" getragen werden. Das Seil wird von der Holzbearbeitungswerkstatt aus mittelst Riemenübersetzung und einer 16½' (5,03 m) über dem Boden liegenden horizontalen Welle bewegt. Von den Seilrollen aus wird die Kraft nach der Schiebebühnengrube durch einen halbgeschränkten mit Spannvorrichtung versehenen Riemen abgegeben. Die Entfernung der Seilthürme von einander beträgt 230' (70,10 m) bezw. 225' (68,58 m).

Abgelegen von den übrigen Baulichkeiten sind die beiden Trockenräume für Holz (14 und 15), sowie namentlich die Giesserei (16). (17—19) sind Kohlenmagazine, (20) ist ein Magazin für Farben und Oele und (21) ein Lokomotivschuppen mit Drehscheibe. Ausserdem sind noch mehrere kleine Gebäude, sowie ausgedehnte Gleisanlagen für das Aufstellen und Repariren von Betriebsmitteln im Freien vorhanden.

In Fig. 1 auf Taf. XLVII ist ein Querschnitt der Lokomotiv-Montirungswerkstatt (7) dargestellt; es ist hier das vielfach in England anzutreffende 3 Gleis-System zur Anwendung gelangt. Die zu reparirenden Lokomotiven werden auf dem mittleren Gleise (3) eingebracht und mittelst Laufkrahns seitlich auf eins der beiden Aufstellungsgleise (1) und (2) versetzt, um hier ausgebessert zu werden. Es sind 2 durch Seil betriebene Laufkrähne von je 25 t Tragkraft vorhanden. Die Art der Hebung der Betriebsmittel ist in der Figur veranschaulicht.

In der Dreherei sind die Werkzeugmaschinen in 2 getrennten Reihen aufgestellt. In der Mitte läuft ein Ramsbottom'scher Drehkrahn von 5 t Hubkraft. In den Arbeitsräumen sind sehr gute maschinelle Einrichtungen vorhanden, und ist die Handarbeit auf das Thunlichste eingeschränkt.

Es können bei angestrengtem Betriebe bis zu 1000 Arbeiter beschäftigt werden. Z. Zt. sind allerdings in Folge ungünstiger Geschäftslage der Bahngesellschaft nur etwa ⅓ dieser Zahl beschäftigt, da die Reparaturen auf das Möglichste eingeschränkt werden.

4. Werkstätte der Baltimore and Ohio-Eisenbahn in Baltimore.

Die Hauptwerkstätte Baltimore ist eine sehr ausgedehnte Werkstatts-Anlage, in der sowohl die Betriebsmittel reparirt, als auch in beschränkter Zahl neu gebaut werden. Sie ist auf einem sehr ungleichen Terrain erbaut, das erhebliche Höhenunterschiede aufweist. Die Gleise sind zum Theil stark gekrümmt. Im Allgemeinen gleicht sie den vorbeschriebenen Werkstätten und sei daher nur bemerkt, dass die Wagenarbeiten in einem langen Wagenschuppen mit 5 parallelen Gleisen, sowie in einem Rundhaus, dessen 22 Gleise von einer im Centrum liegenden Drehscheibe zugänglich sind, vorgenommen werden.

In der geräumigen Wagen-Lackirerei mit langen parallelen Gleisen wird durch ein grosses, oben liegendes Rohr von etwa 3' (0,914 m) Durchmesser die Luft mittelst eines durch eine Dampfmaschine betriebenen Ventilators abgesaugt. Von dem Hauptrohr laufen zahlreiche Zweigröhren nach den einzelnen Gleisen aus; in der Regel sind für jeden aufzustellenden Wagen 2 Absaugröhren vorhanden. Die frische Luft wird in Röhren an den Wänden zugeführt und erwärmt sich an einem unten liegenden, aus vielen dünnen Röhren bestehenden Röhrensystem.

Wie vielfach in Amerika üblich, werden hier die zur Werkstätte gelangenden Kohlenwagen, welche die Bedarfskohle zuführen, auf einer geneigten Rampe in die Höhe gedrückt. Im vorliegenden Falle werden sie jedoch nicht, wie sonst gebräuchlich, gestürzt, sondern von den Wagen über Bord abgeladen.

Die Lokomotivreparaturen sind auf dieser Bahn ähnlich wie bei der Pennsylvania-Bahn in 5 Klassen getheilt, für deren jede eine bestimmte Zeitdauer vorgeschrieben ist und zwar wie folgt:

Reparaturen	I. Klasse.	Neuer Kessel und allgemeine Reparatur	Dauer	90 Tage
„	II. „	Neue Feuerbüchse und allgemeine Reparatur	„	75 „
„	III. „	Neue Siederöhren und allgemeine Reparatur	„	40 „
„	IV. „	Gewöhnliche Reparatur	„	25 „
„	V. „	Leichte Reparatur	„	6 „

Die Zahl der beschäftigten Arbeiter beläuft sich insgesammt auf 1450.

5. Hauptwerkstätte der Chicago and North Western-Eisenbahn in West Chicago. Hierzu Tafel XLVII.

Die in West Chicago (40 Street) gelegene Hauptwerkstätte enthält eine Abtheilung für Lokomotiven und eine solche für Wagen. Die Reparatur der Lokomotiven erfolgt in der in Amerika üblichen Weise.

In der Wagenwerkstatt werden sowohl die Reparaturen ausgeführt, als auch Wagen, namentlich Ersatzwagen, in beträchtlicher Anzahl neu gebaut; bei grossem Bedarf werden jedoch die Privatfabriken mit herangezogen. Der Grundriss des Haupttheiles der Werkstätten auf dem 250 Acres (101,170 ha) grossen Gelände ist in Fig. 2 auf Tafel XLVII dargestellt. Die Maschinenwerkstätte mit dem üblichen Rundhaus, der Wagenbauschuppen, Dreherei und Schmiede ist auf der östlichen Seite belegen, die Wagenwerkstatt schliesst sich daran an.

Der Lokomotiv-Reparaturschuppen mit dem Maschinenhause (1) ist durch eine versenkte Schiebebühne zugänglich und enthält 24 Stände. Er ist ähnlich wie die deutschen eingerichtet. In der Nähe befindet sich der Lokomotivschuppen (17) mit 40 Ständen. Daneben liegen die Kesselschmiede (14) und die Tenderreparatur (15), sowie die Schmiede (16), an welcher die Gelbgiesserei und Kupferschmiede stossen. Die Wagenreparatur besteht aus 5 einander parallel liegenden Gebäuden (2—6), welche durch 3 Schiebebühnen bedient werden. (4) und (5) sind für Personenwagen, (6) ist für Güterwagen bestimmt, während (2) und (3) Lackirwerkstätten darstellen. Sämmtliche Gebäude enthalten 14 Gleise. Rechtwinklig dazu liegt die Schmiede und Dreherei (9), sowie die mehrstöckige Holzbearbeitungs-Werkstatt (7), in welcher sowohl die grösseren Holzarbeiten, als auch die feineren Tischlerarbeiten an den Luxuswagen ausgeführt werden. Diese Werkstatträume sind ebenso wie die früher genannten je 80' × 302' (24,38 × 92,05 m) gross. Seitlich davon ist der Holztrockenschuppen (8) errichtet; das Magazin (12) und das Oelhaus (13) liegen in der Verlängerung der Schmiede; das Hauptbüreau, der Zeichensaal und die Versuchsanstalt befinden sich in (20), während daneben in (21) die elektrischen Maschinen untergebracht sind.

In der Nähe der Güterwagenreparatur und vor den Personenwagenschuppen sind ausgedehnte Gleisanlagen vorhanden für die Aufstellung von Wagen und die Ausführung kleinerer Reparaturen an denselben.

Die Arbeitszeit währt von 7—12 Uhr vormittags und 1—6 Uhr nachmittags und beträgt 10 Stunden, Sonnabends wird jedoch schon um 5 Uhr nachmittags geschlossen. Obwohl am Sonnabend nur 9 Stunden gearbeitet wird, wird doch für 10 Stunden bezahlt. Es wird zumeist in Lohn gearbeitet und beträgt derselbe:

für bessere Handwerker . . . . 2,20—2,50 $ (9,35—10,63 ℳ)
für Tagelöhner . . . . 1,50—1,60 „ (6,38— 6,80 „)

Die Zahl der Arbeiter beträgt etwa 1500, von denen etwa 700 auf die Lokomotiv- und 800 auf die Wagenwerkstätte entfallen.

6. Hauptwerkstätte der Michigan Central Ry. in Jackson. Die Hauptwerkstätte Jackson ist von mittlerer Ausdehnung und schon älter. Sie ähnelt in Bezug auf Gebäude und Schiebebühnen ganz den vorbeschriebenen Werkstätten, so dass eine diesbezügliche Beschreibung entbehrlich wird. Bemerkt sei nur, dass die eigentlichen Reparaturschuppen je 18 Gleise enthalten. In dieser Werkstätte wird nur in Lohn gearbeitet. Da Jackson eine kleine Stadt ist, so sind die Löhne hier etwas niedriger als an anderen Orten und betragen für den Tag etwa:

Handwerker . . . . 1,75 $ (7,44 ℳ)
Hülfsarbeiter . . . . 1,10—1,25 $ (4,68—5,31 ℳ)

Die Foremen verdienen durchschnittlich 3 $ (12,75 ℳ) täglich und kommen bis zu 125 $ (531 ℳ) in 1 Monat. Die Arbeitszeit beträgt 10 Stunden und läuft von $6^1/_2$—$11^1/_2$ Uhr vormittags und $12^1/_2$—$5^1/_2$ Uhr nachmittags. Am Sonnabend wird nur 9 Stunden gearbeitet, aber auch nur für 9 Stunden bezahlt.

7. Hauptwerkstätte der New York Central und Hudson-River R. R. in West Albany. Hierzu Textfig. 63. Die West Albany-Werkstätte dient sowohl zur Unterhaltung der Lokomotiven und Wagen, wie auch zum Neubau von Betriebsmitteln. Sie ist zum grossen Theil schon älterer Construction. Die Werkstättenanlagen sind sehr ausgedehnt, die nebenstehende Textfigur 63 zeigt einen nach dem Gedächtniss gezeichneten Theil der Anlage, nämlich denjenigen der Hauptschuppen der Wagenwerkstätten, sie giebt ein annäherndes Bild.

Fig. 63.

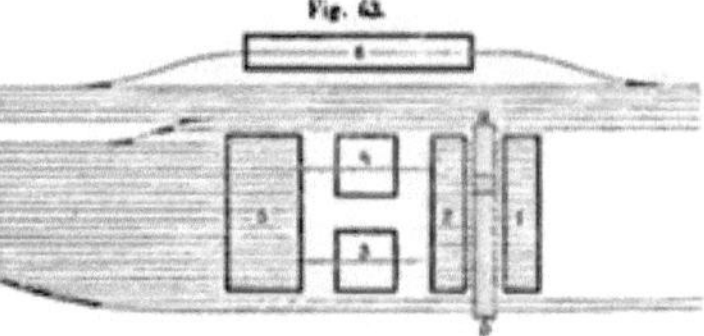

(1) ist für die Erbauung der Güterwagen, (2) für grössere Arbeiten an Personenwagen bestimmt. Beide Räume haben etwa je 18 Stände mit 20′ (6,10 m) Theilung der Gleise. Die Schiebebühne zwischen den beiden Schuppen liegt im Freien, ist versenkt und durch ein endloses Seil betrieben. Es befindet sich bei a eine Dampfmaschine, bei b ein Rollen-System; durch Einrücken der Hebel auf der Bühne wird entweder diese bewegt oder es wird ein auf der Bühne stehender Capstan zur Heranholung von Wagen in Bewegung gesetzt.

In den Schuppen (3) und (4) und in einem Nebengebäude ist die Schmiede, Schlosserei u. s. w. untergebracht, während sich bei (6) die sehr ausgedehnte Holzbearbeitung befindet. Der Reparaturschuppen für Wagen befindet sich in (5) und steht derselbe mit den zahlreichen Reparaturgleisen in Verbindung, welche durch Weichen bedient werden. Der abgesondert belegene, in der Textfigur nicht angegebene Lackirschuppen, enthält 7 Gleise je für etwa 5—6 lange Wagen. Er ist in der Mitte durch eine Brandmauer getheilt und wird durch Dampfröhren, welche an den Wänden und in der Mitte liegen, geheizt. Ein besonderer Kessel liefert den hierzu erforderlichen Dampf. Die Lokomotivreparaturen werden in langen Schuppen mit versenkten Schiebebühnen ähnlich wie bei uns in Deutschland ausgeführt. Die Nebengebände sind denen der anderen Werkstätten ähnlich. Zur Zeit werden 125 Güterwagen monatlich fertig gestellt, welche Zahl aber noch gesteigert werden kann. Es wird nur in Lohn gearbeitet und zwar 10 Stunden täglich, die Handwerker erhalten 1,8—2,5 $ (7,65—10,63 ℳ), im Allgemeinen 2,2 $ (9,35 ℳ), die Handarbeiter 1,3—1,4 $ (5,53—5,95 ℳ) für den Tag. Die Lokomotivwerkstatt beschäftigt etwa 800 Arbeiter, die Wagenwerkstatt u. s. w. 700.

Die Fabrik von **Rogers** in Paterson unweit New York bietet bezüglich der Grundrissanordnung und baulichen Anlagen nichts besonders Bemerkenswerthes. Sie baut im Wesentlichen nur Lokomotiven, von denen jährlich bis 250 Stück hergestellt werden. Die Fertigstellung einer Lokomotive erfolgt, wenn viel Arbeit vorliegt, in 6—8 Wochen, wovon auf die Montirung 8 Tage entfallen. **8. Rogers Locomotive and Machine Works in Paterson.**

Zuweilen werden in Amerika Lokomotiven mit nur 35 Tagen und noch weniger Lieferzeit abgeschlossen und theilte mir, beiläufig bemerkt, der Vertreter von Krupp in Essen, Mr. **Prosser** in New York mit, dass die Krupp'schen Stahlreifen dann binnen 23 Tagen vom Tage der Bestellung ab auf dem Werke in Amerika eintreffen müssen. Die Aufträge werden nach Europa durch Kabeldepesche gegeben, die Reifen müssen sofort gewalzt und mit den raschen Dampfern, mit denen Verträge bestehen, sofort nach Amerika übergeführt und dann nach dem Bestimmungsort befördert werden.

Die Fabrik von Rogers fertigt auch Tenderräder aus Hartguss. Dieselben kosten je nach ihrer Grösse 9—10 $ (38,25—42,5 ℳ) das Stück, laufen 50000 Miles (80500 km) und werden ohne Nachtheil gebremst.

Auch Schneepflüge, System Jull, werden hier gebaut.

Die Arbeitszeit beträgt 10 Stunden, der Verdienst der Handwerker im Tagelohn 2 $ (8,50 ℳ) im Akkord 3 $ (12,75 ℳ), Handlanger erhalten 1 $ 20 Cts. (5,10 ℳ) täglich.

Die **Baldwin**-Fabrik liegt inmitten der Stadt Philadelphia und ist in 7 Häuserblocks untergebracht. Die letztere durchziehenden Strassen bestehen zwar noch, sind aber grösstentheils von der Fabrik in Anspruch genommen; ein erheblicher öffentlicher Verkehr findet auf ihnen nicht mehr statt. In Folge dieser Bauanordnung haben die von einem Zweige der Philadelphia and Reading Railway auslaufenden Fabrikgleise in sehr scharfen Curven angelegt werden müssen; es können jedoch die Drehgestellwagen vermöge ihrer Beweglichkeit überall auf ihnen verkehren. Die Gebäude sind grösstentheils mehrstöckig und stehen die einzelnen Stockwerke durch Aufzüge mit einander in Verbindung, auch sind Brücken zur Verbindung der Blocks vorhanden. **9. Baldwin Locomotive Works in Philadelphia.**

Jährlich können etwa 1000 Lokomotiven fertiggestellt werden. Einige statistische Angaben über die Gründung und Leistungen dieser grössten Lokomotivbauanstalt Amerikas sind nachstehend gegeben.

Gründung der Werke durch **Matthias W. Baldwin** .	1831
Die 1000te Lokomotive wurde gebaut	1861
„ 2000 „	1869

Die 3000te Lokomotive wurde gebaut	1872
„ 4000 „ „ „ „	1876
„ 5000 „ „ „ „ .	1880
„ 6000 „ „ „ „ .	1882
„ 7000 „ „ „ „	1883
„ 8000 „ „ „ „ .	1886
„ 9000 „ „ „ „	1888
„ 10000 „ „ „ „ . .	1889
„ 11000 „ „ „ „ . . .	1890
„ 11496 „ „ „ „ . 31. Dezember	1890

Produktion in 10 Jahren, von 1881 bis 1890 einschliesslich.

1881 .	555 Lokomotiven	1886 .	550 Lokomotiven
1882 .	563 „	1887 . .	653 „
1883 . .	557 „	1888 . .	737 „
1884 . .	429 „	1889 . .	827 „
1885	242 „	1890	946 „

Die Produktion dieser 10 Jahre betrug 52,7 % der Gesammtleistung von der Gründung der Werke im Jahre 1831 bis zum 31. Dezember 1890. Für den Export wurden 1141 Lokomotiven gebaut.

Es kommt noch hinzu, dass fortwährend Reservetheile angefertigt werden, was einer Erbauung von 6 Lokomotiven monatlich gleichkommt.

Zahl der täglich erbauten Lokomotiven .	3⅓
Jährliche Leistungsfähigkeit	1000
Zahl der beschäftigten Arbeiter rund . . .	5000
Arbeitsstunden täglich pro Mann	10
Betriebszeit der Hauptabtheilungen, Stunden .	24
Anzahl der Pferdekräfte	4400
„ „ Gebäude	23
Flächenraum der Gebäude ha	56
Verbrauch an Kohle in t. wöchentlich	840
„ „ Eisen „ t. täglich	200
„ „ anderem Material in t. täglich	30
Anzahl der Dynamos zur Krafterzeugung für Bohr- und Lochmaschinen, Scheeren, Krahne und zur Beleuchtung	22
Anzahl der elektrischen Lampen im Dienst	2800
Anzahl der Lokomotiven, welche im Montageraum aufgestellt werden können	76
Gewicht der leichtesten Lokomotive, die gebaut ist, in kg . . .	2500
Gewicht der schwersten Lokomotive, die gebaut ist, in kg	86500

Alle Theile werden nach Lehren gearbeitet und in den verschiedenen Nebenwerkstätten so vollständig hergestellt, dass das Zusammenbauen der Lokomotiven in dem Montirraum in kürzester Zeit vor sich geht. Es zeigt sich hierbei recht, dass die amerikanische Lokomotivanordnung für das schnelle Zusammenbauen geeigneter ist, als die unsrige.

Sobald der Kessel in den Montirraum gebracht ist, werden in 1—2 Tagen die Dampfcylinder angepasst und angeschraubt, die hinteren Befestigungen des Rahmens am Kessel angebracht, worauf die Zusammensetzung und Anbringung der fertigen, genau passenden Theile in sehr kurzer Zeit vor sich geht. Die gewöhnliche Zeit der Fertigstellung einer Lokomotive ist 8 Wochen; in besonderen Fällen sind jedoch Lokomotiven in 14 Tagen vom Tage der Bestellung an gerechnet erbaut worden, in einem Falle sogar in etwa 8 Tagen, was selbstverständlich eine ganz aussergewöhnliche Leistung ist und wobei bemerkt werden muss, dass die Kessel nicht lackirt, sondern wie an anderer Stelle näher ausgeführt, mit einem glasirten Holzkohlenblech umkleidet werden.

In Fällen beschleunigter Fertigstellung der Lokomotiven fährt ein Beamter nach Eintreffen des Auftrags sofort nach dem mit der Fabrik in Verbindung stehenden Stahlwerke und giebt die Abmessungen der Kesselplatten auf. Diese werden sofort gewalzt, und treffen am folgenden Tage schon in der Fabrik ein, woselbst unter Zuhülfenahme von Nachtarbeit der Kessel alsbald in Angriff genommen und unter Entfaltung angestrengtester Thätigkeit in kurzer Zeit vollendet wird. Die übrigen Einzeltheile der Lokomotiven werden, soweit als angängig, noch am ersten Tage in Arbeit gegeben.

Die Giesserei ist geräumig. Täglich werden 10 Dampfcylinder, 23 Radsterne für Treibachsen u. s. w. gegossen. Es werden 10 lbs Eisen mit 1 lb Kokes eingeschmolzen.

Ein grosser durch Dampf betriebener Drehkrahn bestreicht den Giessereihof. Die Ausladung beträgt etwa 50' (15,24 m). Der Dampfkessel liegt oben.

Die Fabrik besitzt die Modelle zu 51 Lokomotivsystemen, die je nach den verschiedenen Abmessungen der Haupttheile insgesammt in 500 Klassen zerfallen. Ausser für die Vereinigten Staaten hat sie Lokomotiven nach Canada, Südamerika, Russland, Australien u. s. w. geliefert. Die nach dem letztgenannten Lande zur Ablieferung gebrachten Lokomotiven waren mit kupfernen Feuerbüchsen ausgerüstet.

Die Preise der Baldwin-Lokomotiven schwanken nach den Verhältnissen. Zur Zeit stellen sie sich wie folgt:

Gewöhnliche Personenzuglokomotiven von 80000—90000 lbs. (36320—40860 kg) Gewicht kosten 6750—7500 $ (28687 bis 31875 ℳ)

Schwere Personenzuglokomotiven von 100000 lbs. (45400 kg) Gewicht kosten 9000 $ (38250 ℳ)

Noch schwerere Personenzuglokomotiven von 110000 lbs. (49940 kg) und mehr kosten 11000 $ (46750 ℳ)

Die Preise der Güterzuglokomotiven sind etwas niedriger, doch kosten die ganz schweren (Decapod u. s. w.), welche ein Gewicht von über 130000 lbs. (59020 kg) haben, bis zu 12000 $ (51000 ℳ)

Es waren z. Z. auch die im Abschnitt I und III erwähnten, für den St. Clair-Tunnel Co. bestimmten ausserordentlich schweren Tenderlokomotiven im Bau.

Die Fabrik besitzt für eigene Zwecke eine Schraubenfabrik, in welcher 75000 Schrauben wöchentlich gefertigt werden.

Die Magazinböden sind so stark construirt, dass sie 600 lbs. pro □' (2932 kg pro qm) tragen können.

In einem im obersten Geschoss des einen Häuserblocks befindlichen Speisesaal können die Arbeiter mittags für 15 Cts. (64 Pf.) eine Mahlzeit erhalten, bestehend aus Suppe, Fleisch, 2 Gemüsen zur Auswahl, Thee oder Kaffee, Brod und Butter. Da der Raum nur für 100 Leute Platz bietet, so essen die Arbeiter hier gruppenweise nach einander. Um möglichst viele Sitzplätze zu schaffen und die Communication doch günstig zu gestalten, hat man die schmalen Tische in Wellenlinien angelegt und befinden sich auf beiden Seiten Sitze, welche aus runden, durch Stangen getragene Platten bestehen.

Eine Sonderheit der Baldwin'schen Fabrik ist noch die, dass alle Arbeitszeichnungen auf gleich grosse Holztafeln aufgeklebt werden. Der Mafsstab wird so gewählt, dass der darzustellende Gegenstand seiner Eigenart entsprechend noch deutlich zu erkennen ist und auf die etwa 500 × 350 mm grosse Holztafel passt; nach den eingeschriebenen Mafsen muss gearbeitet werden.

Die Lehrlinge müssen bei ihrer Annahme 14—18 Jahre alt sein und können in 3 Jahren ihre Ausbildung vollenden. Sie gehen in eine Abendschule, welche jedoch unabhängig von der Fabrik ist. Ihr Verdienst beträgt Anfangs 3 $ 60 Cts. (15,30 ℳ) die Woche und steigt nach Leistung.

Von den beschäftigten 5000 Arbeitern sind 600—800 nachts thätig, die anderen tagsüber.

10. Schenectady Locomotive Works in Schenectady (N. Y.)

Die in Schenectady bei Albany gelegene Fabrik ist schon älteren Ursprungs, es ist aber ein neuer Montirungsschuppen gebaut, welcher nach den neuesten Erfahrungen angelegt und ausgestattet ist. Mit ihm verbunden ist eine reich mit guten Werkzeugmaschinen ausgerüstete Dreherei. Ein allgemeiner, nach dem Gedächtniss skizzirter Lageplan ist in der Textfig. 61 dargestellt. Im Montirungsraum ist ein elektrisch betriebener Laufkrahn von Sellers in Philadelphia in Benutzung, dessen Fortbewegungsgeschwindigkeit 200 Fuss (60,0 m) in der Minute beträgt.

Fig. 64.

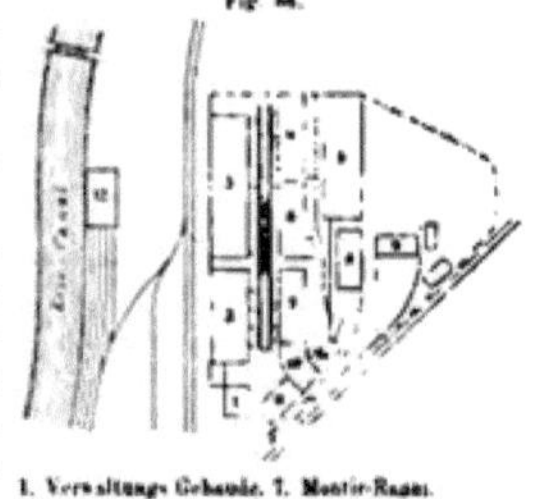

1. Verwaltungs-Gebäude. 2. Dreherei. 3. Blech-Schmiede. 4. Schmiede. 5. Kessel-Schmiede. 6. Eisengiesserei. 7. Montir-Raum. 8. Stellmacher-Werkstatt. 9. Magazin. 10. Karrenschuppen. 11. Gelbgiesserei. 12. Kohlenhaus.

Die Heizung und Lüftung ist nach dem Sturtevant'schen System ausgeführt.

Nach Angabe der Beamten ist früher ein Theil der Fabrik elektrisch betrieben worden. Die Verhältnisse müssen dort aber ungünstig gelegen haben, der elektrische Betrieb wurde wieder aufgegeben und die elektrischen Maschinen finden jetzt zur Lichterzeugung Verwendung. Auf eine desfallsige Anfrage erwiderte der führende Beamte: „Man kann nicht ohne Verlust Wasser aus einem Topf in den anderen giessen,“ womit er wohl sagen wollte, dass bei der elektrischen Kraftübertragung zu hohe Verluste aufgetreten seien.

In der Fabrik sind schöne mechanische Schmiedepressen vorhanden. Auf die von vornherein richtige Formgebung aller Einzeltheile wird grosser Werth gelegt, und ausgiebiger Gebrauch von Gesenken aller Art gemacht. Die Gase der Schweissöfen werden zum Heizen von Dampfkesseln benutzt; sie werden in besonderen Rohren zu diesen geleitet. Erwähnt sei, dass in der Fabrik ein neuer Strong-Kessel lag. Derselbe war s. Z. zwar bestellt worden, ist aber nicht zum Einbauen gelangt, da die betreffende Eisenbahn-Gesellschaft mit der ersten Strong-Lokomotive sehr schlechte Erfahrungen gemacht hat.

Auch in dieser Fabrik werden alle Einzeltheile genau nach Lehren gearbeitet und sollen die Lokomotiven oftmals nur 6—9 Tage im Montirungsschuppen sein. Monatlich werden 30—33 Lokomotiven hergestellt, sie kommen theilweise zum Export. Zur Zeit meiner Anwesenheit waren sehr kräftige Sechskuppler-Lokomotiven für Santa Fé mit 1,83 m Kesseldurchmesser und 235 Siederöhren im Bau. Die Handwerker verdienen täglich bis 3 und 4 $ (12,75—17 M) und arbeiten 9—10 Stunden. Es werden etwa 1800 Arbeiter beschäftigt.

11. Pullman Palace Car Co. in Pullman-Stadt.

Die Pullman-Gesellschaft stellt die Luxus-Personenwagen für einen grossen Theil der amerikanischen Eisenbahnen her, besorgt die Unterhaltung und Reinigung derselben, stellt die Aufwärter und zieht, wie im Abschnitt V und VII geschildert, den für die Benutzung der Wagen ausser dem Fahrgeld zu zahlenden Betrag ein. Es sind nach den gemachten Angaben über 2000 Wagen bereits im Betriebe und vermehrt sich die Zahl dauernd. Die Wagenfabrik in der Stadt Pullman bei Chicago hat den Zweck, die zur Vermehrung nöthigen Wagen zu bauen und die vorhandenen Wagen zu unterhalten. Ausserdem erbaut dieselbe auch Personen- und Güterwagen für Private.

Pullman kaufte früher ein grosses Gelände von 3000 Acres (12 140 370 qm) etwa 12 Miles (19,3 km) von Chicago am Calumet-See in der Nähe des Michigan-Sees an der Linie der Illinois Central Railway gelegen. Jetzt steht hier eine in wenigen Jahren erstandene Stadt, die z. Z. über 10000 Einwohner zählt, welche sich grösstentheils aus den Arbeitern nebst Angehörigen der hier gegründeten Industrie zusammensetzen. Die bedeutendste Werkstatt ist die in Rede stehende Wagenbauanstalt, die anderen sind Hülfsfabriken derselben. Nach Pullman's Angaben ist die Fabrik weit genug von Chicago entfernt, um die Arbeiterbevölkerung den Einflüssen der grossen Stadt möglichst zu entziehen und doch wieder nahe genug, um die Vortheile der Nähe einer grossen Stadt in Betreff der Bezugsquellen zu geniessen und die Verbindung mit den in der Stadt befindlichen Geschäftsräumen und den Wohnungen der höheren Beamten aufrecht zu erhalten, (da viele Verbindungszüge auf der Linie fahren).

Die Fabrik liegt nicht weit entfernt von der Grand Crossing, woselbst die Pennsylvania-Bahn in die Illinois Centralbahn einmündet, so dass die durch diese Bahnen zugeführten Materialien von dort keinen langen Weg zu machen haben.

Die Ausdehnung des Werkes ist eine ganz erhebliche. Es standen zur Zeit der Besichtigung etwa 45—50 grosse Personenwagen im Aufbau. Wöchentlich können 3 Schlafwagen, 10 Personenwagen, 240 Güterwagen und eine Anzahl Strassenfahrzeuge fertiggestellt werden. Fast alle im Wagenbau verwendeten Dinge mit Ausnahme von Glas, Plüsch, Wagenfedern und einigen anderen Sachen werden in Pullman-Stadt hergestellt; selbst Marmorarbeiten, Spiegelfabrikation, Vergolden und Versilbern u. s. w. wird hier betrieben.

Ausser der Wagenfabrik besteht auf dem Gelände der Gesellschaft eine Giesserei, Hammerschmiede, ein Eisen- und Stahlwerk, eine Farbenfabrik, Ziegelei u. s. w.

Die Zahl der Arbeiter in diesen verschiedenen Industriezweigen beträgt nahezu 6000.

In der Giesserei werden täglich 150—190 Paar Räder für Güterwagen gegossen. Die Räder der Personenwagen sind Papierräder (Allen-Räder) mit seitlichen Stahlscheiben und Krupp'schen Tiegelstahlbandagen und werden in einer besonderen in Pullman-Stadt gelegenen Fabrik (Allen Paper Car Wheel Works) gefertigt, die jährlich bis zu 12000 Räder anfertigen kann, vgl. Abschnitt X.

Die Vorräthe an Nutzholz betragen nach Angabe 20000000 Fuss und sollen einen Werth von etwa ½ Million $ (2125000 M) repräsentiren.

Es sind 2000 Wohnhäuser für Arbeiter auf dem Gelände der Fabrik vorhanden, welche ihr gehören und vorzugsweise an Beamte und Arbeiter, aber auch an andere Personen vermiethet werden. Für die Häuser, welche allerdings gut gebaut sind und einen Hof und kleinen Garten haben, beträgt der Miethzins nach den gemachten Angaben in kleineren Häusern, welche zu zweien unter einem gemeinschaftlichen Dach errichtet sind, und welche Keller, Erdgeschoss und 1 Stockwerk und in den letzteren etwa 5—6 Räume haben, monatlich 15 $ (63 M); die grösseren Häuser kosten 30—35 $ (127,5—148,75 M). Durch Aftermiethung an Unverheiratete wird ein Theil des Miethzinses seitens des Hauptmiethers wieder gewonnen.

Die tägliche Arbeitszeit währt von 6^{30} morgens bis 12 Uhr mittags und von 12^{45} mittags bis 6 Uhr nachmittags = $10\frac{3}{4}$ Stunden; Sonnabends von 6^{30} morgens bis 12^{45} Uhr mittags = $6\frac{1}{4}$ Stunden. Es ergiebt sich dabei eine 60stundige Arbeitszeit, also durchschnittlich 10 Stunden den Tag. Obwohl bei der anstrengenden Arbeit, welche in Amerika geleistet wird, eine Verlängerung der Arbeitszeit an den gewöhnlichen Tagen angreifend ist, ziehen die Arbeiter solche doch vor, um den Sonnabend Nachmittag frei zu haben. Der Verfasser war an einem Sonnabend Mittag dort und sah, wie kurze Zeit nach dem Schlusse der Arbeit ein grosser Theil der Arbeiter wieder am Bahnhofe erschien, um mit den zahlreichen Zügen Ausflüge zu machen. Man konnte dieselben kaum für Arbeiter nach ihrer Kleidung u. s. w. halten.

Der Verdienst der besten Handwerker beträgt nach Angabe im Stückwerk bis 3 und $3\frac{1}{2}$ $ (12,75 und 14,88 M), in einigen Fällen (Schmiede) 4 $ (17 M). Gute Handarbeiter erhalten einen Tagelohn von etwa $1\frac{1}{2}$—$1\frac{3}{4}$ $ (6,38—7,44 M). Unterstützungsfonds oder sonstige Hülfskassen sind nicht vorhanden, die Arbeiter kaufen sich in Privat-Gesellschaften ein.

Die Stadt Pullman ist neuerdings in den Stadtbezirk Chicago eingemeindet. Es wurde stolz darauf hingewiesen, dass es in der 10000 Einwohner zählenden Stadt nur einen Polizeibeamten giebt, der zur Aufrechterhaltung der Ordnung genügt, während selbstverständlich in den Werken noch Wärter, Aufseher u. s. w. ausserdem vorhanden sind.

Die Werke und die ganze Stadt machen einen überaus sauberen Eindruck, die Gebäude sind hübsch, die Wege breit und sind viele Bäume angepflanzt. Allerdings trägt auch die Art der Fabrikation, welche wenig Kohlendunst erzeugt, dazu bei, die Werke und die Stadt sauber zu erhalten. Die Beamten werden gut bezahlt und kann die Gesellschaft in Folge dessen bei entsprechenden Vakanzen sich aus den Kreisen der Bahnbeamten u. s. w. die tüchtigsten aussuchen.

Die Fabrik zerfällt in verschiedene Theile in denen die folgenden Arbeiten vor sich gehen:

1. der Neubau der Personenwagen.
2. die Reparaturen der „
3. der Bau von Güterwagen.
4. die Nebenzweige, Herstellung der Satzachsen, Fabrikation der Papierscheibenräder, Giesserei für Räder und sonstige Zweige.

Die Werke sind nicht alle zusammenhängend, sondern zum Theil ganz entlegen, nur die Neubau- und Reparaturwerkstätten für Personenwagen hängen zusammen. Die verschiedenen Gebäude sind aber auch hierbei getrennt und im Innern mehrfach mit Brandmauern durchzogen. Man hält diese Construction mit Rücksicht auf Brandschäden für zweckmässiger als eine ganz zusammenhängende Anlage.

Da auf dem Werke Zeichnungen nicht zu erhalten waren, hat Verfasser den in der Textfig. 65 mit eingeschriebenen Metermaßen dargestellten Grundriss der Werke aus dem Gedächtniss skizzirt, um einen Anhaltspunkt zu geben, wobei allerdings wohl Fehler nicht ganz vermieden sein werden.

Fig. 65.

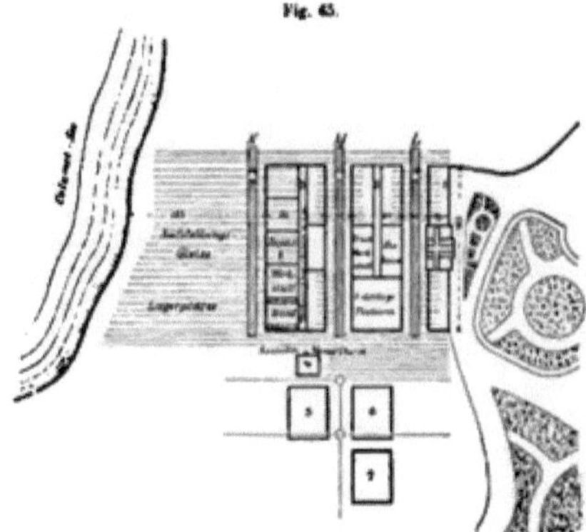

Die Anlage besteht im Wesentlichen aus 3 grossen Werkstattsabtheilungen (1–3) mit drei Dampfschiebebühnen. Eine auf besonderem Gleise laufende Lokomotive verschiebt die Bühnen, welche 80' (24,38 m) Länge haben, also genügend gross sind, um die längsten sechsachsigen Wagen aufnehmen zu können.

In dem Gebäude (1) befindet sich in der Mitte das Hauptbüreau, zu dessen beiden Seiten je etwa 15 Gleise für je 1 Wagen liegen; es findet darin die Lackirarbeit und die Fertigstellung statt. In der Abtheilung (2), welche von den Schiebebühnen (L) und (M) zugänglich ist, befinden sich auf dem einen Ende Gleise für den Bau der Personenwagen, dazwischen liegen aber auch Räume für andere Arbeiten, für Herstellung der Drehgestelle, für die Marmorarbeiten u. s. w. Auf der anderen Seite ist die grosse, dreistöckige Tischlerei mit den Holzbearbeitungsmaschinen, in welcher die sämmtlichen Holztheile nach Lehren bearbeitet werden, sodass in den anderen Räumen nur die Zusammensetzung nöthig ist. Das zu verarbeitende Holz wird in grossen Trockenanstalten getrocknet. Ueber die Werkzeugmaschinen, mit denen die bezüglichen Fabrikräume gut ausgerüstet sind, ist im Abschnitt X näheres gesagt.

Die Werkstatt (3) wird durch die Schiebebühnen (M) und (N) bedient, auf der einen Seite befindet sich noch der Neubau und zwar der erste Aufbau der Wagenkasten, auf der anderen Seite wird die Reparaturarbeit ausgeführt.

Jeder im Bahnbetriebe befindliche Pullman-Wagen wird nach bestimmten Zeiträumen von 4–6 Monat oder länger den Werkstätten zugeführt. Es kommen jedoch nicht alle nach hier. Um Transport zu sparen und auch aus anderen Gründen hat die Gesellschaft noch Werke in Detroit, Wilmerding und St. Louis angelegt; doch kommt in Pullman die grösste Anzahl zur Reparatur. Diese Wagen werden in den Werkstätten (8) reparirt. Neben der Reparatur befinden sich Gleise, auf denen je 2–3 Wagen hintereinander stehen können, während beim Neubau nur je ein Wagen auf einem Gleise vorhanden ist.

(4) ist ein 195' (59,43 m) hoher Wasserthurm, dessen eisernes Reservoir über 2 Millionen Liter Wasser fasst. Der Behälter wird stets gefüllt gehalten und nur bei Feuersgefahr benutzt. Der Thurm wird vom Publikum als Aussichtspunkt benutzt und bietet eine schöne Rundsicht. Unten im

Thurm ist ein grosses Reservoir von mehr als 300 000 Gallonen (1360 cbm) Inhalt, in das die gesammten Kanalisationsrohre der Stadt sich entleeren und aus dem die Abfallwasser nach etwa 5 km entfernten Rieselfeldern gepumpt werden.

(5) ist die Schmiede, welche noch Räume für andere Zwecke enthält. Es sind 125 Schmiedefeuer in Benutzung. Zwischen der Fabrik und dem Seeufer befinden sich lange Aufstellungsgleise, auf denen Fahrzeuge, Vorräthe u. s. w. aufgestellt bezw. gelagert werden. Es sind ausser den skizzirten Gebäuden noch eine Anzahl Schuppen u. s. w. für Nebenzwecke vorhanden.

(6) ist ein Schuppen für Maschinen und Werkzeuge für Eisentheile. Der Hauptmotor für die Personenwagen-Werkstätte ist eine mächtige Corliss-Balanciermaschine, dieselbe, welche s. Zt. auf der Ausstellung in Philadelphia ausgestellt gewesen ist. Die Maschine kann bis 2500 Pferde entwickeln, wiegt 700 t und treibt insgesammt 3268' (996,0 m) Wellenleitung.

Die Werkstatt für Güterwagen ist getrennt und entlegen von den zuerst erwähnten Gebäuden. Eine rohe, aus dem Gedächtniss gezeichnete Skizze mit eingeschriebenen Metermaßen ist in Fig. 66 beigefügt. Die Werkstatt besteht im Wesentlichen aus dem 476' × 151' (145,2 × 45,6 m) grossen Raume (1) für die Holzbearbeitung, welche durch eine in (4) untergebrachte Betriebsmaschine von 800 Pferden betrieben wird. An die erstere schliesst sich der sehr geräumige Montirungsraum (2) von 1000' (305 m) Länge an. In letzterem liegen 12 Gleise. Die Gleise in (1) stehen durch kleine, in dem Querbau (3) angeordnete Drehscheiben mit den Gleisen in (2) in Verbindung, sodass die Materialien auf kleinen Wagen überall hingebracht werden können.

Fig. 66.

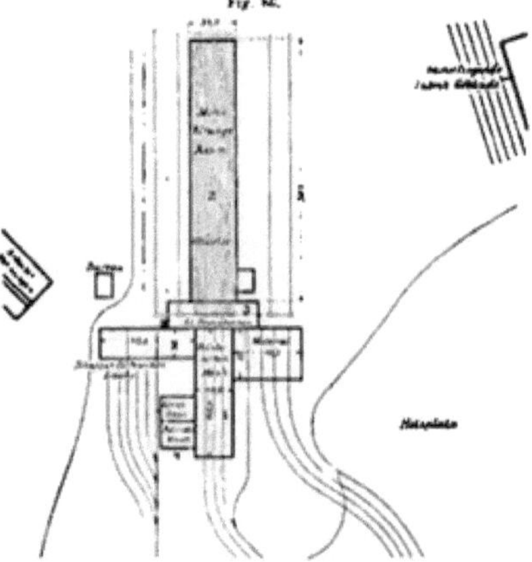

Bezüglich der Leistungsfähigkeit dieser Werkstatt ist schon vermerkt, dass in ihr täglich 40 Güterwagen fertiggestellt werden können.

12. Wagner Palace Car Co. in Buffalo. Hierzu Tafel XLVIII.

Die Wagner Palace Car Co. in East Buffalo ist einige Kilometer von der Stadt Buffalo am Einflusse des Niagara in den Erie See gelegen und baut nur Personenwagen.

Sie ist in dieser Beziehung in Amerika die zweite Wagen-Bauanstalt dem Range nach, die erste Stelle nehmen die vorbeschriebenen Werkstätten in Pullman-Stadt ein. Die Fabrik baut nur Wagen für eigene Zwecke und lässt dieselben als Luxus-Personenwagen in derselben Weise, namentlich bei den unter der Controlle von Vanderbilt stehenden Linien (New York, Erie and Hudson Railway u. s. w.) laufen, wie solches von Pullman bei anderen Bahnen geschieht.

Da die Benutzung derartiger Wagen seitens der Reisenden immer mehr zunimmt, auch neue Bahnen hinzukommen, so hat die Fabrik die Aufgabe, die zur Vermehrung nöthigen Wagen zu erbauen und ausserdem die vorhandenen Wagen stets in gutem Zustande zu erhalten. Bei dem complicirten Bau derselben und der grossen Sorgfalt, mit welcher dieselben unterhalten werden müssen, erfordert dieses viel Arbeit. Nach den gemachten Angaben baut die Fabrik monatlich 8 neue Wagen und reparirt von den im Betriebe befindlichen Wagen, welche alle 3—6 Monate zur Reparatur kommen, etwa 60. Die Unterhaltungsarbeiten bestehen entweder in dem Aufbessern der Lackirung (neuen Ueberzug über gereinigte Wagen) und der Revision der inneren Theile, was etwa eine Woche dauert, oder in mittleren Reparaturen, wobei grössere Arbeiten in 3—4 Wochen ausgeführt werden oder in vollständiger Umarbeitung und Lackirung, was etwa 6 Wochen in Anspruch nimmt und wobei in der Regel Umbauten im Innern nach Maßgabe der neueren Einrichtungen vorgenommen werden.

Der tägliche Arbeitslohn für bessere Arbeiter beträgt in Stückarbeit 2½—3½ $ (10,6—14,8 ℳ), die Arbeitszeit 10 Stunden.

Der Grundriss der Fabrik ist auf Taf. XLVIII gezeichnet.

Das Hauptgebäude, in welchem die neuen Wagen aufgebaut und die alten reparirt werden, besteht aus einem rechtwinkligen Bau mit anschliessendem Rundschuppen. Der erstere ist durch Brandmauern in drei Abtheilungen (1—3) getrennt, von denen eine 7, die andere 8 und die dritte 9 Gleise enthält, während der Rundschuppen (4) zwanzig Wagenstände aufweist. Der Langschuppen (1—3) wird auf einer Seite durch eine Schiebebühnengrube (5) von 522' (159,1 m) Länge begrenzt, in welcher eine zum Transport von langen Luxuswagen dienende 70' (21,34 m) lange Schiebebühne läuft. Der Rundschuppen wird durch eine Drehscheibe (6) von 100' (30,5 m) Durchmesser bedient. Auf der anderen Seite der genannten Schiebebühne liegt ein rechteckiger 468' (142,64 m) langer und 100' (30,5 m) breiter Schuppen, der ebenfalls in 3 Abtheilungen (7—9) getrennt ist, von denen die beiden äusseren je 7, die mittlere 9 Gleise enthalten. Dieser Schuppen war gerade im Bau fertig gestellt, jedoch noch nicht in Betrieb genommen.

Es besteht das Projekt, den Rundschuppen bei weiterer Zunahme der Arbeiten in der punktirten Weise zu verlängern und daran ebenfalls wieder einen rechteckigen Schuppen mit Schiebebühne auf der anderen Seite anschliessen zu lassen. Von den Beamten der Fabrik wurde angegeben, dass die Rundschuppen im Allgemeinen nicht mehr so zweckmässig gehalten werden, wie früher.

Die zugehörigen Nebenwerkstätten sind, wie aus dem Lageplan ersichtlich, geräumig und von dem oben genannten Hauptschuppen getrennt ausgeführt.

Die Betriebskraft besteht aus zwei Corliss-Maschinen von 350 bezw. 150 Pferden, welche in dem Raume (10) untergebracht sind. Für die elektrische Beleuchtung ist eine rasch laufende Dampfmaschine vorhanden. Das unmittelbar benachbarte Kesselhaus enthält 6 Kessel, von welchen einer mit Naturgas geheizt wird, das auf dem Grundstück erbohrt ist. Auf der einen Seite des Maschinenhauses liegt ein 504' (153,6 m) × 74' (22,6 m) grosses Gebäude (11), welches die Schmiede, Dreherei und die Werkstatt für Drehgestelle enthält, auf der anderen Seite befindet sich die mit Werkzeugmaschinen aller Art reich ausgestattete Holzbearbeitungswerkstatt (12). Dieselbe hat 309' (94,3 m) × 74' (22,6 m) Grundfläche und ist durch 2 Säulenreihen in 3 Längsschiffe getheilt. Letzteres ist auch der Fall bei der durch einen Gang mit ersterer verbundenen Tischlerei (13), welche mit der Polsterwerkstatt (14) und der für allgemein feinere Wagenarbeiten dienenden Werkstatt (15) Verbindung hat. In dieser ist ein besonderer Raum für Marmorarbeiten abgetrennt. Die Dampfheizungstheile der Wagen werden in einem getrennt liegenden Bau (16) ausgeführt. Eine sehr geräumige Holztrockenanstalt (17), sowie langgestreckte Magazine (18—20) von je 600' (182,9 m) Länge, desgleichen ein 500' (152,4 m) langer Magazinraum (21), nebst grossen Holzlagerplätzen vervollständigen die Anlage.

(22) ist das isolirt gebaute Magazin für Oel- und Farbwaaren. (23—24) bezeichnen zwei je 58' (17,7 m) lange Closetanlagen. Die Heizung der Werkstattsräume geschieht durch Gas.

Die zweckmässige, allerdings etwas eigenthümlich gehaltene Zufahrt zu der Fabrik bezw. zu dem Verwaltungsgebäude (25) ist in dem Plane eingezeichnet.

13. Michigan Car Co. bei Detroit.

Die Michigan Car Co. hat ihre Werkstätten einige Kilometer von Detroit entfernt angelegt. Sie baut keine Personenwagen, sondern lediglich Güterwagen. Die Anlagen sind sehr ausgedehnt. Täglich werden etwa 40 Güterwagen abgeliefert. Den wichtigsten Theil der Werke bilden die Montirräume (Erecting Shops), welche grosse Längen und eine Anzahl paralleler Gleise haben, auf welchen die Wagen hintereinander aufgebaut werden. Die Achsen dieser Schuppen convergiren unter sich und mit den Anschlussgleisen derart, dass die Wagen nach Fertigstellung abtheilungsweise leicht durch Weichen herausgeholt und auf den Bahnhof gesetzt werden können. Die Besitzer halten diese Anordnung bei Güterwagen-Bauanstalten für zweckmässig, da die freie Bewegung erleichtert sei und im Winter durch Schnee nicht so viel Störungen eintreten, als bei Schiebebühnenanordnung. Die übrigen Werkstätten sind abgesondert gebaut. Sie enthalten zahlreiche mechanische Hülfsmittel und sind mit Werkzeugmaschinen gut ausgestattet. Das Prinzip der Arbeitstheilung ist bis auf die kleinsten Einzeltheile streng durchgeführt.

Es werden rd. 2700 Arbeiter beschäftigt, welche grösstentheils in Lohn arbeiten.

14. Werkzeugmaschinenfabrik von Sellers & Co. in Philadelphia.

Die bekannte Sellers'sche Werkzeugmaschinenfabrik liegt ähnlich der Baldwin'schen Lokomotivbauanstalt in einigen mehrstöckigen Häuserblocks innerhalb der Stadt Philadelphia und wird von Strassenzügen umschlossen und durchzogen. Die Gleise haben mit sehr scharfen Kurven angelegt werden müssen, die Drehgestell-Güterwagen können jedoch zu allen Theilen der Fabrik gelangen, so dass ein bequemes und schnelles Verladen gewahrt ist.

Unter den verschiedenen Werkstatträumen fällt namentlich die sogenannte neue Werkstätte durch ihren Fussboden auf. Derselbe ist durch eine Betonschicht (Concrete) von 1' (0,3 m) Stärke abgedeckt und sind darauf die Werkzeugmaschinen ohne weiteres Fundament gesetzt. Die angegebene Betonstärke hat sich für diese Zwecke als völlig genügend erwiesen.

Die übrigen Werkstätten haben Holzfussboden, entweder aus Holzpflöcken oder aus Bohlen gefertigt. Die Heizung wird durch Abdampf bewirkt, der, wie in Amerika mehrfach in Gebrauch, durch kleine Röhren etwa 15' (4,6 m) hoch über dem Fussboden durchgeleitet wird (Overhead System).

Zur Zeit richtet die Fabrik elektrischen Antrieb für ihre maschinellen Einrichtungen ein. Einiges ist schon fertiggestellt, ein Theil in der Aufstellung begriffen. Die zur Anwendung gelangende Stromspannung beträgt 120 V; die Dynamos sind nach dem Compound-System gewickelt. Die Fabrikleitung ist bestrebt, allen ihren Maschinen thunlichst hohe Geschwindigkeiten zu geben. Beispielsweise bewegen sich ihre Laufkrähne, darunter solche von 50000 kg Tragfähigkeit, mit einer minutlichen Fortlaufgeschwindigkeit von 200' (61 m) und mehr. Namentlich macht sich dieses Bestreben auch bei dem Rücklauf ihrer alternirend gehenden Werkzeugmaschinen bemerkbar. Eine

Hobelmaschine zeigte beispielsweise einen 8 fachen Rückgang. Bei den grossen Hobelmaschinen stellt die Fabrik die eine Führung keilförmig, die andere rechtwinklig her. Die Welle der grossen Betriebsmaschine macht 150 Umdrehungen in der Minute.

Ausser den bekannten Werkzeugmaschinen werden auch Drehscheiben, Schiebebühnen, Dampfhämmer und Laufkrahne u. s. w. in grosser Zahl gebaut. Bei ersteren findet Gusseisen ausgedehnte Verwendung. Die leichte Beweglichkeit, durch die sich die Seller'schen Drehscheiben auszeichnen, wird durch Einlage conischer Stahlrollen in die Pfanne des Königstuhls erreicht. Beispielsweise konnte eine gusseiserne Drehscheibe von 60' (18,3 m) Durchmesser leer bequem durch einen Mann gedreht werden; es genügte dazu eine Kraft von nur 11½ lbs (5,2 kg), obwohl das Eigengewicht 40000 lbs (18160 kg) betrug. An den Enden waren Nothrollen angebracht, um die Scheibe beim Auffahren der Betriebsmittel zu unterstützen.

Aus den sonstigen Erzeugnissen der Fabrik verdienen die Restarting-Injectoren ohne bewegliche Theile hervorgehoben zu werden. Es sind nach Angabe im letzten Jahre rund 2400 Stück von ihnen zur Ablieferung gebracht. Die kleinere Ausführung hat 6 mm Düsenweite. Dieser Injector kann durch eine Spindel regulirt werden, welche aber meist im Betriebe in der einmal ausprobirten Weise stehen bleibt. Die Düsen werden bis 11 mm weit ausgeführt. Eine Kesselspeisung ist noch bei 140° F (oder 60° C) warmem Wasser möglich.

Erwähnt sei noch, dass in der Fabrik eine sogenannte Emery Testing Maschine in Benutzung steht. Dieselbe ist ganz vorzüglich gearbeitet, so dass das Auflegen einer Visitenkarte noch einen Ausschlag gab. Ihr Preis beträgt 12000 $ (51000 M).

Die besseren Handwerker verdienen 2½–3½ $ (10,6–14,88 M) täglich, die Handlanger 12 Cts. (0,51 M) die Stunde, das ist 1,20 $ (5,10 M) den Tag.

Es werden 650 Arbeiter beschäftigt und zwar in Stücklohn.

Die Fabrik der Westinghouse Air Brake Company, welche in den letzten Jahren für die Herstellung der Luftdruck-Bremsapparate erbaut wurde, ist mit allen Hülfsmitteln der Technik ausgerüstet. Dieselbe liegt mit der zugehörigen Ortschaft Wilmerding wenige Kilometer östlich von Pittsburg. Sie wird auf der einen Seite von der Hauptlinie der Pennsylvania-Eisenbahn und auf der entgegengesetzten Seite von einem Nebenflusse des Ohio, dem Turtle Creek, begrenzt. **15. Westinghouse Air Brake Company in Wilmerding.** Hierzu Tafel XLIV, XLVII und Textfig. 66–69.

Die ganze Anlage ist derartig getroffen, dass ihre Leistungsfähigkeit so weit gesteigert werden kann, um in der Minute Arbeitszeit eine vollständige Garnitur von Bremsapparaten herstellen zu können. Schon jetzt ist die regelmässige Fabrikation eine so grosse, dass auf je 2 Minuten Arbeitszeit ein fertig gestellter Satz Bremsapparate entfällt, da täglich 300 Garnituren hergestellt und versendet werden. Besondere Rücksicht ist darauf genommen worden, die auszuführenden Arbeiten mit Hülfe sinnreich construirter Maschinen und Vorrichtungen zu erleichtern und zweckmässig zu gestalten, um nicht nur die Selbstkosten thunlichst herabzumindern, sondern auch die Gleichheit der Theile in jeder Weise zu sichern.

Der Grundriss der Anlage ist in Fig. 3 auf Tafel XLVII gezeichnet.

Die Gebäude sind aus Sandstein- und Backstein-Mauerwerk errichtet, haben gefällig angeordnete eiserne Dachconstructionen und sind mit Schiefer eingedeckt. Ein befahrbarer Tunnel verbindet die Gebäude mit einander, in demselben liegen die Rohrleitungen. Die mechanische Werkstätte (1) hat eine Länge von 500' (152,4 m) und eine Breite von 206' (62,8 m) im Lichten, und enthält zwei Arbeitsgeschosse von je 14' (4,27 m) Höhe mit darüber liegendem Bodenraum. Sie ist in drei Räume getheilt, deren mittlerer als Magazin dient und durch Oberlicht gut beleuchtet wird, während die äusseren Flügel Seitenlicht haben. Das obere Geschoss wird von genieteten Blechträgern unterstützt, welche auf Säulen gestützt werden. Die Fussböden sind aus Bohlen hergestellt, welche hochkantig unmittelbar neben einander gelegt und durch flachliegende Bohlen überdeckt worden sind, wodurch ein massiver Holzboden von mehr als 10" (254 mm) Stärke gebildet wird.

Die schweren Bremstheile werden sämmtlich im Erdgeschoss angefertigt und gelagert. Die Beförderung der Materialien nach und von dem oberen Geschosse erfolgt mittelst hydraulischer Aufzüge.

Die Arbeitsmaschinen sind zum grossen Theil für die auszuführenden Arbeiten besonders eingerichtet. Da die Westinghouse Air Brake Company ihre Apparate nach zahlreichen Ländern verschickt, so ist völlige Gleichheit der Theile ein unbedingtes Erforderniss, damit passende Ersatztheile jederzeit nachgeliefert werden können; es sind in dieser Beziehung besondere Vorkehrungen getroffen.

Zeichnungen werden im Fabrikbetriebe fast gar nicht verwendet, sondern für alle Theile sind Stahl-Schablonen und Lehren vorhanden, durch deren Verwendung Irrthümer und Fehler möglichst beschränkt werden. Diese Art des Arbeitens hat sich, wie mitgetheilt wurde, für diese specielle Fabrikation in jeder Weise bewährt. Jedes einzelne Stück wird unter Pressluft, die durch alle Theile des Gebäudes geleitet worden ist, auf Dichtigkeit und Wirksamkeit genau geprüft, bevor es zur Versendung gelangt.

In der Eisengiesserei ist eine neue Arbeitsmethode zur Anwendung gelangt; es wird hier nicht, wie sonst in den Giessereien üblich ist, das geschmolzene Eisen nach den Formen getragen, sondern umgekehrt verfahren, die letzteren werden mittelst einer eigenartigen Einrichtung nach den Kupolöfen befördert.

Die Eisengiesserei (2) ist im Lichten 315¼' (96 m) lang und hat eine Breite von 150' (45,7 m). Sie ist durch zwei Querwände in drei Abtheilungen getheilt, nämlich in die 197' (60 m) lange eigentliche Giesserei, den 60' (18,3 m) weiten Sandmischraum und den Putzraum. Das Reinigen der fertigen Gussstücke und Beseitigen der Giessnähte u. s. w. erfolgt hier durch eine Anzahl rotirender Reinigungstrommeln.

Die Kupolöfen werden durch eine Plattform bedient, welche die ganze Länge des Gebäudes in einer Höhe von 13' (3,96 m) über dem Fussboden durchzieht; dieselbe ist 30' (9,15 m) breit und ruht auf 3 Säulenreihen, von welchen die beiden äusseren zugleich die Dachconstruction tragen. Ein Schienenstrang führt von aussen direkt auf diese erhöhte Plattform, so dass das erforderliche Roheisen, die Kohlen und der Kokes unmittelbar auf dem Eisenbahnwagen an den Verbrauchsort befördert werden können.

Aus dem auf Tafel XLVII gegebenen Lageplan ist die Grundrissanordnung ersichtlich; Textfigur 67 zeigt eine perspectivische Ansicht der einen Hälfte des Giessereiraumes. Es ziehen sich durch letzteren zwei endlose Ketten von kleinen dicht aneinander gereihten Tischen. Die auf der oberen Fläche der Tischplatten seitlich befestigten Führungsrollen laufen auf einer Flachschiene, Textfig. 68, während jede der beiden endlosen Tischketten an dem einen Ende um eine wagrecht liegende Rolle,

Fig. 67.

am anderen Ende durch ein an seinem Umfange mit entsprechenden Vorsprüngen versehenes Triebrad geführt wird. An der senkrechten Triebwelle (Fig. 67 und 69) ist die Leitschiene für die Führungsrollen der Tische aufgehängt.

Fig. 68.

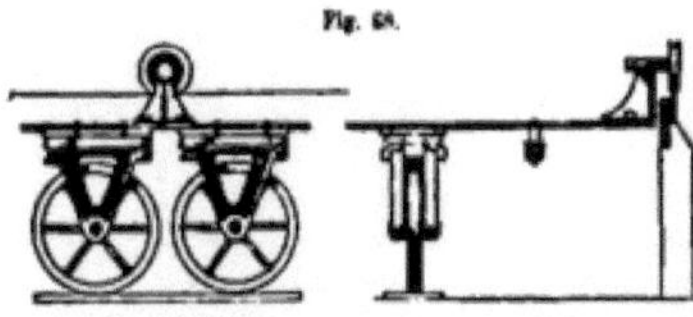

Fig. 69.

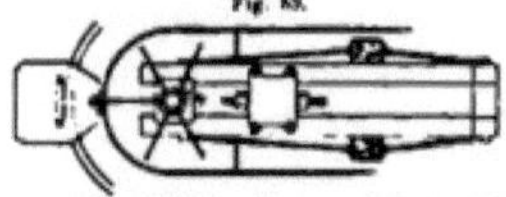

Die hydraulischen Formmaschinen sind von der Firma Alley & Mac Lellan in Glasgow construirt und gelten als die besten Maschinen, welche für derartige Arbeiten bestehen. Einer ihrer Hauptvorzüge ist die Schnelligkeit, mit welcher sie arbeiten. Ein Schlag des hydraulischen Stempels genügt, ein Modell vollständig abzuformen und einzustampfen.

15. Fabrikordnung

Als Beispiel einer Fabrikordnung für die nordamerikanischen Werkstätten und Fabriken möge diejenige der Baldwin'schen Lokomotivfabrik in Philadelphia hier Platz finden.

Arbeitszeit.

Jeder Arbeiter muss, wenn das Signal gegeben ist, an seinem Platze sein, um die Arbeit zu beginnen. Es wird ihm 1 Stunde Arbeitszeit in Abzug gebracht werden, wenn er vor Ertheilung des Schlusssignals seine Vorbereitungen zum Verlassen der Arbeit trifft. Etwaiges Zuspätkommen muss er selbst dem Zeitbüreau (Time Office) und seinem Werkführer anzeigen. Es wird eine genaue Liste über jegliches Zuspätkommen geführt. Denjenigen, welche nach 7 Uhr morgens und 1 Uhr nachmittags kommen, wird 1 Stunde abgezogen. Gewohnheitsmässig zu spät Kommende und solche, welche sich entfernen, ohne ihrem Werkführer ihre Absicht anzuzeigen, werden entlassen.

Diejenigen, welche die Fabrik vor 12 Uhr mittags und 6 Uhr abends verlassen wollen, müssen dieses ihrem Werkführer und dem Zeitbüreau anzeigen, damit ihnen ihre Arbeitszeit für den Tag gesichert bleibt. Die Arbeitswoche schliesst am Sonnabend Nachmittag 6 Uhr. Die Auszahlung des Lohnes für dieselbe erfolgt zu einem bestimmten Einheitspreise für die Stunde oder das Stück an den regelmässigen Zahltagen in der folgenden Woche. Die vor oder nach den für den Sonntag angesetzten regelmässigen Arbeitsstunden verrichtete Arbeit wird mit dem $1\frac{1}{2}$fachen der Zeit in Anrechnung gebracht. Die in den gewöhnlichen Nachtschichten beschäftigten Arbeiter erhalten nur die einfache Zeit bezahlt.

Bezahlung. Die Arbeiter müssen den die Arbeitszeit notirenden Beamten (Time Keepers) folgendes angeben: Zahl der täglichen Stunden, Bezeichnung der Arbeit bezw. Werkzeugmaschine oder Lokomotive, die darauf verwendete Zeit, deren Beginn und Schluss. Die Akkordarbeiter müssen die vollendete Arbeit für diejenige Woche angeben und berechnen, in welcher dieselbe vollendet ist. Sie sollen thunlichst persönlich sich davon überzeugen, dass die Time Keepers die richtige Arbeitszeit täglich erfahren, und müssen auch jeden Abend vor Verlassen der Fabrik die betreffende Zeit auf ihren Schiefertafeln vermerken. Nur bei Uebereinstimmung dieser Angaben wird die Zeit angerechnet werden und Bezahlung erfolgen.

Diejenigen, welche glauben, am Montag nicht zur Arbeit zu kommen, sollen thunlichst ihre Arbeitszeit für die verflossene Woche schon am Sonnabend derselben vor Verlassen der Fabrik ihrem Werkführer und dem Zeitbüreau angeben. Diejenigen, welche ohne eine derartige Angabe am Montag fehlen, sollen thunlichst an diesem Tage ihre in jener Woche verrichtete Arbeitszeit dem Zeitbüreau einsenden.

Bei Aufnahme in die Fabrik soll jeder seinen Namen in das Verzeichniss des Kassirers eintragen, andernfalls kann er keine Bezahlung erhalten.

Der Lohn wird an den regelmässigen Zahlungen nach Ertheilung des betreffenden Signals zum Verlassen der Arbeit gezahlt. Besondere Anträge auf Bezahlung müssen persönlich dem Kassirer vorgetragen werden. Ebenso muss bei Irrthümern in den ausbezahlten Löhnen persönlicher Bericht an den Kassirer, und zwar vor Verlassen der Fabrik, erstattet werden. In Differenzfällen wird der Fehlbetrag in den Briefumschlag für die folgende Woche mit eingeschlossen werden.

Diejenigen, welche glauben am Zahltage abwesend zu sein und Zahlung an eines ihrer Familienglieder ertheilt haben möchten, müssen dieses persönlich dem Kassirer anzeigen.

Ein Arbeiter, welcher 2 Werkzeugmaschinen in Akkord bedient, erhält keinen Tagelohn bezahlt für die Zeit, während der eine dieser Maschinen schadhaft ist, oder während er auf Arbeit warten muss.

Arbeit. Jeder Arbeiter muss, bevor er ein Arbeitsstück in Angriff nimmt, wissen, dass dasselbe in den Grössen-Verhältnissen, welche auf der ihm übergebenen Skizze oder Karte vermerkt sind, hergestellt werden kann, einerlei ob er die Arbeit vollendet oder ein anderer.

Verdorbene oder mangelhafte Arbeit muss sofort dem Werkführer angezeigt werden. Der aus verdorbener Arbeit entstehende Schaden wird dem Arbeiter in Anrechnung gebracht, ausser, wenn jener nicht aus einer klar ersichtlichen Ursache entspringt und sofort dem Werkführer bekannt gegeben ist. Nimmt ein Arbeiter ein Arbeitsstück von einem anderen an, so bleibt er für alle Irrthümer verantwortlich, welche sein Vorgänger in der Bearbeitung dieses Stückes gemacht hat. Die Arbeitsstücke müssen sauber bearbeitet und mit den betreffenden Zeichen versehen sein; jeder folgende Arbeiter muss darauf achten, dass das Zeichen auf dem von ihm vollendeten Stücke weiter vermerkt wird.

Allgemeine Werkzeuge, wie Bohrer, Durchschläge u. s. w. müssen in gutem Zustande an die betreffenden Stellen zurückgegeben werden. Beschädigungen sind sofort anzuzeigen. Durch Unachtsamkeit herbeigeführte Schäden fallen dem Arbeiter zur Last. **Werkzeuge.**

Den Arbeitern ist nicht gestattet, sich ohne Genehmigung der Werkführer Werkzeuge anzufertigen oder solche von anderen Arbeitern ohne Zustimmung der letzteren oder des Werkführers zu benutzen.

Jeder Arbeiter ist für die ihm beim Eintritt in die Fabrik übergebenen Werkzeuge verantwortlich. Wenn er die Arbeit aufgiebt, muss er den Schlüssel seines Werkzeugkastens oder der Schublade abliefern und dem Werkführer nachweisen, dass sein Satz Werkzeuge vollständig und in guter Beschaffenheit ist, erst dann wird seine Abrechnung aufgestellt.

Jedem Arbeiter wird Sparsamkeit in der Verwendung von Materialien aller Art, von Oel, Putzwolle, Schmirgel, Feilen u. s. w. zur strengsten Pflicht gemacht.

Neue Materialien dürfen nicht zerschnitten werden, wenn Stücke erhältlich sind, die dem Zweck entsprechen. Alles überflüssige Material muss sofort an die betreffenden Plätze zurückgegeben werden. Beim Verlang einer neuen Feile muss die alte zurückgegeben werden.

Auf Reinlichkeit und gute Ordnung muss in der ganzen Fabrik gehalten werden, jeder Arbeiter muss Feilbank, Schraubstock, Drehbank, Schmiedestelle, Werkzeugmaschine oder sonstiges Werkzeug und sonstigen Beschäftigungsplatz reinlich und frei von Staub halten. **Ordnung.**

Werkzeugmaschinen müssen jederzeit rein gehalten sein. Besondere Sorgfalt muss obwalten, alle brennbaren Stoffe, wie fettige Putzwolle u. s. w. sind an einen sicheren Ort zu bringen, damit Feuersgefahr beseitigt wird.

Alle veralteten oder mangelhaften Guss-, Schmiede-, Holzstücke u. s. w. müssen sofort nach den dafür vorgesehenen Stellen geschafft werden. Alle fertiggestellten Guss- und Schmiedestücke müssen sofort an die betreffende Werkstatt, zwecks weiterer Bearbeitung, abgeliefert werden.

Jedes Arbeitsstück, sobald es auf einer Werkzeugmaschine bearbeitet ist, muss sofort an die nächstfolgende Maschine weitergegeben werden.

Keinem Handwerker ist es gestattet, einen Handlanger mit der Vollendung irgend eines Theils seiner Arbeit zu betrauen, die er selbst verrichten kann. **Handlanger.**

Den Handlangern ist nicht gestattet, auf die Handwerker zu warten; sie sollen da Hülfe leisten, wo mehr als 1 Mann erforderlich wird.

Rauchen, Lesen oder Faulenzen während der Arbeitsstunden ist ausdrücklich verboten. Beleidigende, gemeine oder gottlose Reden, Streitigkeiten und Kämpfe ziehen sofortige Entlassung nach sich. **Betragen.**

Fremde haben keinen Zutritt. **Fremde.**

IX. Lokomotiv-Fabriken und Werkstätten.

Verfasser:

von Borries,

Maschineninspector in Hannover.

Inhalts-Verzeichniss.

IX. Lokomotiv-Fabriken und Werkstätten.

Verfasser: Bauinspector von Borries.

A. Lokomotiv-Fabriken.

Neue Lokomotiven werden nicht nur von den Fabriken, sondern auch in den Haupt-Werkstätten einiger der grösseren Eisenbahnen gebaut. Die Pennsylvania-Bahn hat sogar für diesen Zweck eine eigene Werkstätte (Juniata Works) bei Altoona erbaut, welche erst vor Kurzem in Betrieb gesetzt worden ist und jährlich 150 neue Lokomotiven liefern kann; dieselbe ist mit den neuesten und besten Einrichtungen versehen und soll mittelst derselben einerseits den regelmässigen Jahresbedarf in möglichst zweckmässiger und billiger Ausführung liefern, andererseits bei Bestellung von Lokomotiven in den Fabriken die vollständigsten Grundlagen für die Ausführungsvorschriften und die Feststellung der Kaufpreise geben.

Die grösste Lokomotivfabrik Nord-Amerikas sind die Baldwin-Lokomotive-Works (Firma: Burnham, Parry, Williams & Co.) in Philadelphia Pa., welche bei dauernd voller Beschäftigung jährlich 1000 Lokomotiven bauen kann. Dieselbe ist in den meisten Abtheilungen mit den besten Einrichtungen versehen und beschäftigt etwa 4200 Arbeiter bei Tage und 6—800 derselben bei Nacht. Die nächstgrösste Fabrik sind die Schenectady-Lokomotive Works in Schenectady N.-Y. bei Albany, welche jährlich 400 Lokomotiven bauen kann, ebenfalls vorzuglich eingerichtet ist und etwa 1800 Arbeiter beschäftigt.

Kleinere Werke mit zum Theil minder guter Einrichtung sind: Rogers Lok. & Maschine Works, Paterson N.-J., Cooke Lok. & Maschine Works daselbst; Rhode-Island Lok. Works, Providence R.-J.; New-York Lok. Works, Rome N.-Y.; Brooks Lok. Works, Dunkirk N.-Y.; Richmond Lok. & Maschine Works, Richmond Va. und einige von geringerer Bedeutung.

Die Lieferzeit für Lokomotiven beträgt in der Regel 4—6 Wochen; wenn nöthig können dieselben noch in kürzerer Zeit, z. B. von der Baldwin Works in 14 Tagen geliefert werden, vorausgesetzt, dass die Bauart die gewöhnliche ist und keine grösseren neuen Modelle zu machen sind. Die Montirung dauert 6—12 Tage; das Juniata-Werk hat daher für jährlich 150 Lokomotiven nur vier Montirstände, von welchen durchschnittlich drei besetzt sind, während die Baldwin'sche Fabrik für jährlich 1000 Lokomotiven einen Montirraum mit 75 Ständen auf 25 Gleisen besitzt, welche in der Regel nur zum Theil besetzt sind. Bauzeit.

Herstellungs-Verfahren.

Die für hiesige Begriffe ausserordentlich rasche Fertigstellung von Lokomotiven, namentlich das Zusammensetzen derselben in 6–12 Arbeitstagen, wird dadurch erreicht, dass alle Theile grundsätzlich in den einzelnen Werkstatts-Abtheilungen fertig und ohne Nacharbeit zu einander passend hergestellt werden. Zu diesem Verfahren ist erforderlich:

1. die an anderer Stelle beschriebene geeignete und einfache Construction aller Einzeltheile, insbesondere der Rahmen und ihrer Verbindungen.
2. Herstellung genau richtiger Zeichnungen aller Theile, welche nicht, wie Bolzen, Gewinde u. s. w., ein für allemal nach festen Mustern hergestellt werden.
3. Genau richtig arbeitende Werkzeuge und Werkzeug-Maschinen. Dieselben werden zu diesem Zwecke in entsprechendem Zustande erhalten und 3–4 mal im Jahre genau nachgesehen; dies gilt besonders von den Bohrern, Gewindebohrern und Aufreibahlen, sowie allen Maass-Schablonen.
4. Bearbeitung aller Verbindungstheile nach genauen Lehren, deren jede grundsätzlich für beide zusammengehörige Stücke benutzt wird. Für alle Bolzen und Schraubenlöcher dienen diese Lehren nicht wie hier zum Ankörnen, sondern zur Führung der Spiralbohrer, sind daher aus starkem Flacheisen hergestellt und so bearbeitet, dass sie beim Aufspannen auf das Arbeitsstück womöglich von selber richtig zu liegen kommen. Müssen die Löcher in einem der zusammengehörigen Theile kleiner als in dem anderen sein, z. B. für Stiftschrauben, so werden die Löcher in der Lehre mit entsprechenden Büchsen versehen.

Es ist klar, dass bei diesem Verfahren keine Fehler vorkommen können; dasselbe hat aber nicht nur den Vortheil des raschen Fortganges der Arbeit, sondern auch einer erheblichen Verbilligung derselben.

Die mit Lack-Anstrich zu versehenden Theile, Führerstände, Räder, Radschalen, Bekleidungen u. s. w. werden den Montir-Werkstätten fertig lackirt zugeführt, sodass nur wenig Malerarbeit verbleibt.

Für die Preussischen Staatsbahnen bezw. die für dieselben arbeitenden Fabriken würde das Verfahren in besonders wirksamer Weise eingeführt werden können, wenn eine einheitliche Ausführung der Einzeltheile sicher gestellt würde.

Herstellung der Kessel.

Zu den Kesseln und Feuerkisten wird ausschliesslich Flammofen-Flusseisen von 35–45 kg Zerreissfestigkeit, mindestens 25 % Dehnung auf 51 mm Länge und höchstens 0,04 % Phosphorgehalt (Baldwin) verwendet. Die Blechbiege-Arbeiten werden nur selten über vollständigen Musterplatten, sondern in der Regel über kleinen Gussstücken von entsprechender Gestalt mit der Hand so geschickt ausgeführt, dass die Platten nachher genau passen; da Blechstärken über 12,7 mm bei diesen Platten nicht vorkommen, so geht die Arbeit verhältnissmässig leicht von Statten und wird nur mit Holzhämmern ausgeführt. Nur die Feuerthürlöcher und runden Rauchkammer-Rohrwände werden stellenweise mit Pressen geflanscht. Eine grössere Presse für die ganzen Platten, wie sie in England allgemein üblich sind, hatte nur das Juniata-Werk.

Nach dem Biegen werden die Platten ausgeglüht und langsam abgekühlt, um Spannungen zu beseitigen.

Die Niet- und Stehbolzenlöcher werden allgemein eingestossen und meistens etwas aufgerieben. Ersteres geschah in den Baldwin'schen Werken möglichst an den geraden Platten auf einer Maschine mit selbstthätigem Vorschub; eine ähnliche Maschine hat das Juniata-Werk. Die Siederohrlöcher werden zum Theil noch gebohrt, wozu die Baldwin-Werke eine Maschine mit vielen Spindeln und bestimmter gemeinsamer Vorschiebung besitzt. In Altoona werden die Nietlöcher nur dann aufgerieben, wenn sie nicht genau genug passen, was in der Regel nur an Ecken vorkommt; die Siederohrlöcher werden ebenfalls eingestossen und nur glatt nachgefräst. Das weiche Flusseisen verträgt sehr viel, wenn die Arbeit nur sachgemäss ausgeführt wird.

Die Nietung wird in den Fabriken zum Theil, besonders an den Langkesseln, in den Juniata-Werken nach englischem Muster möglichst vollständig mittelst Wasser- oder Dampfdruck ausgeführt. Da die Nieten ganz warm gemacht werden, so füllen sie auch ungenau passende und rauhe Nietlöcher vollständig aus und geben namentlich an den Bodenringen gute und dichte Nähte.

Das Verstemmen der Nähte geschieht fast allgemein mit abgerundeten Stemmern; dabei wird neben der Blechfuge eine Rille gebildet und jede Beschädigung des unteren Bleches durch Einstemmen, oder beim Abhauen des Grates vermieden. Nur bei der Pennsylvania-Bahn wird mit kantigen Stemmern gearbeitet, welche bei der sehr sorgsamen Handhabung ebenfalls Beschädigungen des unteren Bleches vermeiden lassen. Die Köpfe der mit Pressen eingezogenen Nieten bedürfen in der Regel keines Verstemmens, da sie ohnedies dicht sind und sauber aussehen.

In den Rhode-Island Werken wurden durch Luftdruck betriebene Stemmer, geliefert von der Pneumatic-Tool Co. in New York, benutzt, welche mehrere 1000 Schläge in 1 Minute gaben und das 3—4fache der Handarbeit leisteten, aber ihrer zitternden Bewegung wegen schlecht zu handhaben waren. Dieselben wurden mit Druckluft von $3-3\frac{1}{2}$ atm Spannung betrieben, welche auch für die Nietmaschinen diente.

Zum Einschneiden der Stehbolzen-Gewinde wurden von einigen Fabriken bewegliche, mit biegsamen Wellen betriebene Vorrichtungen verwendet; meistens geschah diese Arbeit mit der Hand.

Die eisernen Siederohre werden vorn etwas aufgeweitet, hinten etwas eingezogen und mit einem aufgelötheten Kupferringe von 1 mm Stärke versehen, dann fest eingetrieben, aufgewalzt und hinten gebördelt oder gestaucht.

Die besseren Anlagen haben Laufkrähne, mit welchen die einzelnen Kessel beliebig gehoben und über die andern fort versetzt werden können. Dieselben werden neuerdings meistens durch Elektromotoren getrieben, deren je einer für jede der 3 Bewegungen verwendet wird; diese Motoren sind weit leistungsfähiger, als die früher üblichen Treibseile und haben einen grösseren Nutzeffekt. Es gilt als Regel, dass der Motor zum Heben für jede Tonne Tragkraft je nach der Grösse $1-1\frac{1}{2}$ Pferdestärke haben muss; die Stromspannung ist in der Regel 220 volt. Ausrüstung der Kesselschmieden.

Die Nietmaschinen werden mit Wasser-, Dampf- oder Luftdruck betrieben; letzterer scheint besondere Vorzüge zu haben, da die Druckluft von $3-3\frac{1}{2}$ atm Spannung auch für viele andere Zwecke, z. B. Krähne und Hebezeuge jeder Art benutzt und überall leicht hingeleitet werden kann. Eine sehr vollständige Ausrüstung mit Wasserdruck-Nietmaschinen und Krähnen nach englischem Muster hat das Juniata-Werk. Die Lochmaschinen mit selbstthätigem Vorschub wurden bereits erwähnt.

Die Schmiede-Werkstätten sind verhältnissmässig gross, da viele Theile, besonders die Rahmen, Triebwerkstheile und zum Theil die Achsen aus Eisenabfall (Schrott) in den Fabriken selbst hergestellt werden. Besonders interessant ist das Zusammenschweissen der Barren-Rahmen aus einzelnen Theilen, welche Arbeit in den besseren Werken unter Dampfhämmern mit langem Hub ausgeführt wird. Dabei werden die einzelnen Theile abwechselnd erst stumpf gegen einander und dann flach zusammen- Schmieden.

getrieben. Zur Herstellung von Nieten, Bolzen und Schrauben aus Rundeisen sind vielfach eigene Maschinen vorhanden, welche die Köpfe in der Regel mit mehreren Schlägen anstauchen. Gabeln und sonstige geeignete Theile aus Flacheisen, welche namentlich für die Kessel-Verankerung, Tendergestelle u. s. w. dienen, werden vielfach auf besonderen Maschinen fertig gebogen.

Giessereien. Dieselben sind recht vollständig mit Krähnen versehen, bieten im Uebrigen aber nur insofern Bemerkenswerthes, als die Dampfcylinder meist in Sand geformt werden. Das Gusseisen für Achslager, von welchem eine Zerreissfestigkeit von 26—30 kg (Baldwin) verlangt wird, erhält einen Zusatz von 5 % Stahl. Die erfolgreiche Verwendung von Gusseisen für viele Lokomotivtheile, besonders die Achslager und Räder, für welche dasselbe in Europa nicht als sicher gehalten wird, scheint mehr durch die sorgfältige, dem Zwecke angepasste Zusammensetzung des Materiales, als durch die an sich bessere Beschaffenheit desselben erreicht zu werden.

Mechanische Werkstätten. Infolge der Eingangs bezeichneten Herstellungsweise, welche eine fertig passende Herstellung aller Theile verlangt, sind die mechanischen Werkstätten (Drehereien) mit solchen Special-Maschinen und Vorrichtungen an Drehbänken, Bohrmaschinen u. s. w. versehen, welche eine richtige Herstellung der betr. Stücke erleichtern oder bewirken. Dabei werden mit Vorliebe Fräs- und Schleifmaschinen angewandt, welche eine weitere Bearbeitung mit der Feile überflüssig machen.

Die einzelnen Arbeitsmaschinen sind meist sehr leistungsfähig, um die Stücke in kürzester Zeit fertig zu stellen; dieselben laufen auch vielfach rascher als hier. Bohrmaschinen haben vielfach eine grössere Zahl von Spindeln, z. B. eine solche in der Baldwin'schen Fabrik zum Bohren der Grundringe deren acht. Die Drehbänke für kleinere Theile haben meist Revolver-Einrichtung u. s. w.

Bei der Construction der einzelnen Theile wird auf die möglichst einfache Bearbeitung derselben auf den geeigneten Maschinen Rücksicht genommen, was für die rasche und billige Herstellung von grosser Bedeutung ist.

Die Krähne, welche zur Bedienung der grossen Arbeitsmaschinen dienen, werden vielfach mit Elektromotoren betrieben; eine sehr zweckmässige Anlage dieser Art ist die Cylinder-Werkstätte der Baldwin'schen Fabrik.

Montir-Werkstätten. Die neu eingerichteten Montir-Werkstätten (Baldwin, Schenectady) haben keine Schiebebühnen oder Thore vor den einzelnen Geleisen, sondern die fertigen Lokomotiven werden mit starken Laufkrähnen angehoben und über die anderen, fort oder durch eine frei gelassene Gasse heraus gebracht. Die Krähne dienen auch zum Einbringen der Kessel und anderer schwerer Gegenstände; dieselben haben neuerdings stets elektrischen Antrieb und zwar für jede der drei Bewegungen einen besonderen Elektromotor, da man die Wechselgetriebe für weniger zweckmässig hält. Die zwei Laufkrähne der Baldwin'schen Fabrik tragen je 100 t und werden mit Motoren von je 40 Pferdestärken betrieben, welche ihnen eine Geschwindigkeit von 30 m pro Minute in senkrechter und 80 m in wagerechter Richtung bei voller Belastung geben; die Stromspannung ist 220 volt. Die Krähne des Juniata-Werkes bei Altoona werden mit 500 volt Spannung betrieben. Bei Krähnen geringerer Tragkraft pflegt man für jede Tonne derselben eine Pferdestärke für den Motor zu nehmen.

Als zweckmässigste Anordnung der Montirräume gilt diejenige mit hohem Mittelraume, über welchem die Krähne laufen, und zweigeschossigen Nebenräumen, in welchen Werkzeugmaschinen und Arbeitsbänke stehen; dieselbe wird aber durch Rücksicht auf vorhandene Bauten und die verfügbaren Grundstücke vielfach beeinflusst. Die älteren Anlagen sind meistens einfache Schuppen mit Thoren vor jedem Geleise, aussen liegender Schiebebühne und mehr oder weniger unvollkommenen Hülfseinrichtungen; dieselben werden indess in kurzer Zeit durch bessere Einrichtungen ersetzt werden müssen, um concurrenzfähig zu bleiben.

Heizung und Beleuchtung.

Die Heizung erfolgt fast ausschliesslich durch Dampf und zwar soweit möglich mit dem Abdampf der Maschinen. In den Montirräumen und Drehereien findet man vereinzelt auch die Sturtevant-Heizung, bei welcher Luft in einem mit Dampf geheizten Rohrsystem gewärmt, etwas angefeuchtet und dann mittelst Ventilators in die zu heizenden Räume getrieben wird. Diese Heizung ist die theuerste und beste.

Die Beleuchtung geschieht in neueren Anlagen vielfach mittelst elektrischen Lichtes und zwar im Allgemeinen durch Bogenlampen, an den einzelnen Arbeits-Stellen durch Glühlampen, welche an den Leitungsdrähten von oben herabhängen und von den Arbeitern passend angehängt werden können. Diese Glühlampen sind für die Arbeiter weit angenehmer und fördern die Arbeit bei Dunkelheit besser als jede andere Beleuchtung.

B. Lokomotiv-Werkstätten.

Die einheitliche Herstellung der Lokomotiven in den Fabriken wirkt auf die Unterhaltung derselben insofern günstig ein, als für alle wichtigen Theile genau passende Ersatzstücke vorräthig gehalten und die abgenutzten Theile in den einzelnen Werkstatts-Abtheilungen nach den bestehenden Mustern entweder fertig passend wieder hergestellt, oder doch bis auf das letzte Anpassen vorgearbeitet werden können.

Die dauerhafte Construction der Lokomotiven, insbesondere des Triebwerkes, hält dieselben den Werkstätten möglichst lange fern. Einzelne unbrauchbar gewordene Theile werden möglichst im Lokomotivschuppen ohne oder mit kürzester Unterbrechung des Dienstes ersetzt. In den Werkstätten werden die Haupt-Reparaturen stets vollständig und gründlich ausgeführt, sodass alle Schwächen und Mängel beseitigt werden. Durch diese Art der Unterhaltung wird die rasche Ausführung der Arbeiten sehr gefördert und der Reparaturstand vermindert. Letzterer beträgt daher einschliesslich der nicht dienstfähigen Lokomotiven, trotz der starken Anstrengung und weitgehenden Ausnutzung je nach dem Maſse der Letzteren nur 8 bis 15 % des Bestandes. Letztere Ziffer wurde nur für die Strecke Altoona-Pittsburg der Pennsylvania-Bahn angegeben, auf welcher 328 Lokomotiven von etwa 700 Personalen gefahren, also eine sehr weitgehende Ausnutzung erreicht wurde; an allen übrigen Bahnen wurden geringere Ziffern angegeben.

Dem geringen Reparaturstande entsprechend rechnet man für die Unterhaltung einer Lokomotive nur 1,2 bis 1,5 Werkstattsarbeiter.

Zur Beschleunigung der Reparaturen und Sicherung des richtigen Ineinandergreifens bezw. Fertigstellens der einzelnen Arbeiten haben die Werkstätten der Pennsylvania-Bahn vollständige Arbeitszettel, auf welchen für jede Werkstatts-Abtheilung diejenigen Theile verzeichnet sind, welche an jedem Reparaturtage für jede Lokomotive fertiggestellt werden müssen.

Die Arbeitszettel tragen die Lokomotivnummer, den Namen des Colonnenführers und die Reparaturklasse, welch Letztere nach eingehender Besichtigung der Lokomotive unter Zuziehung der einzelnen Meister am 1. Reparaturtage festgestellt wird; die Zettel werden dann sogleich sämmtlichen Abtheilungen zugefertigt, worauf die Arbeit überall planmässig vor sich geht.

Diese Zettel sind sehr zweckmässig und nachahmenswerth, da sie die Vollendung jeder Arbeit zu richtiger Zeit sichern bezw. jede Verzögerung oder Fehlen von Materialien und Ersatzstücken sofort erkennen lassen.

Die Reparaturen sind in 5 Klassen getheilt, nämlich:

I. Kleine Reparatur, bei welcher nöthigenfalls einzelne Theile ersetzt, im Allgemeinen aber nur nachgearbeitet wird; für dieselbe gelten die im Anhang unter I. aufgeführten Reparaturzettel.

II. Allgemeine Reparatur, bei welcher sämmtliche Theile nachgesehen und soweit nöthig ersetzt werden, so dass die Lokomotive wieder völlig hergestellt wird; hierfür gelten die Zettel unter II.

In Betreff der Kessel-Reparaturen werden weiter unterschieden:

III. Ersatz der Rohrwand;
IV. Ersatz des Feuerkastens;
V. Ersatz des Kessels.

Für III. bis V. gelten die Zettel II. ebenfalls, jedoch mit Verlängerung der Zeit soweit nöthig. In der Regel bedarf es indess nur geringer Verlängerung, da eine neue Rohrwand in kurzer Zeit eingezogen und ein neuer Feuerkasten, welcher für die Hauptgattungen in Vorrath gehalten wird, gleichfalls in kurzer Zeit angenietet werden kann. In letzterem Falle sind nur die Rundnaht am Kessel und die Verankerungen herzustellen; neue Kessel, welche ebenfalls vorräthig sind, bedingen keine erhebliche Verlängerung.

Jeder Colonnenführer in der Montirung hat gleichzeitig 3 Lokomotiven in Arbeit; seine Colonne besteht aus 15 Mann, und zwar etwa zu je 1/3 aus Maschinenschlossern, welche 80 bis 120 Pfg., Schuppen-Arbeitern, welche 55–70 Pfg. und Hülfs-Arbeitern, welche 45–55 Pfg. stündig im Akkord verdienen.

Die rasche Ausführung der Reparaturen hat die Vortheile einer Verringerung des erforderlichen Bestandes an Lokomotiven und der erforderlichen Reparaturstände. Dieselbe bedingt aber:

1. Sorgsam ausgearbeitete Arbeitstheilung.
2. leistungsfähige Einrichtung der Hülfs-Werkstätten, besonders der Drehereien, Schmieden und Kesselschmieden.
3. Vorhandensein der erforderlichen Materialien und Ersatzstücke.

Die Zahl der wirklich in den Werkstätten stehenden Lokomotiven ist in der Regel geringer als diejenige der ausser Dienst gestellten, sodass eine Anzahl auf den Beginn der Reparatur wartet. Hierdurch wird auch die nöthige Gleichmässigkeit in der Beschäftigung der Werkstätten erzielt; die für den Reparaturstand angegebenen Ziffern umfassen jedoch diese Lokomotiven mit.

Das ganze Verfahren trägt zur Sparsamkeit der Unterhaltung jedenfalls erheblich bei und zeigt wieder die Vorzüge des grundsätzlichen Vorwärtsarbeiten ohne den Nebensachen zu viel Wichtigkeit beizulegen.

Ausführung der einzelnen Reparatur-Arbeiten.

Bei den einzelnen Arbeiten wird daher nicht lange erwogen, ob diese oder jene Flickarbeit am sparsamsten auszuführen sei, sondern die Schäden werden rasch und gründlich beseitigt, da alle Flickerei die Leistungsfähigkeit beschränkt.

Flicken an Feuerkisten werden nur für kurze Dauer angebracht, bei der nächsten Haupt-Reparatur aber die Platte ersetzt. Abgesehen von einzelnen Platten, welche infolge zu grosser Härte, oder schlechter Behandlung reissen, kommt dies als Regel nur bei den Rohrwänden vor. Ist die Feuerkiste zu ersetzen, so wird wie bemerkt vielfach gleich ein neuer vorräthiger Feuerkasten angenietet um keine Zeit zu verlieren. Mit Rücksicht hierauf werden die äusseren Feuerkasten neuerdings bei der Pennsylvania-Bahn nicht stärker, als die innere Feuerkiste gebaut, da eine längere Dauer nicht verlangt wird. Dies Verfahren erscheint sehr zweckmässig, da bei dem Einbau einer neuen Feuerkiste, welcher verhältnissmässig lange dauert, nur der Feuerkastenmantel, also ein wenig kostspieliger Theil bleibt.

Die geflanschten Kesselplatten werden nach dem Biegen, welches meist auf kleineren Gussstücken von passender Gestalt mit Holzhämmern geschieht, ausgeglüht und vorsichtig abgekühlt, um Spannungen zu beseitigen.

Die Unterhaltung der Gestell- und Triebwerkstheile erfolgt bei den amerikanischen Bahnen im Allgemeinen in derselben Weise wie hier. Ein Unterschied besteht nur darin, dass die dortigen Werkstätten bei den grösseren Bahnen vollständiger mit Werkzeugmaschinen und mechanischen Hülfsvorrichtungen ausgestattet sind, wodurch die besprochene rasche Ausführung der einzelnen Arbeiten erreicht wird. In Altoona werden z. B. die Krähne in der Dreherei mit Druckluft betrieben, welche durch eine Westinghouse Luftpumpe erzeugt wird; die ganze Anlage ist sehr einfach und die Krähne bestehen nur aus einem Rohr mit Kolben und Stange.

In Betreff der Art der Werkzeugmaschinen, der Heizung und Beleuchtung gilt auch hier das bei den Lokomotivfabriken Gesagte.

Bauart der Werkstätten.

Die Bauart der Werkstätten ist sehr verschieden, insbesondere in Betreff der Montirschuppen. Dieselben sind theils wie in Altoona nach englischem Muster mit 3 langen Gleisen versehen, von welchen das mittlere zum Ein- und Ausfahren, Abheben und auf Achsen stellen, die beiden Nebengleise zur Aufstellung während der Reparatur dienen; theils sind innen- oder aussenliegende Schiebebühnen vorhanden, welche die einzelnen Aufstellungsgleise bedienen; letztere sind theils für je eine, theils für mehrere Lokomotiven bemessen. Auch runde Reparaturschuppen mit mittlerer Drehscheibe sind im Gebrauch, werden aber nicht weiter gebaut.

Die Drehereien sind vielfach mit den Montir-Werkstätten vereinigt, um die Transportwege möglichst abzukürzen; die kleineren Werkzeugmaschinen befinden sich häufig in einem zweiten Stockwerk, um die Bodenfläche mehr auszunutzen.

Die Anordnung der Schmieden, Kesselschmieden, Giessereien u. s. w. ist sehr verschieden und meistens der Gestaltung des Bauplatzes angepasst, oder durch spätere Erweiterungen bedingt worden. Im Allgemeinen gilt für zweckmässig die Dreherei mit der Montirung und die Kesselschmiede mit der Schmiede in ein Gebäude zu bringen und Alles so nahe zusammen zu legen, dass die Transportwege möglichst kurz ausfallen. Auf die Möglichkeit einer erheblichen Erweiterung aller Werkstatts-Abtheilungen wird Werth gelegt.

Anhang.

Pennsylvania-Eisenbahn.

. . . . . *Division, Lokomotive No.* . . . . *Klasse* . . .

Reparirt durch . . . .

Reparatur-Klasse . . . .

I. Kleine Reparatur.

In den Montir-Schuppen gebracht.	Aus dem Montir-Schuppen.	Betriebsfertig.
Datum	Datum	Datum . . . .

Vertheilung der Arbeiten:

Montir-Schuppen.

1\. Tag: Auseinandernehmen, d. h. Entfernung der Achsen, Drehgestell, Excenter-Bügel, Kreuzköpfe, Kolben, Schieber, Zwischenwelle, Coulissen, Achsbuchsen, Injektoren, Regulator und Umsteuerung, Luftpumpe, Armaturen und Bremstheile.

2\. „ Reinigen und Vertheilen der Maschinentheile, Losnehmen der Dampfrohre.

3\. „ Ausfüttern der Achslager-Schuhe und Keile.

4\. „ Aufpassen der Excenter-Bügel.

6\. „ Einsetzen der Kreuzköpfe, Bearbeiten der Schieberflächen, Anbringen der Injektoren.

7\. „ Anpassen der Triebachs-Buchsen, Ausbessern des Drehgestelles, Unterbringen des Drehgestelles, der Trieb- und Kuppel-Achsen.

8\. „ Anbringen der Dampfrohre und der Schieber.

9\. „ Vordertheil des Kessels und Thür fertigstellen, Anbringen der Radschalen.

10\. „ Fall-Rost und Dämpfer fertigstellen, Schüttel-Rost ausgebessert und Aschenkasten befestigt.

11\. „ Probefahrt.

Räder-Werkstätte.

5\. „ Abdrehen der Radreifen, Fertigstellen der Lauf- und Tender-Räder.

Dreherei.

3\. „ Ausbohren der Lager für die Zwischenwellen, Nachdrehen der Kolbenstangen und Kolben, Abdrehen der Ringe.

4\. „ Kreuzköpfe und Schuhe fertigstellen, Coulissen-Bolzen erneuern.

5\. „ Abrichten der Schieber, Richten der Schieberstange.

6\. „ Ausdrehen der Achslager, Ausbuchsen der Schieberstangen- und Kolbenstangen-Stopfbüchsen.

Schmiede.

3\. „ Neue Stangen an Schieber-Rahmen schweissen, Repariren der Zugstange.

4\. „ Repariren der Tender-Stangen.

Kessel-Schmiede.

1. Tag: Nachsehen des Langkessels und der Feuerbüchse.
5. „ Vollenden der Kessel-Reparaturen, Ausbessern des Wasserbehälters und Ueberführen in die Führerhaus-Werkstätte.
6. „ Druckprobe des Kessels.

Siederohr-Werkstätte.

3. und 4. Tag: Rohre herausnehmen.
5. Tag: Neue Rohre einsetzen.
6. und 7. Tag: Dichten der Rohre.
8. Tag: Rohre für das Feuergewölbe und Wasserrost einsetzen.
10. „ Rohrleitungen anbringen.

Schlosserei.

2. „ Maschinentheile nachsehen und vertheilen.
3. „ Kreuzkopf-Schuhe ausfüttern.
4. „ Anpassen der Schieberstangen-Rahmen, Zwischenwellen einpassen.
5. „ Injektoren, Regulator, Hebel und Kreuzköpfe ausbessern.
6. „ Kolben und Steuerhebel ausbessern.
8. „ Coulissen mit neuen Bolzen versehen und anbringen.
10. „ Treib- und Kuppel-Stangen ausbessern und anbringen.

Luftbremsen-Werkstätte.

3. „ Sicherheits-Ventile, Luft- und Dampf-Manometer ausbessern.
4. „ Treibradbremse ausbessern und anbringen, Cylinder- und Luftbrems-Schmiervorrichtung ausbessern und anbringen.
8. „ Bremstheile, Dreiweghahn, Luftpumpe, Bremsschuhe ausbessern und anbringen.
10. „ Luftleitung befestigen.

Führerhaus-Werkstätte.

6. „ Fussboden und Führerhaus vollendet, Tender desgl. und zur Maler-Werkstatt überführen.

Klempnerei.

3. „ Reinigen der Injektor-Rohre
8. „ Desgl. der Luftleitung, Anbringen der Dreiweghahn-Rohre.
9. „ Anbringen der Hubrohre und des Siebes in der Rauchkammer.

Maler-Werkstatt.

11. „ Anstrich im Montir-Schuppen.

Versuchsfahrt.

12. „ Versuchsfahrt. Maschine betriebsfähig.

II. Haupt-Reparatur.

In den Montir-Schuppen gebracht.	In die Kesselschmiede.	Aus der Kesselschmiede.	Aus dem Montir-Schuppen.	In die Maler-Werkstatt.	Aus der Maler-Werkstatt.	Betriebsfähig

Vertheilung der Arbeiten:

Montir-Schuppen.

1. Tag: Auseinandernehmen sämmtlicher Theile.

2. „ Reinigen und Vertheilen der Theile, Losnehmen der Dampfrohre, Erneuerung der Bolzen im Rahmen.

3. „ Abrichten der Federgehänge, Einpassen der Achshalter-Kappen, Abrichten der Cylinder-Dichtungflächen. Anpassen des Schornstein-Untertheiles und der Laternen-Stütze.

4. „ Ausbohren der Cylinder, Einsetzen der hinteren Cylinder-Deckel, Anpassen der Schuhe und Keile.

5. „ Anpassen der Cylinder an den Kessel.

6. „ Kreuzkopf-Führungen einsetzen, Schieberflächen abrichten.

8. „ Aschenfall an die Rauchkammer-Verlängerung anpassen, Anbringen der Injektoren.

9. „ Anpassen der Trieb- und Kuppel-Achsbuchsen, desgl. des Sandkastens, Rauchkammer-Verlängerung fertigstellen.

10. „ Treib- und Kuppelachs-Federn mit Zubehör anbringen, Ausbessern des Drehgestells.

11. „ Einbringen der Treib- und Kuppel-Achsen und des Drehgestells.

12. „ Anbringen des Domes und der Dampfleitungen, Kuhfänger anbringen und befestigen.

13. „ Schieber einsetzen, Excenter aufkeilen.

14. „ Vordertheil des Kessels und Thür fertigstellen.

16. „ Anbringen der Radschalen.

17. „ Aschenkasten, Fallrost und Dämpfer vollenden, Nummerschild und Abzeichen anbringen.

18. „ Herausbringen zur Probefahrt.

Räder-Werkstätte.

6. „ Rauchkammer-Verlängerung nachdrehen.

7. „ Radreifen abdrehen, Achsschenkel nacharbeiten und Zapfen erneuern, Lauf- und Tender-Räder vollenden.

Dreherei.

3. „ Bearbeiten der Cylinder-Flantschen.

4. „ Vollenden des Sandkasten-Untersatzes, Bearbeiten der Bremsgehänge u. s. w., Achslager-Schuhe und Keile abhobeln, Kreuzkopf-Führungen desgl.

5. „ Bearbeiten der Kreuzköpfe, Ausbuchsen der Lager für die Steuerwelle, Bohren der Löcher in Treibradbremse, Cylindern und Versteifungen, Hobeln und Ausbohren der Zwischenwellen-Lager, Hobeln der Achslagerschalen, Bearbeiten der Kolben nebst Ringen, Behobeln der Kreuzköpfe nebst Schuhen, Bearbeiten des Pumpenkolbens, Abdrehen der Schieberstangen und Coulissen-Bolzen, Herstellen des Steuerhebels nebst Bolzen.

6. „ Bearbeiten der Schieberkasten, Vollenden der Führungen und Bolzen, Ausbohren der Laufachsbuchsen.

7. Tag: Desgl. der Treibachsbuchsen, Behobeln der Schieber und Einrichten der Schieberstangen, Hobeln der Stangen-Lagerschalen, Ausbuchsen der Schieberstangen-Stopfbüchse, Ausbessern der Dampfpfeife.
8. „ Ausbuchsen der Pumpen und Cylinder-Stopfbüchsen.
9. „ Ausbessern der Dampf- und Wasser-Hähne, desgl. des Sandkastens mit Zubehör.
10. „ Desgl. der Signalglocken-Lager.
13. „ Vollenden des Kessel-Vordertheils und der Thür.

Schmiede.

2. „ Nachrichten der Federstützen.
3. „ Schmieden von Bremstheilen, Coulissen, Schrauben und Kreuzköpfen, Anschweissen neuer Stangen an Schieber-Rahmen.
6. „ Ausbessern der Zugvorrichtung, Einsetzen und Probiren der Tragfedern.
7. „ Ausbessern der Federhebel und Gehänge, Schweissen der Rahmen und Versteifungen, wenn gebrochen.
8. „ Ausbessern der Tendereisen.
9. „ Desgl. des Kuhfängers.
10. „ Ausbessern der Dämpfer-Zugvorrichtung.
12. „ Anpassen der Kuhfänger-Versteifungen.

Kessel-Schmiede.

2. „ Nachsehen von Langkessel und Feuerbüchse.
5. „ Rauchkammer-Verlängerung fertig.
8. „ Kessel ausgebessert.
9. „ Eisen an Kessel und Führerhaus angepasst.
10. „ Wasserbehälter ausbessern und Ueberführen zur Führerhaus-Werkstätte.
11. „ Proben des Luftbehälters.
12. „ Ausbessern und Anbringen der Feuerthür.
13. „ Kesselprobe.
14. „ Ausbessern und Anbringen des Aschkastens.

Siederohr-Werkstätte.

3. „ Herausnehmen der Rohre.
4. „ Reinigen der Rohre.
5. „ Anschweissen der Rohre.
6. „ Stauchen und Ausglühen der Rohre.
7. „ Anzeichnen, Abschneiden, Ausweiten.
8. „ Einsetzen in den Kessel.
11. „ Börteln, Einsetzen des Wasserrostes und der Rohre für das Feuer-Gewölbe.
16. „ Anbringen der Rohrleitungen.

Schlosserei.

3. Tag: Prüfen und Vertheilen der Theile.
4. „ Anpassen der Schieber-Rahmen.
5. „ Nacharbeiten der Kreuzkopf-Führungen, Füttern der Kreuzkopf-Schuhe.
6. „ Ausbessern der Steuerungstheile und Anpassen der Excenter-Bügel.
7. „ Ausbessern der Schieberstangen, desgl. der Injektoren.

8\. Tag: Desgl. der Pumpe nebst Speiseventilen, desgl. des Regulator-Hebels, desgl. der Kreuzköpfe. Anpassen eines neuen Hebels an die Pfeife.
9\. „ Ausbessern des Kolbens, Steuerhebel und Gradbogen ausbessern.
10\. „ Ausbessern des Domdeckels.
11\. „ Desgl. der Coulissen und Anbringen derselben.
12\. „ Treibstangen ausbessern.
15\. „ Anbringen der Radschalen.
17\. „ Anbringen der Treib- und Kuppelstangen.

Luftbremsen-Werkstätte.

8\. „ Luft- und Dampf-Manometer ausbessern und prüfen.
10\. „ Brems-Cylinder ausbessern und anbringen.
15\. „ Hülfsbehälter und andere Bremstheile ausbessern und anbringen.
16\. „ Anbringen des Dreiweg-Hahnes, Ausbessern und Anbringen der Luftpumpe und des Haupt-Behälters, Befestigen der Rohrleitungen.

Führerhaus-Werkstätte.

2\. „ Auseinandernehmen des Tenders und Fertigmachen für die Kesselschmiede.
6\. „ Bekleiden der Cylinder, Anbringen der Kopfschwelle.
8\. „ Anbringen der Plattform und des Führerhauses, Anbringen des Fussbodens und der Tritte.
9\. „ Ausbessern des Kuhfängers.
12\. „ Anbringen desselben, Vollenden des Tenders und Ueberführen zur Maler-Werkstatt.
14\. „ Ummanteln des Kessels.
15\. „ Anbringen der Trittbretter, der Signal-Laternen, der Verzierungen unter den Radkasten. Bekleiden des Domes.
32\. „ Anbringung der Sitze, Kisten und Fenster am Führerstand.

Klempner-Werkstätte.

6\. „ Ummanteln der Cylinder.
7\. „ Anpassen der Haus-Eisen.
11\. „ Ausbessern und Anbringen der Federdeckel.
13\. „ Vollenden der Injektor-Rohre.
14\. „ Desgl. der Radkasten.
15\. „ Ummanteln des Kessels, desgl. des Brems-Cylinders.
16\. „ Vollenden der Luftleitungen, Anbringen der Dreiweghahn-Rohre, Anbringen des Siebes in der Rauchkammer, Ummanteln des Domes.
17\. „ Vollenden und Befestigen des Schornsteines.

Maler-Werkstätte.

22\. „ Ueberführung in die Maler-Werkstatt.
32\. „ Herausbringen aus der Maler-Werkstatt.

Probefahrt.

19\. „ Vorbereitung für die Probe.
20\. „ Probe.
22\. „ Probe beendigt und Maschine in die Maler-Werkstatt überführt.
33\. „ Maschine betriebsfähig.

X. Wagen-Werkstätten und Fabriken.

Verfasser:

Th. Büte,

Königl. Eisenbahn-Director in Magdeburg.

Inhalts-Verzeichniss.

X. Wagen-Werkstätten und Fabriken.

Verfasser: Eisenbahn-Director **Büte.**

Es sind bereits bei der allgemeinen Beschreibung der Werkstätten im Abschnitt VIII Mittheilungen auch über die Einrichtung der Wagenwerkstätten gemacht und ist die Raschheit, mit welcher gearbeitet wird, hervorgehoben. Es wird dieses durch die Bauart der Wagen begünstigt, namentlich gestattet es die Ausrüstung derselben mit Drehgestellen, diese und die Kasten je für sich fertig zu bauen und findet das Untersetzen der Trucks unter die Kasten am Schlusse ohne Weiteres statt, da eine Berücksichtigung von Maßen dabei nicht nöthig ist. **Art der Arbeits-Ausführung.**

Bei den Güterwagen kommt noch in Betracht, dass solche im Wesentlichen aus Holz bestehen und die Bretter der Seitenwände, Dächer u. s. w. nur genagelt werden. Auch bei den Personenwagen besteht das Untergestell aus Holz und wird vieles genagelt, was bei uns geschraubt wird, auch werden Füllungen und innere Ausstattungen vielfach geleimt, die Decken der Personenwagen werden mit Canvas bespannt und bemalt u. s. w. Nur hierdurch und durch die vollständige Vorrichtung aller Theile ist es möglich, dass so ungemein rasch aufgebaut werden kann und dass z. B. 21 Leute einen gewöhnlichen vierachsigen Personenwagenkasten mit allen inneren Einrichtungen in 10 Tagen bis zum Lackiren, wofür noch 12 Tage erforderlich sind, fertig machen, dass ferner 6 Mann in 1 Tage einen bedeckten Güterwagen fertig stellen u. s. w.

Eben so rasch erfolgt die Herstellung der dazu gehörigen Theile. Es sind in den Werkstätten Spezialmaschinen für alle Arbeitsstücke vorhanden; namentlich in der Holzbearbeitungswerkstatt sind dieselben derart gestellt, dass das Stück bis zur Vollendung weiter wandern kann, jede Arbeit geschieht thunlichst immer durch die nämlichen Leute. Es kommen z. B. die roh geschnittenen Langhölzer auf der einen Seite in den Schuppen, passiren die sehr rasch arbeitende Hobelmaschine, welche ihnen den richtigen Querschnitt giebt, werden durch schwingende Kreissägen auf Länge geschnitten, bis zur nächsten Maschine vorgeschoben, welche die Zapfen anschneidet, dann weiter zur nächsten, welche die Zapfenlöcher ausstemmt, dann zur folgenden, welche die sämmtlichen erforderlichen Löcher gleichzeitig vertikal bohrt, der nächsten, welche die erforderlichen Löcher horizontal bohrt und wandert dann als fertiges Stück auf den Wagen, auf welchem es zur Montirwerkstatt gebracht wird. Die ganze Arbeit erfolgt ohne Aufenthalt, die Maschinen sind richtig gestellt und arbeiten selbstthätig. Wenn nöthig, wird die vorhandene Lehre aufgelegt, so dass das Stück einer weiteren Nacharbeitung nicht bedarf. Eine solche wird im Montirungsraum überhaupt nicht vorgenommen, und würden

Fehler an dem Stücke die ganze Arbeit empfindlich stören. Auch die Eisentheile werden nach Lehren und Schablonen gefertigt und sind in die viel benutzten Lehren Stahlbuchsen eingesetzt, damit sie sich nicht abnutzen.

In den Montirungsräumen wird ebenfalls sehr rasch gearbeitet und wird, wenn kleine Fehler vorkommen, nicht gezögert. Z. B. werden schräge, schwer richtig zu bohrende Löcher für Diagonalen, wie ich es öfters sah, mit einer glühenden Stange nachgebrannt u. s. w.

Da alle zu einer Rotte gehörenden Handwerker verschiedene Arbeiten haben, so darf der Einzelne nicht zurückbleiben, wenn nicht das Ganze stocken soll; man hilft sich daher, so gut es geht.

Werkzeugmaschinen. Die Raschheit der Arbeit bei der Fertigstellung der Theile wird durch die Vorzüglichkeit der Werkzeugmaschinen begünstigt. Es lässt sich nicht leugnen, dass Amerika in dem Bau von Werkzeugmaschinen uns im Allgemeinen voraus ist. Namentlich in der Herstellung von Spezialmaschinen sind die Amerikaner erfahren und werden die Constructionen dem Bedürfnisse genau angepasst, weshalb die Zahl der Arten von Werkzeugmaschinen eine grössere ist, als bei uns; namentlich bezieht sich dieses auf Holzbearbeitungsmaschinen, von denen viele durch die zweckmässige Anordnung und die hohe Leistung das Interesse in Anspruch nehmen. Die Amerikaner sind bestrebt, bei allen ihren mechanischen Einrichtungen die Geschwindigkeit zu steigern und laufen die Krähne und Holzbearbeitungsmaschinen rascher als in Deutschland üblich ist. Auch der Rücklauf der Hobelmaschinen für Metall ist erheblich gesteigert; beim Hobeln gleichartiger Stücke sind die Arbeiter mehr gewöhnt, eine grosse Zahl hintereinander zu spannen und sieht man oft die für lange Gegenstände bestimmten Hobelmaschinen vollständig belegt mit einer Anzahl aufgespannter Stücke.

Wenn auch das Prinzip der meisten Werkzeugmaschinen bereits in Deutschland bekannt ist, so sollen doch im Nachstehenden einige derselben beschrieben werden.

Bandsägen. Die grossen Wagen-Werkstätten haben zwar vielfach gewöhnliche Gattersägen u. s. w. zum Schneiden von Blöcken, doch sind an einzelnen Stellen Bandsägen für diesen Zweck eingeführt, (auch in neuester Zeit vereinzelt in Deutschland.) Sie haben den Vortheil, dass Bohlen und Bretter von beliebiger Dicke geschnitten werden können und dass weniger Material verloren geht, was bei werthvollen Hölzern von Bedeutung ist.

Bekanntlich wurde die Bandsäge s. Z. für das Schneiden krummlinig begrenzter Holzformen erfunden und wurde längere Zeit ausschliesslich für diese Zwecke verwendet. Fay und Andere richteten die Säge dann unter Abänderung der Einzeltheile auch für das Zerlegen der Holzstämme in Schnittholz, Bohlen u. s. w. ein. Auf einer derartigen Bandsäge, welche Verfasser in Thätigkeit sah, können Blöcke von 6' (1,8 m) Durchmesser zerschnitten werden und zwar in jeder beliebigen Dicke bis zu 4' (1,2 m). Die Sägerollen haben 6' (1,8 m) Durchmesser, gusseiserne Naben, schmiedeeiserne Arme und hölzerne mit Gummi- oder Lederreifen belegte Felgenkränze. Es werden Sägeblätter von 4"–6" (102–152 mm) Breite und 41' (12,5 m) Länge verwendet, welche 1/16" (1,6 mm) Schnittstärke ergeben. Sie werden oberhalb und unterhalb des Blocks geführt, wobei der Rückdruck des schneidenden Blattes an beiden Stellen durch eine Rolle aufgenommen wird, während es seitlich durch Führungsflächen gehalten wird. Die obere Führung ist entsprechend der Holzdicke verstellbar und liegt genau vertikal über der unteren. Der Wagen läuft auf Rollen. Die Sägerollen machen 400 Umdrehungen in der Minute, was ohne Berücksichtigung des Gleitens eine Sägegeschwindigkeit von 37,6 m in der Sekunde ergiebt, was die Geschwindigkeit deutscher Bandsägen übersteigt.

Kreissägen. Tafel XLIX.

Zum Ablängen der Hölzer und Blöcke werden vorzugsweise Kreissägen verwendet. Zwei hierfür gebräuchliche Formen sind auf Taf. XLIX in den Fig. 1 u. 2 wiedergegeben und ohne Weiteres wohl verständlich.

Die erste Maschine, Fig. 1 dient zum genauen Ablängen von Schnittholz, zu welchem Zweck der Tisch mit einem Zollmaßstab versehen ist. Die Säge wird durch Auftreten auf den in der Figur sichtbaren Fusstritt vor- oder rückwärts bewegt.

Pendelsäge. Tafel XLIX.

Die in Fig. 2 dargestellte Pendelsäge wird vortheilhaft zum Ablängen von Hölzern verwandt. Sie zeichnet sich durch grosse Einfachheit aus. Der an der Vorlegerolle drehbar aufgehängte Rahmen ist in einem Stück aus Gusseisen hergestellt; er wird zum Schneiden an einem Handgriff vorgezogen, ein Gegengewicht zwingt ihn in seine Ruhelage zurück. Es ist an dieser Säge die Neuerung getroffen, dass durch das Gegengewicht ein an dem Rahmen oben angebrachtes Zahnrad, welches sich beim Vorziehen des Rahmens auf einem an dem einen Lagerstuhl befestigten Zahnbogen abwälzt, mittelst einer Hebelverbindung einwirkt, so dass beim Loslassen der Säge nach erfolgtem Schnitt ein Hin- und Herpendeln derselben vermieden wird.

Die Sägeblätter werden je nach der Stärke der Maschine und des abzulängenden Holzes in 20"—30" (508—762 mm) Durchmesser verwendet. Die Vorgelegewelle macht 600 Umdrehungen in der Minute, die Sägewelle etwa 1400, was bei 30" (762 mm) Sägeblatt-Durchmesser ohne Berücksichtigung des Riemengleitens einer Umfangsgeschwindigkeit von rd. 23 m entsprechen würde.

Doppelkreissägen. Tafel L.

In Tischlereien (Kunst-, Modell- u. s. w.) findet man mehrfach Doppelkreissägen in Benutzung, welche ihrer Vielseitigkeit wegen häufige Anwendung finden.

In Fig. 1 auf Taf. L ist eine Doppelkreissäge gezeichnet, welche für das Ablängen, Nuthen u. s. w. leichterer Hölzer bestimmt ist. Es wird das eine Sägeblatt zum Nuthen, das andere zum Schneiden benutzt; beide Blätter werden durch einen Riemen von einem unterhalb der Maschine befindlichen Vorgelege angetrieben. Während die eine Säge zum Arbeiten eingerückt ist, bleibt die andere, welche alsdann unterhalb des Tisches liegt, in Ruhe. Beide Sägen sind in einem drehbaren Rahmen gelagert, der mittelst Hand- und Schneckenrades eingestellt werden kann. Der 44" × 34" (1118 × 864 mm) grosse Tisch ist zweitheilig. Der eine Theil kann unter jedem Winkel von 0 bis 45° eingestellt werden. Auf der einen Tischhälfte sind 2 in Grade eingetheilte Quadranten mit Anschlag angebracht, um Winkel schneiden zu können. Die Vorgelegewelle macht 600 Umdrehungen in der Minute, die Sägeblätter haben 14" (356 mm) Durchmesser.

Fig. 2 zeigt eine ähnliche Doppelsäge, welche namentlich für feinere Tischlerarbeiten sehr geeignet ist. Sie besitzt 2 unabhängige Sägewellen, beide für die verschiedenen Holzstärken in jeder beliebigen Höhe einstellbar und so gelagert, dass die Riemen stets dieselbe Spannung behalten. Das Einstellen der Säge erfolgt durch Handräder, der Tisch behält seine Lage. Letzterer besitzt die zum Nuthen, Winkelschneiden u. s. w. erforderlichen Beigaben. Der mittlere Theil des Tisches ist abnehmbar, um die Sägeblätter bequem auswechseln zu können. Statt ihrer können auch Nuthmesser, Fraiser u. s. w. aufgebracht werden.

Bohrmaschinen.

Zu dem oben erwähnten gleichzeitigen Bohren einer Anzahl Löcher dienen vielfach Maschinen der auf Taf. LI u. Taf. LII in Fig. 1 gezeichneten Art.

Vertikal-Bohrmaschine. Tafel LI.

Im vorliegenden Falle sind 8 Bohrspindeln zur Ausführung gebracht. Jede Spindel ist in vertikaler und horizontaler Richtung verstellbar, in ersterer durch einen ausbalancirten Handhebel, in der Querrichtung durch Handrad und Schraube. Die Bohrschlitten können in der Längsrichtung der Maschine einzeln verstellt werden, da eine Zahnstange über das ganze Gestell läuft und jeder Schlitten mit einem Zahnrad ausgestattet ist. Unten im Gestell zieht sich in ganzer Länge die Vorgelegewelle hin, von der aus jede Bohrspindel durch einen besonderen Riemen angetrieben wird. Es können mit den beiden äusseren Bohrern 2 Löcher in 10' (3,05 m) Abstand gebohrt werden, während 8 Löcher in Abständen von 4 3/8" bis 17" (111 mm bis 432 mm) gleichzeitig gebohrt werden können. Je 2 Spindeln lassen sich bis auf 4 1/2" (114 mm) von Mitte zu Mitte einander nähern. Der lange schwere Tisch, auf welchem die zu bohrenden Langhölzer gespannt werden, wird durch 2 Schrauben gehoben oder gesenkt, die Bewegung wird von der Vorgelegewelle, welche 525 minutliche Umdrehungen macht, durch Riemen und Zahnradübersetzung abgeleitet.

Horizontal-Bohrmaschine. Tafel LII.

Eine sehr praktisch und in allen Einzeltheilen einfach gehaltene Horizontal-Bohrmaschine (mit 3 Bohrspindeln) ist in Fig. 1 auf Taf. LII gezeichnet. Dieselbe kann auch als Einzel- oder Doppel-Bohrmaschine verwendet werden. Die mittlere Spindel ist festgelagert, die beiden seitlichen Bohrer lassen sich durch Schraube und Handrad in je 4"–24" (102–610 mm) Abstand zu ersterer einstellen, sodass die beiden äussersten Löcher bis zu 1220 mm Entfernung gebohrt werden können. Der Tisch gleitet auf dem Rahmen und ist in der Höhe durch Handrad und 2 Schrauben verstellbar. Die Tischplatte gleitet auf ihrer Unterlage und kann mittels eines ausbalancirten Fusstritts schnell gegen die Bohrer hin- und zurückbewegt werden. Bemerkenswerth ist die wirksame und dabei sehr einfache Festspannvorrichtung für das Holz. Dieselbe besteht aus einem Rahmen mit drei Excentern, welche das Holz gerade oberhalb der Bohrer festhalten. Umdrehungszahl der Triebwelle 600.

Radial-Bohrmaschine. Tafel LII.

Eine andere, für Wagenbauanstalten sehr nützliche Bohrmaschine zeigt Fig. 2 auf Taf. LII. Es ist eine Radial-Bohrmaschine, mittelst welcher sowohl in senkrechter als in hierzu geneigter Richtung gebohrt werden kann. Sie ist daher für die Bearbeitung schwerer Hölzer sehr geeignet, beansprucht wenig Raum und lässt sich schnell richtig einstellen, in vertikaler Richtung mittelst eines ausbalancirten und oben aufgehangten Handhebels, in horizontaler durch Schraube und Handrad, die Verschiebung der Spindel kann in beiden Fällen bis zu 12" (305 mm) erfolgen. Die Tiefe der Bohrlöcher wird durch einen Stellring begrenzt. Der von der horizontalen Welle abgeleitete Antrieb der senkrechten Bohrspindel ist durch ein Gehäuse gegen Verschmutzung geschützt. Die Antriebscheibe macht 1200 Umdrehungen in der Minute.

Stemmmaschine. Tafel LIII.

Fig. 1 auf Taf. LIII giebt eine Stemm- und Bohrmaschine wieder. Dieselbe hat sich in den amerikanischen Wagenbauanstalten schnell Eingang verschafft, und ist fast allgemein vorhanden.

Es ist eine sehr leistungsfähige Maschine von kräftiger und gedrängter Bauart und für alle Arten Hölzer, harte und weiche, geeignet. Das Charakteristische an ihr ist das als Hohlmeissel ausgebildete Werkzeug, welches aussen quadratisch mit spitzen Enden, innen aber hohl ist und einen Spiralbohrer enthält. Während letzterer sehr schnell rotirt und in das Holz ein Loch bohrt, stösst der Stemmer dieses gleichzeitig quadratisch aus. Die Spanabführung erfolgt durch eine seitliche Oeffnung in diesem (vergl. das in Fig. 1 besonders gezeichnete Werkzeug). Der Vortheil dieser Stemm-Methode liegt darin, dass das Stemmloch gleich vollendet ist und keinerlei Nacharbeiten erfordert. Stemmlöcher von grösserer Länge werden hergestellt, indem man ein Loch nach dem andern nebeneinander sich bilden lässt und dieselben zu einem Langloch ausbildet; die Arbeit geht sehr schnell vor sich, die Maschine ist leicht zu bedienen und einzustellen. Das Bett kann der Dicke des Materials und der Tiefe des Stemmloches entsprechend, in verschiedenen Abständen von dem Werkzeug, eingestellt werden. Der Tisch ist seitlich verschiebbar, um verschieden lange Stemmlöcher herstellen zu können. Der Meisel kann 10" (254 mm) tiefe und bis 12" (305 mm) lange Löcher stemmen. Die grösste Meiselbreite beträgt 2½" [quadrat] (64 mm). Die Klemmvorrichtung für das Holz, sowie die Anschläge zum Bemessen der Stemmlochlänge u. s. w. sind aus der Figur ersichtlich. Der Werkzeugschlitten ist an dem Gestell vertikal beweglich, sodass der Meisel je nach der Länge des Bohrloches auf- und abwärts verschoben werden kann. Ferner sind Anschläge zur Begrenzung der mittelst des gezeichneten grossen Handrades zu bewirkenden Verschiebung des Schlittens angebracht. Die hin- und hergehende Bewegung des Meiselrahmens wird durch eine Reibungskupplung und ein Zahnstangengetriebe bewirkt. Die 1000 Umdrehungen in der Minute machende Antriebswelle treibt die Kupplung durch zwei Riemen, ein dritter geht über ein paar Spannrollen zu der Bohrspindel; eine dieser Rollen presst sich je nach der Höhenlänge des Bohrers der verschiedenen Riemenlänge selbstthätig an.

Zapfenschneidmaschine. Tafel LIII.

Fig. 2 auf Taf. LIII zeigt eine Zapfenschneidmaschine, welche gegen die bei uns bekannt gewordenen Maschinen dieser Art verschiedene Verbesserungen aufweist. Die beiden horizontal sich drehenden Schneidköpfe haben grossen Durchmesser und können gleichzeitig zusammen oder unabhängig von einander durch Schraube und Handrad eingestellt werden, so dass jede beliebige Zapfenstärke an Hölzern, welche bis 356 mm Stärke besitzen, geschnitten werden kann und zwar bis zu einer Länge von 305 mm. Ein vertikaler Schneidkopf, welcher sich leicht höher oder tiefer stellen lässt, findet beim Schneiden doppelter Zapfen Verwendung. Der die Messerwellen treibende Riemen wird durch eine lose Rolle, auf die ein Gegengewicht einwirkt, stets in thunlichst derselben Spannung erhalten. Der Tisch läuft auf Rollen und genau rechtwinklig zu den Messerköpfen. Das Vorgelege macht 900 Umdrehungen in der Minute.

Nuthen-Fräsmaschine.

Fig. 70.

Ausser den beschriebenen Maschinen sind noch in den Werkstätten verschiedene Spezialmaschinen vorhanden; z. B. Maschinen zur Anfertigung von Jalousien. Letztere spielen in Amerika und in den amerikanischen Eisenbahnwagen eine grosse Rolle, da dieselben in den Häusern vielfach als Ventilationsthüren und auch in den gewöhnlichen Personenwagen vor den Fenstern im Innern angebracht sind. Die Herstellung der Rahmenstücke mit eingefrästen Löchern (Textfig. 70) ist schwierig. Da solche in grosser Zahl angefertigt werden müssen, sind Spezialmaschinen construirt, welche mit grosser Geschwindigkeit in beide Rahmentheile selbstthätig die Nuthen einfrasen. Es verschieben sich dabei 2 kleine Langlochbohrer selbstthätig, ziehen sich nach der Fertigstellung eines Schlitzes zurück und fräsen darauf den nächsten.

Copirmaschinen.

Besondere Erwähnung verdienen die Copirmaschinen für Schnitzarbeit. In den neuen amerikanischen Luxuswagen ist sehr viel Schnitzarbeit und müssen gleichartige Stücke oft in grosser Zahl gefertigt werden. Früher wurden diese Stücke einzeln von Holzschnitzern (Wood carvers) gefertigt, jetzt werden saubere Metall-Modelle hergestellt und in die Copirmaschinen gespannt. In dieser Maschine ist ein vertikaler Stift, welcher mit 2 bis 4 anderen seitwärts liegenden Fräsern derart in Verbindung steht, dass dieselben alle Bewegungen mitmachen. Wenn nun der Arbeiter mit dem Stift langsam und vorsichtig auf den Flächen und Erhöhungen des Modells umherführt, so wiederholen dieses die kleinen rotirenden Fräser auf dem Arbeitsstück und fräsen dasselbe dem Modell entsprechend aus. Die Maschinen sind ziemlich verwickelt und müssen sehr genau gearbeitet sein, weil es sich vielfach um die Wiedergabe kleiner Verzierungen handelt. Von gröberen Sachen werden je vier, von feineren 2 Stück gleichzeitig gefräst. Es wurde angegeben, dass Stücke, welche früher 4 $ (17 ℳ) gekostet hätten, jetzt für 40 Cts. (1,7 ℳ) gefertigt werden; allerdings sind die gefrästen Stücke auf der Oberfläche rauh und müssen nachgearbeitet werden.

Wagenwerkstätte der Pennsylvania-Eisenbahn in Altoona.

Die Werkstätten sind, wie im Abschnitt VIII erwähnt, zum Theil schon älter, sind aber in neuerer Zeit vergrössert und sind einzelne Abtheilungen — namentlich die Lackirwerkstätten für Personenwagen — neu errichtet. Es wurden in den Altoona-Wagenwerkstätten im Jahre 1888 neugebaut 46 Personenwagen, 11 Gepäck- und Postwagen, 2807 Güterwagen und 120 Caboose- und Bahntransportwagen. Ausserdem liess die Pennsylvania-Bahn aber noch in Fabriken bauen:

	2100	bedeckte Wagen,
	6	Refrigerator Cars,
	4000	Hopper Gondola Cars,
	1500	lange Gondola Cars,
zusammen . . .	7606	Güterwagen.

Die Arbeiterzahl betrug zur Zeit der Besichtigung etwa 1800, die Arbeitszeit nur 9 Stunden und zwar:

von 7 Uhr morgens bis 12 Uhr mittags . . . . = 5 Stunden,
von 1 Uhr mittags bis 5 Uhr nachmittags . = 4 „
zusammen . . . = 9 Stunden.

Eine Verkürzung der Arbeitszeit ist angeblich auf Wunsch der Akkordarbeiter geschehen, welche behaupten, in 9 Stunden bei grösserer Anstrengung ebensoviel zu leisten, als in 10.

An Beamten waren etwa vorhanden:

1 General Foreman (Vorstand der Wagenwerkstätte),
1 Passenger Car Foreman, 1 Assistent der Personenwagenabtheilung,
1 Freight Car Foreman, 1 Assistent, | Güterwagen-
4 Inspectors (Wagenrevisoren), | Abtheilung.
1 Smith Shop Foreman, 1 Assistent (Schmiede),
1 Machine Shop „ 1 Assistent (Dreherei),
1 Painting Shop „ 1 Assistent (Lackirerei),
1 Glue Room „ 1 Assistent (Werkstatt für feinere Tischlerarbeiten),
1 Truck Room „ 1 Assistent (Werkstatt für Drehgestelle),
1 Maintenance Depot „ 1 Assistent (Unterhaltung des Allgemeinen),
1 Gas fitter Shop „ 1 Assistent (Gas- und Wasserleitung),
1 Tin Shop, „ 1 Assistent (Zinn- und Kupferarbeit),
1 Outside „ (Auswärtige Arbeit).

Jeder Werkmeister (Foreman) hat einen Schreiber (Clerk), derjenige im Freight Shop 3, ausserdem sind dem General Foreman 3 Clerks und 3 Boys (Jungen) beigegeben. 9—10 Clerks sind im allgemeinen Verwaltungsbüreau (Shop Clerk Office) beschäftigt.

Die Foremen beziehen nach den gemachten Angaben etwa 100 \$ (425 ℳ) Monatsgehalt, der Chief Clerk 90 \$ (382,5 ℳ), die anderen 45—50 \$ (191,25—212,50 ℳ), die Boys 15—20 \$ (63,75—85,0 ℳ). Im Tagelohn erhalten die Handwerker 20—21 Cts. (85—89 Pf.) für die Stunde, die Handlanger 12 Cts. (51 Pf.), der Gang Foreman (Kolonnenführer) einer Abtheilung von etwa 15 Arbeitern erhält für die Stunde 3 Cts. (13 Pf.) mehr. Im Stücklohn können die besseren Handwerker etwa 40—45 Cts. (1,70—1,91 ℳ) für die Stunde, das ist für den Tag in 9 Stunden 3½—4 \$ (15—17 ℳ) verdienen. Es sind etwa 50 Lehrlinge vorhanden, welche im Anfang 50 Cts. (2,12 ℳ) für den Tag verdienen, später aufsteigen.

Ausser diesen Löhnen erhalten die Arbeiter oder deren Familien nichts, weder in Krankheitsfällen noch im Todesfalle, es ist aber für Beamte und Arbeiter ein Relief Fund eingerichtet mit verschiedenen Klassen, in welchen dieselben sich einkaufen können. Es muss z. B. nach Angabe in der 2. Klasse 1½ \$ (6,37 ℳ) für einen Monat Beitrag gezahlt werden und erhält der Betreffende in Krankheitsfällen 50 Cts. (2,12 ℳ) für den Tag, ist die Krankheit mit einem Unfall in der Werkstatt verbunden, 70 Cts. (2,97 ℳ) für den Tag, im Todesfalle erhält die Familie einmalig 500 \$ (2125 ℳ).

Bei dem Neubau wird alles nach Lehren vorbereitet, so dass in die Montirungswerkstätte (Erecting Shop) nahezu Alles fertig hineinkommt und nur zusammengesetzt zu werden braucht. Es herrscht die Arbeitseintheilung in grösster Ausdehnung, jeder Arbeiter bezw. jede Kolonne macht, soweit angängig, nur ein und dieselbe Arbeit. Zur Herstellung der einzelnen Theile sind überall genaue Schablonen vorhanden; soweit als möglich werden alle Löcher in einem Stücke auf besonderen Bohrmaschinen mit einer Anzahl verstellbarer Spindeln zugleich gebohrt, welche, wenn nöthig, von mehreren Seiten zugleich arbeiten; bei Eisenstücken werden starke Lehren aus Eisen aufgelegt, durch welche der Bohrer tritt, sodass keine Fehler vorkommen können. Die fertigen Theile gleicher Art werden waggonweise an das Magazin abgeliefert, von welchem es die Montirungswerkstätten erhalten.

Die neue Personenwagen-Lackirerei ist in vollkommenster Weise angelegt.

Ihre Heizung geschieht, wie schon erwähnt, nach Sturtevant's System.

In Folge der guten Erwärmung und Lüftung wird die Lackirung eines neuen Personenwagens in 12 Tagen bewirkt und vollzieht sich etwa wie folgt:

24 Stunden grundiren,
48 „ 2 mal spachteln und abschleifen,
72 „ 3 mal Farbenanstriche,
24 „ Farbe mit Lack,
24 „ Schrift mit Verzierungen aufbringen,
96 „ 2 mal fertig lackiren.

An den Säulen der Lackirerei sind Halter angebracht, auf welchen Bretter in verschiedener Höhe befestigt werden können, auf welchen sich beim Lackiren die Arbeiter stellen oder setzen. Dieselben sind in 3 Gruppen (Gangs) zu je 4 Mann getheilt; jeder Arbeiter verrichtet stets dieselbe Arbeit. Die 1. Abtheilung macht die rohe äussere Arbeit, die 2. die Vollendungsarbeit aussen, die 3. die innere Arbeit.

Die Arbeiten an den Wagen zerfallen in 3 Klassen:

1. vollständige Neulackirung, etwa alle 4 Jahre,
2. Ausbesserung der Lackirung, etwa alle 2 Jahre,
3. Reinigung und Lackirung, etwa alle 1 Jahr, häufig auch früher.

Die Arbeiten I. Klasse kosten 200 $ (850 M).
„ „ II. „ „ 150 „ (637,5 „).
„ „ III. „ „ 40 „ (170 „).

Im Passenger Erecting Shop waren während meiner Anwesenheit Personenwagen im Aufbau, an welchen im

Outside Gang 15 Leute, im
Inside „ 6 „

beschäftigt waren. Die ersteren machten alle äusseren Arbeiten, die anderen die inneren. Die Theile wurden ihnen fertig zugeliefert. Für die vollständige Zusammensetzung eines Wagens erhalten nach Angabe:

die ersteren 340 $ (1445 M) und
die anderen 120 „ (510 „).

Es geht hieraus hervor, dass die Arbeit rasch gefördert werden muss, wenn die Arbeiter einen täglichen Verdienst von etwa 3 $ (12,75 M) erreichen wollen. In der That sah ich Personenwagen, bei denen am 1. Tage die Schwellen aufgelegt wurden, am 3. Tage schon in der Gestellconstruction nahezu fertiggestellt waren; nach Vollendung der Wagen werden dieselben zum Lackirschuppen übergeführt.

In der Güterwagenwerkstatt werden die hauptsächlichsten Arbeiten in Rundschuppen ausgeführt. Die Drehscheibe derselben hat 100' (30,46 m) Länge, so dass 2 Güterwagen und eine kleine Rangirlokomotive darauf Platz haben. Die Bewegungen sind so rasch, dass, wie durch Messung beim Rangiren festgestellt wurde, es vom Herausholen von 2 Wagen aus dem Rundschuppen, dem Abdrehen derselben, Abschieben bis zu dem bestimmten Punkte auf den äusseren Gleisen, Zurückfahren der Lokomotive bis zum Anhängen anderer Wagen und Abdrehen der Scheibe nur 1 Minute 25 Sekunden dauerte.

Im Neubau war eine grössere Zahl von Gondola Hopper Cars in Arbeit. In der Dreherei erhalten die Leute für das saubere Abdrehen der rohen Achsschafte 45 Cts. (1,91 M) und drehen täglich 6 Stück ab. Die in den Werkstätten befindlichen Aufzüge werden zum Theil durch Luftdruck bewegt.

Hauptwerkstätte der Chicago and North Western-Bahn in West Chicago.

Die Werkstätten, namentlich diejenigen der Tischlerei, enthalten ebenfalls interessante Werkzeugmaschinen. Es waren hier unter anderem auch die oben beschriebenen Maschinen zum Einstemmen viereckiger Zapfenlöcher von I. A. Fay & Co. in Cincinnati in Benutzung, auch waren die schon erwähnten Kreissägen vorhanden, welche in senkrechter Richtung durch Drehen eines Schraubenrades gesenkt, bezw. gehoben werden u. s. w. Ferner fanden sich dort starke Kreissägen zum Abschneiden von festen Hölzern, welche sich selbthätig vorwärts bewegen, aber ähnlich wie beim Handbetrieb periodischen Rückgang besitzen.

Die Spähne werden von den grösseren Holzbearbeitungsmaschinen, namentlich den Hobelmaschinen, oberirdisch abgesaugt, die kleinen Röhren an den Werkzeugmaschinen führen in ein, unter der Decke liegendes, etwa 3¾' (rd. 1 m) Dmr. haltendes Rohr, durch welches die Spähne nach den Dampfkesseln geführt und daselbst verbrannt werden. Die Art der Einrichtung geht aus Tafel LIV Fig. 1 und 2 hervor.

In der Schmiede sind kleine Schwanzhämmer mit Gesenken hervorzuheben, welche durch Riemen betrieben werden und gut wirken. Die verschmiedenden Gesenke sind im Hammer und Ambos befestigt, und wird das Arbeitsstück an die betreffende Stelle gehalten.

Ferner sind kleine Oefen für die Erwärmung von Eisenstücken (Schraubenfabrikation) u. s. w. zu erwähnen. Dieselben stehen in verschiedenen Theilen der Werkstätte und werden mit Petroleum geheizt, der Betrieb ist sehr reinlich und die Erwärmung geht sehr rasch vor sich. Es ist zu dem Zwecke auf dem Hofe ein grosser Kessel eingegraben, in welchem eine grössere Menge Petroleum sich befindet, in diesen mündet ein Rohr, durch welches gepresste Luft eingeführt wird, welche in der Werkstätte durch eine kleine Luftpumpe auf einen Druck von 20 lbs. auf den □" (1,4 Atm.) comprimirt wird, ein anderes Rohr, durch welches das Petroleum gedrückt wird, führt nach der Schmiede. Werden dort die Hähne geöffnet, so strömt das Petroleum durch eine Mischdüse, welcher ausserdem Luft aus der Ventilatorleitung von etwa $^{1}/_{4}$ lbs. auf den □" Pressung erhält, das Petroleum wird zerstäubt und verbrennt ohne Rauch. Ein solcher Schweissofen soll täglich nur für 90 Cts. (3,82 ℳ) Petroleum zum Preise von 1,26 Cts. für das Gallon (1,2 Pf. das Liter) verbrauchen, während der Betrieb mit Kohlen, obwohl solche dort auch billiger sind, als in Europa, ganz erheblich mehr kosten würde.

In dem Montirungschuppen befanden sich eine grosse Zahl von bedeckten Güterwagen im Aufbau. Alle Theile werden dort ähnlich wie bei anderen Fabriken durch die Nebenwerkstätten fertig angeliefert und müssen Gruppen von je 4 Mann einen Wagenkasten in 2 Tagen fertigstellen und auf die Drehgestelle setzen, während andere 4 Mann in einem Tage 6 Trucks zu diesen Wagen zusammenbauen; in einigen anderen Werkstätten geschehen diese Arbeiten noch rascher. Die Wagen werden dann sofort gestrichen und nach je 24 Stunden nochmals 2mal gestrichen, dabei wird zugleich die einfache Anschrift aufgebracht und gehen dann in Betrieb.

Diese bedeckten Wagen, welche die neue Luftbremse von Westinghouse haben, 34' (10,63 m) lang sind und 50000 lbs. (22700 kg) Tragfähigkeit besitzen, kosten nach Angabe in der Werkstätte rund 500 $ (2125 ℳ) ausschliesslich des Gehaltes der oberen Beamten, der Verzinsung und Amortisation der Werkstättenbauten. Auch unter Hinzurechnung der letzteren Kosten, welche im Allgemeinen zu 10 % (und mehr) der übrigen Kosten angegeben wurden, sollen die Wagen nicht theurer sein, als die von Fabrikanten bezogenen, wohl aber besser gearbeitet sein. Die Güterwagen sollen im Allgemeinen 16—20 Jahre halten, vereinzelt auch 25 Jahre; jedoch kommen beim Rangiren und bei Zusammenstössen nicht selten grössere Beschädigungen vor, welche eine frühere Erneuerung bedingen.

In Bezug auf den Preis der Güterwagen sind die geringen Kosten für die Satzachsen zu berücksichtigen. Die Schafte bestehen meistens aus Schrotteisen und werden in den Werkstätten gefertigt. Die Räder kosten nach Angabe ein Stück 9 $ (38,25 ℳ), wovon bei Ersatzrädern 4,75 $ (20,2 ℳ) für altes Material abgehen, so dass nur 4 $ 25 Cts. (18,06 ℳ) Ausgabe bleiben. Die Räder müssen 4 Jahre halten, sind aber im Allgemeinen von weit längerer Dauer. Haben sie durch das Bremsen später Schlaglöcher bekommen, so werden sie, wenn sie sonst noch gut und die Schlaglöcher nicht zu gross sind, vielfach auf einer Drehbank mit Schmirgelscheiben abgeschliffen.

Für die Personenwagen werden Räder mit Stahlreifen verwendet, vielfach von Krupp in Essen; es wird dabei eine Garantie verlangt von

250000 Miles bei 33" Ø = 118600 km bei 838 mm Ø,
300000 „ „ 36" Ø = 183000 „ „ 914 „ Ø,
350000 „ „ 42" Ø = 563300 „ „ 1066 „ Ø,

für Schalengussräder werden 60000 Miles (96558 km) verlangt.

Da über die Personenwagenmeilen Buch geführt wird, so ist eine Controlle möglich. Uebrigens wird an die Wagen das Revisionszeichen geschrieben und kommen die Personenwagen, wenn nicht schon früher, spätestens nach 1 Jahr zur Reparatur; die Güterwagenmeilen werden im Allgemeinen nicht gebucht, die reisenden Wagen-Inspectoren beordern die Wagen jedoch nach etwa 2 Jahren zur Werkstatt, wenn solche nicht schon früher aus anderen Gründen dahin gelangen.

In der Werkstatt für Personenwagen werden nicht nur die gewöhnlichen Personenwagen, sondern auch Luxuswagen unterhalten und vereinzelt auch gebaut.

Wegen der Pullman-Wagen hat die Bahn-Gesellschaft mit der betreffenden Wagen-Bauanstalt einen Vertrag geschlossen, wonach diese der Bahn bestimmte Schlaf- und Speisewagen u. s. w. auf eine längere Anzahl von Jahren übergeben hat.

Wagenwerkstätte der New York, Central and Hudson River R. in West Albany.

Wie in Abschnitt IV. C näher angegeben, befanden sich zur Zeit meiner Anwesenheit eine grössere Anzahl von Milchwagen, Viehwagen, bedeckte Güterwagen u. s. w. im Bau. Die erforderlichen Theile wurden, wie üblich, in den Spezialwerkstätten fertig hergestellt. Die Holztheile zu neuen Wagen waren bereits in einem Theil der Werkstatt, getrennt nach den einzelnen Stücken, bis zum Dache aufgestapelt. Auch die Drehgestelle wurden aus der dazu bestimmten Werkstatt angeliefert; es wird dann in einem Tage ein bedeckter Wagen von 34' = 10,63 m Länge von einer Colonne von 6 Mann bis auf den Anstrich fertiggestellt, wobei, wie auch sonst im Allgemeinen, nur die Hauptconstructionstheile zusammengeschraubt, die anderen aber alle genagelt werden.

Pullman Palace Car Co.

In der Holzbearbeitungswerkstatt sind Maschinen für Holzbearbeitung in grosser Zahl und von vorzüglicher Bauart aufgestellt; namentlich waren auch die oben erwähnten Copirmaschinen für Schnitzarbeiten in Thätigkeit zu sehen. Die gefrästen Theile werden später noch sauber von Hand nachgearbeitet und beschäftigt nach den gemachten Angaben die Fabrik zur Zeit noch 100 Holzschnitzer.

Die Schmiedetheile werden in der grossen Schmiede angefertigt und von dort abgeliefert.

Es wird ausschliesslich nach Lehren gearbeitet, jeder Arbeiter oder jede Abtheilung macht stets dieselbe Arbeit: Hobeln, Zapfenschneiden, Bohren u. s. w. Der Arbeitsgang ist derselbe, wie bereits oben beschrieben.

Wenn, wie gewöhnlich, eine grössere Anzahl von Wagen zugleich gebaut werden soll, so wird zunächst ein Probewagen hergestellt, nach welchem, wenn alles passend ist, Muster genommen wird; dann geht die Arbeit aber ohne Aufenthalt fort.

Als ich am Sonnabend Mittag die Güterwagen-Werkstatt besuchte, waren soeben die fertigen Wagen alle zur Absendung herausgebracht; es lagen aber neben den Gleisen links und rechts schon die sämmtlichen Holz- und Eisentheile zu den weiter zusammenzusetzenden Wagen in grossen Haufen fertig bearbeitet, so dass Montag Morgen beim Wiederbeginn der Arbeit kein Aufenthalt entstehen konnte.

Mit dem Anstrich der Wagen, namentlich bei offenen Güterwagen, wurde nicht viel Umstände gemacht, auf saubere Ausführung wird nicht gesehen, die Farbe zieht rasch in das Holz, erforderlichen Falls gehen die Wagen hinaus, wenn sie auch noch feucht sind. Absetzungen und schwierige Anschriften giebt es nicht, häufig sind nur die Anfangsbuchstaben der Bahnen aufzumalen, was nach Schablone geschieht; anders ist es mit den Specialwagen der verschiedenen Transportgesellschaften: Kühlwagen, Viehwagen für den Westen, Wagen für Expressgesellschaften u. s. w., diese werden häufig sorgfältig in greller Farbe mit grossen Anschriften oder Bildern bemalt.

Die Fabrik zur Herstellung der Papierräder ist von ziemlicher Ausdehnung, sämmtliche Pullman gehörende Wagen erhalten derartige Räder, für die Eisenbahn-Verwaltungen verwendet man selbstverständlich Räder nach gegebener Vorschrift. Die Pullman'schen Beamten sprachen sich sehr günstig über die Papierräder aus und gaben auf die Bemerkung, dass solche in Deutschland mehrfach gebrochen seien, an, dass solches an schlechter Fabrikation gelegen haben müsse; sie hätten beim Beginn der Fabrikation auch einige Schäden gehabt, nach gewonnener Erfahrung käme solches jetzt nicht mehr vor. Die Papierräder für die eigenen Wagen erhalten nach Angabe des Herrn Pullman im Allgemeinen Krupp'sche Tiegelstahlreifen. Papierräder.

Einige nähere Mittheilungen über die Herstellung der Papierräder mögen hier folgen:

Fig. 71.

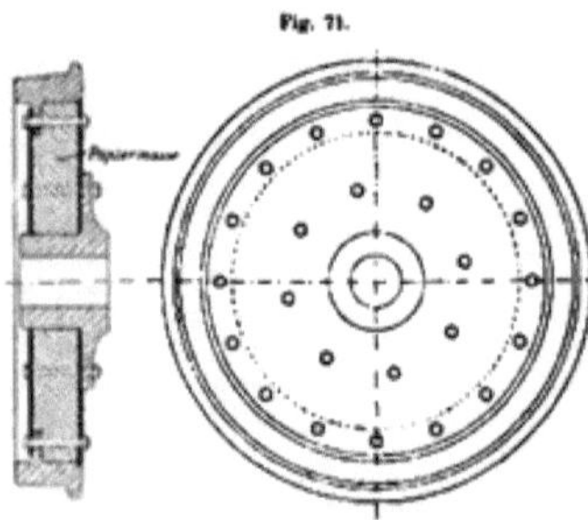

Die ersten Räder dieser Art wurden durch ihren Erfinder B. N. Allen im Jahre 1869 angefertigt. Wie die Textfigur 71 zeigt, besteht das Rad aus einer gusseisernen Nabe, um die sich die Papierscheibe legt; diese wird durch 2 Blechplatten und 24 Schrauben mit den Radreifen und der Nabe verbunden, zu welchem Zweck die letzteren beiden mit Flanschen versehen sind, die des besseren Halts wegen auf entgegengesetzten Seiten der Papierscheibe liegen. Letztere wird aus gewöhnlicher Strohpappe derart gebildet, dass zunächst je 13 kreisrunde Lagen derselben mit Mehlkleister (Flour Paste) bestrichen und aufeinander gelegt werden. Derartige 13 lagige Scheiben werden, getrennt durch eine Pappscheibe, ohne Kleister bis zu 3 oder 4' (rd 0,9—1,2 m) Dicke auf einander gelegt und dann in einer hydraulischen Presse zwei Stunden lang einem Drucke von 1000 lbs. auf den □" (rd. 70 kg auf 1 qcm) ausgesetzt. Die einzelnen dünnen (13 lagigen) Schichten gelangen auf eine Woche dann in den 120° F (rd. 50° C) warmen Trockenraum. Je drei dieser Schichten werden darnach wieder zusammengeklebt und wie vor in der Presse mit 1000 lbs. gedrückt und wiederum eine Woche lang getrocknet; je 4 derartige stärkere Lagen werden dann wieder in derselben Weise zusammengeklebt, gepresst und nun 3—4 Wochen lang getrocknet. Man erhält schliesslich eine Papierscheibe von 156 zusammengeklebten Pappschichten, deren ursprüngliche Gesammtdicke von 10" (254 mm) auf 4" (102 mm) zusammengeschrumpft ist und die so hart wie Eichenholz geworden ist. Bis zu ihrer Verwendung lagern die Pappblöcke noch 6—8 Wochen, alsdann werden sie auf der Drehbank sauber am Umfang abgedreht und mittelst eines Druckes von 90 000—109 000 kg in die ($1\frac{1}{8}$") conisch ausgedrehten Radreifen hineingepresst. Die Radnabe wird aussen cylindrisch abgedreht und zwar $^{3}/_{16}$" grösser als das $8\frac{3}{4}$" (222 mm) grosse Loch der Pappscheibe und nach Auflage der einen Blechplatte mit einem Druck von 22 000—27 200 kg in jene eingetrieben; alsdann werden die Schraubenlöcher gebohrt, die 24 Schraubenbolzen mittelst kleiner Dampfhämmer eingezogen, die Muttern durch Dampfkraft festgedreht und schliesslich die Bolzenenden vernietet, so dass ein Loswerden der Muttern unmöglich wird. Die Papierräder laufen durchschnittlich 350 000 Miles (563 500 km), mitunter sogar 500 000 Miles (rd. 805 000 km) bis zur

Erneuerung der Reifen. Bis zum Abdrehen der Reifen sollen die Räder 100000 Miles (rd. 161000 km) laufen können. Nach Angabe sollen bereits 110000 solcher Räder gefertigt sein. Der Preis eines Rades beträgt 60 $ (255 M) bis 100 $ (425 M). Reifenbrüche sollen bei den Papierscheibenrädern mit Krupp'schen Tiegelstahlreifen überhaupt nicht vorkommen. Die Leistungsfähigkeit der Räderwerkstatt beläuft sich auf 12000 Stück das Jahr. Die Achsschafte werden auch in der Fabrik hergestellt.

Die Leistung der Giesserei ist eine grosse und die Anlage sehr ausgedehnt.

Man kann es wohl glauben, dass Herr Pullman bemüht ist, in dieser Beziehung das Beste und Sicherste zu schaffen, da Unfälle an seinen Wagen dieselben in Verruf bringen und die Nachtheile in Geld sich höher stellen würden, als die sonst aufzuwendenden Mehrkosten. Ueberhaupt ist es Prinzip der Gesellschaft, nicht allein auf den Comfort und die eleganteste Ausstattung der Wagen, sondern auch auf die Sicherheit in jeder Beziehung den grösseren Werth zu legen und behaupten Beamte, dass die Benutzung ihrer Wagen nicht allein deshalb fortdauernd zunehme, weil dieselben bequem seien, sondern auch weil dieselben für sicherer gehalten würden. (Vergl. das im Abschnitt IV B über die Vestibule Trains Gesagte.)

Versilbern. Besondere Erwähnung verdient noch das in der Pullman-Fabrik in grösserem Mafsstabe ausgeführte Versilberungs- u. s. w. Verfahren. Eisen-, Kupfer- und besonders Messingtheile, welche im Inneren der besseren Wagen Verwendung finden, — wie Gardinenstangen, Halter, Pumpen, Schlossbeschläge, Thürknöpfe u. s. w. u. s. w. — werden hier mit einer Silberhaut überzogen (Silver Plating) und zwar greift in gewissen Fällen das sogenannte Silberplattiren Platz, in den meisten jedoch das galvanische Verfahren.

Das erstere Versilberungsverfahren, dass sich durch grosse Haltbarkeit auszeichnet, findet unter anderen bei eisernen Gardinenstangen statt. Dieselben werden aus 3/4 zölligem Gasrohr hergestellt, das auf Schmirgelriemen und -Scheiben zunächst sorgfältig polirt wird. Alsdann werden die Stangen in flüssiges Zinn getaucht, mit Blattsilber umwickelt, das durch heisse Löthkolben fest angedrückt und darauf geglättet und polirt wird.

Das galvanische Versilbern geschieht ähnlich wie in Deutschland. Es ist ein Mather-Dynamo von 8 V und 900 A vorhanden, sowie ein Brush-Dynamo von 4 V und 250 A. Die zu versilbernden Gegenstände — jedoch nicht solche, welche aus Eisen, Stahl oder Zink bestehen — werden zunächst gründlich gereinigt, indem sie einige Minuten lang in kochender Lauge belassen und dann in ein Bad aus Salpeter-, Schwefel- und Salzsäure getaucht werden. Je nach ihrer Form werden die Theile an Kupfer- oder Glashaken oder mittelst Kupferdrahts aufgehängt oder in durchlöcherte Porzellangefässe oder Messinggaze gelegt. Das Säurebad befindet sich in einer Glas-, Steingut- oder Porzellanwanne. Das Versilbern geht in rechteckigen Holzbottichen vor sich, welche innen mit Guttapercha ausgelegt sind. Es sind nach Angabe 1200 Gallonen (5448 l) Silberlösung in Benutzung, deren Silberwerth angeblich 3000—4000 $ (12750—17000 M) beträgt.

Im oberen Theil der Bottiche liegen zwei zu je einem Viereck (entsprechend der Bottichform) gebogene Kupferstangen übereinander, jedoch ohne gegenseitige Verbindung; jede ist an einem Pol der Dynamomaschine angeschlossen. Die zu versilbernden Theile werden mittelst Kupferhaken u. s. w., an die mit dem einen Pol verbundenen Kupferstangen gehängt, während an dem andern Pol Silberblech gehängt wird, um die Lösung stets gesättigt zu erhalten. Die Zeit, während derer die Sachen in Lösung bleiben, richtet sich nach der gewünschten Stärke des Ueberzugs. Da die galvanisch versilberten

Gegenstände in der Lösung ein unschönes glanzloses Aussehen erhalten, so müssen sie geglättet werden. Dieses erfolgt durch Polirstähle u. s. w. Auch die betreffenden Beschläge und Ornamente der in Reparatur kommenden Wagen werden hier aufgebessert bezw. neu versilbert. Das Silber alter Theile wird stets durch Auflösung wiedergewonnen, sodass nichts verloren geht. Vergoldung wird nur in geringem Mafsstabe angewendet, bei Spezial- oder Privatwagen. Es werden für das Versilbern u. s. w. insgesammt 100 Arbeiter beschäftigt und sind zahlreiche Hülfsmaschinen, wie Schmirgelscheiben und -Riemen, Drehbänke (16), Polirbänke u. s. w. in Benutzung. —

In den Haupt- und Neben-Werkstätten der Pullman-Stadt wurden im Jahre 1891 an Arbeitern durchschnittlich beschäftigt:

Wagen-Werkstätten	4421	Mann,
Eisen- und Stahl-Werkstätten	207	„
Papierräder-Werkstätten	70	„
Farbwerken	10	„
Giesserei	497	„
Schmiede	181	„
Weberei u. s. w.	156	„
Terra-Cotta-Werk	40	„
Allgemeines (Geschäftsräume u. s. w.)	411	„
zusammen	5993	Mann.

Von diesen 5993 Leuten besitzen 885 eine eigene Wohnung und sind 3297 nicht in Pullman-Stadt wohnhaft.

Es sind 662 deutsche Arbeiter und 2086 amerikanische vorhanden, die übrigen vertheilen sich auf verschiedene Länder.

Während des Jahres 1889/90 waren nach dem veröffentlichten Rechenschaftsberichte der Pullman-Gesellschaft in den Wagenwerkstätten 4582 Leute beschäftigt, die zusammen 2 733 019,27 $ (11 615 331,90 M) Lohn erhalten haben, das ist durchschnittlich 596,46 $ (rd. 2535 M) die Person.

Der Werth der in diesen Werkstätten fertiggestellten Arbeiten beläuft sich nach dieser Quelle auf 8 105 431,58 $ (34 448 081 M) und der in den Nebenwerkstätten gefertigten Gegenstände einschliesslich der Hausmiethen auf 2 108 226,52 $ (8 959 963 M), das sind insgesammt 10 213 658,10 $ (rd. 43 408 047 M). In jenem Jahre wurden 101 Schlaf-, Salon-, Speise-, Spezial- und Touristen-Wagen auf Bestellung erbaut und in Betrieb gegeben, deren Gesammtpreis 1 365 503,40 $ (rd. 5 803 390 M) beträgt oder durchschnittlich für den Wagen 13 519,83 $ (rd. 57 459,27 M). Weitere 119 Pullman-Wagen waren in Bestellung gegeben mit einem Einzelpreis von rd. 16 500 $ (70 125 M), das ist zusammen 1 963 500 $ (8 344 875 M). Die Zahl der in Dienst gestellten Wagen beträgt 2135, von denen 1849 sogenannte Standard Cars (Normal-Wagen), 286 Touristen-Wagen sind.

Die Zahl der Reisenden, welche 1890 in den der Pullman-Gesellschaft gehörigen Wagen befördert wurden, beträgt 5 023 057 und die der gefahrenen Miles 177 033 116 (285 023 316 km).

Die Gesellschaft hat ihre Verträge mit den verschiedenen Eisenbahnen über Wagengestellung zum Theil auf 12, zum Theil auf 25 Jahre u. s. w. abgeschlossen, ihre Wagen laufen jetzt über Bahngebiete von zusammen 120 680 Miles (194 204.46 km).

Wagner Palace Car Co. in Buffalo.

In der mehrstöckigen Holzbearbeitungswerkstätte befinden sich unten die schweren, oben die leichten Maschinen. Für die neuen Wagen wird alles nach Lehren gearbeitet; die Theile schreiten, wie auch sonst üblich, planmässig fort, werden erst gehobelt, dann gezapft, gebohrt und gehen fertig nach dem Montirraum. Die Bearbeitungsmaschinen sind wesentlich dieselben wie bei anderen Werkstätten. Die feineren, meist aus amerikanischer Eiche oder Mahagoni hergestellten Theile für die innere Ausstattung werden grösstentheils in den oberen Stockwerken hergestellt und wird dabei sehr sauber gearbeitet. Alle Theile, welche sich werfen könnten, erhalten einen Boden von vielfach übereinander geleimten Fournieren, meistens aus Pappelholz und werden darauf erst die besseren Hölzer gebracht. Da in neuerer Zeit die eingelegte Arbeit vielfach durch Schnitzarbeit ersetzt wird und die Flächen damit theilweise sogar ganz überdeckt werden, weil ein Fabrikant den anderen zu überbieten sucht, so sind eine grosse Anzahl von Holzschnitzern vorhanden, welche diese Sachen anfertigen. Die Hauptarbeit verrichten aber zunächst wieder die oben erwähnten Copirmaschinen. Zur Vernickelung der betreffenden Metalltheile ist eine elektrische Anlage vorhanden. Im Uebrigen ist die Art der Arbeit und die Ausführung im Allgemeinen wie bei Pullman.

Michigan Car Co. bei Detroit.

Von den der Gesellschaft gehörenden Luxus-Personenwagen sollen über 600 Stück auf den Bahnen im Betrieb sein.

In der Holzbearbeitungswerkstatt wird ebenfalls nur nach Lehren gearbeitet. Die Werkzeugmaschinen sind so hintereinander gestellt, dass die vom Holzlager kommenden Werkstücke nach und nach fortschreiten und am Ende fertig bearbeitet an die Montirräume abgegeben werden können, wie solches auch sonst üblich ist.

Auch in der Schmiede und in der Dreherei wird, so weit als möglich, nach Lehren gearbeitet und sind zum Bohren der Löcher in die Eisentheile eine Anzahl Spezialwerkzeuge vorhanden, mit denen die Arbeit rasch vollendet wird.

Es ist eine sehr grosse Giesserei angeschlossen, welche auch für Private arbeitet, Röhren giesst u. s. w.

Sturtevant's System der Heizung und Lüftung.
Tafel LIII.

Das Sturtevant'sche Heizungs- und Lüftungssystem ist in Nord-Amerika in den Werkstätten und Fabriken vielfach in Anwendung und ist in Bezug auf die Lackirung der Wagen von Wichtigkeit. Es werden dabei die betreffenden Arbeitsräume durch erwärmte Luft geheizt und gleichzeitig auch durch diese gelüftet. Es kann wohl als das beste der dort gebräuchlichen Heizsysteme bezeichnet werden, ist allerdings auch in der Anlage theuer und im Betriebe nicht so billig, wie die anderen Heizmethoden.

Das Erhitzen der Luft geschieht dadurch, dass dieselbe an einer Anzahl mittelst Dampfes geheizter Bündel enger Röhren hergeleitet wird, entweder indem ein Ventilator (Bläser) die Luft zwischen die Rohrsysteme hindurchdrückt, oder ein Exhauster (Sauger) sie durch diese durchsaugt. Die heisse Luft wird dann durch Kanäle in den Mauern oder durch besondere Metallröhren (verzinkte Eisenrohre) in den einzelnen Arbeitsräumen vertheilt. Charakteristisch hierbei ist, dass die warme Luft oben in die Arbeitsräume einströmt, meist etwa 10' (3 m) über dem Fussboden (Overhead System) und zwar möglichst nahe den Umfassungswänden; sie kühlt sich an letzteren etwas ab, sinkt nach der Mitte des Raumes zu und steigt von hier wieder aufwärts zur Decke bezw. zum Dache. Bei mehrstöckigen Gebäuden sind die Querschnitte der Zuleitungen nach den oberen Stockwerken hin verjüngt.

um thunlichst überall die gleiche Erwärmung und Lüftung zu erzielen, ebenso verjüngt sich auch das in jedem Raum liegende Hauptrohr. Die Stärke der Erwärmung wird durch Klappen regulirt, welche an den Ausströmungsöffnungen angebracht sind.

Dieses Heizverfahren wird in Amerika als das System der Heissluft-Heizung und -Lüftung (System of Hot Air Heating and Ventilation) oder kurz als das Sturtevant-System bezeichnet.

Sturtevant in Boston Mass. construirte vor etwa 25 Jahren seine ersten ihm patentirten Bläser- und Heizungs-Apparate und ist seit jener Zeit um die Einführung seines Systems bemüht gewesen, so dass letzteres unter seinem Namen jetzt allgemein in Nord-Amerika bekannt ist.

Sturtevant rechnet je nach den bezieblichen Verhältnissen der zu heizenden und zu lüftenden Räume 45—60 Kubikfuss = 1,27—1,7 cbm auf den Kopf und die Minute; die Geschwindigkeit der Luft in Leitungen nimmt er zu 600'—2000' in der Minute = rd. 3—10 m in der Secunde. Von ihm angestellte Versuche haben ergeben, dass die Bewegung der Luft bis zu einer Geschwindigkeit von 1½' (0,47 m) in der Secunde nicht wahrnehmbar ist, und dass eine Geschwindigkeit der Luft bis zu 3' (0,914 m) in der Secunde nicht nachtheilig auf den Menschen einwirkt. Sturtevant richtet daher seine Heizungseinrichtungen derart ein, dass die bewegte Luft in den Arbeiträumen das letztere Maß nicht überschreitet. Abgesehen von den den Ausströmungsöffnungen gegenüberliegenden Stellen merkt man in den nach diesem System geheizten Räumen auch wenig von der Bewegung der Luft.

In welcher Weise das System bei Wagenwerkstätten zur Ausführung gebracht wird, zeigen die Fig. 4 u. 5 auf Taf. LIII, welche einige der Heizungsgebäude der Werkstätten in Columbus (Ohio) wiedergeben. Da diese Werkstatt aus einer Anzahl getrennter (einstöckiger) Einzelbauten besteht, so musste für jede der letzteren ein eigener Erhitzungs- und Lüftungsapparat angeordnet werden. Derselbe ist nicht überall in gleicher Weise aufgestellt, sondern je nach der Eigenartigkeit der betreffenden Werkstatträume, entweder in einem kleinen Anbau zur ebenen Erde (Fig. 4) oder der Raumersparniss wegen, zwar innerhalb der betreffenden Werkstätte, jedoch oberhalb der Wellen- und Riemenleitungen, nahe unter dem Dache (Fig. 5). Die eisernen Luftleitungsrohre sind nahe den Umfassungswänden hergeführt, nur in der 75' × 138' (22,8 × 42,0 m) grossen Lackirerei sind ausserdem noch Centralleitungen angebracht, um hier eine gleichmässige und kräftigere Erwärmung und Luftcirculation zu schaffen.

Wie die Figuren erkennen lassen, zweigen in bestimmten Abständen Rohren senkrecht nach unten ab, durch welche die warme Luft dicht an den Wänden her oberhalb des Fussbodens ausströmt. Entsprechend der Zahl der gespeisten bezw. zu speisenden Ausflussröhren ist der Durchmesser der Hauptleitung verringert, wodurch an Röhrenmaterial gespart und die gleichförmige Vertheilung der Luft begünstigt wird. Die ausströmende warme Luft senkt sich nach der Mitte des Werkstattraumes und steigt von hier nach dem Dache empor. Die überflüssige Luft findet ihren Ausgang durch die Fenster, Thüren und sonstigen Oeffnungen.

Das Sturtevant-System hat sich sowohl in dieser Werkstatt, wie in den übrigen, oben beschriebenen Anlagen gut bewährt. Es hat unter Anderem auch mehrfache Verwendung bei Heizlocomotivschuppen gefunden. Dieselben sind verschiedentlich zur Ausführung gebracht worden.

Holztrockenschuppen. Tafel LIII.

Eine für Werkstätten mittlerer Grösse geeignete Anordnung zeigt Fig. 3 auf Taf. LIII. Sie ist nach dem sogenannten Kammersystem hergestellt, bei dem eine beliebige Anzahl Kammern nebeneinander errichtet werden können. Die Figur zeigt zwei solcher Kammern. Das zu trocknende Holz wird entweder in diesen mit entsprechenden Zwischenräumen aufgestapelt oder mittelst Karren, auf denen es in gleicher Weise verladen ist, eingefahren. Die heisse Luft wird so geleitet, dass sie die einzelnen Zwischenräume der Holzschichten parallel den Zwischenlagen durchstreicht. Jede Kammer ist mit Entlüftungskanälen in den Wänden versehen, durch welche sie, anstatt durch die Rückleitung dem Heizapparat zugeführt zu werden, in's Freie getrieben werden kann. Das Holzlager jeder Kammer kann unabhängig von dem der anderen bis zu jedem gewünschten Grade getrocknet werden, die Hitze lässt sich durch Stellen der Klappen in den Zu- und Ableitungen beliebig reguliren.

In grösseren Wagen-Werkstätten und Bauanstalten ist das sogenannte Progressive-System zur Anwendung gelangt, das sich durch grosse Leistungsfähigkeit auszeichnet.

Die gewöhnlich anzutreffenden Abmessungen des nach diesem Verfahren eingerichteten Trockenschuppens (Progressive Lumber Dry Kiln) sind:

Länge	85'	oder	26 m,
Breite	17'	„	5.2 „
Höhe	9'	„	2.7 „

Ein solcher Schuppen vermag 12 Wagen mit etwa je 4000 Fuss Holz zu fassen, insgesammt also 48000 Fuss. Je nach der Natur und Beschaffenheit des Holzes können täglich etwa 10000 Fuss Holz getrocknet werden.

Die vorgenannten Abmessungen des Holztrockenraumes beziehen sich auf den sogenannten Normalschuppen (Standard Single). Es kommen jedoch auch je nach Bedarf Abstufungen von je 12000 Fuss Rauminhalt vor. Die grösste bis jetzt ausgeführte Anlage fasst 10 × 48000 = 480000 Fuss Holz.

Das zu trocknende Holz wird allmählich dem von einem Ende herkommenden 100 °F (rd. 38 °C) heissen Luftstrom entgegengeschoben, sodass das frische Holz dem am wenigsten heissen, das nahezu getrocknete Holz aber dem heissesten Strome ausgesetzt ist. Jeden Tag werden 2 oder mehr frisch beladene Wagen in den Schuppen gebracht und allmählich von einem Ende zum anderen Ende des Trockenraumes vorgeschoben. Die Wärmedifferenz zwischen den beiden 85' (26 m) von einander abstehenden Enden beträgt 100°—70° = 30° F (rd. 17 ° C).

Je nach der Holzart wird entweder der Luft eine hohe Temperatur und höhere Geschwindigkeit gegeben (z. B. für nasses Yellow Pine-Holz), oder aber eine niedrigere Temperatur und geringere Geschwindigkeit (Eiche, Wallnuss, Hickory). Zölliges lufttrockenes Holz wird in 36—60 Stunden völlig getrocknet, während ebenso starkes, aber nasses Holz 3—6 Tage erfordert.

Bei manchen lufttrockenen Holzsorten, bei denen die warme Luft auf ihrem einmaligen Durchgange durch den Trockenraum nur wenig Feuchtigkeit aufnimmt, wird zwecks Vermeidung von Rissebildung u. s. w. die bereits durch die Holzstapel geschickte Luft in einer Rückleitung zum Heizapparat zurückgeführt, hier erwärmt und nochmals wieder in den Trockenraum eingelassen.

Ein Hauptvortheil dieses Trockenverfahrens ist seine Sicherheit gegen Feuersgefahr. Der Lufterhitzungsapparat nebst Ventilator, befindet sich in einem kleinen Anbau. Die Zu- und Ableitung der Luft ist genügend klar in der Fig. 3 auf Taf. LIII angegeben. Bemerkt sei nur noch, dass die Holzwagen auf nur 1 Schiene mittelst je zweier Räder laufen. Die Hölzer werden gewöhnlich auf 3 derartige Wagen verladen.

Was schliesslich noch die Einzelheiten des Sturtevant'schen Erhitzungs- und Lüftungsapparates Fig. 6 Taf. LIII anbetrifft, so sei kurz bemerkt, dass die aus Stahl gefertigten engen Rohrbündel reihenweise nebeneinander, jedoch stets gegeneinander etwas versetzt, aufgestellt werden. Der Dampf, gewöhnlich Abdampf der Maschinen, wird der aufsteigenden Röhrenhälfte zugeführt und aus der absteigenden als Condensationswasser wieder abgeführt. Jedes Rohrbündel ist an einem Ende mit seinem gusseisernen Untersatz fest, am anderen aber beweglich (auf einer Kugel) gelagert und wird mit 150 lbs. (10,5 Atm) auf seine Dichtigkeit geprüft. In Folge der verschiedenen Lage der senkrechten Rohrbündel zu einander, wird der Luftstrom an jedem Bündel gebrochen, sodass die Luft den Röhren bezw. dem Dampfe möglichst viel Wärme entziehen kann.

Mit dem Sturtevant'schen Heiz- und Lüftungssystem ist man drüben sehr zufrieden. In zahlreichen Fällen hat es auch in öffentlichen Gebäuden Anwendung gefunden und seien hier als Beispiel das Capitol in Washington, sowie das Technologische Institut in Boston genannt.

Die Angaben über die Kosten neuer Wagen und über die Reparatur älterer Wagen weichen nicht unerheblich von einander ab. Theils treten wie in Deutschland im Laufe der Jahre Schwankungen ein, welche die Preise verändern, theils bilden eigenartige mehr oder minder verbesserte Constructionen den Grund zur Abweichung der Preise neuer Wagen. Bei den Reparaturen kommt in Betracht, dass die Wagen nicht überall gleichmässig unterhalten werden und dass wohlhabende Bahnen den Wagen eine bessere Unterhaltung angedeihen lassen, als andere und manche schadhafte Wagen in Reparatur nehmen, welche von anderen Bahnen noch in Betrieb gelassen werden. Kosten des Baues und der Reparatur der Wagen.

Auch haben die Preise der Materialien, wenn dieselben z. B. in der Nähe der Kohlen- und Eisen-Reviere gewonnen werden, Einfluss, sowie die Höhe der Arbeitslöhne, welche an verschiedenen Orten der Vereinigten Staaten von einander abweichen.

In Bezug auf Kohlen mag erwähnt werden, dass auf der Pennsylvania-Bahn, welche nach den gemachten Angaben für Dienstgut keine Selbstkosten rechnet und welche direkt am Kohlenrevier gelegen ist, die Tonne Kohlen nur halb soviel kostet, als auf mässig entfernten Bahnen, während im fernen Westen der Preis noch mehr steigt. Ausserdem ist zu berücksichtigen, dass bei den Personenwagen, namentlich den Luxuswagen, die Eleganz der Ausstattung und bei den Güterwagen, namentlich den bedeckten, die Einrichtungen zur Kühlung und Heizung einen grossen Einfluss auf den Preis haben. Bei den Reparaturkosten kommt noch in Betracht, dass manche Bahnen in ihren Jahresberichten sämmtliche Wagenreparaturkosten zusammen angeben, eine Angabe, die zur Vergleichung mit deutschen ziemlich werthlos ist, da es genauer Kenntniss der Zahl und Unterhaltung der einzelnen Wagengattungen bedürfen würde, um Werthe zu erhalten, welche sich mit den deutschen vergleichen lassen. Das Ersuchen um Angabe genauer Werthe wurde zwar von mehreren Bahnen in Aussicht gestellt, ist aber unterblieben. Immerhin werden die untenstehenden Uebersichten einen Anhalt über die annähernden Kosten geben.

Preise neuer Wagen. Die nachstehende Tabelle giebt Angaben darüber, wie sich die Preise der verschiedenen Wagenklassen einschliesslich Achsen im Durchschnitt annähernd stellen.

Neue Wagen.

	Länge		Gewicht		Preis	
	Fuss	m	lbs.	kg	$	ℳ
Offene Wagen	34	10,36	16–19000	7264–8626	380	1615
Bedeckte Wagen . .	34	10,36	22–27000	9988–12258	550	2337,50
Kühlwagen	30–34	9,14–10,36	28–34000	12712–15436	800–1100	3400–4675
Personenwagen .	50–52	15,24–15,85	45–60000	20430–27240	4400–5000	18700–21250
Gesellschaftswagen	50–65	15,24–19,81	70–80000	31780–36320	10000–20000	42500–85000
Schlafwagen . . .	50–70	15,24–21,34	60–90000	27240–40860	12000–20000	51000–85000

Die Kosten, welche der Hauptwerkstatt Altoona der Pennsylvania-Eisenbahn durch den Bau neuer Wagen erwachsen, sind nach den gemachten Angaben nachfolgend aufgeführt. Es ist dabei in der Spalte 3 der Betrag angegeben, welcher durch die direkten Ausgaben an Lohn und Material erwachsen ist. Hierzu sind jedoch noch diejenigen Kosten zu rechnen, welche für die Gehälter der Beamten, für die Verzinsung und Unterhaltung der Gebäude und ihrer Einrichtung u. s. w. erwachsen. Dieselben hängen von den jeweiligen Verhältnissen ab und wurden zu 10 % und mehr angegeben.

Neue Wagen.
(Pennsylvania-Bahn.)

		Gewicht		Zahl der Truckräder	Kosten an Lohn, Material u. s. w.	
		lbs.	kg		$	ℳ
Hopper Gondola Car, offener Wagen mit 3' (0,914 m) hohen festen Bords und Trichtern unter dem Wagen, Kastenlänge 28' (8,54 m), Breite 9' 6" (2,89 m), Tragfähigkeit 60000 lbs. (27240 kg)		22500	10215	4	463	1968
Stock Car, bedeckter Viehwagen, 35' 7" (10,85 m) Kastenlänge, 9' 5" (2,87 m) breit mit äusseren Schiebethüren		27300	12394	4	579	2460
Box Car, bedeckter Wagen, 35' 10 1/2" (10,93 m) Kastenlänge, 9' 6 1/2" (2,90 m) äussere Breite, Tragfähigkeit 60000 lbs. (27240 kg)		27800	12621	4	623	2648
Passenger Car, gewöhnlicher Personenwagen, 46' 6" (14,17 m) Kastenlänge, Tragfähigkeit 52 Personen	mit Ofenheizung	44000	19976	4	4949	21033
	mit Dampfheizung	44000	19976	4	5123	21772

Nach den gemachten Angaben der Pennsylvania-Bahn erwuchsen dieser in den eigenen Werkstätten beim Bau eines 4achsigen Personenwagens — wie solcher im Abschnitt IV A unter No. 1 beschrieben ist — nachstehende Arbeitslöhne und Materialausgaben:

	Dollars
Lohn	1263,94
Brennmaterial	28,61
Superintendent', Chief Clerk' and Store Keepers Besoldung	13,53
2480 feet Pappel zu 35 $ per 1000 feet	86,80
3494 „ Esche	127,08
1100 „ Tanne zu 19 $	20,90
2350 „ gelbe Tanne zu 30 $	70,50
500 „ Eiche zu 20 $	10,00
450 „ Hickory zu 30 $	13,50
700 „ Michigan-Tanne zu 70 $	49,00
400 „ Kirschbaum zu 40 $	16,00
439 „ Ahorn-Fournir	24,14
4 Paar Räder und Achsen	332,85
2 vollst. Personenwagentrucks	533,62
87 lbs Farbe zu 15 Cts. das lb	13,05
13 „ Glaserkitt zu 12 Cts.	1,56
59 „ grüne Farbe zu 12 Cts.	7,08
35 „ Oelfarbe zu 12 Cts.	4,08
49 „ „ zu 13 Cts.	6,37
15 „ toskanisch Roth	3,75
2½ lbs schwarzer Lack	0,70
2 lbs Lampenschwarz	0,34
2 „ Grün	0,32
Goldbronze	2,76
6 lbs pulv. Bimstein	0,36
1 Quart Olivenöl	0,58
3 „ schwarzer Firniss	1,17
1 „ Schellack	0,68
3 gallons Firniss zu 4,68 $ d. g.	14,04
10 „ „ zu 3,83	38,30
1 „ Leinöl	0,59
45 lbs Leim	11,33
23 „ Bleiweiss	2,59
2925 „ Eisen	87,75
Nägel	2,25
72 lbs quadr. Muttern	5,05

	Dollars
138 lbs Nägel	5,52
Messingdraht, kleine Muttern und Unterlegscheiben	0,41
792 lbs Gusseisen	16,99
2 „ Federstahl	0,17
9 „ Unterlegscheiben	0,63
6 „ Sechskant-Muttern	0,60
119 „ Eisenblech zur Decke	5,59
Holzschrauben	4,08
Schrauben	51,86
31 lbs Bolzen	0,45
Gasrohre u. s. w.	7,19
Gasbrenner	0,22
Rothgusstheile	0,25
1 Gasregulator	15,00
1 Gasmesser	10,25
2 2flammige Kandelaber	50,72
1 Gasarm	3,00
2 Gasbehälter	84,00
2 Gelenke	0,40
1 Luftbremse	131,79
1 Wasserkühlerhahn	3,25
8 lbs Bleirohr	0,80
1 „ Kette	0,04
Bolzen mit Augen	0,05
57 Fensterrahmen	44,61
27 lbs Gummipackung	12,65
31 Scheiben, weisses Glas	26,11
2 „ Tafelglas	10,56
25 „ Rubinglas	27,72
3 besondere Scheiben	1,44
Holzfüllung	0,13
12 vertikale Schieber	8,32
2 Oefen	77,56
50 Sesselarme	8,50
2 bronzene Fensterschlösser	4,84
2 „ „	3,70

Artikel	Dollars
20 Rothgussgefässe	3,77
25 Satz Sitzbefestigungen	50,50
2 bronzene Fabrikschilder	4,00
4 Schilder	2,44
3 Bronzelampen	13,50
2 Bronze-Thürschlösser u. s. w.	15,20
1 Thürschloss	6,26
3 Lampenglocken	2,43
3 Paar Bronze-Thürangeln	5,41
1 „ Thürangeln	2,43
Rothgusscharniere	0,24
5 Stück Eisencharniere	0,13
26 Paar Rothgusscharniere	7,37
1 Tropfrohr	5,06
1 Becken	4,25
1 Abortrohr	6,30
3 Ventilatorringe (7")	2,43
2 Rothgussringe	0,28
2 Ventilatorringe (10")	2,44
1 „ (8")	0,52
1 „ (3")	0,41
13 Konsoles	77,35
12 Fensterhebel	42,00
2 Thürhalter	3,00
61 bronzene Fenstergriffe	24,40
61 „ Fensterschlösser	16,17
94 „ Fensterrahmen	3,14
2 Schlüssel	0,05
3 Streichholzanstreichflächen	1,17
1 Hahn	1,85
172 Zinnplatten 20" × 28"	34,17
66 „ 14" × 20"	6,27
273 lbs verzinktes Eisenblech	25,31
14 „ Loth	2,21
2 „ Niete	0,32
6 „ verzinnte Nägel	0,76
5 „ Drahtgeflecht	0,36
52 lbs Eisenblech No. 12	2,73
4 „ Nägel	0,24
Stifte u. s. w.	0,68
2 Ellen brauner Muslin	0,98
34 „ Schnur	4,08
Sackleinwand	0,09
96 Ellen rother Plüsch	228,87
44 „ grüner „	109,90
61 „ Ueberzug	10,70
15 „ Steifleinwand	2,79
52 „ Flachscanvas	8,32
1 „ feiner Canvas	0,18
14 „ Kokosdecken	7,22
1 Stück Glockenschnur	1,44
½ lbs Garn	0,98
Verzinnte Nägel	0,14
4 lbs Messingscheiben	0,20
12½ Ellen (yard) feiner Canvas	3,56
2 Ellen feiner Canvas	0,54
1½ Elle Schiffs-Canvas	0,16
Schnur	0,04
5 Gross Plüschnägel	3,33
5 „ Plüschknöpfe	2,82
1½ lbs gezwirntes Garn	0,78
1 lbs Federn	0,23
243 „ Haar	72,95
Nägel	3,68
12 Federn	22,86
12 Spiralfedern (elliptisch)	20,29
22 Spiralfedern	0,92
2½ lbs Nägel	0,50
1 Deckenleinen	10,63
Gypsmehl	0,15
½ gallon Firniss	2,37
2 Packete Blattgold	14,58
3 gallons Alkohol	7,81
Bienenwachs u. s. w.	0,46
4 lbs Schleifer	1,28
26 quires (Buch) Sandpapier	5,72
	Doll. 4423,75

Etwas ältere Mittheilungen über die Kosten neuer bedeckter Güterwagen von geringerer Tragfähigkeit giebt Wellington für die Western & Atlantic Railroad an. Hiernach sind verausgabt:

a) 1 Wagenkasten.

1) Material	158,35 $ (673,0 M)
2) Lohn	52,00 „ (221,0 „)
Zusammen	210,35 $ (894,0 M)

b) 2 Drehgestelle.

1) Material	290,35 $ (1234,00 M)
2) Lohn	6,15 „ (26,14 „)
Zusammen	296,50 $ (1260,14 M)

Der ganze Wagen kostet sonach 506,85 $ (2154,14 M).

Ueber die Kosten der Unterhaltung liegen verschiedene Angaben vor und zwar von der Western & Atlantic Railroad, in welchen jedoch, wie bemerkt ist, die Kosten für Polsterung und Tapezirarbeiten der Personenwagen nicht enthalten sind, dagegen ist bei den Kosten die Erneuerung für schadhaft gewordene Wagen eingerechnet. Nachstehende Tabellen geben eine Uebersicht dieser Kosten. Unterhaltungskosten.

a) Personenwagen:

Kosten für eine Wagen-Mile.			Kosten für 1000 Achskm.		
Material	Lohn	Summe	Material	Lohn	Summe
1,49 Pf.	1,28 Pf.	2,77 Pf.	2,32 M	1,99 M	4,31 M

b) Güterwagen:

	Kosten für eine Wagen-Mile			Kosten für 1000 Achskm.		
	Material	Lohn	Summe	Material	Lohn	Summe
Bedeckter Güterwagen im Lokalverkehr (Local Box Car)	1,02 Pf.	0,6 Pf.	1,62 Pf.	1,58 M	0,93 M	2,51 M
Viehwagen (Stock Car)	1,19 Pf.	0,7 Pf.	1,89 Pf.	1,85 M	1,08 M	2,93 M
Kohlenwagen und Plattformwagen (Local and Flat Car)	1,02 Pf.	0,35 Pf.	1,37 Pf.	1,58 M	0,54 M	2,12 M

Von derselben Bahn ist eine weitere Tabelle gegeben, bei welcher die Unterhaltungsarbeiten an offenen und bedeckten Wagen für Wagen verschiedenen Alters, nämlich von 1—5, 6—10, 11—16 Jahr alt, angegeben sind, woraus ein Schluss auf die Steigerung der Kosten mit zunehmendem Alter gezogen werden kann. Die Unterhaltungskosten beziehen sich auf 1 Achskm und sind in Pf. ausgedrückt.

Bedeckte Güterwagen				Kohlenwagen			
1—5 Jahr alt	6—10 Jahr alt	11—16 Jahr alt	Durchschnitt aller Wagen	1—5 Jahr alt	6—10 Jahr alt	11—16 Jahr alt	Durchschnitt aller Wagen
0,225	0,469	0,515	0,351	0,1123	0,4686	0,3969	0,3296

Weitere Angaben über die Reparaturkosten von Güterwagen liegen seitens der Lake Shore and Michigan Southern Railway für 6 Jahre vor; hiernach betrugen dieselben:

Jahr	Reparaturkosten eines Wagens für das Jahr		Reparaturkosten für 1000 Achskm		Anzahl der Wagen	
	ausschliesslich Erneuerungen	einschliesslich Erneuerungen	ausschliesslich Erneuerungen	einschliesslich Erneuerungen	in Betrieb befindlich	neu gebaut
1880	200,48 ℳ	217,04 ℳ	2,49 ℳ	2,70 ℳ	12107	107
1881	182,10 „	193,57 „	2,26 „	2,40 „	14633	66
1882	163,00 „	169,65 „	2,03 „	2,11 „	16796	58
1883	128,38 „	151,67 „	1,60 „	1,88 „	16649	197
1884	89,00 „	102,27 „	1,10 „	1,27 „	16355	109
1885	147,90 „	152,30 „	1,85 „	1,89 „	16629	38

In dieser Tabelle sind die Kosten der Unterhaltungs-Arbeiten von denjenigen Kosten getrennt, welche durch Erbauung neuer Wagen als Ersatz für alte, die entweder zertrümmert oder aus Alter abgängig geworden sind, erwachsen.

Nach den gemachten Angaben wurde in den Jahren 1870—79 der Wagenpark um eine grosse Zahl neuer Wagen vermehrt, sodass die angegebenen Zahlen sich wohl auf Wagen mittleren Alters beziehen. Es ist noch zu bemerken, dass die Güterwagen der gedachten Bahn jährlich etwa 20000 km durchlaufen.

Nach anderen Angaben sollen sich im Allgemeinen die Kosten für die Unterhaltung und den Ersatzbau der Wagen wie folgt vertheilen:

Räder	30 %
Achsen, Rothguss und Achsbuchsen	30 „
Federn	10 „
Drehgestellrahmen und Ausrüstung	5 „
Drehgestelle	75 %
Bremsen	5 „
Zugvorrichtung	10 „
Schwellen	5 „
Wagenkasten, Anstrich u. s. w.	5 „
Wagenkasten u. s. w.	25 %
Zusammen	100 %

XI. Oberbau und mechanische Anlagen.

Verfasser:

von Borries,

Bauinspector in Hannover.

Inhalts-Verzeichniss.

XI. Oberbau und mechanische Anlagen.

Verfasser: Bauinspector **von Borries**.

Da die älteren leichten Schienen von 33—36 kg pr. 1 m der z. Z. vorhandenen Inanspruchnahme, insbesondere den Triebachsbelastungen der neuen Lokomotiven nicht mehr genügen, so haben fast sämmtliche Bahnen für Neu- und Umbauten schwerere Schienenprofile eingeführt; als Durchschnitt kann z. Z. ein Gewicht von 80 ℔ pr. 1 Yard = 39,6 kg pr. 1 m gelten. Die folgende Zusammenstellung giebt einen Vergleich zwischen der Inanspruchnahme der Schienen durch die Lokomotiven und deren Gewicht auf einigen der grössten Bahngebiete. **Schienen.**

Eisenbahn	Lokomotiven			Gewicht der Schienen f. 1 m
	Gattung	Dienstgewicht t	Belast. einer Triebachse t	kg
Pennsylvania R. R.	Personen-Zug	47,6	15,0	42,2
New York Central	„	55,0	18,2	39,6
dieselbe	Güter-Zug	55,2	16,2	39,6
N. York-New Haven & Hartford	Personen-Zug	50,0	15,6	36,7
Phil. & Reading	„	47,5	16,0	44,5
dieselbe	Güter-Zug	69,0	16,0	44,5
Michigan Central	Personen-Zug	61,2	15,2	39,6
N. Y. L. Erie & West	„	57,6	15,0	39,6
Chic. Burl. & Quincy	„	50,0	14,0	42,2
dieselbe	Güter-Zug	68,0	14,0	42,2
Preuss. Staatsbahn	„	39,0	13,0	34,0

Aus derselben darf man schliessen, dass für eine Triebachsbelastung von 15 t ein Schienengewicht von 40 kg für angemessen erachtet wird. Ausnahmen bilden die New York Central-Bahn, welche ihre nur 39,0 kg schweren Schienen bei den neuen Schnellzug-Lokomotiven mit 18,2 t, den Güterzug-Lokomotiven mit 16,2 t belastet und die New York-New Haven & Hartford-Bahn, bei welcher die leichten Schienen von 36,7 kg Gewicht pr. 1 m 15,6 t tragen müssen. Andererseits wendet die Pennsylvania R. R. für 15 t Triebachsbelastung 42,2 kg pr. 1 m, die Philadelphia & Reading für 16 t: 44,5 kg und die Chicago-, Burlington- & Quincy-Bahn für 14 t: 42,2 kg an.

Bei einem Vergleich mit den hiesigen Verhältnissen ist indess zu beachten, dass in Amerika unter einer Schienenlänge von 30' (9,50 m) in der Regel 15—16 Schwellen liegen; der Abstand derselben ist also erheblich geringer als hier, sodass die älteren leichten amerikanischen Schienen von 30—36 kg unter den Triebachsbelastungen von 15—16 t nicht stärker, als die hiesigen von 34 kg unter denjenigen von 13—14 t beansprucht werden. Die von den amerikanischen Bahnen eingeführte Vermehrung des Gewichtes bezweckt daher eine Erhaltung der früher unter den leichteren Lokomotiven bestandenen geringeren Inanspruchnahme der Schienen behufs Erzielung einer grösseren Dauer derselben.

Die Profile der Schienen, welche sich in den letzten Jahrgängen der Engineering News und Railroad Gazette in grösserer Anzahl abgebildet finden, sind gedrungener als hier. Die Höhe und Fussbreite sind meistens gleich 5" = 127 mm für die 80 ℔ = 39,6 kg Schiene; die oberen Kanten des Fusses sind nicht gebrochen, die Laschenkammer ist erheblich niedriger als hier, die Seiten des Kopfes werden vielfach senkrecht, statt früher nach unten verbreitert, ausgeführt. Profile mit besonders hohen Köpfen, welche eine möglichst grosse Abnutzung der Schienen gestatten sollten, haben sich, nach mündlichen Angaben, in Amerika ebenso wie in Europa nicht bewährt, weil das Material nicht genügend und gleichmässig durchgearbeitet war. Ueberhaupt stellen die schweren Schienen in letzterer Beziehung höhere Ansprüche an die Walztechnik, wenn ein ebenso gutes Material, wie bei den älteren leichten Schienen hergestellt werden soll. Namentlich müssen die Walzendurchmesser und die Triebkraft bedeutend vergrössert werden.

Stossverbindungen. Die bei den älteren Schienen angebrachte Laschenverbindung mit 4 Schrauben bildet ebenso wie hier die schwache Stelle der Gleise und verursacht durch ihre mangelhafte Haltbarkeit vorzeitiges Unbrauchbarwerden der Schienen, sowie mangelhaften Zustand der Gleise. Bei den neuen schweren Schienen sind daher durchweg kräftige lange Laschen mit 6 Schrauben eingeführt worden, welche namentlich infolge ihrer breiten Tragflächen bessere Haltbarkeit versprechen und sich zur Zeit recht gut befahren.

Weitere Verbesserungen der Stossverbindung werden durch besondere Constructionen derselben, unter welchen namentlich der schräge Schnitt und der sog. Fisher-Stoss zu nennen sind, angestrebt.

Der schräge Schnitt ist bei der Lehigh-Valley-Bahn auf den stark befahrenen Haupt-Strecken in grösserem Massstabe eingeführt worden, und hat den Zweck, den Druck bei dem Uebergange der Räder von einer Schiene zur andern allmählich und ohne Unterbrechung der Tragflächen zu übertragen, sodass die sonst infolge des Zwischenraumes unvermeidlich entstehenden harten Schläge vermieden werden; da die Letzteren die Hauptursache des Lockerwerdens der Laschenverbindung und des Einschlagens der Anlageflächen derselben sind, so ist anzunehmen, dass die Laschen bei diesem schräggeschnittenen Stosse wesentlich besser halten und hierdurch zu längerer Dauer der Schienenenden erheblich beitragen werden.

Da der sanftere Uebergang der Räder durch den schrägen Schnitt auch bei grösserem Spielraum gesichert erschien, hat man die Schienen gleichzeitig 45' (13,70 m) statt 30' lang hergestellt und damit die Kosten pr. 1 m Gleis entsprechend vermindert; da die Mehrkosten des Schrägschneidens nur etwa 4 Mark pr. 1 t Schienen betragen, so fällt dies Gleis pr. 1 m Länge billiger, als dasjenige mit gradem Schnitt und 30' Schienen aus. Die Stossverbindung ist in Fig. 4 Taf. LV vollständig abgebildet. Bei dem Befahren der betr. Strecken, welche mehrfach mit solchen mit gradem Schnitt und gleichartiger Verlaschung abwechselten, war eine bedeutende Verringerung des Geräusches beim

Uebergange der Räder von einer Schiene zur anderen wahrzunehmen und Schläge überhaupt nicht zu verspüren. Die Ursache des Misserfolges der alten schräggeschnittenen Stösse dürfte in der ungenügenden Stärke der Verlaschung gelegen haben, so dass aus diesen Misserfolgen kein Schluss auf die Dauer der neuen Bauart gezogen werden kann.

Bei dem Fisher-Stoss wird das Lockerwerden der Verbindung dadurch verhindert, dass unter die Schienenenden von einer Schwelle zur anderen eine etwas gewölbte sog. „Brücke" gelegt ist, welche sich unter der Belastung soweit durchbiegt, dass die Schienenfüsse eine sehr grosse Tragfläche finden, welche gross genug ist, um ein Einschlagen zu vermeiden. Dieser Stoss ist in Fig. 3 Taf. LV abgebildet. Die Bügelschraube mit federnder Zwischenlage dient zum Festhalten der unbelasteten Schienenenden, die Laschen und deren Schrauben vorzugsweise zur Erhaltung des richtigen Abstandes bezw. Zwischenraumes der Schienen. Die Brücken bestehen aus Schweisseisen, und haben ein erheblich geringeres Widerstandsmoment als die Schienen selber, um in der angegebenen Weise wirken zu können. Ein Herabbiegen der Schienenenden, Senken der Stösse ist trotzdem nicht zu befürchten, da die Schwellen an den Stössen möglichst nahe an einander gelegt werden, sodass Brücke und Schienen zusammen genügende Tragkraft haben.

Der Fisher-Stoss wurde bei mehreren Bahnen, welche denselben in grösserem Umfange eingeführt haben, als zweckmässig bezeichnet. Bei Erprobung desselben hier würde es sich empfehlen, die Construction so zu wählen, dass die angegebene Wirkungsweise, welche bei den bisher vorgeschlagenen Nachbildungen verlassen war, beibehalten wird.

Versetzte Stösse.

Bei den meisten Bahnen liegen die Stösse im Gleise einander nicht gegenüber, sondern über die halbe Schienenlänge versetzt, wodurch eine ruhigere Gangart der Fahrzeuge erreicht werden soll. Dieser Zweck wird aber bei mangelhaften Gleisen mit tiefliegenden Stössen nicht erreicht, da unter bestimmten Umständen regelmässige seitliche Schwankungen der Wagen eintreten, welche jedenfalls unangenehmer, als die geringen senkrechten Bewegungen bei nicht versetzten Stössen sind. Die bez. Umstände, welche dann eintreten, wenn die Zeitdauer einer Schwankung des Wagens mit derjenigen des Befahrens einer halben Schienenlänge annähernd übereinstimmt, welche also von der Federung und dem Radstande der Wagen, der Länge der Schienen und der Fahrgeschwindigkeit abhängen, scheinen öfter zusammenzutreffen, wie an dem gelegentlichen Eintreten dieser Schwankungen der Wagen zu erkennen war. Jedenfalls ist das Versetzen der Stösse umsoweniger nachahmenswerth, als es bei einem kräftig gebauten Gleise mit in richtiger Höhe liegenden Stössen keinen Zweck hat.

Zustand der Gleise.

Der Zustand der Gleise ist ziemlich verschieden, trotzdem die Bettung meistens aus gutem Steinschlag besteht. Selbst auf den stark befahrenen östlichen Bahnen findet man Strecken mit mangelhafter Gleislage, während die meisten recht gut liegen. Mehrfach wurde bemerkt, dass die Schienen selber mangelhaft gerichtet waren, oder durch ungleichmässiges Stopfen der Schwellen kurze Buckel erhalten hatten. Im Ganzen fahren sich die Gleise, wahrscheinlich infolge der vielen Schwellen und der Steinbettung, etwas härter als hier, was namentlich bei mangelhafter Lage zu bemerken war. Alle Unregelmässigkeiten der Gleise machen sich indess in den Personenwagen infolge der Drehgestelle mit doppelter Federung nur wenig bemerkbar.

Weichen und Kreuzungen.

Während man in Nebengleisen und auf den älteren Rangirbahnhöfen Schleppweichen einfachster Art findet, sind die Hauptgleise jetzt überall mit Zungenweichen versehen. Die Zungen werden stets aus Schienen hergestellt, sind 4200—5500 mm lang und für die Ablenkung gekrümmt; die

Befestigung an der Wurzel geschieht mit gewöhnlichen Laschen. Die Herzstücke werden ebenfalls stets aus Schienen hergestellt und erhalten gewöhnlich eine Neigung von 1:8; in Hauptgleisen, wo sie von den Zügen befahren werden, häufig 1:9, in Nebengleisen wo nöthig 1:7 und 1:6. Auf einzelnen grösseren Stationen mit Central-Weichenstellung waren auch die Herzstücke der Hauptgleise mit beweglichen, gemeinsam mit den Weichen gestellten Zungen versehen.

Die Weichen, namentlich die Herzstücke befahren sich sehr gut; in den Personenwagen war meistens kein Geräusch oder Stoss zu verspüren.

Sicherheits-Vorrichtungen an Brücken.

Die grösseren eisernen Brücken sind allgemein mit Sicherheits-Vorrichtungen versehen, welche eine Beschädigung der Brückentheile durch entgleiste Fahrzeuge verhindern bezw. dieselben vor Erreichen der Brückenbahn wieder ins Gleis bringen sollen.

Fig. 72.

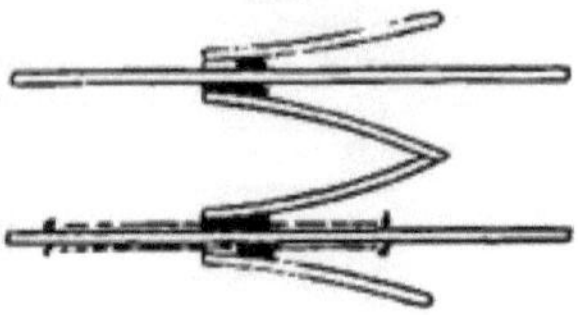

Zu ersterem Zwecke liegen aussen und zum Theil auch innen neben jeder Schiene kräftige Balken, welche etwa entgleiste Achsen am Verlassen der Fahrbahn hindern und auf denen die Fahrzeuge nöthigenfalls so lange rutschen können, bis der Zug zum Stehen gekommen ist. Zum Eingleisen sind mehrfach Schienen nach nebenstehender Skizze, Fig. 72, angebracht und am Zusammenlauf mit schiefen Ebenen nach beistehenden Schnitten, Fig. 73, versehen, auf welchen die entgleisten Achsen wieder ins Gleis laufen sollen. Die Vorrichtung dürfte bei richtiger Construction ihren Zweck erfüllen.

Fig. 73.

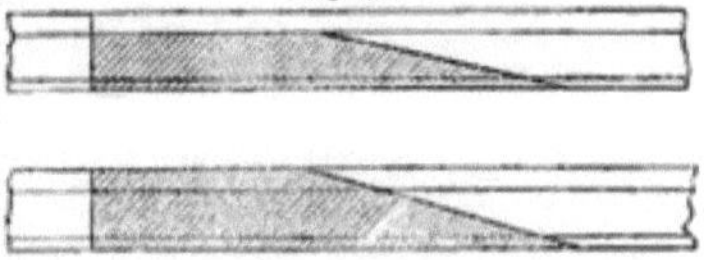

Zur Aufnahme der Wärme-Ausdehnung waren die Gleise der neuen Brücke bei New London der New York-, New Haven- & Hartford-Bahn in ähnlicher Weise wie die Elbbrücken zwischen Hamburg und Harburg mit einer, den Weichenzungen nachgebildeten Vorrichtung nach beistehender Skizze, Fig. 74, versehen, welche sich stossfrei befährt und infolgedessen sehr gut hält.

Fig. 74.

Drehscheiben.

Die Lokomotiv-Drehscheiben erhalten in der Regel einen Durchmesser von 60' = 18,3 m; die Lokomotiven können sich auf denselben derart aufstellen, dass ihr Schwerpunkt annähernd über dem Mittelzapfen liegt, wodurch die Belastung fast vollständig auf das Mittellager kommt. Letzteres besteht aus kegelförmigen Rollen, welche in einem Ringe gelagert sind; die Einrichtung ist in Fig. 1 u. 2 Taf. LV für die Drehscheibe der Wagen-Werkstätte zu Altoona von 100' = 30,5 m Durchmesser dargestellt. Dieselbe verleiht den Drehscheiben einen so leichten Gang, dass ein Mann die schwerste Lokomotive ohne Mühe durch Schieben am Drehbaum drehen kann. Man findet daher selten Kurbel-Triebvorrichtungen mit Zahnkränzen u. s. w. und mechanischen Antrieb nur da, wo es sich wegen starker Inanspruchnahme der Drehscheiben darum handelt, die einzelnen Bewegungen schnell auszuführen.

Die Hauptträger u. s. w. wurden früher in der Regel aus Gusseisen hergestellt; bei einem der besten derartigen Modelle von Sellers in Philadelphia besteht jeder Hauptträger aus 2 Theilen, welche mit je zwei starken schweisseisernen Klammern an dem Mittelstück befestigt werden. Jetzt werden die Hauptträger vielfach aus Schweiss- oder Flusseisenblechen und -Winkeln in derselben Weise wie hier und sehr kräftig gebaut. Dieselben liegen bisweilen so weit auseinander, dass das Normalprofil zwischen ihnen frei bleibt und sind dann nach oben gekrümmt. Diese Bauart hat den Vortheil, dass die Grube nur etwa 300 mm tief wird, da nur die Querträger unter den Fahrschienen liegen müssen.

Die Stützung auf dem mittleren Rollenkranz geschieht mit 4 stellbaren Druckschrauben, um die richtige Höhenstellung, von welcher der leichte Gang abhängt, erhalten zu können. Mechanischer Antrieb geschieht, wo nöthig, mittelst kleiner Dampfmaschinen, welche durch ein besonderes Rad, welches als Triebrad dient, getragen werden und mit dem Hauptkörper der Drehscheiben nur durch zwei Drehbolzen verbunden sind, sodass das Gewicht der Maschinen als Adhäsionsgewicht dient. Elektrischer Antrieb scheint noch nicht ausgeführt zu sein, wird aber für die Folge an Stellen, wo der nöthige Strom leicht zu haben ist, vorwiegend zur Anwendung gelangen.

Schiebebühnen. Grosse Schiebebühnen für Lokomotivschuppen, auf welchen Lokomotiven mit Tendern verschoben werden können, wurden nirgends vorgefunden, da die Schuppen fast ausnahmslos rund gebaut und mit Drehscheiben versehen sind. Bei einigen alten rechteckigen Schuppen waren die Stränge mit Weichen verbunden. Die 7,6—8,5 m langen Schiebebühnen der Lokomotiv-Werkstätten boten nichts Bemerkenswerthes.

Ausrüstung der Lokomotivschuppen. Die Lokomotivschuppen sind ebenso wie hier mit Werkbänken, Schraubstöcken und Feldschmieden versehen, um kleine Nacharbeiten ohne Zeitverlust ausführen zu können. Grössere Schuppen haben auch Achswechselgruben und die für Betriebs-Werkstätten nöthige Einrichtung. Häufig steht in den Schuppen ein Dampfkessel von 20—25 qm Heizfläche, welcher mit einem Injector zum Auswaschen und Füllen der Kessel, sowie mit einer Druckpumpe zum Prüfen derselben versehen ist. Diese Kessel sind sehr empfehlenswerth, da alsdann für das Auswaschen keine in Dampf stehenden Lokomotiven in Anspruch genommen werden.

Wasserstationen. Die Wasserbehälter sind in der Regel grosse hölzerne Bottiche, welche auf hölzernen Gerüsten stehen; die Krähne haben keine drehbaren Ausleger, sondern Schläuche. Die ganze Bauart bietet nichts Nachahmenswerthes.

Kohlen-Ladevorrichtungen. An den Lokomotivschuppen befinden sich meistens Kohlenbühnen derselben Bauart wie hier, von welchen das Beladen der Tender mit kleinen Krähnen oder Körben stattfindet. An den Haupt-Kohlen-Lagern wird das Beladen vielfach mittelst grosser Fülltrichter vorgenommen, welche an entsprechenden Brücken über den Betriebsgleisen aufgehängt und unten mit Klappen versehen sind. Die Züge und Lokomotiven halten an diesen Stellen einige Sekunden, welche zum Herabstürzen des Inhaltes eines Trichters genügen und setzen dann ihre Fahrt fort; für Schnellzüge werden die Lokomotiven vorher mit Kohlen versehen. Diese Sturzvorrichtungen liegen nicht immer an den Maschinenstationen, sondern auch an anderen Stellen, z. B. in möglichster Nähe von Kohlengruben. Ueber die Brücken laufen Gleise für kleinere Wagen, mittelst deren die Trichter gefüllt werden. Diese Wagen werden unten am Kohlenlager oder direkt aus den Kohlenwagen gefüllt und dann mit entsprechenden Aufzügen oder schiefen Ebenen auf die Höhe der Brücke gehoben. Eine der besten Anlagen dieser Art, welche übrigens für hiesige Verhältnisse kaum nachahmenswerth sein dürften, ist diejenige der Pennsylvania-Bahn auf den Hackensack-Meadows vor Jersey City bei New York.

XII. Beschaffenheit, Abnahme und Verwendung der Brenn- und Schmier-Oele.

Verfasser:

von Borries,

Bauinspector in Hannover.

Inhalts-Verzeichniss.

XII. Beschaffenheit, Abnahme und Verwendung der Brenn- und Schmier-Oele.

Verfasser: Bauinspector **von Borries.**

Auf die Beschaffung von Brenn- und Schmier-Oelen von einer für die verschiedenen Verwendungszwecke geeigneten Beschaffenheit, wird seitens der grösseren Bahnen viel Sorgfalt verwendet, wie die folgenden Lieferungs- und Verwendungs-Vorschriften der Pennsylvania- und der Lehigh-Valley-Bahn zeigen.

Die Lieferungs-Bedingungen enthalten genaue Bestimmungen über die Färbung, den Entflammungspunkt, den Kältepunkt, das spec. Gewicht, die Reinheit und Zähflüssigkeit der betr. Oele, wobei im Einzelnen nur diejenigen Bestimmungen vorgeschrieben werden, welche für den Nachweis geeigneter Beschaffenheit des betr. Oeles erforderlich sind.

Die angewandten Untersuchungsmethoden zeichnen sich durch Einfachheit der Ausführung aus, insbesondere wird der Kältepunkt (hier Erstarrungspunkt genannt) entweder durch das Fliessen des Oeles von einem Ende der Probeflasche zum anderen, oder durch den Eintritt der Wolkenbildung (Undurchsichtigkeit) in einfachster Weise bestimmt.

An thierischen Oelen werden Speck-Oel, Talg-Oel, Talg und Klauen-Oel; an Mineral-Oelen Brenn- und Schmier-Oele verschiedener Beschaffenheit, sowie Paraffin-Oel beschafft. Dieselben kommen theils unvermischt, theils in bestimmten Mischungen zur Verwendung. Pflanzen-Oele, insbesondere Rüb-Oel, scheinen nicht verwendet zu werden.

Brenn-Oele.

Als Brenn-Oele werden die leichteren Petroleum-Sorten verwendet und zwar für Weichen- und Signallaternen, die Kopflaternen der Lokomotiven, sowie zur Beleuchtung von Geschäftsräumen aller Art helle Oele von etwa 50° C. niedrigstem Flammpunkt und — 16° höchstem Kältepunkt. Für die Innenbeleuchtung der Personenwagen, sowie die Zug-Signallaternen und Handlaternen wird ein etwas schwereres Oel von etwa 120° Flammpunkt und 0° Kältepunkt, für letztere Zwecke stellenweise mit Speck-Oel und leichtem Mineral-Oel gemischt, unter der Bezeichnung „Signal-Oel“ verwendet.

Schmier-Oele.

Maschinen-Oel, welches zur Schmierung der Lokomotiven und Tender (ausgenommen die in Dampf gehenden Theile), sowie im Werkstättenbetrieb dient, wurde bei der Pennsylvania-Bahn bisher aus Speck- und Paraffin-Oel gemischt. Neuerdings wird demselben auch schweres Mineral-Oel von 235° Flammpunkt zugesetzt. Als Cylinder-Oel zur Schmierung aller in Dampf gehenden Theile wird das schwere Mineral-Oel unter Zusatz von 1/5 Speck-Oel verwendet.

Als Wagen-Schmier-Oel dient allgemein Mineral-Oel, welchem für Personenwagen Speck-Oel zugesetzt wird. Dieses Mineral-Oel ist im Winter und Sommer von verschiedener Beschaffenheit; der höchste Kältepunkt ist bei Sommer-Oel + 0 bis + 5° C., bei Winter-Oel — 18 bis — 12° C. Die richtige Verwendung beider Gattungen wird in einfachster Weise dadurch erreicht, dass vom 1. October bis 1. April oder anderen den klimatischen Verhältnissen angepassten Zeitpunkten nur Winter-Oel, in der übrigen Jahreszeit nur Sommer-Oel geliefert werden darf. Einige Bahnen, z. B. die Lehigh-Valley, verwenden im Herbste noch ein drittes Schmier-Oel von mittlerer Beschaffenheit.

Pennsylvania Eisenbahn-Gesellschaft.

I. Bedingungen für die Lieferung von Oelen.

Speck-Oel. v. 19. 3. 89.

Es werden zwei Arten von Speck-Oelen, bekannt unter der Marke „Extra" und „Extra No. 1", gebraucht, das erstere hauptsächlich zum Brennen, das letztere zum Schmieren.

Das unter dieser Bezeichnung verlangte Material ist Oel von dem Speck von mit Mais gemästeten Schweinen, mit anderen Oelen nicht vermischt und so wenig wie möglich freie Säuren enthaltend. Vom 1. October bis 1. Mai soll es keinen höheren Kältepunkt als 4° C. zeigen. Speck-Oel von Schweinen, welche mittelst Eichelmast oder Schlempefütterung gemästet sind, giebt keine guten Resultate im Gebrauch und sollte nicht angeboten werden. Auch sollte Sorge getragen werden, dass das Oel aus frischem Speck hergestellt wird. Alter Speck giebt ein Oel, welches nicht gut brennt und auch schlechte Schmierfähigkeit zeigt. Der Gebrauch des sogenannten Klauen-Oels, entweder allein, oder als Zusatz bei der Herstellung des „Extra No. 1" ist nicht zu empfehlen. Klauen-Oel wird von der Eisenbahn-Gesellschaft gebraucht, wenn der Preis es zulässt, aber es ist dann ungemischt zu liefern.

Beide Arten von Oel werden nach Probe gekauft; die Lieferungen müssen den Proben entsprechen. Eine 4 Unzen-Probe ist genügend und muss direkt vom Verkäufer eingesandt werden. Die Farbe der Probe ist von Bedeutung für den Werth der Waare, die hellsten Sorten werden als die besten angesehen. Die Lieferung muss sobald als möglich nach Eingang des Auftrages ausgeführt werden. Alle Lieferungen, welche nach dem 1. October eingehen, werden der Prüfung auf den Kältepunkt unterworfen und zurückgewiesen, wenn sie nicht genügen, jedoch angenommen, wenn nachgewiesen werden kann, dass die Lieferung vorher aufgegeben und länger als eine Woche unterwegs gewesen ist.

Lieferungen von „Extra" werden nicht angenommen, wenn sie:

1. Zusätze von anderen Oelen enthalten;
2. Mehr freie Säure enthalten, als von 4 ccm Alkalilösung, wie unten beschrieben, neutralisirt wird;
3. Einen Kältepunkt über 7° C. zeigen für die Zeit vom 1. October bis 1. Mai;
4. Eine Färbung zeigen, wenn sie mit Höllenstein-Lösung, wie unten beschrieben, probirt werden.

Lieferungen von „Extra No. 1." werden nicht angenommen, wenn sie:

1. Zusätze von anderen Oelen enthalten;
2. Mehr freie Säuren enthalten als von 30 ccm Alkalilösung, wie unten beschrieben, neutralisirt wird;
3. Einen Kältepunkt über 9° C. zeigen für die Zeit vom 1. October bis 1. Mai.

Der Kältepunkt wird folgendermaassen bestimmt: Zwei Unzen Oel werden in eine 4 Unzen-Probe-Flasche gethan und ein Thermometer hinein gestellt. Das Oel ist dann abzukühlen, wozu eine Kältemischung von Eis und Salz, wenn nöthig, benutzt wird. Wenn das Oel hart geworden ist, wird die Flasche aus der Kältemischung entfernt und man lässt das gefrorene Oel unter fortwährendem Rühren und Mischen mittels des Thermometers so lange weich werden, bis die Masse von einem Ende der Flasche zum anderen fliesst. Die Temperatur, bei welcher dies der Fall ist, wird als der Kältepunkt des Oeles bezeichnet.

Der Gehalt an freier Säure wird nach der unter II beschriebenen Methode bestimmt. Extra-Oel entspricht nicht, wenn mehr als 4 ccm, Extra-Oel No. 1, wenn mehr als 39 ccm gebraucht sind.

Die Prüfung mit Höllenstein geschieht wie folgt:

Man bereite eine Lösung von Höllenstein in Alkohol und Aether nach folgender Vorschrift:

Höllenstein	1 g
Alkohol	200 g
Aether	40 g

Nachdem diese Stoffe gemischt und gelöst sind, lässt man die Lösung in der Sonne oder im verstreuten Licht stehen, bis sie vollkommen klar geworden ist, sie ist dann zum Gebrauch fertig und muss an einem dunklen Orte und fest verschlossen aufbewahrt werden.

In eine 50 ccm Proberöhre oder Flasche thut man 10 ccm des zu prüfenden Oeles, welches vorher durch ausgewaschenes Filtrirpapier filtrirt werden muss, und 5 ccm von der obigen Lösung, schüttelt und erhitzt die Mischung in einem Gefäss mit kochendem Wasser 15 Minuten lang unter gelegentlichem Schütteln. Bedingungsgemässes Oel zeigt keine Veränderung der Farbe bei dieser Prüfung.

Talg-Oel zum Schmieren wird nicht angenommen, wenn es Zusätze von anderen Oelen und mehr als 15 % freie Säure enthält. Vom 1. November bis zum 1. April wird Talg-Oel nicht angenommen, wenn es einen höheren Kältepunkt als 7° C. zeigt. **Talg-Oel. v. 11. 4. 85.**

Talg-Oel wird nach Probe gekauft und die obigen Angaben müssen streng befolgt werden. Die Farbe der Probe ist zu beachten: die hellsten Oele gelten als die besten. Der Gehalt an freier Säure im Oele wird nach der unten beschriebenen Methode bestimmt. Der Kältepunkt des Oeles wird wie bei Speck-Oel bestimmt.

Fünf verschiedene Sorten von Petroleum-Producten sind im Gebrauch. **Petroleum-Producte. v. 14. 9. 89.**

Die unter dieser Bezeichnung zu liefernden Oele sind Producte der Destillation und Reinigung des Petroleums, dürfen nicht mit anderen Substanzen gemischt sein und müssen den folgenden Angaben genügen. Producte, welche schlechten Geruch haben, oder mit anderen Oelen vermischt sind, werden nicht angenommen. Die Lieferungen müssen sobald als möglich nach Eingang des Auftrages ausgeführt werden. Alle Lieferungen, welche an irgend einem Platze am oder nach dem 1. October empfangen werden, müssen dem Kältepunkt genügen und alle am oder nach dem 1. Mai empfangenen müssen dem Flammpunkt genügen; dieselben werden zurückgewiesen, wenn sie nicht genügen, selbst wenn der Auftrag nicht Winter- und Sommer-Oel verlangt, sofern nicht nachgewiesen wird, dass die Lieferungen vorher aufgegeben und länger als eine Woche unterwegs gewesen sind.

Eine vorherige Untersuchung der Proben ist nicht erforderlich, aber eine beschränkte Anzahl von besonderen Untersuchungen werden auf Verlangen des kaufenden Agenten gemacht für solche, welche darüber Auskunft verlangen. Wenn eine Lieferung empfangen ist, wird eine einzige Probe auf's Geratewohl genommen und untersucht; die Lieferung wird nach dieser Probe angenommen oder zur Verfügung gestellt. Wenn sie zur Verfügung gestellt wird, so wird sie auf des Absenders Kosten zurückgeschickt.

Die folgenden Bedingungen müssen erfüllt werden:

Brenn-Oel mit 66° Brennpunkt.

Dieses Oel wird nicht angenommen, wenn die Probe:

1. Nicht „wasserweiss" in der Farbe ist;
2. Unter 54° C. entflammt;
3. Unter 66° C. brennt;
4. Trübe ist, oder sich in der Lieferung nach Empfang Fässer vorfinden, deren Inhalt durch Schleim oder von gelösten Stoffen getrübt ist;
5. Undurchsichtig wird oder sich trübt, wenn die Probe 10 Minuten lang einer Temperatur von — 16° C. ausgesetzt wird.

Die Flamm- und Brennpunkte werden bestimmt, indem man das Oel in einem offenen Gefässe um nicht weniger als 7° C. in der Minute erwärmt und die Flamme von je 3 zu 3° nähert, mit 51° C. beginnend. Der Kältepunkt wird wie vorstehend beschrieben bestimmt, indem man eine Unze in einer 4 Unzen-Probeflasche mit einem im Oel aufgehängten Thermometer einer Kälte-Mischung von Eis und Salz aussetzt. Es ist rathsam, mit dem Thermometer zu rühren, während das Oel abkühlt. Das Oel muss in der Kälte-Mischung 10 Minuten durchsichtig bleiben, nachdem es auf — 18° C. abgekühlt ist.

Brenn-Oel mit 149° Brennpunkt.

Dieses Oel wird nicht angenommen, wenn die Probe:

1. Nicht „wasserweiss" in der Farbe ist;
2. Unter 121° C. entflammt;
3. Unter 149° C. brennt;
4. Trübe ist, oder sich in der Lieferung nach Empfang Fässer mit trübem Inhalt vorfinden;
5. Undurchsichtig wird oder sich trübt, wenn die Probe 10 Minuten lang einer Temperatur von 0° C. ausgesetzt wird.

Die Flamm- und Brennpunkte werden wie bei Oel mit 66° Flammpunkt bestimmt, mit dem Unterschied, dass die Temperatur des Oeles um je 8° pro Minute gesteigert wird; die Flamme wird bei 117° zuerst genähert. Der Kältepunkt wird wie beschrieben bestimmt, mit dem Unterschied, dass Wasser und Eis gebraucht werden.

Paraffin-Oel.

Dieses Oel wird nicht angenommen, wenn die Probe:

1. Anders als schwach citronengelb ist;
2. Unter 121° C. entflammt;
3. Eine geringere Zähflüssigkeit aufweist als 10 Secunden oder eine höhere als 65 Secunden entspricht, wenn es geprüft wird, wie unter Schmier-Oel beschrieben ist, und zwar bei 38° C. das ganze Jahr hindurch;
4. Ein specifisches Gewicht bei 16° C. hat über 0,900 oder unter 0,881;
5. Vom 1. October bis 1. Mai einen Kältepunkt über — 12° C. hat.

Smith's-Ferry-Oel kann an Stelle von Paraffin-Oel gebraucht werden, jedoch müssen Zähflüssigkeit und Kältepunkt dieselben sein, wie bei Schmier-Oel, und das specifische Gewicht bei 16° C. zwischen 0,859 und 0,849 liegen. Smith's-Ferry-Oel kann im Winter nicht gebraucht werden.

Der Flammpunkt wird ebenso wie für Oel mit 149° Flammpunkt, der Kältepunkt wie bei Speck-Oel bestimmt.

Schmier-Oel.

Dieses Oel wird nicht angenommen, wenn die Probe:

1. Vom 1. Mai bis 1. October unter 121° C. und vom 1. October bis 1. Mai unter 83° C. entflammt;
2. Ein specifisches Gewicht bei 16° C. über 0,886 oder unter 0,875 hat;
3. Vom 1. October bis 1. Mai einen Kältepunkt über — 12° C. hat;
4. Einen unlöslichen Rückstand in 10 Minuten hinterlässt, wenn 5 ccm des Oeles mit 95 ccm 88° Gasoline gemischt werden;
5. Eine geringere Zähflüssigkeit zeigt, als 55 Secunden, oder eine höhere als 100 Secunden bei der unten beschriebenen Prüfung entspricht. Vom 1. October bis 1. Mai muss diese Prüfung bei 38° C., vom 1. Mai bis 1. October bei 43° C. vorgenommen werden.

Bei Sommer-Oel wird der Flammpunkt ebenso bestimmt, wie bei Paraffin-Oel und bei Winter-Oel ebenfalls, mit dem Unterschied, dass die Flamme zuerst bei 89° C. genähert wird. Der Kältepunkt wird wie bei Paraffin-Oel bestimmt. Der Rückstandsversuch hat den Zweck, Oele, welche theerige und gelöste Stoffe enthalten, auszuschliessen. Er ist am leichtesten auszuführen, wenn man 5 ccm des Oeles in einen gradirten 100 ccm Cylinder bringt, dann bis zur Marke mit Gasoline füllt und schüttelt.

Die Zähflüssigkeit wird folgendermaassen bestimmt:

Eine 100 ccm Pipette von der langen Form wird so eingestellt, dass sie bis zum untersten Punkt des bauchigen Theils oder bis zur Ausflussöffnung gerade 100 ccm fasst. Die Grösse der Ausflussöffnung ist so herzustellen, dass 100 ccm Wasser von 38° C. aus der Pipette in 34 Secunden auslaufen. Pipetten, deren bauchiger Theil einen äusseren Durchmesser von 35—40 mm besitzt, bei einer Länge von ungefähr 115 mm, geben fast dasselbe Resultat, vorausgesetzt, das die Auslauföffnung von richtiger Weite ist. Wenn die Pipette in Bereitschaft ist, wird die Oelprobe auf die erforderliche Temperatur gebracht, indem man für möglichst gleichmässige Erwärmung Sorge trägt; dann wird die Pipette bis zur Marke gefüllt. Die Zeit, welche das Oel braucht, um bis zur unteren Marke auszulaufen, ergiebt die Zähflüssigkeitsziffer. Ein Metronom (oder Secunden-Uhr mit Arretirung) anzuwenden ist bequem, aber nicht unbedingt erforderlich, um die Bestimmung auszuführen. Eine Temperatur des Zimmers von 20—25° C. beeinflusst das Resultat nicht. Eine Wiederholung der Probe wird gewöhnlich nicht möglich sein, ohne das Oel wieder auf die vorgeschriebene Temperatur zu bringen. Bullock & Crenshaw 528 Arch-Street Philadelphia liefern die Pipetten für den Zähflüssigkeitsversuch. Sie müssen bestellt werden „P. R. R. Viscosity Pipettes".

Mineral-Oel mit 260° Brennpunkt.

Dieses Oel wird nicht angenommen, wenn die Probe:

1. Unter 235° C. entflammt;
2. Niederschlag mit Gasoline zeigt, wenn sie untersucht wird wie bei Schmier-Oel beschrieben.

Der Flammpunkt wird ebenso bestimmt, wie bei Schmier-Oel, mit dem Unterschied, dass die Flamme zuerst bei 226° C. genähert wird.

Nr. 1 Klauen-Oel. v. 17. 9. 83.

No. 1 Klauen-Oel wird nicht angenommen, wenn es Zusätze von anderen Oelen oder mehr als 15% freie Säure enthält. Vom 1. November bis 1. April wird dieses Oel nicht angenommen, wenn es einen höheren Kältepunkt als 7° C. zeigt. Klauen-Oel wird nach Probe gekauft; die Lieferungen müssen genau der Probe entsprechen.

II. Methode freie Säure in Oelen und Talg zu bestimmen. Vom 16. Februar 1869.

a. Erforderliches Material.

½ Dutzend 4 Unzen-Probeflaschen,

3 10 ccm Pipetten oder, wenn es gewünscht wird, eine Waage, welche Milligramm anzeigt.

1 30 ccm Bürette, eingetheilt in $\frac{1}{10}$ ccm, mit Quetschhahn und Ablaufröhre.

2 Unzen alkoholische Curcuma-Lösung.

2 qts. 95 % Alkohol, zu welchem ½ Unze trockene Soda hinzugefügt und ordentlich geschüttelt ist.

1 qt. Kalilauge, von solcher Stärke, dass 31½ ccm derselben 5 ccm Schwefelsäure, welche 49 mg H_2SO_4 pro 1 ccm enthält, genau neutralisirt.

b. Ausführung.

Man nimmt ungefähr 2 Unzen der geklärten alkoholischen Lösung und fügt einige Tropfen Curcuma-Lösung hinzu, welche den Alkohol roth färbt, erwärmt auf ungefähr 66° C., fügt dann 8,9 g des zu untersuchenden Oeles hinzu und schüttelt es durcheinander; die Farbe der Lösung wird gelb. Man füllt dann die Bürette mit der Kalilauge und lässt diese Lösung aus der Bürette nach und nach in die Flasche laufen unter häufigem Schütteln, bis die Farbe wieder roth wird. Die rothe Farbe muss nach dem letzten heftigen Schütteln bleiben. Nun liest man ab, wie viele Cubikcentimeter der Kalilauge gebraucht worden sind und diese Zahl zeigt, ob das Material den Bedingungen entspricht oder nicht.

Freie Säure in Talg wird genau ebenso bestimmt, doch wird der Talg geschmolzen, ehe er dem Alkohol hinzugefügt wird.

10 ccm Extra-Speck-Oel von gewöhnlicher Temperatur und dieselbe Menge geschmolzenen Talgs von 38° C. wiegen fast genau 8,9 g. Unter gewöhnlichen Umständen wird es deshalb nicht nöthig sein, das Oel oder den Talg zu wiegen. Ein Messen mit einer 10 ccm Pipette wird gewöhnlich genau genug sein, vorausgesetzt, dass die Pipette auf ungefähr 122° C. erwärmt ist; nachdem man sie hat auslaufen lassen, werden die letzten Tropfen ausgeblasen. Im Streitfalle muss die Waage benutzt werden.

III. Vorschriften über die Abnahme und Verwendung von Schmier- und Brenn-Oel.

Chemische Prüfung. Folgende Vorschriften müssen bei der Beschaffung von Schmier- und Brenn-Oelen beobachtet werden. Von jeder Lieferung, welche direkt von einer Fabrik bezogen ist, muss eine Probe von ungefähr 1 pint, auf's Gerathewohl genommen an C. B. Dudley, Chemiker in Altoona, zur Prüfung gesandt werden. In keinem Falle darf die Lieferung in Gebrauch genommen werden, bis ein Bericht über die Prüfung, nach welchem die Waare bedingungsgemäss ausgefallen, eingegangen ist; ausgenommen auf bes. Erlaubniss des Maschinen-Direktors. Die Proben sind mit gedruckten Zetteln, in welche die nöthigen Angaben eingetragen werden, zu versenden.

Extra Speck-Oel. Dasselbe wird nur an das Magazin in Altoona geliefert, und angewendet um Signal- und Schiffs-Oele herzustellen, aber zu keinem anderen Zwecke.

Extra Nr. 1 Speck-Oel. Wird von den Fabrikanten nur an die Magazine in Pittsburgh, Altoona, Harrisburg und West-Philadelphia geliefert; andere Stellen erhalten dasselbe von einem der genannten Magazine. Dies Oel wird gebraucht, um Lokomotiv- und Personenwagen-Schmier-Oel herzustellen; es kann auch auf besondere Anordnung des Maschinen-Direktors unvermischt zu diesen Zwecken verwendet werden. Talgöl oder Klauen-Oel kann wechselweise mit Extra No. 1 gebraucht werden, wenn der Preis dies zweckmässig erscheinen lässt.

Paraffin-Oel.

Paraffin-Oel wird nur an das Magazin in Altoona geliefert; es wird gebraucht, um Maschinen-Oel herzustellen.

Brenn-Oel mit 66° Brennpunkt.

Dasselbe wird von den Fabrikanten an die genannten 4 Magazine geliefert; andere Stellen werden von einem der letzteren versorgt. Dieses Oel wird für Kopf-Laternen, für hohe und niedrige Weichen-Laternen, für optische Telegraphensignale und für Fackeln gebraucht; ferner zur Erleuchtung von Weichenthürmen, von Billetschaltern und anderen Geschäftsräumen, wenn nicht anderweitig verfügt ist; es wird auch gebraucht, um Signal-Oel herzustellen.

Die Normal Kopf-Laternen-Brenner müssen für Kopf-Laternen gebraucht werden; die Brenner mit dünnem Docht für hohe und niedrige Weichensignale und optische Telegraphensignale, die Fackel-Brenner für Fackeln und Sonnen-Brenner I oder II (bezw. solche, die gleichen Lichteffekt geben). Argand'sche Brenner an allen anderen Stellen, für welche dies Oel vorgeschrieben ist.

Brenn-Oel mit 149° Brennpunkt.

Wird an die 4 Magazine geliefert; das Oel wird gebraucht, um Personenwagen, die keine Gasbeleuchtung haben, zu erleuchten und um Signal- und Schiffs-Oel herzustellen. Der Dual-Brenner oder der Argand'sche Brenner ist beim Brennen dieses Oels zu benutzen.

Schmier-Oel.

Schmier-Oel erhalten die 4 Magazine. Dies Oel muss als Schmier-Oel für Güterwagen gebraucht werden, es kann auf besondere Anordnung des Maschinen-Direktors auch als Schmier-Oel für Personenwagen und Tender der Güterlokomotiven gebraucht werden; dasselbe muss ebenfalls gebraucht werden, um Personenwagen-Oel herzustellen und für das gemischte Schmier-Oel in Giessereien u. s. w.

Mineral-Oel mit 260° Brennpunkt.

Dasselbe erhält ausschliesslich das Magazin in Altoona; es wird gebraucht, um Schmier-Oel herzustellen.

Talg.

Talg erhalten direkt die 4 Magazine; derselbe wird gebraucht, um Cylinder-Schmier-Oel herzustellen.

Signal-Oel.

Signal-Oel wird im Magazin zu Altoona hergestellt; andere Stellen werden von dieser Stelle versorgt. Dies Oel wird aus $^{1}/_{10}$ Extra-Speck-Oel, $^{5}/_{10}$ Brenn-Oel mit 149° Brennpunkt und $^{4}/_{10}$ Brenn-Oel mit 66° hergestellt. Der mit Signal-Oel zu speisende Brenner ist der als No. 1 Extra-Speck-Oel-Brenner bekannte; der Docht ist der No. 1 Speck-Oel-Docht. Signal-Oel muss in Handlaternen und in allen Zug-Signallampen gebraucht werden.

Maschinen-Oel.

Maschinen-Oel wird im Magazine Altoona aus $^{1}/_{2}$ Extra No. 1 Speck-Oel und $^{1}/_{2}$ Paraffin-Oel hergestellt. Es wird gebraucht für alle maschinellen Einrichtungen und für Lokomotiv- und Tender-Achslager, ausgenommen diejenigen Zwecke, für welche vorher Extra No. 1 Speck-Oel und Mineral-Schmier-Oel vorgeschrieben ist. Ferner bei allen Werkzeug-Maschinen, um Bolzen zu schneiden und zum Schmieren im Allgemeinen, ausgenommen Wagen. Es wird auch gebraucht, um die Soda-Mischung zum Bolzenschneiden herzustellen. Neuerdings wird ein Maschinen-Oel versucht, welches aus 15 Theilen Extra-Speck-Oel, 30 Theilen Mineral-Oel von 260° Brennpunkt und 55 Theilen Paraffin-Oel zusammengesetzt ist. Dasselbe bewährt sich bisher sehr gut.

Personen-Wagen-Oel.

Personenwagen-Oel wird im Magazine von Altoona hergestellt. Dasselbe wird aus $^{1}/_{2}$ Extra No. 1 Speck-Oel und aus $^{1}/_{2}$ Schmier-Oel hergestellt. Es wird zum Schmieren der Personenwagen gebraucht, ausgenommen, wo Extra No. 1 Speck-Oel und Schmier-Oel vorgeschrieben ist.

Cylinder-Schmier-Oel.

Dasselbe wird im Magazin von Altoona hergestellt. Cylinder-Schmier-Oel wird aus $^{1}/_{4}$ Extra-Speck-Oel und aus $^{3}/_{4}$ Mineral-Oel mit 260° Flammpunkt hergestellt. Es soll nur gebraucht werden, um Dampfcylinder, Schieber und Stopfbüchsen zu schmieren. Talg allein darf nur gebraucht werden, wenn kein Cylinder-Oel gemischt werden kann.

Schiffs-Oel. Muss aus ½ Extra-Speck-Oel und aus ½ Brenn-Oel mit 149° Flammpunkt hergestellt werden; es wird auf den Dampfern und Fähren, in Handlaternen und als Signal-Oel gebraucht.

Soda-Mischung für Werkzeug-Maschinen. Soda-Mischung wird in jedem Magazin, wenn es verlangt wird, in folgender Weise hergestellt: Man löse 2,3 kg gewöhnlicher Soda in 18,0 l Wasser auf und rühre es um. Wenn es gebraucht wird, thue man ungefähr ½ Pint Maschinen-Oel in ein passendes Gefäss und giesse 4,5 l von der Soda-Mischung darauf. Das ganze wird milchig und nach dem Umrühren zum Gebrauch fertig; diese Mischung soll an allen Schneidzeugen anstatt Oel gebraucht werden.

Lehigh Valley-Eisenbahn.

Bedingungen für die Lieferung von Brenn- und Schmier-Oelen. Vom 1. Juni 1888.

Mineral-Schmier-Oel. Dieses Oel soll reines, unverfälschtes Petroleum sein. In einer dünnen Schicht auf einer Glasscheibe ausgebreitet, soll es eine durchsichtige, röthlich braune (nicht schwarze) Farbe zeigen, wenn die Scheibe in senkrechter Stellung zwischen Auge und Licht gehalten wird, und eine durchsichtige, grünliche Farbe, wenn wagerecht gehalten. Es muss vollkommen frei von Flecken, Klumpen, Schmutz, Sand und Wasser sein.

Diejenigen Lieferungen werden bevorzugt, welche den geringsten Gehalt an Theerstoffen und Asche zeigen.

Drei Stunden einer Temperatur von 38° C. ausgesetzt, darf das Oel nicht mehr als ½ % an Gewicht verlieren.

Drei Arten wurden gebraucht:

1. Sommer-Oel vom 15. März bis 15. September; Entflammungspunkt nicht unter 177° C.; Kältepunkt nicht über 4° C.
2. — 9° Oel, vom 15. September bis 1. November; Entflammungspunkt nicht unter 135° C.; Kältepunkt nicht über — 9° C.
3. Winter-Oel, vom 1. November bis 15. März; Entflammungspunkt nicht unter 121° C.; Kältepunkt nicht über — 18° C.

Das Oel darf bei 16° C. ein specifisches Gewicht von 0,881 oder weniger haben.

Der Entflammungspunkt wird durch Erhitzen des Oeles in einem offenen Tiegel, dem sogenannten „Cleveland Tiegel" bei einer Temperatur-Steigerung von 5,6° C. in jeder Minute und durch Nähern einer Flamme nach jeder Steigerung um 2,8° gemessen.

Petroleum-Brenn-Oel. Es werden 3 Arten unterschieden:

1. Flammpunkt nicht unter 41° C. Das Oel muss klar und wasserhell in Farbe sein und darf bei einer Abkühlung auf — 18° C. nicht wolkig werden. Das specifische Gewicht soll bei 16° C. zwischen 0,786 und 0,805 sein.
2. Flammpunkt nicht unter 49° C. Es muss klar und wasserhell sein und darf bei einer Abkühlung auf — 18° C. nicht wolkig werden. Das specifische Gewicht soll bei 16° C. zwischen 0,781 und 0,800 sein.
3. Flammpunkt nicht unter 114° C. Es muss klar und von normaler weisser Farbe sein. Das specifische Gewicht soll bei 16° C. zwischen 0,810 und 0,820 sein.

Zur Bestimmung des Flammpunktes dient ein geschlossener Tiegel, welcher unter dem Namen „Elliot"-Tiegel, oder auch als „Staat New York Prober" bekannt ist.

Das Oel soll in jedem Falle nicht schneller als 2,8° C. in der Minute erhitzt werden.

Petroleum-Cylinder-Schmier-Oel.

Flammpunkt nicht unter 271° C. bei einer Erhitzung in offenem Tiegel, dem sogenannten Cleveland Tiegel, mit einer Steigerung von 8,3° C. in der Minute und Näherung der Flamme nach jeder Steigerung um 2,8°, bei 232° C. anfangend.

Das specifische Gewicht soll bei 16° C. zwischen 0,886 und 0,988 sein.

Bei einer Erhitzung auf 176,7° C. während 3 Stunden darf das Oel nur ½ % an Gewicht verlieren. Es muss durchsichtig, frei von Klumpen und Flecken, und von röthlichbrauner (nicht schwarzer) oder grünlicher Farbe sein, wenn es in einer dünnen Schicht auf Glas zwischen Auge und Licht gebracht wird.

Paraffin-Oel.

Flammpunkt nicht unter 138,8° C. bei Erhitzung in dem Cleveland Tiegel um 8,3° C. in jeder Minute und Nähern einer Flamme nach Steigerung um je 2,8°, bei 93° C. anfangend.

Das specifische Gewicht soll bei 16° C. mindestens 0,969 sein. Es soll einen Kältepunkt von 0° C. haben, d. h. es darf bei dieser Temperatur nicht wolkig werden.

Prima Klauen-Oel.

Hierunter ist das im Handel unter dem Namen Prima vorkommende Oel verstanden.

Es darf keinen nennenswerthen Bodensatz, nicht mehr als ⅛ % Asche haben und muss gänzlich frei von anderen Oelen sein.

Das specifische Gewicht soll bei 16° C. zwischen 0,909 und 0,921 sein.

Es muss weniger als 1,5 % Fettsäure enthalten. Ueber 4° C. darf es nicht wolkig werden.

Nr. 1 Klauen-Oel.

Das im Handel mit Nr. 1 bezeichnete Klauen-Oel darf keinen nennenswerthen Bodensatz und nicht mehr unverbrennliche Rückstände als ein ⅛ % enthalten. Es muss gänzlich frei von anderen Oelen sein und weniger als 15 % an freier Fettsäure enthalten. Das specifische Gewicht soll bei 16° C. zwischen 0,909 und 0,921 sein. Ueber 4° C. darf es nicht wolkig werden.

Talg.

Dieser muss von Rinderfett angefertigt werden und der Handelsmarke „Säurefreier Talg" entsprechen. Er darf keinen Schmutz verstreut oder in Streifen, auch keine Schmutzschicht am Fassboden von grösserer Stärke als 3 mm enthalten.

Er muss zu einer klaren Flüssigkeit ohne nennenswerthen Bodensatz schmelzen und darf nicht mehr unverbrennliche Rückstände als ⅛ % ergeben.

Das specifische Gewicht muss bei 100° C. zwischen 0,865 und 0,870 sein.

Er darf keine Seife oder andere dem Talg nicht eigenthümliche Stoffe und nicht mehr als 1,5 % freie Fettsäure enthalten.

Er muss gänzlich löslich in Aether und darf nicht geröstet oder verbrannt sein.

Talg-Oel.

Dieses muss erster Güte und gänzlich rein durch Auspressen aus Rindertalg hergestellt werden.

Es darf keinen nennenswerthen Bodensatz und nicht mehr als ⅛ % unverbrennliche Rückstände besitzen, und muss gänzlich frei von anderen Oelen sein.

Das specifische Gewicht soll bei 16° C. zwischen 0,883 und 0,915 sein.

Der Gehalt an freier Fettsäure muss geringer als 1,5 % sein.

Es muss bei 21° C. klar und durchsichtig bleiben.

Extra Nr. 1 Speck-Oel.

Dasselbe darf keinen nennenswerthen Bodensatz und nicht mehr unverbrennliche Rückstände als ⅛ % besitzen.

Anmerkung. Für diejenigen Lieferer, welche keine Einrichtungen für die Bestimmung des Gehalts an freier Säure besitzen, möge bemerkt werden, dass der Säuregehalt unter der obigen Grenze bleibt, wenn das Fett innerhalb 12 Stunden nach dem Tode des Thieres bei einer Temperatur von 107 bis 121° C. abgeklärt wird. Bei sehr warmem Wetter wird es schon früher geschehen müssen.

Es muss ganz frei von anderen Oelen sein und darf nicht mehr als 1,5 % an freier Fettsäure enthalten.

Das specifische Gewicht soll bei 16° C. zwischen 0,909 und 0,921 sein. Ueber 4° C. darf es nicht wolkig werden.

Prima Speck-Oel. Dasselbe darf ebenfalls keinen nennenswerthen Bodensatz und nicht mehr unverbrennliche Rückstände als ½ % enthalten.

Es muss gänzlich frei von anderen Oelen sein und sein Gehalt an freier Fettsäure darf 1,5 % nicht überschreiten.

Das specifische Gewicht soll bei 16° C. zwischen 0,909 und 0,921 sein. Ueber 4° C. darf es nicht wolkig werden.

Vorschriften für den Versand und die Abnahme. Alle Schmier- und Brenn-Oele werden von jetzt an in folgender Weise gekauft und angeliefert:

1. Alles Oel wird nach Gewicht gekauft und abgenommen.
2. Jede Verpackung, welche Schmier- oder Brenn-Oel enthält, muss erster Güte und in gutem Zustande sowie mit der Adresse des Empfängers und dem Inhalte nebst dem Roh- und Leergewicht bezeichnet sein.
3. Bei der Anlieferung wird das Gewicht der Sendung und womöglich auch das Gewicht der Verpackung festgestellt. Ist es unthunlich alle Stücke zu entleeren, so wird nur von 10 % der Sendung das Leergewicht der Verpackung ermittelt, und diese Zahl für die ganze Lieferung zu Grunde gelegt. Ist das so ermittelte Reingewicht um mehr als 1 % geringer als die in Rechnung gestellte Menge, so wird der 1 % überschreitende Fehlbetrag in Abzug gebracht.
4. Die sämmtlichen Oele werden nach Proben gekauft. Die Proben sind in Blechflaschen von nicht weniger als 0,95 l Inhalt dem Angebote beizufügen. Auf Grund der Probe wird die Auswahl getroffen. Die Lieferung muss den Proben und den Lieferungsbedingungen stets entsprechen. Den Proben sind die Preise beizufügen.
5. Oel-Lieferungen, von denen ein oder mehrere Fässer oder Behälter von Leim oder anderen Unreinigkeiten wolkig sind, oder eine Beimischung von anderen Oelen, oder Schmutz, oder irgend welchen Verfälschungen enthalten, werden zurückgewiesen und dem Lieferer auf seine Kosten zurückgesandt.
6. Eine besondere Rechnung mit Gewichtsangabe ist bei jeder Lieferung, auch wenn dieselbe klein oder nur eine Theil-Lieferung ist, sobald als möglich nach der Absendung einzureichen.

DIE

NORDAMERIKANISCHEN EISENBAHNEN

IN

TECHNISCHER BEZIEHUNG.

BERICHT

ÜBER EINE

IM AUFTRAGE DES MINISTERS DER ÖFFENTLICHEN ARBEITEN

IM FRÜHJAHRE 1891 UNTERNOMMENE STUDIENREISE.

VERFASSER:

TH. BÜTE UND **A. VON BORRIES**

KÖNIGL. EISENBAHN-DIRECTOR IN MAGDEBURG

KÖNIGL. EISENBAHN-BAUINSPECTOR IN HANNOVER

ATLAS.

WIESBADEN.

C. W. KREIDEL'S VERLAG.

1892.

Personenzug Locomotive

Gebaut in der

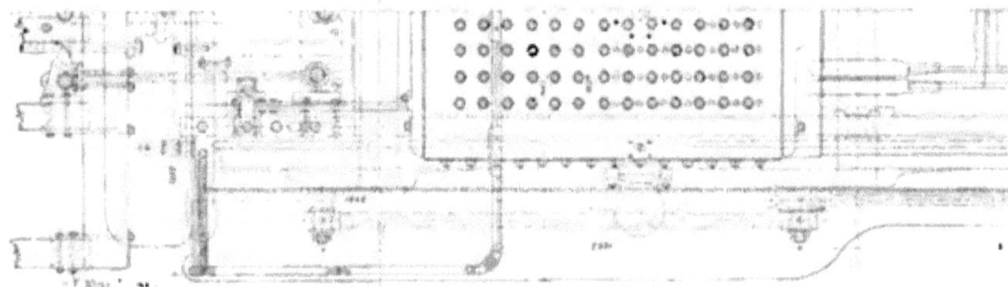

·r Pennsylvania-Eisenbahn.

werkstatte Altoona

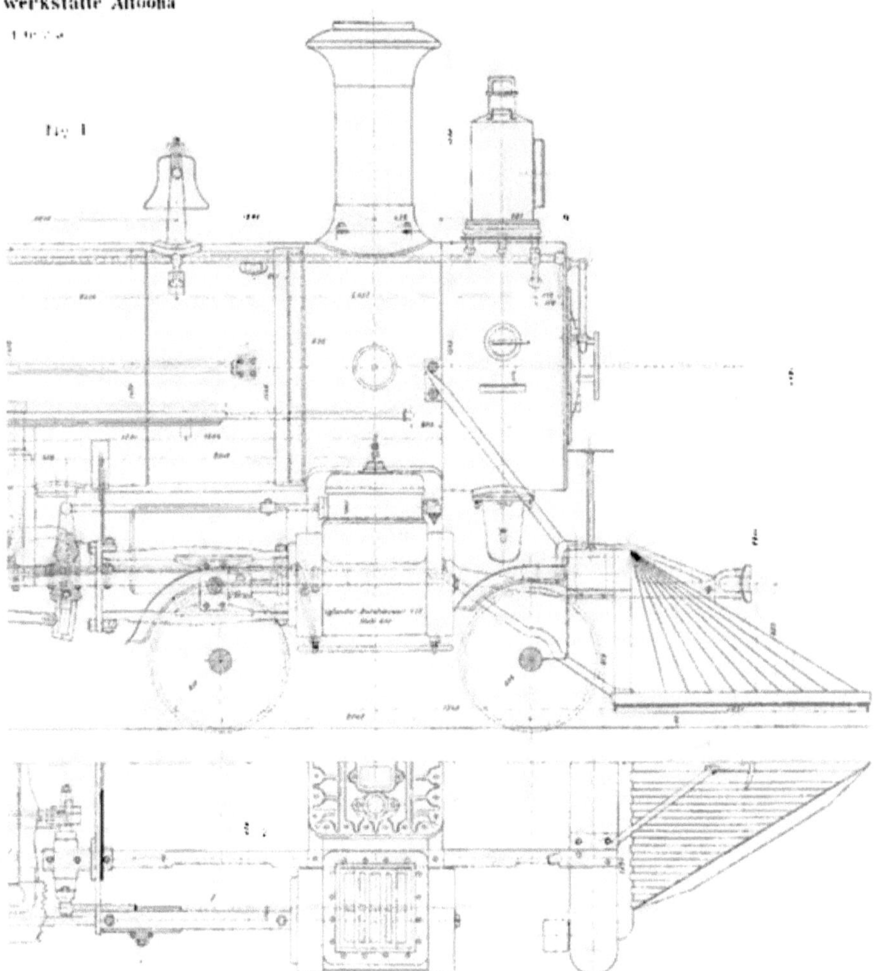

Personenzug-Locomotive

Gebaut in der H

1 : 20 c

Fig. 1. Fig. 2.

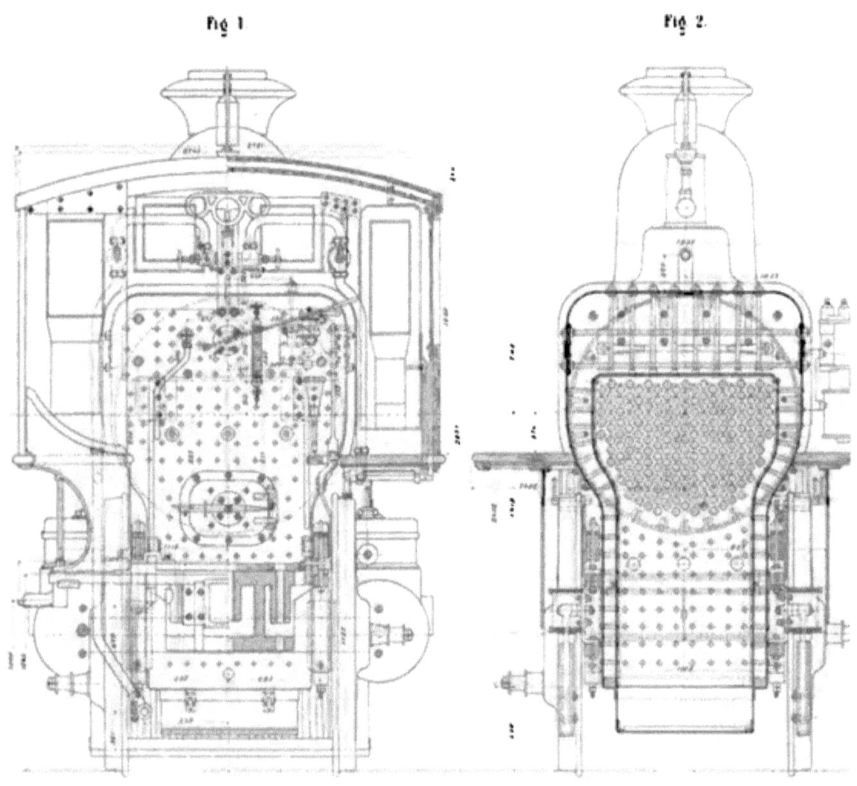

8

· Pennsylvania - Eisenbahn.

erkstätte Altoona

Grösse.

Fig. 3. Fig. 4

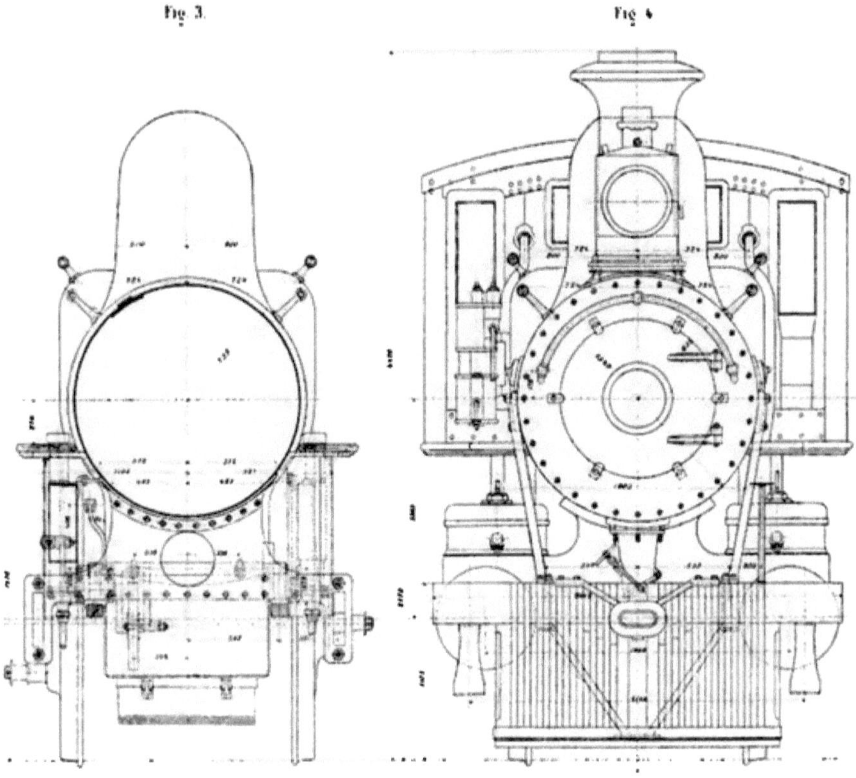

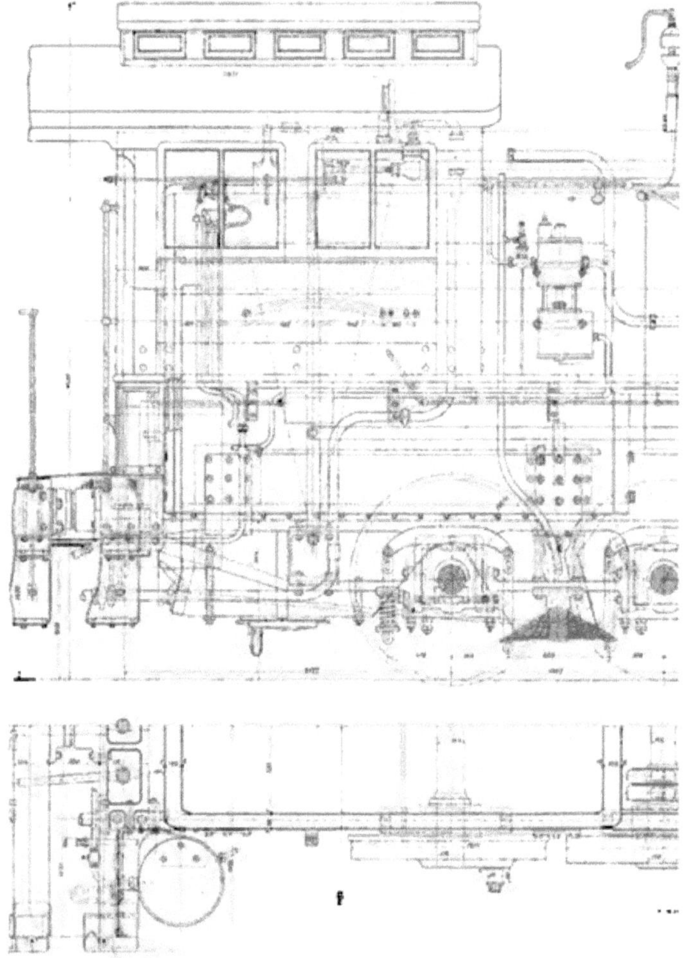

Lith. Anst. v. F. Wirtz, Darmstadt.

ennsylvania Eisenbahn.

rkstätte Altoona.

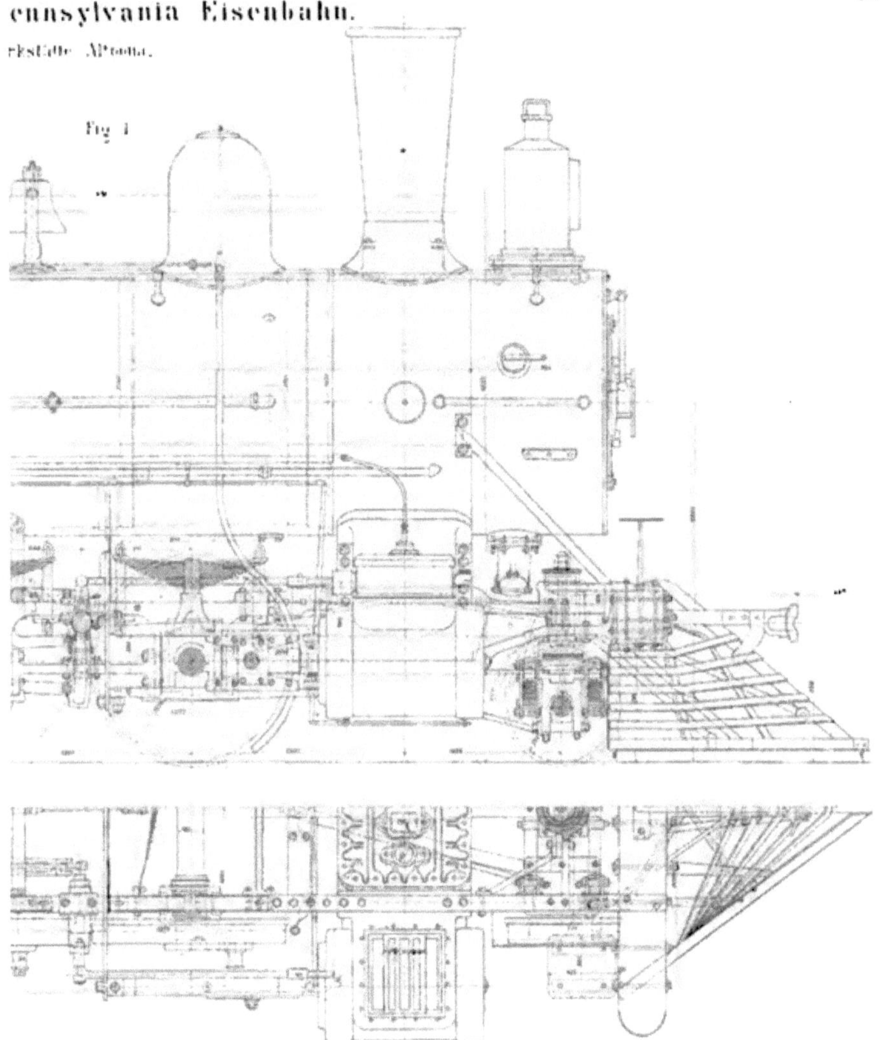

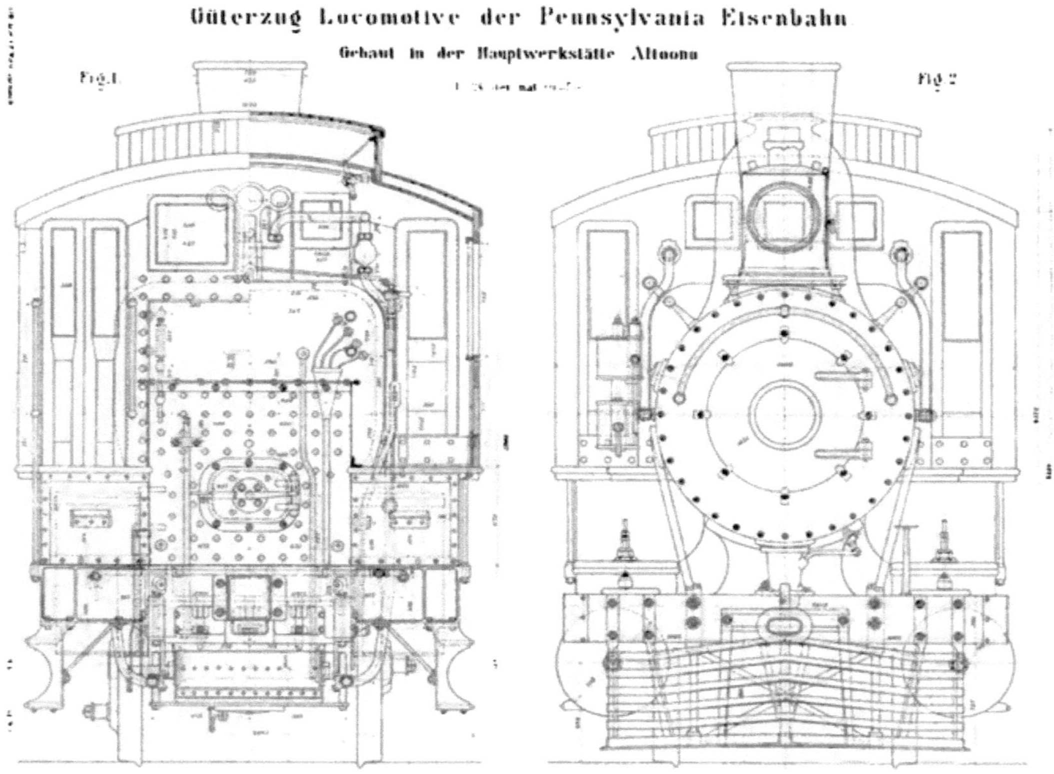
Güterzug Locomotive der Pennsylvania Eisenbahn
Gebaut in der Hauptwerkstätte Altoona
Fig. 1
Fig. 2

Bute u. v. Borries:

Fig. 1.

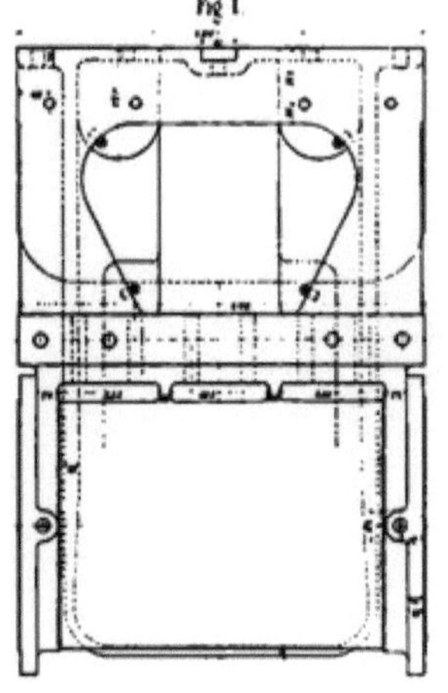

Fig. 2.

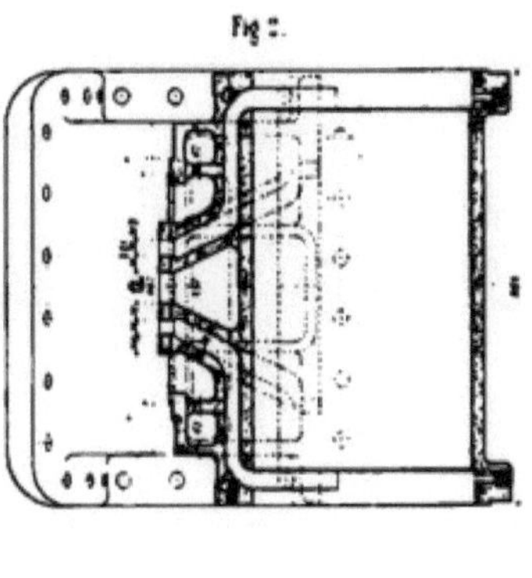

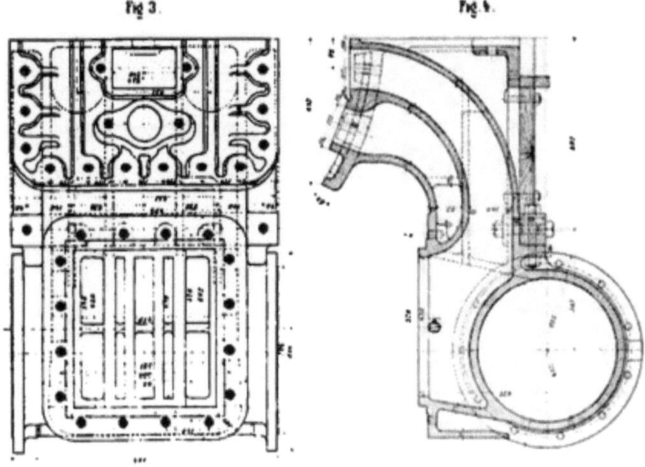

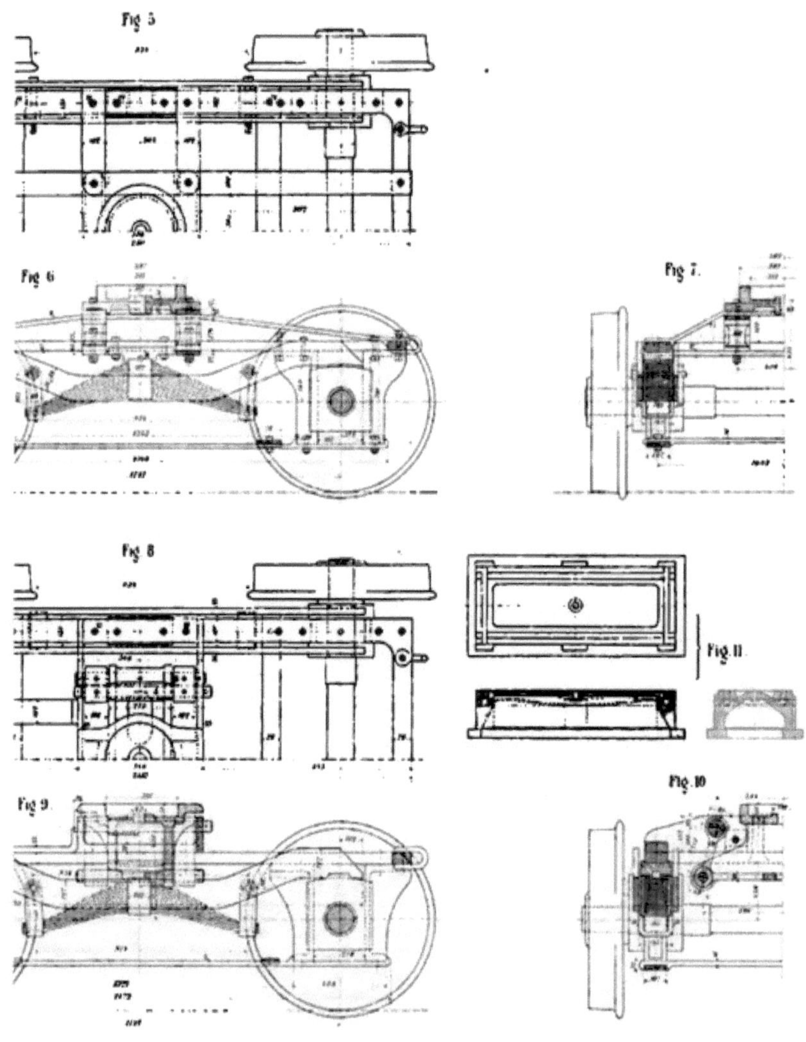
Fig. 5
Fig. 6
Fig. 7.
Fig. 8
Fig. 11.
Fig. 9.
Fig. 10

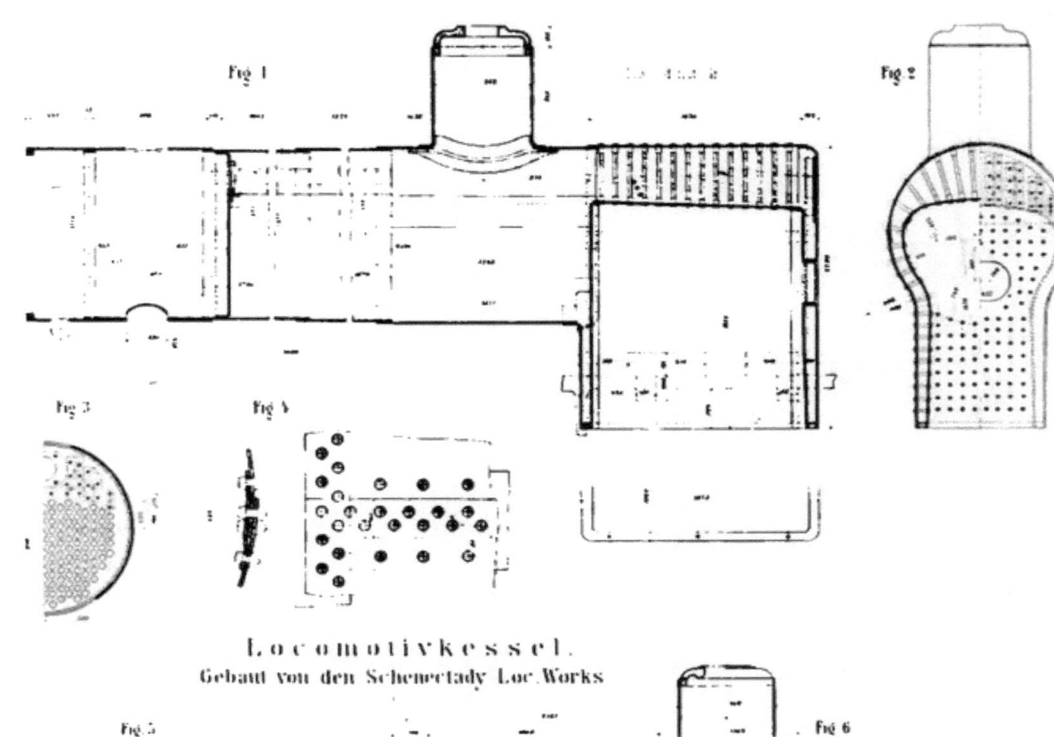
Locomotivkessel.
Gebaut von den Baldwin Locom. Works Philadelphia Pa
Fig. 1
Fig. 2
Fig. 3
Fig. 4
Locomotivkessel.
Gebaut von den Schenectady Loc. Works
Fig. 5
Fig. 6

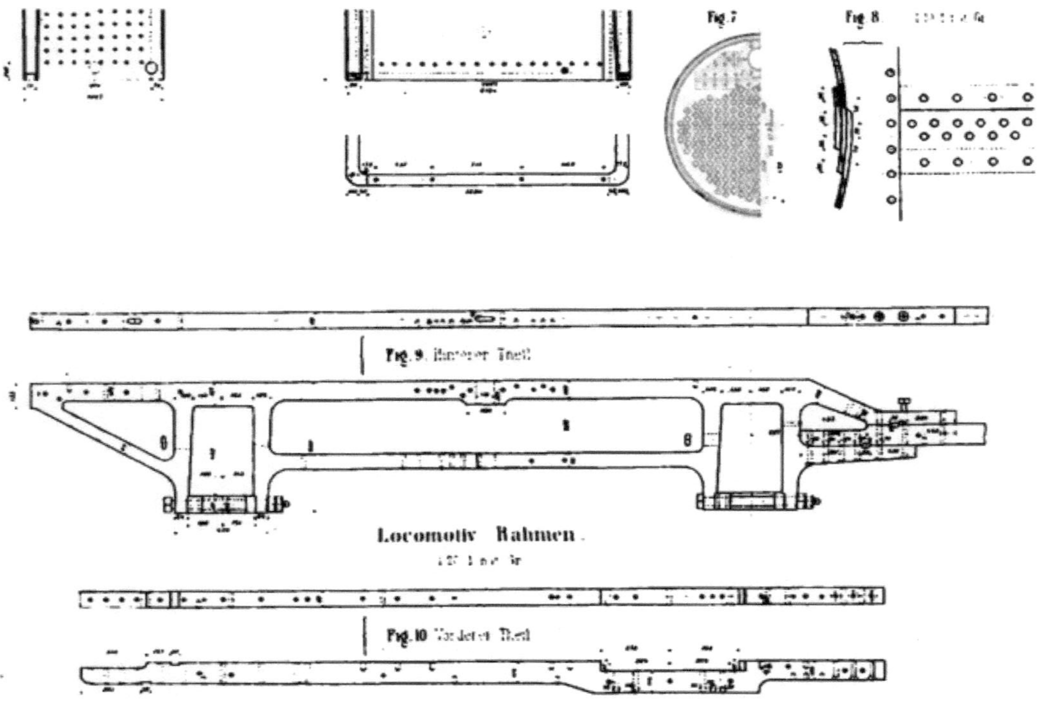

Locomotiv Rahmen.

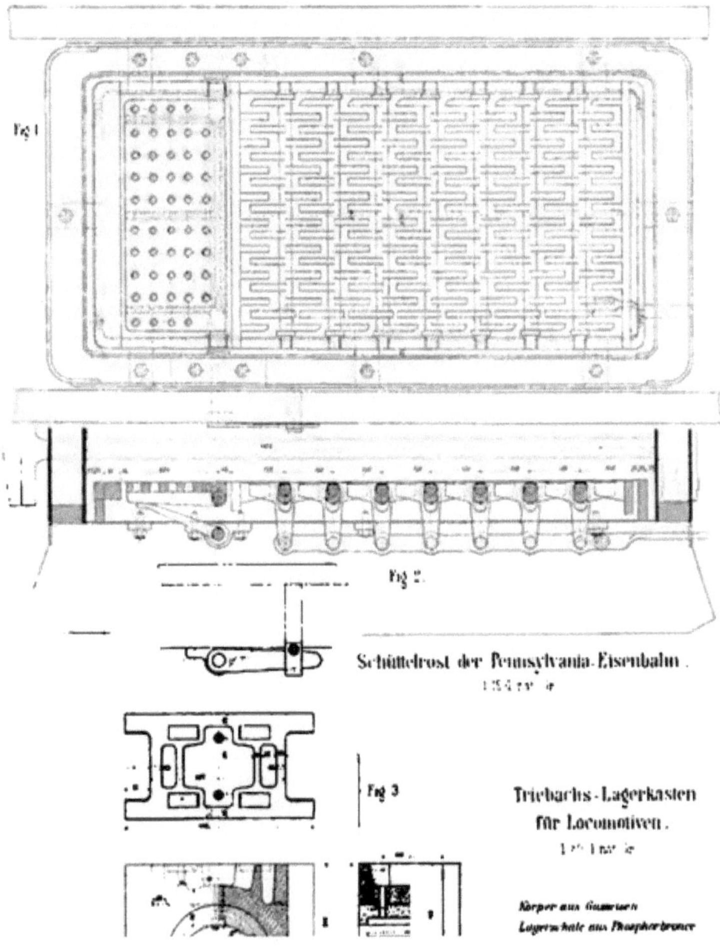
Fig. 1
Fig. 2
Schüttelrost der Pennsylvania-Eisenbahn.
Fig. 3
Triebachs-Lagerkasten
für Locomotiven.
Körper aus Gusseisen
Lagerschale aus Phosphorbronce

Rauchkammer der Pennsylvania-Eisenbahn.

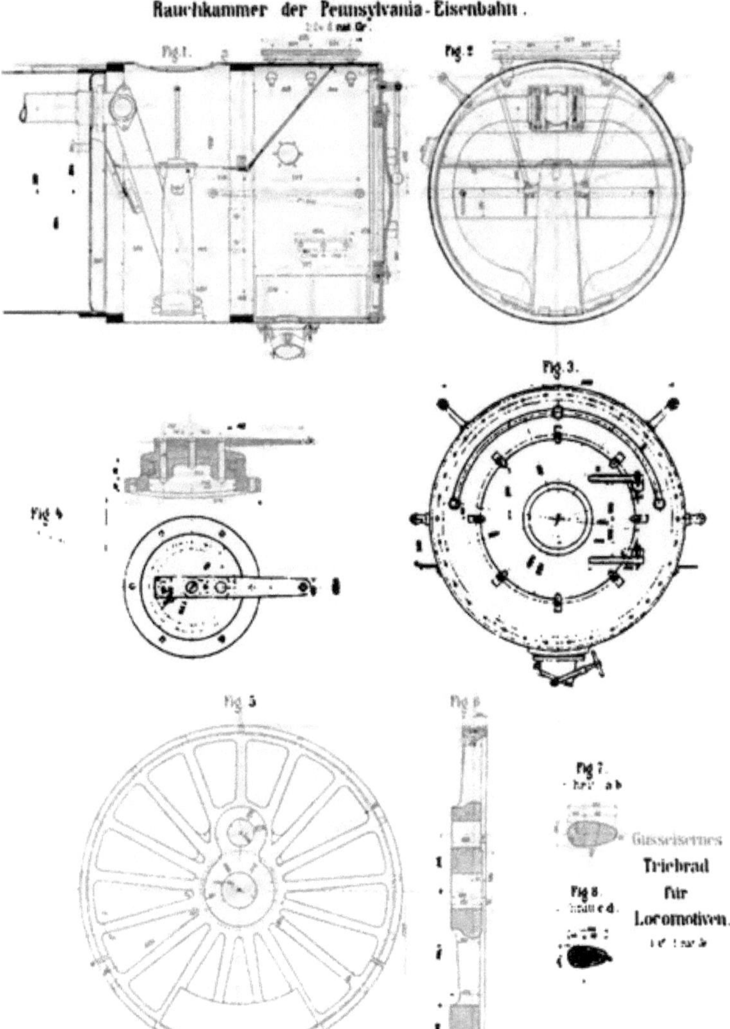

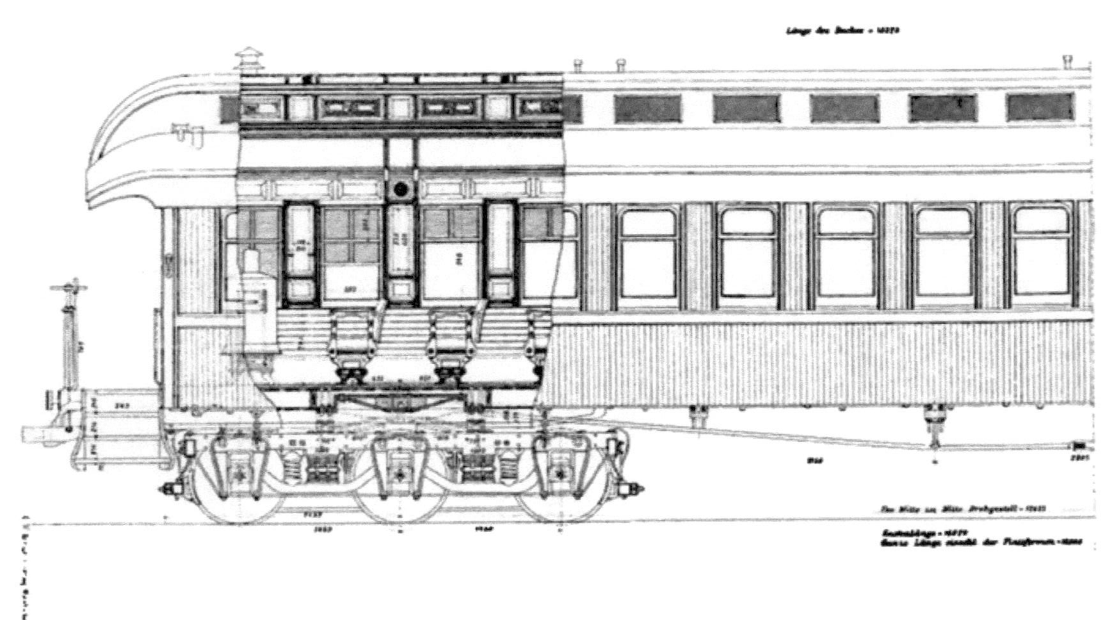

Personenwagen der Chicago & North Western-Bahn
mit dreiachsigem Drehgestell.

1:26. d nat. Gr.

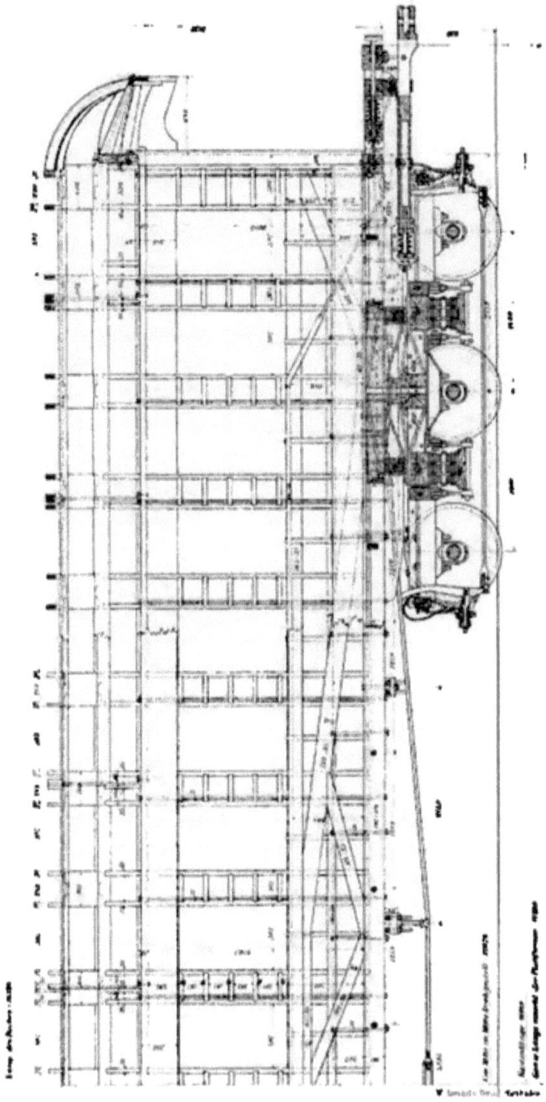

[illegible]

Personenwagen der Chicago & North Western-Bahn mit dreiachsigem Drehgestell.

1:26 d. nat. Gr.

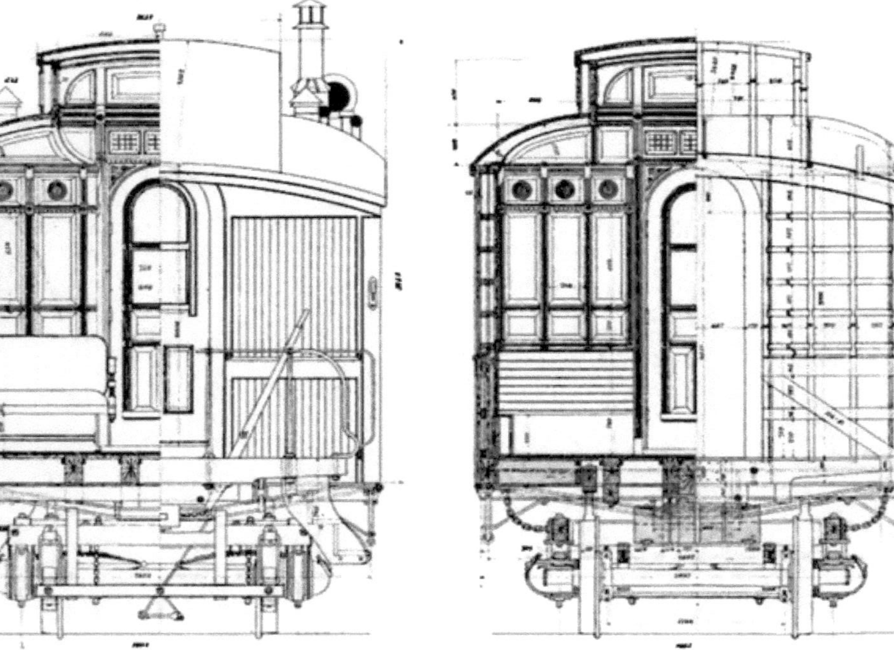

Fig. 1. Personenwagen der Shore Line

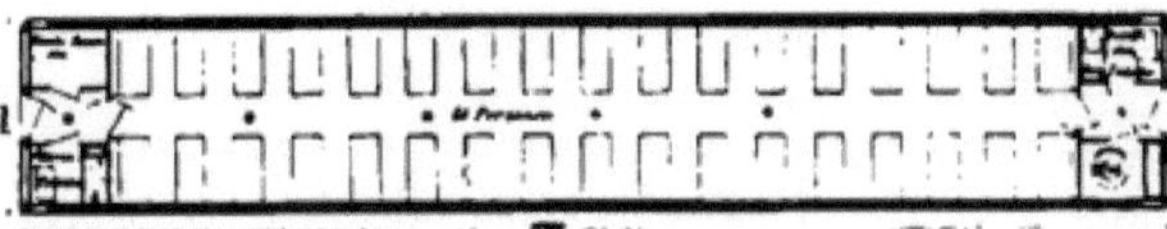

Fig. 2. Vereinigter Gepäck- u. Rauchwagen der Shore Line

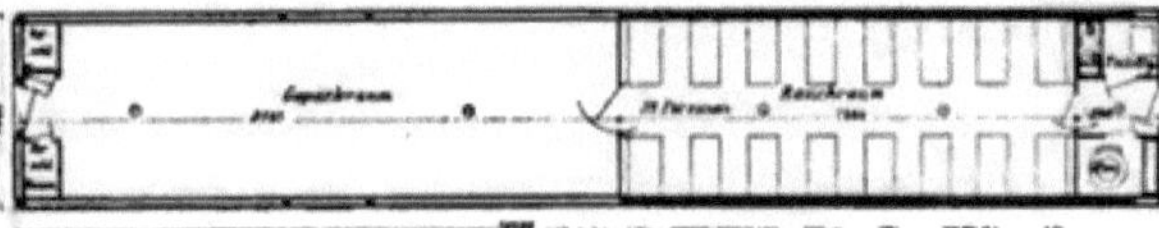

Fig. 4. Vereinigter Gepäck- u. Postwagen

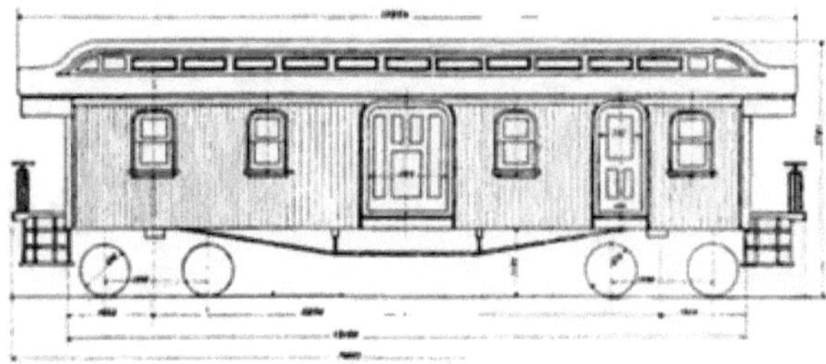

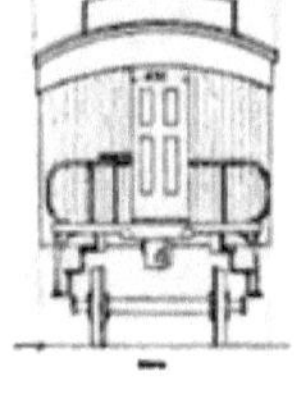

Fig. 5. Gepäckwagen

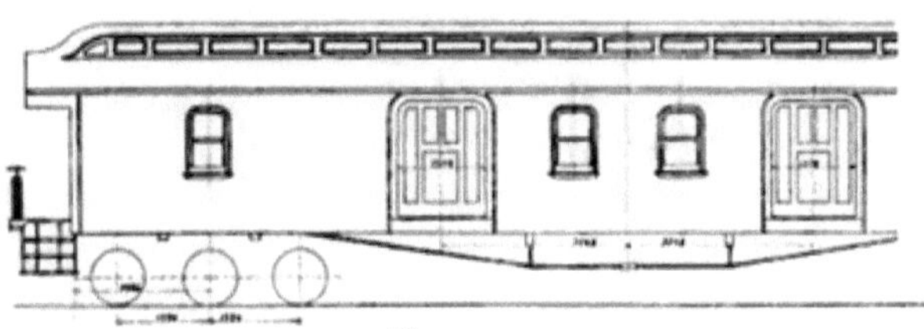

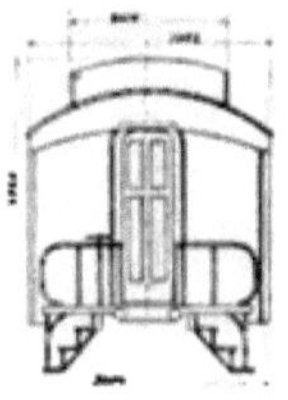

Sitze der Schlafwagen für Auswanderer.

Fig. 6.

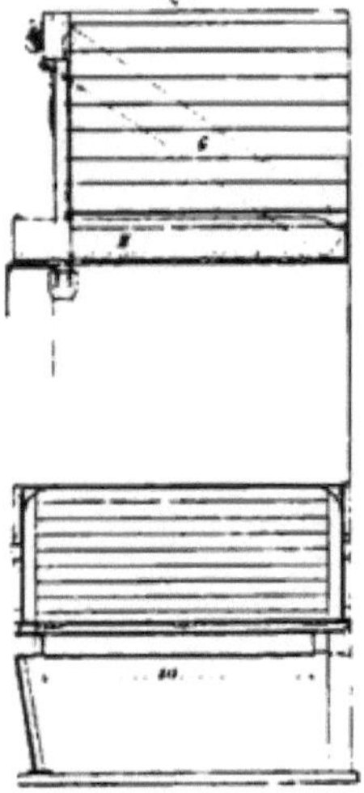

Fig. 7.

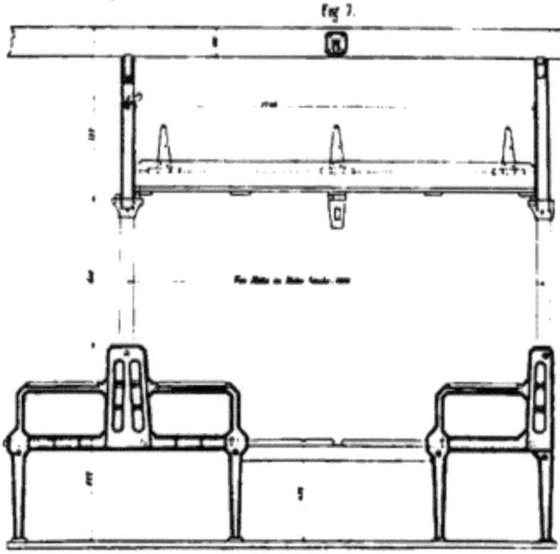

Schlafwagen für Auswan

Fig. 2

Fig. 3 Grundrissanordn

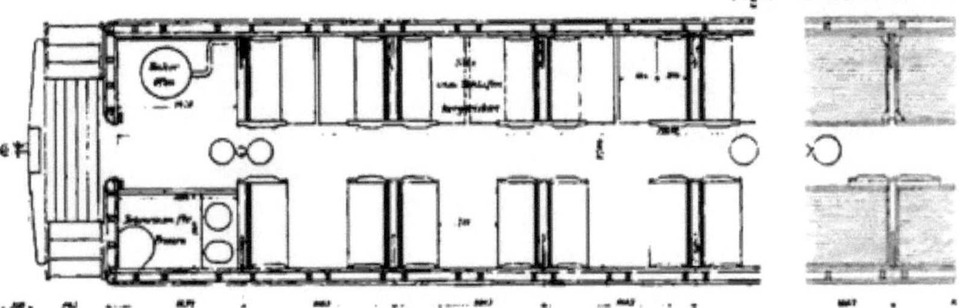

Fig. 4 Vereinigter Gepäck- und Postwagen.

Fig. 5. Vereinigter Rauch-, Gepäck- und Postwagen

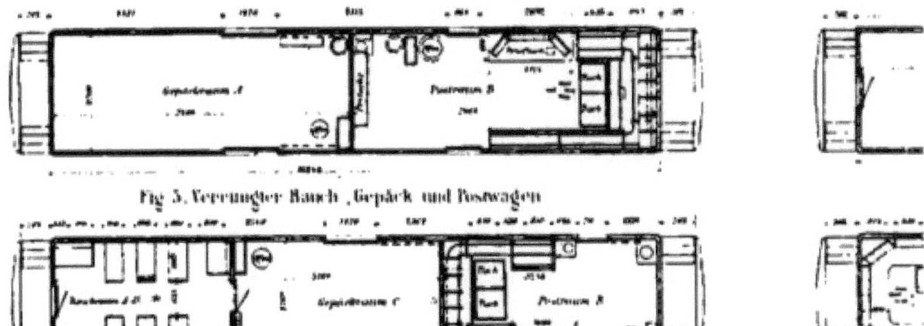

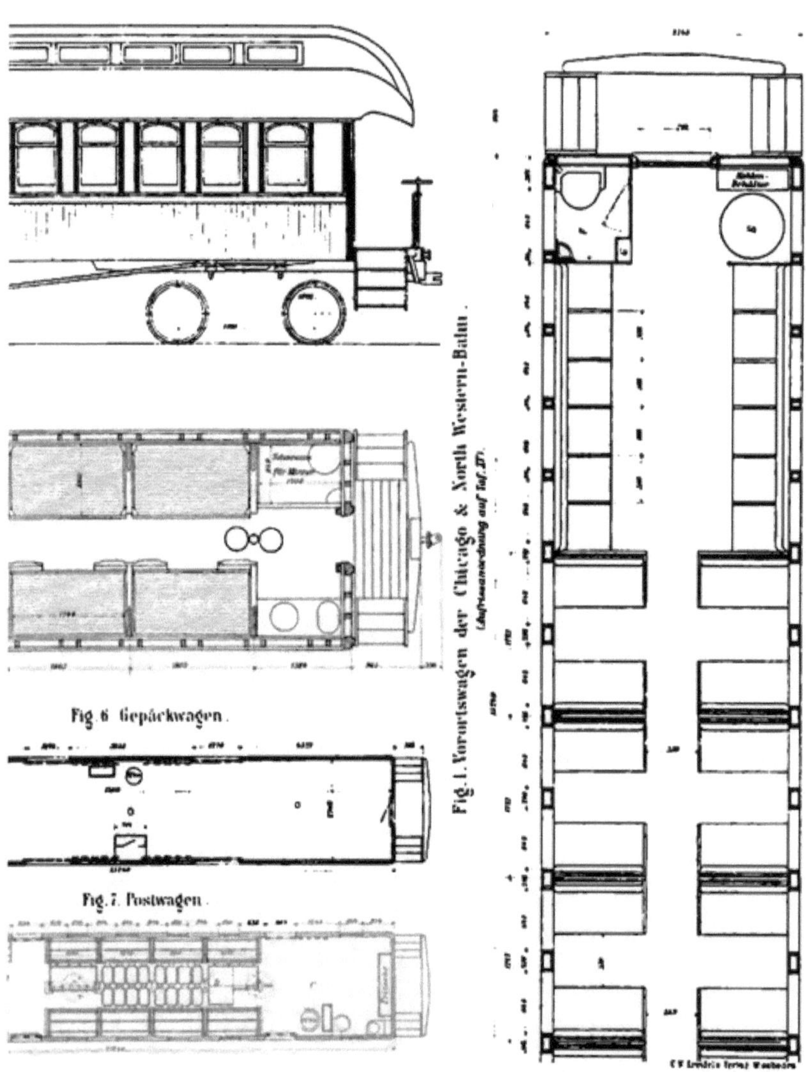

Fig. 6 Gepäckwagen.

Fig. 7. Postwagen.

Fig. 1. Vorortswagen der Chicago & North Western-Bahn. (Aufrissanordnung auf Taf. XI)

Fig. 1. Gepäckwagen für Expressgut.

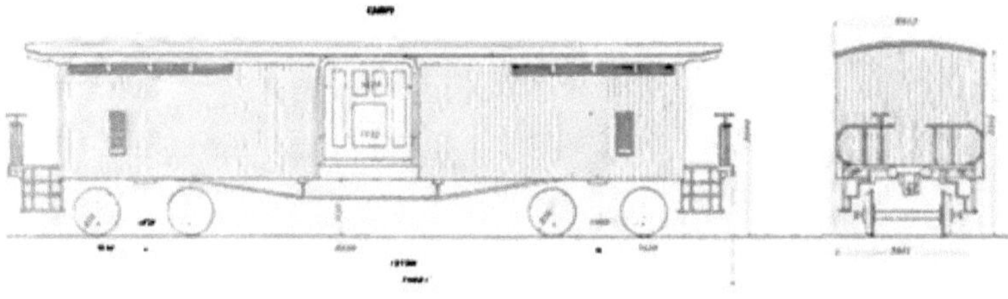

Fig. 2. Briefpostwagen.

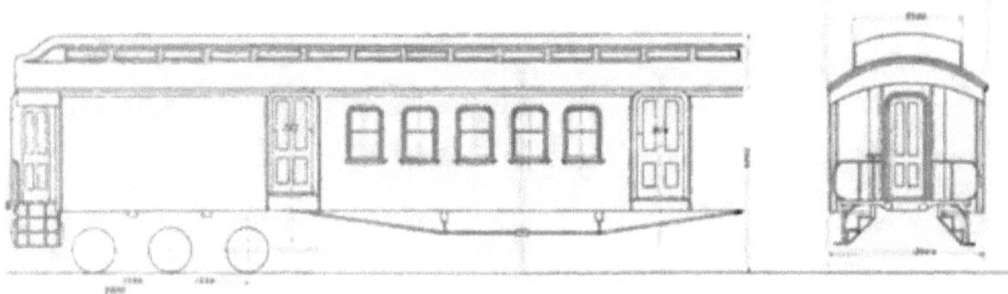

Fig. 3. Packetpostwagen

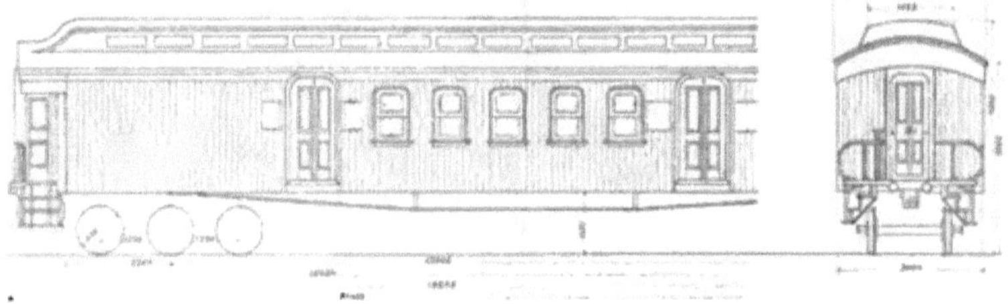

Zweiachsiges Drehgestell für Personenwagen der New York Central and Hudson River-Bahn

1 : 12 der nat. Größe

Fig. 1.

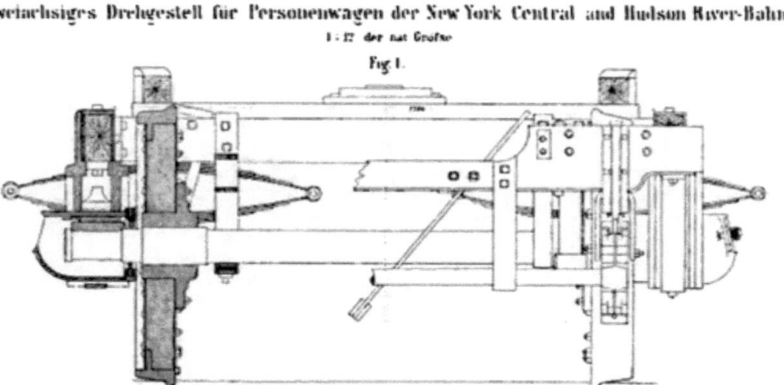

Fig. 2

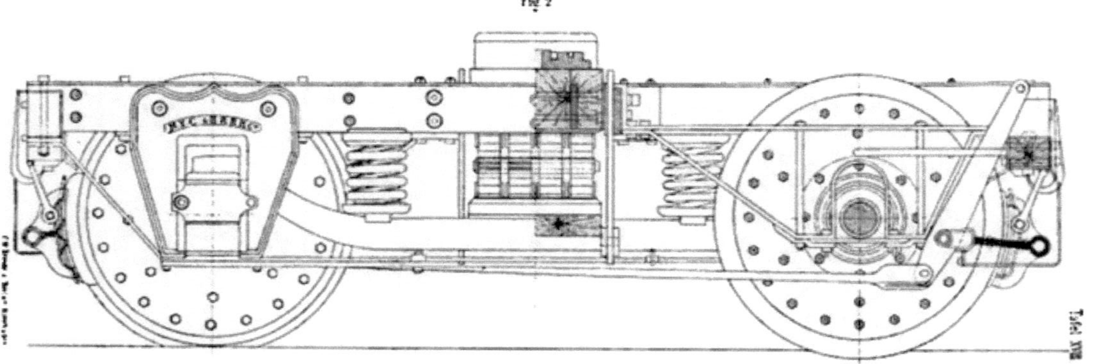

Zweiachsiges Drehgestell aus gepresstem Stahlblech.

1:16 d. nat. Gr.

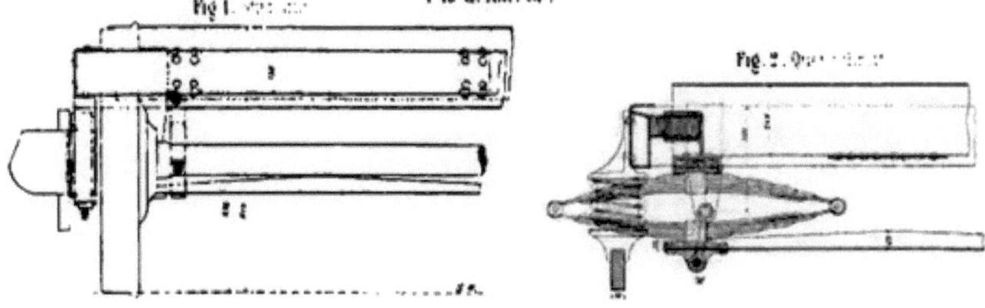

Fig. 3. Aufriss.

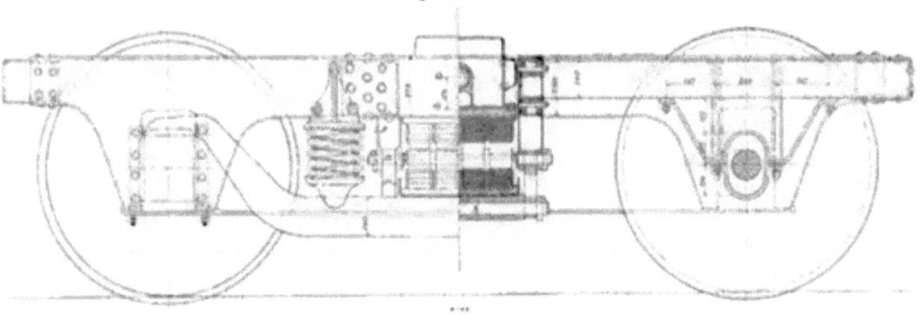

Fig. 1. Sesselwagen der Chicago Burlington and Quincy Bahn.

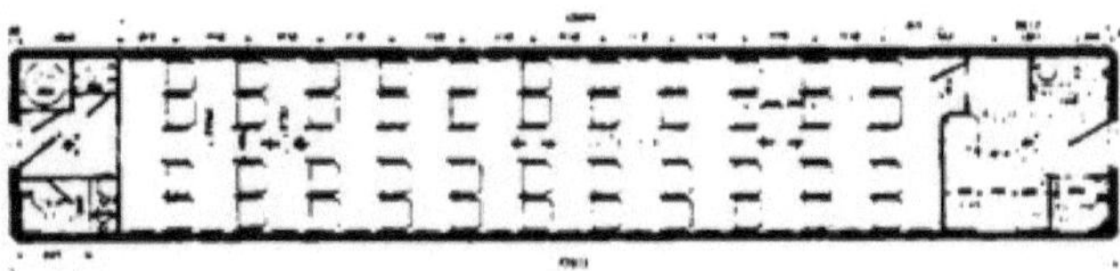

Fig. 3. Direktionswagen.

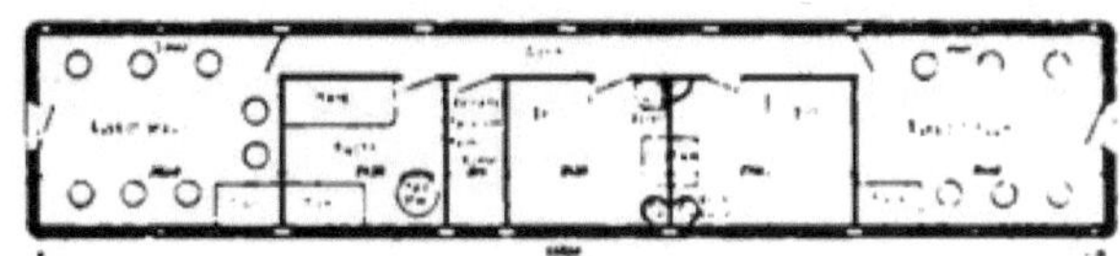

Fig. 5. Club Car (Gesellschaftswagen)

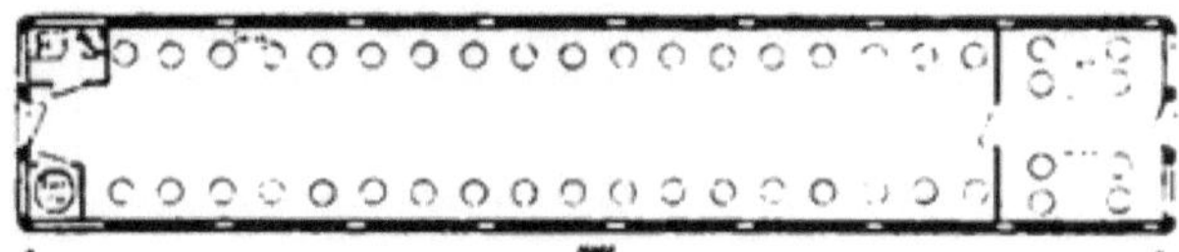

Fig. 7. Gepack-u. Rauchwagen der Wagner Gesellschaft

Fig 2 Direktionswagen der New York Central and Hudson River-Bahn

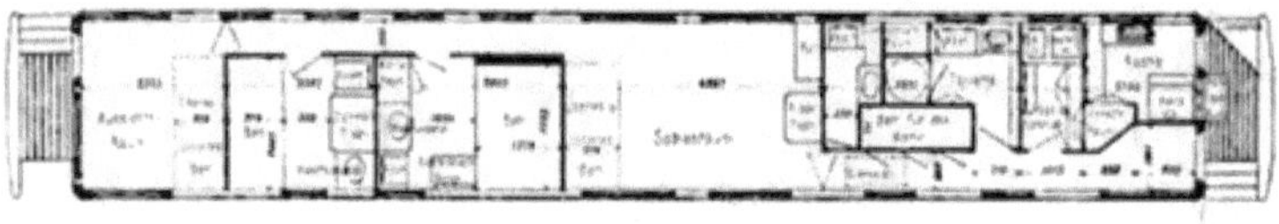

Fig 4 Pullmann Wagen „Brilliant"

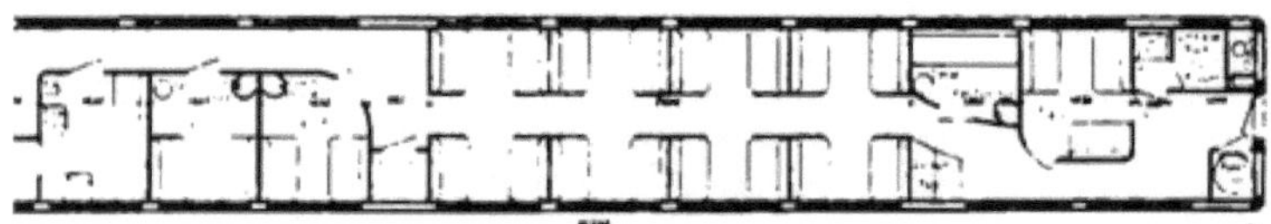

Fig 6 Club Car (Gesellschaftswagen.)

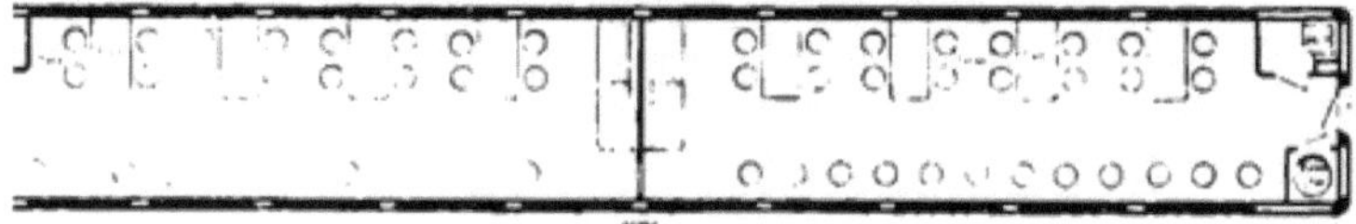

Fig 8 Speisewagen der Michigan Central-Bahn.

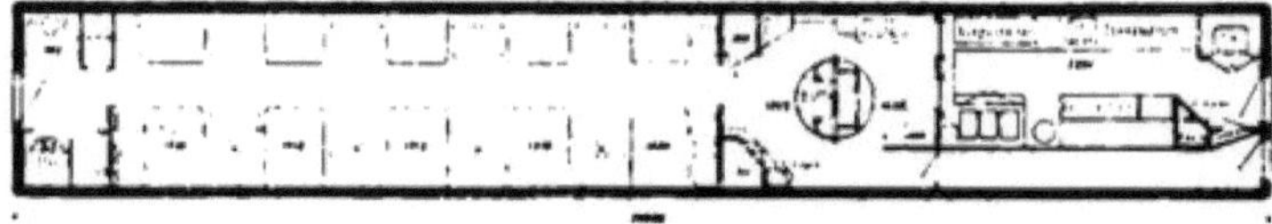

Fig 1 Schlafwagen

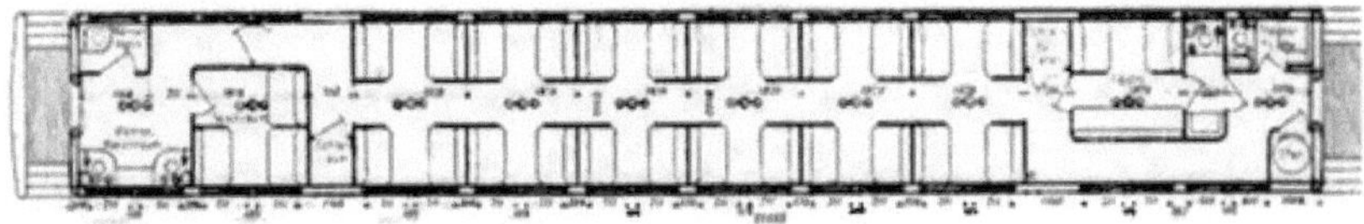

Fig 3 Präsidentenwagen

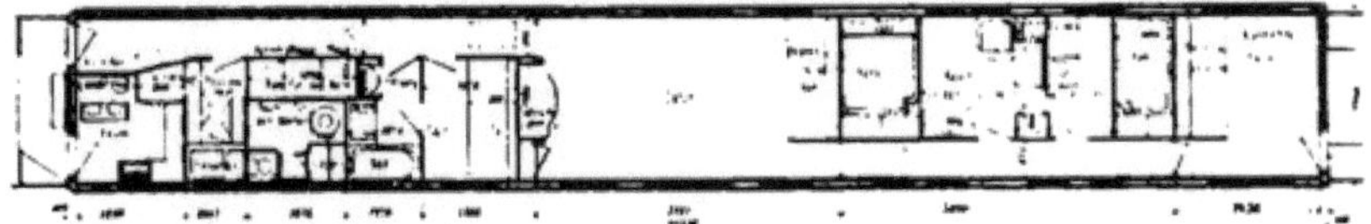

Fig 5 Gesellschaftswagen

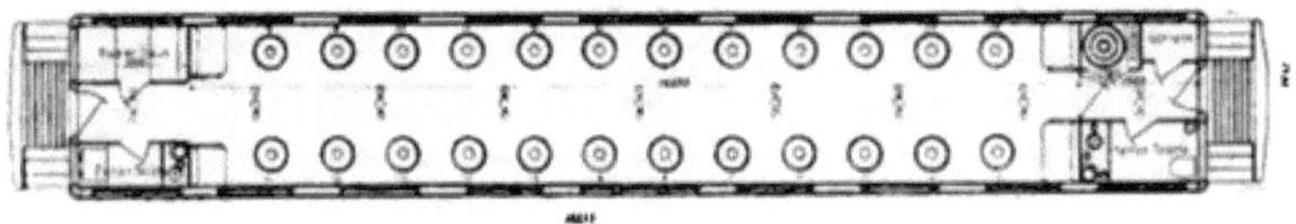

Fig 7 Salonwagen.

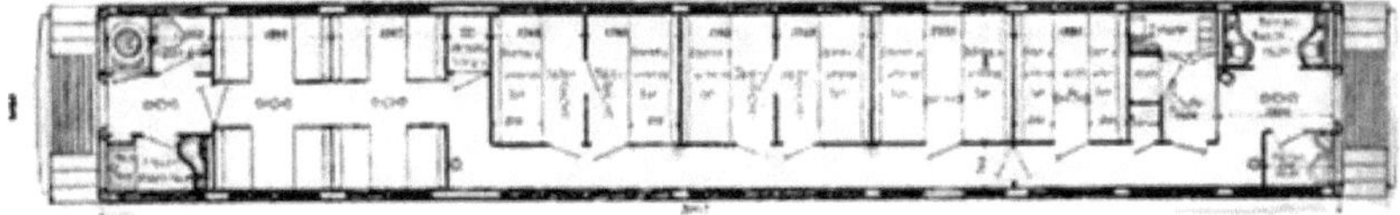

Fig 2. Buffetwagen

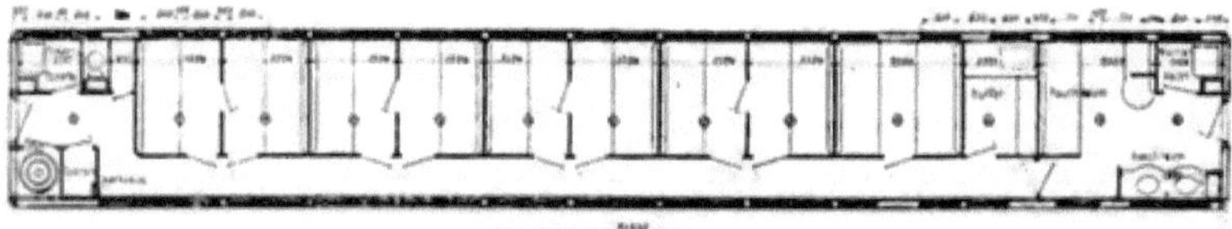

Fig 4. Schlafwagen

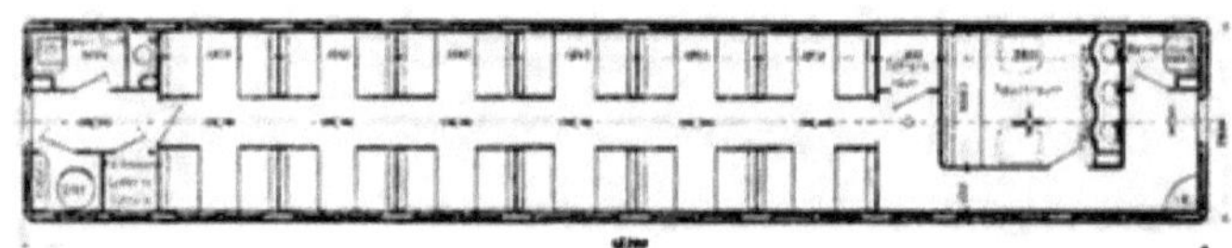

Fig 6. Gesellschaftswagen

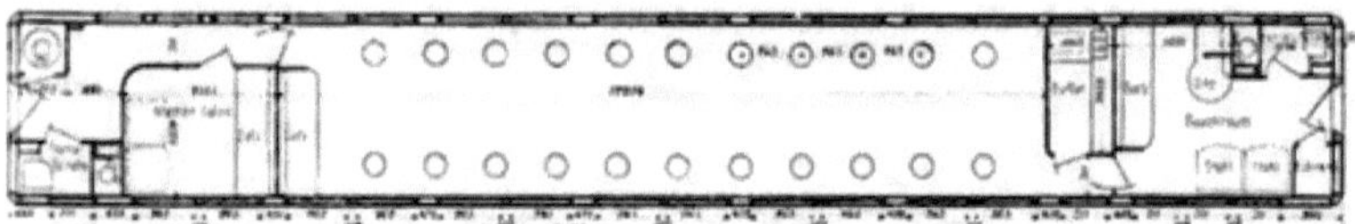

Fig 8 Salonwagen.

Kastengerippe eines Wagens der Wagner-Gesellschaft

1 : 48 d. nat. Gr.

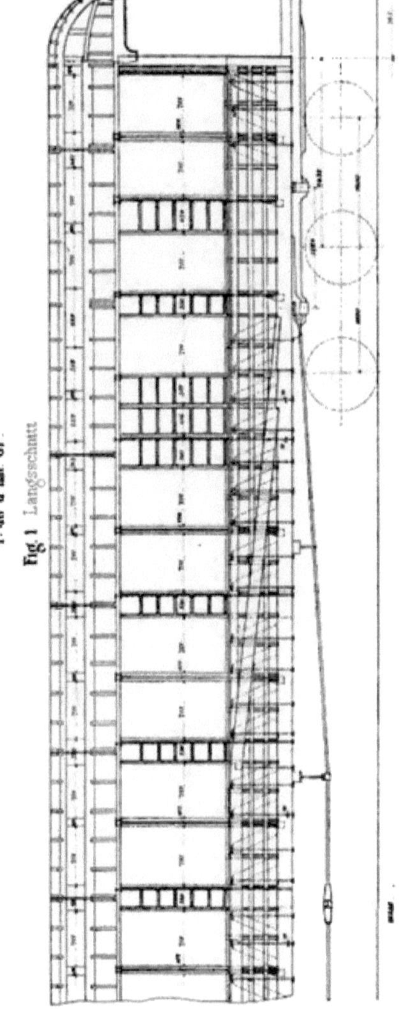

Fig. 1 Langsschnitt

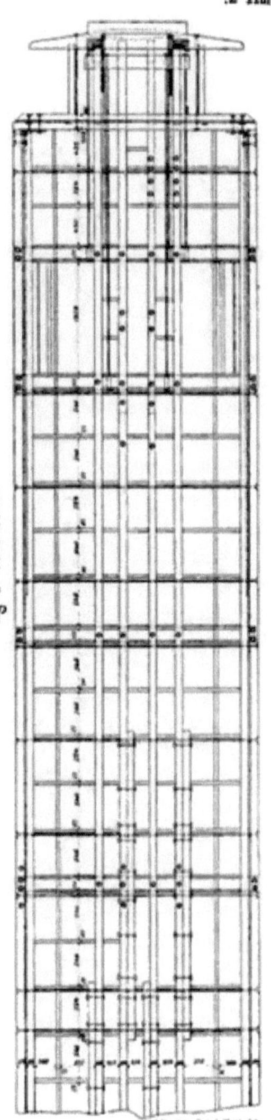

Fig. 2 Grundriss

Dreiachsiges Drehgestell der Wagner-Gesellschaft

Fig. 1 Längsschnitt

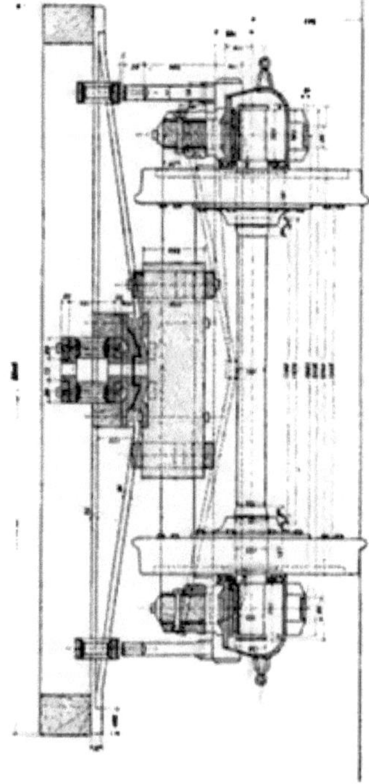

Fig. 2 Querschnitt

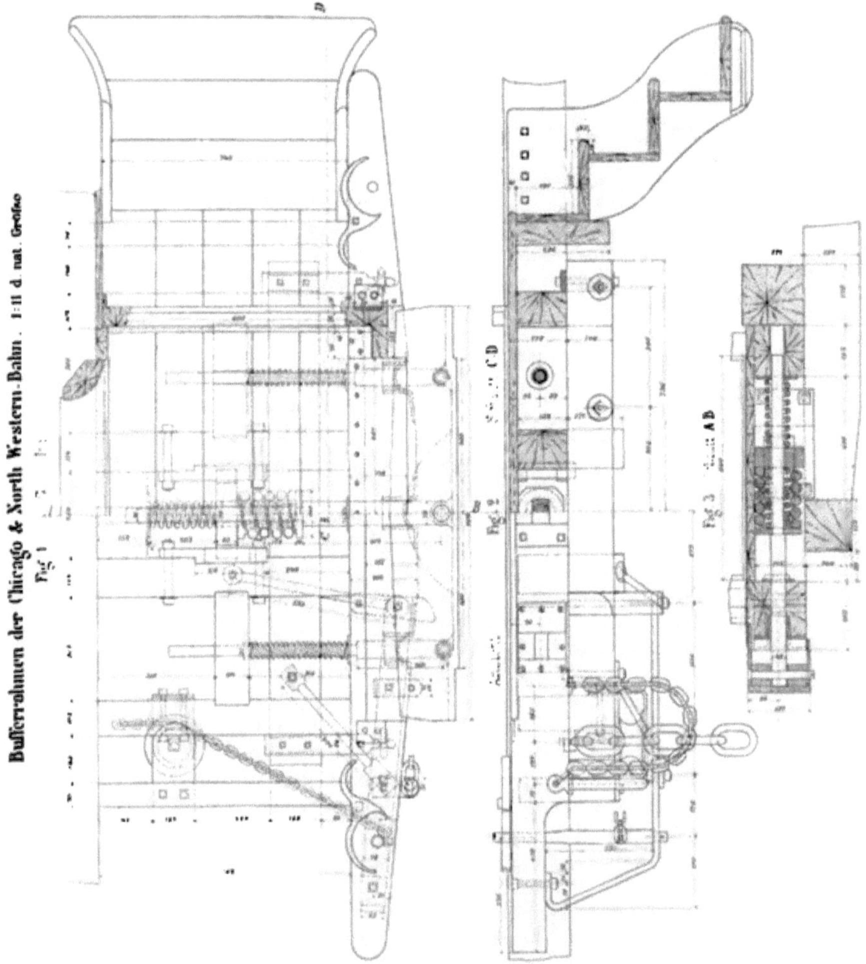
Bufferbalken der Chicago & North Western-Bahn. 1:11 d. nat. Grösse
Fig. 1
Fig. 2 Schnitt CD
Fig. 3 Schnitt AB

Fig. 1. Längsschnitt durch d. Rahmen.

Fig. 2. Stirnansicht des Rahmens

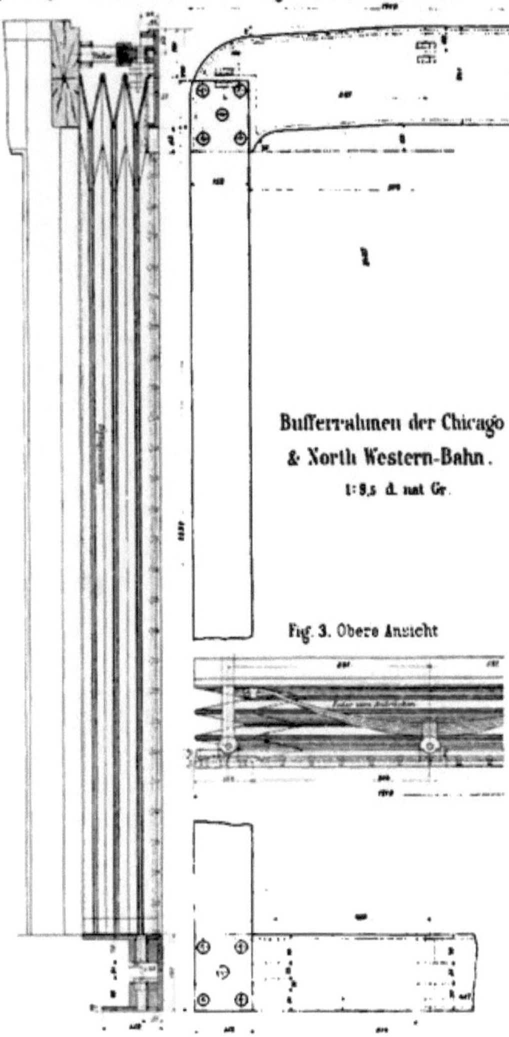

Bufferrahmen der Chicago & North Western-Bahn.

1 : 8,5 d. nat. Gr.

Fig. 3. Obere Ansicht

Fig. 4.

Tragwand mit Blechträger der Chicago, Burlington und Quincy-Bahn.

1 : 8 d. nat. Gr.

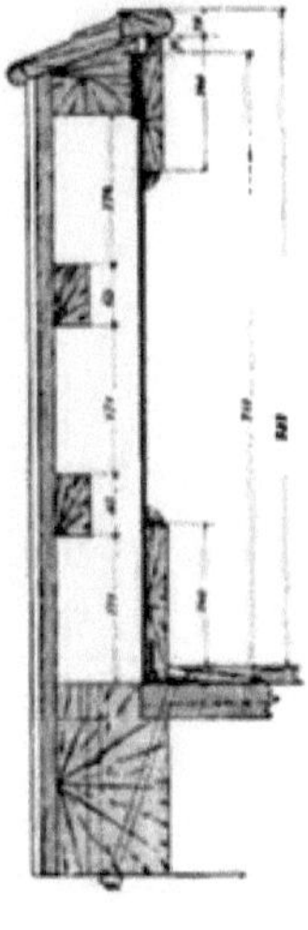

Bufferrahmen der Chicago, Burlington & Quincy Bahn

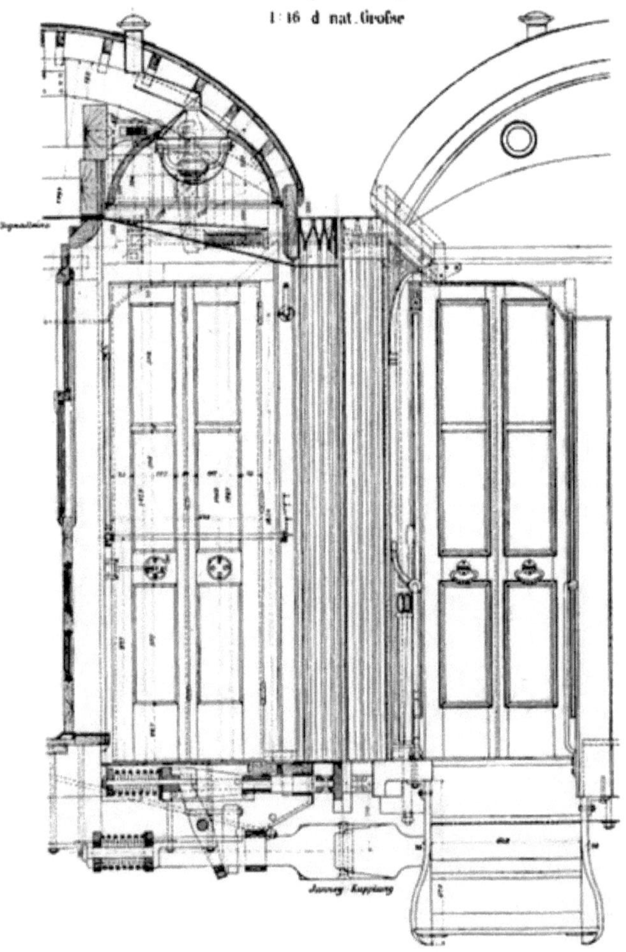

Kohlenwagen mit Bodenklapp

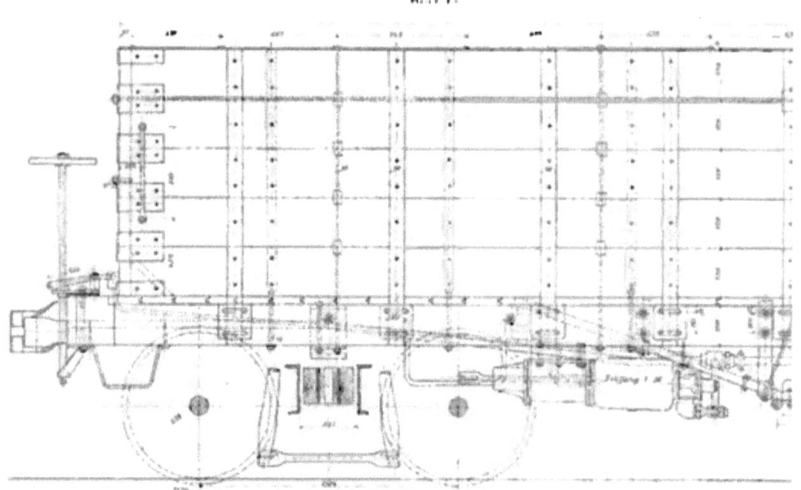

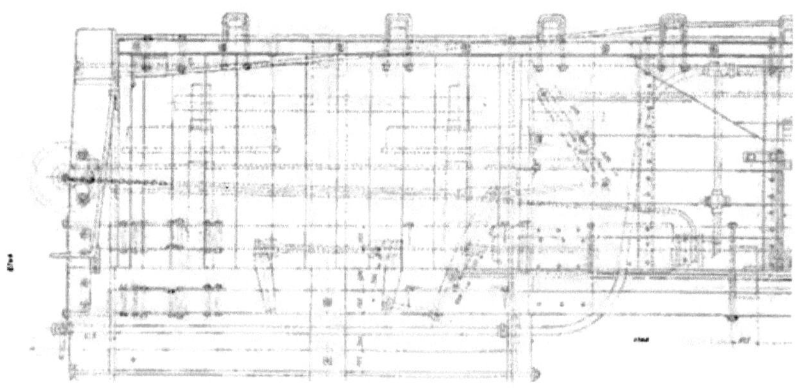

Quincy . Bahn.

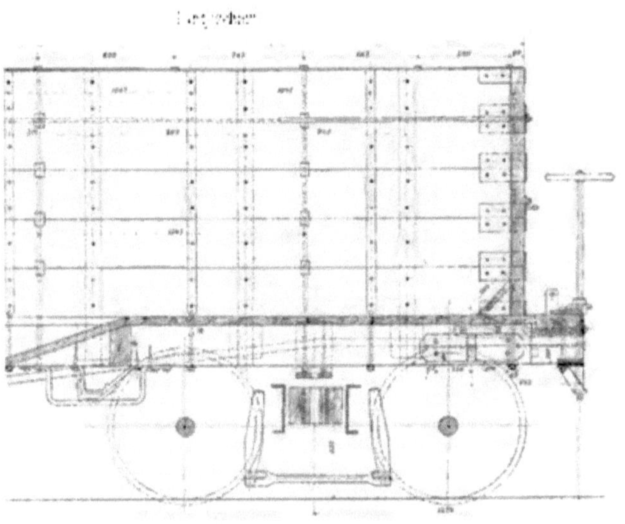

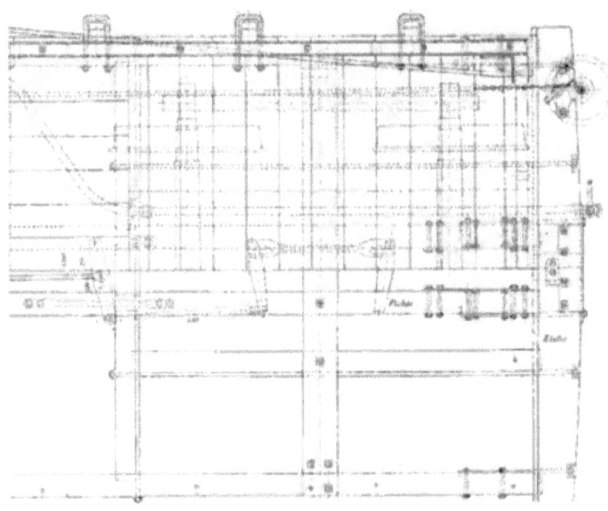

Offener Wagen mit abnehm

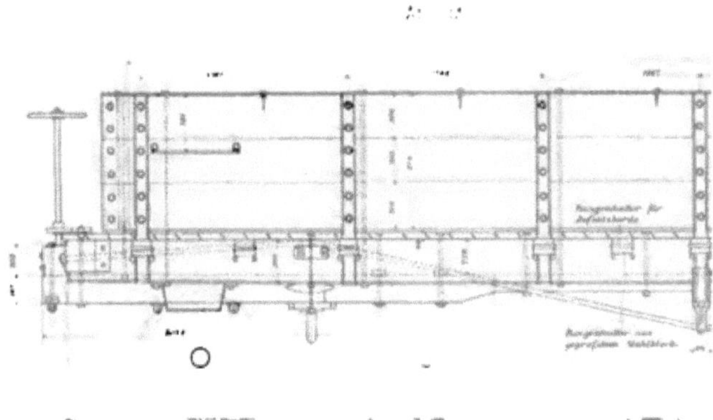

Fig. 6.

Querschnitt eines bedeckten Güterwagens der Chicago and North Western Bahn.

1:24 der nat. Grösse

North Western - Bahn.

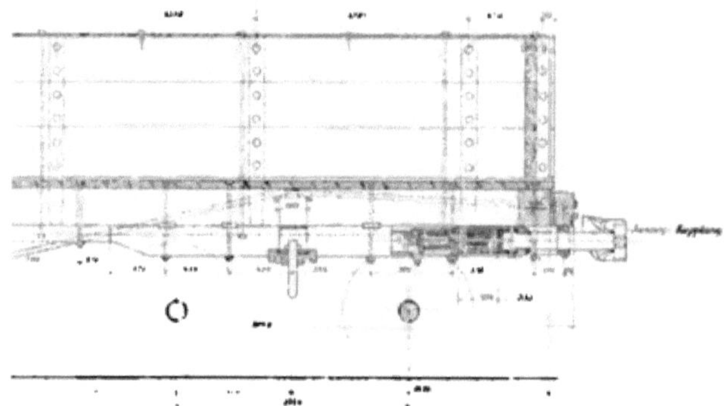

Fig. 3.

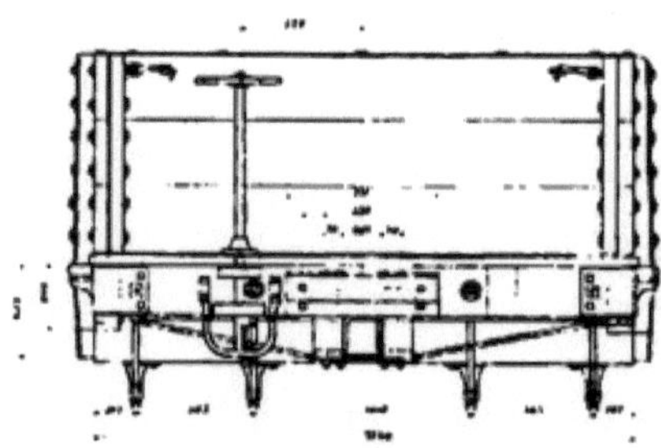

Fig. 1 Bedeckter Güterwag

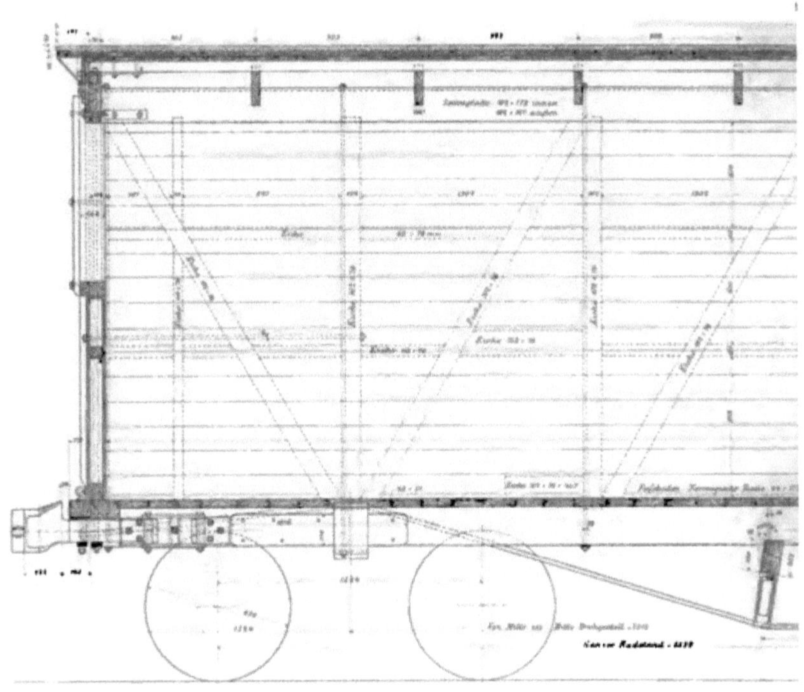

Fig. 2 Offener Güterwagen mit hohen Aufsatzbords u. Bodenklappen der Pennsylvania-Bahn

Fig. 3 Holzkohle

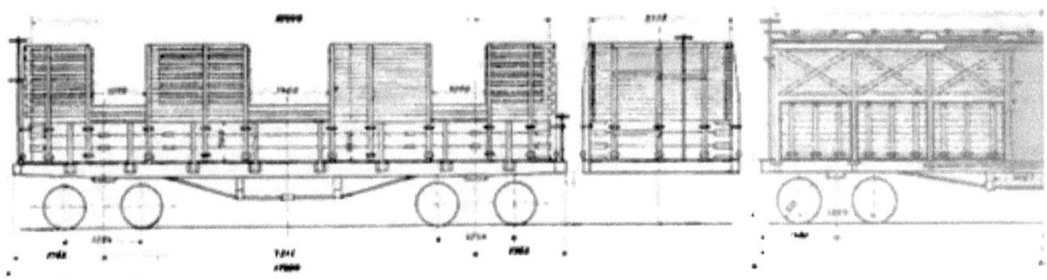

Lith. Anst. v. F. Wirtz, Darmstadt

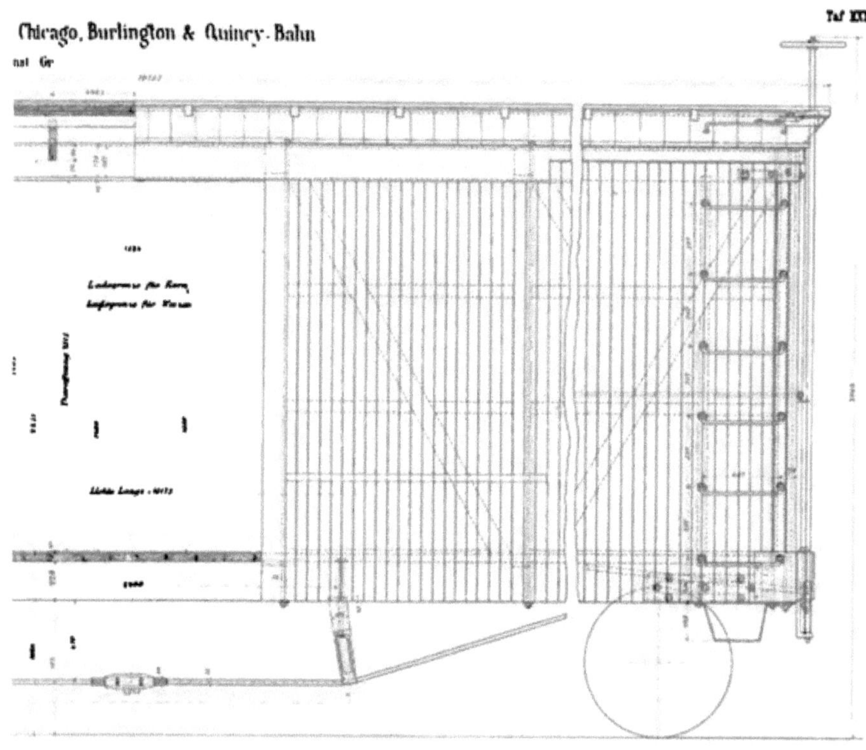

der Pennsylvania Bahn

Fig 4 Cokewagen der Pennsylvania-Bahn.

Bedeckter Güterwagen der Chicago, Burlington & Quincy-Bahn

1:22 d. nat. Gr.

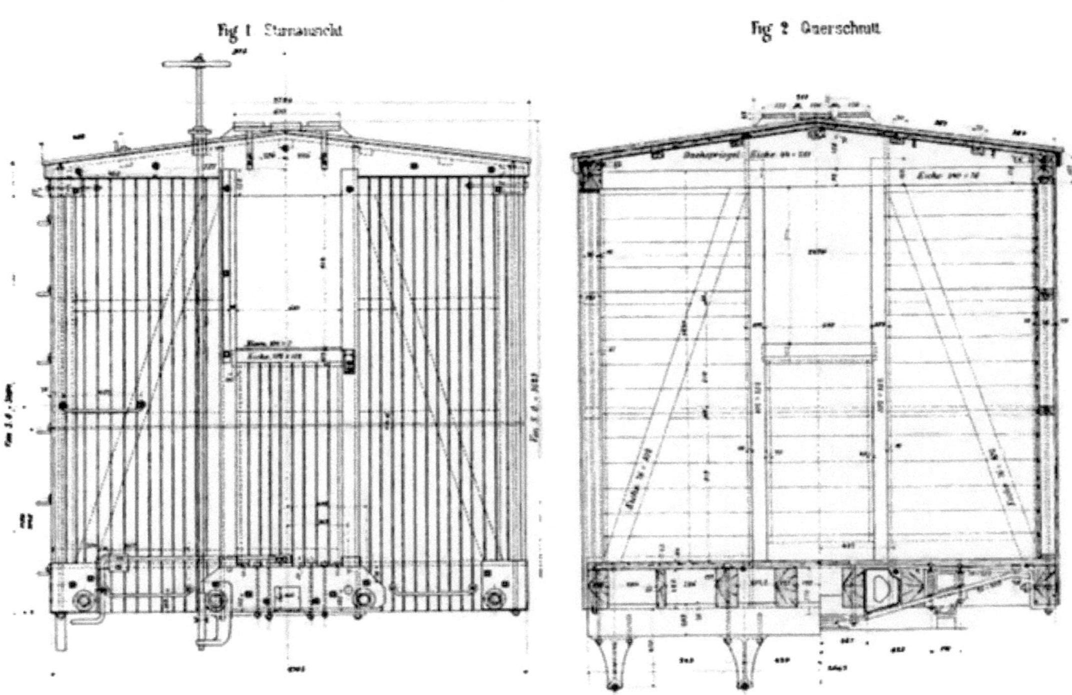

Fig. 1 Stirnansicht

Fig. 2 Querschnitt

Doppeletagiger Viehwagen der Pennsylvania

Fig 1 Längsschnitt. 1:32 d. nat. Gr.

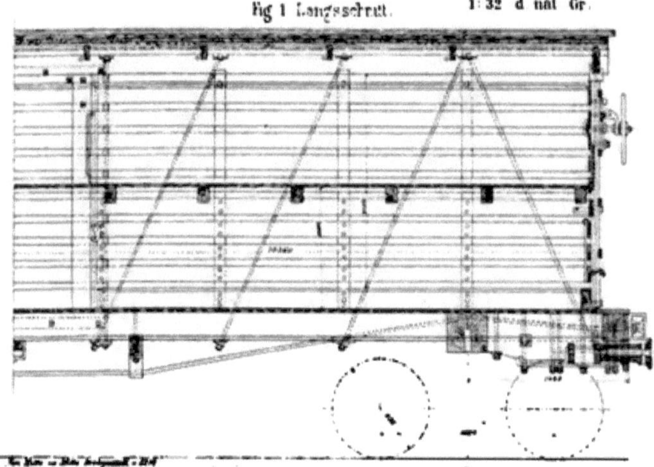

Fig 3. Grundriß

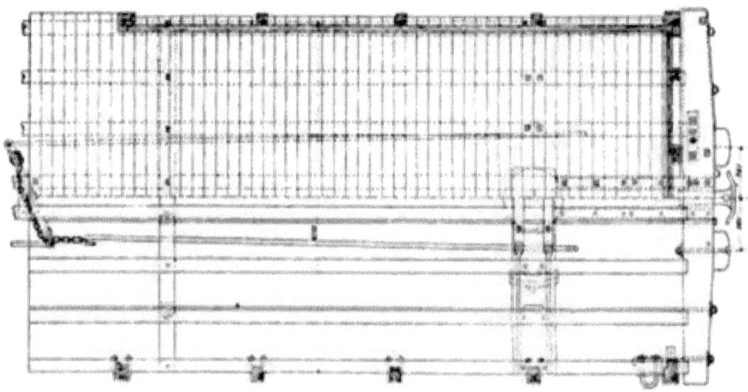

Fig 2. Querschnitt.

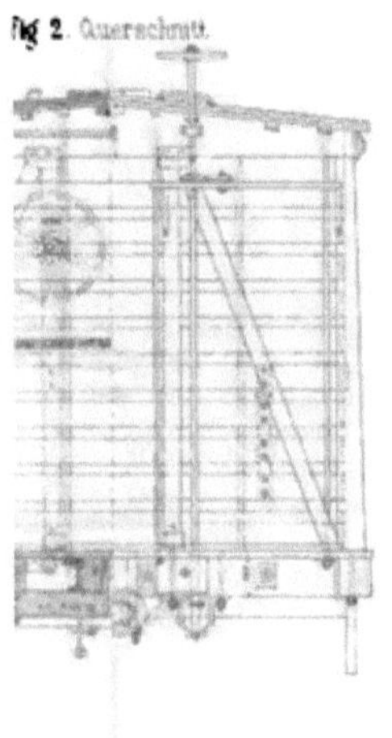

Fig. 6

Güterzug-Gepäckwagen der Pennsylvania Bahn

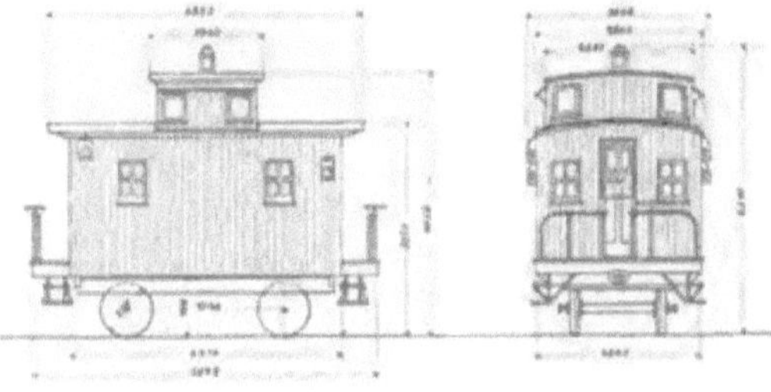

Fruchtwagen der Central Pacific-Bahn 1:40 d. nat. Gr.

Fig. 4

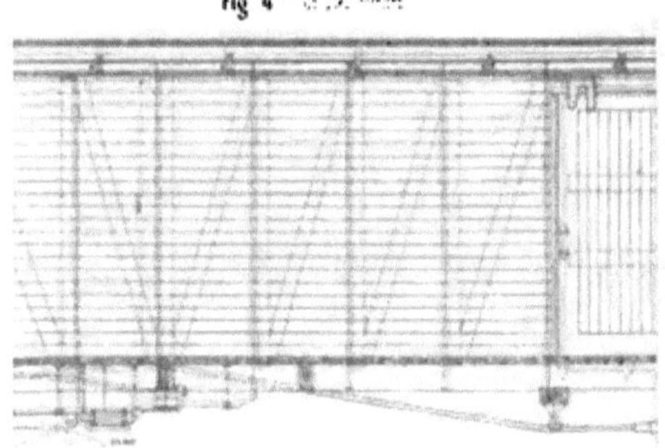

Fig. 5 Querschnitt

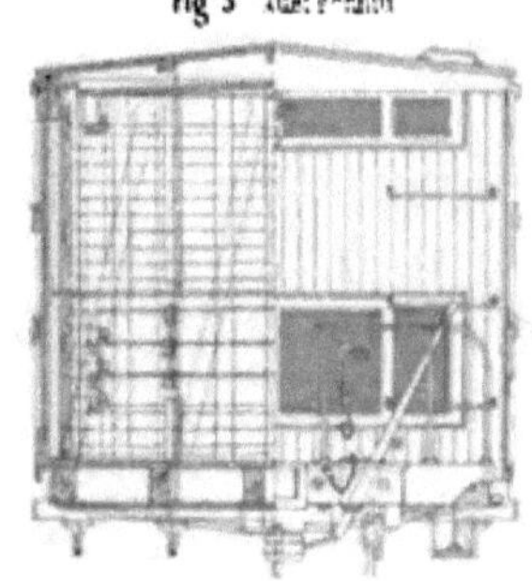

Kühlwagen der Pennsylvania-Bahn

1:12 d. nat. Gr.

Fig. 2. Längsschnitt

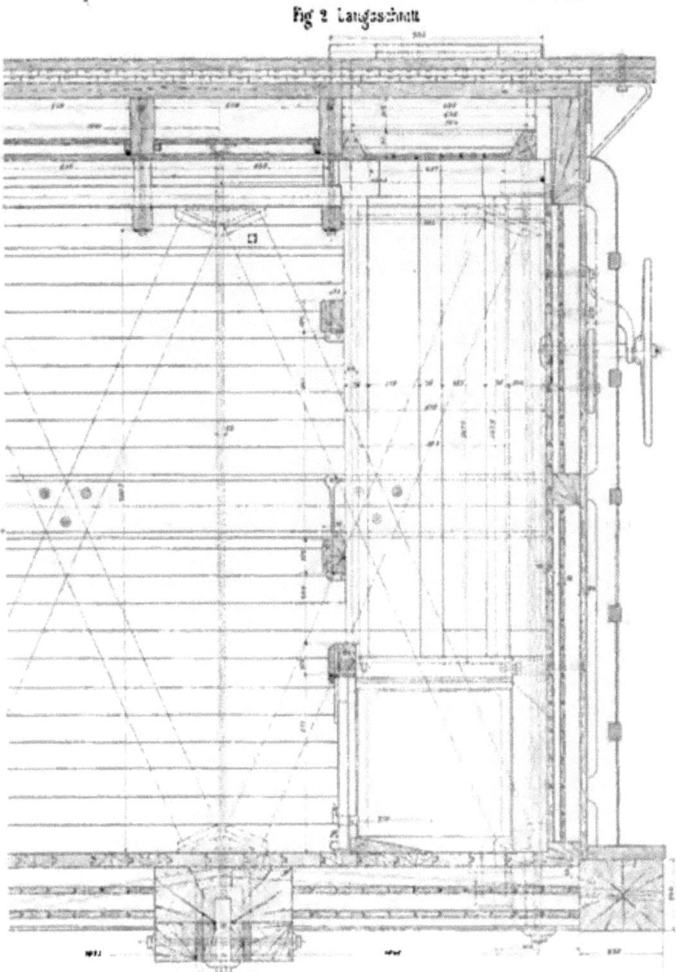

Taf. XXXIII

Kohlenwagen mit Bodenklappen der Chicago, Burlington & Quincy-Bahn

1 : 22 d. nat. Gr.

Fig. 1. Ansicht u. Querschnitt

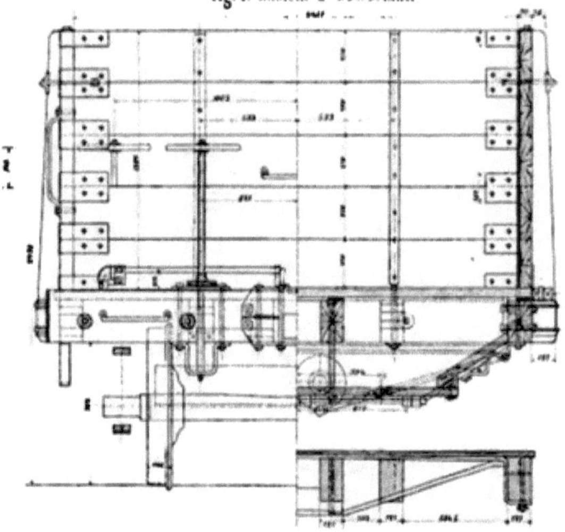

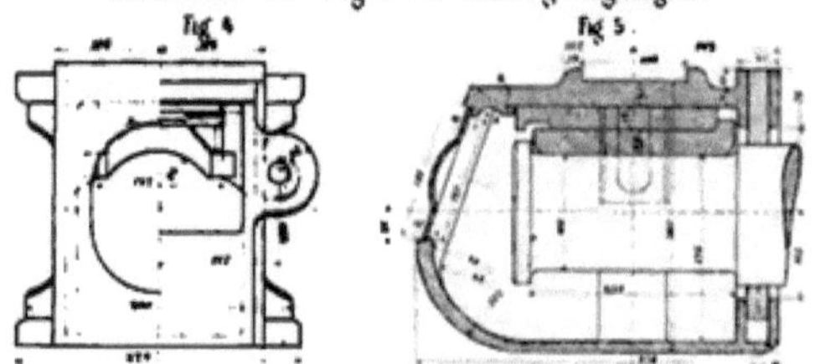

Achsbüchse für Wagen von 27240 kg Tragfähigkeit

Fig. 4

Fig. 5.

Achsbüchse für Wagen von 18160 kg Tragfähigkeit

Fig. 6

Fig. 7.

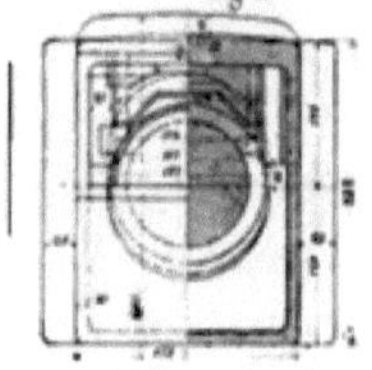

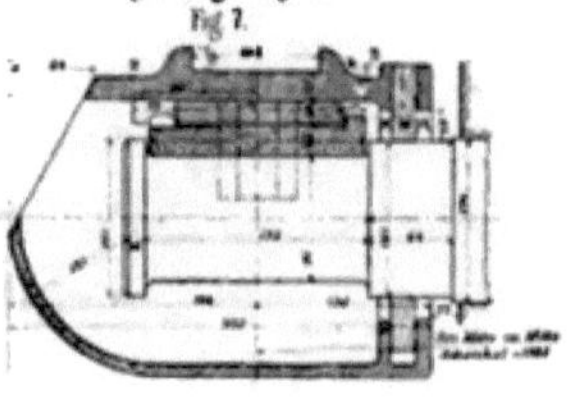

Heizwagen (Eastman Heater Car).

Fig. 1. Längsschnitt.

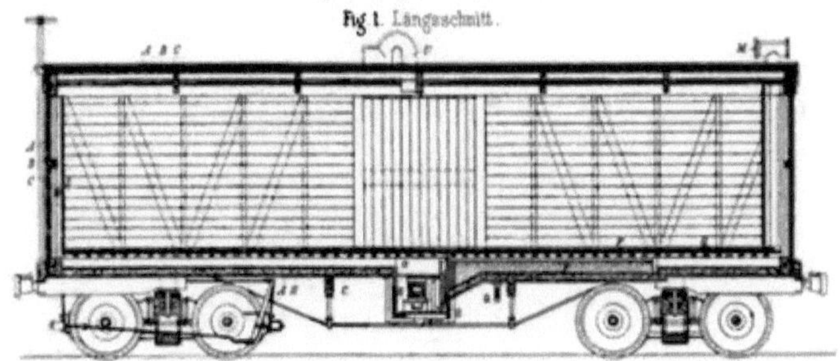

Fig. 2. Grundriss.

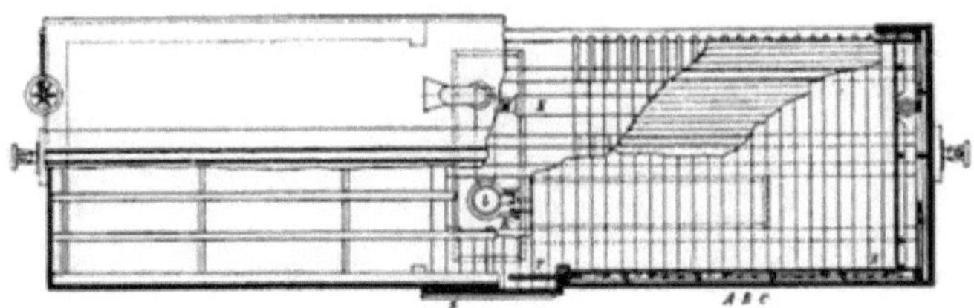

Fig. 3. Querschnitt.

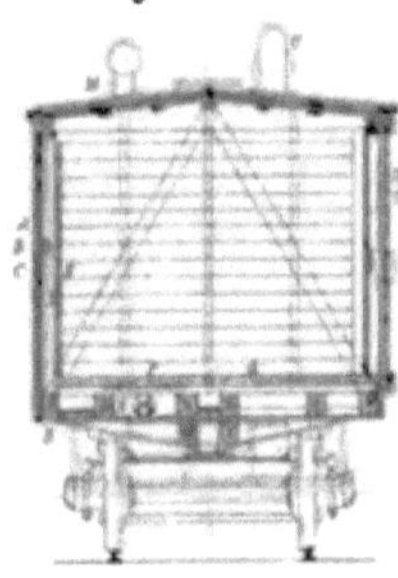

Fig. 4. Heizofen für Kerosin-Oel.

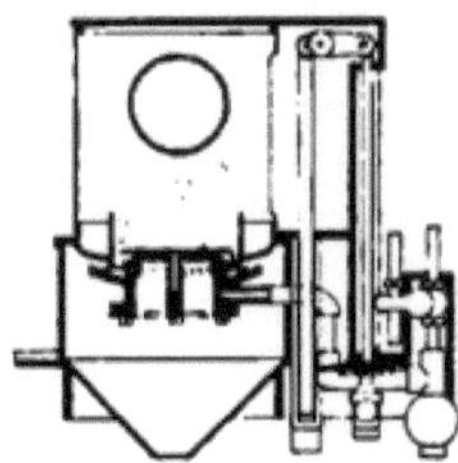

Drehgestell ohne Wiege für Güterwagen der Chicago, Burlington & Quincy-Bahn 1:12 d. nat. Gr.

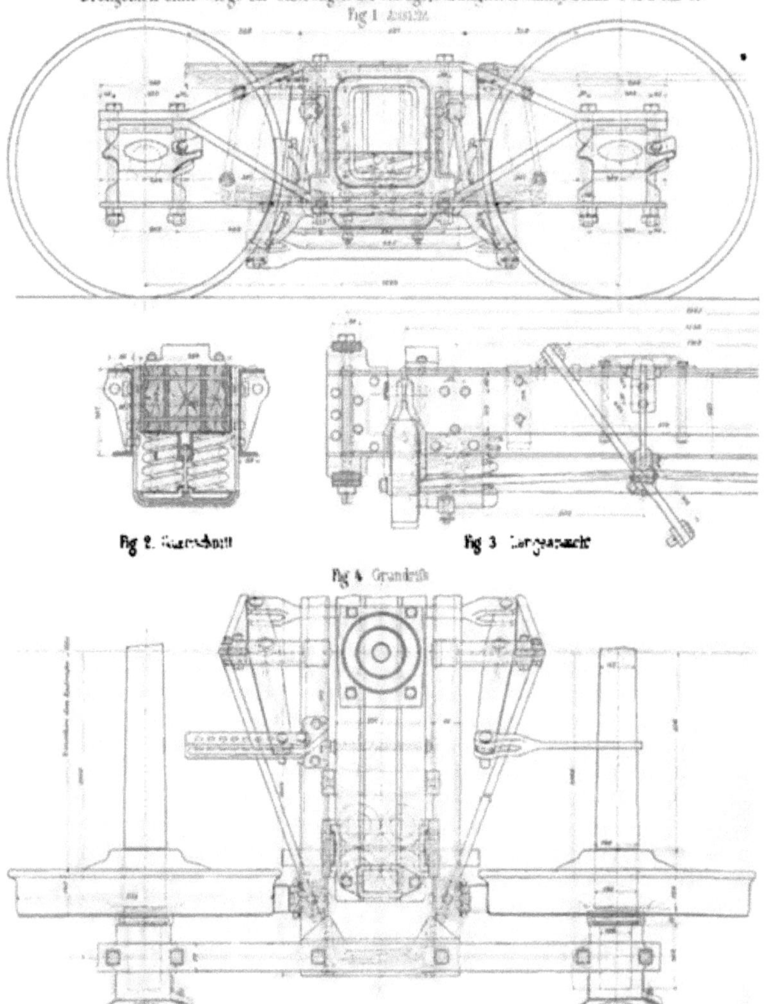

Drehgestell mit Wiege für Güterwagen der Chicago, Burlington & Quincy-Bahn. 1:12 d. nat. Gr.

Fig. 5 Ansicht

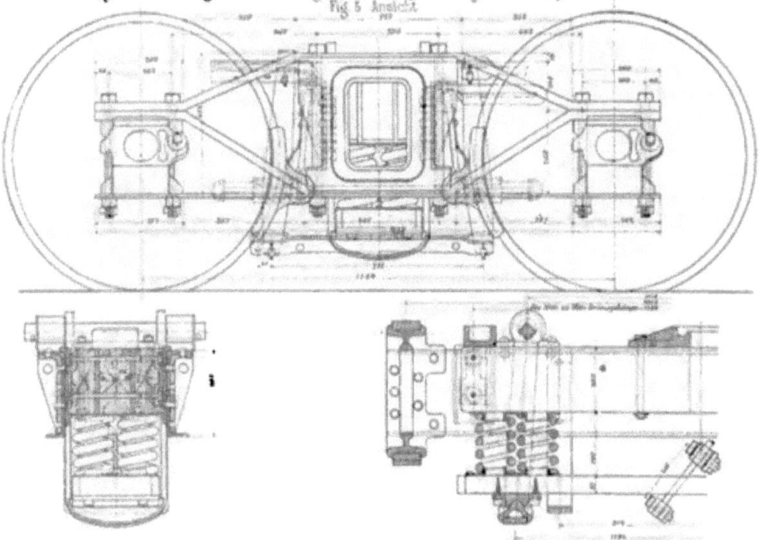

Fig. 6 Querschnitt

Fig. 7 Längsschnitt durch die Wiege.

Fig. 8 Grundriss

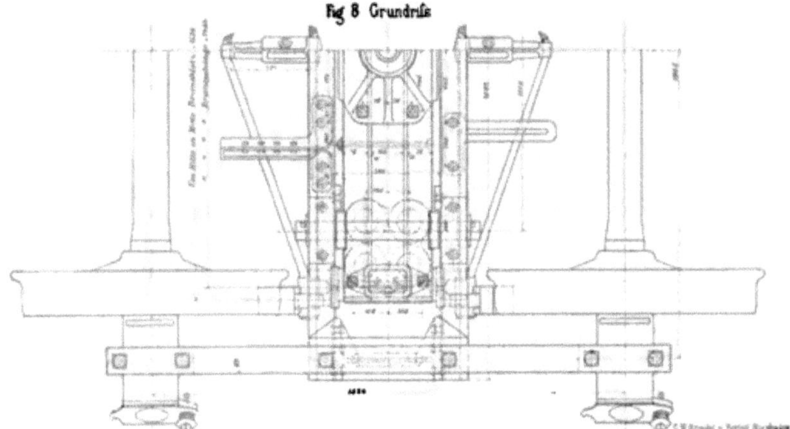

Fig 1. Grundriss.

Drehgestell für Güterwagen.

(Aus gepresstem Stahlblech).

1 : 8 d. nat. Gr.

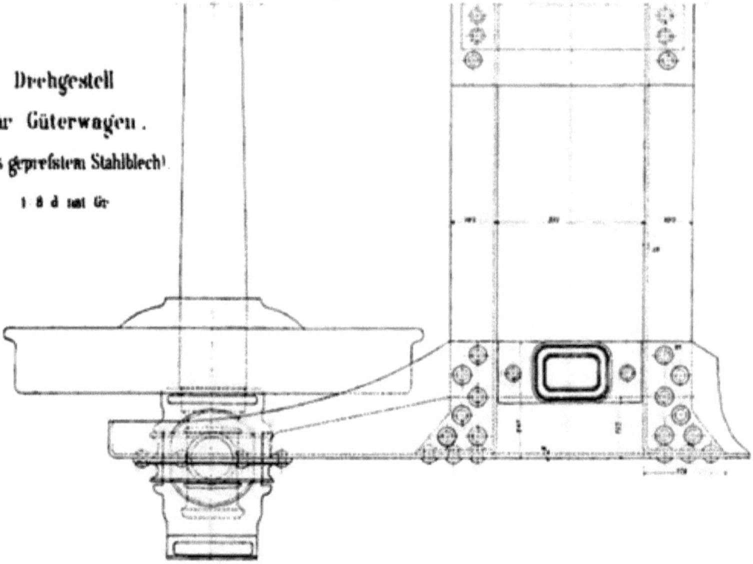

Fig 2. Ansicht.

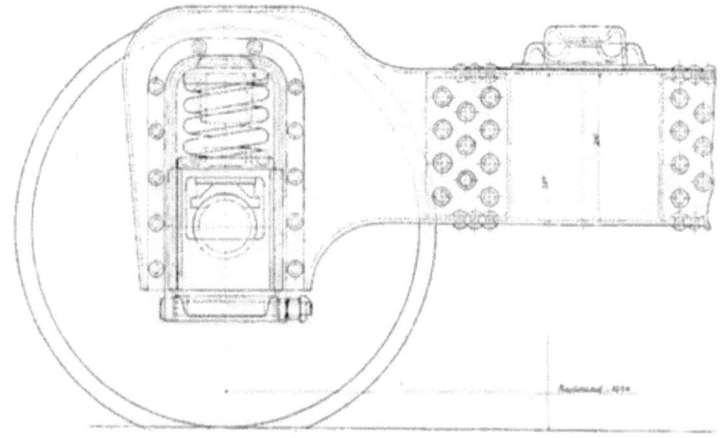

Westinghouse

1 : 10

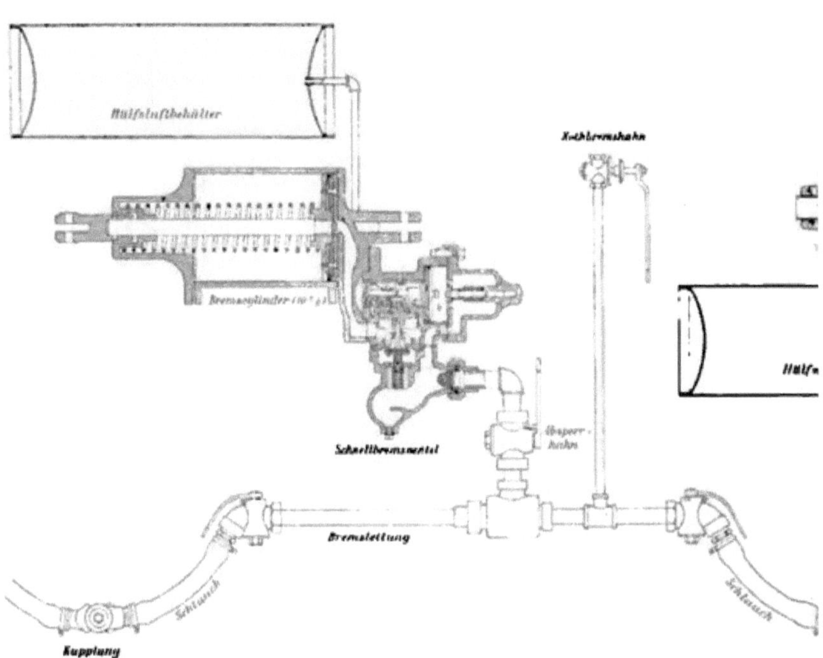

Schnellbremse

Grofse

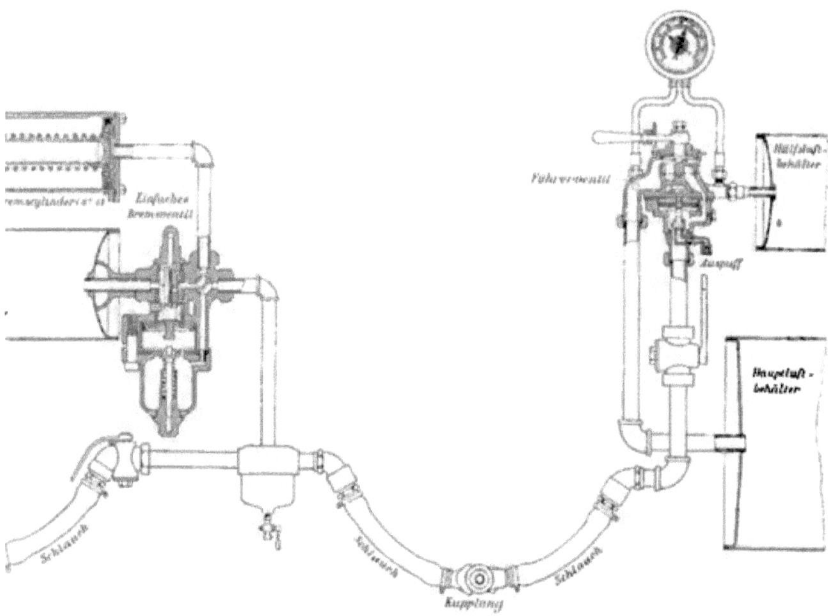

Anordnung der Westinghou

Fig 1 Längsansicht

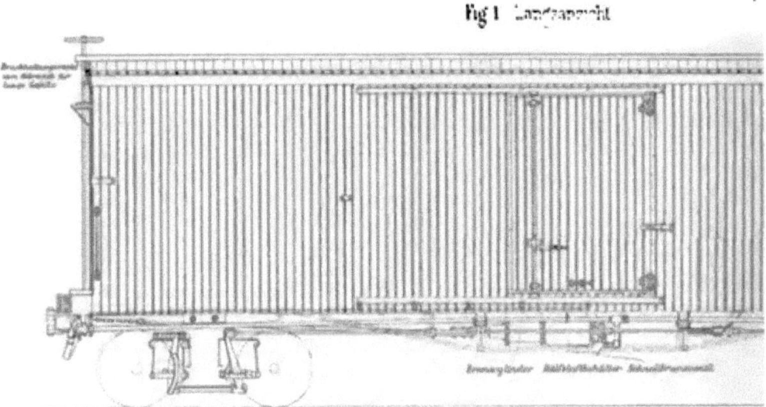

Fig 3 Grundriß

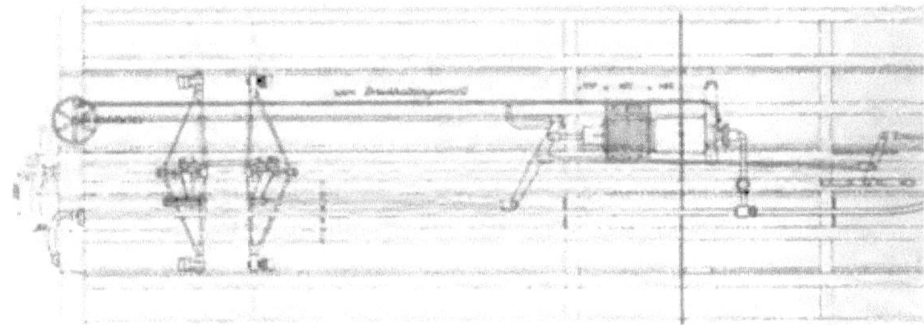

Fig 2

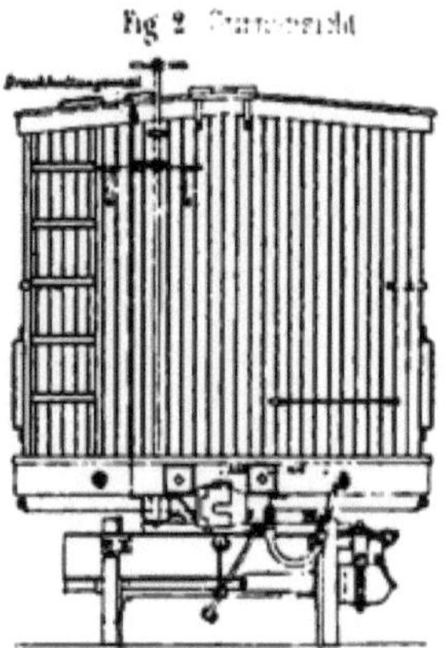

Fig 4

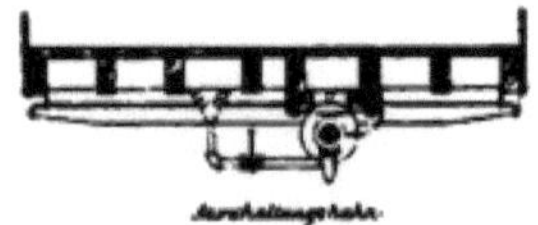

Dampfheizung der Chicago and North Western-Bahn

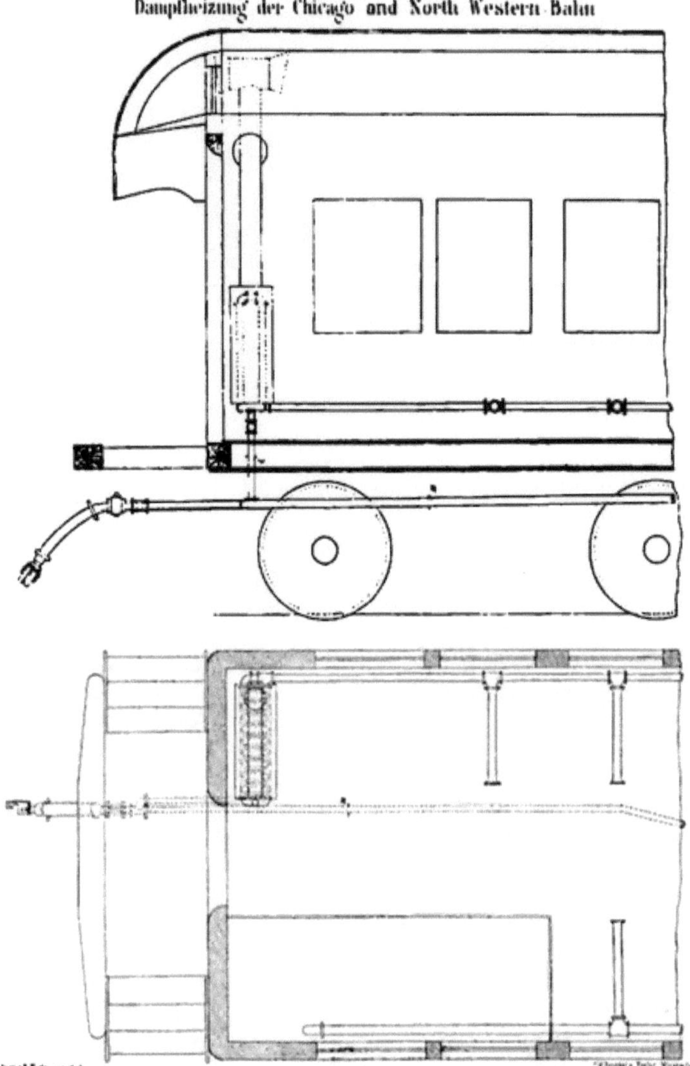

Heizung der Wagner-Gesellschaft.

1:27 d. nat. Gr.

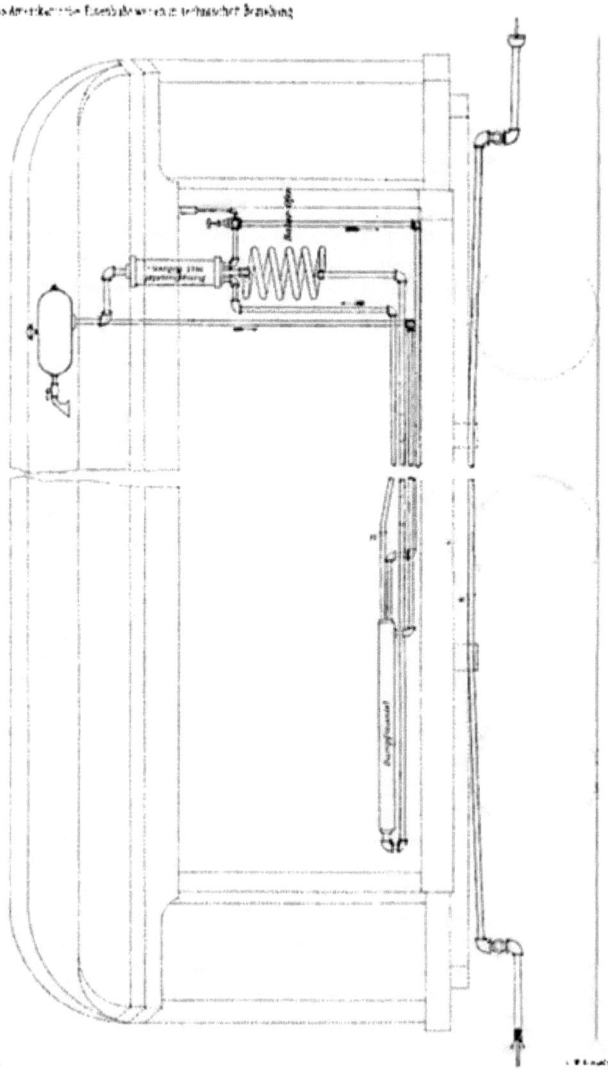

Heizung der Wagner Gesellschaft.

1:25 d. nat. Gr.

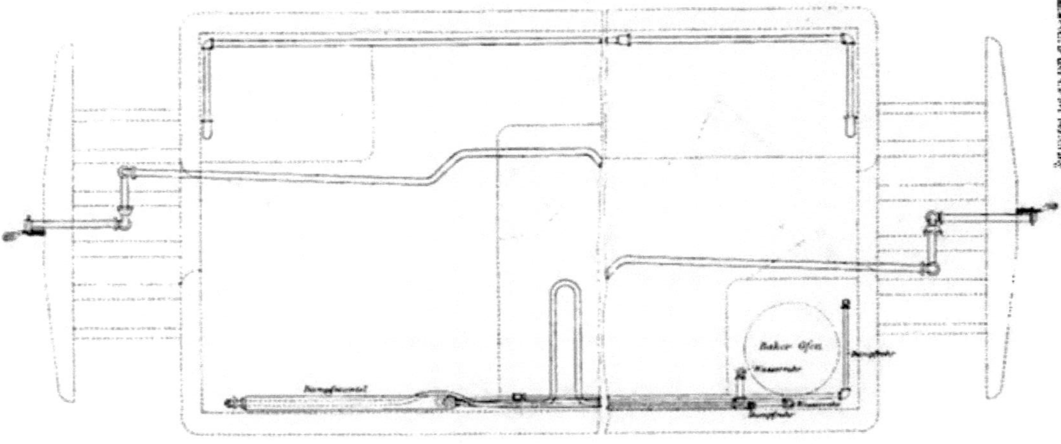

Güterbahnhof Hawthorne bei Chicago

(Chicago, Burlington and Quincy Bahn)

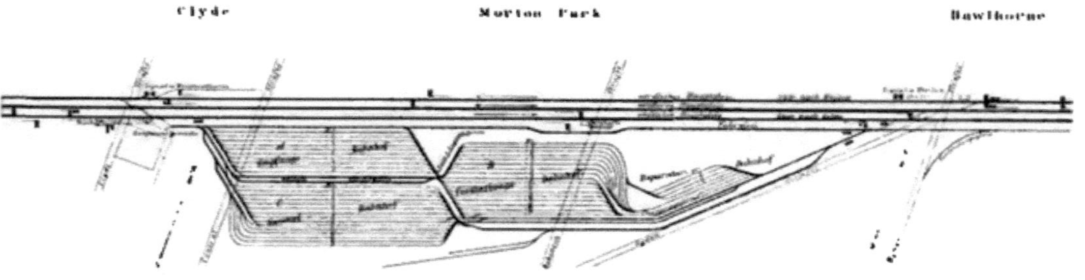

New Yorker Hochbahnen.

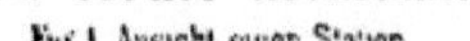

Fig. 1 Ansicht einer Station

Fig. 2 [illegible] Straße

Fig. 1. Elektrische Schweifsmaschine für Röhren.

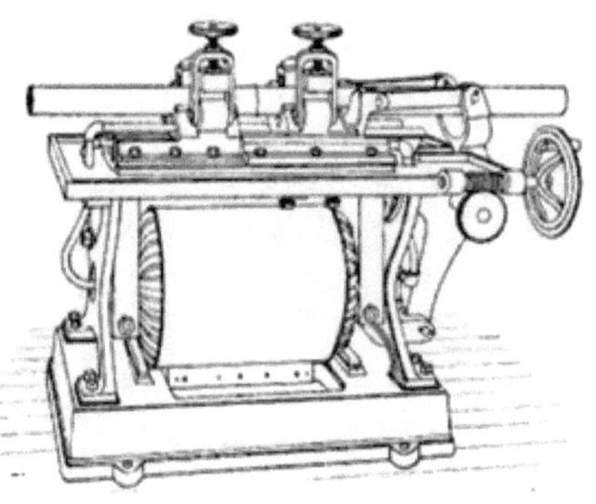

Fig. 2. Grundrifs der Giefserei
in der Fabrik der Westinghouse Air Brake Co. in Wilmerding.
1:530 d. nat. Gr.

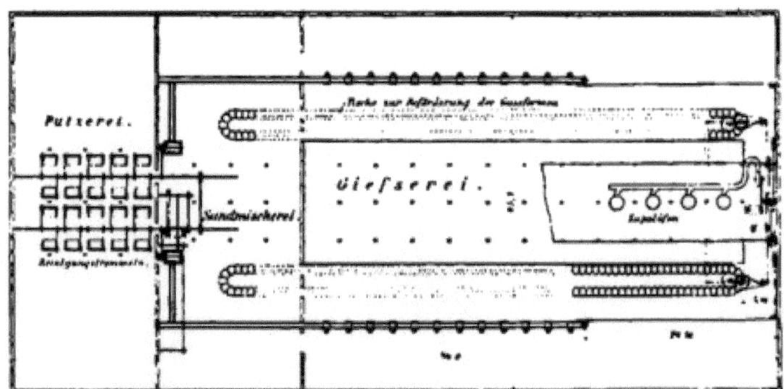

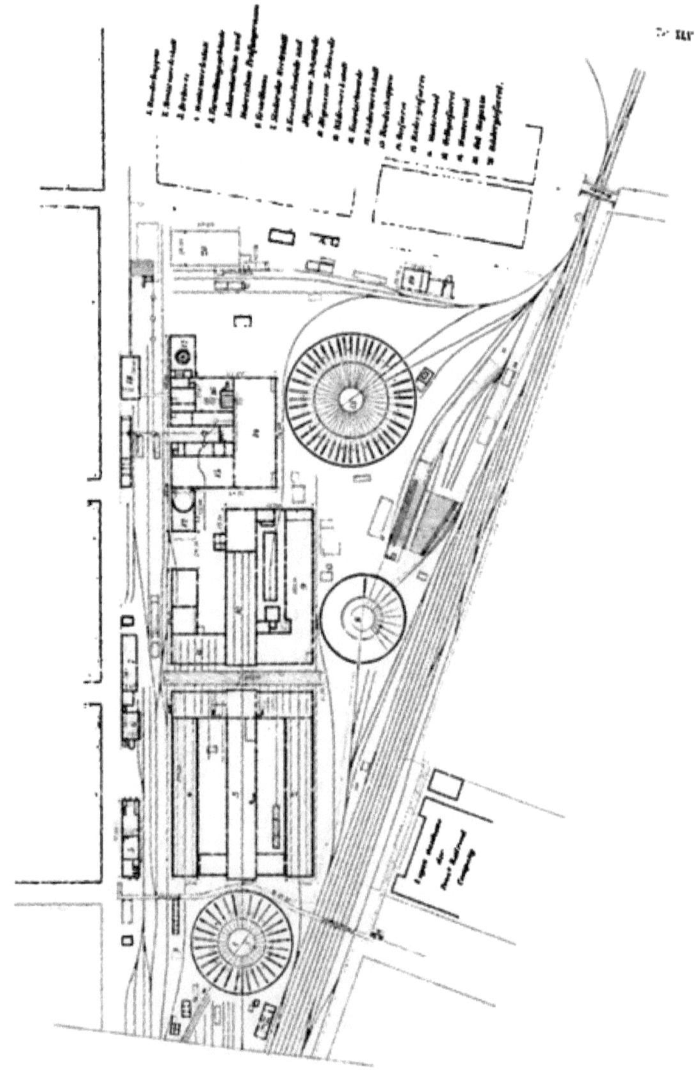

Fig. 1. Wagen-Werkstatt Altoona der Pennsylvania-Bahn.

1:4000. d. nat. Gr.

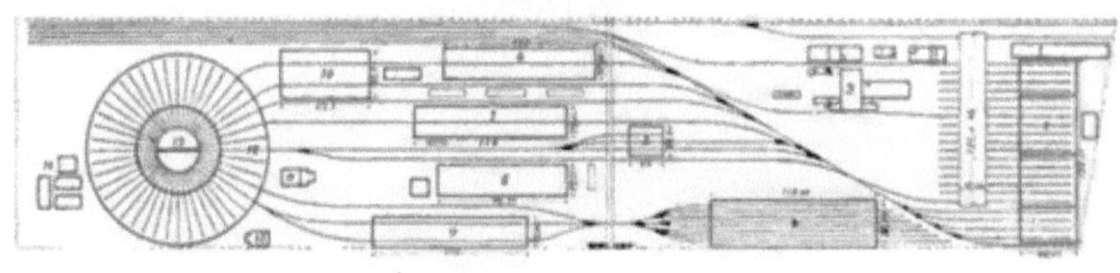

1. Malerei u. Lackirwerkstatt für Personenwagen
2. Schiebebühne mit electrischem Betrieb.
3. Allgemeine Bahnarbeiten.
4. Malerei u. Lackirwerkstatt für Güterwagen.
5. Werkstatt für Güterwagen – Drehgestelle
6. Holzbearbeitungs-Werkstatt.
7. Schmiede.
8. Dreherei und Tischlerei
9. Polsterwerkstatt.
10. Werkstatt für Personenwagen
11. Bureau- u. Magazingebäude.
12. Werkstatt für Güterwagen.
13. Drehscheibe mit Dampfbetrieb.
14. Trockenschuppen.
15. Feuerwehr.

Fig. 3. Lokomotiv- und Wagen-Werkstatt Aurora der Chicago, Burlington and Quincy-Bahn.

1:4000. d. nat. Gr.

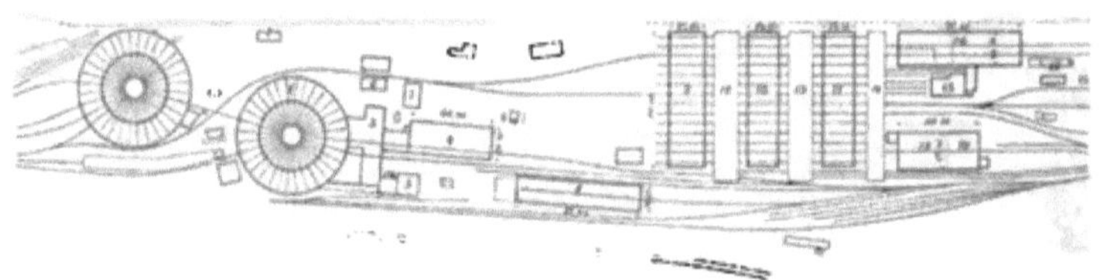

1. Bureau
2. Lokomotiv-Werkstatt
3. Dreherei
4. Schmiede
5. Kesselhaus.
6. Gelbgiesserei
7. Kupferschmiede
8. Magazin.
9. Lackirerei.
10. Personenwagen-Werkstatt
11. Güterwagen-Werkstatt
12. Schiebebühne
13. "
14. "
15. Kesselhaus.
16. Holzbearbeitungs-Werkstatt.
17. Trockenschuppen
18. Schmiede.
19. Dreherei.

Fig 2. Neue Lokomotiv-Werkstatt Juniata der Pennsylvania-Bahn.

1:4000 d. nat. Gr.

1. Kesselhaus
2. Electrische u. hydraulische Anlage.
3. Kesselschmiede
4. Allgemeine Schmiede
5. Schiebebühne
6. Dreherei.
7. Montirungsraum
8. Lackirschuppen.
9. Bureau- u. Magazin-Gebäude

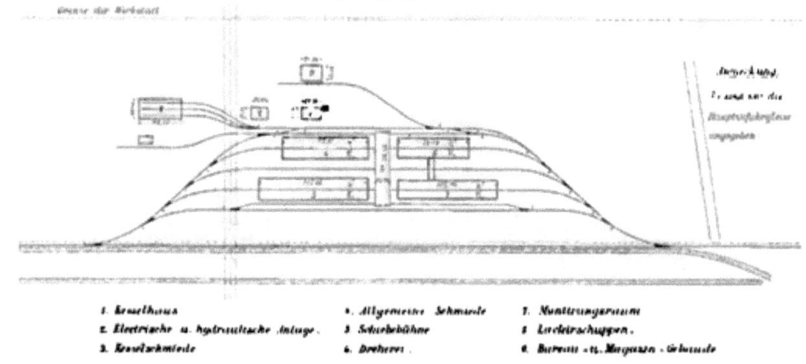

Fig. 4. Lokomotiv- und Wagen-Werkstatt West Burlington der Chicago, Burlington and Quincy-Bahn.

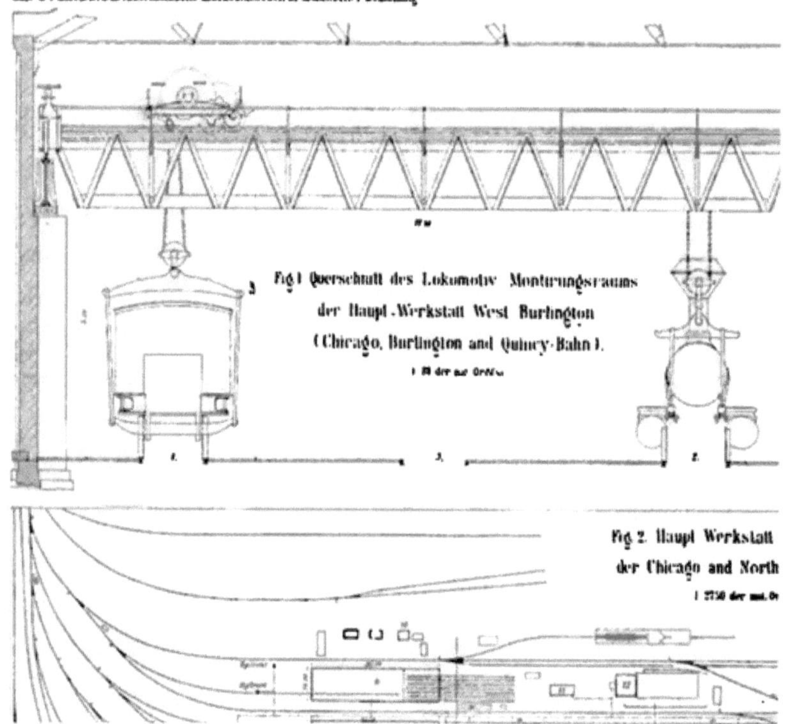
Fig. 1 Querschnitt des Lokomotiv-Montirungsraums
der Haupt-Werkstatt West Burlington
(Chicago, Burlington and Quincy-Bahn).
Fig. 2. Haupt Werkstatt
der Chicago and North

Fig 3. Fabrik der Westinghouse Air Brake Co in Wilmerding

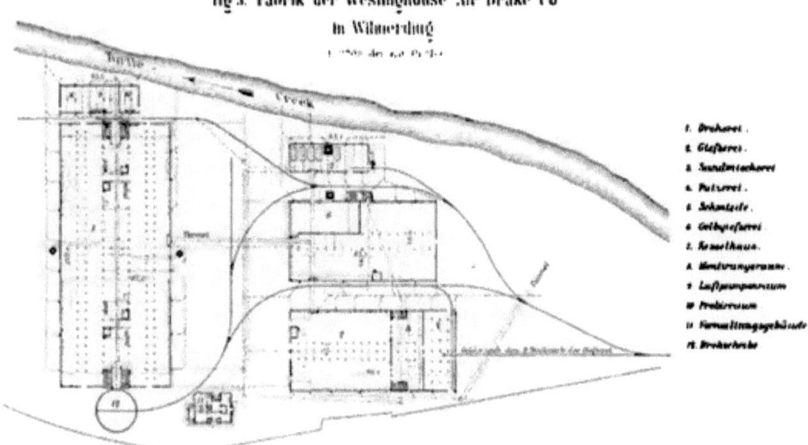

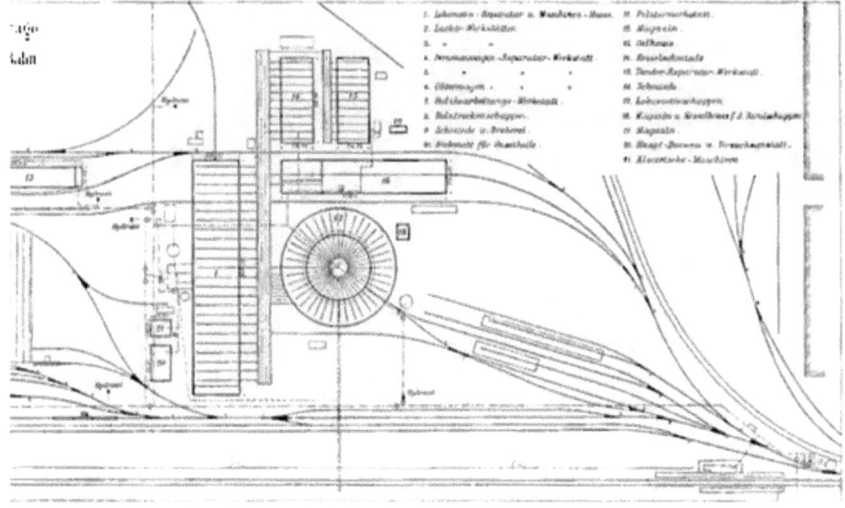

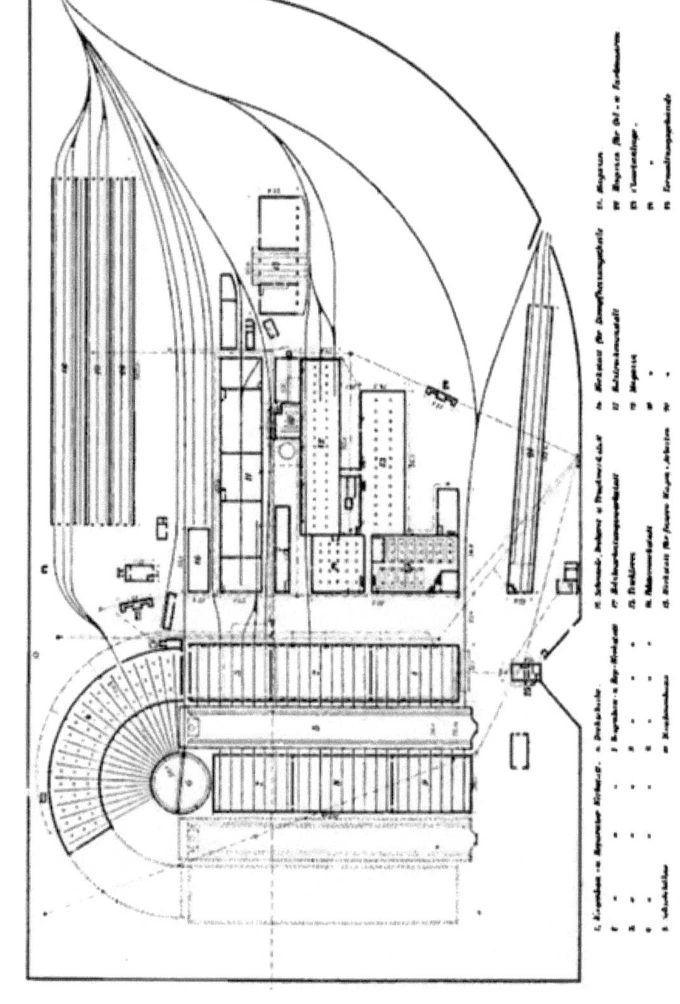
Werkstätten der Wagner Palace Car Co. in Buffalo

Fig. 1. Selbstthätige Kreissäge zum Ablängen von Hölzern.

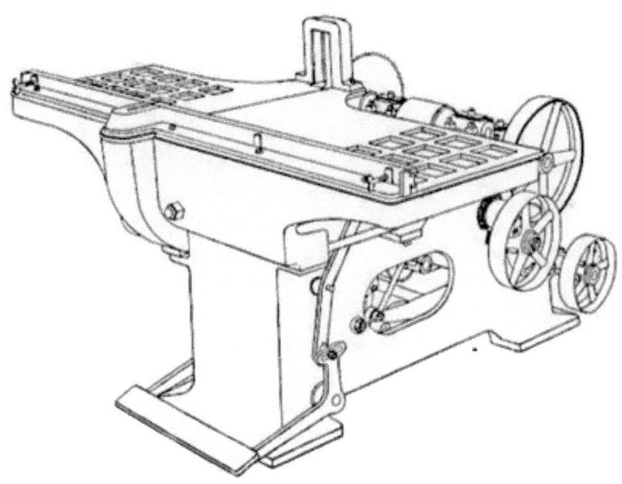

Fig. 2. Pendel-Kreissäge zum Ablängen.

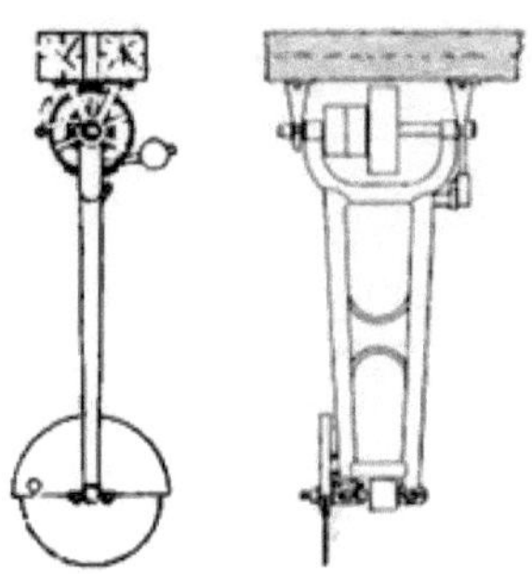

Bole u. Borrows: [illegible]

Fig. 1. Doppelte Kreissäge zum Ablängen, Nuthen, u. s. w.

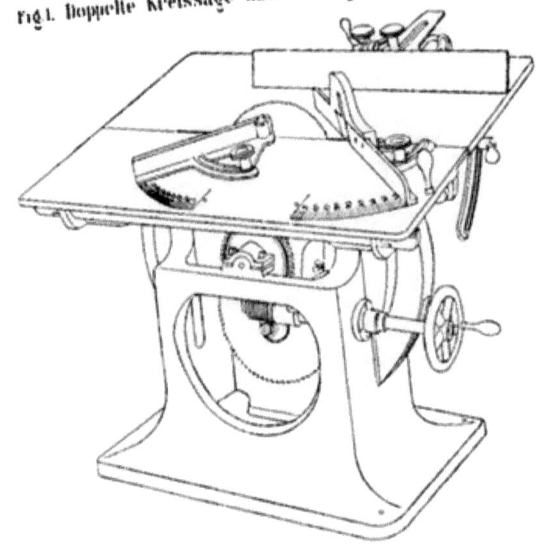

Fig. 2. Doppelte Kreissäge für feinere Tischlerarbeiten.

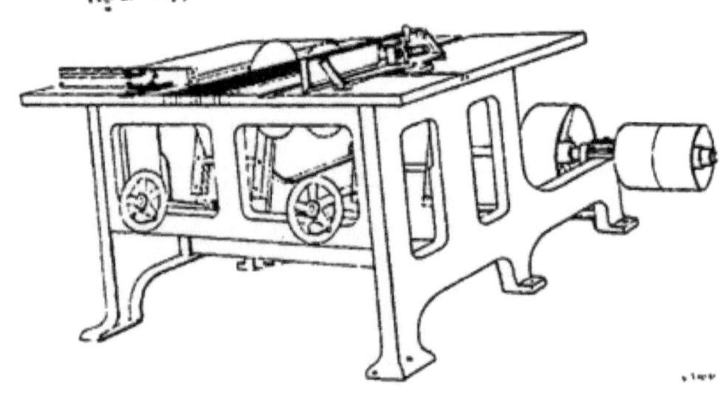

Text only: labeled figure plate for Fig. 1 and Fig. 2

Verticale Bohrmaschine mit 8 Spindeln

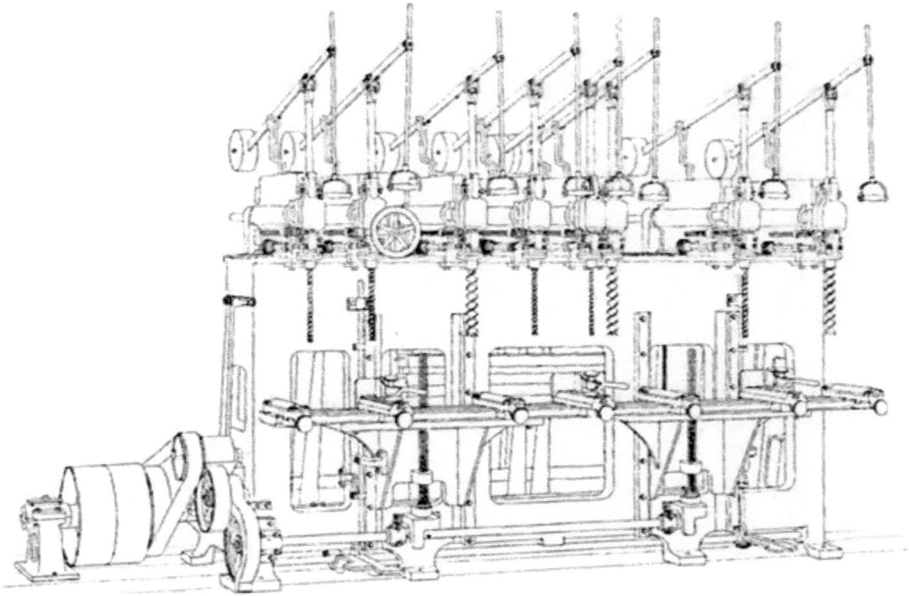

Fig. 1. Horizontale Bohrmaschine mit 3 Spindeln

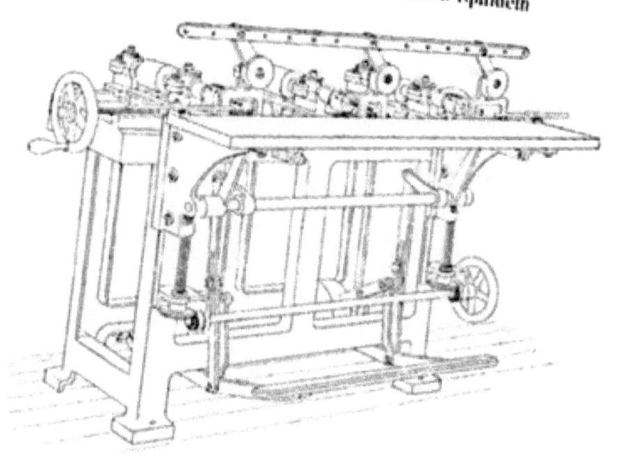

Fig. 2. Radial Bohrmaschine.

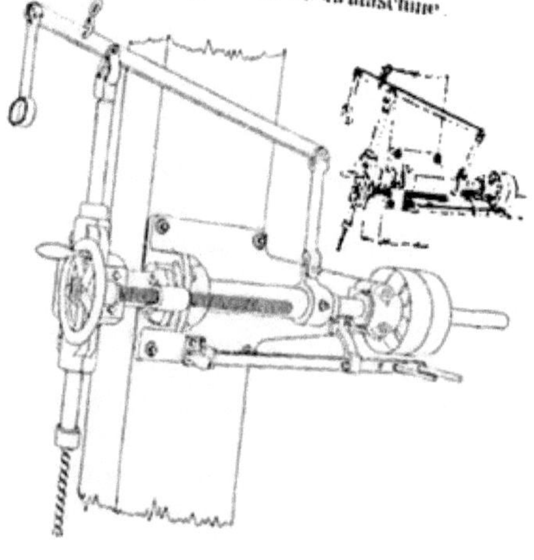

Fig 1. Stemm- und Bohrmaschine

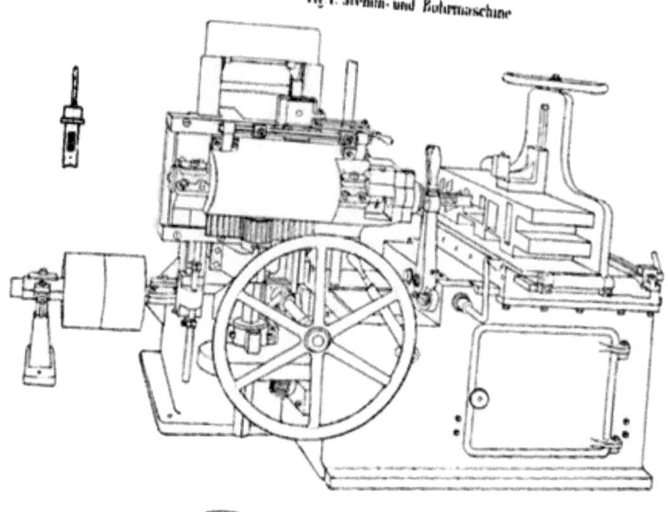

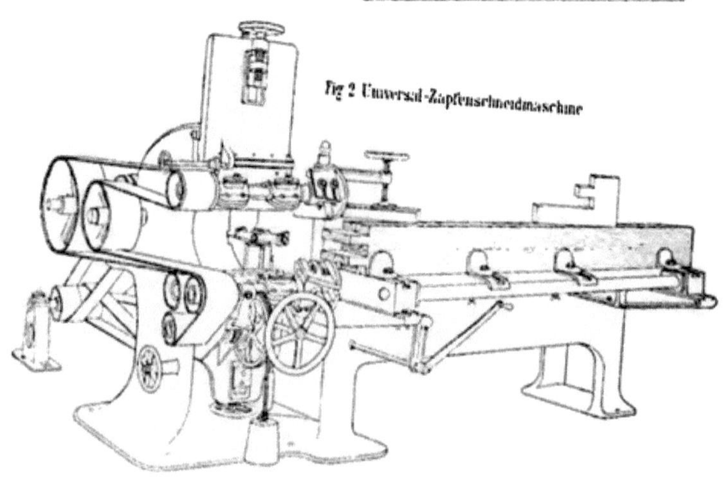

Fig 2 Universal-Zapfenschneidmaschine

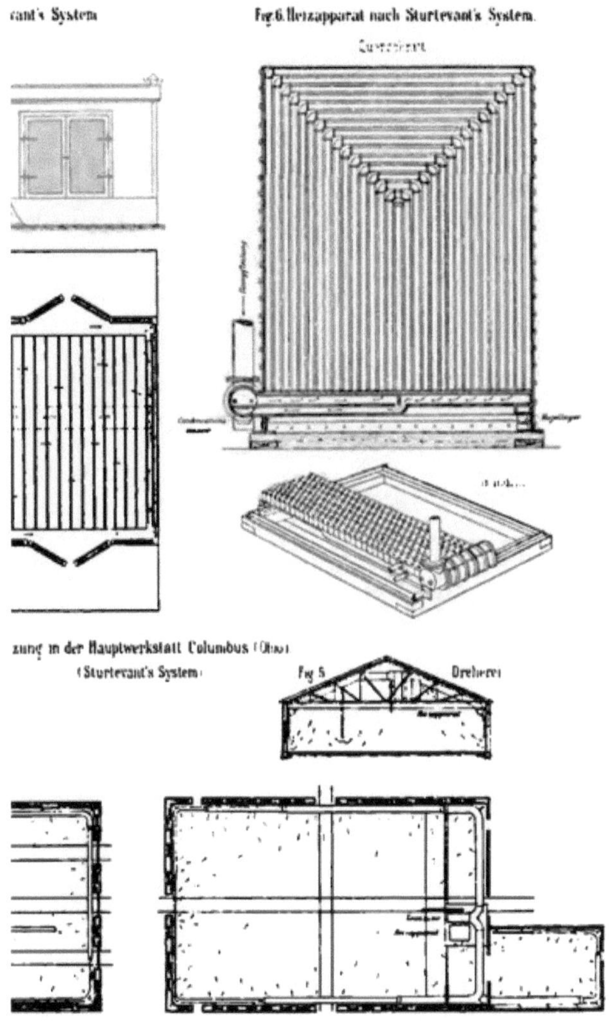
...vant's System
Fig. 6. Heizapparat nach Sturtevant's System.
...zung in der Hauptwerkstatt Columbus (Ohio)
(Sturtevant's System)
Fig. 5
Dreherei

Fig. 1

Spahneabsaugung in Holzbearbeitungs-Werkstätten

(Sturtevant's System).

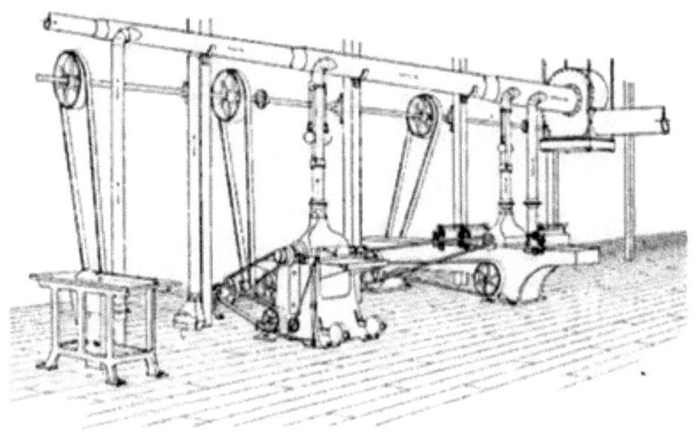

Fig. 2

Einrichtung des Spähnesammlers bei Kreissagen

(Sturtevant's System).

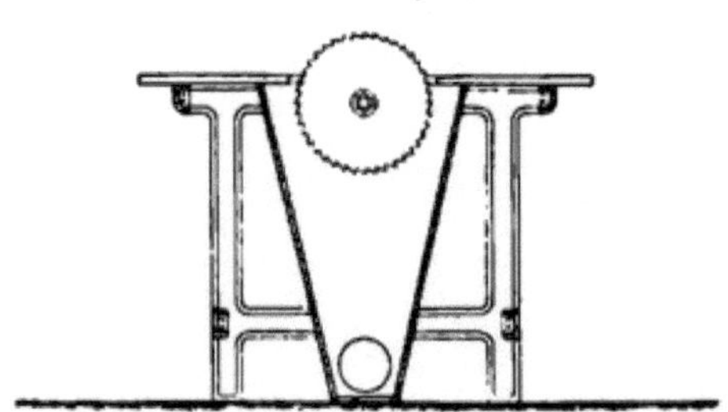

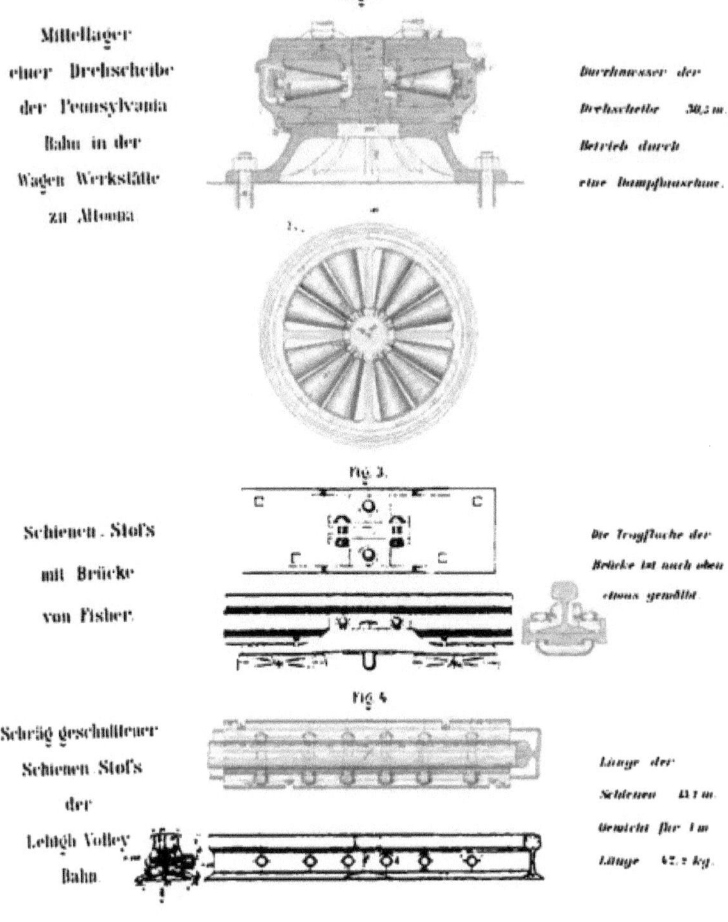
Fig. 1
Mittellager
einer Drehscheibe
der Pennsylvania
Bahn in der
Wagen Werkstätte
zu Altoona
Durchmesser der
Drehscheibe 30,5 m.
Betrieb durch
eine Dampfmaschine.
Fig. 3.
Schienen . Stofs
mit Brücke
von Fisher.
Die Tragfläche der
Brücke ist nach oben
etwas gewölbt.
Fig. 4
Schräg geschnittener
Schienen Stofs
der
Lehigh Valley
Bahn.
Länge der
Schienen
Gewicht für 1 m
Länge